Elementary Math Education

초등수학교육론

김상미 · 박미미 · 이유진 · 이은정
정혜윤 · 최종현 · 황성환 · 황지남

KM 경문사

초등수학교육론

지은이　김상미 · 박미미 · 이유진 · 이은정
　　　　정혜윤 · 최종현 · 황성환 · 황지남
펴낸이　조경희
펴낸곳　경문사
펴낸날　2025년　2월 21일　1판 1쇄
등　록　1979년 11월　9일　제 1979-000023호
주　소　04057, 서울특별시 마포구 와우산로 174
전　화　(02)332-2004　팩스 (02)336-5193
이메일　kyungmoon@kyungmoon.com

값 29,000원

ISBN 979-11-6073-768-4

수학은 수천 년에 걸쳐 이루어졌고 지금도 변화하고 있습니다. 인류는 기나긴 시간 속에서 수학을 가르치고 배워왔습니다. 이에 비한다면 '초등수학교육'이라는 하나의 연구와 실천 분야로 본격화한 것은 그리 오래되지 않습니다. 그러나 초등학교 교육에서 수학 교과의 위치는 더욱더 강력해지고 있으며 초등수학교육의 연구와 실천은 깊어졌고 폭넓어졌습니다. 어떤 내용을 어떻게 가르치고 배우며 미래에 무엇을 어떻게 가르치고 배울 것인가를 설정하는 데에 수학적, 심리적, 사회문화적, 정치적, 윤리적 접근 등 다양한 측면에서 논의와 협업을 이루고 있습니다.

이 책은 3부로 구성되었습니다.

1부 '수학교육의 흐름'은 수학교육의 변화를 따라 학습목표와 내용을 바라보는 입장을 소개하고 있습니다. 이 변화 속에서 초등수학교육이 추구하여 온 모습과 전망을 읽을 수 있을 것입니다.

1장은 수학교육의 변화와 동향에 대한 것입니다. 수학교육이 본격화되었던 20세기에서 큰 흐름으로 수학교육 개혁 운동 시기, 현대화 운동 시기, 수학교육과정 규준 시기를 따라 그 중점들을 만날 수 있습니다. 2장은 우리나라 초등학교 수학과 교육과정의 변화에 대한 것입니다. 제1차에서 제7차에 이르는 수학과 교육과정과 2007 개정, 2009 개정, 2015 개정, 2022 개정 수학과 교육과정을 소개하였습니다. 수학과 교육과정이라는 국가적인 문서를 통하여 우리나라 수학교육의 방향이 어떻게 설정되고 변화되고 있는지 살펴볼 수 있습니다.

2부 '수학교육적 기초'는 주로 수학학습심리의 접근들을 중심으로 수학학습에 대한 주장과 연구를 소개하였습니다.

3장은 행동주의 심리학적 접근으로 파블로프의 고전적 조건화, 손다이크의 효과의 법칙, 스키너의 조작적 조건화, 가네의 학습 위계를 다루고 있습니다. 4장은 수학적 구조를 강조하는 접근으로서 각 이론이 추구하는 구조에 대한 주장은 다를 수 있습니다. 형태심리학의 통찰과 베르트하이머의 생산적 사고, 브루너의 지식의 구조와 EIS 이론, 딘즈의 수학적 개념 학습과 학습 원리, 스켐프의 이해와 수학학습을 다루고 있습니다. 15장은 수학적 구성이라는 최근 우리나라 수학교육계의 화두에 기본 이론으로 중심에 있는 피아제의 조작적 구성주의와 비고츠키의 사회적 구성주의를 소개하였습니다. 6장은 현실적 수학교육에 대한 것으로서 프로이덴탈의 수학화와 교수학습원리, 그 제자 반 힐의 기하학습수준이론을 살펴보았습니다.

3부 '초등수학 교수학습론'은 수학 교과에서 강조하고 있는 수학교과역량, 교구 및 공학, 평가의 측면에서 관점 및 지도 방법을 다루었고, 수학기초학력 교육이나 수학영재교육의 측면에서 현황 및 방향을 소개하였습니다.

7장은 수학적 문제해결로서 수학과 교육과정에서 제시하는 문제해결의 의미, 문제해결의 과정과 방법, 문제 만들기를 다루고 있습니다. 8장은 수학적 추론으로서 추론의 유형, 교육과정에 제시된 추론의 성격, 추론 과제 분석, 추론 지도의 방법 및 사례를 소개하고 있습니다. 9장은 수학적 의사소통으로서 수학교육에서 의사소통의 강조, 교육과정에 제시된 의사소통, 의사소통의 유형, 의사소통의 지도 방법 및 사례를 다루고 있습니다. 10장은 수학적 연결성으로서 연결성의 의의, 교육과정에 제시된 연결성, 연결성의 지도 방법 및 사례를 보여 주었습니다.

11장은 수학 교구와 수학교수학습에 관한 것으로서 수학교구가 갖는 의의와 교수학적 원리, 도형판, 모양조각, 칠교판, 속성 블록, 폴리드론, 십진블록, 퀴즈네어 막대, 연결 큐브 등의 수학교구 활용을 소개하였습니다. 12장은 공학 도구와 수학교수학습에 관한 것으로서 우리나라 초등학교 교실에서 활용하고 있는 공학도구 계산기, 알지오매스, 똑똑 수학탐험대, 이지통계와 통그라미를 중심으로 교수학습 방법 및 유의점과 활용 사례를 다루었습니다.

13장은 수학기초학력 교육에 관한 것으로서 기초학력 및 수리력을 보는 관점, 지원 현황, 기초학력 진단 및 지도 방법을 살펴보았습니다. 14장은 수학영재교육에 관한 것으로서 영재교육의 현황 및 추진 방향, 수학영재교육 프로그램, 수학영재 선발 및 지도 방법을 다루었습니다. 15장은 수학과 평가에 관한 것으로서 평가의 방향 및 동향, 평가 목적 및 절차, 지필평가, 프로젝트 평가, 포트폴리오 평가, 관찰 평가, 면담 및 구술 평가, 자기 평가 및 동료 평가 등의 평가 방법, 국가수준 학업성취도 평가, TIMSS, PISA 등의 국내외 대규모 수학과 평가를 소개하였습니다.

저자들은 예비초등교사와 초등교사가 초등수학교육을 연구하고 실천하는 데에 이 책이 하나의 길잡이가 되기를 바라며 초등수학교육의 주요 주제들을 소개하고자 했습니다. 초등수학교육을 바라보는 시선은 다양할 수 있고 그 중점을 설정하는 것은 또 하나의 의견이기도 합니다. 저자들의 입장에 따라 각 주제들을 다루면서 부분적으로 심화한 곳도 있고 약화한 곳도 있습니다. 이 책의 곳곳에 부족함과 아쉬움이 남아있지만, 독자의 따뜻한 조언을 구하면서 깊고 새로워지는 초등수학교육을 만드는 데에 이 책이 작은 도움이 되기를 기대해 봅니다.

낱낱의 원고들이 하나의 책으로 출간되기까지 보이지 않는 성심과 수고가 있었습니다. 이 책이 출간되도록 도와주신 경문사에 감사드립니다. 특히 이 책의 편집 및 구성과 마무리까지 구석구석 애써 주신 유창선 선생님께 깊이 감사드립니다.

2025년 2월

김상미 · 박미미 · 이유진 · 이은정 · 정혜윤 · 최종현 · 황성환 · 황지남

차 례

1부 수학교육의 흐름

제1장 수학교육의 변화와 동향

01 수학교육 개혁 운동 4
02 수학교육 현대화 운동 6
03 미국의 수학교육과정 규준 11

제2장 초등학교 수학과 교육과정의 변천

01 제1차 교육과정 25
02 제2차 교육과정 27
03 제3차 교육과정 28
04 제4차 교육과정 30
05 제5차 교육과정 32
06 제6차 교육과정 33
07 제7차 교육과정 35
08 2007 개정 교육과정 38
09 2009 개정 교육과정 41
10 2015 개정 교육과정 44
11 2022 개정 교육과정 47

2부 수학교육적 기초

제3장 행동주의와 수학학습

01 파블로프의 고전적 조건화 61
02 손다이크의 효과의 법칙 64

03 스키너의 조작적 조건화 69
04 가네의 학습 위계 77

제4장 수학적 구조와 수학학습
01 형태심리학과 베르트하이머 83
02 브루너의 수학학습심리학 88
03 딘즈의 수학 개념 학습 93
04 스켐프의 수학학습심리학 99

제5장 수학적 구성과 수학학습
01 피아제와 조작적 구성주의 107
02 비고츠키와 사회적 구성주의 118

제6장 현실적 수학교육
01 수학화 130
02 수학화 교수·학습의 원리 135
03 수학화 수업 141
04 반 힐의 기학 학습 수준 이론 146

3부 초등수학 교수학습론

제7장 수학적 문제해결
01 수학적 문제해결을 보는 관점 160
02 수학과 교육과정에 제시된 수학적 문제해결 164
03 수학적 문제해결의 과정 166
04 수학적 문제해결의 방법 170
05 문제 만들기 179

제8장 수학적 추론

01 수학적 추론의 중요성 186
02 수학적 추론의 지도 197

제9장 수학적 의사소통

01 의사소통의 중요성 210
02 수학적 의사소통의 유형 217
03 수학적 의사소통의 지도 221

제10장 수학적 연결성

01 수학적 연결성의 강조 245
02 수학적 연결성의 지도 254

제11장 수학 교구와 수학교수학습

01 수학교육에서 수학 교구 270
02 수학 교구의 활용 276

제12장 공학 도구와 수학교수학습

01 계산기 304
02 알지오매스 307
03 똑똑! 수학탐험대 313
04 이지통계와 통그라미 317

제13장 수학기초학력 교육

01 기초학력 324
02 기초학력 보장을 위한 수리력 332
03 수학기초학력의 지원 340
04 수학기초학력의 지도 346

제14장 수학영재교육
01 영재교육 354
02 국가 수학영재교육 프로그램 기준 364
03 수학영재 선발 373
04 수학영재교육 프로그램 376

제15장 수학과 평가
01 수학과 평가의 동향 386
02 수학과 평가의 이해 398
03 수학과 평가의 방법 406
04 국내외 대규모 수학과 평가 416

▷ 찾아보기 427

1부

수학교육의 흐름

제1장 수학교육의 변화와 동향
제2장 초등학교 수학과 교육과정의 변천

제1장

수학교육의 변화와 동향

1900년 이후 수학교육의 흐름을 크게 1900년대 초 수학교육 개혁 운동, 1950년대 말부터 1970년대 초반까지 지속된 현대화 운동, 1970년대 초반 현대화 운동에 대한 반동으로 일어난 Back-to-Basic 운동, 1980년대 기초 기능의 범위를 좁은 의미의 계산 기능에서 문제해결을 비롯한 고차원의 수학적 사고 전반으로 확대해야 한다는 문제해결 운동, 1980년대 말부터 제시된 학교수학을 위한 원리와 규준의 변화를 중심으로 살펴볼 수 있다.

01 수학교육 개혁 운동

> 수학교육 개혁 운동 또는 수학교육 근대화 운동은 1900년대 초, 산업혁명이 시작되면서 전통적인 유클리드 기하학 중심의 수학교육에서 실용적인 수학교육에 대한 요구를 바탕으로 시작되었다.

1900년대 초 산업혁명이 시작되면서 전통적인 유클리드 기하학 중심의 수학교육에서 실용적인 수학교육에 대한 요구가 증가하기 시작했다. 수학교육 개혁 운동 또는 수학교육 근대화 운동은 이처럼 급변하는 사회·경제적 환경 속에서 실용적이고 효과적인 수학교육의 필요성을 바탕으로 시작되었다. 유럽의 수학교육 개혁 운동은 영국의 페리(Perry)와 독일의 클라인(Klein)을 중심으로 전개되었다.

영국의 수학자 페리는 1901년 '수학 교수법(The Teaching of Mathematics)'에 대한 강연에서 현재의 수학교육은 '한 명의 위대한 수학자를 만들기 위해 수십만 명을 파괴한다'고 강하게 비판하며 실용적인 수학교육의 필요성을 주장하였다. 또한 '학생들의 경험과 학생들이 산출한 구체적인 예를 통해 학생들을 가르치는 것은 중요하다'고 말하며 학생들의 경험과 학생의 관점을 바탕으로 교육할 것을 주장했다. 더불어 자연과학 교육의 중요성을 강조하고 자연현상을 탐구하기 위해서는 수준 높은 수학적 지식이 필수적이며, 이를 위해 정신적 역량과 수학에 대한 지속적인 연습이 필요하다고 하였다. 실용 수학을 내세운 페리의 운동은 다른 나라의 수학교육 개혁 운동에 영향을 미쳤으며 이후의 수학교육이 나아갈 큰 방향을 제시하였다. 페리의 강연 내용을 요약하면 다음과 같다.

- 실험 및 실측을 중시한다.
- 계산에 로그를 사용한다.

- 모눈종이를 활용한다.
- 대수 공식을 이용하는 지식과 능력을 기른다.
- 미적분을 조기에 도입한다.
- 수학의 실용성과 유용성, 특히 자연과학과 관계되는 측면을 강조한다.

독일에서는 클라인이 수학교육 개혁 운동을 주도했다. 그는 1904년 자연과학자 회의에서 수학교육과 물리교육, 교사 양성에 대한 정부의 정책을 비판하면서 정적이고 형식적인 접근에서 동적이고 실질적인 응용으로 수학교육이 전환되어야 한다고 주장했다. 또한 교사 양성 교육 체계의 개선, 실업 학교 수학교육 목표 설정 등을 제안하였다. 그는 유클리드 원론에 대해선 추상적이기 때문에 어린 학생들에게 적합하지 않으며 성인을 위해서 쓴 것임을 강조하는 한편, 기하학에 대해선 교수학습 단계를 학생들의 심리적 단계에 적합하도록 개선해야 한다고 주장했다. 특히 함수적 사고를 수학교육의 핵심 원칙으로 삼았으며, 1905년 현장 교사들과 함께 연구하여 발표한 메란 교육과정(Meraner Lehrplan)에서 이를 소개하였다. 메란 교육과정은 함수적 사고, 해석기하, 미적분을 조기에 도입하도록 제안했으며, 심리학적 원칙에 기반하여 학생들이 기존에 가지고 있는 인지 구조와 새로운 지식을 연결할 수 있도록 설계하였다.

한편 미국에서는 미국수학회 회장을 맡았던 무어(Moore)가 1902년 '수학의 기초에 관하여(On the Foundation fo Mathematics)' 강연에서 수학교육 개혁의 필요성을 역설하였다. 페리의 연설에 영향을 받은 그는 당시 형식적이고 도야적인 측면이 강조된 미국의 수학교육을 비판하면서 수학을 구체적인 사실과 직접 관련지을 수 있도록 학생의 관찰, 실험, 추리의 힘을 육성하는 것이 중요하다고 강조하였다. 더불어 학교 수학에서 순수수학과 응용수학을 과하게 구분하는 경향이 만연해 있음을 지적하면서 교육과정의 조정을 통한 순수수학과 응용수학을 조화를 주장하였다.

무어의 연설을 구체적으로 살펴보면 초등, 중등, 대학교 등 단계별로 학교에서 가르쳐야 할 수학 내용을 제시하였다. 특히 초등수학에서는 기하학을 구체적인 것부터 직관적 기하까지 체계적으로 지도해야 하며 수와 연산과도 연결해야 한다고 주장했다. 그는 구체물을 통한 기하 학습처럼 수학을 경험해 보도록 하는 것이 수학학습에 중요하다고 보았다. 또한 실험실 방법(laboratory method) 위주로 수학교육을 실시할 것을 주장하였다.

이러한 수학교육 개혁 운동은 수학교육의 중요성을 크게 부각시키고 수학교육을 보

실험실 방법은 과학의 기본적인 방법을 통해 학생 스스로 정리의 증명을 이끌어내도록 하는 것으로 '대학교나 기술학교 준비를 위해 중등학교 과정을 수강하는 학생들에게 수학과 물리학의 실험실 방법은 최고의 교육 방법'이라고 강조하였다.

다 충실하게 구성하기 위한 체계적인 노력을 시작했다는 점에서 큰 의의를 지닌다. 또한 수학의 실용적 측면을 강조하고, 학생들의 심리적 특성을 고려한 교육 방식을 도입함으로써 수학교육의 방향성을 새롭게 제시하였다. 그러나 수학교육 개혁 운동은 몇 가지 한계를 드러냈다. 논리적 원칙을 충분히 고려하지 못했으며, 교재 개발과 같은 이론적·실천적 연구가 부족했다. 특히 초등수학교육에 대한 구체적인 관심과 연구도 미진하였으며, 이러한 이유로 수학교육 개혁 운동은 깊이 있는 학문적 전개로 이어지지 못하였다. 시기적으로도 1, 2차 세계 대전으로 인해 국제적 협력과 개혁의 열기가 수그러들었으며 큰 성과를 이루지 못했다. 하지만 이러한 한계점에도 불구하고 수학교육 개혁 운동은 학교 수학을 보다 의미 있고 체계적으로 구성하려는 노력을 시작했으며, 현대 수학교육의 토대를 마련하는 데 기여한 중요한 전환점으로 평가받을 수 있다.

토의문제 1

수학교육 현대화 운동이 발생하게 된 배경을 설명하고, 수학교육 현대화 운동이 미친 영향에 대해 제시해 보시오.

02 수학교육 현대화 운동

2.1. 새수학 운동(New Math Movement)

1, 2차 세계 대전으로 인해 1900년대 초 수학교육 개혁 운동은 큰 진전을 보지 못한 채로 쇠퇴하게 되었다. 이후 2차 세계 대전이 끝나고 과학 기술의 진보와 전문 기술 인력에 대한 수요가 증가함에 따라 학교 교육의 개선에 대한 필요성이 대두되기 시작하였다. 특히 1957년 소련의 스푸트니크(Sputnik) 인공위성 발사 성공은 미국의 과학 기술 우위에 대한 위기감을 불러일으켰다. 뿐만 아니라 학문으로써 수학도 집합론이 확립된 이후 급속히 추상화되었으며, 집합의 개념과 극한의 개념이 결합된 위상

과학과 기술교육을 강화할 필요성을 느낀 미국과 유럽 중심으로 수학교육을 개선하고자 하는 움직임을 수학교육 현대화 운동 또는 새수학 운동이라고 한다.

의 개념이 등장함에 따라 위상수학이 발전하기 시작했다. 더불어 공리론적 방법과 위상이라는 수학적 도구를 토대로 현대 수학이 전개되기 시작했다. 이처럼 수학이 더 추상적이고 체계적인 학문으로 급격하게 발달하면서 수학교육의 내용이 수학 이론에 비해 뒤떨어져 있다는 비판이 제기되었고 교과 내용의 수준을 높여야 한다는 주장이 힘을 얻게 되었다. 이에 과학과 기술 교육을 강화할 필요성을 느낀 미국과 유럽 중심으로 수학교육을 개선하고자 하는 움직임이 활발하게 진행되었다. 이러한 움직임을 '수학교육 현대화 운동' 또는 '새수학 운동(New math movement)'이라 지칭하였다. 새수학 운동은 1970년대 후반 세계 각국으로 광범위하게 파급되었으며, 우리나라의 경우 제3차 교육과정 제정에 영향을 주었다. 새수학 운동 이전까지는 수학교육이 일반 교육학자들에 의해 좌우되었으나, 새수학 운동 이후 수학교육 연구에 수학자들이 적극적으로 개입하게 되었고 막대한 예산을 수학교육 현대화에 투입하게 되었다.

1958년 초에 결성된 학교수학연구회(School Mathematics Study Group, SMSG)를 중심으로 새로운 교육과정과 교재 개발이 추진되었으며, '교육과정에서 특정한 주제의 위치를 학생의 나이가 아닌 전반적인 수학적 구조에 기초를 두어야 한다'고 역설하였다.

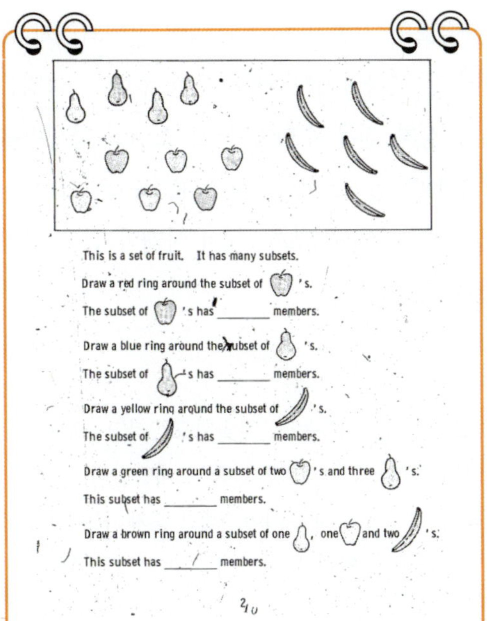

[그림 1-1] 학교수학연구회에서 편찬한 초등 수학교과서
(출처: https://eric.ed.gov/?q=%22Leslie+Beatty%22&id=ED173089)

한편 1959년에 열린 '수학교육에 있어서의 새로운 관점'이라는 세미나에서 프랑스의 수학자 듀돈네(Dieudonné)는 "Euclid must go"라는 유클리드 기하의 추방을 주장하는 슬로건을 내세우며 다음과 같은 수학교육 현대화 운동의 방향을 제안하였다.

- 현대 수학을 조기에 과감히 도입한다.
- 대수적 구조를 강조한다.
- 논리적 엄밀성을 강조한다.
- 현대 수학을 도입하기 위하여 전통적인 수학 교재를 정비한다.

이처럼 새수학 운동의 영향으로 학교 수학에서는 수학적 구조의 엄밀성이 중시되었으며, 집합, 기호, 논리, 현대 대수, 확률과 통계와 같은 내용이 조기에 교육과정에 포함되었다. 더불어 기존에 실용성을 강조하던 생활 수학의 틀에서 벗어나, 현대 수학의 논리적이고 구조적인 특성을 반영한 학문 중심의 수학교육으로 전환되었다.

하지만 새수학 운동은 시작부터 여러 한계를 내포한 채 진행되었으며, 시행 단계에서 많은 약점이 드러나 비판이 확산되었다. 구체적으로 새수학의 목표는 현대 수학의 논리적 엄밀성과 구조적 특성을 교육과정에 도입함으로써 수학교육의 질적 도약을 이루는 것이었으나, 충분한 교육학적 연구와 준비 없이 급진적으로 진행되었다는 지적을 받았다. 학생들의 발달 단계와 부합하지 않은 조급한 추상화와 형식화는 학습 과정에서 혼란을 초래하였고, 교사를 위한 별도의 지원이나 교육 없이 진행되었기 때문에 혼란이 더욱 가중되었다. 1962년 미국과 캐나다에서 활동 중인 수학자 64명은 모든 어린이들이 수학자가 되어야 한다거나 장차 전문 수학자가 될 소수의 학생만을 대상으로 하는 게 아니냐며 비판했다. 특히 1973년 클라인(Morris Kline)은 그의 저서 『*Why Johnny Can't Add: The Failure of the New Math*』에서 아래와 같은 상황을 제시하며 새수학이 지도되는 교실상황을 풍자하였다.

> 새수학 수업 교실을 참관해 보라. "2+3=3+2가 되는 이유는 무엇일까요?"라고 교사가 질문하자 "두 덧셈이 모두 5가 되기 때문입니다."라고 한 학생이 즉시 대답한다. 그러자 교사는 "아니야. 정답은 덧셈의 교환법칙이 성립하기 때문이야."라고 훈계하는 어조로 말한다. (중략) "6과 9 사이에 있는 자연수들을 정확하게 나타내면 어떻게 말할 수

있을까요?"라고 교사가 질문하자 "왜요. 7과 8이잖아요."라고 다른 학생이 대답한다. 그러자 교사는 "아니야. 그것은 6보다 큰 자연수들의 집합과 9보다 작은 자연수들의 합의 교집합이야."라고 말한다(Kline, 1973, 한태식, 1999, p. 20에서 재인용)

그는 엄청난 자원이 새수학 교육 프로그램에 투입되었지만 전통 수학교육의 결점을 개선하는 데 실패했으며 새수학 운동은 단지 수학자들의 이익을 위한 것이라고 비판하였다. 이처럼 새수학 운동은 위에서 주도된 급진적 개혁으로 인해 아래로부터의 자발적인 동력을 확보하지 못했으며, 수학자 중심의 접근과 교육학적 기반 부족으로 실질적인 교육적 성과를 이끌어내지 못했다는 평가를 받았다. 한편 새수학 운동은 영재교육에 대한 관심을 높이는 계기가 되었으며, 고급 과학 기술 인력을 양성하기 위한 기반을 마련했다는 긍정적인 평가도 존재한다.

2.2. 기초로 돌아가기(Back-to-Basic)

수학교육의 현대화에 대한 반성으로 수학의 기초 기능을 중심으로 교재와 교육과정을 재구성하려는 움직임을 '기초로 돌아가기 운동(Back-to-Basics Movement)'이라고 한다.

새수학 운동은 집합, 관계, 구조, 논리적 전개 등을 통해 수학교육의 현대화를 시도했으나, 학생들의 기초적인 계산 능력이 저하되고 의미 있는 학습이 이루어지지 못했다는 비판이 제기되면서 수학의 기초 기능(basic skills)을 선정하고 이를 중심으로 교재와 교육과정을 재구성하려는 움직임이 나타났다. 이러한 운동을 '기초로 돌아가기 운동(Back-to-Basics Movement)'이라고 한다. 기초로 돌아가기 운동은 기초 계산 능력과 필산을 강조하며 행동적 목표를 설정하는 데 초점을 맞추었다. 또한 절차적인 반복 연습과 기본적인 기능 숙달을 통해 학생들이 실생활에서 필요한 수학적 능력을 확보하도록 하였으며, 진급을 위한 최소 학력 기준을 설정함으로써 교육 체계의 명확성을 기하려 하였다. 그러나 이러한 접근은 부작용을 낳기도 하였다. 우수한 학생들의 성취도가 낮아지고, 문제해결과 같은 고차원적 사고 능력이 감소되었으며, 지나친 반복 학습은 학생들에게 흥미를 잃게 하는 결과를 초래했다.

결론적으로 기초로 돌아가기 운동은 새수학 운동에 대한 반성으로 시작하여 기초 기능을 강조하는 방향으로 전개되었으나, 지나치게 단순화된 접근으로 새로운 문제를 초래하였다. 그러나 이 운동을 통해 기초 교육의 중요성이 재조명되었으며, 이후 문제해결을 중심으로 한 교육과정을 구축하는 데 기반을 제공했다는 점에서 그 의의가 있다.

2.3. 문제해결력의 시기

기초로 돌아가기 운동의 문제를 해결하기 위해 기초 기능이 무엇을 의미하는지에 대한 논의가 이루어졌다. '기초 기능에 대한 입장문(Position statements on vasic skills)'에서 수학의 기초 기능으로 문제해결, 일상생활에서 수학의 적용(Applying mathematics to everyday situations), 결과의 합리성 판단하기, 어림과 근삿값 계산, 적절한 계산 능력, 기하, 측정, 표, 차트, 그래프를 읽고 해석하고 작성하기, 수학을 활용한 예측하기, 컴퓨터 소양(Computer literacy)의 열 가지를 공식적으로 제시하였다. 1980년대에는 문제해결 능력을 강조하는 새로운 운동이 전개되었다. 미국 수학교사협의회(National Council of Teachers of Mathematics, 이하 NCTM)는 『*An Agenda for Action*』에서 다음과 같은 권장 사항을 제시하였다(한태식, 1999).

- 문제해결이 학교 수학의 초점이 되어야 한다.
- 수학의 기초 기능은 계산 능력을 넘어선 내용을 포함해야 한다.
- 수학 프로그램은 계산기와 컴퓨터의 이점을 최대한 활용해야 한다.
- 효과와 능률에 대한 엄격한 규준이 수학교육에도 적용되어야 한다.
- 수학 학습의 성패는 간단한 시험 이상의 광범위한 측정으로 평가되어야 한다.
- 학생들에게 폭넓은 선택권을 제공할 수 있는 융통성 있는 교육과정이 개발되어야 한다.
- 수학교사에게 고도의 전문성을 요구해야 한다.
- 수학교육에 대한 공공의 지원은 확대되어야 한다.

> 문제해결력의 시기에는 문제해결, 계산을 넘어선 기초 기능의 정의, 컴퓨터와 계산기의 활용, 광범위한 측정과 평가를 포함한 권장 사항을 통해 기초로 돌아가기 운동의 한계를 보완하고자 하였다.

이처럼 문제해결, 계산을 넘어선 기초 기능의 정의, 컴퓨터와 계산기의 활용, 그리고 광범위한 측정과 평가를 포함한 권장 사항을 통해 기초로 돌아가기 운동의 한계를 보완하고자 하였다. 특히, 수학의 기초 기능을 단순 계산 능력을 넘어 다양한 상황에서의 문제해결, 합리적 결과 추론, 기하와 측정, 그리고 컴퓨터 활용 능력으로 정의하며 수학교육의 폭과 깊이를 확대하려는 노력이 이루어졌다.

토의문제 2

수학교육 현대화 운동이 발생하게 된 배경을 설명하고, 수학교육 현대화 운동이 미친 영향에 대해 제시해 보시오.

03 미국의 수학교육과정 규준

앞서 살펴봤듯 1960년대부터 1980년대까지 미국의 수학교육과정은 세 차례에 걸쳐 중요한 변화를 겪었다. 첫 번째 변화는 1950년대 말부터 1970년대 초까지 이어진 새수학 운동으로, 현대적인 수학 개념과 구조를 강조하며 교육의 초점을 전환하고자 하였다. 두 번째는 새수학 운동에 대한 반작용으로 1970년대 초에 시작된 기초로 돌아가기 운동으로, 학생들의 기본적인 산수 능력 향상을 중점적으로 다루었다. 세 번째는 1980년대에 등장한 문제해결 운동으로, 수학교육의 초점을 단순한 계산 능력에서 문제해결과 고차원적 수학적 사고로 확장해야 한다는 필요성이 제기된 변화였다. 이에 1986년 NCTM은 학교수학의 질을 향상시키기 위한 방안으로 '학교수학 규준 위원회(the Commission on Standards for School Mathematics)'를 설립하고, 교육과정과 학생 성취도 평가에 관한 규준을 제시하였다.

NCTM은 미국에서 가장 큰 수학교육 전문가 조직으로 수학교육의 질을 향상하며 교사, 연구자, 정책결정자를 지원하는 역할을 한다.

3.1. 학교수학을 위한 교육과정과 평가 규준(1989)

NCTM은 1989년 『학교수학을 위한 교육과정과 평가 규준(*Curriculum and Evaluation Standards for School Mathematics*)』을 출간하며 전 세계의 수학교사, 수학교육자, 그리고 교육정책 입안자들에게 큰 영향을 미쳤다. 이 규준은 각국의 교육과정 설계에 중요한 참고 자료로 활용되었으며, 우리나라의 제7차 교육과정에도 커다란 영향을 미쳤다. 이어서 1991년에는 『수학 교수를 위한 전문가 규준(*Professional Standards for Teaching Mathematics*)』, 1995년에는 수학 교수학습에서의 평가를 중점적으로 다룬 『학교수학의 평가 규준(*Assessment Standards for School Mathe-*

matics)』을 차례로 출판하며 앞선 규준을 보완하였다.

이 문서들은 현대 수학교육의 방향성을 제시하며, 수학교육의 내용과 평가 방식을 체계적으로 안내한 중요한 지침으로 자리 잡았다. 당시 수학교육이 직면한 문제를 해결하고 학생들에게 보다 나은 학습 환경을 제공하기 위해 마련되었으며, 특히 21세기 사회가 요구하는 수학적 역량을 학생들이 갖출 수 있도록 하는 데 중점을 두었다. 이 문서에서 제시된 규준은 기존 전통적 수학교육이 강조하였던 암기와 기계적 계산의 비중을 줄이고, 학생들의 비판적 사고와 문제해결 능력을 중심으로 한 교육 방식을 제안하였다. 주요 내용은 다음과 같다.

첫째, 학생 중심의 수학교육을 강조하였다. 기존 수업 방식은 교사가 지식을 전달하고 학생이 이를 수동적으로 받아들이는 형태였다. 그러나 이 문서에서는 학생들이 수학적 개념을 능동적으로 탐구하고, 이를 실제 문제에 적용할 수 있도록 지도해야 한다고 주장하였다. 이를 위해 학습자 중심의 활동과 협력적 학습 환경을 조성하며, 학생들이 수학을 통해 일상생활의 문제를 해결할 수 있는 실질적 역량을 기르는 것을 목표로 삼았다.

둘째, 문제해결 중심의 교육을 내세웠다. 단순히 정답을 찾는 데 초점을 맞추기보다는, 학생들이 문제를 분석하고 다양한 방법으로 접근하며 해결 방안을 모색하는 과정을 중요하게 여겼다. 이러한 과정에서 학생들은 논리적 사고와 창의력을 키우고, 수학적 개념을 깊이 이해할 수 있도록 유도되었다. 이를 통해 학생들이 수학이 단순한 계산 이상의 의미를 가진 학문임을 체감할 수 있도록 하였다.

셋째, 수학적 의사소통 능력을 강조하였다. 수학적 사고는 개인적으로만 이루어지는 것이 아니라, 타인과의 논의를 통해 확장될 수 있다는 점을 인식하고, 학생들이 수학적 아이디어를 명확히 표현하는 능력을 기르도록 독려하였다. 이를 위해 학생들이 자신의 생각을 말하거나 글로 표현하는 활동과 동료들과의 토론을 학습 과정에 포함시키는 방식을 제안하였다. 이는 수학이 단순한 계산과 정답을 넘어, 언어적 표현과 논리적 사고를 아우르는 학문임을 부각시켰다.

넷째, 평가 방법의 변화를 제안하였다. 기존 수학교육의 평가 방식은 주로 정답 위주의 평가에 의존했으나, 이 문서에서는 학생들의 학습 과정, 문제해결 능력, 그리고 수학적 사고의 발전을 반영할 수 있는 평가 방식을 도입해야 한다고 강조하였다. 예를 들어, 서술형 평가, 프로젝트 기반 평가, 그리고 학생들의 문제해결 과정을 기록하고 분석하는 평가 방식이 포함되었다. 이러한 평가 방식은 교사가 학생들의 학습을 보다 깊이 이해하고, 학생들의 강점과 약점을 파악하는 데 효과적이다.

다섯째, 기술 활용의 필요성을 강조하였다. 계산기와 컴퓨터 같은 공학 도구는 수학 교육에서 효과적인 보조 도구가 될 수 있다. 이를 통해 학생들이 반복적인 계산에 얽매이지 않고 더 높은 수준의 수학적 사고와 분석에 집중할 수 있도록 해야 한다고 제안하였다. 기술 활용은 학습의 효율성을 높이고, 복잡한 문제를 시각적으로 이해하거나 다양한 방법으로 접근하는 데 도움을 줄 수 있다.

구체적으로 『학교수학을 위한 교육과정과 평가 규준』은 K-12학년을 세 단계(K-4학년, 5~8학년, 9~12학년)로 구분하고, 평가를 포함한 네 가지 범주에서 총 54개의 규준을 제시한 문서이다. 이 규준들은 사회적 목표, 학생의 목표, 교수학습에 관한 연구, 그리고 전문적인 경험을 바탕으로, 학교에 대한 폭넓고 일관된 시각에서 도출된 가치판단에 기초하고 있다. 이 문서에서는 교육과정 규준과 평가 규준을 구분하여 다음과 같이 제시한다.

〈표 1-1〉 교육과정 규준과 평가 규준(NCTM, 1989)

<table>
<tr><td rowspan="3">교육과정
규준</td><td>K-4학년</td><td>1. 문제해결로서의 수학
2. 의사소통으로서의 수학
3. 추론으로서의 수학
4. 수학적 연결성
5. 어림
6. 수 감각과 수 개념
7. 범자연수의 연산에 대한 개념</td><td>8. 범자연수의 계산
9. 기하와 공간감각
10. 측정
11. 확률과 통계
12. 분수와 소수
13. 규칙성과 관계</td></tr>
<tr><td>5-8학년</td><td>1. 문제해결로서의 수학
2. 의사소통으로서의 수학
3. 추론으로서의 수학
4. 수학적 연결성
5. 수와 수관계
6. 수 체계와 수론
7. 계산과 어림</td><td>8. 규칙성과 함수
9. 대수
10. 통계
11. 확률
12. 기하
13. 측정</td></tr>
<tr><td>9-12학년</td><td>1. 문제해결로서의 수학
2. 의사소통으로서의 수학
3. 추론으로서의 수학
4. 수학적 연결성
5. 대수
6. 함수
7. 종합적 관점에서의 기하학</td><td>8. 대수적 관점에서의 기하학
9. 삼각법
10. 통계
11. 확률
12. 이산수학
13. 미적분의 개념적 토대
14. 수학적 구조</td></tr>
</table>

평가 규준	1. 일관성	8. 수학적 개념
	2. 정보의 다양한 출처	9. 수학적 절차
	3. 적절한 평가 방법과 사용	10. 수학적 성향
	4. 수학적 힘	11. 프로그램 평가의 지표
	5. 문제해결	12. 교육과정과 수업 자원
	6. 의사소통	13. 수업
	7. 추론	14. 평가팀

『학교수학을 위한 교육과정과 평가 규준』은 수학교육의 새로운 패러다임을 제시하며, 학생들의 사고력과 문제해결 능력을 중심으로 한 교육 체계를 구축하고자 하였다. 발표 이후, 이 규준은 미국 수학교육계뿐만 아니라 전 세계적으로도 수학교육 정책, 교사 연수, 교재 개발 등에 깊은 영향을 끼쳤다. 이는 수학이 단순히 지식을 전달하는 과목이 아니라, 학생들이 현대 사회에서 요구하는 사고 능력을 기르는 중요한 학문임을 강조한 혁신적 접근이었다.

3.2. 학교수학을 위한 원리와 규준(2000)

10여 년이 지난 후, NCTM은 2000년에 개정판의 성격을 지닌 『학교수학을 위한 원리와 규준(*Principles and Standards for School Mathematics*)』을 출간하였다. 이 문서는 교실에서 실제로 수업을 진행하는 교사, 교사교육자, 교육연구자들의 경험과 관찰을 바탕으로, 수학적 소양에 대한 사회적 요구, 과거 수학교육의 관행, 그리고 교사, 수학교육자, 수학자, 일반 대중이 제기한 가치와 기대를 반영하고 있다. 여기서 **원리**는 수준 높은 수학교육이 지닌 특징을, **규준**은 학생들이 학습해야 할 수학의 내용과 과정을 의미한다. 원리와 규준은 교실, 학교, 그리고 교육 체계 전반에서 수학교육을 개선하고자 교육자들에게 방향성을 제시하는 비전을 담고 있다.

[그림 1-2] 학교수학을 위한 원리와 규준

먼저, 원리에서는 수준 높은 수학교육이 갖추어야 할 주요 요소를 평등, 교육과정, 교수, 학습, 평가, 공학의 6가지로 나누어 다음과 같이 설명한다.

- **평등**: 모든 학생에게 수학적 학습의 기회를 공평하게 제공하며, 높은 기대와 적절한 지원을 통해 학습 잠재력을 최대한 발휘할 수 있도록 해야 한다.
- **교육과정**: 수학교육의 교육과정은 일관성과 연계성을 갖추고, 학생들의 학습이 체계적으로 이루어지도록 설계되어야 한다.
- **교수**: 효과적인 교수는 학생의 이해를 촉진하고, 수학적 사고와 문제해결 능력을 발전시키는 다양한 교수 전략을 활용해야 한다.
- **학습**: 학생들의 학습은 이해에 기반해야 하며, 이를 통해 새로운 상황에 지식을 적용하고 문제를 해결할 수 있어야 한다.
- **평가**: 평가는 학습의 진행 상황을 파악하고, 교수와 학습의 질을 개선하는 도구로 활용되어야 한다.
- **공학**: 공학 도구는 수학학습을 지원하고, 학생들이 복잡한 개념을 탐구하며 문제를 창의적으로 해결할 수 있도록 돕는다.

한편, 규준에서는 K-12학년 학생들이 학습해야 할 수학 내용을 수와 연산, 대수, 기하, 측정, 자료 분석과 확률의 5가지 내용 규준으로 나누고, 익혀야 할 사고 과정을 문제해결, 추론과 증명, 의사소통, 연결성, 표현의 5가지 과정 규준으로 제시하고 있다. 이는 우리나라 수학과 교육과정의 영역과 교과 역량에 각각 대응된다고 볼 수 있다.

〈표 1-2〉 수학 내용 규준과 사고 과정 규준(NCTM, 2000)

내용 규준	수와 연산	• 수, 수의 표현방식, 수 사이의 관련성, 수 체계를 이해할 수 있다. • 연산의 의미와 연산들이 서로 어떻게 관련되는지 이해할 수 있다. • 유창하게 계산하고 합리적으로 어림할 수 있다.
	대수	• 규칙성, 관계, 함수를 이해할 수 있다. • 대수 기호를 이용하여 수학적 상황과 구조를 표현하고 분석할 수 있다. • 수학적 모델을 활용하여 양 사이의 관계를 표현하고 이해할 수 있다. • 다양한 맥락에서 변화를 분석할 수 있다.
	기하	• 2차원, 3차원 도형의 특징과 성질을 분석하고, 기하 관계에 대해 수학적으로 논증할 수 있다. • 좌표 기하와 다른 표현 체계를 이용하여 위치를 확인하고 공간적 관계를 기술할 수 있다. • 수학적 상황을 분석하기 위해 변환을 적용하고 대칭을 활용할 수 있다. • 문제를 해결하기 위하여 시각화, 공간적 추론, 기하 모델링을 활용할 수 있다.

	측정	• 측정 가능한 대상의 속성, 측정 단위, 측정 체계, 측정 과정을 이해할 수 있다. • 측정값을 결정하기 위해 적절한 기법, 도구, 공식을 적용할 수 있다.
	자료 분석과 확률	• 문제를 제기하고, 그 문제에 답하기 위하여 자료를 수집하고 조직하며 표현할 수 있다. • 자료를 분석하기 위한 적절한 통계적 방법을 선택하고 사용할 수 있다. • 자료에 기초하여 추론과 예측을 시도하고 평가할 수 있다. • 확률의 기본 개념을 이해하고 적용할 수 있다.
과정 규준	문제 해결	• 문제해결을 통해 새로운 수학적 지식을 만들어 낼 수 있다. • 수학과 다른 교과 상황에서 나타나는 문제를 해결할 수 있다. • 문제를 해결하기 위하여 다양하고 적절한 전략을 적용하고 채택할 수 있다. • 수학 문제해결 과정을 관찰하고 반성할 수 있다.
	추론과 증명	• 추론과 증명을 수학의 가장 근본적인 측면으로서 인식할 수 있다. • 수학적 추측을 만들고 조사할 수 있다. • 수학적 논증과 증명 능력을 개발하고 평가할 수 있다. • 다양한 유형의 추론과 증명 방법을 선택하고 사용할 수 있다.
	의사 소통	• 의사소통을 통하여 학생 자신의 수학적 사고를 조직하고 확고히 할 수 있다. • 학생 자신의 수학적 사고를 학급 친구, 교사, 다른 사람들에게 일관적이고 명확하게 의사소통 할 수 있다. • 다른 사람의 수학적 사고와 전략을 분석하고 평가할 수 있다. • 수학적 아이디어를 정확하게 표현하기 위하여 수학의 언어들을 사용할 수 있다.
	연결성	• 수학적 아이디어 간의 연결성을 인식하고 활용할 수 있다. • 수학적 아이디어가 서로 어떻게 연결되어 있는지 이해하고, 각각의 아이디어에 기초하여 일관된 전체를 산출할 수 있다. • 수학 이외의 상황에서 수학을 인식하고 활용할 수 있다.
	표현	• 수학적 아이디어를 조직하고 기록하며 의사소통하기 위해서 표현을 만들고 활용할 수 있다. • 문제를 해결하기 위해서 수학적 표현을 선정하고 적용하며 변환할 수 있다. • 물리적·사회적·수학적 현상을 모델링하고 해석하기 위해서 표현을 활용할 수 있다.

이외에도 『학교수학을 위한 원리와 규준』은 모든 학생이 깊은 이해를 바탕으로 중요한 수학적 개념과 과정을 배울 수 있도록 교육과정, 교수법, 평가, 그리고 기술 활용 등 다양한 측면에서 구체적인 권장 사항을 제공한다. 이 문서는 K-2학년, 3~5학년, 6~8학년, 9~12학년의 학년군으로 구분하여 수학교육의 목표와 과정을 상세히 제시하며, 교육자, 정책 입안자, 학부모 등 다양한 이해관계자가 협력하여 질 높은 수학교육 환경을 조성하고, 학생들이 변화하는 세상에서 성공할 수 있는 역량을 갖추도록 돕는 것을 목표로 한다.

3.3. 수학 공통 핵심 규준(2010)

『수학 공통 핵심 규준(*Common Core State Standards for Mathematics*, 이하 CCSSM)』은 미국의 주별로 상이한 교육 기준으로 인해 학생들의 학습 경험과 성취도가 일관되지 않고, 국제 학업 성취도 평가(PISA)에서 낮은 수학 성취도가 드러나는 등의 교육적 문제를 해결하기 위해 2010년에 도입되었다. 또한, 대학과 직업 현장에서 요구되는 수학적 준비도가 부족한 학생들이 많아 이를 개선하고자 전국적으로 일관된 학습 목표를 설정하였다. 이러한 맥락에서 CCSSM은 미국 수학교육에서 오랫동안 문제로 지적되어 온 넓고 얕은 교육과정을 개선하기 위한 중요한 변화로 평가받고 있다.

CCSSM이 이전에 발간된 NCTM의 규준집들과 차별화 되는 점은 정부의 개입 없이 미국의 각 주(states)가 주축이 되어 개발되었다는 것이다. 이 과정에서 우리나라를 비롯한 일본, 싱가포르 등 국제 성취도 평가에서 우수한 성적을 거두고 있는 국가들의 교육과정을 참고하였으며, 미국 내 교사, 연구자, 고등교육자, 대중들의 의견을 적극적으로 수렴하였다.

CCSSM의 규준은 크게 수학 실천 규준(standards for mathematical practice)과 수학 내용 규준(standards for mathematical content)으로 구성된다. 먼저, 수학 실천 규준은 학생들이 수학적 문제를 탐구하고 해결하는 과정에서 필수적으로 갖춰야 할 태도와 사고방식을 정의한 것으로, 수학 내용 학습을 넘어 전반적인 수학적 사고력과 문제해결 능력을 기르기 위한 것을 목적으로 한다. 수학 실천 규준은 모든 학년에 적용되며, 다음과 같이 여덟 가지 항목으로 구성되어 있다.

① **문제를 이해하고 꾸준히 해결하기**: 학생들은 문제를 이해하고, 문제해결에 적합한 전략을 계획하며, 과정 중에 직면하는 어려움을 극복하기 위해 끈기 있게 노력해야 한다.

② **추상적이고 양적으로 추론하기**: 학생들은 수학적 상황을 추상화하여 분석하고, 구체적인 수량적 관계를 논리적으로 추론하며 문제를 해결할 수 있어야 한다.

③ **실행 가능한 주장을 하고 다른 사람의 추론을 비평하기**: 학생들은 자신의 아이디어를 명확히 설명하고 논리적으로 정당화하며, 다른 사람의 논리적 주장에 대해 타당성을 평가하고 비판할 수 있어야 한다.

④ **수학적으로 모델화하기**: 학생들은 현실 세계의 문제를 수학적으로 표현하고, 모델을 통해 해결하거나 예측하는 능력을 길러야 한다.

⑤ **적절한 도구를 전략적으로 사용하기**: 학생들은 계산기, 컴퓨터, 그래프 등 다양한 도구를 상황에 맞게 선택하여 효과적으로 사용할 수 있어야 한다.

⑥ **정확성에 유의하기**: 학생들은 수학적 언어와 기호를 정확하게 사용하고, 계산 및 추론 과정에서 정밀함과 명확성을 유지해야 한다.

⑦ **구조를 찾고 활용하기**: 학생들은 수학적 구조를 인식하고 이를 문제해결에 활용함으로써 문제를 간소화하거나 더 효율적으로 접근할 수 있어야 한다.

⑧ **반복된 추론에서 규칙성을 찾고 표현하기**: 학생들은 반복적인 계산이나 추론 과정에서 나타나는 규칙성을 인식하고 이를 일반화하여 문제해결에 적용할 수 있어야 한다.

한편, 수학 내용 규준은 각 학년에서 학생들이 배워야 할 수학적 개념과 기술을 구체적으로 제시한 규준으로, 학년별로 계열화된 구조를 통해 수학적 개념을 점진적으로 심화하고 확장하는 데 중점을 둔다. 이 규준은 K-8학년과 고등학교 과정으로 나뉘며, 각 학년의 필수 학습 내용을 체계적으로 정리하고 있다.

〈표 1-3〉 K-8학년의 수학 내용 규준(CCSSI, 2010)

<table>
<tr><th>학년</th><th>K</th><th>1</th><th>2</th><th>3</th><th>4</th><th>5</th><th>6</th><th>7</th><th>8</th></tr>
<tr><td rowspan="8">영역</td><td>수 세기와 기수</td><td colspan="5"></td><td colspan="3">수 체계</td></tr>
<tr><td colspan="6">연산과 대수적 사고</td><td colspan="3" rowspan="3"></td></tr>
<tr><td colspan="6">십진법에서의 수와 연산</td></tr>
<tr><td colspan="3"></td><td colspan="3">수와 연산-분수</td></tr>
<tr><td colspan="9">기하</td></tr>
<tr><td colspan="6" rowspan="2"></td><td colspan="3">식과 방정식</td></tr>
<tr><td colspan="2">비와 비례 관계</td><td>함수</td></tr>
<tr><td colspan="6">측정과 자료</td><td colspan="3">통계와 확률</td></tr>
</table>

CCSSM은 미국의 50개 주 중 약 40여 개 주에서 채택되어, 미국 전역의 수학교육 표준화를 위한 중요한 진전을 이루었다. 그러나 일부 주에서는 주권 침해나 지역적 필

요와의 불일치 등을 이유로 이를 채택하지 않아 전국적인 일관성을 완전히 달성하지 못하였다. 또한, 교사의 전문성 부족, 평가 중심의 교육 환경, 그리고 학생들의 학업 부담 증가는 여전히 CCSSM이 해결해야 할 주요 과제로 남아 있다.

토의문제 3

CCSSM에서 제시하는 규준을 우리나라 수학과 교육과정과 비교하여 설명해 보시오.

참고문헌

김수미, 강흥규, 권석일, 남진영, 박문환, 서동엽, 송상헌, 유현주, 이종영, 임재훈, 정영옥 (2019). **초등수학교육의 이해**. 서울: 경문사.

박경미 (2010). '학년군'과 '수학적 과정'을 중심으로 한 외국 수학과 교육과정의 최근 경향 비교 · 분석. **학교수학**, 12(4), 667-686.

박만구 (2003). NCTM 『학교 수학의 원리와 규준』에 대한 소고. **한국초등수학교육학회지**, 7(1), 87-94.

장혜원 (2012). 미국의 수학교육과정 규준 CCSSM의 수학적 실천에 대한 고찰. **수학교육학연구**, 22(4), 557-580.

한태식 (1999). 수학교육 개혁 운동과 우리나라 수학 교육과정. **수학교육학연구**, 9(1), 15-29.

황해정, 나귀수, 최승현, 박경미, 임재훈, 서동엽 (2019). **수학교육학신론**. 서울: 문음사.

Beatty, L. (1964). *Mathematics for the Elementary School.* New Haven, CT: Yale University Press.

Common Core State Standards Initiative (2010). *Common core state standards for mathematics*. Retrieved from https://learning.ccsso.org/wp-content/uploads/2022/11/ADA-Compliant-Math-Standards.pdf

Kline, M. (1973). *Why Johnny can't add: The failure of the New Math.* New York, NY: St. Martin's Press.

National Council of Supervisors of Mathematics (1978). Position statements on basic skills. *The Mathematics Teacher, 71*(2), 147-155.

National Council of Teachers of Mathematics (1980). *An agenda for action: Recommendations for school mathematics of the 1980s*. Reston, VA: Author.

National Council of Teachers of Mathematics (1989). *Curriculum and evaluation standards for school mathematics.* Reston, VA: Author. 구광조, 오병승, 류희찬 (공역) (1992). **수학교육과정과 평가의 새로운 방향**. 서울: 경문사.

National Council of Teachers of Mathematics (1991). *Professional standards for teaching mathematics*. Reston, VA: Author.

National Council of Teachers of Mathematics (1995). *Assessment standards for school mathematics*. Reston, VA: Author.

National Council of Teachers of Mathematics (2000). *Principles and standards for school mathematics*. Reston, VA: Author. 류희찬, 조완영, 이경화, 나귀수, 김남균, 방정숙 (공역) (2007). **학교수학을 위한 원리와 규준**. 서울: 경문사.

National Council of Teachers of Mathematics (2014). *Principles to actions: Ensuring mathematical success for all*. Reston, VA: Author. 김상미, 이지은, 박주경 (공역) (2024). **모두가 성공하는 수학교실: 수학 수업의 원리와 실행**. 서울: 경문사.

Weigand, H. G., McCallum, W., Menghini, M., Neubrand, M., & Schubring, G. (2019). *The legacy of Felix Klein*. Cham, Switzerland: Springer.

초등 수학 교육론

제 2 장

초등학교 수학과 교육과정의 변천

우리나라의 교육과정은 1954년 제1차 교육과정이 제정된 이후 7차에 걸쳐 개정되었으며, 제7차 교육과정 이후부터 사회문화적 변화와 요구에 즉각적으로 대응하여 교육 내용 및 체제를 개편한다는 방침에 따라 총 4차례 수시 개정이 이루어졌다. 우리나라 교육과정의 공포와 시행 시기를 정리하면 〈표 2-1〉과 같다.

이 장에서는 제1차 교육과정부터 2022 개정 교육과정까지 각 교육과정의 개정 배경과 특징을 살펴보기로 한다.

〈표 2-1〉 제1차부터 우리나라 초등학교 수학과 교육과정 개정 개관

구분	공포 혹은 고시	성격
제1차	• 1954. 4. 20. 문교부령 제35호 교육과정 시간배당 기준령 • 1955. 8. 1. 문교부령 제44호 국민학교 교육과정	생활단원 학습 중심
제2차	• 1963. 2. 15. 문교부령 제119호 국민학교 교육과정 개정령 • 1969. 9. 4. 문교부령 제251호 교육과정 부분 개정	계통학습 중심
제3차	• 1973. 2. 14. 문교부령 제310호 국민학교 교육과정 • 1979. 3. 1. 문교부 고시 제424호 정비	수학교육 현대화 운동 정신 반영 수학의 구조와 엄밀성 강조
제4차	• 1981. 12. 31. 문교부 고시 제422호 국민학교 교육과정 개정	'기본으로 돌아가기' 정신 반영 문제해결력 중시
제5차	• 1987. 6. 30. 문교부 고시 제87-9호 국민학교 교육과정	문제해결력 및 기초 기능의 중시
제6차	• 1992. 9. 30. 교육부 고시 제1992-16호 국민학교 교육과정	문제해결력 및 기초 기능의 중시
제7차	• 1997. 12. 30. 교육부 고시 제1997-15호 국민 공통 기본 교육과정	단계형 수준별 교육과정 '수학적 힘'의 신장
2007 개정	• 2006. 8. 29. 교육인적자원부 고시 제2006-75호 수학, 영어 수준별 교육과정 • 2007. 2. 28. 교육인적자원부 고시 제2007-79호 초·중등학교 교육과정	수준별 수업 운영 권장 수학적 추론 능력, 문제해결력, 의사소통 능력 신장
2009 개정	• 2009. 12. 23. 교육과학기술부 고시 제2009-41호 초·중등학교 교육과정 총론 • 2011. 8. 9. 교육과학기술부 고시 제2011-361호 수학과 교육과정	학년군제 도입 수학적 과정 강조
2015 개정	• 2015. 9. 23. 교육부 고시 제2015-74호 초·중등학교 교육과정 총론 및 각론	수학 교과 역량 함양
2022 개정	• 2022. 12. 22. 교육부 고시 제2022-33호 초·중등학교 교육과정 총론 및 각론	수학 교과 역량 함양 학습자 맞춤형 학생 주도성 강화

01 제1차 교육과정

1.1. 배경

문교부는 광복 이후 미군정 하에서 임시방편적으로 만들어진 교수요목을 체계화하기 위해 1950년 제1차 교육과정 개정 작업에 착수하였다(소경희, 2005). 그러나 6.25 전쟁 발발로 인해 그 시도가 중단되었다가 교육과정 개정을 지속하기 위해 1953년 교육 과정 전체 위원회가 구성되었고, 수십 차례의 회의를 거쳐 1954년 4월 20일에 총론에 해당하는 문교부령 제35호로 '각급학교 교육과정 시간 배당 기준령'이 공포되었다. 이후 각 교과 위원회를 구성하고 교육 과정 전체 위원회에서 결정된 기본 원칙에 따라 각과 교육과정을 작성하여 마침내 1955년 8월 1일에 문교부령 제44호로 우리나라 최초의 교육과정인 '각급 학교 교과과정'이 공포되었다.

1.2. 산수과 교육과정의 특징

제1차 교육과정 개정 당시 우리나라는 미국의 진보주의 교육의 영향을 받았으며, 그 결과 산수과의 교육과정은 학생들의 경험이나 일상생활을 중시하는 생활 중심 교육으로 개정이 이루어졌다. 제1차 교육과정은 수량 관계나 측정 등의 내용을 일상생활과 연결하여 이해하고 실생활에서 활용할 수 있는 능력을 기르는 데 목표를 두었다.

> 제1차 교육과정의 내용 영역 구분에서 특이한 점은 0과 자연수를 '수' 영역으로 제시하고, 분수와 소수를 '수' 영역과 분리하였는데, 이는 '수' 안에 자연수, 분수, 소수가 포함된다는 것을 고려하면, 영역 구분이 체계적이라고 볼 수는 없다(조영미, 2023).

산수과 교육과정의 학년별 지도 내용은 1~2학년은 수, 계산, 분수, 측정, 표와 그림표, 문제해결과 실무, 형과 도형의 7개 영역으로, 3~6학년은 소수 영역이 추가되어 총 8개 영역으로 구성되어 있다.

'문제해결과 실무'는 1~6학년에 공통으로 포함된 영역으로, 아래에 제시된 세부 지도 내용의 예시에 나타난 바와 같이 학생들이 일상 생활에서 직면하게 되는 문제를 수학적으로 파악하고 해결하는 경험을 강조하고 있다.

- 물건을 사고, 팔고, 우수리를 받고 하는 일(1학년)

- 매매에 대한 평이한 것 또는 정가표 등을 보는 능력(3학년)
- 출납부 매매와 수지 및 우편 요금 등 평이한 요금 계산을 하고 이용하는 능력(5학년)

> 제1차 교육과정은 우리가 만든 최초의 교육과정이라는 점에서 의의가 크지만, 생활 단원 학습이 우리나라 실정에 맞지 않는다는 지적이 나왔으며 수학 내용의 약화로 인해서 학생들의 수학 학력이 저하되는 문제점이 나타났다(박한식, 2001).

4. 장사놀이

영철이네들은 장사놀이를 하기로 했읍니다.

연필도 있고 색종이도 있고 그림책도 장난감도 마련했읍니다.

대식이는 과일 가게를 한다고 마련을 하고 있읍니다.

순이는 종이를 잘라서 돈을 만들기로 했읍니다.

순이와 혜숙이는 종이돈을 많이 만들었읍니다.

영철이는 상점 앞에, 값을 적은 표를 내어놓았읍니다.

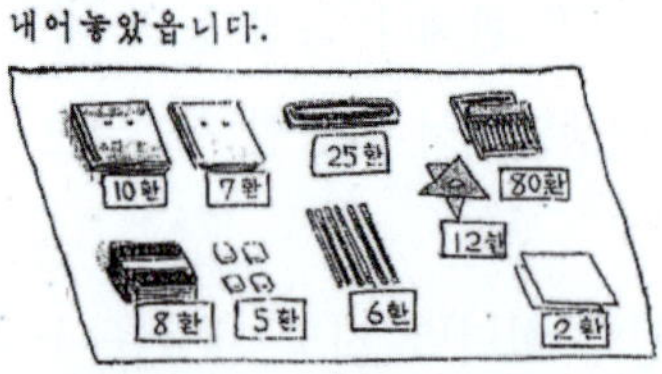

대식이는 과일 가게에서 파는 물건을 표로 해 놓았읍니다.

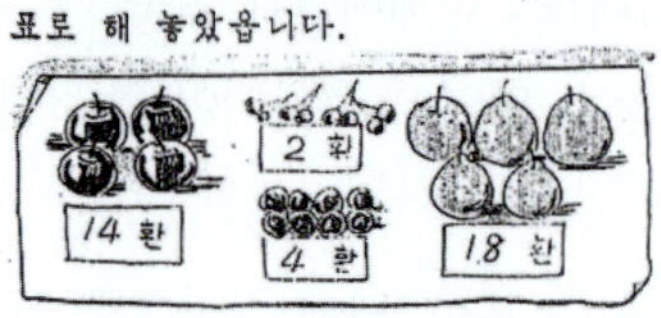

[그림 2-1] 1차 교과서 3-1학기: 실생활 문제해결 활동의 예

02 제2차 교육과정

2.1. 배경

제1차 교육과정은 제정 당시 혼란한 상황으로 인해 우리나라의 사회적 요구와 교육계의 실정을 충분히 반영하지 못했다는 반성이 계기가 되어 교육과정 개정이 시작되었다(소경희, 2005). 문교부는 1961년 8월에 교육과정심의회를 구성하여 교육과정 개정 작업에 착수하였고, 1963년 2월 15일에 문교부령 제119호로 제2차 교육과정을 공포하였다. 제2차 교육과정은 1964년부터 1, 2학년, 1965년부터 3, 4학년, 1966년부터 5, 6학년으로 순차적으로 시행되었다.

2.2. 산수과 교육과정의 특징

제2차 산수과 교육과정은 제1차 교육과정의 특징인 생활 중심 학습의 측면을 약화시키고 수학 본연의 계통을 중시함으로써 수학의 기초 학력을 신장하는 데 주력하였다(교육부, 1993). 제2차 교육과정의 이러한 특징은 다음의 산수과 개정의 취지에 잘 나타나 있다(조영미, 2023).

- 산수과 내용을 충실하게 하였다. 산수과의 계통성을 고려하여 생활면을 약화하고 또 다른 교과와의 관련에 있어서는 산수적 목표를 강조하였다.
- 학습 지도의 능률을 올리기 위하여 기초적인 개념, 원리에 치중하며 체계적이고 발전된 학습 전개를 꾀하였다. 심신 발달과 수 계열을 충분히 고려하여 기초적인 지식, 기능, 개념, 원리 등의 이해를 보다 충실하게 하기 위하여, 시간 수를 대체로 증가시키는 동시에, 조직을 합리화하였다.

제2차 산수과 교육과정의 지도 내용은 1학년부터 6학년까지 모두 '수', '계산', '양과 측정', '도형', '수량 관계와 응용'의 5개 영역으로 동일하게 구성되어 있다. 제1차 교육과정에서 수, 분수, 소수 영역을 분리하여 제시한 것과 다르게, 제2차 교육과정에서는 수 영역에 자연수, 분수, 소수를 포함시켜 수 체계의 계통을 명확하게 하였다(김현미, 신항균, 2021). 제2차 산수과 교육과정 내용상의 또 다른 특징은 제1차 교육과정의 '문제해결과 실무'영역에서 다루었던 실용·실무에 관한 내용을 대폭 삭제하고, '수량 관계와 응용' 영역에서 문장제, 생활 문제의 해결, 함수에 대한 내용, 표와 그래프의 내용을 묶어서 다루었다는 것이다(교육부, 1993).

03 제3차 교육과정

3.1. 배경

1957년 스푸트니크 발사 쇼크와 현대 과학기술의 발전에 따른 지식의 팽창으로 인해 미국에서는 기존 교육과정의 내용과 방향에 대한 반성이 일어나게 되었고 이로 인해 학문 중심 교육과정이 나타났다(조영미, 2023). 제2차 교육과정이 시행되면서 우리나라에도 지식의 구조와 탐구 학습을 강조하는 학문 중심 교육의 흐름이 영향을 미치게 되었으며, 이를 반영하려는 노력의 결과로 1973년 2월 14일에 문교부령 제310호로 제3차 교육과정이 공포되었다. 제3차 교육과정은 1, 2, 3학년이 1973년부터 4, 5, 6학년이 1974년부터 순차적으로 시행되었다.

3.2. 산수과 교육과정의 특징

제2차 교육과정이 발표된 후에 세계적으로 전개된 수학 교육 현대화 운동이 우리나라에 알려지기 시작하였고, 이를 수학 교과서에 반영하려고 노력하였으나 그 정도가 미흡하였다(박한식, 2001). 이후 수학 교육 현대화에 대한 분석과 연구가 지속적으로 이루어졌고 그 결과가 제3차 산수과 교육과정에 본격적으로 반영되었다. 제3차 산수과 교육과정의 개정 방향을 요약하면 아래와 같다. 이를 통해 제3차 산수과 교육과정이 집합 개념을 바탕으로 수학적 구조와 논리적 사고를 중시하였으며 새 수학의 내용을 조기에 도입하였음을 알 수 있다.

- 교육과정 전반을 통하여 집합 개념을 그 방향으로 삼는다.

- 수학적 구조 규명에 중점을 둔다.
- 논리의 엄밀성을 강조한다.
- 학습 내용을 조기에 도입한다.
- 발견적 학습 방법을 최대한 강조한다.

제3차 산수과 교육과정의 내용은 '수', '연산', '관계', '도형', '측도'의 5개 영역으로 나누었다. 제2차 교육과정의 '계산'을 '연산'으로, '양과 측정'을 '측도'로, '수량 관계와 응용'을 '관계'로 영역명을 변경함으로써 수학적 체계를 중요시하는 관점을 보여주었다(이용률, 성현경, 1997). 또한, 영역별 내용의 특징을 살펴보면, 수 영역에서는 1학년부터 6학년까지 집합 내용을 과감하게 삽입하였으며, 5학년부터 음의 정수를 도입하고 6학년에서는 음의 유리수까지 다루었다. 연산 영역에서는 수집합에 대하여 연산에 대한 성질을 다루고 대수적인 구조를 인식시키도록 하였으며, 문자를 사용하여 방정식과 부등식까지 다루었다. 관계 영역에서는 함수와 통계 내용을 중심으로, 수직선을 조기에 도입하고 대응 규칙으로서의 함수 관계의 체계를 확립하였으며 도수분포에 대한 내용과 간단한 사건에 대한 확률이 다루

> 학문 중심 교육을 반영한 제3차 산수과 교육과정은 지도 내용의 양과 수준이 교육과정 배당 시간 내에 다루기에 무리가 있어 교육과정에서 의도하는 바를 달성하기 어려웠으며, 수학적 구조를 지나치게 강조한 결과 기본 기능의 저하를 초래하였다는 문제점들이 드러났다.

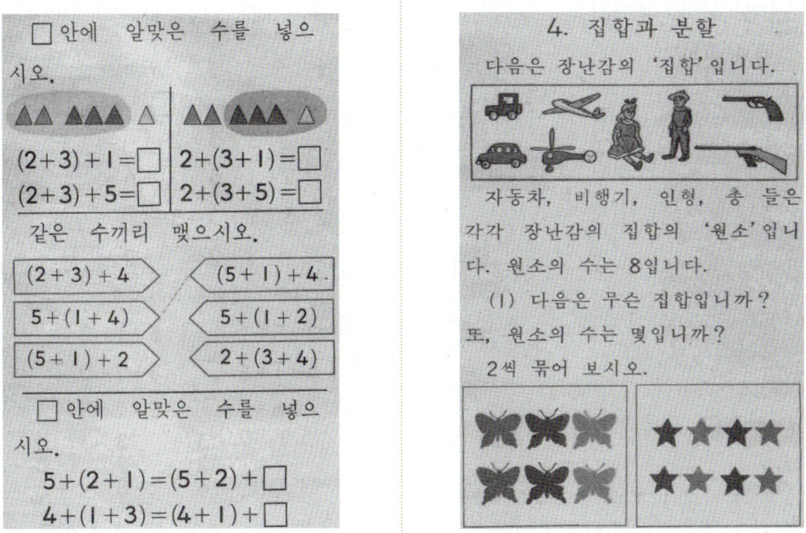

[그림 2-2] 3차 교과서 1-2, 2-1학기 덧셈의 결합법칙과 집합 개념 지도의 예

어졌다. 도형 영역에서는 닮은 도형의 관찰이 2학년부터 조기에 도입되었고 간단한 평면도형의 위상적, 사영적 변환의 성질을 다루었으며 평면도형의 상호 관계를 집합의 포함 관계로 명확하게 지도하도록 하였다. 마지막으로 측도 영역에서는 계기의 사용과 계량에 대한 부분이 약화되고, 근삿값과 오차에 대한 내용이 새로이 도입되어 오차의 한계를 알아보고 근삿값의 덧셈과 뺄셈을 다루도록 하였다. 영역별로 다루어진 내용을 보면 그 당시 국민학교 산수가 얼마나 어려웠는지를 알 수 있다.

토의문제 1

제3차 교육과정에서 다루어지는 내용을 내용 영역별로 정리해보고, 학생들이 학습에서 어떤 어려움을 겪었을지 예상해보고 논의해 보시오.

04 제4차 교육과정

4.1. 배경

1970년대 중반부터 제3차 교육과정에 대한 비판이 대두되기 시작하였다. 문교부는 제3차 교육과정의 초·중등 교육내용 학습량이 지나치게 많고 난해하여 여러 문제점이 발생하기 때문에 교육과정 내용을 축소, 조정하는 것이 필요하다고 보았다(조영미, 2023). 이에 한국교육개발원에서 교육과정 개정안 연구 개발을 위탁받아 시안을 작성하고, 문교부의 심의 후 수정·보완의 과정을 거쳐 1981년 12월 31일에 문교부령 제442호로 제4차 교육과정이 고시되었다. 제4차 교육과정은 1, 2, 3학년은 1982년부터 4, 5, 6학년이 1983년부터 순차적으로 시행되었다.

4.2. 산수과 교육과정의 특징

제4차 산수과 교육과정은 수학교육 현대화의 반성으로, 제3차 교육과정에 급격하게 도입된 현대 수학의 내용을 경감하고 수준을 적정화하면서 기초적인 지식과 기능의 습득 및 문제해결력을 강조하였다는 것이 특징적이다. 이러한 특징은 다음 제4차 산수과 교육과정 개정 방향에 잘 나타나 있다(조영미, 2023).

- 내용이나 개념의 선정 및 제시 방법은 학습자의 발달 수준, 학교급 간의 관련성을 고려하여 기초적인 지식의 습득을 중시하였다.
- 기초연산의 이해를 바탕으로 계산 기능을 강화하였다. 연산 영역은 원리, 법칙의 이해, 기능의 숙달을 필수로 하고 있으며, 더 나아가 적용의 단계를 포함하였다.
- 단계적 교재 구성으로 기본 개념을 보다 더 철저하게 이해시킬 수 있는 시간을 가지게 하였다. (...) 새 교육과정에서는 이렇게 중복되는 내용은 상급 학교로 넘기고, 기초개념을 철저히 이해시킬 수 있는 시간적 여유를 얻도록 하였다.
- 일상생활의 여러 가지 현상을 수리적으로 생각하는 경험을 통한 문제해결력을 강화하였다. 일상생활의 여러 현상을 있는 그대로 볼 것이 아니라, 항상 그 대상을 수학의 세계로 끌어들여 면밀히 관찰함으로써 문제를 해결할 수 있고, 문제해결에 필요한 수학의 기초적인 개념, 원리, 법칙을 이해할 수 있게 하였다.
- 발견적인 학습방법을 강조하였다.

제4차 교육과정의 내용은 제3차 교육과정과 마찬가지로, '수', '연산', '도형', '측도', '관계'의 5개 영역으로 나누었으나, 영역별 내용은 대폭 삭제 또는 이동되었다. 수 영역에서는 집합 내용을 대폭 약화하여 관계 영역으로 이동하였으며, 5, 6학년에서 다루었던 음의 유리수에 대한 부분은 음의 정수만 다루는 것으로 하고 수집합의 대수적 구조에 대한 부분도 약화시켰다. 도형 영역에서는 간단한 평면도형의 위상적, 사영적 변환의 성질에 대한 부분이 삭제되고 원주율에 대한 내용은 5학년에서 6학년으로 이동되었으며, 측도 영역에서는 5, 6학년에서 다루었던 오차의 한계와 근삿값의 정밀도와 정확도 및 근삿값의 덧셈과 뺄셈을 삭제하였다. 제4차 교육과정의 또 다른 특징은 평가상의 유의점을 처음으로 제시하여 교수·학습에서의 평가의 역할을 강조하였다는 것이다(박한식, 1991).

> 제4차 교육과정에 따른 교과서는 1학년의 경우 산수과와 자연과를 통합하여 '슬기로운 생활'이라는 하나의 교과서로 편찬하였다.

05 제5차 교육과정

5.1. 배경

문교부는 지식의 급격한 팽창과 고도 산업화, 정보화 시대에 능동적으로 대처하기 위해 교육과정을 주기를 두어 점검하고 개선할 필요가 있다고 보았다(문교부, 1987). 이에 제4차 교육과정의 운영 중 개선이 필요한 부분만 개정한다는 원칙 아래에 제5차 교육과정 개정 작업을 추진하였다. 이에 따라 한국교육개발원에서는 교육과정 개선을 위한 기초 연구 결과와 문교부에서 제시한 교육과정 개정 기본 방향을 바탕으로 교육과정 시안을 작성하였고, 문교부의 심의와 수정·보완 과정을 거쳐 1987년 6월 30일에 문교부 고시 제87-9호로 제5차 교육과정이 고시되었다. 제5차 교육과정은 1989년에는 1, 2, 3학년, 1990년에는 4, 5, 6학년에서 시행되었다.

5.2. 산수과 교육과정의 특징

제5차 산수과 교육과정은 제4차 교육과정의 기본 구조를 유지하면서 문제점을 수정·보완하는 차원에서 만들어졌다. 즉, 학습 내용의 양과 수준의 적정화를 지속하여 기초 학력 배양에 중점을 두고자 했으며, 문제해결력 신장 또한 강조하였다. 제5차 교육과정에서는 최초로 교과 목표에 흥미를 언급하며 산수 학습에서의 심리적인 측면을 고려하고자 했다(문교부, 1988). 이러한 특징을 보여주는 제5차 교육과정의 개정 방향은 아래와 같다.

- 기초학습능력 및 기초 학력과 관련되는 내용을 강화하였다.
- 학생용 보조 교과서로 '산수 익힘책'을 제공하여 학생들의 학습 활동을 늘리고 자율학습의 기회를 마련하였으며, 산수 교과서의 보충, 보완 및 심화 성격을 가지도록 하였다.
- 수학적 지식과 기능의 활용을 바탕으로 수학적 사고를 통한 문제해결력을 강조하였다. 제4차 교육과정의 방향을 이어받아 문제해결력 신장에 더 중점을 두었다.
- 학습 내용의 양과 수준을 적정화하였다. 기초학습 능력과 수학적 활동 및 문

제해결력과 관련되는 내용은 강화하는 한편 어려운 내용은 약화시켰다.

- 내적인 학습 동기 유발 및 긍정적인 수학적 태도의 육성을 강조했다. 학생들의 학습 활동을 높이고 자율적인 학습이 이루어지도록 유도하고 있으며 학습에 대한 성취의 정도뿐만 아니라 정의적인 목표에 대한 사항도 유의하도록 하였다.

제5차 교육과정의 내용은 '수', '연산', '도형', '측도', '관계'의 5개 영역으로 제4차 교육과정과 동일하였다. 학습 내용의 적정화를 구체적으로 살펴보면, 집합 내용을 5학년에서 초보적인 개념을 이해하는 것으로 약화하였고, 음수는 덧셈 연산만 다루도록 하였다. 수판셈 내용은 원리의 이해와 덧셈, 뺄셈으로 제한하고 곱셈, 나눗셈을 삭제하였으며, 근삿값에 대해서도 대폭 약화하여 덧셈, 뺄셈 부분도 삭제하였다.

> 제4차 교육과정에서는 1학년 산수과와 자연과를 통합하여 슬기로운 생활이라는 교과서를 사용했었으나, 제5차 교육과정에서는 1학년부터 산수 교과서를 다시 독립적으로 사용하였다.

제5차 산수 교과서에서는 문제 해결력 신장을 위해 학기별로 끝 단원에 '여러 가지 문제'를 배정하여 실생활 문제와 수학적 사고력을 기를 수 있는 문제들을 다룰 수 있도록 하였다.

06 제6차 교육과정

6.1. 배경

21세기의 도래를 준비해야 하는 전환기에 새로운 시대를 살아갈 인간을 육성하기 위해 교육과정의 체제와 구조 개선이 필요하다는 인식 아래 교육부는 1990년 10월 제6차 교육과정 개정 추진 계획을 수립하였다(교육부, 1993). 이후 기초 연구 수행과 총론, 각론 시안 작성 후 공개적인 의사결정 과정과 검토, 수정, 보완 작업을 거쳐 1992년 9월에 교육부 고시 제1992-16호로 제6차 국민학교 교육과정이 고시되었다. 제6차 교육과정은 1995년부터 1, 2학년, 1996년부터 3, 4학년, 1997년부터 5, 6학년이 순차적으로 시행되었다. 제6차 교육과정은 처음으로 중앙 집권형 교육과정을 지방

분권형 교육과정으로 전환하였다는 점이 특징적이다.

6.2. 수학과 교육과정의 특징

1980년대 말부터 수학 교육에서 국내외적으로 많은 변화가 일어났다. 미국, 영국, 일본 등에서 문제해결력과 추론을 강조하고 학생의 능력별 학습 및 계산기와 컴퓨터 활용을 위한 수학 교육 연구가 활발히 이루어지고 있었고, 국내에서는 단편적 지식과 문제 풀이의 기능 숙달에서 벗어나 수학적 사고력과 문제해결력 향상을 강조해야 한다는 주장이 강하게 일어났다(교육부, 1993). 이러한 국내외적 변화와 요구에 따라 아래의 제6차 교육과정이 작성되었고, 이때, '산수'에서 '수학'으로 교과명 변경이 이루어졌다.

제6차 수학과 교육과정은 제5차 교육과정을 부분 개정한 것으로, 내용의 분량 및 수준, 지도 방법, 평가 방법 등을 적절하게 수정 · 보완 하였으며, 기초 기능의 숙달과 더불어 컴퓨터의 활용에 관심을 두었다(교육부, 1993). 또한 제4, 5차 교육과정에서 목표에서만 강조하던 문제해결을 제6차 교육과정에서는 지도 내용면에 그 전략이나 내용, 방법 등을 구체적으로 제시함으로써 문제해결력을 더욱 중시하였다.

제6차 수학과 교육과정의 내용 영역은 제5차 교육과정과 마찬가지로, '수', '연산', '도형', '측도', '관계'의 다섯 영역으로 나누었다. 내용에서 가장 두드러진 특징은 관계 영역에 문제해결을 소영역으로 설정하여 각 학년에서 문제해결의 기초 경험, 문제해결을 위한 기초적 기능, 문제해결 하기에 대한 지도 내용을 상세하게 다루고 있다는 것이다. 또 다른 주요 내용 변화는 6학년에 거듭제곱과 십진 기수법의 전개식을 신설하고, 국제 단위계(SI)에 따른 단위 표기를 도입하였으며, 근삿값의 곱셈과 나눗셈, 혼합계산은 삭제하였다.

제6차 초등학교 수학 교과서에서 두드러진 특징은 학기별로 '여러 가지 문제' 단원을 1~2개로 구성하여 문제해결력을 더욱 강조하였다는 것이다. '여러 가지 문제(1)'에서는 실생활과 관련된 문장제 문제들을 주로 다루었으며, 그림그리기, 규칙찾기, 또는 거꾸로 풀기 등과 같은 구체적인 문제해결 전략을 활용하여 문제를 풀도록 하였고, '여러 가지 문제(2)'에서는 해당 학기에서 학습한 내용과 관련하여 수학적 사고력을 기를 수 있는 문제들을 주로 다루었다(최혜령, 2021).

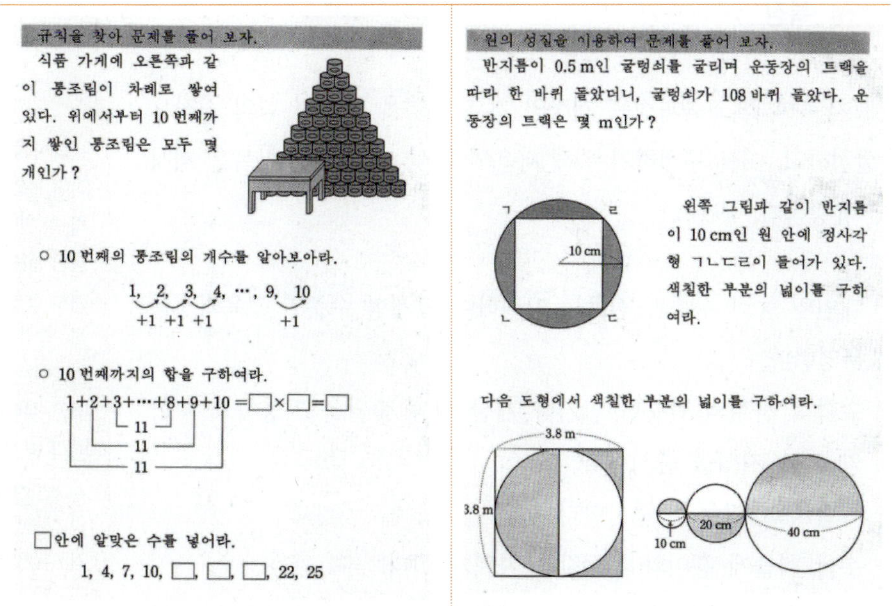
규칙을 찾아 문제를 풀어 보자.

식품 가게에 오른쪽과 같이 통조림이 차례로 쌓여 있다. 위에서부터 10 번째까지 쌓인 통조림은 모두 몇 개인가?

○ 10 번째의 통조림의 개수를 알아보아라.

1, 2, 3, 4, …, 9, 10

+1 +1 +1 +1

○ 10 번째까지의 합을 구하여라.

1+2+3+…+8+9+10 =□×□=□

11

11

11

□안에 알맞은 수를 넣어라.

1, 4, 7, 10, □, □, □, 22, 25

원의 성질을 이용하여 문제를 풀어 보자.

반지름이 0.5 m인 굴렁쇠를 굴리며 운동장의 트랙을 따라 한 바퀴 돌았더니, 굴렁쇠가 108 바퀴 돌았다. 운동장의 트랙은 몇 m인가?

왼쪽 그림과 같이 반지름이 10 cm인 원 안에 정사각형 ㄱㄴㄷㄹ이 들어가 있다. 색칠한 부분의 넓이를 구하여라.

다음 도형에서 색칠한 부분의 넓이를 구하여라.

[그림 2-3] 6차 교과서 6-1학기: '여러 가지 문제(1)'과 '여러 가지 문제(2)'에서 다루고 있는 문제 예시

07 제7차 교육과정

7.1. 배경

> 초등학교 1학년부터 고등학교 1학년까지의 10년 동안을 '국민 공통 기본 교육과정'으로 편성하여 학교급별이 아닌 학년제를 적용하였으며, 학생 개인의 능력 수준과 진로, 희망에 따라 학생의 교육 선택권을 확대하였다(교육부, 1997).

1994년 당시 정부는 세계화, 정보화 시대를 대비하여 우리나라 교육에 대한 문제를 분석하고 해결 방법을 모색하기 위해 교육 개혁 위원회를 구성하여 신교육 체제 수립을 위한 교육개혁 방안을 만들었다(조영미, 2023). 이 방안을 토대로 한국교육개발원에서는 교육과정 개정 시안을 개발하였고, 교육부의 개정안 검토 및 심의를 거쳐 마침내 1997년 12월 30일에 교육부 고시 제1997-15호로 제7차 교육과정이 고시되었다. 새 교육과정은 2000년에 1, 2학년, 2001년에 3, 4학년, 2002년에 5, 6학년에 순차적으로 적용되었다. 제7차 교육과정의 주요 특징은 국민 공통 기본 교육과정과 수준별 교육과정을 도입하였다는 것이다.

7.2. 특징

제7차 수학과 교육과정은 개정의 기본 방향을 수학적 힘의 신장으로 설정하고, 이를 구현하기 위해 다음의 여섯 가지 실천 항목을 제시하였다(강옥기, 1997).

> 수학적 힘이란 탐구하고 예측하며 논리적으로 추론하는 능력, 수학에 관한 또는 수학을 통한 정보교환능력, 수학 내에서 또는 수학과 다른 학문적 영역 사이의 아이디어를 연결하는 능력, 문제해결이나 어떤 결정을 내려야 할 때 수량과 공간에 관한 정보를 찾고 평가하고 사용하려는 성향과 자신감을 포함한다(강옥기, 1997, p. 46).

- 개인의 능력 수준과 진로를 고려하여 단계형 수준별 교육과정을 운영한다.
- 수학적 사실의 단순한 암기나 계산 기능 숙달을 지양하고 수학의 기본 지식을 중시한다.
- 학습자의 활동을 중시한다.
- 수학 학습에 흥미와 자신감을 가지게 한다.
- 계산기, 컴퓨터 및 구체적 조작물을 학습 도구로 활용하도록 한다.
- 다양한 교수 · 학습 방법과 평가 방법을 적극 활용하도록 한다.

제7차 수학과 교육과정의 쟁점이었던 수준별 교육과정은 위계가 분명한 학문의 특성을 고려하여 단계형 교육과정[1]으로 구성되었다. 단계형 교육과정은 10년간의 공통 기본 교육 기간을 10단계로 나누고 각 단계를 가와 나의 하위 단계로 나누어, 학생들이 자신의 학습 능력과 속도에 맞는 단계에서 학습할 수 있도록 하였다. 각 단계에는 모든 학생이 학습해야 할 핵심적인 내용으로 기본 과정을 두었으며, 기본 과정을 성공적으로 학습한 학생들이 발전적으로 학습할 수 있는 내용으로 심화 과정을 제시하였다. 또한 기본 과정의 내용을 초등화 한 것이거나 기본 과정의 내용에 대한 선수 학습 내용으로 보충 과정을 두었는데, 이는 학생 개개인에 따라 다양할 수 있으므로 교육과정에 일률적으로 명시하지는 않았다(강옥기, 1997). 제7차 수학과 교육과정 문서에 제시된 단계형 수준별 교육과정의 예시는 다음과 같다.

1 수준별 교육과정은 단계형, 심화보충형, 과목선택형의 세 가지 유형으로 구분된다. 위계가 분명한 수학과 영어 과목은 단계형, 그 외 과목은 심화보충형, 고등학교 2, 3학년은 과목선택형 교육과정이 적용되었다.

〈1-나 단계〉

(다) 측정

1 시각읽기

① 생활에서 시각에 대한 관심을 가지고 '몇 시', '몇 시 30분'까지 시각을 읽을 수 있다.

〈용어와 기호〉 시, 분

〈학습 지도상의 유의점〉

① 시각읽기는 학생들의 일상경험을 소재로 하여 지도한다.

[심화과정]

① 시각을 이용하여 하루의 생활 계획을 말할 수 있다.

제7차 수학과 교육과정의 내용 영역은 이전 교육과정과 달리, '수와 연산', '도형', '측정', '확률과 통계', '문자와 식', '규칙성과 함수'의 여섯 영역으로 새롭게 구분하였으며, 1학년부터 10학년까지 모두 같은 영역명을 사용하였다. 교육과정의 내용 진술은 개념의 나열을 지양하고, 학습 활동이 나타날 수 있게 하였으며, 내용 영역마다 처음 사용되는 용어와 기호, 학습 지도상의 유의점, 심화과정의 내용을 제시하였다(강옥기, 1997).

내용의 변화로는 수와 연산 영역에서 정수, 십진기수법, 수판셈, 집합이 삭제되었으며, 도형 영역에서는 공간 감각 기르기가 소영역으로 도입되었고 확률과 통계 영역에서는 줄기와 잎그림이 추가되었다. 문자와 식 영역에서 방정식과 관련된 내용은 7단계로 상향 이동되고 문제해결의 구체적 전략이 제시되었으며, 규칙성과 함수 영역에서는 비례식 부분이 약화되고 규칙 찾기 활동을 통한 수학적 사고력을 강조하였다(김현미 & 신항균, 2021).

제7차 초등학교 수학 교과서는 단원별 구성 형식에서 상당한 변화가 있었다(배종수, 1997). 우선, 수업 도입부에 학습할 내용을 아동들의 생활과 연결하여 생각해 보도록 하는 '생활에서 알아보기' 난을 제시하였고, 구체적인 조작 활동을 통해 수학적인 개념을 도입할 수 있도록 '활동' 난을 만들었다. 또한, 공부한 내용이나 수학적인 용어, 기호 등을 학생들이 알기 쉽도록 나타낸 '약속하기'가 새롭게 등장하였으며, 약속한 내용을 익히거나 쉽게 해결하는 방법을 익히기 위해 활용할 수 있는 '익히기'와 이전에 배운 내용이 새로운 학습을 할 때 기초로써 필요한 경우에 활용할 수 있는 '공부한 것을 다시 생각하기'를 만들었다. 더불어 익힘책에서는 수준별 교육과정을 반영하기 위하여 '단원평가'를 두었으며, 평가 결과에 따라 부족한 학생들을 위한 '다시 알아보기'와 그렇지 않은 학생들을 위한 '좀 더 알아보기'를 제시하였다. '단원평가', '다시 알아보기' 그리고 '좀 더 알아보기'는 반드시 정규 수업 시간에 다루도록 하였다.

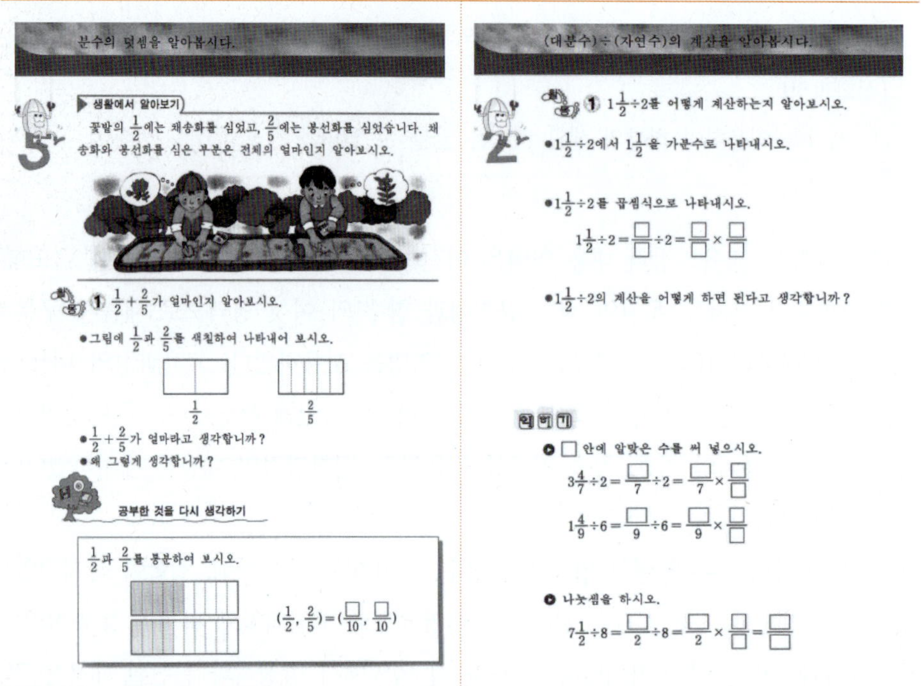

[그림 2-4] 7차 교과서 5-가, 5-나 단계: '공부한 것을 다시 생각하기'와 '익히기'의 예시

08 2007 개정 교육과정

8.1. 배경

제7차 교육과정은 국민 공통 기본 교육과정과 수준별 교육과정의 도입, 교육과정

편성 · 운영의 자율권 확대 등 획기적인 변화를 시도하였으나 시행 과정에서 여러 가지 적용상의 문제점이 드러났다(신성균 외, 2005). 교육인적자원부는 교육과정의 적용상 문제점을 개선하고 사회의 급격한 변화에 대응하여 교육 내용을 지속적으로 개선하기 위해 2003년 10월부터 '교육과정 수시개정 체제'를 도입하였다. 이에 따라 2007 개정 교육과정 총론은 제7차 교육과정의 기본 철학과 체제를 유지하면서 적용상의 문제점을 수정 · 보완하는 방향으로 진행되어 2007년 2월 28일에 교육인적 자원부 고시 제2007-79호로 고시되었다. 2007 개정 교육과정은 2009년에 1, 2학년, 2010년에 3, 4학년, 2011년에 5, 6학년으로 순차적으로 시행되었다.

8.2. 특징

2007 개정 수학과 교육과정은 수시개정 체제 아래, 2007년 총론이 고시되기 전에 교육과정 개정 작업에 착수하였으며, 그 결과 2006년 8월 29일에 교육인적자원부 고시 제2006-75호로 고시되었다. 제7차 수학과 교육과정이 학교 현장에 적용 · 운영되면서 문제점들이 드러났는데, 우선 단계형 수준별 교육과정이 현장에서 실질적으로 운영되기 어려웠으며, 교육과정에 제시된 심화 과정이 심화 수준으로서 적절한가에 대한 논란이 많았고 수학과 선택과목 간에 교육 내용이 중복되거나 연계성이 결여되었다는 지적이 제기되었다(박선화, 2007). 이러한 문제점들을 개선하기 위해 2007 개정 수학과 교육과정은 다음 사항에 중점을 두어 개정하였다(교육부, 2008).

- 현실 적합한 수준별 수업 방안을 구축한다. 국민 공통 기본 교육과정에서는 모든 학생이 알아야 할 필수 학습 내용만 제시하고, 각 학교 교사들이 학생의 수준과 진로 등을 고려하여 교육 내용을 재구성하고 수준별 집단에 맞는 수업을 실시할 수 있도록 자율권을 부여한다.
- 교육 내용을 적정화하여 제시한다. 학습량과 난이 수준을 적정화하고, 학년 간, 학교급 간, 교과 간의 연계성을 강화하고 연관된 내용은 밀접하게 관련지어 학습할 수 있도록 한다.
- 수학적 사고력의 신장을 강조한다. 귀납적 추론 능력과 논리적 추론 능력을 향상시키고, 문제해결력과 의사소통 능력을 기르는데 초점을 둔다.
- 수학의 가치를 제고하고 정의적 측면을 강조한다.

2007 개정 수학과 교육과정에서는 이전 교육과정에서 단계별로 제시되었던 수학과 '목표'를 삭제하고, 국민 공통 기본 교육과정인 10년간의 총괄 목표와 학교급별 하위 목표를 분리하여 제시하였으며 각각의 목표에는 수학적 의사소통과 수학에 대한 긍정적 태도 신장 등의 내용을 추가하였다.

교육과정의 내용에서는 제7차 수학과 교육과정에서 내용 영역을 여섯 개로 구분하여 1학년부터 10학년까지 모두 동일한 영역명을 사용했었으나, 2007 개정 교육과정에서는 학교급별 내용 영역을 차별화하였다, 즉, 초등학교에서는 '수와 연산', '도형', '측정', '확률과 통계', '규칙성과 문제해결'의 다섯 영역으로, 중 · 고등학교에서는 '수와 연산', '문자와 식', '함수', '확률과 통계', '기하'의 다섯 영역으로 구분하였다.

영역별 내용은 수학적 타당성, 미래 사회에서의 필요성, 학생의 인지 발달 수준, 수업 시수 대비 학습량과 난이 수준, 학년 및 학교급간 내용의 연계성 및 위계성, 타 교과 학습과의 연계성, 이후 학습에서의 지속적 필요성 및 활용성 등의 기준을 고려하여 선정하고 조직하였다(신성균 외, 2005). 초등학교 내용상의 주요 변화를 살펴보면, 수와 연산 영역에서는 학습량 감축을 위해 곱셈의 활용은 삭제되고 혼합 계산은 약화되었다. 도형 영역에서는 점판에서 도형 만들기, 거울에 비치는 상, 평행선의 성질은 삭제되거나 약화되었으며, 규칙성과 문제해결 영역에서는 학교급 간 연계성을 강화하고 실생활 문제해결력을 신장하기 위해 6학년에 문자 x와 방정식, 정비례와 반비례가 추가되었다.

2007 개정 초등학교 수학 교과서는 교육과정 개정 방향을 반영하여, 수학적 사고력 증진을 위해 수학적 추론, 수학적 의사소통, 문제해결력을 신장시키는 데 적합하고 학생들의 발달 수준을 고려하여 내용을 이해하기 쉽게 구성하고 자율적으로 학습할 수 있도록 만들고자 하였다(조영미, 2023). 특히, 2007 개정 교과서에서는 그림으로 그리기, 문장으로 쓰기, 방법을 말해보기와 같은 발문을 많이 포함해 수학적 의사소통 능력을 향상하고자 하였다(최혜령, 2021).

09 2009 개정 교육과정

9.1. 배경

교육과학기술부는 수시 개정 방침에 따라, 미래 사회가 요구하는 배려와 나눔을 실천하는 창의적인 인재를 육성하고자 2007 개정 교육과정의 수정 · 보완을 위한 교육과정 개정을 추진하였고, 2009년 12월 23일에 교육과학기술부 고시 제2009-41호로 2009 개정 교육과정 총론을 고시하였다. 2009 개정 교육과정은 2013년에 1, 2학년, 2014년에 3, 4학년, 2015년에 5, 6학년으로 순차적으로 시행되었다.

9.2. 특징

수학과에서는 총론에서 제시한 창의적인 인간 교육을 추구하는 동시에 이전 교육과정의 적용상의 문제점 및 교과 교육 개선을 위해 부분적으로 수정하고 보완한 결과, 2011년 8월 9일에 교육과학기술부 고시 제2011-361호로 2009 개정 수학과 교육과정을 고시하였다. 2009 개정 수학과 교육과정의 주요 개발 방향은 다음과 같다(신이섭 외, 2011).

- 2009 개정 교육과정의 총론에서 강조한 창의성 신장에 발맞추어 수학과 교육과정에서는 수학적 창의성을 강화하였다. 수학적 창의성 신장을 위해 수학적 문제해결, 수학적 추론, 수학적 의사소통의 하위 요소로 구성된 수학적 과정(mathematical process)을 강조하였다. 수학적 과정을 학습 내용 성취기준 및 교수 · 학습 상의 유의점, 그리고 교수 · 학습 방법에 반영하였다.
- 교육과정 운영의 유연성 확보를 위해 학년군을 설정하였다. 초등학교에서는 1~2학년군, 3~4학년군, 5~6학년군으로 구분하였다. 학년군제는 학생들의 수준별 학습을 용이하게 하며, 교육과정에서 엄격한 학년의 구분이 없어지고 내용이 통합적으로 제시되기 때

> '수학적 과정'은 학생들 주변의 다양한 현상을 수학과 연결하고 다양한 상황에서 발생하는 문제를 해결할 때 활성화되어야 하는 기능 또는 능력을 의미하며, '수학적 문제해결, 수학적 추론, 수학적 의사소통' 등을 구성 요소로 갖는 개념으로 정의하였다(신이섭 외, 2011, p. 11).

문에 관련 내용들을 여러 가지 방법으로 재배치할 수 있게 된다.

- 교육내용의 적정화라는 기본 방침에 따라 학습량을 경감함으로써 최적의 학습 내용을 정선하여 보다 질 높은 수학과 교육과정을 추구하였다. 각급 학교의 수학교육의 특성과 사정에 따라 2007 개정 교육과정 대비 내용을 20% 경감하였다.

2009 개정 수학과 교육과정의 초등학교 내용은 '수와 연산', '도형', '측정', '규칙성', '확률과 통계'의 다섯 영역으로 구분하였다. 이전 교육과정에서는 '규칙성과 문제해결'이라는 영역명을 사용하였는데, 2009 개정 교육과정에서는 이를 '규칙성'으로 변경하였다. 영역명을 변경한 이유는 '문제해결'이 과정적 성격을 띠고 있으며 수학 교과 전 영역에서 고루 지도되어야 한다는 취지에서 '문제해결' 부분을 전 영역으로 재편하고 '규칙성' 부분으로만 구성하였기 때문이다(신이섭 외, 2011).

영역의 내용은 추가, 삭제, 이동 등의 변화를 통해 학습량을 적정화하였으며, 내용상의 주요 변화는 다음과 같다. 첫째, 수와 연산 영역에서는 1~2학년군에서 세 자릿수와 네 자릿수를 함께 다루는 것으로 수 지도 시기를 조정하고 수 감각의 강화를 위한 활동을 강조하였으며, 1~2학년군에서는 한 자릿수의 덧셈과 뺄셈으로 시작하여 두 자릿수의 계산으로 확장하고 세 자릿수의 덧셈과 뺄셈은 3~4학년에서 다루는 것으로 자연수의 덧셈과 뺄셈 지도시기를 조정하였다. 또한, 복잡한 계산에서 계산기를 활용하도록 하여 학습 부담을 경감하였다. 둘째, 도형 영역에서는 공간감각의 신장을 위해 모양 만들기 및 모양 꾸미기 등의 조작적 활동을 강화하였으며, 선분과 직선을 3~4학년군으로 상향 이동하고 각에 대한 정확한 의미를 지도하기 위해 반직선을 도입하였다. 또한 사각형의 포함 관계, 선대칭 위치에 있는 도형과 점대칭 위치에 있는 도형, 그리고 회전체를 삭제하여 학습량을 경감하였다. 셋째, 측정 영역에서는 1~2학년군에서 실생활과 관련된 측정 활동을 바탕으로 측정의 개념 이해와 양감 형성을 강조하였다. 3~4학년군에서는 시간의 덧셈과 뺄셈을 약화하였고, 5~6학년군에서는 겉넓이와 부피를 통합하고 부피와 들이 사이의 단위 환산을 삭제하여 학습량을 감축하였다. 넷째, 규칙성 영역에서는 이전 교육과정에서 1학년과 2학년에 걸쳐 두 번 지도하였던 규칙 찾기 활동을 통합하였으며, 규칙과 대응을 위해 다양한 탐구 활동을 포함시키고 규칙 찾기 활동에 계산기 활용을 확대하였다. 5~6학년군에 있던 할, 푼, 리와 연비는 학습량 감축을 위해 삭제하였고, 방정식과 미지수, 등식의 성질은 중학교의 내용과 중복되므로 중학교로 이동 통합하였다. 마지막으로 확률과 통계 영역에서는 6학년에서 다루던 경우의 수와 확률을 중학교로 상향 이동하고, 간단한 생활 속의 사건에 대하여 직관적으로 파악할 수 있는 사건의 가능성을 $0, \frac{1}{4}, \frac{1}{2}, \frac{3}{4}, 1$ 정도로 표현하도록 하였으며, 줄기와 잎 그림은 중학교 통계 내용과 의미 있게 연결되므로 중학교로 이동함으로써 학습량을 감축하였다.

2009 개정 초등학교 수학 교과서의 가장 두드러진 특징은 수학에 대한 이해와 흥미를 높이기 위해 수학적 의미, 역사적 맥락 및 실생활 사례 등을 스토리텔링 방식으로 구성하였다는 점이다(조영미, 2023). 단원 도입에 각 차시의 학습 주제를 포함하는 폭넓은 상황을 제시하여 학습 동기를 유발하고 다른 학문 분야나 생활 속에서 융합적인 사고와 창의적인 사고를 하도록 하였다. 또한 본 차시 내용 외에 창의성과 관련하여 체험 마당, 놀이 마당, 이야기 마당으로 구성된 창의 마당을 두었는데, 이 활동들을 통해 생활 주변 문제나 사회현상, 자연현상 등과 관련지어 수학을 배움으로써 수학에 대한 가치를 인식하도록 하고자 하였다. 세 가지 마당은 수업에서 모두 다룰 필요는 없으며 선택적으로 활용할 수 있도록 하였다.

[그림 2-5] 2009 개정 교과서 2-1, 4-1 학기: 스토리텔링 구성과 '체험 마당'의 예시

토의문제 2

2009 개정 초등학교 수학 교과서의 한 단원을 선택하여 스토리텔링이 어떻게 구성되어 있는지를 살펴보고, 스토리텔링 교과서의 장단점을 논의해 보시오.

10 2015 개정 교육과정

10.1. 배경

교육부는 문·이과 구분에 따른 교육과정 운영의 문제점을 개선하고 융합형 인재 양성에 대한 국가·사회적 요구에 부응하고자, 초·중등 교육과정과 대학수학능력시험 제도를 연계하여 개편할 계획임을 발표하면서 교육과정 개정을 시작하였고, 이후 총론 및 교과 교육과정 개발을 위한 정책연구를 거쳐, 2015년 9월 23일에 교육부 고시 제2015-74호로 2015 개정 교육과정 총론을 고시하였다(조영미, 2023). 2015 개정 교육과정은 1, 2학년은 2017년부터, 3, 4학년은 2018년부터, 5, 6학년은 2019년부터 연차적으로 시행되었다.

10.2. 특징

2015 개정 수학과 교육과정은 총론과 함께 2015년 9월 23일에 고시되었다. 수학과에서는 2015 개정 교육과정 총론의 개정 방향을 토대로 수학 교과의 특성과 상황을 반영하여 다섯 가지 개정 방향을 설정하였다. 교육과정의 개정 방향과 중점 사항을 요약하면 다음과 같다(박경미 외, 2015).

- 수학 교과 핵심역량을 강조한다. 총론에서 제시한 여섯 가지 핵심역량[2]을 참고하고 수학과의 특성을 고려하여 '문제해결', '추론', '의사소통', '창의·융합', '정보

2 총론에서 제시한 핵심역량(care competency)은 자기관리 역량, 지식정보처리 역량, 창의적 사고 역량, 심미적 감성 역량, 의사소통 역량, 공동체 역량이다(교육부, 2016, p.29).

처리', '태도 및 실천'으로 수학 교과 역량을 규정하고, 각각을 정의한 후 하위요소로 구체화하였다. 수학 교과 역량을 기반으로 '성격', '목표', '교수 · 학습 방향', '평가 방향'이 작성되었으며, 내용 성취기준과 교수 · 학습 방법 및 유의 사항에도 교과 역량이 반영되도록 하였다.

- 학습 부담 경감을 실현한다. 이를 위해 내용 감축과 연계성 강화, 교수 · 학습 방법 개선 그리고 '평가 방법 및 유의 사항'을 신설하였다. 특히, 내용 경감이 학습 부담 경감으로 이어지지 않기 때문에 '평가 방법 및 유의 사항'을 신설하여 교육과정의 학년별, 영역별로 교육과정을 벗어난 심화된 내용을 평가하지 않도록 안내하였다.
- 학습자의 정의적 측면을 강조한다. 학습자의 정의적 측면과 관련하여 '태도 및 실천'을 교과 역량의 하나로 선정하고, 이에 관한 내용을 '교수 · 학습 방법'에 구체화하여 진술하였다.
- 실생활 중심의 통계 내용으로 재구성한다. 실생활 맥락의 통계 교육으로 패러다임을 전환하기 위하여 주어진 자료의 수동적인 처리에 머무르지 않고, 자료의 수집, 분석, 해석 등 일련의 과정이 다루어지는 것을 강조하였다.
- 공학 도구의 활용을 강조한다. 이전 수학과 교육과정에서 '교수 · 학습상의 유의점'이나 '교수 · 학습 방법'에서 공학 도구의 활용을 권장하던 수준을 한층 강화하여 언급하고, 중학교급에서는 성취기준으로 진술하여 수업에서 공학 도구가 적극적으로 활용되어야 함을 명시적으로 강조하였다.

2015 개정 수학과 교육과정의 문서 체제의 주요 변화는 다음과 같다. 우선, 내용 체계는 내용 요소를 중심으로 하되, '핵심 개념', '일반화된 지식', '기능'을 추가하였다[3]. 성취기준에는 '학년군 1자리 + 교과목명 앞 글자 1자리 + 영역 2자리 + 성취기준 2자리'의 원칙에 따라 코드를 부여하고, '내용 요소나 지식'과 '기능'이 결합된 형태로 성취기준을 진술하였다. 또한, 기존 교육과정에서 성취기준 다음에 제시된 '용어와 기호'를 '학습 요소'로, '교수 · 학습상의 유의점'을 '교수 · 학습 방법 및 유의 사항'으로 변경하였으며, '평가 방법 및 유의 사항'을 신설하였다.

3 핵심 개념은 여러 개념들을 아우르는, 교과가 기반하는 학문의 가장 기초적인 개념이나 원리를 의미한다. 일반화된 지식은 학년 및 학교급을 통해 학생들이 알아야 할 내용을 명제적 지식의 형태로 진술한 것이다. 기능은 수학 교과 고유의 탐구기능 및 사고 방식을 반영하는 것으로, 내용을 학습한 후 학생들이 할 수 있거나 할 수 있기를 기대하는 수행능력으로 기술한다(박경미 외, 2015, pp. 26-27).

[2수01-01] <u>0과 100까지의 수 개념을</u> <u>이해하고,</u> <u>수를 세고 읽고 쓸 수 있다.</u>
내용 요소 + 기능 내용 요소 + 기능

2015 개정 수학과 교육과정의 초등학교 내용 영역은 '수와 연산', '도형', '측정', '규칙성', '자료와 가능성'의 다섯 영역으로 제시되었다. 이전 교육과정에서는 '확률과 통계'라는 영역명을 사용하였는데, 초등학교에서는 본격적으로 확률 개념을 다루지 않으며 초등학교는 중학교 이상의 학교급과 달리 좀 더 초보적인 영역명을 취해왔기 때문에, 2015 개정 교육과정에서는 '확률과 통계'를 '자료와 가능성'으로 변경하였다(박경미 외, 2015).

2015 개정 수학과 교육과정의 초등학교 내용 선정 방향은 유치원 교육과정인 누리과정과의 연계성 확보, 학습 부담 경감을 위한 내용 검토 및 불필요한 계산 지양, 수시 개정으로 인한 현장 교사들의 피로도 누적을 고려하여 변화를 최소화하는 것으로 하였다. 초등학교의 주요 내용 변화를 살펴보면, 수와 연산 영역에서는 자연수의 혼합 계산을 3~4학년군에서 5~6학년군으로 이동하였고, 분수와 소수의 혼합 계산을 삭제하였다. 도형 영역에서는 누리과정과의 연계성을 위해 물체의 위치와 방향에 대한 표현을 성취기준에 추가하였다. 측정 영역에서는 실생활에서 유용성이 낮은 넓이 단위인 아르(a)와 헥타르(ha)를 삭제하고 무게 단위인

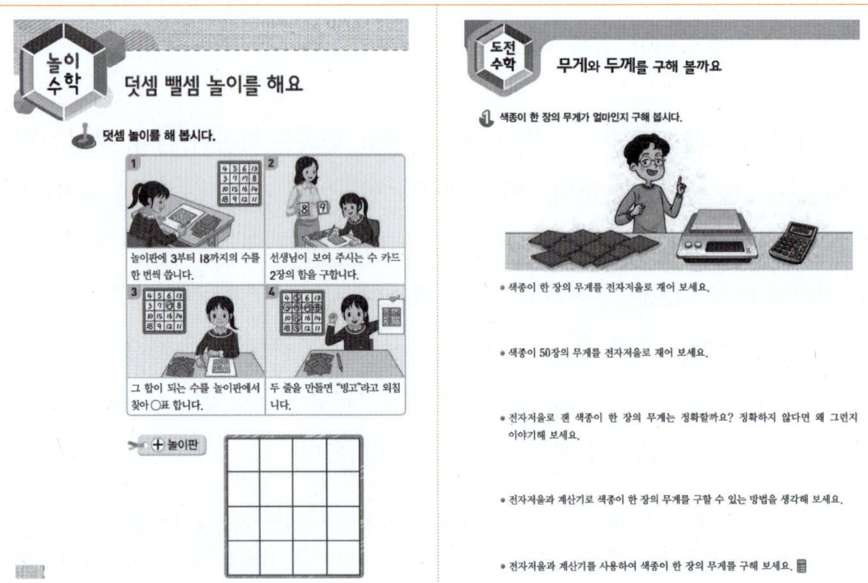

[그림 2-6] 2015 개정 교과서 2-1, 5-1 학기: '놀이 수학'과 '도전 수학'의 예시

통(t)을 3~4학년군으로 이동하였다. 또한 수의 범위와 어림하기를 5~6학년군으로 이동하고, 원기둥의 겉넓이와 부피는 계산의 복잡성과 중학교와의 중복을 고려하여 중학교로 상향 이동하였다. 규칙성 영역에서는 정비례와 반비례를 중학교로 상향 이동하고, 규칙과 대응을 3~4학년군에서 5~6학년군으로 이동하였다. 마지막으로 자료와 가능성 영역에서는 자료의 수집, 분류, 정리, 해석 활동을 강조하였다.

2015 개정 초등학교 수학 교과서는 교육과정과의 연계성 강화, 수학 교과 역량의 충실한 구현, 학생 수준을 고려한 수학적 사고 활동 확대 등의 주요 개발 방향하에 쉽고 재미있게 배우는 학생 참여 중심 교과서를 개발하고자 하였다(교육부, 2017b). 특히, 단원 도입부터 전반에 걸쳐 수학 교과 역량을 구현하려고 시도하였는데, 본 차시 이외에 1~2학년에는 '놀이 수학'과 '탐구 수학', 3~4학년에는 '생각 수학'과 '탐구 수학', 5~6학년에는 '도전 수학'과 '탐구 수학'을 배치하여 교과 역량을 함양하는 데 중점을 두었다. 각 활동이 중점을 두고 있는 교과 역량은 6가지 색깔로 구분된 육각형 아이콘을 사용하여 표시하였다(교육부, 2019b).

한편, 2019년에 초등학교 사회, 과학 교과서와 함께 수학 교과서 발행이 국정에서 검정 체제로 전환됨에 따라, 3~4학년 검정 수학 교과서가 개발되어 2022년에 현장에 적용되었고, 5~6학년 교과서는 2023년에 순차적으로 적용되었다. 다만, 초등 1~2학년 교과서는 국정 발행을 유지하였다(조영미, 2023).

토의문제 3

2015 개정 수학과 교육과정에서 강조하는 6가지 교과 역량을 설명하고, 초등학교 교과서에 교과 역량이 어떻게 구현되었는지 구체적인 사례를 찾아서 분석해 보시오.

11 2022 개정 교육과정

11.1. 배경

교육부는 디지털 전환, 기후환경 변화 및 학령인구 감소 등에 대비하여, 미래 사회에 필요한 역량을 함양하고 학습자 맞춤형 교육을 강화할 수 있도록 미래 교육 비전

정립과 수업 및 평가 개선 등의 교육과정 체제 전환이 필요하다는 인식 아래 2022 교육과정 개정을 추진하였다(교육부, 2021). 이에 2022년 12월 22일에 교육부 고시 제 2022-33호로 2022 개정 교육과정이 고시되었다. 2022 개정 교육과정은 2024년부터 1, 2학년에 적용되기 시작하여, 2025년에 3, 4학년, 2026년에 5, 6학년으로 순차적으로 적용된다.

11.2. 특징

2022 개정 수학과 교육과정은 이전 교육과정의 문제점들을 개선하고 총론의 교육과정 개정 방향에 부합될 수 있도록 개정되었다(이경화 외, 2022). 수학과 교육과정의 개정 방향은 다음과 같다. 첫째, 학생의 수학 교과 역량 함양 방향을 모색하였다. 둘째, 미래 지향적 수학 학습 내용 재구조화를 시도하였으며, 셋째, 학생의 삶과 성장을 지원하는 교수·학습 및 평가 방향과 방법을 제시하였다. 넷째, 총론과 각론 교육과정 사이의 일관성을 확보하기 위해 기초 소양 함양, 민주 시민 교육과 생태전환 교육, 온라인 교육 환경 활용, 범교과 학습 주제 및 타 교과 연계 학습, 진로연계교육 및 기초학력 보장을 수학과에 반영하였다. 마지막으로, 학교·교사 교육과정 자율성을 확대하고 실행을 지원하기 위해 문서 체제를 정교화하였다.

2022 개정 수학과 교육과정에서의 주요 변화는 수학 교과 역량의 재구조화, '교육과정 설계의 개요' 신설, 내용 체계 개선, 성취기준 해설 및 성취기준 적용 시 고려 사항 제시, 수학 교수·학습 및 평가 방법의 개선이다(이경화 외, 2022). 주요 변화를 요약하면 다음과 같다.

- 수학 교과 역량 함양은 2015 교육과정부터 개정 중점 사항이었다. 2015 개정 교육과정에서는 수학 교과 역량을 '수학교육을 통해 학습자가 길러야 할 기본적이고 필수적인 능력 또는 특성'으로 정의하고 문제해결, 추론, 창의·융합, 의사소통, 정보처리, 태도 및 실천의 6가지 역량으로 선정하였으며, 지식과 별개의 차원에 존재하는 것으로 지식과 결합하여 학습될 것을 제안하였다. 한편, 2022 개정 교육과정에서는 수학 교과 역량을 문제해결, 추론, 의사소통, 연결, 정보처리의 5가지 역량으로 선정하고 각각의 교과 역량이 지식·이해, 과정·기능, 가치·태도[4]를 아우르는 것으로 재개념화하였다. 또한, 수학 교과 역량을 수학과 목표, 내

용 체계, 교수 · 학습 방법, 평가 방법 등 교육과정 전반에 제시하여 역량 함양 교육과정을 도모하였다.

- 2022 개정 교육과정에서는 '교육과정 설계의 개요'를 신설하였다. 교육과정 설계의 개요는 수학과 교육과정 전반의 구성에 대해 이해할 수 있도록 기술하였는데, 구체적으로, 수학과 교육과정의 설계 방향에 대한 개괄적인 소개, 총론과의 연계성, 교육과정의 각 항목 간 연결성 및 관계 설명, 내용 영역 소개, 핵심 아이디어와 내용 체계의 세 범주에 대한 설명, 그리고 교육과정의 각 항목을 활용하여 수업을 설계하는 방식에 대한 설명으로 구성하였다.
- 내용 체계를 개선하였다. 2022 개정 교육과정의 내용 체계에는 핵심 아이디어와 지식 · 이해, 과정 · 기능, 가치 · 태도의 세 범주를 제시하였다. 핵심 아이디어는 2022 개정 교육과정에서 처음 도입되는 것으로 2015 개정 교육과정의 '일반화된 지식'과 유사하다. 수학과 핵심 아이디어는 주요 수학적 개념, 원리, 법칙 등이 어떻게 발생하여 확장되며 그 결과로 어떤 일반성과 추상성을 획득하는지, 수평적으로 또는 수직적으로 어떻게 상호 연결되는지, 어떤 탐구 과정을 중점적으로 강조하는지, 어떤 가치와 태도 및 실천에 의하여 바람직하게 학습될 수 있는지 등을 압축하여 제시한 것이다(〈표 2-2〉 '수와 연산' 영역의 내용 체계 예시 참조).
- '성취기준 해설' 및 '성취기준 적용 시 고려 사항'을 제시하였다. 이는 수학과 교육과정에 대한 해설의 요구가 높다는 점과 타 교과의 2015 개정 교육과정에서는 성취기준 해설이 제시되어 있다는 점을 반영한 것이다. 영역별로 제시된 성취기준 중에 학교 현장에서 오해 및 혼동할 가능성이 있거나 추가적인 설명이나 강조가 필요한 경우에, 해당 성취기준에 대한 성취기준 해설을 제시하였다. '성취기준 적용 시 고려 사항'에서는 해당 영역 고유의 특성을 고려하여 특별히 강조하거나 중요하게 다루어야 할 교수 · 학습 및 평가상의 주안점을 진술하였다. 또한, 2015 개정 교육과정의 '학습 요소' 항목을 삭제하는 대신 수학과에서 다루는 용어와 기호를 '성취기준 적용 시 고려 사항'에 문장으로 제시하였다. 다음은 초등학교 1~2학년군 '수와 연산' 영역에 제시된 '성취기준 해설'과 '성취기준 적용 시 고려 사

4 수학 교과 역량을 재개념화하면서 지식 · 이해, 과정 · 기능, 가치 · 태도를 다음과 같이 규정하였다. 지식 · 이해는 '수학의 개념, 원리, 법칙', '수학적 지식', '수학적 사실' 등을 뜻하며 영역별, 학년(군)별, 선택 과목별로 규정할 수 있다. 과정 · 기능은 교과 역량이 발현되는 사고 과정이나 구체적인 행동을 제시한다. 가치 · 태도는 수학을 학습하면서 학생들이 갖게 되는 태도와 실천적인 성향을 나타낸 것으로, 수학의 가치를 인식하고 수학적 태도를 함양할 수 있게 구성한다(이경화 외, 2022, pp. 14-16)

향'의 예시이다.

> (가) 성취기준 해설
>
> • [2수01-06] 덧셈은 두 자리 수의 범위에서 다루되, 합이 세 자리 수인 경우도 포함한다.
>
> (나) 성취기준 적용 시 고려 사항
>
> • '수와 연산' 영역에서는 용어와 기호로 '덧셈, 뺄셈, 곱셈, 짝수, 홀수, +, −, ×, =, >, <'를 다룬다.
>
> • 자연수가 개수, 순서, 이름 등을 나타내는 경우가 있음을 알고, 실생활에서 수가 사용되는 사례를 통하여 네 자리 이하의 수의 필요성을 인식하게 한다.

- 수학 교수·학습 및 평가 방법을 개선하였다. 2022 개정 수학과 교육과정에서는 '학생의 삶과 성장을 지원하는 교수·학습 및 평가'를 교육과정의 개정 방향으로 설정한 바 있다. 이에 따라, 수학과 교수·학습에 학생의 주도적 수학 학습을 위한 교수·학습 방법과 학생 맞춤형 교수·학습 방법을 새롭게 제시하였다. 또한, 수학 교과의 특색에 맞게 교수·학습 방안을 정교화하였다. 기존에 제시하였던 설명식 교수, 토의·토론, 협력 학습, 탐구 학습, 프로젝트 학습 이외에 수학적 모델링과 놀이 및 게임 학습을 추가하였다. 문제해결 관련 교수·학습 방법인 수학적 모델링을 교수·학습 방안의 하나로 제시하여 삶과 연계된 학습이 이루어질 수 있도록 하였고, 수학과 특유의 교수·학습 방안으로 놀이 및 게임 학습을 제시하였다. 다른 한편으로, 총론과의 일관성을 확보하기 위해 범교과 학습 주제 및 타 교과 연계 학습과 디지털 기반의 교육 환경 활용 등에 관한 내용을 교수·학습 방법에 추가하였다.

  평가 방법에서는 수학 수업과의 연계를 강조하면서 과정을 중시하는 평가를 할 때 고려할 사항을 구체적으로 제시하였다. 또한, 학생의 수학 학습 과정과 결과는 다양한 평가 방안을 사용하여 평가하도록 명시하고 기존의 평가 방안의 내용을 더 정교하게 제시하였다.

2022 개정 수학과 교육과정의 초등학교 내용 영역은 '수와 연산', '변화와 관계', '도형과 측정', '자료와 가능성'의 네 영역으로 제시되었다. 이전 교육과정에서 분리되어 있던 '도형'과 '측정' 영역을 하나로 통합하였으며, '규칙성'을 삭제하고

'변화와 관계' 영역으로 재조직하였다.

2022 개정 수학과 교육과정의 초등학교 내용 선정은 초등학교와 중학교의 학습 내용 연계성 확보, 실생활 자료 중심의 통계교육 강화, 성취기준의 정련 및 선정

〈표 2-2〉 '수와 연산' 영역의 내용 체계 예시

<table>
<tr><td>핵심 아이디어</td><td colspan="6">• 사물의 양은 자연수, 분수, 소수 등으로 표현되며, 수는 자연수에서 정수, 유리수, 실수로 확장된다.
• 사칙계산은 자연수에 대해 정의되며 정수, 유리수, 실수의 사칙계산으로 확장되고 이때 연산의 성질이 일관되게 성립한다.
• 수와 사칙계산은 수학 학습의 기본이 되며, 실생활 문제를 포함한 다양한 문제를 해결하는 데 유용하게 활용된다.</td></tr>
<tr><td rowspan="3">구분

범주</td><td colspan="6">내용 요소</td></tr>
<tr><td colspan="3">초등학교</td><td colspan="3">중학교</td></tr>
<tr><td>1~2학년</td><td>3~4학년</td><td>5~6학년</td><td colspan="3">1~3학년</td></tr>
<tr><td>지식 · 이해</td><td>• 네 자리 이하의 수
• 두 자리 수 범위의 덧셈과 뺄셈
• 한 자리 수의 곱셈</td><td>• 다섯 자리 이상의 수
• 분수
• 소수
• 세 자리 수의 덧셈과 뺄셈
• 자연수의 곱셈과 나눗셈
• 분모가 같은 분수의 덧셈과 뺄셈
• 소수의 덧셈과 뺄셈</td><td>• 약수와 배수
• 수의 범위와 올림, 버림, 반올림
• 자연수의 혼합 계산
• 분모가 다른 분수의 덧셈과 뺄셈
• 분수의 곱셈과 나눗셈
• 소수의 곱셈과 나눗셈</td><td>• 소인수 분해
• 정수와 유리수</td><td>• 유리수와 순환소수</td><td>• 제곱근과 실수</td></tr>
<tr><td>과정 · 기능</td><td colspan="3">• 자연수, 분수, 소수 등 수 관련 개념과 원리를 탐구하기
• 수를 세고 읽고 쓰기
• 자연수, 분수, 소수의 크기를 비교하고 그 방법을 설명하기
• 사칙계산의 의미와 계산 원리를 탐구하고 계산하기
• 수 감각과 연산 감각 기르기
• 연산 사이의 관계, 분수와 소수의 관계를 탐구하기
• 수의 범위와 올림, 버림, 반올림한 어림값을 실생활과 연결하기
• 자연수, 분수, 소수, 사칙계산을 실생활 및 타 교과와 연결하여 문제해결하기</td><td colspan="3">• 최대공약수와 최소공배수 구하기
• 정수, 유리수, 실수의 대소 관계 판단하기
• 정수, 유리수, 근호를 포함한 식의 사칙계산의 원리를 탐구하고 계산하기
• 유리수와 순환소수의 관계 설명하기</td></tr>
<tr><td>가치 · 태도</td><td colspan="3">• 자연수, 분수, 소수의 필요성 인식
• 사칙계산, 어림의 유용성 인식
• 분수 표현의 편리함 인식
• 수와 연산 관련 문제해결에서 비판적으로 사고하는 태도</td><td colspan="3">• 음수, 무리수의 필요성 인식
• 실생활에서 사칙계산의 유용성 인식
• 수 체계의 논리적 아름다움에 대한 관심
• 정수와 유리수의 사칙계산의 원리를 이용하는 문제의 풀이 과정과 결과를 반성하는 태도</td></tr>
</table>

을 통한 학습량 적정화를 중심으로 이루어졌다(이경화 외, 2022). 먼저, 초등학교와 중학교의 학습 내용의 연계성 확보는 내용 영역을 제시하는 방식에서 변화를 가져왔다. 2015 개정 수학과 교육과정에서 초등학교와 중학교가 별도로 설정되었던 내용 영역을 2022 개정 교육과정에서는 지식 · 이해의 범주인 '수와 연산', '변화와 관계', '도형과 측정', '자료와 가능성'으로 통일하였다. 그리고 각각의 범주를 다시 공통의 하위 범주로 분류하고 하위 범주별로 초등학교와 중학교에서 학습하는 내용 요소들을 제시함으로써 초등학교와 중학교의 학습 내용의 연계성을 확보하고자 하였다(〈표 2-2〉 참조).

다음으로, 실생활 자료 중심의 통계 교육의 강화와 성취기준의 정련 및 선정을 통한 학습량 적정화는 학습 내용에서의 변화와 관련된다. 실생활 자료 중심의 통계 교육을 강화하기 위해 실질적인 통계적 소양 활동을 강조하였으며, 성취기준 정련 및 선정은 성취기준의 수정, 통합, 삭제, 신설 등을 통해 이루어졌다. 이를 통한 영역별 주요 내용 변화를 정리하면 〈표 2-3〉과 같다.

〈표 2-3〉 영역별 주요 내용 변화

영역명	주요 내용 변화
수와 연산	• '수의 범위/어림하기(올림, 버림, 반올림)' 측정 → 수와 연산 영역으로 이동(5~6학년군) • '계산 결과의 어림' 관련 성취기준 정돈(3~4학년군, 5~6학년군) • '약수와 배수의 관계 이해하기' 관련 성취기준 삭제(5~6학년군) • '크기가 같은 분수 만들기'와 '약분과 통분' 성취기준 통합(5~6학년군)
변화와 관계	• '등호와 동치 관계' 성취기준 신설(3~4학년군) • '계산식의 배열에서 규칙 찾기'활동에 대한 성취기준 수정(3~4학년군)
도형과 측정	• 성취기준에서 '오각형, 육각형 지도 내용' 삭제(1~2학년군) • '평면도형의 이동'의 학습 수준 하향(3~4학년군) • '점의 이동' 성취기준 신설(3~4학년군) • '원주율을 3.14로 사용'하도록 성취기준 수정(5~6학년군) • '측정 도구를 어림하여 읽는 방법'과 '표준 단위의 필요성' 관련 성취기준 일관성 있게 수정(1~2학년군, 3~4학년군, 5~6학년군) • '주어진 각도와 크기가 같은 각 그리기' 관련 성취기준 삭제(5~6학년군) • '단명수와 복명수' 표현 관련 성취기준 수정(1~2학년군, 3~4학년군)
자료와 가능성	• '자료의 수집, 정리, 해석 활동' 강조 • '통계적 문제해결 과정' 관련 성취기준 수정(3~4학년군, 5~6학년군) • '그림그래프'의 지도 시기 조정 및 형태의 변화(5~6학년군에서 삭제, 3~4학년군으로 통합) • '그래프 그리기'에서 '공학 도구의 활용' 강조(3~4학년군, 5~6학년군) • '가능성 지도' 관련 성취기준 수정(5~6학년군) • '지료를 이용한 가능성 예상 활동' 추가(5~6학년군)

2022 개정 교육과정에 따른 초등 1, 2학년 수학 교과서는 국정으로 개발되어 2024년부터 현장에 적용되며, 3, 4학년과 5, 6학년은 검정 발행으로 각각 2025년과 2026년부터 현장에 적용된다.

2022 개정 1, 2학년 수학 교과서는 수학 교과 역량 함양, 범교과 학습 주제와의 연계성 강화, 학습자 주도성 강화, 디지털 교육 환경 고려, 수학의 가치 및 수학에 대한 긍정적 태도 강조, 그리고 저학년 학생들의 언어 발달 단계 등을 고려한 학습자의 삶과 연계하여 깊이 있게 학습하는 교과서를 개발하고자 하였다(교육부, 2024b). 교과서 구성 체제에서의 주요 특징을 살펴보면, 우선 학기 수업을 시작하는 준비 단원의 성격인 '수학을 만나요'를 설정하였는데, 이 차시에서는 학기별로 필요에 따라 교구 또는 디지털 활용 방법을 학습할 기회를 제공한다. 즉, 디지털 소양 함양을 위해 스마트 교구를 사용하는 경험을 제공하며, 더 나아가 교사와 학생 모두 쉽게 활용 가능한 스마트 교구들로 구성된 일원화된 플랫폼을 활용하고 있다. 또한, 2015 개정 수학 교과서에서 수학 교과 역량 함양을 위해 별도로 구성되었던 '놀이 수학' 또는 '탐구 수학' 등을 특화 차시로 구분하지 않고 본차시에 단원 학습 내용과 관련된 다양한 수학 놀이로 통합하였다. 이는 저학년 학생들이 보다 흥미를 갖고 개념을 학습하거나 놀이를 통해 학습할 내용을 자연스럽

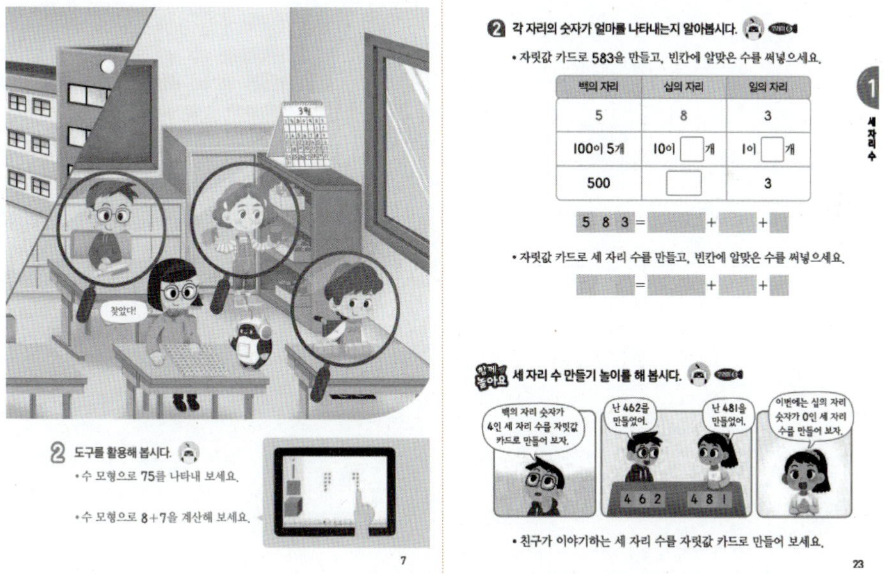

[그림 2-7] 2022 개정 교과서 2-1: '수학을 만나요' 단원의 스마트 교구 활용 예시와 놀이를 학습과 통합한 '함께 놀아요' 예시

게 익히고 학습하는 과정 중에 역량을 함양할 수 있도록 의도한 것이다(교육부, 2024b).

토의문제 4

- 2015 개정 교육과정과 비교하여 2022 개정 수학과 교육과정에서 달라진 초등학교 수학 내용을 영역별로 조사해 보시오.
- 2022 개정 교육과정에서 제시한 수학 교과 역량이 2015 개정 교육과정과 비교하여 어떻게 달라졌는지 알아보고, 내용 체계에 제시되어 있는 핵심 아이디어와 세 범주의 의미를 설명해 보시오.

참고문헌

교육과학기술부 (2008). **초등학교 교육과정 해설(Ⅳ)**.

교육과학기술부 (2009). **초·중등학교 교육과정 총론**. 교육과학기술부 고시 제2009-41호 별책 8.

교육과학기술부 (2012). **수학과 교육과정**. 교육과학기술부 고시 제 2011-361호 별책 8.

교육부 (1992). **국민학교 교육과정**. 교육부 고시 제1992-16호.

교육부 (1993). **국민학교 교육과정 해설(Ⅰ)**: 총론, 국어, 수학.

교육부 (1997). **수학과 교육과정**. 교육부 고시 제1997-15 별책8.

교육부 (1997). **초등학교 교육 과정**. 교육부 고시 제 1997-15호.

교육부 (1998). **제7차 초등학교 교육과정 해설서: 수학, 과학, 실과**.

교육부 (1999). **초등학교 교육과정 해설(Ⅳ)**.

교육부 (2014). **2009 개정 교육과정의 부분 개정에 따른 초등학교 교육과정 해설 총론 증보편**.

교육부 (2015). **수학과 교육과정**. 교육부 고시 제2015-74호 별책 8.

교육부 (2016). **2015 개정 교육과정 총론 해설**. 초등학교.

교육부 (2017a). **수학 2-1**. 서울: 천재교육.

교육부 (2017b). **수학 2-1 교사용 지도서**. 서울: 천재교육.

교육부 (2018). **수학 4-1 교사용 지도서**. 서울: 천재교육.

교육부 (2019a). **수학 5-1**. 서울: 천재교육.

교육부 (2019b). **수학 5-1 교사용 지도서**. 서울: 천재교육.

교육부 (2021) 더 나은 미래, 모두를 위한 교육, 2022 개정 교육과정 총론 주요 사항(시안). 보도자료(2021. 11. 24).

교육부 (2022). **수학과 교육과정**, 교육부 고시 제2022-33호 별책 8.

교육부 (2024a). **수학 2-1**. 서울: 천재교육.

교육부 (2024b). **수학 2-1 교사용 지도서**. 서울: 천재교육.

교육인적자원부 (2007). **수학과 교육과정**, 교육인적자원부 고시 제2007-79호 별책 8.

문교부 (1969). **국민학교 교육과정**. 문교부령 제251호.

문교부 (1979). **국민학교 교육과정**. 문교부령 제424호.

문교부 (1987). **국민학교 교육과정**. 문교부 고시 제 87-9호.

문교부 (1988). **국민학교 교육과정 해설**.

강문봉, 강옥기, 강완, 박경미 (1996). 제7차 수학과 교육과정 개정을 위한 연구. **대한수학교육학회 논문집**, 6(1), 1-14.

강옥기 (1997). 제7차 수학과 교육과정 시안 연구. **대한수학교육학회 논문집**, 7(2). 45-62.

김현미, 신항균 (2021). 우리나라 초등학교 수학과 교육과정의 변천 및 시대구분, **한국초등수학교육학회지**, 25(4), 371-394.

박경미 외 (2015). **2015 개정 수학과 교육과정 시안 개발 연구Ⅱ**. 한국과학창의재단.

박한식 (1991). **한국수학교육사**. 서울: 대한교과서주식회사.

박한식 (2001). 수학교육의 회고와 제7차 교육과정 및 교직수학-제7차 교육과정에 따른 수학교과서 검정심의와 관련하여-. **수학교육논문집**, 11(1), 451-468.

배종수 (1998). 제7차 교육과정에 따른 초등학교 수학 교과용 도서 편찬. **한국수학교육학회 초등수학교육**, 2(2), 85-102.

소경희 (2005). **교육과정 개발-주요 쟁점 및 새로운 접근**, 서울: 교육과학사.

신성균 외 (2005). **수학과 교육과정 개선 방안 연구**. 한국교육과정평가원. 연구보고 RRC 2005-6.

신이섭 외 (2011). **2009 개정 교육과정에 따른 수학과 교육과정 연구**. 한국과학창의재단 정책연구 2011-11.

이경화 외 (2022). **2022 개정 수학과 교육과정 시안(최종안) 개발 정책연구**. 한국과학창의재단.

이용률, 성현경 (1991) **수학교육론**, 서울: 교학연구사.

조영미 (2023). **옛날로 새날을 여는 초등수학 교육과정사**. 서울: 경문사.

최혜령 (2021). **우리나라 초등학교 수학 교과서 변천에 관한 연구**. 서울교육대학교 교육전문대학원 박사 학위논문.

2부

수학교육적 기초

제3장 행동주의와 수학학습
제4장 수학적 구조와 수학학습
제5장 수학적 구성과 수학학습
제6장 현실적 수학교육

제 3 장

행동주의와 수학학습

행동주의는 심리학에서 동물과 인간의 행동을 연구하는 이론적 접근이다. 이는 학습을 자극과 반응의 관계(S-R)로 설명하며, 인간의 내적 정신 과정(사고, 감정 등)은 과학적으로 연구하기 어렵다고 본다.

행동심리학은 프로이트(S. Freud)로 대변되는 의식심리학에 대한 안티테제로 등장한 이론이다. 행동심리학은 의식심리학에서 논하는 무의식과 같이 관찰될 수 없는 대상을 경계하고, 객관적으로 관찰이 가능한 행동만을 연구 대상으로 삼는다. 이에 행동주의(behaviorism)는 심리학임에도 불구하고 주체의 심리에는 크게 관심이 없다는 특징을 갖기도 한다. 이는 미국의 실용주의에 영향을 받아 오직 경험적이고 실증적인 대상만이 과학적이라는 풍토에서 비롯된 것이다.

행동주의의 아버지라고 불리는 왓슨(J. Watson)은 관찰이 가능한 행동을 바탕으로 그러한 행동이 야기되는 자극을 알아낸다면 인간이 그러한 행동을 하는 이유를 설명할 수 있을 뿐만 아니라, 특정한 조건에서 인간이 어떤 행동을 수반할지 예측할 수 있다고 주장하였다. 관련하여 왓슨은 다음과 같은 이야기를 했다고 전해진다.

> 나에게 건강한 아이와 잘 만들어진 나의 특별한 세계를 제공해 주시오. 그러면 그 아이의 재능, 기호, 버릇, 적성, 인종에 상관없이 의사, 변호사, 예술가, 상인, 심지어 거지나 도둑일지라도 제가 원하는 전문가가 될 수 있도록 키워낼 수 있음을 보장하오(Watson, 1925, p. 82).

과장되어 보이기도 하지만 왓슨과 같은 엄격한 행동주의자들은 유전적 배경, 성격적 특성과 같은 선천적인 조건보다는 적절한 환경과 훈련 동반된다면 어떠한 과업이라도 잠재적으로 수행할 수 있다는 믿음이 존재한다. 다만 행동심리학은 어떤 자극에 대해 외적으로 나타나는 반응에 관심을 가졌기 때문에, 추상적인 수학적 개념을 학습하는 과정을 설명하기에는 다소 미흡한 점이 있다(황우형, 2003). 다만 행동심리학에서 개념을 학습하는 과정을 중요하게 여기지 않았다고 보기보다는, 모호한 정신의 과정은 관찰할 수 없는 영역이기 때문에 학습자의 행동으로밖에 판단

[그림 3-1] 존 왓슨(1878~1958)
(출처: https://en.wikipedia.org/wiki/John_B._Watson)

할 수 없다는 관점을 견지한다고 해석하는 것이 바람직하다.

행동주의 심리학자들은 인간의 발달을 연속적이고 누적적이며 새롭고 복잡한 행동을 점진적으로 획득해 가는 계층적 과정으로 이해하고 있다. 그리고 이들은 학습의 효과성을 극대화하기 위한 최적의 환경과 절차를 발견하는 데 꾸준히 노력을 기울여왔다(임규혁, 임웅, 2017). 본 장에서는 행동심리학에 대표적인 학자인 파블로프(I. Pavlov), 손다이크(E. Thorndike), 스키너(B. F. Skinner), 가네(R. Gagne)가 학습의 효과성을 극대화하기 위한 조건화(conditioning)를 어떻게 설계하였는지 살펴보기로 한다.

01 파블로프의 고전적 조건화

파블로프는 상트페테르부르크 국립대학교에서 화학과 생리학을 전공하였고, 이후 상트페테르부르크의 제국의학원에서 의학을 전공하였다. 1902년 생리학 교수로 재직하던 시절, 실험에 쓰이던 개가 먹이를 주는 사육사의 발소리에 반응하여 침을 흘리고 있다는 사실을 발견하였고, 그 유명한 '파블로프의 개' 실험을 수행하였다. 이 실험은 고전적 조건화(classical conditioning)에 대표적인 사례이기도 하다.

[그림 3-2] 이반 파블로프(1849~1936)
(출처: https://en.wikipedia.org/wiki/Ivan_Pavlov)

고전적 조건화를 이해하기 위해서는 **자극**(stimulus)과 **반응**(response)의 종류를 확인할 필요가 있다. 먼저 자극은 '무조건 자극', '중립 자극', '조건 자극'으로 구분된다. 예를 들어, 개에게 먹이를 제공하면 자연스레 침을 흘리게 되는데, 여기서 먹이는 무조건 자극에 해당한다. 반면 개에게 종소리를 들려주면 당연하게도 침을 흘리지 않는데, 여기서 종소리는 중립 자극에 해당한다. 다음으로 반응은 '무조건 반응'과 '조건 반응'으로 구분된다. 예를 들어, 개가 먹이를 보고 자연스레 침을 흘린다면 이는 무조건 반응에 해당한다.

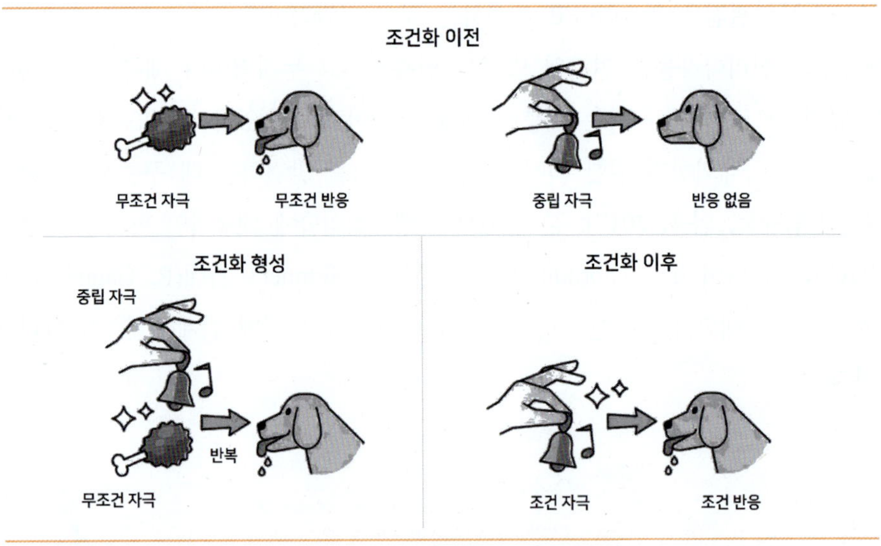

[그림 3-3] 파블로프의 개 실험
(출처: https://psychologyfanatic.com/pavlovs-dog-experiments/)

이때 개에게 먹이를 줄 때마다 종소리를 반복해서 들려주면 조건화가 형성되어 그 이후에는 종소리만 듣고도 개는 침을 흘리게 된다. 즉, 중립 자극이었던 종소리가 조건화 과정을 거쳐 조건 자극이 된 것이며, 이로 인해 개는 종소리만 듣고도 침을 흘리는 조건 반응이 관찰되는 것이다. 이처럼 파블로프는 조건화된 자극을 반복적으로 제공하여, 조건 반응을 유도해냄으로써 고전적 조건화를 설명할 수 있었다. 우리가 매운 음식을 상상하는 것만으로 땀을 흘리는 현상은 고전적 조건화로 설명될 수 있으며, '자라 보고 놀란 가슴 솥뚜껑 보고 놀란다.'라는 속담 역시 고전적 조건화로 충분히 해석될 여지가 있어 보인다.

또한, 파블로프 이후 고전적 조건화에 대한 대표적인 연구로는 왓슨이 수행한 '어린 앨버트' 실험이 있다. 왓슨은 스트레스로 인간의 두려움과 공포를 학습시킬 수 있다는 사실을 보여주려 하였고, 이에 생후 9개월이 된 앨버트를 실험 대상으로 선정하였다. 앨버트는 평소에 쥐나 토끼와 같이 털이 달린 동물을 무서워하지 않았지만 큰 소리를 싫어하였다. 연구진은 쥐와 함께 있을 때 그릇 깨지는 시끄러운 소리를 들려주었더니 앨버트는 평소와 달리 놀라 울음을 터트렸다. 두 달 후 앨버트에게 다시 쥐를 보여주면서 그가 쥐를 만지려고 할 때마다 쇠막대기를 두드려 놀라게 했다. 일주일 간격으로 2회에 걸쳐 일곱 번 반복했더니 이젠 털이 달린 모든 사물을 보기만 해도 울음을 터뜨리며 공포감을 드러냈다.

고전적 조건화에 관한 초기 연구는 주로 동물을 연구 대상으로 삼았으며, 때로는 인간을 연구 대상으로 하기도 하였다. 특히 '어린 앨버트' 실험의 경우 영아에게 인공적인 공포감을 조성하여 심리적 고통을 겪게 했다는 점에서 윤리적인 비판을 피하기는 어려워 보인다. '파블로프의 개' 실험 역시 개의 턱에 구멍을 뚫어 타액을 측정하는 실험 방법을 사용하였는데, 지금의 관점에서는 명백한 동물 학대라고 볼 수 있다.

[그림 3-4] 어린 앨버트 실험
(출처: https://en.wikipedia.org/wiki/Little_Albert_experiment)

〈표 3-1〉 고전적 조건화에서의 자극과 반응

		파블로프의 개 실험	어린 앨버트 실험
조건화 이전	무조건 자극	종소리	큰 소리
	중립 자극	먹이	털이 있는 동물
	무조건 반응	침	두려움
조건화 이후	조건 자극	종소리	털이 달린 물건
	조건 반응	침	두려움

수학학습에 있어 고전적 조건화는 학생들이 수학에 대해 긍정적 또는 부정적인 정서를 형성하는 데 영향을 미칠 수 있다. 예를 들어, 학생이 수학 문제를 성공적으로 해결했을 때 칭찬을 제공하면 학생은 수학 문제 풀이에 대해 긍정적인 반응을 형성하게 될 수 있고, 이러한 정서적 연결은 학생의 학습 동기와 자신감을 향상시키는 데 기여할 수 있다. 반면 학생이 수학학습 과정에서 과도한 비판이나 실패 경험을 반복적으로 경험하면 수학 문제 자체가 스트레스와 불안을 유발하는 조건 자극이 될 수 있다. 따라서 교사는 수학을 학습하는 학생에게 조건화를 형성할 수 있는 무의식적 행동에 대한 주의를 기울일 필요가 있다.

토의문제 1

'자라 보고 놀란 가슴 솥뚜껑 보고 놀란다.'라는 속담을 고전적 조건화로 설명해 보시오.

02 손다이크의 효과의 법칙

손다이크는 행동심리학의 대표적인 학자로 학습 과정을 체계적으로 연구하고 이를 교육 현장에 적용한 선구적 인물이었다. 그는 학습이 단순히 정보를 전달받는 수동적인 과정이 아니라, 자극과 반응의 연결을 통해 이루어지는 능동적이고 반복적인 과정이라고 주장했다. 이러한 접근은 그의 연합주의(associationism) 이론으로 구체화되었으며, 이는 자극-반응(S-R) 연결로 설명하는 행동주의 기반 학습의 기초를 제공하였다.

[그림 3-5] 에드워드 손다이크(1874~1949)
(출처: https://en.wikipedia.org/wiki/Edward_Thorndike)

손다이크의 퍼즐 상자(puzzle box) 실험은 행동심리학의 기초를 마련한 중요한 연구로, 시행착오 학습 이론을 설명하기 위해 고안되었다. 이 실험은 동물이 문제를 해결하며 학습하는 과정을 이해하려는 시도였다.

연합주의는 행동주의의 기초 개념을 제공하였으며, 행동주의는 연합주의의 원리를 확장하여 실험적으로 검증하고 학습 조절 방법을 구체화하면서 발전하였다.

손다이크는 특별히 설계된 상자를 사용했는데, 이 상자는 레버를 당기거나 버튼을 눌러야 문이 열리도록 설계되었다. 그는 이 상자 안에 고양이를 넣고, 상자 밖에는 고양이가 좋아하는 먹이를 놓아 동기를 부여하였다. 처음에 고양이는 상자 안에서 무작위로 움직이며 발톱으로 긁거나 점프하는 등 다양한 행동을 보였다. 이러한 행동 과정에서 고양이는 우연히 레버를 당기거나 버튼을 눌러 상자 문을 열고 먹이에 도달하였다.

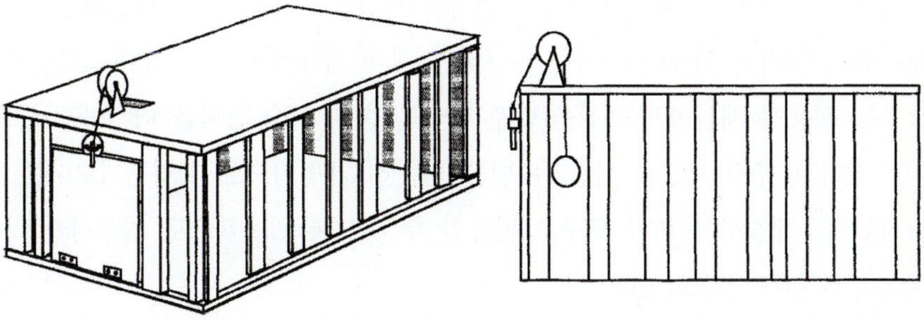

[그림 3-6] 퍼즐 상자(Chance, 1999, p. 434)

손다이크는 고양이를 다시 상자에 넣고 같은 과정을 반복하였다. 시간이 지날수록 고양이는 시행착오 과정을 줄이며 점점 더 빠르게 문을 여는 방법을 배웠다. 실험 결과, 처음에는 무작위로 행동하던 고양이가 점차 성공적인 행동을 반복적으로 수행하게 되었음을 확인할 수 있었다. 이를 통해 **효과의 법칙**(law of effect)이 도출되었다. 효과의 법칙은 만족스러운 결과를 가져오는 행동은 강화되어 반복될 가능성이 높아지고, 불만족스러운 결과를 가져오는 행동은 점차 감소한다는 것이다.

손다이크의 퍼즐 상자 실험은 학습이 점진적이고 연속적인 과정임을 보여주었다. 이 연구는 이후 스키너의 조작적 조건형성 이론 등 행동주의 학습 이론의 발전에 지대한 영향을 미쳤다. 또한, 행동의 변화를 측정하고 분석하는 방법론의 기초를 제공하며, 인간과 동물의 학습 과정을 이해하는 데 중요한 토대를 마련한 연구로 평가된다.

2.1. 산술심리학

손다이크의 1922년 저서 『산술심리학(*The Psychology of Arithmetic*)』은 수학학습의 심리적 과정과 교육적 적용에 대한 논의를 담고 있다. 『산술심리학』은 수학학습 심리학의 기초를 마련한 최초의 책으로 평가받으며, 특히 초등학교 산술교육에서 학생들이 어떻게 학습하고, 계산 능력을 발달시키는지에 대한 손다이크의 관점을 제시한다.

손다이크는 학습을 연습을 통한 습관 형성의 과정으로 이해하였다. 그는 초등학생들이 연역적 추론이나 논리적 사고를 통해 복잡한 계산법을 스스로 도출하는 것은 현실적으로 어렵다고 보았다. 대신, 반복적인 연습과 훈련을 통해 계산 능력을 점진적으로 내면화하고, 이를 통해 자동화된 계산 습관을 형성해야 한다고 강조하였다. 이러한 접근은 연합주의 이론의 영향을 강하게 반영하고 있다. 예를 들어, 그는 초등학생들이 십진기수법의 원리를 이해하고 이를 논증하는 데 한계가 있다고 보았다. 그는 추상적 개념보다는 실용적 계산법에 초점을 맞춘 학습을 통해 산술 능력을 더 효율적으로 개발할 수 있다고 주장하였다. 십진기수법을 단순히 개념적으로 설명하기보다는 이를 실생활 문제를 해결하기 위한 도구로 활용할 수 있도록 반복적으로 연습시키는 것이 효과적이라는 점을 강조하였다.

또한, 손다이크는 산술교육의 궁극적인 목표를 실생활 문제해결 능력의 향상으로 설정하였다. 그는 산술이 단순히 수학적 이론을 배우는 데 그치지 않고, 실제 생활에서 직면하는 문제를 해결하는 데 유용한 기술이어야 한다고 강조하였다. 예를 들어, 물건의 가격을 계산하거나 시간을 관리하는 등 일상생활에서 필요한 문제해결 능력을 위해 산술 능력이 필수적이라고 보았다. 이는 교육의 실용성을 중시한 손다이크의 철학을 잘 보여주는 대목이다.

그는 학습이 단순한 지적 활동이 아니라 반복적 행동을 통해 습득되는 과정이라고 보았다. 산술 학습에서 적절한 자극과 반응 사이의 결합이 강화되고 유지되어야 효과적인 학습이 이루어진다고 설명하며, 교사는 학생들에게 구체적인 문제를 제시하고 반복적인 연습을 통해 학습 내용을 강화해야 한다고 주장하였다. 또한, 성공적인 학습 경험을 통해 긍정적인 강화를 제공하는 것이 중요하다고 보았다.

손다이크의 『산술심리학』은 연합주의 학습이론이 교육 현장에서 어떻게 적용될 수 있는지를 보여주는 대표적인 사례로 평가된다. 특히 제2차 세계대전 동안 신속하고 정확한 행동 숙달을 강조하는 군대식 교육의 영향으로 연합주의 이론은 주목받았다.

2.2. 자극과 반응의 결합

손다이크의 결합 이론은 학습이 자극과 반응 사이의 결합으로 이루어진다는 기본 전제에서 출발한다. 그는 어떤 자극에 대해 특정한 반응이 일어났을 때, 그 반응이 보상을 받으면 자극과 반응 사이에 결합, 즉 **본드**(bond)가 형성된다고 보았다. 그리고 이 본드는 동일한 자극과 반응을 보상받을수록 점점 더 강화된다. 이러한 학습 과정은 시행과 실패를 반복하는 시행착오(trial and error)를 통해 이루어진다고 설명하였다.

결합 이론의 핵심은 유기체가 자극과 반응 사이의 결합을 만들어내는 과정이다. 이 결합은 다양한 법칙(효과의 법칙, 연습의 법칙, 준비의 법칙, 분석의 법칙)에 따라 선택되고 통합되며, 시행착오를 거쳐 점차 패턴화된다. 예를 들어, 인수분해 알고리즘의 질 높은 본드는 곱셈공식 활용, 두 수의 분해와 같은 관련 본드들의 발전을 통해 형성된다. 유기체가 성장하면서 이러한 본드들이 점점 더 복잡하게 구성될수록 학습자가 수학을 배우는 잠재력 또한 커지게 된다.

특히, 효과의 법칙은 학습자가 특정 과제를 연습할 때 느끼는 만족감이나 불만족감이 학습의 성공 여부에 큰 영향을 미친다고 설명하였다. 학습자가 만족감을 느끼면 관련된 본드는 강화되며, 반대로 불만족감이 따를 경우 본드는 약화된다. 따라서 학습에서의 성공 경험과 이에 대한 보상은 학습 효과를 보장하는 가장 중요한 요소가 된다.

손다이크는 학습 초기에 학생들이 긍정적인 경험을 갖는 것이 매우 중요하다고 강조하였다. 첫 학습 경험에서 학생이 문제를 성공적으로 해결했을 때, 교사는 그 결과에 대해 만족감을 제공하고, 칭찬과 격려로 긍정적인 정서를 형성해야 한다고 주장하였다. 올바른 본드가 형성된 후에는 반복 훈련을 통해 그 본드를 더욱 강화할 수 있다고 보았다. 이렇게 강화된 본드는 이후 유사한 학습 과제에 적용될 때 성취감을 높이고, 학습자가 본드의 작용을 발전시킬 수 있도록 돕는다.

따라서, 손다이크의 결합 이론은 학습 과정에서 반복 훈련의 중요성을 강조한다. 반복은 학습자가 자극과 반응 사이의 결합을 더욱 강하게 하고, 이를 통해 새로운 학습과 연결되어 더 높은 성취를 이룰 수 있게 한다. 이를 기반으로 학습자는 점점 더 복잡한 과제를 처리할 수 있는 능력을 갖추게 되며, 이는 궁극적으로 학습의 성공을 보장하는 중요한 요인이 된다.

2.3. 학습의 법칙

손다이크는 본드를 기반으로 다음과 같은 네 가지 학습의 법칙을 제시하였다. 그는 학습이 단순히 우연적이거나 무작위적으로 이루어지는 것이 아니라, 반복적이고 체계적인 원리에 따라 진행된다고 하였다.

- **효과의 법칙**: 학습자가 긍정적인 결과를 경험할수록 해당 행동이 반복될 가능성이 높아진다는 원리다. 예를 들어, 학생이 덧셈 문제(15+7=22)를 맞혔을 때 교사가

"정말 잘했어!"라고 칭찬하면, 학생은 덧셈 학습에 자신감을 얻고 더 적극적으로 참여하게 된다. 반면, 부정적인 피드백을 받을 경우 학습에 대한 흥미를 잃을 가능성이 크다. 이러한 긍정적 강화는 학습 동기를 높이는 데 효과적이지만, 학습자의 내적 동기보다는 외적 보상에 의존하게 할 위험이 있다는 점은 단점으로 지적된다.

- **연습의 법칙**: 반복을 통해 학습이 강화된다는 원리를 강조한다. 초등학생이 곱셈 구구를 반복적으로 외우고 문제를 풀며 연습할수록 계산 속도와 정확도가 점차 향상된다. 하지만 반복이 부족하면 학습이 충분히 정착되지 않아 본드가 느슨해질 수 있다. 이 법칙은 학습 자동화를 가능하게 한다는 장점이 있지만, 과도한 반복은 학습자의 흥미를 저하시킬 위험이 있어 균형 잡힌 연습이 중요하다.
- **준비의 법칙**: 학습자가 학습 준비가 되어 있을 때 학습 효과가 높아진다는 원리다. 예를 들어, 학생이 분수를 배우기 전에 "피자 한 판을 반으로 나누면?"과 같은 구체적인 사례를 통해 분수의 필요성을 충분히 느껴야 한다. 준비가 부족한 상태에서 분수를 배우게 되면 학습에 혼란을 겪을 가능성이 크다.
- **분석의 법칙**: 복잡한 과제를 단순한 요소로 분해하여 학습 순서를 정하고, 각 요소를 단계적으로 학습함으로써 전체 과제를 효과적으로 이해하고 해결하도록 돕는 원리다. 예를 들어, 두 자리 수 곱셈을 학습할 때, 한 자리 수 곱셈부터 연습하고, 두 자리 수와 한 자리 수 곱셈, 마지막으로 두 자리 수끼리의 곱셈을 단계적으로 학습하는 방식이 이에 해당한다. 이 과정은 학습자가 공통된 요소를 파악하고 이를 강화하여 목표에 도달하도록 돕는다

학습의 법칙은 긍정적 피드백, 반복 연습, 학습 준비, 단계적 접근을 통해 학습 효과를 극대화할 수 있는 강력한 도구다. 그러나 외적 보상에 대한 지나친 의존, 반복 학습으로 인한 흥미 감소, 준비 상태를 간과할 가능성, 그리고 과제 세분화로 인한 전체 맥락 상실 등의 단점도 존재한다. 이러한 장단점을 균형 있게 고려해 학습을 설계한다면 수학학습에서 더욱 효과적인 결과를 얻을 수 있을 것이다.

토의문제 2

다음 대화를 바탕으로 연합주의 학습이론의 문제점을 논의해 보시오.

교사: $\frac{3}{4} \div \frac{4}{5}$를 계산해 보세요.
지민: $\frac{15}{16}$입니다.
교사: 벌써? 어떻게 풀었나요?
지민: 나눗셈을 곱셈으로 나타내고, 나누는 분수의 분모와 분자를 바꾸어 계산했습니다.
교사: 왜 그렇게 계산하나요?
지민: 그렇게 배우니까요.

03 스키너의 조작적 조건화

고전적 조건화는 '자극→반응' 관계로 학습되며, 조작적 조건화는 '반응→자극(강화·벌)'을 통해 학습된다는 점에서 차이가 있다.

1920년대 왓슨이 심리학계를 떠난 이후, 행동심리학은 새로운 학습이론의 등장으로 더욱 확장되었다. 특히 고전적 조건화를 넘어선 혁신적인 학습원리를 탐구한 학자들 중 가장 주목할 만한 인물은 스키너였다. 그는 행동심리학의 핵심 이론을 체계적으로 정립한 학자로 평가받는다. 스키너가 제안한 조작적 조건화(operant conditioning)는 행동이 그 결과에 의해 영향을 받는다는 학습이론으로, 보상을 통해 강화된 행동은 반복될 가능성이 높아지고, 처벌된 행동은 발생 빈도가 감소한다는 원리를 바탕으로 한다.

[그림 3-7] 버러스 프레더릭 스키너 (1904~1990)
(출처: https://en.wikipedia.org/wiki/B._F._ Skinner)

스키너는 파블로프가 고안한 고전적 조건화가 복잡하고 다양한 인간 행동을 설명하기에는 지나치게 단순하다고 보았다. 그는 행동의 원인과 결과를 분석하는 접근이 인간 행동을 이해하는 데 있어 가장 효과적이라고 주장하며, 이를 조작적 조건화라는 새로운 학습이론으로 정립하였다. 스키너의 이론적 기반은 손다이크가 제안한 효과의 법칙에서 출발한다. 스키너는 이러한 원리를 발전시켜 조작적 조건화의 체계적인 이론을 구축하고, 이를 행동심리학의 핵심으로 자리 잡게 하였다.

스키너의 관점은 기존 행동주의를 주도한 왓슨의 견해보다 덜 극단적이었다. 그는 인간에게 '마음'이라는 내면적 개념이 존재한다고 인정했지만, 내적 정신 상태를 연구 대상으로 삼기보다는 관찰이 가능한 행동에 집중하는 것이 더 실용적이고 과학적이라고 보았다. 이러한 스키너의 이론은 인간 행동의 학습 과정을 보다 체계적이고 정교하게 설명하는 데 기여하였다.

3.1. 스키너 상자

스키너 상자(Skinner box)는 동물의 학습 행동을 관찰하고 조작적 조건화를 연구하기 위해 설계된 실험 장치이다. 이 장치는 동물의 행동과 그 결과 사이의 관계를 분석하며 행동의 빈도에 영향을 미치는 요인을 체계적으로 탐구하는 데 활용되었다.

스키너 상자의 구성 요소 중 하나는 조작 장치로, 동물이 특정 행동을 수행할 수 있도록 설계되었다. 예를 들어, 쥐는 레버를 누르고, 비둘기는 버튼을 쪼는 행동을 수행하도록 설계된다. 이를 통해 동물의 행동을 관찰하고 학습 과정을 유도할 수 있다. 또한, 상자에는 보상 메커니즘이 포함되어 있어 동물이 원하는 행동을 수행할 때 음식이나 물과 같은 긍정적인 강화를 제공한다. 이 보상 메커니즘은 행동의 빈도를 증가시키

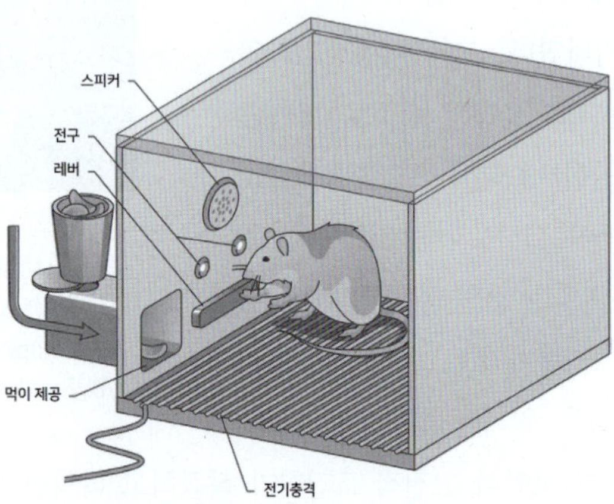

[그림 3-8] 스키너 상자의 예

(출처: https://www.simplypsychology.org/what-is-a-skinner-box.html)

는 데 중요한 역할을 한다. 반면 벌 메커니즘은 원치 않는 행동을 감소시키기 위해 설계되었다. 잘못된 행동에 대해서는 전기 충격과 같은 부정적인 자극을 제공하거나 보상을 제거하여 행동의 빈도를 낮추는 방식으로 작동한다. 이외에도 상자에는 신호 장치가 포함되어 있어 빛이나 소리 같은 자극을 통해 실험 조건을 전달한다. 이 장치는 특정 행동을 유도하거나 실험 상황을 통제하는 데 활용된다.

스키너 상자 실험은 동물이 특정 행동(예: 쥐가 레버를 누르거나, 비둘기가 버튼을 쪼는 행동)을 학습하는 과정을 관찰하는 데 초점을 맞춘다. 초기에는 동물이 이러한 행동을 의도적으로 수행하지 않고, 단순히 무작위적인 움직임의 결과로 나타난다. 예를 들어, 쥐가 상자 안을 탐색하다 우연히 레버를 누르거나, 비둘기가 주변을 무작위로 쪼다 버튼을 누르는 경우다. 이때 보상이 제공되면 동물은 자신의 행동과 보상 간의 연관성을 점차 학습하게 된다. 학습 초기에는 동물이 행동과 결과의 관계를 명확히 이해하지 못하지만, 반복적인 보상을 통해 특정 행동이 강화되면서 점차 그 행동의 빈도가 높아진다.

스키너 상자 실험에서 보상은 연속 강화와 간헐적 강화의 두 가지 방식으로 제공된다. 연속 강화는 행동이 발생할 때마다 매번 보상을 제공하는 방식으로, 예를 들어 쥐가 레버를 누를 때마다 음식이 나오도록 설정하는 경우다. 이 방식은 새로운 행동을 빠르게 학습시키는 데 효과적이지만, 강화가 중단되면 학습된 행동이 쉽게 소멸된다. 예컨대, 쥐가 레버를 눌러도 더 이상 음식이 나오지 않는다는 것을 몇 번 경험하면 곧 레버 누르기를 멈추게 된다.

반면, 간헐적 강화는 특정 간격이나 횟수에 따라 보상이 제공되는 방식으로 모든 행동에 대해 보상이 주어지지는 않는다. 예를 들어, 쥐가 레버를 세 번 누를 때마다 보상을 받거나, 무작위로 보상이 주어지도록 설정할 수 있다. 간헐적 강화는 학습 속도는 느리지만, 강화가 중단된 상황에서도 행동이 오래 지속되는 경향이 있다. 이는 간헐적 강화가 행동의 소멸 저항성을 높이는 효과를 가지기 때문이다. 이러한 원리는 슬롯머신과 같은 도박 기계에서도 관찰된다. 도박꾼은 보상이 언제 올지 모른다는 기대감으로 행동을 지속하게 되며, 이는 간헐적 강화의 대표적인 사례이다.

스키너 상자 실험은 행동의 강화 방식에 따라 행동의 형성과 소멸에 미치는 영향을 체계적으로 분석함으로써 인간과 동물의 학습 및 행동 변화 과정을 이해하는 데 중요한 단서를 제공하였다. 스키너는 이 실험을 통해 행동에 대한 강화가 단순히 제공되는 여부뿐만 아니라, 강화가 주어지는 방식과 패턴이 학습의 속도와 행동의 지속성에 결정적인 영향을 미친다는 점을 밝혀냈다.

3.2. 강화와 벌

강화(reinforcement)와 벌(punishment)의 원리는 행동이 환경적 결과에 의해 어떻게 형성되고 변화하는지를 설명한다. 강화는 행동의 발생 가능성을 높이는 결과이며, 벌은 행동의 발생 가능성을 낮추는 결과이다. 이를 통해 스키너는 학습과 행동 교정의 체계적인 방법론을 제시하였다.

강화는 정적 강화와 부적 강화로 나뉜다. 정적 강화는 특정 행동 뒤에 보상을 제공하여 해당 행동이 반복되도록 유도하는 방식이다. 예를 들어, 학생이 수학 문제를 정확히 풀었을 때 교사가 칭찬하거나 작은 보상을 제공한다면, 학생은 이러한 긍정적인 결과를 기대하며 문제 풀이에 더욱 적극적으로 참여하게 될 가능성이 높다. 부적 강화는 행동 이후 불쾌한 자극을 제거함으로써 행동을 강화하는 방식이다. 예를 들어, 학생이 시험 준비를 열심히 해서 좋은 성적을 얻었을 때, 부모가 공부 시간에 대한 간섭을 줄여준다면 학생은 이러한 경험을 바탕으로 시험 준비에 더욱 열중할 동기를 갖게 된다.

반면, 벌은 적극적 벌과 소극적 벌로 구분된다. 적극적 벌은 행동 뒤에 불쾌한 자극을 추가하여 해당 행동을 억제하는 방식이다. 예를 들어, 학생이 수업 중 규칙을 어겼을 때 교사가 추가적인 과제를 부여하면 학생은 그 행동을 줄이기 위해 노력할 것이다. 소극적 벌은 행동 뒤에 보상을 제거하여 행동을 감소시키는 방식이다. 예를 들어, 학생이 숙제를 제대로 하지 않았을 경우, 자유 활동 시간을 제한한다면 학생은 다음번에는 숙제를 성실히 하려는 태도를 보일 가능성이 높다.

〈표 3-2〉 강화와 벌

목표 \ 자극	강화	벌
제공	정적 강화 (칭찬, 간식, 보상)	적극적 벌 (꾸짖음, 추가 숙제)
제거	부적 강화 (숙제 면제, 간섭 제거)	소극적 벌 (자유 시간 제한, 보상 박탈)

강화와 벌은 행동을 조정하고 학습을 유도하는 강력한 도구지만, 부적절하게 사용되거나 과도하게 의존할 경우 여러 문제를 초래할 수 있다. 강화는 행동을 증가시키는

데 효과적이지만, 학습자가 강화물에 의존하게 되면 내재적 동기가 약화될 위험이 있다. 반복적으로 보상을 제공할 경우, 보상이 중단되었을 때 행동의 지속성이 떨어질 수 있으며, 동일한 강화물이 계속 제공되면 강화물 포화 현상이 발생하여 효과가 감소할 수 있다.

벌은 행동을 억제하는 데 효과적일 수 있지만, 학습자에게 불안, 두려움, 분노와 같은 부정적인 정서를 유발할 수 있으며, 이는 학습 동기를 약화시키고 학습 환경에 부정적인 태도를 형성할 수 있다. 또한, 벌은 문제 행동을 억제하기보다는 벌을 피하려는 회피 행동을 학습하게 만들 위험이 있다. 예를 들어, 학습자가 행동을 개선하기보다는 벌을 회피하기 위해 거짓말을 하거나 학습 자체를 회피할 가능성이 있다. 벌은 행동을 일시적으로 억제할 수는 있으나, 근본적인 행동 변화를 유도하거나 바람직한 행동을 형성하는 데는 한계가 있다.

따라서 강화와 벌은 신중히 설계되고 적용되어야 한다. 긍정적 강화를 중심으로 학습자의 동기를 유발하며, 벌은 최소화하여 학습자의 정서적 안정과 행동 개선을 동시에 도모하는 것이 중요하다.

3.3. 티칭머신

티칭머신(teaching machine)은 학습자가 문제를 해결하며 즉각적인 피드백을 받을 수 있도록 설계된 자동 학습 장치로, 학습의 효율성을 높이고 학습자의 참여를 유도하는 데 중점을 둔다. 이 기계는 스키너의 조작적 조건화 이론을 기반으로 설계되었으며, 학습자의 개별 학습 속도를 지원하고 성공적인 학습 경험을 강화하기 위해 개발되었다.

[그림 3-8] 티칭머신
(출처: https://en.wikipedia.org/wiki/Teaching_machine)

티칭머신은 학습 내용을 작은 단위로 나누어 학습자가 각 단계를 순차적으로 학습할 수 있도록 설계된 기계적 학습 도구이다. 학습자는 제시된 문제에 답을 입력하며, 정답일 경우 기계는 즉각적인 긍정적 피드백을 제공하고 다음 문제로 진행한다. 오답일 경우, 학습자는 문제를 다시 시도하거나 힌트를 통해 학습 내용을 보완하며, 이를 통해 학습자는 자신의 성취를 즉각 확인하고 스스로 학습 과정을 조정할 수 있다.

티칭머신의 장점은 학습자에게 개별화된 학습 환경을 제공한다는 점이다. 이를 통해 학습자는 자신의 속도와 수준에 맞춰 학습을 진행할 수 있으며, 특히 반복 학습과 즉각적인 피드백이 중요한 분야에서 효과적이다. 스키너에 따르면 초등학교 4학년이 효과적인 수학적 행동을 형성하기 위해서는 약 25,000번의 강화가 필요하며, 다양한 수학적 문제를 해결할 수 있는 숙달 단계에 도달하려면 약 50,000번의 강화가 필요하다고 주장하였다. 이러한 대규모의 반복적이고 체계적인 강화 과정은 전통적인 교육 환경에서는 실현하기 어려운 수준의 개별화된 학습과 즉각적인 피드백을 요구한다. 티칭머신은 이러한 교육적 필요를 충족할 수 있는 효과적인 도구로 학습자에게 지속적인 동기 부여와 성취감을 제공한다. 이와 같은 특성은 오늘날의 AI 기반 학습 시스템과 유사한 점이 많아, 스키너의 티칭머신이 현대 AI 기술의 초기 형태이자 전신으로 평가받는 이유가 되기도 한다.

그러나 티칭머신은 한계가 존재한다. 먼저, 학습 과정을 세분화된 단위로 나누는 방식은 학습자가 전체적인 구조적 이해를 놓칠 가능성이 있다. 예를 들어, 수영을 배우는 과정을 발차기, 팔돌리기, 호흡과 같이 작은 단위로 나누어 학습한다고 해도 이를 통합적으로 적용하지 못하면 실제로 수영을 할 수 없는 상황이 발생할 수 있다. 또한, 기계 중심의 학습 환경은 인간 교사와의 상호작용을 대체하기 어렵고, 학습자의 정서적 요구를 충족시키는 데 한계가 있다. 교사는 학습자와의 정서적 교감을 통해 동기를 부여하고 학습 과정을 유연하게 조정할 수 있지만, 티칭머신은 이러한 구성원 간의 상호작용을 기대하기 어렵다.

3.4. 프로그램 학습

프로그램 학습(programmed learning)은 학습자가 체계적인 방식으로 학습 목표를 달성할 수 있도록 설계된 교육 방법이다. 이 학습 방법은 학습 자료를 작은 단위로 세분화하여, 학습자가 점진적으로 학습 목표에 도달할 수 있도록 돕는다. 학습자는 각 단계를 진행하면서 자신의 반응에 대해 즉시 피드백을 받으며, 올바른 답을 확인한 후 그에 맞는 행동을 반복하게 된다. 이 과정에서 즉각적인 피드백과 강화가 핵심적인 역할을 하며, 학습자는 자신의 행동에 대한 결과를 즉시 확인하고 학습을 강화할 수 있다. 이에 따른 프로그램 학습의 주요 원리는 다음과 같다.

- **점진적 접근**(small step): 학습 내용을 작은 단위로 나누어 학습자가 각 단계를 차근차근 학습할 수 있도록 한다. 각 단계는 이전 단계를 바탕으로 자연스럽게 연결되며, 학습자는 점차적으로 어려운 개념을 이해할 수 있게 된다.
- **능동적 반응**(active responding): 학습자는 주어진 문제를 해결하고 그 결과를 즉시 확인하는 방식으로 학습에 능동적으로 참여하게 된다. 이는 학습자가 자신의 이해도를 스스로 점검하고 학습 과정에서 적극적으로 역할을 하도록 유도한다.
- **즉각적 강화**(immediate reinforcement): 학습자는 자신의 답이 맞았는지 틀렸는지를 즉시 확인할 수 있으며, 올바른 답을 제공했을 때 긍정적인 피드백이 즉각적으로 주어진다. 이는 학습자가 올바른 행동을 반복하도록 돕는다.
- **자기 속도**(self-pacing): 학습자는 자신만의 속도로 학습을 진행할 수 있다. 이는 학습자가 각자 자신의 학습 수준에 맞게 진도를 조정하고 학습을 진행할 수 있게 하여, 개별화된 학습 환경을 제공한다.
- **자기 검증**(self-verification): 학습자는 프로그램의 지시에 따라 자신의 학습 과정을 점검하며, 부족한 부분은 다시 학습할 수 있는 기회를 갖는다. 이를 통해 학습자는 학습 내용을 점검하고 보완할 수 있다.

프로그램 학습은 직선형 프로그램과 분지형 프로그램으로 나뉜다. 직선형 프로그램은 모든 학습자가 동일한 경로를 따라가며, 각 단계에서 올바른 반응을 한 경우 다음 단계로 넘어간다. 반면, 분지형 프로그램은 학습자의 반응에 따라 경로가 달라지며, 잘못된 반응을 보였을 경우 그 오류를 교정하기 위한 보충 학습이 제공된다. 이 방식은 학습자가 오류를 고치고 더 정확한 이해를 할 수 있도록 돕는다.

이에 따라 프로그램 학습은 수학 교육에서 효과적인 학습 방법으로 간주된다. 수학은 기초 개념을 바탕으로 점진적으로 더 복잡한 개념으로 발전하는 특성이 있기 때문에 프로그램 학습의 점진적 접근 방식과 잘 맞아떨어진다. 예를 들어, 학생들은 덧셈과 같은 기본적인 연산 개념을 먼저 학습하고, 이를 기반으로 곱셈, 나눗셈과 같은 고

〈표 3-3〉 자연수의 덧셈에 대한 프로그램 학습의 예

단계	학습 내용
1단계	받아올림이 없는 (한 자리 수) + (한 자리 수) 계산하기
2단계	받아올림이 있는 (한 자리 수) + (한 자리 수) 계산하기
3단계	받아올림이 없는 (두 자리 수) + (한 자리 수) 계산하기
4단계	받아올림이 없는 (두 자리 수) + (두 자리 수) 계산하기
5단계	받아올림이 있는 (두 자리 수) + (한 자리 수) 계산하기
6단계	받아올림이 있는 (두 자리 수) + (두 자리 수) 계산하기
7단계	받아올림이 없는 (세 자리 수) + (세 자리 수) 계산하기
8단계	받아올림이 있는 (세 자리 수) + (세 자리 수) 계산하기
…	…

급 연산으로 점차적으로 나아갈 수 있다.

정리하면 스키너의 프로그램 학습은 학습자가 각 단계를 개별적으로 학습할 수 있도록 하여, 자기 속도에 맞는 학습이 가능하고, 즉각적인 피드백을 통해 잘못된 개념을 빠르게 수정할 수 있다. 또한, 점진적 접근을 통해 수학의 기초부터 복잡한 문제해결로 점차 발전할 수 있어, 학생들이 자연스럽게 어려운 문제를 풀 수 있는 능력을 기를 수 있다. 그러나 프로그램 학습은 정해진 문제와 답을 중심으로 진행되기 때문에 학습자가 창의적인 문제해결을 시도하기 어려울 수 있다. 또한, 기계적이고 자동화된 학습 환경은 학생의 정서적 요구나 개별적인 학습 스타일을 충분히 반영하기 어렵다. 이와 같은 문제를 해결하기 위해서는 교사와의 상호작용을 강화하고, 학생들의 자발적 문제해결 능력과 창의적 사고를 함께 기를 수 있는 보완적 접근이 필요하다.

토의문제 3

스키너가 설계한 티칭머신과 프로그램 학습을 최근의 AI 기반 수학 학습과 비교하여 설명해 보시오.

04 가네의 학습 위계

가네는 학습을 위계적으로 구조화하고 단계별로 세분화하여 설명하였으며 이러한 접근 방식은 환원주의적 사고와 유사하다.

가네(R. Gagné, 1916~2002)는 교육 심리학의 선구자로 학습 조건과 교수 설계 이론을 개발한 것으로 잘 알려져 있다. 그는 학습 과정을 체계적으로 분석하고 학습 목표를 효율적으로 달성하기 위한 방법론을 제시하였으며, 그의 이론은 군사 훈련, 학교 교육, 컴퓨터 기반 학습 설계 등 다양한 분야에서 실용적으로 활용되었다.

그는 학습 과정을 구조화하기 위해 학습 유형과 학습 조건을 분류하였다. 그는 학습을 다섯 가지 범주로 나누었는데, 이는 지적 기능, 인지 전략, 언어 정보, 운동 기술, 태도이다. 각 범주는 서로 다른 학습 조건과 교수 설계 방법을 요구한다. 예를 들어, 지적 기능은 개념과 규칙 학습을 포함하며, 학습자의 논리적 사고 능력을 요구하는 반면, 운동 기술은 신체적 활동을 기반으로 한다. 태도는 학습자의 감정적 반응과 행동 변화를 포함한다.

가네는 학습이 누적적 과정이라고 보았다. 즉, 새로운 학습은 이전에 학습한 내용과 밀접하게 연관되며, 고차원의 학습 목표를 달성하기 위해서는 필수적인 선수 학습이 선행되어야 한다고 주장했다. 이러한 개념은 학습 위계(hierarchy)로 체계화되었다. 학습 위계는 목표 학습에 필요한 하위 요소들을 논리적 순서로 배열한 구조를 의미한다. 예를 들어, 임의의 자연수의 뺄셈을 학습하려면 받아내림이 없는 뺄셈, 이웃한 자리에서 연이어 받아내림이 있는 뺄셈 등 기초 개념을 선행적으로 이해해야 한다(Gagné & Briggs, 1974). 이러한 구조는 학습자의 준비도를 평가하고 학습 과정을 단계적으로 설계하는 데 유용하다.

또한, 가네는 학습 과정을 여덟 가지 학습 유형으로 세분화하였다. 이는 신호 학습, 자극-반응 학습, 연쇄 학습, 언어적 연합, 다중식별 학습, 개념 학습, 규칙 학습, 문제해결 학습으로 구성된다. 가장 기초적인 신호 학습은 자극에 대한 반사적 반응을 포함하며, 문제해결 학습은 여러 규칙을 통합하여 새로운 문제를 해결하는 고차원적인 학습이다. 이러한 학습 유형은 학습자가 점차 복잡하고 추상적인 개념을 이해하고 이를 적용할 수 있도록 설계되었다.

더불어 가네는 교수 설계에서 9가지 주요 단계를 제안하였다. 첫 번째는 학습자의 주의를 집중시키는 것이고, 두 번째는 학습 목표를 명확히 설명하는 것이다. 세 번째

'임의의 자연수의 뺄셈'을 수행하려면 [그림 3-9]와 같이 자극-반응(S-R) 단위로 세분화하고, 이를 토대로 구성된 학습 위계를 따라야 한다.

로, 학습자의 이전 지식을 자극하며, 네 번째로 학습 자료를 제공하고, 다섯 번째로 학습 지침을 제공한다. 여섯 번째는 학습자가 스스로 수행해 보도록 유도하고, 일곱 번째로 피드백을 제공하며, 여덟 번째로 학습 성과를 평가한다. 마지막으로, 학습 내용을 다른 상황에 전이하고 유지할 수 있도록 돕는다. 이러한 단계는 학습자가 점진적으로 학습 내용을 숙달하고 실생활에 적용할 수 있도록 체계적으로 설계되었다.

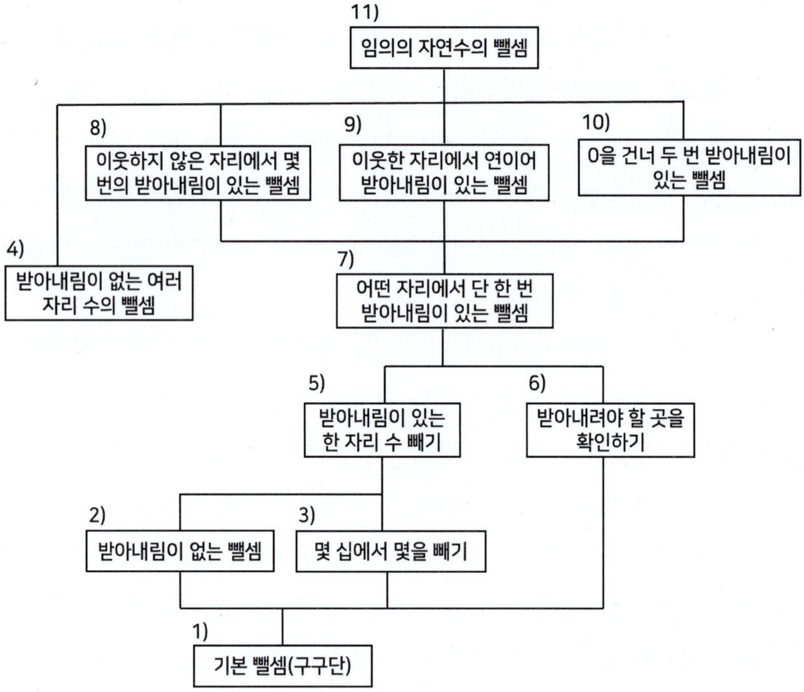

[그림 3-9] 가네의 학습 위계의 예

결론적으로, 가네의 이론은 학습의 본질을 깊이 탐구하며, 학습자가 목표를 효과적으로 달성할 수 있도록 돕는 체계적이고 실용적인 방법론이다. 그의 이론은 교육, 훈련, 멀티미디어 학습 설계 등 다양한 분야에서 활용되며, 현대 교수 설계 이론의 중요한 기초로 자리 잡고 있다. 가네의 접근법은 학습자 중심의 교육을 강조하며, 학습 목표 달성을 위한 효과적이고 효율적인 전략을 제공하는 데 중점을 둔다.

토의문제 4

특정한 학습 내용을 정하고, 가네의 학습 위계를 근거로 위계가 하위에 있는 내용과 상위에 있는 내용을 각각 말해보시오.

참고문헌

김용태 (2013). **세계 수학교육 사상사 입문**. 서울: 교우사.

우정호 (2011). **수학 학습-지도 원리와 방법**. 서울: 서울대학교출판문화원.

임규혁, 임웅 (2017). **학교학습 효과를 위한 교육심리학**. 서울: 학지사.

황우형 (2003). 수학교육학에서 바라본 학습심리학의 발달과정과 전망. **수학교육**, 42(2), 121-135.

황혜정, 나귀수, 최승현, 박경미, 임재훈, 서동엽 (2019). **수학교육학신론 1**. 경기: 문음사.

Burns, A., Sparks, M., & Washburn, D. A. (2022). Skinner box. In *Encyclopedia of animal cognition and behavior* (pp. 6468-6472). Cham, Switzerland: Springer.

Chance, P. (1999). Thorndike's puzzle boxes and the origins of the experimental analysis of behavior. *Journal of the Experimental Analysis of Behavior, 72* (3), 433-440.

Gagné, R. M. (1985). *The conditions of learning and theory of instruction*. New York, NY: Holt, Rinehart and Winston.

Gagné, R. M., & Briggs, L. J. (1974). *Principles of instructional design*. New York, NY: Holt, Rinehart and Winston.

Goodenough, F. L. (1950). Edward Lee Thorndike: 1874-1949. *The American Journal of Psychology, 63* (2), 291-301.

Harris, B. (1979). Whatever happened to little Albert? *American Psychologist, 34* (2), 151-160.

Hošková-Mayerová, Š., & Rosická, Z. (2012). Programmed learning. *Procedia-Social and Behavioral Sciences, 31*, 782-787.

Skinner, B. F. (1948). 'Superstition' in the pigeon. *Journal of Experimental Psychology, 38*, 168-172.

Skinner, B. F. (1953). *Science and human behavior*. New York, NY: Simon & Schuster.

Skinner, B. F. (1968). *The technology of teaching*. East Norwalk, CT: Appleton-Century-Crofts.

Thorndike, E. L. (1922). *The psychology of arithmetic*. New York, NY: Macmillan.

Watson, J. B. (1925). *Behaviorism*. New York, NY: Norton.

초등 수학 교육론

제 4 장

수학적 구조와 수학학습

1950년대 후반, 미국에서는 학교 교육과정을 개정하기 위해 각 교과에서 '구조'의 중요성을 강조하는 움직임이 나타났다. 이러한 움직임의 일환으로, 수학자, 과학자, 심리학자, 그리고 교육학자 등 34명이 참여하여 10일간 진행된 우즈홀(Woods Hole) 회의에서 유의미한 방식으로 수학적 구조를 가르쳐야 한다는 필요성이 제기되었다.

한편, 이러한 움직임에 앞서 유럽에서는 형태심리학이 문제해결과 사고 과정에서 구조의 이해가 중요함을 강조해왔다. 19세기 전반에는 브라우넬과 같은 일부 심리학자들이 유의미한 개념 학습에 관심을 가졌지만, 당시 행동주의 심리학자들은 학습을 자극과 반응의 결합으로 설명하려고 하였다. 그러나 이러한 행동주의적 관점은 모든 학습 과정을 충분히 설명하지 못했다. 1920년대 유럽으로부터 유입된 형태심리학은 문제해결과 사고 과정에서 구조의 중요성을 부각하며 학습에 대한 새로운 접근법을 제시했다. 이는 연합주의 심리학자들의 이론으로 설명할 수 없는 실험 결과들을 근거로 삼아 학습 과정을 보다 포괄적으로 이해하려는 시도였다. 형태심리학은 구조적 이해가 학습과 사고의 핵심임을 강조하며, 학습 이론에 중요한 영향을 미쳤다.

이 장에서는 먼저 형태심리학에 대한 간단한 소개와 형태심리학에서 이야기하는 통찰을 문제해결과 관련하여 살펴본다. 형태심리학은 자극과 반응을 기본 요소로 하며 겉으로 나타나는 반응을 기준으로 학습 여부를 판단하는 행동주의와 달리 전체는 부분의 합과 다르다는 점을 강조한다. 즉, 정신 현상은 개별 요소들이 더해져서 결합된 것이 아니라 처음부터 본질적으로 구조화된 전체로 간주한다. 이러한 관점에서 베르트하이머는 특히 수학의 교수와 학습에 관심을 가졌던 형태심리학자로 수학적 구조의 관점에서 평행사변형 문제를 분석하며 생산적 사고에 대해 제시하였다. 둘째로, 브루너는 지식의 구조라는 개념을 통해 수학교육 현대화 운동의 이론적 배경을 제공하였다. 이를 구현하기 위한 수학 학습 지도의 원리 네 가지를 살펴보고, 피아제의 인지 발달 단계 이론에 기초한 EIS 이론에 대해 알아본다. 셋째로, 딘즈는 수학의 구조를 발견하고 탐구할 수 있는 학습 이론에 관심을 두었으며, 수학 학습의 6단계를 제시하여 학생들이 수학의 구조를 효과적으로 발견할 수 있도록 하였다. 또한 효과적인 수학 지도를 위한 네 가지 수학 학습 원리를 제시하며 학습자 중심의 접근 방식을 강조했다. 끝으로 스켐프는 직관적 지능, 반영적 지능의 개념을 통해 학습 과정의 심리적 측면을 분석하고 수학적 이해를 도구적 이해와 관계적 이해로 구분하여 제시하였다. 특히 관계적 이해는 개념 간의 연결과 구조적 이해를 추구한다. 이처럼 수학적 구조를 기반으로 한 학습 이론이 어떻게 다양한 차원에서 수학 학습의 본질을 설명하고 개선할 수 있는지를 다루며, 수학적 구조와 수학 학습 간의 깊은 연관성을 보여준다.

01 형태심리학과 베르트하이머

형태심리학은 자극과 반응을 기본 요소로 하며 겉으로 나타나는 반응을 기준으로 학습 여부를 판단하는 행동주의와 달리 전체는 부분의 합과 다르다는 점을 강조한다. 즉, 정신 현상을 개별 요소들이 더해져서 결합된 것이 아니라 처음부터 본질적으로 구조화된 전체로 간주한다. 지각은 개인의 경험에 의해 영향을 받으며 단순히 자극의 구성요소를 요약하는 것 이상을 포함한다. 일반적으로 사람은 지각할 때 구조를 보려는 경향이 있으며, 이것은 지각의 특별한 법칙에 영향을 받는다. 예를 들어 음악을 듣는 사람은 각각의 음들을 지각하는 것이 아니라 음들의 상호관계나 패턴 즉, 전체 구조를 지각한다. 마찬가지로 영화는 수천 개의 정지된 장면으로 구성되지만, 빠르게 연속적으로 제시되면 각각의 장면들을 움직이는 영상으로 인식한다.

1.1. 통찰(Gestalt)

형태심리학의 대표적인 연구자로는 베르트하이머(Wertheimer), 카토나(Katona), 쾰러(Köhler)를 들 수 있다. 문제해결에 대한 형태심리학자들의 주된 연구 중 하나는 통찰이다. 문제해결에서 통찰의 역할은 쾰러의 실험으로 대부분 소개되었다. 쾰러는 손다이크의 시행착오 학습 이론을 부정하고 전체적인 조직 과정에서 문제해결이 이루어진다고 보았다. 쾰러의 침팬지 실험은 이러한 원리를 잘 보여준다. 실험에서 [그림 4-1]과 같이 천장에 매달린 바나나와 근처에 여러 개의 상자를 제시하고 침팬지가 어떻게 바나나를 가져오는지 관찰하였다. 침팬지는 처음에는 직접 바나나를 잡으려고 시도하다가 실패하자 한참 주위를 살펴보고 난 뒤 갑자기 상자를 몇 개 포개어 쌓아 바나나를 가져올 수 있었다. 또 다른 실험에서는 침팬지 우리 밖에 바나나를 놓고 내부에는 2개의 짧은 막대를 제공했다. 이때, 막대는 둘 다 바나나에 닿지 않는 길이의 짧은 막대로 하나만 사용해서는 바나나를 가져올 수 없었다. 침팬지는 처음에는 막대를 가지고 놀다가 잠시 생각한 뒤 [그림 4-1]과 같이 막대 2개를 이어서 하나의 더 긴 문제 상황에 갈등이 발생하면 재조직을 통해 평형화를 이루려고 하며, 통찰은 이러한 재조직이 이루어지는 시점에 나타난다.

도구로 만들었다. 이러한 행동은 학습이 우연이 아니라 문제해결을 위해 환경의 구조를 인식하고 재조직하는 데서 비롯된다는 것을 보여준다. 동물이 사물 간의 관계를 인식하고 이러한 이해를 통해 해결책을 고안할 수 있다는 점을 강조했는데, 이는 시행착오 접근 방식과는 완전히 대조적이다. 또한 침팬지의 행동을 인간의 행동에 비유하면서 목표에 접근하기 쉽지 않은 상황에서 문제해결 행동에 착수한다고 보았다. 문제 상황에서 갈등이 발생하면 재조직을 통해 평형화를 이루려고 하며, 이 재조직은 문제를 해결하여 긴장 상태를 해소한다. 통찰은 이러한 재조직이 이루어지는 시점에 나타난다.

[그림 4-1] 쾰러의 침팬지 실험
(출처: https://pigeon.psy.tufts.edu/psych26/kohler.htm)

1.2. 베르트하이머의 생산적 사고

교육의 측면에서 인간의 인지구조에 대한 형태심리학자들의 관점은 베르트하이머의 연구에서 잘 설명될 수 있다. 특히 그는 생산적 사고(productive thinking) 또는 구조적 이해를 기초로 하는 사고를 설명하는 데 관심을 기울였다.

[그림 4-2] 베르트하이머(1880~1943)
(출처: https://ko.wikipedia.org)

구체적으로 평행사변형의 넓이 구하는 문제를 통해 생산적 사고의 작용을 드러냈으며, 생산적 사고의 필요성을 주장하였다. 교실 상황에서 교사는 학생들에게 [그림 4-3]과 같은 평행사변형을 활용하여 평행사변형의 넓이를 구하는 표준 알고리즘, 즉 (밑변)×(높이)를 설명하였다. 학생들은 이 표준 알고리즘을 사용하여 유사한 형태의 평행사변형 넓이를 구하는 연습문제를 잘 해결할 수 있었다.

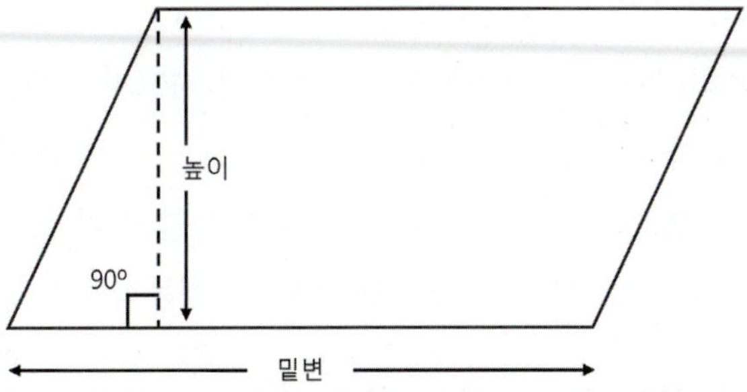

[그림 4-3] 평행사변형의 넓이를 구하는 표준 알고리즘

이때, 교사가 [그림 4-4]와 같은 평행사변형을 제시하자 어떤 학생은 이런 문제는 배우지 않았다고 하면서 틀린 문제라고 하거나, 아예 문제 풀기를 포기하는 학생도 있었다. 이러한 어려움은 넓이를 구하기 위한 알고리즘의 기초가 되는 구조적인 원리를 이해하지 않고 알고리즘을 학습한 아동들이 교사가 제시한 법칙을 맹목적으로 따르기만

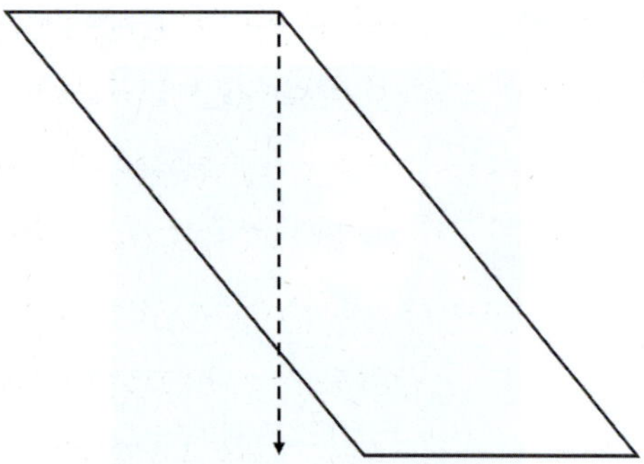

[그림 4-4] 베르트하이머의 평행사변형 문제

> 베르트하이머의 평행사변형 문제에서 평행사변형의 넓이 구하는 공식의 구조적 원리를 이해하려는 사고를 생산적 사고라 한다.

했기 때문이다. '규칙만을 따르는(rule- bound)' 학생들은 수선을 그을 때, [그림 4-4]와 같이 도형의 밑변이 아닌 곳에서 수선을 긋게 되어 표준 알고리즘을 적용할 수 없었던 것이다.

그러나 인간은 사물을 조직된 전체로 지각하려는 경향이 있으며, 이러한 경우에도 평행사변형의 한 부분이 다른 쪽 빈 부분을 정확하게 채울 수 있으므로 직사각형으로 지각할 수 있다. 이처럼 평행사변형을 수선에 따라 나누고 직사각형을 이루도록 각 조각을 재구성하면 (밑변)×(높이) 공식을 직접적으로 적용할 수 있다. 결과적으로 평행사변형과 직사각형과의 기능적인 동치 관계 즉, 등적 변형을 이해했다면 앞선 실수를 범하지 않았을 것이다. 이처럼 평행사변형의 넓이 구하는 공식의 구조적 원리를 이해하려는 사고를 생산적 사고라고 보았다.

이 외에도 베르트하이머는 생산적 사고와 비생산적 사고의 구별을 위해 여러 가지 예를 제시했다. 우선 사다리꼴 넓이를 구하기 위해 [그림 4-5]의 A-반응처럼 보조선을 그어 도형을 변형한다면, 그것은 의미 있는 반응이며 통찰이 일어난 경우이다. 그러나 [그림 4-5]의 B-반응처럼 도형을 변형한다면, 이것은 맹목적이고 무의미한 반응이며,

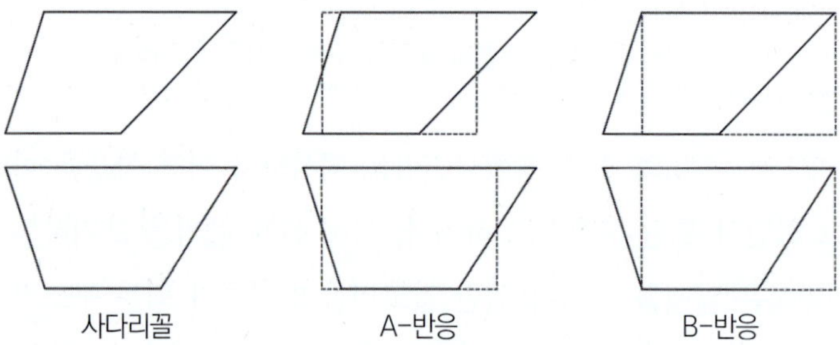

[그림 4-5] 베르트하이머의 사다리꼴 문제

통찰이 일어나지 않은 경우에 해당한다.

생산적 사고에 대한 또 다른 예로 가우스의 등차수열 합을 들 수 있다. 수열의 합을 구하는 가우스의 공식은 두 가지 형태가 있다. 첫 번째는 $\frac{n}{2}(n+1)$이고, 두 번째는 $n\frac{n+1}{2}$이다. 베르트하이머에 의하면 이 두 가지 형태의 공식은 수학적으로는 동일하지만 구조적, 심리적으로 다르다. 예를 들어 1부터 100까지의 합을 구하는 문제를 해결하기 위해 $1+2+3+\cdots$으로 헤아리는 대신에 아래와 같이 문제의 구조적인 특성을 이해하기 위해 시각적으로 표현할 것을 제안했다.

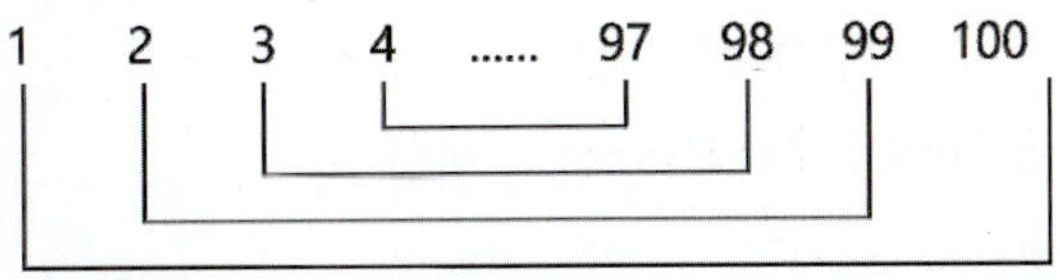

이때 수들은 각 쌍들의 합이 같은 수가 되도록 짝지어져 있으며, 만들어지는 수열에서 요소들의 총 개수와 관계에 주목하면 각 쌍의 합이 101이고 이것이 50쌍이므로 답은 5050이 된다. 베르트하이머는 짝짓는 과정은 같지만, 구조적으로 다른 도형적인 접근방법을 아래와 같이 제안하였다.

1	2	3	4	......	97	98	99	100
100	99	98	96	......	4	3	2	1

여기서는 1부터 100까지의 완전한 두 개의 수열을 제시하였다. 계산을 간단하게 하기 위해 위의 수열처럼 동일한 수들을 반대 순서로 늘어놓은 수열을 제시하였다. 각 쌍들의 합이 101이고 총 100쌍이므로 값은 10100과 같다. 단, 수열을 두 번 계산하였기 때문에 올바른 답을 얻기 위해서는 10100을 2로 나누어야 하므로 답은 5050이다. 베르트하이머가 이 증명을 통해 가우스의 일반적인 공식에 기초가 되는 직관을 드러내고자 하였다. 수열의 구조적 특성은 시각화를 통해 뚜렷하게 드러났으며, 이는 문제해결을 위한 효율적인 접근법을 쉽게 발견할 수 있게 했다.

토의문제 1

마름모의 넓이 구하는 방법을 생산적 사고의 측면에서 구조적으로 이해할 수 있도록 시각화하여 제시하시오.

02 브루너의 수학학습심리학

브루너는 지식의 구조라는 개념을 통해 수학 교육 현대화 운동의 이론적 배경을 제공하였으며, 이를 구현하기 위한 발견 학습을 주장하였다. 그는 수학 학습을 효과적으로 지도하기 위해 학습자의 인지 수준에 맞춘 지도 원리를 제안하였으며, 이를 토대로 학습 경험을 체계적으로 설계할 것을 주장하였다. 또한, 피아제의 인지 발달 이론에 근거하여 행동적, 영상적, 기호적 표현을 포함하는 EIS 이론을 발전시켜 학습자의 발달 과정을 설명하였다.

[그림 4-6] 브루너(1915~2016)
(출처: https://ita.education.asu.edu/honoree/jerome-jerry-bruner/)

2.1. 지식의 구조

1957년 소련의 스푸트니크 발사를 계기로 아동의 흥미와 생활에 필요한 측면을 강조했던 교육과정에서 교과 내용의 '구조'를 중심으로 교육과정으로 개정해야 한다는 필요성이 제시되었다. 이러한 경향은 1959년 우즈홀 회의의 결과를 정리한 브루너의 저서 『*The Process of Education*』에도 반영되어 있다. 우즈홀 회의에서 도출된 학습과 지도에 대한 일반적인 원리는 다음과 같다.

- 학습자들에게 각 교과의 핵심적인 내용인 지식의 구조를 지도해야만 한다.
- 어떤 교과든지 지적으로 올바른 형식으로 표현하면 어떤 발달단계 있는 어떤 아동에게도 효과적으로 지도할 수 있다.
- 인간의 지적 행위는 지식의 최전선에서 새로운 지식을 만들어내는 학자들이나 초등학교 3학년이나 근본적으로 동일하다.
- 교과에 대한 최선의 동기 부여는 그 교과에 대한 흥미이다.

회의에서는 교육 내용의 본질과 이를 체계적으로 조직하는 방법에 대해 논의하였으며, 브루너는 '지식의 구조'를 교육과정의 핵심 개념으로 제안하였다. 그는 특정 현상을 개별적인 정보로 학습하는 것이 아니라, 다양한 현상 간의 상호관계와 이를 포괄하는 일반적 구조 속에서 이해해야 한다고 강조하였다. 여기에서 말하는 지식의 구조란 단순한 정보나 사실의 나열이 아니라, 다양한 현상을 서로 연결 짓고 체계화하는 주요 개념이나 원리이다. 지식의 구조를 지도해야 하는 이유로 다음과 같은 네 가지 이점을 제시하였다. 이러한 네 가지의 이점은 이해, 기억, 적용, 고등 지식과 초보 지식의 연속성의 기초가 된다는 것으로 요약할 수 있다.

- 기본적 사항을 이해하면 교과 내용을 훨씬 쉽게 파악할 수 있다.
- 세세한 사항은 전체적으로 구조화된 형태 안에 들어 있지 않으면 쉽게 잊어버린다.
- 기본적인 원리나 아이디어를 이해하는 것은 적절한 훈련의 전이를 가능하게 하는 가장 중요한 방법이다.
- 초등과 중등에서 가르치는 학습 자료가 어떤 기본적인 성격을 나타내고 있는가를 끊임없이 재조사함으로써 고등 지식과 초보적인 지식 사이의 간격을 좁힐 수 있다.

또한 브루너는 구조와 관련하여 교육 과정의 측면으로 학습의 준비성, 직관적 사고와 분석적 사고, 학습 동기, 교구의 네 가지 측면을 논의하였다. 먼저 학습의 준비성의 측면에서 '어떤 교과든지 지적으로 올바른 형식으로 표현하면 어떤 발달단계 있는 어떤 아동에게도 효과적으로 지도할 수 있다'라고 가정했다. 브루너는 피아제의 발달단계 이론을 근거로 아동의 발달단계에 따라 사물이나 현상의 구조를 파악하는 방식이 다를 뿐이라고 주장했다. 즉, 학습 준비성이란 발달단계의 지각방식에 맞게 학습 내용의 구조를 나타내는 표현의 문제라는 것이다. 이때, 피아제의 발달단계에 맞는 구조의 세 가지 표현형식을 이어서 다루게 될 EIS 이론 즉, 활동적 표상, 영상적 표상, 상징적 표상으로 제시하였다.

다음으로 브루너는 수학 학습에서 직관적 사고의 효율성을 강조하며, 전통적인 연역법과 증명법을 가르치기에 앞서 학생들에게 교육 내용을 직관적으로 이해하도록 가르칠 것이 필요하다고 제시했다. 이때, 직관적 사고는 분석적 사고와 대비하여 살펴보면 더 잘 이해할 수 있다. 분석적 사고는 대게 한 번에 한 단계씩 진전되며, 단계가 명백히 드러난다. 분석적 사고를 하는 사람은 자기가 어떤 내용의 지식을 다루며 어떤 방법으로 그 지식을 다루는지 비교적 명확히 알고 있다. 이에 비해 직관적 사고는 보통 면밀하고 명백하게 계획된 단계에 따라 전개되는 것이 아니라 포괄적인 지각을 기초로 전개된다. 직관적 사고를 하는 사람은 어떤 과정을 거쳐서 그렇게 했는지 모르게 문제를 해결한다. 직관적 사고와 분석적 사고는 어느 하나가 더 효과적이고 다른 것은 비효과적인 것이 아니다. 다만 학교 교육에서 형식을 갖춘 내용을 다룬다는 사실 때문에 직관의 중요성이 과소평가되는 결과를 초래하였다는 점을 지적하고 있다.

학습 동기와 관련하여 브루너는 학습 내용에 대한 내재적 흥미를 북돋는 것, 학생에게 발견의 기쁨을 느끼도록 하는 것, 가르치려는 내용을 학생의 사고방식에 알맞게 '번역'하는 것 등이 학생의 학습 동기를 불러일으킬 수 있다고 제안했다.

마지막으로 교구를 학교에서 구할 수 없는 자료를 보여주기 위해 사용하는 교구, 학생들로 하여금 한 현상의 내면에 숨어 있는 구조를 파악하도록 도와주는 교구, 계열화된 프로그램처럼 사물의 개념 구조를 느끼도록 하는 데 사용되는 교구 등으로 나누어 제시하고 있다. 특히 티칭 머신과 관련하여 기계가 교사를 대체할 수 없으며, 교구 자체가 그 목적을 결정하지 않는다고 지적했다. 시청각 교구나 티칭 머신을 만병통치약으로 생각하고 무조건 그것을 찬성하기보다 무슨 목적으로 해당 교구를 활용하는 것인지가 가장 중요하다는 것이다. 또한 교구와 관련하여 교사는 수업의 가장 주된 교구라고 설명하며 교사의 역할을 강조하였다.

2.2. 수학 학습 지도의 원리

브루너는 수학 학습과 교수에 관해 다음과 같은 네 가지 원리를 제안하였다.

브루너의 수학 학습 지도의 원리
- 구성의 원리
- 표현의 원리
- 대조와 다양화의 원리
- 연결성의 원리

구성의 원리(Construction Theorem)

구성의 원리는 학생들이 수학적 개념이나 원리를 학습할 때, 스스로 표현을 구성하는 것이 가장 효과적이라는 것이다. 교사가 완성된 형태의 규칙이나 원리를 학생들에게 제시하기보다 학생들 스스로 직접 수학적 아이디어를 표현하고 구성할 때, 더 잘 기억하고 적절한 상황에서 정확하게 활용할 수 있다. 교사는 완성된 지식을 단순히 전달하기보다는, 학생들이 스스로 자신의 표현을 구성해 볼 수 있도록 안내할 필요가 있다.

표현의 원리(Notation Theorem)

표현의 원리는 수학적 개념이나 원리를 학생들의 인지 발달 수준에 맞는 적절한 기호나 표기법으로 표현해야 한다는 것을 강조한다. 효과적인 기호 체계는 수학적 원리의 확장과 새로운 원리를 만들어내는 것을 가능하게 해준다. 예를 들어, 방정식을 표현하는 적절한 기호 체계가 없다면, 방정식이나 연립방정식의 학습이 매우 어려워진다. 교사는 학생들이 다양한 표기 방법을 찾고 활용하도록 격려해야 하며, 이를 통해 수학적 원리를 창조하고 확장할 수 있도록 도와야 한다.

대조와 다양화의 원리(Contrast and Variation Theorem)

대조와 다양화의 원리는 수학적 개념을 학습할 때, 대조와 변화의 과정을 통해서 구체적이고 특수한 표현 단계로부터 보다 추상적이고 일반적인 표현 단계로 발전할 수 있다는 것이다. 즉, 학습하고자 하는 개념을 다른 개념과 대조하거나 다양한 예시를 통해 학습하는 것이 더 효과적이라는 것이다. 대조는 수학적 개념을 쉽게 파악하도록 도우며, 직관적인 이해를 촉진한다. 예를 들어, 평행사변형, 사다리꼴, 직사각형, 마름모 등의 개념은 단독으로 학습하기보다는 상호 대조함으로써 더 잘 이해할 수 있다. 또한, 다양한 예시를 통해 개념을 학습하면, 특정한 표상에만 의존하지 않고 개념을 폭넓게 이해할 수 있다.

연결성의 원리(Connectivity Theorem)

연결성의 원리는 개별적인 수학적 개념, 원리, 기능은 다른 개념, 원리, 기능과 연결하여 지도해야 하며, 학생들은 이러한 연결성을 이해해야 한다는 것을 강조한다. 수학 요소들 사이의 구조화된 연결은 분석적이고 종합적인 수학적 추론을 가능하게 하며, 직관적인 사고의 도약도 촉진한다. 브루너는 수학은 구조적인 학문이기 때문에 개념들 사이의 관계가 강조될 때, 학생들은 추상적이고 복잡한 개념을 쉽게 학습할 수 있다고 주장했다.

2.3. EIS 이론

브루너에 따르면 아동의 지능은 표현 수단과 그 사이의 조정 능력이 향상하면서 발

〈브루너의 EIS 이론〉
아동의 인지능력은 세 단계의 표현 수단 즉, 활동적 표현, 영상적 표현, 기호적(상징적) 표현을 거쳐 발달한다.

달한다. 브루너의 EIS 이론에서는 이러한 표현 수단이 활동적 표현, 영상적 표현, 상징적 표현의 순서로 발달한다고 설명한다. 그는 어떤 연령의 아동이라 하더라도 복잡한 개념을 그들의 지적 능력과 경험에 맞는 적절한 수준에서 이해하도록 제시하는 방법이 있다고 생각했다. 즉, 어떤 아이디어나 지식은 특정한 학습자가 인식할 수 있는 형태에서 더 어린 학습자도 충분히 이해할 수 있는 단순한 형태로 제시될 수 있다는 것이다.

활동적 표현(Enactive representation)

활동적 표현은 과거의 사건을 적절한 운동적인 반응을 통하여 표현하는 것으로, 인지 발달의 기본이 되는 표현이다. 예를 들어 덧셈 문제를 해결하기 위해 손가락으로 책상 위를 톡톡 치면서 세는 동작으로 계산하는 아동에게서 이러한 표현방식을 볼 수 있다. 이 아동에게 있어서 세는 활동은 블록들을 하나씩 차례로 계속해서 톡톡 치면서 세어 나가는 것을 배우는 것과 운동 행위로 표현된다.

영상적 표현(Iconic representation)

영상적 표현은 구체적이고 물리적인 단계에서 정신적인 상의 영역으로 이동하게 한다. 브루너에 따르면 영상적 표현은 아동들이 행동을 단순히 기억하는 것을 넘어, 필요할 때 이를 재생산해 낼 수 있도록 조작이나 대응(mapping)을 시각적으로 표현할 때 발생한다. 이러한 정신적인 상은 경험했던 모든 세부 사항을 포함하지는 않지만, 중요한 특징을 표현함으로써 사건을 간략하고 효율적으로 요약한다. 예를 들어 수를 나타내는 그림을 그리는 것은 자연수에 대한 영상적 표현이며, 벤다이어그램은 집합에 대한 영상적 표현이라 할 수 있다.

기호적(상징적) 표현(Symbolic representation)

기호적 표현은 주로 언어 능력이 발달함으로써 가능하게 되며, 이는 특정 대상이나 개념을 나타내는 단어나 기호로 구성된다. 이러한 기호는 표현하려는 대상과 닮지 않으며, 완전히 추상적인 성격을 가진다. 예를 들어, 숫자 '8'은 8개의 사물을 실제로 배열한 모습이나 "여덟"이라는 단어와는 다르다. 기호는 특정 대상, 사건, 또는 아이디어를 표현하기 위해 사람들이 고안한 것이며, 그 의미는 사회적 합의를 통해 널리 사용되고 있다. 아동이 수학적 연산을 시작하는 시점은 이러한 기호를 읽고 이해할 수 있는 능력이 발달한 시기로, 이때부터 아동은 상징적 표현을 활용하기 시작한다. 그들은 자신이 수행한 활동을 기호로 변환하여 사고하는 방법을 학습하며, 이는 추상적 사고의 새로운 가능성을 열어준다.

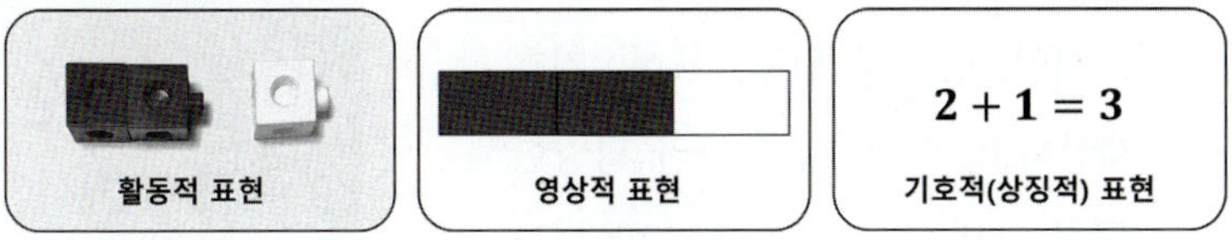

[그림 4-7] EIS 표현의 예

EIS 이론을 종합적으로 예를 들어 살펴보면, 어린아이는 시소를 탈 때 시소의 원리를 즉, 시소에서 자기 쪽을 아래로 내려가게 하려면 중심에서 더 멀어져야 함을 행동으로 나타내며, 이는 행동적 표현에 해당한다. 더 나이가 든 아이는 저울 모형을 다루거나 그림을 그려서 영상적 표현으로 원리를 나타내고, 이후 일상 언어나 뉴턴의 모멘트의 법칙을 이용하여 원리를 설명하며 기호적 표현으로 사고를 확장한다. 이처럼 어떤 수학의 지식도 세 가지 표현 양식으로 나타낼 수 있으며, 각각의 표현 양식에 맞는 아동의 수준에 따라 지도할 수 있다는 것이다. 이때 가정된 표현 양식에 적합한 방법으로 개념을 제시하는 것이 중요하다. 특히 학생이 기호적 표현을 잘 이해할 준비가 되어 있더라도 최소한 영상적 표현을 함께 제시하는 것이 좋다. 이는 학습자가 상징적 조작에 어려움을 겪더라도 되돌아갈 수 있는 사고의 상(mental image)을 형성하는 데 도움을 주기 때문이다.

토의문제 2

브루너의 EIS 이론에 따라 구성된 교과서 장면을 찾아 설명하시오.

03 딘즈의 수학 개념 학습

딘즈는 수학 학습을 놀이를 기반으로 한 구성적 활동으로 간주하며, 학습자가 수학적 개념을 이해하고 구성해 나가는 경험의 체계적인 계열화에 중점을 두었다. 그는 수학의 구조를 발견하고 탐구할 수 있는 학습 이론에 관심을 두었으며, 피아제의 구성주의 영향을 받아 지식을 스스로 구성해 나가는 과정을 중요하게 여겼다. 이를 바탕으로 딘즈는 수학 학습의 6단계(자유놀이, 게임, 공통성 탐구, 표현, 기호화, 형식화)를 제안하고, 이 단계에 따라 다양한 수학 놀이와 교구를 개발하였다. 또한 수학 지도를 효과적으로 지원하기 위해 네 가지 수학 학습 원리(수학적 다양성의 원리, 지각적 다양성의 원리, 구성의 원리, 활동적 원리)를 제시하며 학습자 중심의 접근 방식을 강조했다.

[그림 4-8] 딘즈(1916~2014)
(출처: https://ita.education.asu.edu/honoree/jerome-jerry-bruner/)

3.1. 수학적 개념 학습의 단계

〈딘즈의 수학적 개념 학습의 단계〉
- 자유 놀이 단계
- 규칙 놀이 단계
- 공통성 탐구 단계
- 표현 단계
- 기호화 단계
- 형식화 단계

딘즈는 수학적 개념의 발달은 피아제의 인지 발달단계와 유사한 단계를 거치며, 구체적인 것에서 기호적인 단계를 거치는 일련의 주기적 패턴을 통하여 수학적 개념을 가장 잘 이해할 수 있다고 보았다. 학습 주기는 지식의 구조와 능동적인 학습자 사이의 계획된 상호작용으로써 특별히 고안된 수학 자료를 매개로 하여 수행되며, 이는 나선형 교육과정과 개념적으로 유사한 부분이 있다. 딘즈는 학습 주기를 개폐연속체(open-closed continuum)라 부르며, 일정 단계를 거쳐 개념이 형성되면 닫힌(closed) 상태가 되지만, 내면적으로 분석하고 적용하는 과정을 통해 열린(open) 상태로 변해 높은 수준의 재구성이 이루어진다고 보았다. 이 과정은 건물을 건축하는 과정과 유사하게 이전 단계가 충실히 이루어져야만 다음 단계로 나아갈 수 있다. 예를 들어 자유 놀이 단계에서 기호화 단계로의 전환을 통해 수학적 개념이 형성되면 이 개념은 더욱 고차원적인 개념 형성을 위해 놀이 과정의 소재로 사용될 수 있다(김수미, 2008).

1) 자유 놀이 단계

자유 놀이 단계에서는 아동들이 수학적 구체물을 가지고 구조화되어 있지 않은 조작이나 실험 활동 등 자유로운 놀이를 하도록 한다. 이때 구조적인 자료를 다루지만 아동의 행위는 구조화되어 있지 않으며 '시행착오적' 접근을 한다. 예를 들어 자유 놀이 단계에서는 덧셈이나 곱셈을 지도할 때 수 막대를 사용하는 놀이 환경을 제공하거나 도형 개념의 학습에서 개수나 모양, 크기 등이 다양하게 주어진 구체물로 놀이 활동을 경험하게 한다.

2) 규칙 놀이 단계

규칙 놀이 단계에서는 아동들이 자유로운 놀이를 통해 점차 규칙성을 인지하게 된다. 예를 들어 어떤 도형은 꺾인 부분이 있는데 어떤 도형은 매끈하다는 등 모양에 차이가 있다는 것을 인식하게 된다. 이때 규칙성은 아동에 의해 발견되어야 하므로 지각적, 수학적 다양성의 원리에 따라 다양한 형태로 제시될 필요가 있다. 또한 아동들은 발견한 규칙을 이용해 놀이하는 방법을 학습하고 주어진 놀이의 규칙을 바꾸거나 스스로 놀이를 만들어 볼 수도 있다.

3) 공통성 탐구 단계

공통성 탐구의 단계에서는 전 단계에서 경험한 놀이에 대한 공통 구조를 파악하게 된다. 외형적으로 다양하게 표현된 놀이를 하면서 놀이의 소재가 되는 여러 구체물 속에 공통적으로 들어 있는 특정 개념의 수학적인 구조를 파악하여 놀이 단계보다 규칙성이 명확해지기 시작한다. 예를 들어 네모 모양은 꺾인 부분이 네 군데고, 원 모양은 그런 부분이 없다는 것을 명확히 인식하게 된다. 이때, 아동들은 많은 다양한 경험 중에서 공통적인 것을 모으고 관계없는 것은 제거해야 한다.

4) 표현 단계

표현 단계에서는 전 단계에서 아동이 파악한 공통성을 적절한 방법으로 표현한다. 이때 수학적 기호는 사용하지 않으며 간단한 그림의 형태나 언어적인 방법, 전형적이거나 포괄적인 예 등 다양하고 자유로운 표현 방법을 사용한다. 예를 들어, 네모 모양, 세모 모양, 둥근 모양 등에 대하여 다양한 방법으로 표현하게 된다. 이러한 표현의 목적은 전 단계에서 수집한 공통성을 학습자의 마음속에 정착시키기 위한 것으로 추상의 싹을 정착시키는 단계라 할 수 있다(김수미, 2008).

5) 기호화 단계

기호화 단계에서는 아동들이 표현 단계에서 자신만의 적절한 방법으로 표현한 개념을 수학적인 기호를 이용하여 표현하게 된다. 이때 아동이 자신만의 기호 체계를 발명하는 것도 좋지만 의사소통을 위하여 표준화된 수학적 기호를 이용하도록 지도해야 한다. 예를 들어 도형 개념에서는 사각형, 삼각형, 원 등의 표현을 이용하도록 지도하는 단계이다. 다만 기호화 단계는 학생들의 발견이나 발명에만 의존할 수 없으므로 적절한 교사의 개입과 안내가 필요하다.

6) 형식화 단계

형식화 단계에서는 수학적인 개념의 구조를 파악하고 이 개념이 갖고 있는 여러 성질을 체계화하게 된다. 예를 들어 도형 개념에서는 여러 도형 사이의 관계와 도형의 성질을 파악한다. 즉, 삼각형과 사각형의 관계나, 삼각형의 성질, 사각형의 성질 등을 파악하게 되는 단계이다. 전 단계에서 발견한 성질들을 정리하며 기본적인 성질이 다른 성질에 도달하기 위한 규칙을 찾아낸다. 이때 다른 성질들에 의해 유도되지 않는 기본적인 성질을 공리로 규정하고 공리로부터 다른 성질에 도달하는 과정을 증명, 증명에 의해 도달한 성질을 정리라고 한다.

3.2. 수학적 개념 학습의 원리

〈딘즈의 수학적 개념 학습의 원리〉
- 역동적 원리
- 구성의 원리
- 지각적 다양성의 원리
- 수학적 다양성의 원리

딘즈는 효과적인 수학 학습의 원리를 그의 저서 『*Building up Mathematics*』에서 다음과 같이 4가지로 제시하고 있다.

1) 역동적 원리

역동적 원리는 수학적 개념이 경험으로부터 구성되므로 실제적인 경험의 과정을 제공해야 한다는 것이다. 예를 들어 쌓기나무 놀이나 종이접기 놀이를 하는 것은 장래에 형성하게 될 도형의 개념이나 부피 개념 형성에 도움이 될 수 있다.

역동적 원리에 의하면 수학적 개념을 형성하는 데 일련의 예비 놀이, 구조화된 놀이, 실습 놀이 단계를 순차적으로 적절한 시기에 제공해야 한다. 먼저, 첫 번째 단계인 예비 놀이 단계는 목표가 불분명하고 없는 것처럼 보이며 놀이 그 자체를 즐기는 단계이다. 이 단계는 가능한 한 자유로워야 하며 개념의 요소를 놀이 자료로 사용할 수 있어야 한다. 두 번째 단계인 구조화된 놀이 단계는 이전 놀이 단계보다 좀 더 방향이 정해지고 목적 지향적이지만, 아직 추구하고 있는 것에 대한 명확한 인식은 없는 단계이다. 이 단계에서 어느 정도 구조화된 활동을 통해 많은 경험을 갖추게 된다. 세 번째 단계인 실습 놀이 단계는 형성된 개념을 고정하고 적용하는 단계이다. 이 단계는 상대적인 것으로 이후 다른 개념의 학습을 위한 예비 놀이가 될 수 있지만, 같은 개념에 대한 예비 놀이가 되지 않도록 유의해야 한다.

2) 구성의 원리

구성의 원리는 아동의 구성적 시고가 분석적 사고보다 훨씬 전에 발달되므로, 아동에게 분석보다는 구성을 요구하는 수학적 상황을 먼저 제시해야 한다는 것이다. 수학적인 관계는 구체물 자체가 아닌 구체물에 대한 활동으로부터 추상화되기 때문에 관계를 인식하기 위해서는 그 관계에 대한 구성이 선행되어야 한다는 것이다. 아동은 논리적 판단이 어렵더라도 수학적 개념을 잘 구성할 수 있으며, 이후 구성한 것에 대한 논리적 탐구는 자연스럽게 나타나게 된다. 예를 들어 입체 도형의 학습에서 먼저 입체 도형이나 그 단면을 만든 후에 그 성질을 분석하거나 성질의 근거를 조사하는 것이 적합하다는 것이다.

3) 지각적 다양성의 원리

지각적 다양성의 원리는 개념을 형성하는 데 있을 수 있는 다양한 개인차를 고려하는 방법으로, 지각적으로는 다르지만 구조적으로는 동형인 다양한 구체물을 활용하여 개념을 지도해야 한다는 것이다. 지각적으로 다양한 상황 즉, 외형은 다르게 보이지만 근본적으로 동일한 개념 구조를 활용하는 것이다. 예를 들어 자리값 개념을 블록, 산가지 더미, 구슬 더미와 같이 지각적으로 다양한 상황을 활용하여 모든 상황이 외형은 다르지만 궁극적으로 유사성을 찾을 수 있다. 또한 평행사변형 개념을 지도하기 위해 [그림 4-9]와 같이 평행사변형을 종이 위에 그리거나 빨대로 만들거나 지오보드 위에 표시하는 등 지각적으로 다양하게 제시할 수 있다. 이처럼 지각적으로 다양한 상황을 제공함으로써 개념 학습을 극대화할 수 있다.

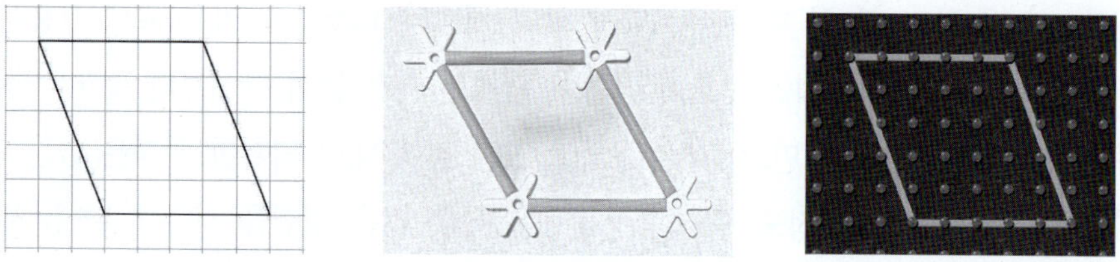

[그림 4-9] 지각적 다양성의 원리를 반영한 예

4) 수학적 다양성의 원리

수학적 다양성의 원리는 개념은 변하지 않게 유지하면서 가능한 많은 변인을 변환시켜 개념의 성장을 돕고 구조화된 경험을 제공해야 한다는 것이다. 예를 들어, 평행사변형의 개념을 지도할 때, 이 개념의 핵심은 두 쌍의 대변이 각각 평행하고 길이가 같다는 것이다. 이 외에 크기, 변의 길이, 각, 위치 등 변화 가능한 요소를 다양하게 변화시켜서 제시할 수 있다. 또한 정삼각형의 개념을 지도할 때, 정삼각형 개념의 핵심은 세 변과 세 각이 같다는 것이다. 이 외에 [그림 4-10]과 같이 방향이나 크기 등과 같은 요소를 다양화하는 것이 정삼각형의 개념 습득에 도움이 된다. 이처럼 해당 개념과 관련된 변수를 체계적으로 분석함으로써 수학적 개념을 효과적으로 이해하게 할 수 있다.

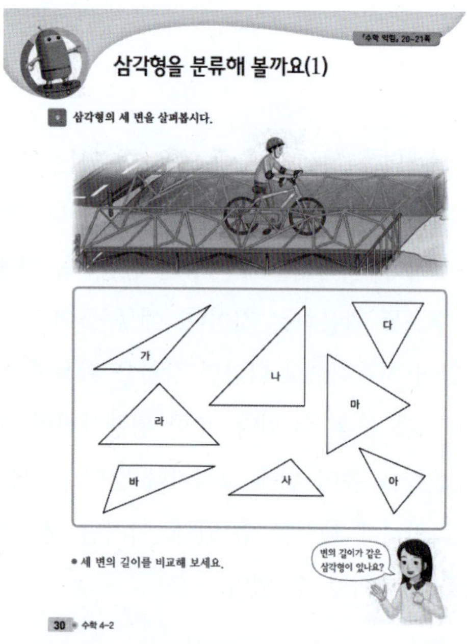

[그림 4-10] 수학적 다양성의 원리를 반영한 예 (교육부, 2019, p.30)

토의문제 3

딘즈의 네 가지 학습 원리를 이등변삼각형 지도에 적용한다면, 어떻게 적용할 수 있는지 구체적인 예를 들어서 설명해 보시오.

04 스켐프의 수학학습심리학

스켐프는 수학교육 및 학습 심리학 분야에서 중요한 기여를 한 학자로, 그의 이론은 수학적 사고와 개념 학습의 본질을 이해하는 데 중점을 둔다. 특히 학생들이 수학적 개념을 이해하는 방식에 대한 깊이 있는 통찰을 제공하였으며, 직관적 지능(intuitive intelligence)과 반영적 지능(reflective intelligence)의 개념을 통해 학습 과정의 심리적 측면을 분석하였다. 또한 수학적 이해를 도구적 이해와 관계적 이해로 구분하였는데, 도구적 이해는 단순히 규칙이나 절차를 외우는 데 초점을 맞추는 반면, 관계적 이해는 개념 간의 연결과 구조적 이해를 추구한다. 이러한 구분은 학습자들이 수학을 학문적 틀 내에서 의미 있게 학습할 수 있도록 돕기 위해 교육적 전략을 수립하는 데 기여한다.

4.1. 직관적 지능과 반영적 지능

〈직관적 지능〉
감각 기관을 통해 지각된 실제적 대상 사이의 관계, 혹은 대상에 대한 행동 사이의 관계를 인식하는 능력을 가리키는 것

〈반영적 지능〉
직관적 지능에 의해 구성된 개념이나 개념 사이의 관계를 인식하고 내면적 활동을 조정하는 능력

스켐프는 지능을 '유용한 정신적 능력의 집합체'로 정의하고 지능의 역할에 대한 두 가지 형태 즉, 직관적 지능과 반영적 지능으로 구분하였다. 직관적 지능은 감각 기관을 통해 지각된 실제적 대상 사이의 관계, 혹은 대상에 대한 행동 사이의 관계를 인식하는 능력을 가리키는 것이며, 반영적 지능은 직관적 지능에 의해 구성된 개념이나 개념 사이의 관계를 인식하고 내면적 활동을 조정하는 능력이다. 직관적 지능과 반영적 지능을 설명하기 위해 다음과 같은 예를 제시하였다.

[그림 4-11] 스켐프(1919~1995)
(출처: https://images.app.goo.gl/sGXwy3KpJH4zJ4G7A)

16 × 25

(i) 답은 무엇인가?

(ii) 답을 어떻게 구했는가?

예시에서 두 번째 질문에 답하려면 문제 자체에서 문제를 해결하는 사고 과정으로 문제해결자의 관심이 전환되어야 한다. 즉, 답이 무엇인지 안다는 것과 어떻게 구했는지 아는 것은 별개의 문제이다.

직관적 수준에서 [그림 4-12]와 같이 외부에서 얻은 자료를 시각과 청각과 같은 수용기(receptor)를 통해 인식하고, 이 자료들은 개념 구조에 의해 자동으로 분류되고 다른 자료들과 연결된다. 또한 말하기와 쓰기와 같은 골격을 움직이는 자율 근육을 사용하여 외부 환경에 따라 행동하게 된다. 예를 들어 책을 크게 소리 내어 읽거나 차를 운전하거나 6+5에 답하는 활동처럼 중재 사고 활동(intervening mental activities)을

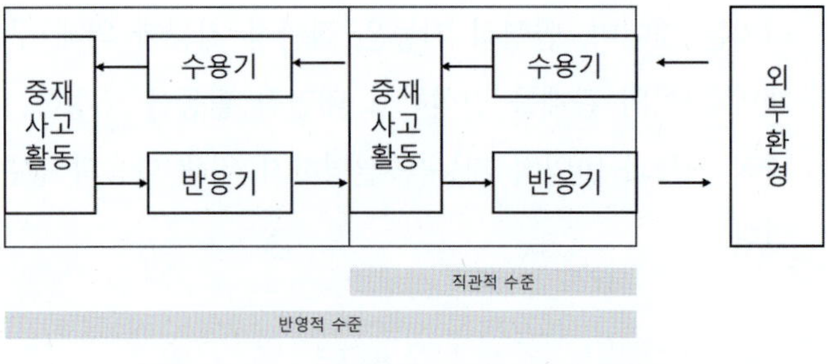

[그림 4-12] 직관적 지능과 반영적 지능

거치지 않고도 성공적으로 이루어진다.

반영적 수준에서 중재 사고 활동은 자기 반영적 인식의 대상이 된다. 예를 들어 급경사에 도달하기 전에 왜 기어를 바꾸어야 하는지 질문했을 때 아무 생각 없이 즉, 반영해 보지 않고 그렇게 했지만 이유를 설명할 수 있다. 마찬가지로 16×25에 답을 400이라고 답했다면 어떻게 계산했는지 질문할 수 있다. 계산 방법을 설명하면 그 방법이 왜 옳은지 질문할 수 있는데, 이는 곱셈의 결합 법칙을 사용했다는 등의 더욱 복잡한 대답을 기대한 것이다. 이런 질문에 답하기 위해 필요한 정보는 외부 환경이 아닌 자신의 개념 체계 안에서 찾을 수 있으며, 이를 중재 사고 활동이라고 한다. 이러한 반영적 사고를 하게 되면 더욱 중요한 단계로 도약할 수 있게 된다. 예를 들어 16×25를 풀 수 없었던 사람이 25×4이면 100임을 알 때 16×25를 4×(4×25)와 같이 생각하여 4×100으로 계산할 수 있고, 더 나아가서 24×25, 25×25 등의 다른 문제들도 풀 수 있게 된다.

반영적 활동이 포함된 또 다른 사례로 소수 1.2와 0.57의 곱셈을 들 수 있다. 1.2×0.57을 소수점을 생략하여 자연수를 곱하는 방법으로 계산하고, 그 곱에 소수점 아래에 있는 숫자의 개수를 세어 소수점을 찍는 방법을 사용하면 정답을 쉽게 얻을 수는 있지만 현재 알고 있는 소수에 대한 지식과는 전혀 연결되지 않는다. 반면 아래와 같이 소수를 분수로 고치는 방법을 사용하면 소수의 곱셈에서 소수점 이하의 자릿수를 설명할 수 있다. 이처럼 반영적 활동은 수학적 일반화를 이끌어내는 데 많은 영향을 미친다.

$$1.2 \times 0.57 = \frac{12}{10} \times \frac{57}{100} = \frac{684}{1000} = 0.684$$

(분모에서의 10의 거듭제곱) = (분모에서의 0의 개수)
= (소수점 이하의 자리수)

한편 수학에 반영적 지능이 필요한 것을 다음과 같이 제시하였다.

- 논리적 사고와 증명을 포함하는 추론 과정
- 일관성이 없고 잘못된 추론에 대한 개념과 개념 구조를 조사하고 옳게 바꾸려는 시도
- 잘 되었는지 점검하고 잘못된 점 수정하기

- 이미 알고 있는 지식을 증진하고 체계화하기
- 반영적 탐구와 계획
- 문제해결

이처럼 스켐프는 직관적 사고와 반영적 사고를 구분하여 설명하였으나 서로 보완적인 역할을 해야 한다고 주장한다. 수학교육에서 직관적 사고를 강조하다 보면 형식적 사고가 약해지고, 반영적 사고를 강조하다 보면 수학적 아이디어를 직관하는 데 어려움이 따를 수 있다는 것이다.

4.2. 관계적 이해와 도구적 이해

스켐프는 이해를 새로운 개념을 이미 알고 있는 개념 구조와 동화시키는 것으로 설명한다. 하지만 현실에서는 이해를 다른 의미로 생각하는 경우가 있는데, 예를 들어 분수의 나눗셈에서 이유는 모른 채 역수를 곱하는 것처럼 공식을 암기하여 적용하는 것을 이해라고 생각한다는 것이다. 이처럼 학생이나 교사가 이해를 서로 다른 의미로 이해하는 것이 수학교육을 어렵게 하는 근본적인 이유라고 지적했다.

스켐프에 의하면 이해를 했을 때 목표를 획득하고 다른 사람과의 상호 협력이 일어나며 창조적인 활동을 할 수 있다고 설명한다. 그는 이해를 통해 형성된 지식의 형태에 따라 도구적 이해, 관계적 이해, 논리적 이해로 나누어 설명한다. 도구적 이해(instrumental understanding)란 공식이 왜 그렇게 구성되는지 알지 못하고 문제해결에 단순히 공식을 적용하는 것을 말한다. 도구적 이해에 의하여 형성된 개념 구조는 단기적이며, 빠른 시간에 적은 노력으로 주어진 문제에 대한 답을 구할 수 있게 해준다. 하지만 도구적 이해로 습득된 인지구조는 기호와 개념들이 서로 연결되지 않기 때문에 적용 능력에 한계가 있다.

> 〈도구적 이해〉
> 공식이 왜 그렇게 구성되는지 알지 못하고 문제해결에 단순히 공식을 적용하는 것을 말한다.
>
> 〈관계적 이해〉
> 일반적인 수학적 관계에서 특수한 공식이나 과정을 연역하는 것을 말한다.

관계적 이해(relational understanding)란 일반적인 수학적 관계에서 특수한 공식이나 과정을 연역하는 것을 말한다. 스켐프는 관계적 이해를 도구적 이해와 달리 새로운 과제에 더 잘 적용할 수 있고, 더 기억하기 쉽다고 설명한다. 예를 들어 삼각형의 넓이 공식을 도구적으로 학습하는 것은 그 이유를 학습하는 것보다 더 쉽다. 그러나 이 경우 학생들이 삼각형,

사각형, 평행사변형, 사다리꼴의 넓이를 구하는 공식을 다 따로 분리하여 학습해야 한다. 반면 관계적 이해는 각 넓이를 직사각형 넓이와 관련지어 구성하기 때문에 삼각형의 넓이 구하는 방법을 이해하면 다른 도형의 넓이 구하는 방법에 잘 적용할 수 있다. 또한 각각의 공식들이 어떻게 관련되어 있는지 안다면 학습량은 많아지지만, 일단 학습하면 더 오래 기억할 수 있다. 이 외에도 외적인 보상과 벌에 대한 요구가 줄고, 동기 부여가 훨씬 쉬워지기 때문에 관계적으로 이해된 지식은 그 자체가 효과적인 목적이 될 수 있다. 이렇듯 관계적 이해를 통해서 만족감을 얻게 되면, 새로운 자료를 관계적으로 이해하려고 노력할 뿐만 아니라 능동적으로 새로운 자료를 찾고 새로운 분야를 탐구하게 된다. 이처럼 관계적 이해를 통해 습득된 지식은 그 자체가 성장하는 하나의 요인으로 작용할 수 있다.

논리적 이해란 수학적 기호 체계와 표기를 적절한 수학적 아이디어와 관련시키고, 이 아이디어를 논리적 추론의 연결 고리에 결합시킬 수 있는 것이다. 특히 논리적 이해는 자기 자신을 확신시키는 것으로 충분한 관계적 이해에서 더 나아가 다른 사람까지도 확신시킬 수 있는 것을 말한다.

토의문제 4

스켐프는 수학적 이해를 도구적 이해와 관계적 이해로 구분하였다. 분수의 곱셈 원리를 아래와 같이 그림으로 나타내어 이해할 때의 장점을 도구적 이해와 비교하여 설명해 보시오.

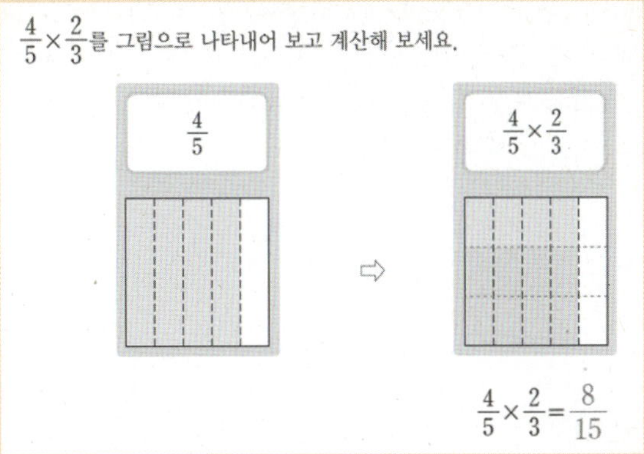

출처: 교육부 (2020, p.181)

참고문헌

교육부 (2019). **수학 4-2**. 경기: 천재교육.

교육부 (2020). **수학 5-2 교사용 지도서**. 경기: 비상교육.

김수미 (2008). Zoltan Dienes의 수학학습 6단계 이론의 재음미. **학교수학**, 10(3), 385-401.

황혜정, 나귀수, 최승현, 박경미, 임재훈, 서동엽 (2019). **수학교육학 신론**. 서울: 문음사.

Bruner, J. S. (1960). *The process of education*. MA: Harvard University Press. 이홍우 (역) (2017). **교육의 과정**. 서울: 배영사.

Bruner, J. S. (1966). *Toward a theory of instruction*. MA: Harvard University Press.

Dienes, Z. P. (1967). *Building up mathematics*. London: Hutchinson Educational.

Lauren, B. R., & Wendy, W. F. (1981). *The Psychology of mathematics for instruction*. NJ: Lawrence Erlbaum Associates. 구광조, 오병승, 전평국(공역) (1995). **수학학습심리학**. 서울: 교우사.

Skemp, R. R. (1976). Relational understanding and instrumental understanding. *mathematics teaching*, 77, 20-26.

Skemp, R. R. (1989). *Mathematics in the primary school*. London: Routledge. 김판수, 박성택(공역) (1996). **초등수학교육**. 서울: 교우사.

Skemp, R. R. (1987). *The psychology of learning mathematics*. NJ: Lawrence Erlbaum Associates. 황우형 (역) (2011). **수학학습 심리학**. 서울: 사이언스북스.

제 5 장

수학적 구성과 수학학습

구성주의 이전의 전통적인 교육 방식은 교사 중심 수업으로 이루어졌다. 교사 중심 수업에서 교사는 학습 목표를 설정하고 체계적으로 지식을 전달하는 역할을 하고 학생은 수동적으로 지식을 받아들이는 역할을 한다. 구성주의는 학생을 수동적인 지식의 수용자로 보는 이러한 전통적인 관점에 의문을 제시하고, 학생을 능동적인 학습의 주체로 보고 학생 스스로 지식을 구성하는 과정을 강조하면서 등장하였다.

전통적인 교육 방식이 지식의 체계적인 전달을 목표로 하였다는 점에서, 전통적인 교육에서 지식은 객관성과 확실성을 가지는 대상이다. 그에 반해 구성주의는 지식의 객관성과 확실성에 의미를 부여하지 않으며 학생이 지식을 구성하는 과정에 관심을 두었다. 학생마다 지식을 구성하는 경험의 세계가 다르기 때문에 구성되는 결과물로서의 지식은 객관적이거나 확실하지 않을 수 있는 것이다.

구성주의에 따르면, 지식의 구성은 학습자의 인지적 조작의 결과물이기도 하며 사회적 상호작용으로부터 영향을 받기도 한다. 이때 지식의 구성에 있어서 개인과 사회 중 어디에 좀 더 초점을 두느냐에 따라 구성주의 이론도 여러 갈래로 나누어지는데, 피아제로 대표되는 조작적 구성주의는 개인의 인지적 조작에, 비고츠키로 대표되는 사회적 구성주의는 사회적 상호작용에 좀 더 초점을 둔다. 구체적으로, 조작적 구성주의는 개인의 인지 발달 과정을 중심으로 학습자가 경험 속에서 수학적 개념을 스스로 구성하는 방식을 설명하는 반면, 사회적 구성주의는 지식이 사회적 상호작용 속에서 사회적 합의를 통해 구성되는 방식을 강조한다.

위와 같은 맥락에 대한 이해를 토대로, 이 장에서는 이들 구성주의 이론을 수학교육의 맥락에서 살펴보고자 한다. 먼저 피아제의 이론과 조작적 구성주의에 대해 살펴본 뒤, 비고츠키의 이론과 사회적 구성주의에 대해 살펴본다. 학습자가 수학적 지식을 어떻게 습득하는지에 대한 논의는 필연적으로 수학교육의 방향을 제시하게 된다. 개인의 인지적 탐구와 사회적 상호작용 속에서 이루어지는 수학 학습을 지원하기 위한 접근과 실천에서의 시사점을 모색하고자 한다.

01 피아제와 조작적 구성주의

피아제(Piaget)는 학습자 스스로 지식의 본질인 조작적 쉠을 구성한다고 보았다는 점과 개인의 인지 발달 과정에 관심을 두었다는 점에서 조작적 구성주의에 속하는 대표 학자로 알려져 있다. 피아제의 이론은 쉠, 인지 발달 단계, 반영적 추상화로 요약되며, 이들은 서로 연결되어 개인의 지식 구성 과정을 설명한다. 피아제의 이론을 수학교육의 맥락에서 살펴본다면 논리수학적 지식은 반영적 추상화를 통해 형성된 조작적 쉠으로 볼 수 있다. 학습자는 쉠을 확장하는 과정에서 수학적 개념을 스스로 구성해 나가며, 이 과정에서 낮은 단계에서 더 높은 단계로의 인지 발달이 나타나는 것이다.

[그림 5-1] 피아제(1896~1980)
(출처: https://ko.wikipedia.org/wiki/%EC%9E%A5_%ED%94%BC%EC%95%84%EC%A0%9C)

1.1. 쉠(Schème)과 인지 발달

쉠이란 행동과 조작을 반복 가능하게 하고 일반화할 수 있게 하는 인지 구조를 의미하며, 손을 쥐는 쉠, 던지는 쉠과 같은 행동에 요구되는 쉠, 비례식 풀이에 대한 쉠, 도형의 이해를 위한 쉠과 같은 논리수학적 사고에 요구되는 조작적 쉠 등 다양한 유형의 쉠이 존재한다. 또한 마름모에 대한 쉠, 정사각형에 대한 쉠과 같이 구체적인 수준의 쉠이 존재하며, 이보다 일반화된 수준의 사각형 분류에 대한 쉠도 존재한다.

> 쉠은 여러 자극에 의해 변화하면서 단순한 구조에서 복잡한 구조로, 낮은 수준의 구조에서 보다 일반적이고 높은 수준의 구조로 계속해서 재조직된다.

쉠은 인간의 활동 없이는 생기지 않는 것으로, 인간은 대상에 행동하고 변화시키는 과정을 통해 스스로 쉠을 구성하게 된다. 즉, 쉠은 행동의 결과물이다. 예를 들어, 어린 아기가 컵에 담긴 우유를 먹기 위해 컵을 잡는 행동을 함으로써 컵을 잡는 쉠을 구성하게 된다.

인간은 기본적인 쉠에 바탕하여 대면한 문제를 해결하거나 환경에 적응하기 위한 과정에서 보다 일반적이고 높은 수준의 쉠을 구성하게 된다. 그리고 적응의 기본적인 과정은 마주한 문제 혹은 환경에 대해 쉠이 어떻게 대응하거나 변화하느냐에 따라 동화(assimilation)와 조절(accmmodation)로 나누어진다.

동화는 기존의 쉠을 이용하여 적응하는 과정이다. 이미 알고 있는 사실에 바탕하여 새로운 문제나 환경을 이해하고 해결하려는 것이다. 예를 들어, '받아올림이 있는 (한자리수)+(한자리수)의 덧셈에 대한 쉠'을 갖춘 학생은, 이후 8+6의 문제를 새롭게 마주하게 되었을 때 이를 해결하기 위해 기존에 존재하는 '받아올림이 있는 (한자리수)+(한자리수)의 덧셈에 대한 쉠'을 이용하게 된다.

조절은 당면한 문제를 해결하기 위해 기존 쉠을 변화시켜서 적응하는 과정이다. 그리고 조절은 다시 기존의 쉠이 변형되는 경우와 새로운 쉠이 형성되는 과정으로 나누어진다. 예를 들어, 자연수의 곱셈을 처음 배우는 학생은 '(자연수)×(자연수) 쉠'이라는 새로운 쉠을 형성하게 된다. 이후 분수의 곱셈을 학습하는 과정에서 다음과 같이 기존의 쉠이 변형될 수 있다. 학생들은 (분수)×(자연수)를 학습하는 과정에서 기존에 가지고 있던 쉠인 '(자연수)×(자연수) 쉠'을 이용하게 된다. 이때, (자연수)×(자연수)에 담긴 동수누가의 의미를 이용하여 새로운 지식인 (분수)×(자연수)를 이해하는 한편, 자연수를 분수로 변형하여 이해하게 된다. 즉, 기존의 '(자연수)×(자연수) 쉠'을 변형하여 (분수)×(자연수)에 적응하게 되는 것이다. 이후 (자연수)×(분수), (분수)×(분수)까지 확장하는 과정에서 기존의 쉠이 지속적으로 변형된다.

동화와 조절, 조절에서 쉠의 변형과 새로운 쉠의 형성은 서로 명확히 분리되기 어렵다. 새로운 지식이 기존의 쉠에 동화될 때 기존의 쉠은 확장되거나 변화하게 되므로, 동화와 조절은 자연스럽게 함께 일어나게 된다. 마름모에 대한 쉠과 직사각형에 대한 쉠을 가진 학생이 정사각형을 학습하게 되는 경우, 정사각형이 마름모와 직사각형에 모두 해당한다는 사실은 정사각형을 각각 마름모와 직사각형에 대한 쉠으로 이해하는 동화가 발생하는 한편 마름모와 직사각형, 정사각형 간의 관계에 대한 쉠이 새롭게 형성되는 것이다.

쉠이 분화하고 변화하는 적응 과정인 동화와 조절은 인지적 균형이 깨진 비평형화 상태를 평형화(equilibration) 상태에 이르게 하며, 새로운 인지적 균형 상태에 이르는 평형화는 인지 발달을 가져온다. 구체적으로, 비평형화 상태는 인지적 균형이 깨진 인지적 불균형의 상태로, 기존의 쉠으로 당면한 문제를 해결하거나 새로운 환경에 적응하기 어려운 상태를 의미한다. 이와 같은 비평형화 상태에서 동화와 조절에 의해 쉡이 변화, 적응하고 문제를 해결하거나 환경에 적응하게 됨으로써 새롭게 평형화 상태에 이르게 되며, 비평형화 상태에서 새로운 균형화 상태에 이르게 되는 쉡의 끊임없는 재구성 과정에서 인지 발달이 일어나게 되는 것이다.

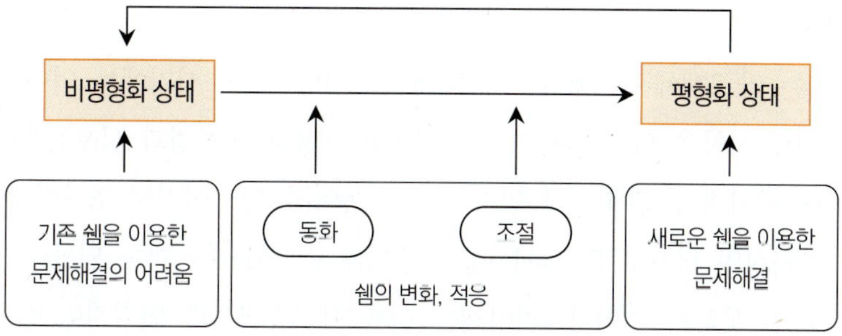

[그림 5-2] 쉡의 변화와 인지 발달

토의문제 1

초등학교에서 분수의 나눗셈은 (자연수)÷(자연수)를 학습한 뒤, (분수)÷(자연수), (동분모 분수)÷(동분모 분수), (이분모 분수)÷(이분모 분수)의 순서로 구성된다. 이와 같은 순서로 학습하게 될 경우 나타나는 학생의 인지 발달을 피아제의 동화와 조절에 비추어 설명하시오.

1.2. 인지 발달 단계

피아제는 비평형화 상태에서 평형화 상태에 도달함으로써 인지 발달이 나타난다고 하면서, 인간의 인지 발달 단계를 크게 감각운동 단계, 전조작 단계, 구체적 조작 단계, 형식적 조작 단계의 네 단계로 제시하였다. 이때 인간의 발달 상태를 네 단계로 나누는 기준은 '조작(operation)'에 대한 인지 능력이다. 조작은 내면화된 행동으로서, 피아제는 지식, 특히 논리수학적 지식의 본질을 조작적 쉡이라고 보았다. 조작이 가진 가역성, 보전성과 불변성 등의 성질을 인지할 수 있는지에 따라 아동의 인지 발달은 네 단계로 나누어볼 수 있다. 각 단계는 다음과 같은 특징을 가진다.

감각운동기

감각운동기는 태어나서 약 2세까지의 시기에 나타난다. 이 시기에는 외부 자극에 반응하면서 손 빨기, 손 잡고 쥐기, 울기 등과 같이 타고난 생물학적인 반사 작용이 나타난다. 육체적인 활동을 주로 하며, 육체적인 활동을 통해 환경과 직접적인 상호작용을 한다. 눈 앞의 인형이 장난감 보관함으로 이동하여 사라지게 되더라도, 여전히 존재하며 다시 나타날 수 있음을 안다.

전조작기

전조작기는 약 2세에서 7세까지의 시기에 나타난다. 이 시기에는 언어를 습득하고 습득한 언어로 사물을 나타내며 기호와 상징을 이용해서 환경과 상호작용을 한다. 이 시기의 아동은 이전 단계에 비해 인지 수준이 높아졌지만, 여전히 조작이 결여되어 있다. 이는 가역성의 결여로 드러나는데, 친구에게 준 사과 한 개를 되돌려 받을 수 있다고 생각하지 못하는 것이다. 피아제는 이를 자기중심성과 연결지어 설명하였는데, 세상을 자신의 관점에서만 보고 다른 관점에서는 보지 못하는 아동의 인지 수준이 이미 발생한 행동에만 주목하여 그 뒤에 일어날 수 있는 행동을 조정하지 못하게 하는 가역성의 결여로 나타난다는 것이다(황혜정 외, 2023).

구체적 조작기

구체적 조작기는 약 7세에서 11세까지의 시기에 나타난다. 이 시기 아동은 가역성, 보존성, 불변성을 인지하게 된다. 먼저, 가역성은 두 가지 형태로 인지되는데, 하나는 이미 수행한 활동을 취소하는 것이며 다른 하나는 이미 수행한 활동으로 인한 차이를 보정하기 위해 다른 활동을 추가하는 것이다. 예를 들어, $a=b$인 상황에서 좌변에 양수 c를 더해서 등호가 불성립하게 되었을 때, 다시 등호가 성립하도록 하기 위해서는 좌변에 더한 양수 c를 제거하거나 우변에 동일한 양수 c를 더하는 방법이 있다.

보존성과 불변성은 어떤 물체의 수, 길이, 넓이, 액체의 양, 질량 등을 더하거나 빼지 않는 이상 그 형태에 관계없이 동일하게 존재한다는 것을 의미한다. 다음과 같이 사탕 5개를 각각 한 줄로 놓을 때, 왼쪽 그림과 같이 동일한 간격으로 놓거나 오른쪽 그림과 같이 아래 줄의 간격을 더 넓게 두거나 상관없이 각 줄의 사탕 개수가 같다고 인지한다면 수의 보존성을 획득했다고 볼 수 있다. 수의 보존성이 획득되지 않은 학생의 경우, 오른쪽 그림에서 더 넓은 간격으로 놓인 아래 줄의 사탕의 개수가 더 많다고 인지한다.

[그림 5-3] 수의 보존성

다음은 동일한 길이의 끈 두 개를 서로 다르게 배치한 것이다. 두 개 끈의 양끝이 일치되도록 놓였는지에 상관없이 두 개의 끈의 길이가 같다고 인지한다면 길이의 보존성을 획득했다고 볼 수 있다. 길이의 보존성이 획득되지 않은 학생의 경우, 오른쪽으로 더 길게 나온 끈과 위로 더 길게 나온 끈이 더 길다고 인지한다.

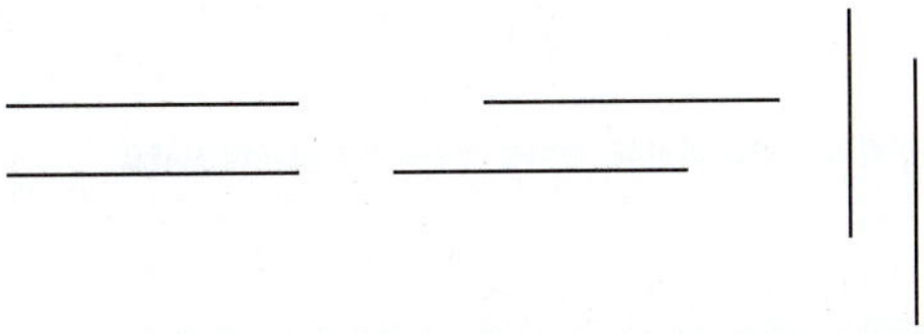

[그림 5-4] 길이의 보존성

넓이의 보존성은 도형의 일부를 이동하거나 분할하여도 넓이가 변하지 않는다는 것이다. 다음의 두 도형은 넓이가 6인 사각형을 두 가지 모양으로 제시한 것이다. 사각형의 일부를 이동하였는데, 두 사각형의 넓이가 같음을 인지했다면 넓이의 보존성을 획득했다고 볼 수 있다. 넓이의 보존성을 획득하지 못한 학생의 경우, 두 도형의 넓이가 다를 것이라고 생각한다.

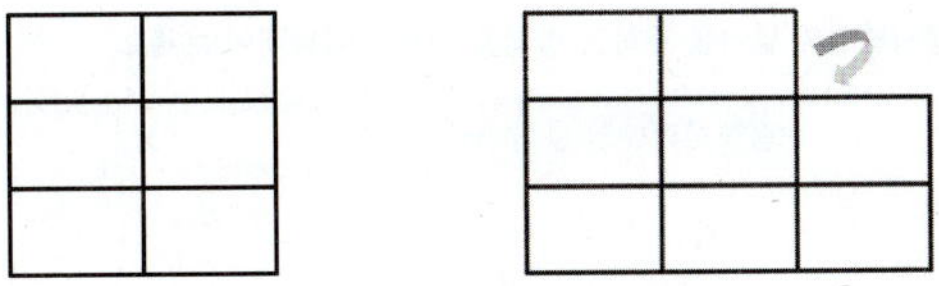

[그림 5-5] 넓이의 보존성

한편, 넓이의 보존성을 획득한 학생은 등적 변형을 이해하며, 평행사변형의 넓이를 구하기 위해 평행사변형의 일부를 분리한 뒤 다시 붙였을 때 넓이가 동일함을 이해할 수 있다. [그림 5-6]은 이와 관련하여 5학년 1학기 교과서에 제시된 평행사변형 넓이 지도에 대한 내용이다. 평행사변형을 다른 도형으로 바꾸어 넓이를 구하는 방법을 지도하고 있으며, 이를 위해 '평행사변형

등적 변형(equiareal transform)이란 도형의 넓이는 변화시키지 않고 모양만 바꾸는 것이다.

을 다른 도형으로 바꾸어 넓이를 구하는 방법을 알아봅시다.', '평행사변형을 잘라서 넓이를 구하기 쉬운 도형으로 만들어 보세요.'와 같은 질문을 제시하고 있다. 이와 같은 질문과 학습 내용은 이 시기의 학생들이 넓이의 보존성을 획득하였음을 반영한 것이다.

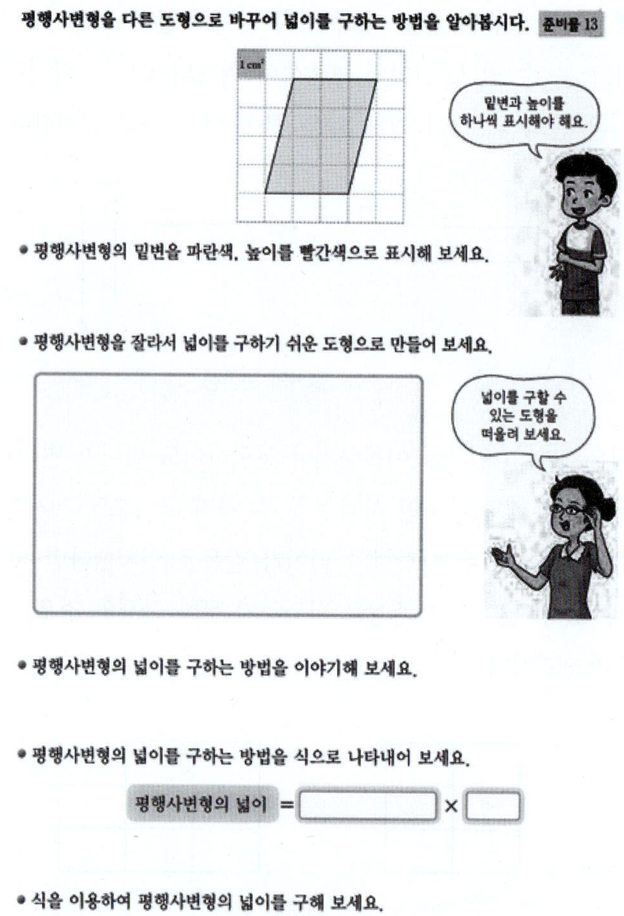
평행사변형을 다른 도형으로 바꾸어 넓이를 구하는 방법을 알아봅시다. 준비물 13

1 cm²

밑변과 높이를 하나씩 표시해야 해요.

• 평행사변형의 밑변을 파란색, 높이를 빨간색으로 표시해 보세요.

• 평행사변형을 잘라서 넓이를 구하기 쉬운 도형으로 만들어 보세요.

넓이를 구할 수 있는 도형을 떠올려 보세요.

• 평행사변형의 넓이를 구하는 방법을 이야기해 보세요.

• 평행사변형의 넓이를 구하는 방법을 식으로 나타내어 보세요.

평행사변형의 넓이 = ☐ × ☐

• 식을 이용하여 평행사변형의 넓이를 구해 보세요.

[그림 5-6] 평행사변형의 넓이 지도에 반영된 넓이의 보존성(교육부, 2019, p. 124)

양의 보존성은 다음과 같이 컵에 담긴 물을 다른 컵에 부었을 때에도 그 양이 동일하게 유지된다는 것이다. 양의 보존성을 획득한 학생은 길이가 짧은 컵의 물의 양과 길이가 긴 컵의 물의 양이 동일함을 알지만, 양의 보존성을 획득하지 못한 전조작기 학생은 긴 컵의 물의 양이 더 많다고 인지한다.

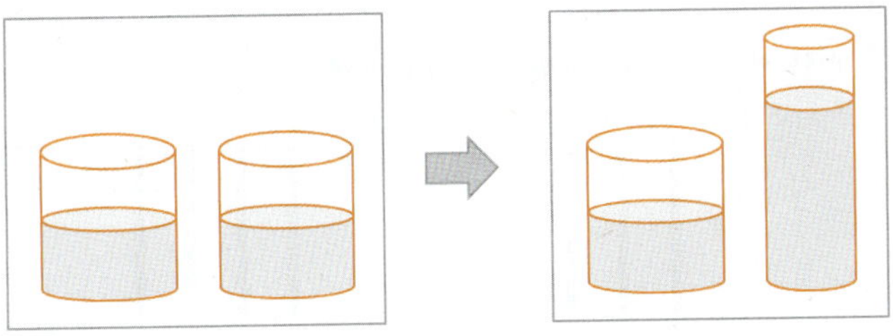

[그림 5-7] 양의 보존성

질량의 보존성은 덩어리로 된 찰흙의 모양을 변형시켜도 찰흙의 질량이 동일하게 유지된다는 것이다. 아래 동일한 질량의 두 찰흙 중 하나의 모양을 변형한 후에도 두 찰흙의 질량이 여전히 같음을 인지했다면 질량의 보존성을 획득했다고 볼 수 있다. 질량의 보존성을 획득하지 못한 학생의 경우, 모양이 변형된 찰흙의 질량이 기존의 덩어리로 된 찰흙의 질량과 다르다고 인지한다.

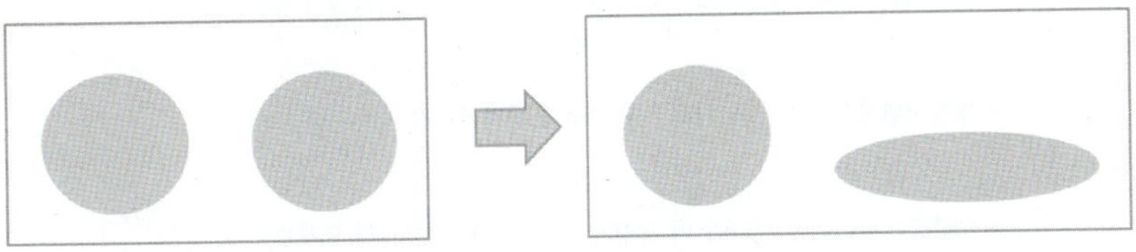

[그림 5-8] 질량의 보존성

이 시기의 학생은 분류하기가 가능하다. 여러 물체를 몇 개의 집합으로 나누고 집합적 관계를 이해하게 되는데, 우리나라 2022 개정 수학과 교육과정(교육부, 2022)에서는 '[4수03-10] 여러 가지 모양의 사각형에 대한 분류 활동을 통하여 직사각형, 정사각형, 사다리꼴, 평행사변형, 마름모를 이해하고, 그 성질을 탐구하고 설명할 수 있다.'고 제시하고 있으며, 교과서에서는 [그림 5-9]와 같이 안내하고 있다. 이 성취기준에 따라 초등학교 3~4학년 군에서는 직사각형, 마름모, 정사각형 등의 사각형의 관계에 대한 학습을 하게 되는데, 이는 해당 학년군 학생의 인지 발달이 분류하기가 가능한 단계임을 전제로 한 것이라고 볼 수 있다.

> 2015 개정 수학과 교육과정에서도 동일한 성취기준이 있었으며, [그림 5-9]는 이를 교과서에 제시한 것이다.

한편, 이 시기의 학생은 조작을 할 수 있지만 언어적 추상화는 어려우며 구체적인 대상이 존재할 때 가능하다는 점에서 구체적 조작기라고 한다. 예를 들어, '$a > b$이고

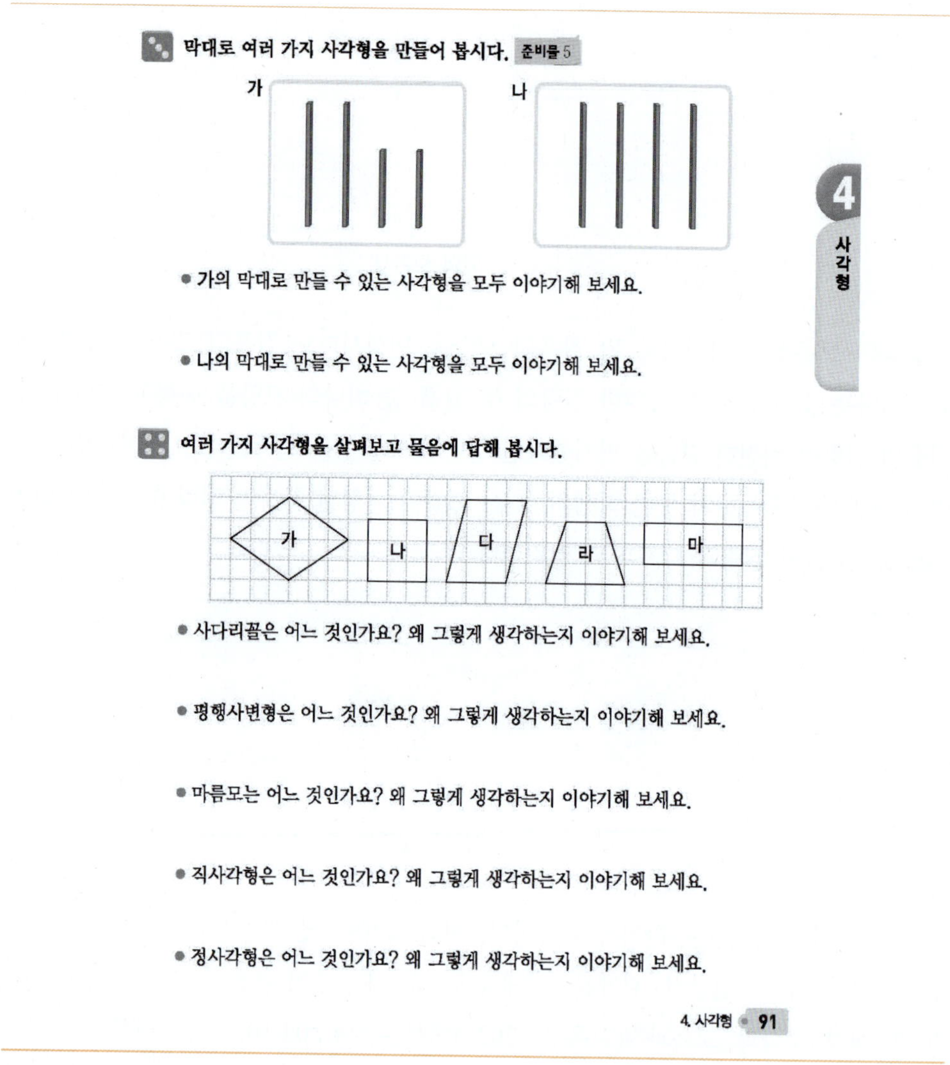
막대로 여러 가지 사각형을 만들어 봅시다. 준비물 5

가 나

• 가의 막대로 만들 수 있는 사각형을 모두 이야기해 보세요.

• 나의 막대로 만들 수 있는 사각형을 모두 이야기해 보세요.

여러 가지 사각형을 살펴보고 물음에 답해 봅시다.

가 나 다 라 마

• 사다리꼴은 어느 것인가요? 왜 그렇게 생각하는지 이야기해 보세요.

• 평행사변형은 어느 것인가요? 왜 그렇게 생각하는지 이야기해 보세요.

• 마름모는 어느 것인가요? 왜 그렇게 생각하는지 이야기해 보세요.

• 직사각형은 어느 것인가요? 왜 그렇게 생각하는지 이야기해 보세요.

• 정사각형은 어느 것인가요? 왜 그렇게 생각하는지 이야기해 보세요.

4. 사각형 91

[그림 5-9] 사각형 분류하기와 성질 탐구(교육부, 2018b, p. 91)

$b > c$이면 $a > c$이다.'라는 명제를 구체적인 대상없이 언어적으로만 이해하기 힘들다. 구체적 조작기 학생이 이 명제를 이해하기 위해서는 10kg 짜리 밀가루와 5kg 짜리 밀가루, 1kg 짜리 밀가루가 각각 존재하고 각각의 무게를 잴 수 있는 상황에서, 10kg 짜리 밀가루가 5kg 짜리 밀가루보다 무거움을 경험하고, 5kg 짜리 밀가루가 1kg 짜리 밀가루보다 무거움을 경험한 뒤, 다시 10kg 짜리 밀가루와 1kg 짜리 밀가루의 무게를 다시 확인하는 과정을 통해 10kg 짜리 밀가루가 1kg 짜리 밀가루보다 무거움을 인지할 수 있는 것이다.

형식적 조작기

형식적 조작기는 대략 11세 이상의 시기에 나타난다. 이 단계의 주요 특성은 귀납적 추론이나 연역적 추론을 할 수 있으며, 가설연역적 사고, 반성적 사고, 일반화된 개념적 사고를 한다는 것이다. 구체적 조작기와 차별화되는 이와 같은 사고는 수학 학습에도 영향을 미친다. 연역적 추론이 가능한 형식적 조작기에는 '삼각형의 세 내각의 크기의 합이 180°이다.'라는 명제를 증명할 때 평행선과 동위각, 엇각의 성질을 적용한 연역적 추론을 할 수 있다. 반면, 구체적 조작기에 해당하는 초등수학에서는 [그림 5-10]과 같이 색종이라는 구체적인 대상을 이용하여 이해하게 된다.

[그림 5-10] 삼각형의 세 내각의 크기의 합 지도(교육부, 2018a, p. 51)

피아제에 따르면, 단계별로 나타나는 위와 같은 여러 가지 인지적 특성은 개인에 따라 다르지 않으며 각 단계에 이르면 공통적으로 나타난다(이경화, 1999). 특히 논리수학적 지식은 형식적 조작 단계에 이르러 획득이 가능하며, 형식적 조작 단계에 이른 학습자는 공통적으로 논리수학적 지식을 획득할 수 있는 능력을 지니게 된다.

1.3. 반영적 추상화

추상화란 개별적인 사례에 대한 관찰로부터 일반적인 지식을 형성하는 사고 과정을 의미한다. 피아제는 추상화를 경험적 추상화와 반영적 추상화로 구별하였는데, 경험적 추상화란 외부 사물에 대한 물리적 경험을 통해 외부 사물이 갖는 성질로부터 일반화된 지식을 구성하는 것을 의미하며, 반영적 추상화란 외부 사물에 대한 인간 행동으로부터 일반화된 지식을 구성하는 것을 의미한다.

경험적 추상화의 결과로 획득된 지식은 물리경험적 지식이 된다. 예를 들어, 아동이 큰 수박이 작은 수박보다 무겁다는 것을 발견한 것은 외부 사물인 수박에 대해 무게를 재어보는 물리적 경험으로부터 수박의 무게라는 일반화된 지식을 구성한 것이다. 이때 수박의 무게는 수박이 이미 가지고 있던 성질이다.

이에 반해, 논리수학적 지식은 반영적 추상화의 결과로 획득된 지식이다. 예를 들어, 위의 학생이 수박 여섯 개를 여러 가지 방법으로 세어봤지만 어떤 방법으로 세어도 수박의 개수가 변하지 않았다고 했을 때, 수박의 개수는 수박 자체로부터 파생되는 지식이 아닌 수박에 대한 아동의 '세기'라는 행동으로부터 구성된 지식이다. 한편, 논리수학적 지식의 본질이 조작적 쉠이라는 점을 상기한다면, 반영적 추상화를 통해 조작적 쉠을 얻게 된다.

반영적 추상화는 반사와 반성의 상보적인 과정이 교대로 나타나면서 진행된다. 이때 반사란 전 단계의 결과물을 다음의 상위 단계로 옮기는 것으로, 내면화와 주제화의 과정으로 이루어진다. 내면화는 주체가 행동을 의식하기 시작한 것으로, 반사는 행동을 내면화하는 것으로부터 시작한다. 주제화란 의식하기 시작한 행동을 기존 쉠에 근거하여 사고의 대상으로 인식하는 것을 의미한다. 주제화에서는 이전 단계의 사고의 도구가 사고의 대상으로 전환하는데, 주제화가 이루어져야 반성이 시작될 수 있다. 즉, 내면화와 주제화를 거쳐 상위 단계로 올라온 인식 주체의 행동은 반성의 과정을 거치

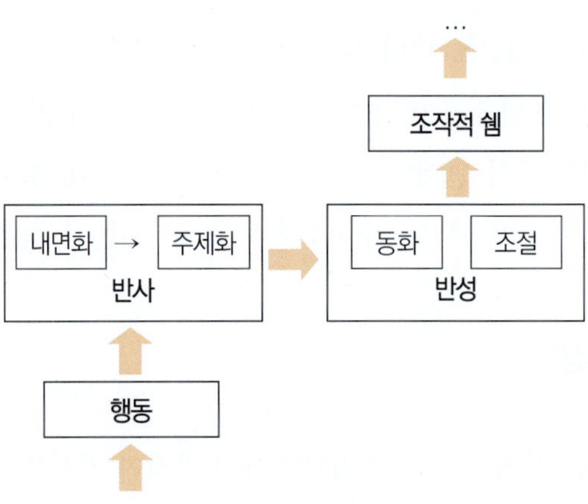

[그림 5-11] 반영적 추상화 과정

게 된다. 이때 기존의 쉠은 동화와 조절을 거쳐 재구성되면서 더 수준 높은 쉠으로 성장하게 된다.

피아제는 반영적 추상화를 통해 얻은 논리수학적 지식을 경험적 추상화를 통해 얻은 물리경험적 지식과 구분하고, 논리수학적 지식을 획득할 수 있는 능력을 지녔는지 여부에 따라 인지 발달 수준이 달라진다고 하였다. 앞서 살펴본 인지 발달 단계 중 형식적 조작 단계에 이르렀는지 여부는 반영적 추상화가 가능한지, 논리수학적 지식을 획득할 수 있는지에 따라 판단되는 것이다.

추상화의 대상이 반영적 추상화와 동일한 논리수학적 지식이지만, 활동으로부터 지식 구성이 이루어지고 구성 결과의 확인이 외부 대상을 통해 이루어지는 추상화를 의사(pseudo)-경험적 추상화라고 한다. 반영적 추상화는 형식적 조작기에 이르러 가능한 반면 의사-경험적 추상화는 구체적 조작기에 나타난다.

1.4. 수학 학습에 대한 조작적 구성주의의 시사점

피아제의 이론이 곧 조작적 구성주의라고 할 수는 없지만, 피아제가 조작적 구성주의의 대표 학자라는 점을 고려한다면 앞선 피아제의 이론을 토대로 조작적 구성주의 관점에서의 수학과 수학 학습의 의미를 다음과 같이 이해할 수 있다.

첫째, 수학적 지식은 인식 주체의 외부 대상에 대한 행동이 내면화되고 조작되는 반영적 추상화의 과정을 통해 얻어지는 것으로, 조작의 바탕이 되는 다양한 활동 중심의 수업이 이루어져야 한다. 도형 혹은 수와 같은 수학적 개념은 사물의 고유한 속성이 아닌 사물에 대한 인간의 행동이 추상화된 것이다. 여러 가지 도형을 관찰하고 분류해보는 활동, 공깃돌을 세거나 구슬을 세는 활동 등은 학습자의 도형 개념, 수 개념 획득에 바탕이 될 것이다.

둘째, 반성적 사고를 촉진하여 반영적 추상화 과정을 유도할 수 있어야 한다. 반영적 추상화를 위해서는 활동과 더불어 반성이 나타나야 한다. 다양한 활동을 경험하였더라도 활동에 반영된 의미를 구성하지 못한다면, 학생들이 수행한 활동은 활동 그 자체로 남을 뿐 수학 지식 구성에 어떠한 기여도 하지 못할 것이다. 학생의 반성적 사고를 촉진하기 위해서는 교사의 적절한 발문과 피드백이 필요하다. 예를 들어, 학생이 여러 가지 도형을 관찰하고 분류해보는 활동을 했을 때, 학생이 분류한 결과를 보고 교사가 분류의 기준이나 분류의 적절성 등을 질문하는 교수활동은 학생의 반성적 사고를 촉진할 수 있을 것이다.

셋째, 인지 발달과 학습은 대면한 문제 또는 환경을 해결하는 과정에서 발생하는 인지적 불균형이 인지적 균형 상태로 나아가는 과정에서 발생하므로, 학생이 수학 학습 과정에서 인지적 불균형을 경험할 수 있는 상황을 제공해야 한다. 예를 들어, 한 학생이 '피자 3판을 4명이 나누어 먹을 때 한 명이 먹게 되는 피자의 양을 구하시오.' 라는 질문에 [그림 5-12]와 같이 풀이한 뒤 $\frac{3}{12}$판이라고 답하였다고 했을 때, 교사는 '동일한 풀이로 피자 3판을 3명이 나누어 먹을 때 한 명이 먹게 되는 피자의 양을 구하시오.'라는 발문을 할 수 있다. 교사의 발문에 대해 학생은 동일한 풀이로 $\frac{3}{9}$판을 답하게 된다. 하지만 이와 동시에 학생은 3판을 3명이 나누어 먹을 경우 1명이 1판을 먹을 수 있다는 사실을 쉽게 인지할 수 있으므로 인지적 불균형 상태에 놓이게 되며, 인지적 불균형을 해결하기 위한 과정에서 분수의 나눗셈에 대한 오개념을 개선하고 인지 발달에 이르게 된다.

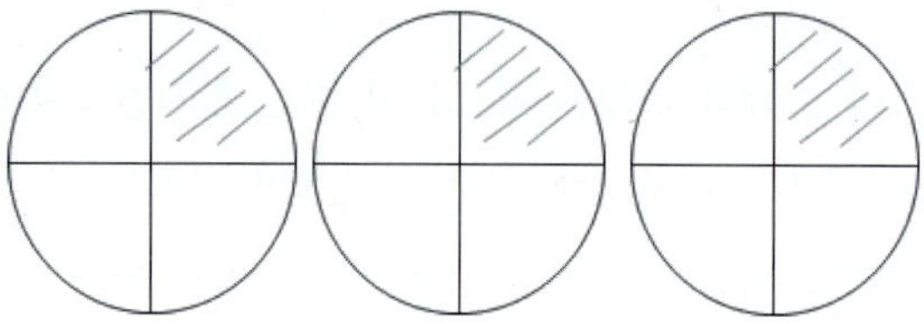

[그림 5-12] 피자 3판을 4명이 나누어 먹는 문제에 대한 학생의 풀이

토의문제 2

플라톤의 〈메논〉에는 주어진 정사각형의 넓이의 2배가 되는 정사각형을 구하는 문제에 대한 소크라테스와 한 아이의 대화가 나오는데, 소크라테스의 이와 같은 문답식 대화를 산파법이라고 한다. 조작적 구성주의 관점에서 소크라테스의 산파법을 평가하고, 해당 문제를 조적적 구성주의를 적용하여 어떻게 지도할 수 있을지 설명하오.

02 비고츠키와 사회적 구성주의

사회적 구성주의는 지식의 형성 과정에서 사회의 역할을 강조한다. 사회적 구성주의에 따르면, 수학적 지식은 인정되기 이전까지 집단 구성원 간의 끊임없는 논쟁을 겪게 되며, 이후 사회적 합의를 통하여 수학적 지식으로 인정받게 된다. 이와 같은 이유로 지식은 사회 집단에서 누적된 역사적, 문화적 형태로 존재하게 된다. 비고츠키(Vygotsky)는 학습자가 교사와 동료의 지원을 통해 지식을 구성해 나가는 지식의 사회적 구성 과정에 관심을 두었다는 점에서 사회적 구성주의에 속하는 대표 학자로 알려져 있다. 비고츠키의 이론은 근접발달영역(ZPD)과 비계설정(scaffolding)으로 요약되며, 이들은 서로 연결되어 사회적 상호작용을 통한 학습자의 지식 구성 과정을 설명한다. 비고츠키의 이론을 수학교육의 맥락에서 살펴본다면 학습자는 교사 또는 다른 학생과의 상호작용 과정에서 합의된 수학적 개념을 구성하게 된다.

[그림 5-13] 비고츠키(1896~1934)
(출처: https://en.wikipedia.org/wiki/Lev_Vygotsky)

2.1. 근접발달영역(ZPD)과 인지 발달 과정

근접발달영역은 실제적 발달 수준과 잠재적 발달 수준 사이의 간극이다. 실제적 발달 수준은 학생이 다른 사람의 도움 없이 스스로 문제를 해결할 수 있는 수준을 의미하며, 잠재적 발달 수준은 학생보다 풍부한 지식을 지닌 교사 혹은 또래의 도움을 받아서 문제를 해결할 수 있는 수준을 의미한다. 근접발달영역은 학습이 일어나는 영역이며, 고정적이지 않고 학생의 인지 발달 수준이 변화함에 따라 함께 변화한다. 예를 들어, 과거에는 도움을 받아야 하는 일이 현재에는 스스로 해결할 수 있는 일이 될 수도 있는 것이다.

비고츠키는 학생이 실제적 발달 수준에서 잠재적 발달 수준에 이르기 위해 지식의 사회적 구성을 강조하였는데, 그에 따르면 지식은 다른 사회 구성원들과의 사회적 상호 작용에 의해 재구성되며, 학습 또한 이러한 상호작용을 통해 이루어진다. 나아가 효과적인 학습을 위해 근접발달영역에서의 사회적 상호작용을 강조한다(황혜정 외, 2023, p. 147).

근접발달영역에서의 학습을 위해 교사는 학생의 실제적 발달 수준과 잠재적 발달 수준을 파악할 수 있어야 한다. 학생의 잠재적 발달 수준에 비해 높은 수준의 내용을 안내하거나 실제적 발달 수준에 비해 낮은 수준의 내용을 안내하게 된다면 학생에게

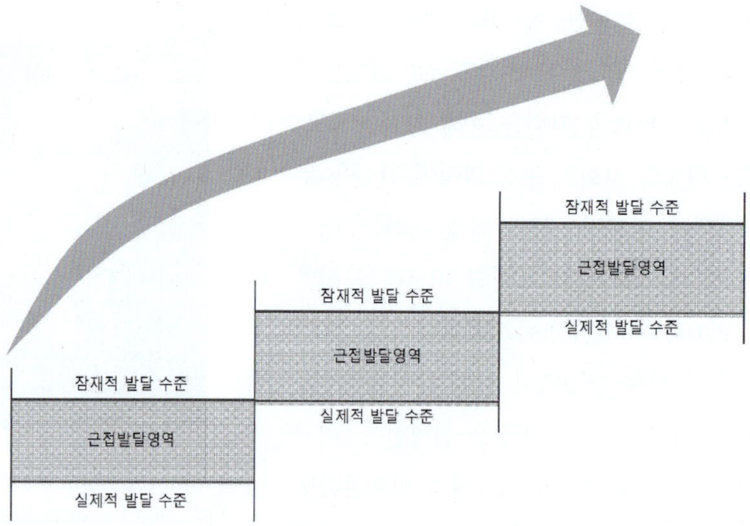

[그림 5-14] 근접발달영역과 인지 발달 과정

효과적인 학습이 일어나기 어렵게 된다. 비고츠키가 학생의 현재 발달 수준이 아닌 잠재적 발달 수준, 즉 향후 발달 가능한 수준까지 고려하였다는 점은 피아제가 학생의 현재 발달 수준만을 고려하였다는 점과 차별화 된다.

근접발달영역은 4단계로 구성되며 각 단계가 순환한다(Gallimore & Tharp, 1990). 4단계 모형은 타인의 도움과 자기 조절 사이의 관계에 초점을 두며, 단계가 진행됨에 따라 학습자의 자기 조절 능력이 점차 증가하면서 타인의 도움을 덜 필요로 한다(변원일, 황혜정, 2018). 1단계는 유능한 타인의 도움을 받는 단계로, 유능한 타인인 교사나 동료가 학습자에게 지시를 하거나 모델을 제공하고 학습자는 그에 순종하고 모방한다. 학습자는 과제 수행 과정에서 타인과의 대화를 통해 여러 가지 활동이 어떻게 연결되고 그 의미가 무엇인지 이해하게 된다. 1단계를 마친 학습자는 타인의 도움을 받아 학습내용을 알게 되는 것에서 스스로 과제 수행에 책임감을 갖게 된다. 이는 2단계에 도입한 것으로, 2단계는 학습자가 과제를 자신의 힘으로 수행하려는 단계이다. 다만, 이 단계의 학습자는 타인의 도움 없이 과제를 수행하기는 하지만 수행이 완전히 발달되거나 자동화되지는 못한 상태이다. 3단계는 수행이 발달되고 내면화, 자동화되는 단계로, 다른 사람이나 자기 자신의 지속적인 도움이 필요하지 않게 된다. 무의식적으로 과제를 수행하게 되는 것이다. 이때 학습자는 근접발달영역에서 빠져나오게 된다. 4단계는 탈자동화 단계로, 새로운 능력의 발달을 위해 반복해서 근접발달영역이 순환된다.

동분모 분수의 덧셈을 학습한 초등학생이 이분모 분수의 덧셈을 할 수 있는 수준에 이르기 위해 학습하는 상황을 근접발달영역에서의 인지 발달 과정으로 살펴보면 다음과 같다. 1단계는 선생님이 보여주시는 이분모 분수의 덧셈 과정을 그대로 따라한다. 선생님이 보여주신 분모를 통분하여 동분수 분모로 변형하여 덧셈하는 과정을 모방하는 것이다([그림 5-15]의 3번 문항 참고). 2단계에서는 이분모 분수의 덧셈 방법을 되새기면서 스스로 문제를 해결한다([그림 5-15]의 4번 문항 참고). 3단계에 이른 학생은 이분모 분수의 덧셈 방법이 무엇인지 되새기기도 전에 문제를 해결한다. 분모가 다른 것이 문제해결에 어려움으로 작용하지 않으며, 자동적으로 분모를 통분한 뒤 이분모 분수의 덧셈을 수행한다([그림 5-15]의 5번 문항 참고). 4단계에서는 이분모 분

3 $\frac{3}{4}+\frac{7}{10}$을 두 가지 방법으로 계산해 봅시다.

- $\frac{3}{4}+\frac{7}{10}$을 두 분모의 곱을 공통분모로 하여 통분한 후 계산해 보세요.

$$\frac{3}{4}+\frac{7}{10}=\frac{3\times\square}{4\times10}+\frac{7\times\square}{10\times4}=\frac{\square}{40}+\frac{\square}{40}=\frac{\square}{40}$$
$$=\square\frac{\square}{40}=\square\frac{\square}{20}$$

- $\frac{3}{4}+\frac{7}{10}$을 두 분모의 최소공배수를 공통분모로 하여 통분한 후 계산해 보세요.

$$\frac{3}{4}+\frac{7}{10}=\frac{3\times\square}{4\times5}+\frac{7\times\square}{10\times2}=\frac{\square}{20}+\frac{\square}{20}=\frac{\square}{20}=\square\frac{\square}{20}$$

- 두 방법을 비교하여 각각 어떤 점이 좋은지 이야기해 보세요.

4 $\frac{2}{3}+\frac{8}{9}$을 두 가지 방법으로 계산해 봅시다.

- 두 분모의 곱을 공통분모로 하여 통분한 후 계산해 보세요.

- 두 분모의 최소공배수를 공통분모로 하여 통분한 후 계산해 보세요.

5 아이스크림 1개를 만드는 데 필요한 우유는 $\frac{5}{6}$컵, 케이크 1개를 만드는 데 필요한 우유는 $\frac{4}{9}$컵입니다. 아이스크림 1개와 케이크 1개를 모두 만드는 데 필요한 우유의 양을 구해 봅시다.

[그림 5-15] 이분모 분수의 덧셈의 학습 과정(교육부, 2019, p. 89)

수의 덧셈 이후 학습하게 되는 이분모 분수의 뺄셈에 대한 근접발달영역이 순환된다. [그림 5-15]의 3번 문항을 접한 학생은 이분모 분수의 덧셈을 하는데 타인의 도움을 받지만, 4번 문항에서는 안내에 맞춰 스스로 과제를 수행하게 된다. 다만 제시된 안내를 보고 과제 해결 방법을 스스로 되시기면서 해결해야 한다는 점에서 완전한 내면화 또는 자동화가 되었다고 보기는 힘들다. 5번 문항을 해결한 학생은 어떠한 도움없이 과제를 해결하게 된 것으로, 이분모 분수의 덧셈이 내면화, 자동화 된 것으로 볼 수 있다.

2.2. 비계설정(scaffolding)

근접발달영역에서 학생은 사회적 상호작용을 통해 도움을 받아 자신의 실제적 발달 수준을 잠재적 발달 수준으로 발달시킬 수 있게 된다. 근접발달영역에서 이루어지는 이러한 도움은 이후 여러 학자들에 의해 비계설정이라는 개념으로 발전하였는데, 비계설정은 교사나 부모, 좀 더 유능한 또래가 학습에 도움을 주어 인지 발달을 돕는 발판의 역할을 하도록 하는 체계를 의미한다(변원일, 황혜정, 2018).

비계설정은 여러 연구자에 의해 연구된 만큼, 비계설정의 목표와 유형에 대한 논의가 다양하게 제시되었다. 먼저, Berk와 Winsler(1995)가 제시한 비계설정의 목표는 다음과 같다.

- 아동이 자신의 근접발달영역에서 과제 해결하기
- 아동의 자기 조절(self regulation) 증진시키기

또한 첫 번째 목표를 위해 다음의 두 가지 방법을 제안하였다.

- 학습자에게 주어진 과제가 적절한 수준으로 어려워 학습자가 도전감을 갖도록 과제와 주변 환경을 구성한다.
- 학습자의 현재의 요구와 능력에 맞도록 성인의 개입의 양을 조절한다. 즉, 학습자가 도움을 필요로 할 때 도와주고 그들의 능력이 증가함에 따라 도움의 양을 감소시킨다.

두 번째 목표인 아동의 자기 조절 증진시키기는 학습자로 하여금 가능한 한 많은

공동 활동을 조정하게 함으로써 자기조절을 훈련시키는 것이다. 이때, 교사가 학습자로 하여금 답을 찾는데 참여하게 하는 질문을 하고 학습자가 자신의 과제 행동을 조정할 때, 학습과 자기 조절이 최대화될 수 있다(변원일, 황혜정, 2018).

비계설정의 유형은 크게 환경 조성 측면과 교사 지도 측면, 그리고 교사의 피드백 측면으로 나누어 볼 수 있다. 먼저 환경 조성 측면의 비계설정은 따뜻함과 반응, 의욕적이면서 결코 위협적이지 않은 환경 등(Berk & Winsler, 1995; Gallmore & Goldenberg, 1992)이 있으며, 교사 지도 측면의 비계설정은 시범보이기, 너무 쉽지도 어렵지도 않은 적절한 수준의 과제 제시하고 할당하기 등(Hogan & Pressley, 1997; Roehler, 1997)이 있다. 교사의 피드백 측면의 비계설정은 확장, 질문, 재진술, 휴식 등을 통해 더 확대된 학생의 기여를 이끌어내기와 학생의 기여에 대해 반응하기, 학생의 이해도를 확인하고 반응하면서 혼란스러운 상황을 명료하게 해주기 등(Gallmore & Goldenberg, 1992; Roehler, 1997)이 있다. 이처럼 비계설정은 다양한 측면과 수준에서 제공될 수 있지만, 비계설정이 근접발달영역에서 학생의 인지 발달을 지원하기 위함이라는 사실과 근접발달영역에서 학생의 인지 발달이 모방과 내면화, 자동화의 과정으로 진행된다는 점을 고려한다면, 비계설정에 대한 교사의 책무성은 점점 줄여야 할 것이다. 이는 비계설정의 두 번째 목표와도 연결되는 것으로, 아동의 자기 조절을 증진시키기 위해서는 교사의 책무성이 아동의 자기 조절과 참여로 대체되어야 한다.

2.3. 수학 학습에 대한 사회적 구성주의의 시사점

사회적 구성주의는 지식의 형성 과정에서 사회의 역할을 강조하며, 같은 맥락으로 지식의 타당성에 있어서 역사적, 문화적 맥락이 중요하다. 사회마다 역사와 문화가 다르다는 점을 고려한다면 사회적 합의로 구성된 수학 지식 역시 문화와 관련될 수 있고, 사회적 환경에 따라 서로 다른 수학이 구성될 수 있기 때문에 수학적 지식은 확실하고 절대적이지 않은 것이다. 아래는 이와 같은 맥락에서 수학교육과 관련하여 정리된 사회적 구성주의의 입장이다(유연주, 임재훈, 1997, 임재훈, 홍진곤, 1998, 재인용).

첫째, 수학은 사회적 구성물로서, 절대화된 수학적 지식은 없으며 지식은 오류 가능하다.

둘째, 수학이 사회적 구성물이라는 사실은 수학이 언어에 기초하며 언어가 사회적 산물이라는 점에 의해 뒷받침된다.

셋째, 객관성은 사회적 합의 가능성을 의미한다.

넷째, 개인의 주관적인 수학적 지식은 공표를 통해 사회에 알려지고 라카토스의 발견술을 거쳐서 객관적인 지식이 된다. 이러한 객관적 지식은 다시 개인에게 주관적 지식으로 내면화된다.

다섯째, 수학은 사회적 환경에 따라 상대적이므로 다른 수학이 구성될 수 있다.

여섯째, 수학은 가치 독립적이지 않으며 다른 지식과 문화, 이데올로기 등과 관련된다.

사회적 구성주의에서 구성은 개인의 심리적인 구성이 아닌 사회적 구성을 의미한다. 이때 구성의 과정은 다음과 같이 과정1과 과정2로 진행된다(Ernest, 1991).

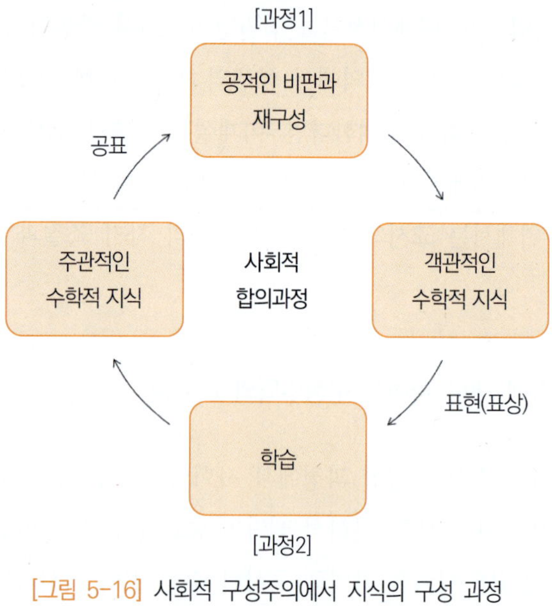

[그림 5-16] 사회적 구성주의에서 지식의 구성 과정

과정1은 개인의 주관적인 수학적 지식이 사회의 객관적인 지식이 되는 과정이다. 과정1은 개인의 지식이 사회로 이행되어 합의의 대상이 됨을 보여준다. 이때 사회적 상호작용이 나타나게 되는데, 사회적 구성주의에서 강조하는 사회적 구성은 피아제가 지식의 구성에서 의미한 심리적 구성과 차이를 갖는다. 한편, 개인의 주관적인 수학적 지식은 공표를 통해 공적인 비판과 재구성의 대상이 되는데, 이때 비판과 재구성은 라

카토스의 증명과 반박의 논리를 따르게 된다. 이는 앞서 제시한 수학교육에 대한 사회적 구성주의의 입장 중 네 번째 입장과도 연결된다. 비판과 재구성을 거친 지식은 객관적인 수학적 지식으로 합의된다. 과정2는 사회의 객관적인 수학적 지식이 개인의 주관적인 수학적 지식이 되는 과정이다. 이때 과정2를 매개하는 매개물은 언어와 같은 표현으로, 언어가 인간의 사고와 개념을 구성하는 중요한 매개물이 됨을 보여준다. 언어가 의사소통 도구에서 나아가 인간의 사고를 조직하고 표현하는 데 핵심적인 역할을 하는 것이다. 이는 아동의 논리 발달이 사회화된 언어의 직접적인 결과이며, 아동의 지적 성장은 언어를 숙달하는 것에 따른다고 한 비고츠키의 주장(황혜정 외, 2023)과도 연결된다.

사회적 구성주의의 대표적인 또다른 학자로는 어니스트(Ernest)가 있다. 어니스트는 지식의 형성에 사회의 역할을 강조하는 사회적 구성주의의 입장을 따르며, 지식 구성에 있어 언어의 역할이 중요하다는 비고츠키의 이론을 받아들인다.

비고츠키의 이론이 곧 사회적 구성주의라고 할 수는 없지만 비고츠키가 제시한 이론을 사회적 구성주의 학자들이 받아들이고 있다는 점을 고려한다면, 앞선 비고츠키의 이론과 수학교육과 관련한 사회적 구성주의의 입장 등을 종합적으로 고려하여 사회적 구성주의 관점에서의 수학 교수학습의 방법을 다음과 같이 논의할 수 있다.

첫째, 소집단 협동학습 등을 통해 학생 간 의사소통이 활발하게 일어날 수 있도록 해야 한다. 사회적 구성주의는 지식의 사회적 합의과정을 중시하며, 이를 교실 환경에 반영하면 교실 내 학생간의 소집단 협동학습을 생각해 볼 수 있다. 다만, 주의해야 할 점은 사회적 구성주의에서 말하는 '사회'와 교실에서 '학생들로 이루어진 사회' 사이에는 차이점이 존재한다는 점이다(임재훈, 홍진곤, 1998). 사회적 구성주의에서 수학적 지식이 합의되는 상호작용은 수학자 사회에서 이루어진다. 반면 수학 수업 시간에 상호작용이 이루어지는 소집단 협동학습에서의 사회는 학생들의 사회이다. 학생들의 사회가 수학자 사회와 동일한 수준으로 공적인 비판과 재구성을 진행하기에는 어려움이 있을 것이다. 학생들의 상호작용으로 피타고라스의 정리가 합의될 수는 없기 때문이다. 이러한 점을 고려하여, 소집단 협동학습에서 진행되는 의사소통이 단지 활발하기만 할 것을 기대할 것이 아니라, 어떤 학습 내용에 대해 소집단 협동학습을 진행할지, 합의된 내용을 그대로 받아들일 수 있을지, 그대로 받아들이기 어렵다면 어떠한 대응이나 지원을 할 것인지에 대해 함께 고려해야 할 것이다.

둘째, 교사의 적절한 개입와 지원이 필요하다. 교사의 개입과 지원은 두 가지 측면에서 논의할 수 있다. 하나는 앞서 논의한 소집단 협동학습과 연결되는 것으로, 수학자 사회와 학생 사회의 차이에서 발생하는 사회적 합의 과정의 어려움을 고려한 것이다. 학생들의 사회에서 진행된 사회적 합의과정에 한계가 있다면, 교사의 개입을 최소화하면서 학생들의 합의 과정을 지원해야 할 것이다. 다른 하나는 비고츠키의 근접발달영역과 연결되는 것으로, 교사는 근접발달영역에서 학생의 학습을 도와주기 위해 적절히 개입할 수 있어야 한다. 이때 교사의 개입은 전통적인 교육에서의 지식 전달자가 아닌 안내자나 조언자의 형태를 띄어야 한다. 또한 학생 스스로 과제를 수행하고 잠재적 발달 수준에 이를 수 있도록 개입을 점진적으로 줄여나가야 한다. 근접발달영역에서 학생의 인지 발달이 모방으로부터 시작하여 내면화, 자동화로 이어진다는 점을 고려할 때, 교사는 학생에게 모방의 대상으로부터 시작하여 점차적으로 개입을 줄여야 할 것이다.

셋째, 상호작용에 호의적인 수업 환경을 조성해야 한다. 소집단을 구성하고 협동학습을 도입했다고 하여 적극적인 상호작용이 일어나는 것은 아니다. 소집단 협동학습을 통해 상호작용을 이끌어내기 위해선 상호작용에 호의적인 환경, 특히 비판에 호의적이고 개의치않는 환경을 조성해야 할 것이다.

넷째, 학생의 실제적 발달 수준을 파악하고 개별화된 수업을 설계하는 것이 필요하다. 비고츠키의 관점에서 살펴보면, 학생마다 실제적 발달 수준과 잠재적 발달 수준이 다르기 때문에, 근접발달영역 역시 학생마다 다르다. 근접발달영역에 맞추어 적절한 활동을 제공할 필요가 있으므로, 학생마다 다르게 설정된 근접발달영역에 맞추어 개별화된 활동을 제공하는 것이 필요하다. 이때 개별화된 활동을 위한 방안으로는 맞춤형 과제 제시가 가능하며, 학생의 과제 해결 과정에 대한 교사의 개별적인 개입과 피드백 역시 가능하다.

토의문제 3

우리나라 교육과정의 교수·학습 방법 중 사회적 구성주의 관점이 반영된 사례를 설명하시오.

참고문헌

교육부 (2018a). **수학 4-1 교과서.**

교육부 (2018b). **수학 4-2 교과서.**

교육부 (2019). **수학 5-1 교과서.**

교육부 (2022). **수학과 교육과정.**

변원일, 황혜정 (2018). **비계설정 유형 선정 및 이에 근거한 수업 실행과 분석.** 수학교육논문집, 32(4), 495-517.

이경화 (1999). 수학교육과 구성주의. **수학교육학연구,** 9(1), 51-80.

임재훈, 홍진곤 (1998). **조작적 구성주의와 사회적 구성주의에서 구성의 의미와 과정.** 대한수학교육학회논문집, 8(1), 299-312.

황혜정, 나귀수, 최승현, 박경미, 임재훈, 서동엽 (2023). **수학교육학 신론1.** 서울: 문음사.

Berk, L. E., & Winsler (1995). *A. scaffolding children's learning: Vygotsky and early ldhood education*. 홍영희 역 (1995). **어린이들의 학습에 비계설정: 비고츠키와 유아교육.** 서울: 창지사.

Ernest, P. (1991). The philosophy of mathematics education. London: The Falmer Press.

Gallimore, R., & Goldenberg, C (1992). Mapping teachers' zone of proximal development: a Vygotskian perspective on teaching and teacher training. In F. Oser, A. Dick., & J._L. Patry (Eds.), *Effective and responsible teaching: The new synthesis. San Francisco*, CA: Jossey-Bass.

Gallimore, R., & Tharp, R (1990). *Teaching mind in society; Teaching, schooling, and literate discourse*. New York: Cambridge University Press.

Hogan, K., & Pressley, M (1997). Scaffolding Scientific Competencies within Classroom Communities of Inquiry. In K. Hogan & M. Pressley(Eds.), *Scaffolding student learning: Instructional approaches and issues*. pp. 74-107. Cambridge, MA: Brookline Books.

Roehler, L. R. (1997). Scaffolding: *A powerful tool in social constructivist classrooms*. Michigan State University.

초등수학교육론

제 6 장

현실적 수학교육

'현실적 수학교육'은 프로이덴탈(Hans Freudenthal, 1905~1990)의 '인간 활동으로서의 수학'을 기본 전제로 1970년대 초 네덜란드에서 시작된 수학교육의 한 사조이다. 그 당시 네덜란드에서는 수학교육의 지배적인 접근 방식인 기계적 수학교육과 미국의 '새수학'에 대한 반작용으로, 인간 활동으로서의 수학을 강조한 프로이덴탈의 철학을 수학교육에 구현하고자 하는 움직임[1]이 시작되었다(정영옥, 1999).

프로이덴탈은 직관주의 수리철학의 영향을 받아 수학은 기본적인 직관을 바탕으로 정신적 활동에 의하여 구성되어 가는 것으로 보았으며, 이러한 관점은 그의 수학화 교수-학습론을 구축하는 데 기초가 되었다. 그는 전통적인 수학교육의 근본적인 문제는 학습자에게 '닫힌' 기성 수학[2]체제를 그대로 가르치려는 것이라고 지적하며, 결과적 지식 체계로서의 수학이 아닌 실행 수학, 즉 인간 활동으로서의 수학을 가르쳐야 한다고 주장하였다. 다시 말해, 학생들에게 의미 풍부하고 유용한 수학의 학습 경험을 제공하기 위해서는 추상적이고 형식적인 지식체계로서의 수학이 아니라 그것의 출발점인 현실로부터 시작하여 완성된 결과물에 이르기까지의 과정과 그 과정을 이끈 인간의 정신적 활동에 주목해야 한다는 것이다. 프로이덴탈의 철학에 기초를 둔 현실적 수학교육은 학생들이 수학화의 경험을 통해서 이 세상을 수학적 안목으로 바라볼 수 있는 능력을 기르도록 하는 것을 지향하였다(정영옥, 2004).

이 장에서는 먼저 현실적 수학교육의 핵심이 되는 수학화의 의미와 수학화 활동에 대해 살펴보기로 한다. 다음으로, 수학화 교수 · 학습 원리를 알아보고, 수학화 수업의 예를 통해 수업에서 수학화 과정이 어떻게 이루어지는지를 이해해 보기로 한다. 마지막으로 프로이덴탈의 철학을 반영한 반 힐의 기하학습 수준이론을 살펴보기로 한다.

01 수학화

1.1. 수학화의 의미

프로이덴탈은 수학은 확실성을 추구해가는 인간의 정신적 활동이며, 이러한 활동

1 IOWO에 의한 Wiskobas 프로젝트를 통해 초등 수학교육 과정의 변화를 시도하였다.

2 프로이덴탈은 수학을 수학적 활동의 결과로서의 기성 수학(ready-made mathematics)과 수학화 활동에 초점을 둔 실행 수학(acted-out mathematics)으로 구분하였다(황혜정 외, 2016)

의 본질을 수학화라고 표현하였다(Freudenthal, 1991). 프로이덴탈에 따르면, 현상을 수학적 개념이나 구조 등을 포함하는 수학적 수단인 본질로 조직하는 것이 수학화이고, 수학화 과정은 한 수준에서 수단이었던 본질이 다시 현상이 되어 새로운 본질로 조직되는 끊임없는 재조직화 과정으로, 현상과 본질의 교대 작용에 의한 수준 상승의 불연속적 과정이다. 예를 들면, 일상생활에서 사물을 체계적으로 세는 행동을 조직화한 후 여러 수준을 거쳐 형식화하고 공리화하여 수학적 귀납법의 원리에 의한 체계로서 자연수에 도달하였는데, 이것이 바로 자연수의 수학화 과정인 것이다(정영옥 외, 2018).

> 수학화를 나타내는 단어인 mathematising은 무언가를 수학으로 만드는 과정이라는 의미가 담겨 있다(정영옥 외, 2018).

현실적 수학교육은 학생들에게 적절한 현실 맥락을 제공하고 이를 점차 조직하고 형식화하는 수학화의 과정을 경험시키는 것이 중요하다고 주장한다. 수학화의 시작이 학생의 현실이어야 함을 강조하고 있는바, 현실적 수학교육에서 현실이 의미하는 바가 무엇인지를 이해할 필요가 있다. 프로이덴탈은 현실이라는 용어를 '어떤 단계에서 상식적인 현실로 인정하는 것'으로 보았으며, 현실은 역사적 · 문화적 · 환경적 · 개인적으로 결정되는 것이라고 주장하였다(Freudenthal, 1991). 예를 들면, 초기에 일상 경험에서 발생한 수는 방정식의 해를 구하는 과정에서 음수와 허수가 등장했지만 오랫동안 많은 수학자들에게 상식으로 받아들여지지 않았다. 그러나 점차 그 의미가 드러나고 기존 체계를 확장하고 형식화하여 이들을 다룰 수 있게 되면서 비로소 수학자들의 현실이 되었으며, 이제는 수학을 배운 대부분 사람들에게 현실로 받아들여진다(정영옥 외, 2018; Freudenthal, 1991). 이는 현실은 정적인 것이 아니라 점점 더 높은 수준의 상식에 이르게 되면서 확장되는 것이며, 일상생활뿐만 아니라 수학적인 상황도 그것을 경험하는 사람에 따라 현실적인 것이 될 수 있음을 시사한다. 한편, Van den Brink에 따르면, 학생의 현실이란 '학생들이 그 상황을 상상하고, 자신의 아이디어, 경험, 환상을 구현할 수 있다'는 것을 의미한다(정영옥, 2000). 따라서 학생들에게 실세계 상황뿐만 아니라 그들의 마음속에서 현실적인 것으로 느껴진다면 환상적인 동화의 세계나 형식적인 수학 세계도 적절한 현실 맥락이 될 수 있다고 보는 것이다.

트레퍼스(Treffers)는 수학화를 수평적 수학화와 수직적 수학화로 구분하였다 Freudenthal, 1991). 수평적 수학화는 현실 세계에서 수학의 세계로 이동하는 것이고, 수직적 수학화는 수학의 세계에서 더 세련된 수학의 세계로 상승하는 과정을 의미한다. 예를 들어, 탁자에 둘러앉은 사람들에게 카드를 나누어 준다고 하자. 이때 카드를 각 사람에게 하나씩 분배하거나 또는 각 사람에게 같은 수만큼의 카드를 모두 분배하게 되는데, 이것이 등분제의 수평적 수학화이다. 그 과정을 단축하기 위해 점점 큰 몫을 찾고 결국 표준 나눗셈 알고리즘을 향해 가게 되는데, 이 과정이 수직적 수학화인 것이다. 프로이덴탈은 두 종류의 활동이 모두 동등하게 중요하며 어느 한쪽에 우위를 두어서는 안 된다는 점을 강조하였다.

> 오랫동안 이 구분(수평적 수학화와 수직적 수학화)을 받아들이는데 망설여 왔다. 두 종류의 활동이 이론적으로 동치이며, 결과적으로 실제에 있어서도 동등한 자격이 있다는 점에 관심이 있었는데, 이런 구분이 이를 위태롭게 할까봐 염려스러웠다. 트레퍼스의 용어를 빌리자면 수학화를 수직적 수학화로 제한한 교육에 관심이 있는 수학자들뿐만 아니라 수학화를 수평적 수학화로 제한한 수학 수업에 관심을 돌린 교육학자들에게 얼마나 자주 실망해 왔던가? 결국 이런 이유로 앞에서 언급했던 것과 같이 구분하려는 아이디어에 만족하였고, 심지어는 이런 구분을 긍정적으로 평가하게 되었다(Freudenthal, 1991, 우정호 외 역, p. 57).

수평적 수학화와 수직적 수학화의 구분은 절대적인 것이 아니라 상대적인 것이며 학생들의 수준에 따라 좌우된다. 예를 들어, 다섯 개의 공깃돌과 세 개의 공깃돌을 서로 합하는 문제가 있다고 하자. 이때, 어떤 학생이 공깃돌을 '손가락 도식'으로 나타내면 이것은 수평적 수학화이고 손가락을 세는 것은 수직적 수학화일 수 있다. 그러나 다른 수준에 있는 또 다른 학생의 경우에는, 문제의 상황을 5+3으로 나타내는 것이 수평적 수학화이고, 앞으로 세기나 4+4로 대치하기 또는 기억에 의해 해결하는 것은 수직적 수학화이다.

1.2. 수학화 활동 경험의 중요성

현실과 유리된 채 학습된 수학은 대부분 쉽게 잊히고 응용력 또한 떨어진다. 활동으로서의 수학을 강조한 프로이덴탈은 실제로 발생되고 응용되는 상황의 수학을 학습 과정에서 경험시키고자 하였으며, 이에 학생들은 수학보다는 수학화를 재발명하는 활동을 해야 한다고 주장하였다. 현상을 수학적 수단으로 조직하는 수학화 활동에는 일반화, 형식화, 도식화, 알고리즘화, 기호화, 공리화, 증명, 정의하기, 모델링 등 다양한 활동이 포함된다. 이중 알고리즘은 초등학교 수학에서 많은 비중을 차지하고 있으며 알고리즘의 숙달이 초등학생들에게는 중요한 과정이다. 여기서는 알고리즘화에 대해 좀 더 자세히 살펴보도록 한다.

알고리즘은 사고의 혼란이나 지체를 피하면서 숙달을 통해 장시간에 걸쳐 자동적인 수행이 가능하기 때문에 수학 학습에서 중요한 수단이 된다. 그러나 전통적으로 학교수학에서는 학생들에게 알고리즘을 먼저 제시하고 모방하면서 연습하도록 가르쳐왔다. 이러한 방식은 많은 학생들로 하여금 알고리즘화의 과정은 이해하지 못한 채 단순히 알고리즘의 절차를 습득하고 적용하는 것에만 관심을 가지도록 이끌었다. 알고리즘의 재발명은 점진적인 도식화, 형식화 과정을 거쳐 표준 알고리즘에 이르는 과정으로, 상당히 긴 시간이 걸리는 활동이지만, 학생들 스스로의 활동을 통해 획득된 지식은 더 잘 유지되고 더 유용하다는 점에서 학교 수학에서 중요하게 다루어질 필요가 있다.

알고리즘의 숙달은 계산상의 오류와 같은 우연적인 실수나 적합하지 않은 경우에 알고리즘을 적용하는 것과 같은 근본적인 실수를 밝히고 수정하는 능력과 잊어버린 알고리즘을 복구하는 능력을 포함한다 (Freudenthal, 1991).

프로이덴탈이 제시하고 있는 알고리즘화를 통한 기수법과 덧셈 지도방법은 다음과 같다. 먼저 쌓기 나무를 이용하여 낱개, 10묶음, 100묶음 등으로 단위들을 나타냄으로써 도식화하고([그림 6-1]), 자릿값을 나타내는 수판의 알로 숫자를 표현하면서 기수법적 아이디어를 도식화한다([그림 6-2], [그림 6-3]).

다음으로, 두 수의 합을 수판에 나타내고 한 단계 더 나아가 필기 수판으로 나타내면서 세로 덧셈으로 도식화한다([그림 6-4]). 세로 덧셈을 다시 자릿값 카드로 도식화하고 받아올리는 과정을 단계적으로 시행하면서 점차 이를 단축하여 표준 덧셈 알고리즘을 구성한다([그림 6-5]). 학생들은 자신의 수준과 능력에 맞게 점진적으로 도식화하고 표준 알고리즘에 접근할 수 있으며, 이를 통해 알고리즘화 과정을 이해할 수 있게 된다.

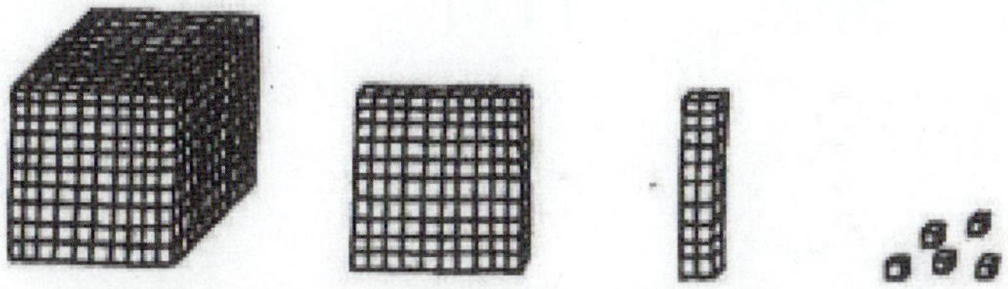

[그림 6-1] 쌓기 나무를 이용하여 단위로 나타내는 도식화
(Freudenthal, 1991, 우정호 외 역, p. 81)

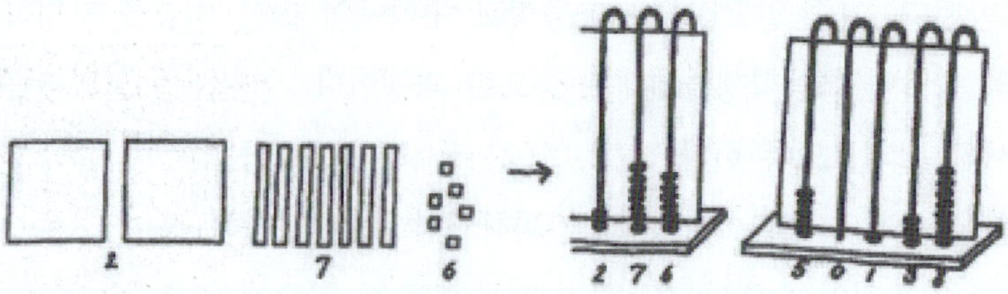

[그림 6-2] 자릿값을 나타내는 수판으로 도식화

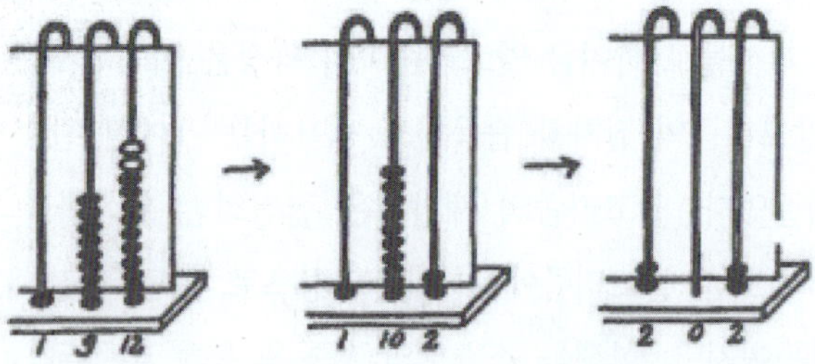

[그림 6-3] 10묶음을 더 높은 단위로 바꾸는 도식화

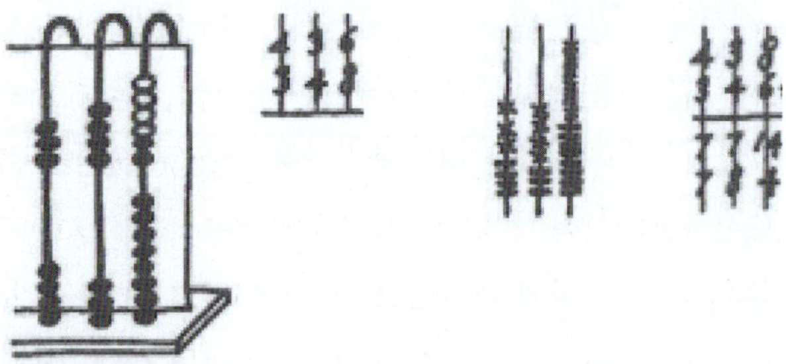

[그림 6-4] 덧셈이 그림 수판과 필기 수판으로 도식화

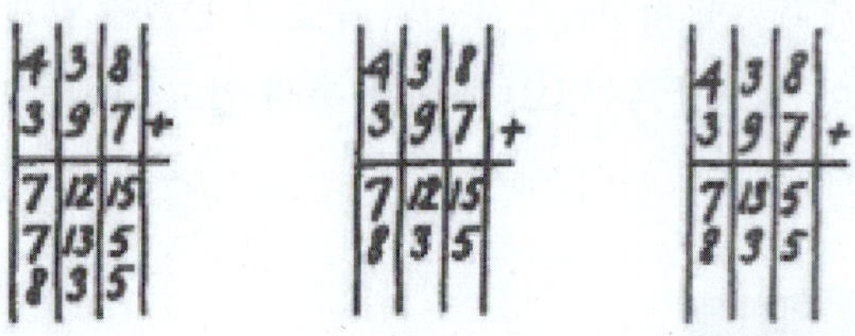

[그림 6-5] 자릿값 카드로 도식화

토의문제 1

6394÷12의 나눗셈을 지도할 때, 알고리즘화에 따른 수업 지도안을 구상해 보시오.

02 수학화 교수·학습의 원리

프로이덴탈은 현실적 수학교육을 실천하기 위한 핵심적인 교수·학습의 원리로 안내된 재발명, 현실과의 결합, 학습 수준의 세 가지를 제시하였다. 이 절에서는 세 가지 교수·학습의 원리들과 그 적용 예시를 간략하게 살펴보기로 한다.

2.1. 안내된 재발명

프로이덴탈은 수학을 이미 완성된 교과로서 지도하는 전통적인 방식을 반교수학적 전도(anti-didactic inversion)라고 비판하며, 의미 있게 수학을 지도하기 위해서는 학생들에게 수학화 과정을 경험시켜야 한다고 주장한다. 다시 말하면, 학생들에게 적합한 현실 맥락을 제공하고 이를 수학적 본질로 조직하도록 안내함으로써 이미 발명된 수학을 학생이 재발명하게 하도록 해야 한다는 것이며, 이것이 바로 안내된 재발명(guided reinvention)의 원리이다.

이때 재발명은 수학의 역사적 발달과정을 학생들이 그대로 반복하도록 한다는 것이 아니라 학생들의 지식과 사고수준, 학습 환경에 적합하게 조정하고 재구성한 방식으로 역사와 유사한 과정을 경험하도록 해야 한다는 것이다. 따라서 역사는 어떤 개념의 수학화 과정을 보여주는 전형적인 예일 뿐, 학생들은 그들에게 적합한 새로운 방법으로 그 과정을 단축하면서 재발명해 나갈 수 있는 것이다(김수미 외, 2017).

한편, 아무런 도움 없이 학생 스스로 수학을 재발명한다는 것이 대부분의 평범한 학생들에게는 상당히 어려운 일일 수 있다. 따라서 재발명의 수업에서는 교사의 적절한 도움과 안내가 필요하다는 것이 프로이덴탈의 생각이며, 학생의 재발명을 돕는 안내자로서의 교사의 역할을 강조하였다. 이때, 교사의 안내가 필요는 하지만 실제로 재발명하는 것은 학생들이 되도록 해야 한다. 이를 위해 교사는 수업 전, 가상의 학생들을 대상으로 가르치고 그들의 반응을 예상하며 대응방안을 준비하는 '사고 실험'을 바탕으로 학생들 스스로 재발명하는 학습경로를 찾아봐야할 필요가 있다. 따라서 안내된 재발명의 원리에 따라 교육과정과 수업을 설계하기 위해서는 수학사

> 사고 실험은 이론 물리학에서 널리 쓰이는 방법이며, 교수학에서 사고 실험의 의미는, 학생 또는 학생 집단을 상상하고 가능한 반응을 생각하여 미리 대처하면서, 그들을 머릿속에서 가르쳐 보는 교사나 교과서 저자의 태도를 가리킨다(Freudenthal, 1991).

뿐만 아니라 학생들의 비형식적 지식과 전략에 대해서도 주의를 기울여야만 한다(정영옥, 2000).

현실적 수학교육에서 소수의 지도 설계 방향을 제시한 사례를 통해, 안내된 재발명의 원리를 구체적으로 살펴보도록 하자. 소수는 분수와 역사적으로 밀접한 관련을 맺으며 발달해 왔고, 소수 개념의 발달에는 고대 이집트인의 반복 2등분에 의한 분수 체계, 고대 바빌로니아인의 반복 60등분에 의한 분수 체계, 스테빈의 반복 10등분에 의한 소수 정의가 중요한 역할을 하였으며, 여기에는 소수 개념의 핵심인 반복 세분의 아이디어와 십진법과 위치적 기수법이 내포되어 있다(정영옥 외, 2018). 그러나 학생들이 이러한 역사의 단계를 그대로 밟아가면서 소수 개념을 재발명하는 것은 불가능하다. 예를 들면, 스테빈은 당시 60진법의 분수 계산[3]의 어려움을 겪으면서 분수를 사용하지 않고 모든 계산과 측정을 쉽게 할 수 있는 방법의 필요성을 인식하고 자연수의 십진법 체계를 토대로 측정 단위를 반복 10등분하여 소수 기호법을 구성하였다. 그러나 소수를 배우게 될 초등학생들이 60진법의 분수 계산을 다루기에는 너무 어려울 뿐만 아니라 분수를 대체할 만한 수를 생각하는 과정에서 십진법의 확장 가능성을 인식하기란 쉽지 않은 일이다. 따라서 이 과정을 그대로 따라가기 보다는, 학생들의 상식과 현실에 맞추어 학생들의 반복 2등분 방법과 이집트의 반복 2등분 방법을 자연스럽게 연결하고, 반복 2등분과 반복 10등분의 분수 표현 방법을 비교해 보는 활동을 통해 십진법 체계가 편리하다는 것을 인식시키는 것으로 재구성할 수 있다. 이처럼 현실적 수학교육에서는 역사 그대로가 아니라 개념 발달 과정 중 핵심이 되는 일부를 재구성하여 교사의 안내에 따라 학생들이 점진적인 수학화 과정을 경험하도록 의도하고 있다.

안내된 재발명에 의한 지도 방법은 교사와 학생 모두에게 다소 복잡하고 어려울 수 있겠으나, 학생 스스로 획득한 지식과 능력이 다른 사람에 의해 부과되는 것보다 더 잘 유지되고 더 유용하며, 재발명에 의한 학습 과정이 학생들에게 동기를 부여할 뿐만 아니라 인간 활동으로서의 수학을 경험하는 태도를 길러준다는 점에서 교육적 가치가 크다고 볼 수 있다(우정호 역, 2008).

3 그리스 시대 이후 16세기 중반까지 서양에서는 측정과 관련해서 여러 나라의 도량형 단위들이 함께 사용되었고, 수와 관련해서도 자연수는 십진법으로, 분수 부분은 60진법으로 때로는 12진법으로 나타내는 등 매우 복잡한 체계를 유지해 왔다.

2.2. 현실과의 결합

프로이덴탈은 수학화는 '비수학적인 어떤 것 또는 아직은 수학적으로 충분하지는 않지만 더 많은, 더 나은, 더 세련된, 더 명백한 수학화를 필요로 하는 어떤 것을' 수학화하는 것이라고 말한다. 수학은 수학자들에게 상식과 현실로 인식되는 현상으로부터 발생해왔고, 그들은 정돈되지 않은 현상을 수학적 본질로 조직해나가는 과정을 끊임없이 반복하면서 수학을 창조해왔다. 현실적 수학교육 이론에서는 학생들의 수학 학습도 이러한 수학화 활동 경험을 통해 이루어져야 하며, 이때 수학화의 출발점은 학생들에게 의미 있는 현실 맥락이어야 한다고 주장한다. 이러한 주장의 근거는 다음에 제시된 프로이덴탈의 언급에서 찾아볼 수 있다.

> '수학화는 교사의 활동이라기보다는 학습자의 활동이며 적어도 그래야만 한다. 수학의 응용은 여러 가지 응용을 가르침으로써 학습되지 않는다. 이른바 응용 수학에는 수학의 가장 큰 장점인 융통성이 결여되어 있다. 이미 만들어진 응용은 반교수학적인 것이다. 자연과 사회에서의 문제 상황을 수학화하는 것은 교과서 저자나 교사가 설명해서는 안 되며 학습자가 재발명해야 할 것으로 남겨져야 한다. 이런 점에서 응용은 그 자체가 수학과 전혀 다르지 않다.'(Freudenthal, 1991, 우정호 외 역, p. 119)

프로이덴탈은 전통적으로 수학적 지식과 기능을 배우는 것과 그것의 응용이 분리되어 지도되어왔음을 비판하며, 이러한 지도 방식이 학생들이 배운 수학을 현실에 응용하는 데 많은 어려움과 한계를 초래한다고 지적하고 있다. 수학과 응용은 분리될 수 없는 것이기에 학생들은 수학 문제가 포함되어 있는 현실 맥락 안에서 스스로 수학화하는 과정을 통해 수학을 배워야한다는 것이다.

한편, 프로이덴탈은 학생들에게 수학화를 경험시키기 위해서는 풍부한 맥락(rich contexts)을 제공해야한다고 주장한다. 여기서 풍부한 맥락이란 어떤 구체적인 수업 과정에서 수학화하도록 학생들에게 제시하는 현실이 그들에게 의미 있는 것이어야 함을 의미한다. 풍부한 맥락은, 먼저 학습할 개념의 역사를 분석함으로써 학생들이 경험해야 할 본질과 현상이 무엇인지를 파악하고, 그 개념과 관련된 학생들의 상식이 어느 정도인지 그리고 학생들의 현실에서 적절한 맥락은 어떤 것들인지에 대한 분석을 통해 찾을 수 있다(정영옥 외, 2018).

[그림 6-6] 종이띠의 세분에 의한 길이 측정 활동(정영옥 외, 2018, p. 73)

앞서 제시한 소수 개념의 지도 설계 사례로 돌아가서, 학생들에게 제시한 현실 맥락의 한 예시를 간략하게 살펴보도록 하자. 소수 개념의 역사적 분석을 통해 학생들이 경험해야 할 소수 개념의 핵심 아이디어 중 하나가 반복 세분임을 앞서 언급하였다. 이 설계 사례에서는 반복 세분의 아이디어를 유도하기 위해 종이띠를 이용한 교실 안의 물체 측정 맥락을 사용하였다. 이 맥락은 학생들이 이미 분수를 배웠고 등분에 대한 경험이 있기 때문에 종이띠를 반복 등분한다는 생각을 할 수 있을 것이라는 분석으로부터 나온 것이다. 따라서 학생들은 실제 교실의 여러 물체를 측정하면서, 주어진 종이띠로 정확하게 측정할 수 없는 상황에서 종이띠를 어떻게 세분하는 것이 적합한지 생각해보게 되면서 반복 세분 아이디어를 경험하게 된다.

2.3. 학습 수준

수학화의 과정은 한 수준에서 수단이었던 본질이 다시 현상이 되어 새로운 본질로 조직되는 끊임없는 재조직화 과정을 거치면서 불연속적인 수준 상승이 일어난다는 것을 앞서 살펴보았다. 프로이덴탈은 수학화의 과정과 마찬가지로 수학 학습도 불연속적인 수준 상승의 과정을 통해 이루어진다고 보았으며, 학습 과정에서 중요한 것은 불연속, 곧 비약이라고 주장한다.

프로이덴탈의 학습 수준 이론은 그의 제자였던 반 힐(van Hiele) 부부와의 공동 연구를 기초로 개발된 것이다. 반 힐 부부는 중등 수학교사로서 자신들의 교수 활동을 관찰하고 분석하였는데, 이 과정에서 사고는 상대적으로 여러 수준이 있고 낮은 수준에서의 활동이 더 높은 수준에서 분석의 대상이 된다는 것을 인식하게 되었다. 또한 그들은 이러한 특징이 학생들의 기하 학습 과정에서도 유사하게 나타난다는 것을 발견하였다.

프로이덴탈 역시 학습 과정은 여러 수준으로 구조화되며 낮은 수준에서 했던 학생의 활동이 더 높은 수준에서는 분석의 대상이 된다고 생각하였으며, 특히 한 수준에서 다른 수준으로의 수준 상승의 원동력은 의식하고 반성하는 것이라고 주장한다. 즉, 다음 수준에서 이전 수준에서의 활동이 의식되고 반성의 내용이 되면서 수준 상승의 비약이 일어난다는 것이다.

한편, 5개의 사고 수준에 따라 기하 학습을 구조화한 반 힐의 기하적 사고 수준은 거시적인 반면, 프로이덴탈은 한 수준과 다른 수준 사이에 많은 미시적 수준들이 존재한다고 보았다. 따라서 현실적 수학교육에서는 다양한 수준들에 있는 학생들을 각 수준에서 그 다음 수준으로 상승을 촉진시키기 위한 다양한 방법들이 필요하다고 주장한다. 다시 말하면, 학생들이 점진적인 수학화 과정을 통해 학습 하도록 하기 위해서는, 교사는 가르치고 있는 학생들에게 적합한 수단을 제공하여 반성적 사고를 촉진하고 수준 상승이 일어나도록 유도해야할 필요가 있다. 특히, 모든 학생이 동일한 경로로 수준 상승이 일어나는 것은 아니기 때문에 사고 실험을 통해 학생들의 학습 경로를 예상해보고 그에 따른 적절한 수단을 찾는 것이 교사에게는 매우 중요한 일이 될 것이다. 수준 상승을 위한 수단에는 수평적 수학화를 촉진시킬 수 있는 현실 맥락뿐만 아니라 다양한 자료, 화살표나 수직선과 같은 시각적인 표상, 기호 등이 포함된다(정영옥 외, 2018).

다시 소수 개념의 지도 설계 사례로 돌아가서, 수준 상승을 촉진시키기 위한 수단으로 현실 맥락과 이중 수직선이 사용된 예를 살펴보자. 이 지도 사례에서는 학생들이 소수의 크기를 비교하는 방법을 이해하도록 하기 위해 과학 시간에 사용하는 실린더를 이용한 액체의 양을 비교하는 맥락을 제시한다([그림 6-7 참조]). 먼저 학생들은 이 맥락을 통해 이중 수직선에 해당하는 실린더를 사용하여 소수의 크기를 나타내는 수평적 수학화를 경험할 수 있게 된다. 즉, 학생들이 주어진 현실 맥락을 파악함으로써 현실 세계에서 수학의 세계로 수준이 상승될 수 있다는 것이다. 또한, 학생들은 소수의 크기를 비교하기 위해 이중 수직선을 활용하는 방법에서 소수의 자릿값들을 비교하는 방법으로 점차 형식화할 수 있는 기회를 가지게 된다.

지금까지 살펴본 바와 같이, 현실적 수학교육 이론에서는 학생들에게 점진적인 수학화 과정을 경험하도록 함으로써 수학 학습이 이루어져야 한다고 보았으며, 그 출발

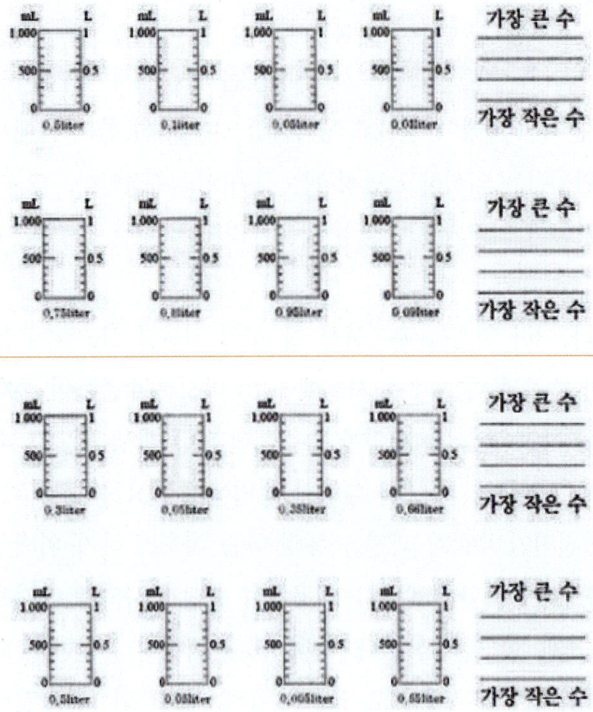

☞ 각 실린더에 액체의 높이를 표시해 보세요. 오른쪽 빈 칸에 가장 큰 것부터 액체의 양을 적어 보세요.

☞ 앞 문제에서 가장 표시하기 어려웠던 것은 무엇인가요? 왜 그런가요?

[그림 6-7] 이중 수직선을 활용한 소수의 크기 비교 (정영옥 외, 2018, p. 85)

점은 학생의 현실이어야 함을 강조하였다. 수학화에 따른 학생들의 수학 학습 과정을 보여주는 수학화 학습 사이클은 [그림 6-8]과 같다. 첫 번째 단계는 현실 세계의 맥락을 직관적이고 자유롭게 탐구하는 단계이다. 두 번째 단계는 현실 세계에 내포된 수학적 개념을 추출하는 단계로, 학생들 간에 그리고 교사와 학생들 간에 활발한 상호작용과 반성이 매우 중요하다. 세 번째 단계는 수학적 개념을 추상화하고 형식화하는 단계이며, 네 번째 단계는 학습한 개념을 새로운 현실 문제에 적용함으로써 강화하고 일반화하는 단계이다. 그 결과 더 넓은 현실 세계로 나아가게 되고, 다시 새로운 더 높은 수준의 학습 사이클이 시작된다(정영옥 외, 2018). 이처럼 현실 세계에서 출발해서 수학화 과정을 거치고 다시 현실 세계로 돌아가는 학습 사이클이 계속되면서 학생들은 더 높은 수준으로 발전하게 되며, 현실을 수학적 안목으로 바라볼 수 있는 능력이 향상되는 것이다.

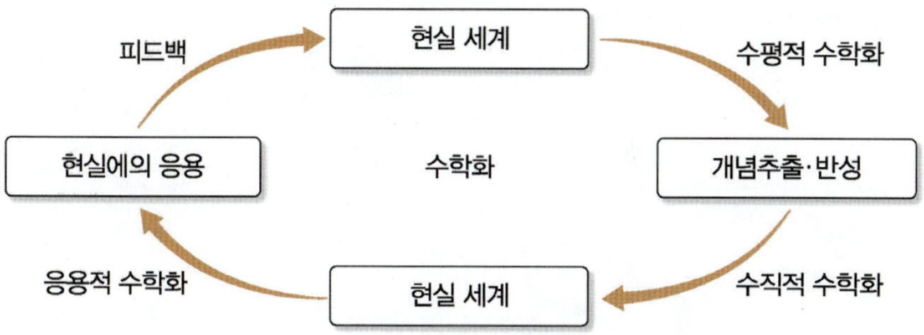

[그림 6-8] 수업에서의 수학화 과정(황혜정 외, 2016, p. 352)

03 수학화 수업

이 절에서는 현실주의 수학교육이 구현되는 수업의 실제 모습에 대하여 알아보기 위해 MiC(Mathematics in Context) 교과서에 제시된 한 단원의 예시를 살펴보기로 한다.

MiC 교과서는 네덜란드의 프로이덴탈 연구소와 미국 위스콘신 메디슨 대학교의 교육 연구소가 공동으로 개발하였다. MiC 교과서는 미국의 중학교에 해당되는 5, 6, 7, 8학년을 대상으로 각 학년 10권씩 총 40권이며, 내용은 수, 대수, 기하, 통계의 4개 영역으로 구성되어 있다. 40권의 책 제목을 보면, 『똑같이 나누어요』, 『다르게 보여요』, 『그래프를 추적하라』 등 학생들이 배워야 할 수학적 개념을 직접 제시하는 것이 아니라 그 개념을 내포하고 있는 현실 맥락을 보여주고자 하였음을 알 수 있다. 이 중, 여기에서는 '수' 영역에 포함되어 있는 『달은 얼마나 높이 있을까?』 라는 단원을 간략히 살펴보기로 한다.

> MiC 교과서는 학생들로 하여금 도구로서의 수학을 이해하도록 하고, 문제해결을 위한 사고 전략과 논리적 근거를 스스로 개발하고 설명하며, 서로 각자의 사고 전략에 대하여 듣고, 이해하고, 평가할 수 있도록 하는 것을 목표로 수학 교육의 새로운 접근 방법을 보여주고자 하였다.

『달은 얼마나 높이 있을까?』에서는 크기와 축척을 배우게 되는데, 물체를 멀리서 볼 때와 가까이서 볼 때 어떻게 달라 보이는지를 중점적으로 다룬다. 이 단원은 다섯 개의 이야기로 이루어져 있는데, 이 이야기의 흐름을 따라가면서 [그림 6-9]에 제시된 수업에서의 수학화 과정에 비추어 파악해보도록 한다.

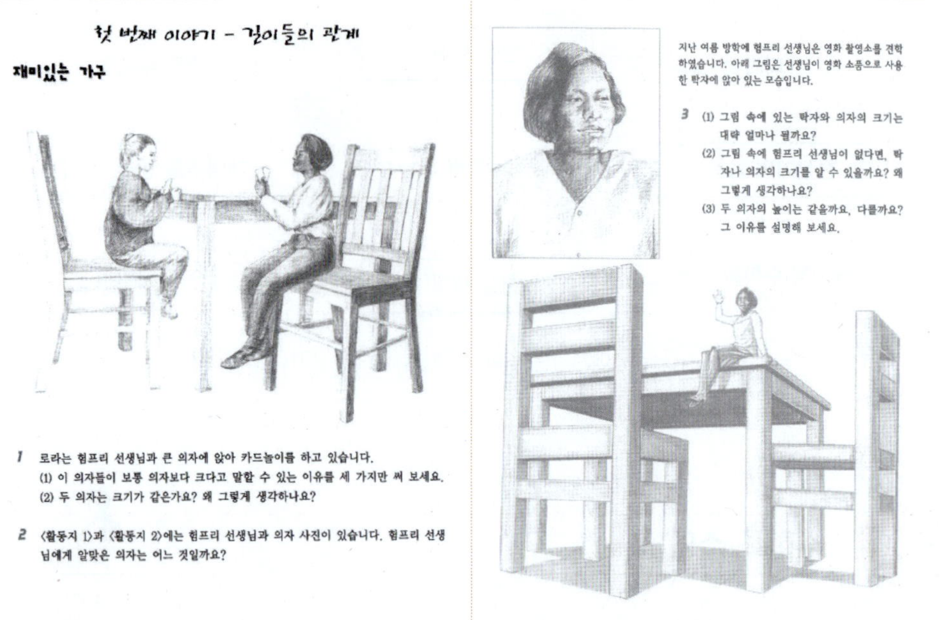

[그림 6-9] 길이들의 관계(Grasping sizes, pp. 7-8)

첫 번째 이야기인 '길이들의 관계'에서는 로라와 험프리 선생님이 큰 의자에 앉아 카드놀이를 하는 그림을 살펴보는 활동을 통해, 물체를 보는 위치에 따라 크기가 달라 보일 수 있음을 직관적으로 이해하도록 유도한다([그림 6-9] 왼쪽). 또한, 험프리 선생님이 영화 소품으로 사용한 탁자에 앉은 그림을 관찰하며, 탁자와 의자의 실제 크기를 추측하도록 한다([그림 6-9] 오른쪽). 하지만 그림 속에 험프리 선생님이 없다면, 탁자나 의자의 크기를 어림하기 어려울 수 있음을 깨닫게 하며, 상대적인 크기 인식의 중요성을 자연스럽게 이해하도록 유도한다. 따라서 첫 번째 이야기는 학생들이 현실 세계의 맥락을 직관적이고 자유롭게 탐구하도록 유도하는 과정으로 볼 수 있으며, 이는 수학화 과정의 첫 단계에 해당한다고 볼 수 있다.

두 번째 이야기 '머리와 키의 비'에서는 첫 번째 이야기의 내용을 확장하여, 선생님의 아기 때 사진과 현재 모습을 보고 머리 길이와 키를 비교하는 활동을 한다. 학생들은 키만큼 종이 띠를 잘라 머리 길이만큼 표시한 후, 머리 길이가 키의 몇 배인지 분수로 표현하는 활동을 한다([그림 6-10] 왼쪽). 이어서 인형의 머리 길이와 키를 고무줄을 이용해 비교하고, 실제 인형의 머리와 키의 비와 고무줄에 표시한 비를 비교해보도록 한다. 이 활동을 통해 학생들은 고무줄의 길이가 변해도 인형의 머리 길이와 키의 비는 일정하게 유지된다는 것을 자연스럽게 이해하게 된다. 또한, "인형의 키가 머

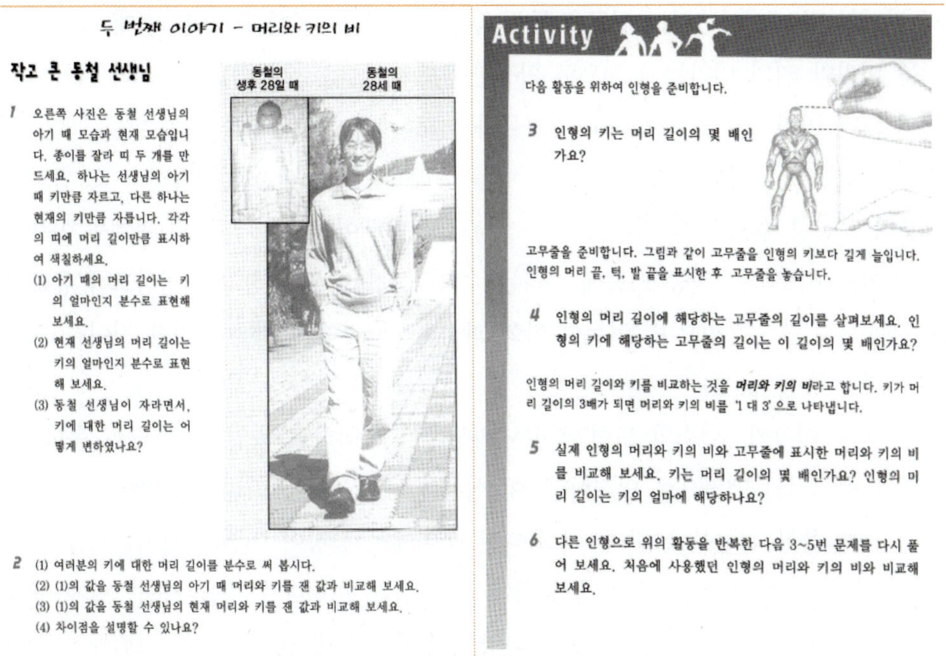

두 번째 이야기 - 머리와 키의 비

작고 큰 동철 선생님

동철의 생후 28일 때 / 동철의 28세 때

1 오른쪽 사진은 동철 선생님의 아기 때 모습과 현재 모습입니다. 종이를 잘라 띠 두 개를 만드세요. 하나는 선생님의 아기 때 키만큼 자르고, 다른 하나는 현재의 키만큼 자릅니다. 각각의 띠에 머리 길이만큼 표시하여 색칠하세요.

(1) 아기 때의 머리 길이는 키의 얼마인지 분수로 표현해 보세요.

(2) 현재 선생님의 머리 길이는 키의 얼마인지 분수로 표현해 보세요.

(3) 동철 선생님이 자라면서, 키에 대한 머리 길이는 어떻게 변하였나요?

2 (1) 여러분의 키에 대한 머리 길이를 분수로 써 봅시다.

(2) (1)의 값을 동철 선생님의 아기 때 머리와 키를 잰 값과 비교해 보세요.

(3) (1)의 값을 동철 선생님의 현재 머리와 키를 잰 값과 비교해 보세요.

(4) 차이점을 설명할 수 있나요?

Activity

다음 활동을 위하여 인형을 준비합니다.

3 인형의 키는 머리 길이의 몇 배인가요?

고무줄을 준비합니다. 그림과 같이 고무줄을 인형의 키보다 길게 늘입니다. 인형의 머리 끝, 턱, 발 끝을 표시한 후 고무줄을 놓습니다.

4 인형의 머리 길이에 해당하는 고무줄의 길이를 살펴보세요. 인형의 키에 해당하는 고무줄의 길이는 이 길이의 몇 배인가요?

인형의 머리 길이와 키를 비교하는 것을 ***머리와 키의 비***라고 합니다. 키가 머리 길이의 3배가 되면 머리와 키의 비를 '1 대 3'으로 나타냅니다.

5 실제 인형의 머리와 키의 비와 고무줄에 표시한 머리와 키의 비를 비교해 보세요. 키는 머리 길이의 몇 배인가요? 인형의 머리 길이는 키의 얼마에 해당하나요?

6 다른 인형으로 위의 활동을 반복한 다음 3~5번 문제를 다시 풀어 보세요. 처음에 사용했던 인형의 머리와 키의 비와 비교해 보세요.

[그림 6-10] 머리와 키의 비(Grasping sizes, pp. 13-14)

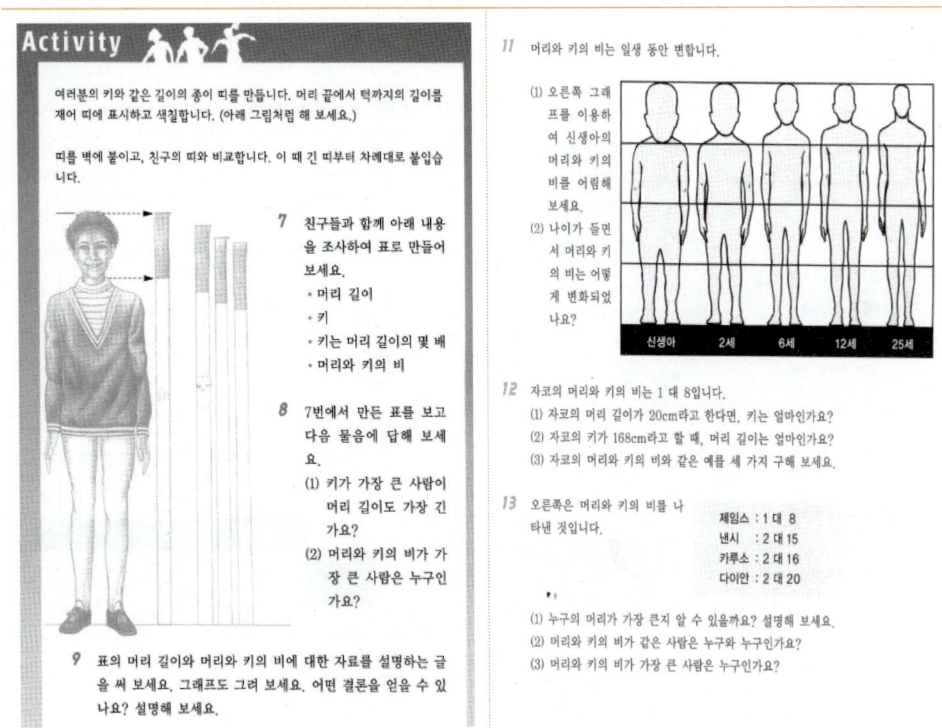

Activity

여러분의 키와 같은 길이의 종이 띠를 만듭니다. 머리 끝에서 턱까지의 길이를 재어 띠에 표시하고 색칠합니다. (아래 그림처럼 해 보세요.)

띠를 벽에 붙이고, 친구의 띠와 비교합니다. 이 때 긴 띠부터 차례대로 붙입습니다.

7 친구들과 함께 아래 내용을 조사하여 표로 만들어 보세요.

- 머리 길이
- 키
- 키는 머리 길이의 몇 배
- 머리와 키의 비

8 7번에서 만든 표를 보고 다음 물음에 답해 보세요.

(1) 키가 가장 큰 사람이 머리 길이도 가장 긴가요?

(2) 머리와 키의 비가 가장 큰 사람은 누구인가요?

9 표의 머리 길이와 머리와 키의 비에 대한 자료를 설명하는 글을 써 보세요. 그래프도 그려 보세요. 어떤 결론을 얻을 수 있나요? 설명해 보세요.

11 머리와 키의 비는 일생 동안 변합니다.

(1) 오른쪽 그래프를 이용하여 신생아의 머리와 키의 비를 어림해 보세요.

(2) 나이가 들면서 머리와 키의 비는 어떻게 변화되었나요?

신생아 2세 6세 12세 25세

12 자코의 머리와 키의 비는 1 대 8입니다.

(1) 자코의 머리 길이가 20cm라고 한다면, 키는 얼마인가요?

(2) 자코의 키가 168cm라고 할 때, 머리 길이는 얼마인가요?

(3) 자코의 머리와 키의 비와 같은 예를 세 가지 구해 보세요.

13 오른쪽은 머리와 키의 비를 나타낸 것입니다.

제임스 : 1 대 8
낸시 : 2 대 15
카루소 : 2 대 16
다이안 : 2 대 20

(1) 누구의 머리가 가장 큰지 알 수 있을까요? 설명해 보세요.

(2) 머리와 키의 비가 같은 사람은 누구와 누구인가요?

(3) 머리와 키의 비가 가장 큰 사람은 누구인가요?

[그림 6-11] 머리와 키의 비(Grasping sizes, p. 15 & 17)

리 길이의 몇 배인가?"라는 질문을 통해 앞서 했던 분수 표현과 자연스럽게 연결되며, 이를 머리와 키의 비라는 표현으로 확장한다([그림 6-10] 오른쪽). 이후, 학생들은 자신의 키와 머리 길이를 측정하고 친구들과 비교하여 머리 길이와 키의 비를 구한 후, 자료를 만들고 설명하는 활동을 한다. 이를 통해 두 수의 관계를 활용한 비교 활동을 충분히 경험할 수 있도록 한다([그림 6-11]). 두 번째 이야기는 두 수의 관계를 이용하여 길이를 비교하는 활동을 통해 비라는 수학적 개념을 추출하고 반성하도록 유도하는 과정으로 볼 수 있으며, 이는 수학화 과정의 두 번째 단계를 구현한 것이라고 볼 수 있다.

세 번째 이야기 '닐스의 모험'에서는 학생들이 상상하고 몰입할 수 있는 동화 속 세계를 현실적인 맥락으로 연결한다. 이 상황에서 학생들은 마법으로 작아진 닐스가 거위 등에 올라 하늘을 날면서, 서로 다른 높이에서 농장이 어떻게 보이는지를 탐구한다. 이를 통해 높이 올라갈수록 농장이 점점 작게 보인다는 것을 자연스럽게 이해하도록 한다([그림 6-12], 왼쪽). 또한, 다양한 높이에서 내려다 본 농장 그림에서 길이와 폭을 측정하면서, 높이 올라갈수록 땅 위의 사물은 작아 보이지만, 사물들 간의 관계는 변하지 않는다는 사실을 깨닫도록 한다. 이후, 높은 곳에서 내려다 본 농장의 모

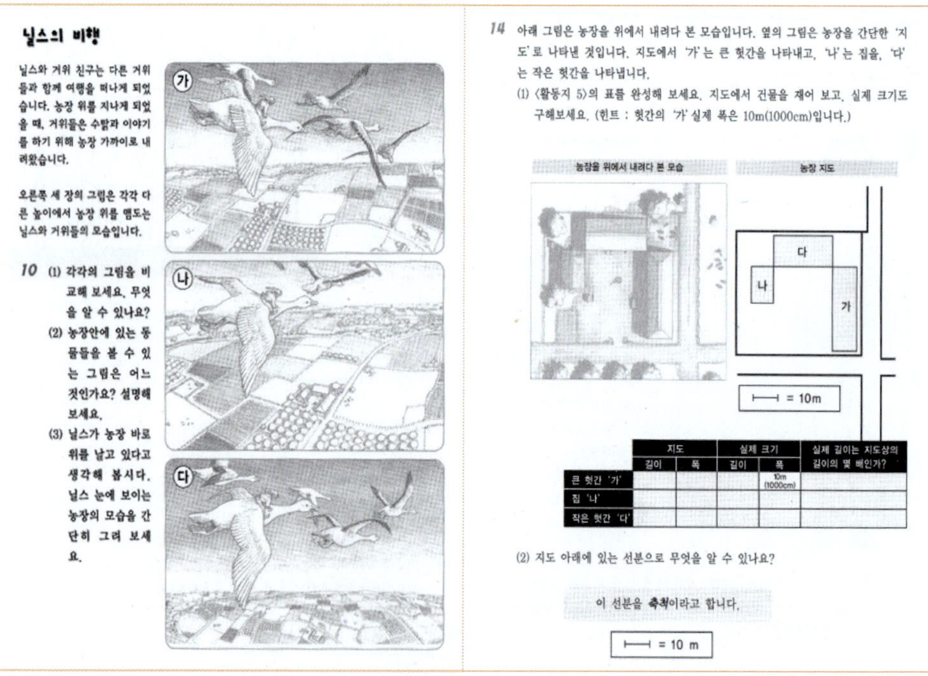
닐스의 비행

닐스와 거위 친구는 다른 거위들과 함께 여행을 떠나게 되었습니다. 농장 위를 지나게 되었을 때, 거위들은 수탉과 이야기를 하기 위해 농장 가까이로 내려왔습니다.

오른쪽 세 장의 그림은 각각 다른 높이에서 농장 위를 맴도는 닐스와 거위들의 모습입니다.

10 (1) 각각의 그림을 비교해 보세요. 무엇을 알 수 있나요?
(2) 농장안에 있는 동물들을 볼 수 있는 그림은 어느 것인가요? 설명해 보세요.
(3) 닐스가 농장 바로 위를 날고 있다고 생각해 봅시다. 닐스 눈에 보이는 농장의 모습을 간단히 그려 보세요.

14 아래 그림은 농장을 위에서 내려다 본 모습입니다. 옆의 그림은 농장을 간단한 '지도'로 나타낸 것입니다. 지도에서 '가'는 큰 헛간을 나타내고, '나'는 집을, '다'는 작은 헛간을 나타냅니다.
(1) 〈활동지 5〉의 표를 완성해 보세요. 지도에서 건물을 재어 보고, 실제 크기도 구해보세요. (힌트 : 헛간의 '가' 실제 폭은 10m(1000cm)입니다.)

	지도		실제 크기		실제 길이는 지도상의 길이의 몇 배인가?
	길이	폭	길이	폭	
큰 헛간 '가'				10m (1000cm)	
집 '나'					
작은 헛간 '다'					

(2) 지도 아래에 있는 선분으로 무엇을 알 수 있나요?

이 선분을 **축척**이라고 합니다.

= 10 m

[그림 6-12] 닐스의 여행(Grasping sizes, p. 23 & 26)

습을 나타낸 지도를 보며, 지도 속 건물들의 크기를 재어보고 실제 크기와 비교하는 활동을 한다. 이 활동을 통해 학생들은 지도상의 거리와 실제 거리의 관계를 이해하고, 이를 축척 개념으로 연결할 수 있도록 한다([그림 6-12], 오른쪽). 세 번째 이야기는 지도상의 건물의 크기를 재어보고 실제 농장 건물의 크기와 비교하고 시각적으로 표현해보면서 두 수의 관계를 추상화 형식화해 나가는 단계로 수학화 과정의 세 번째 단계에 해당한다고 볼 수 있다.

마지막으로, 네 번째와 다섯 번째 이야기는 축척을 새로운 현실 상황에 적용하고 확장할 수 있는 기회를 제공한다. 먼저, 네 번째 이야기는 뉴올리언스의 과거 지도를 활용하여 축척을 이용해 실제 거리를 구하는 활동을 한다. 또한, 과거 지도에 표시된 영역과 지점을 현재 지도에 표시하며, 현재 지도의 축척을 구하는 활동을 한다. 이 과정에서 학생들은 지도를 확대하거나 축소하더라도 지도상의 거리와 실제 거리의 관계를 나타내는 축척이 달라질뿐, 지도상의 모든 거리는 일정한 비율로 표현된다는 것을 이해하며, 심화된 수학적 사고를 경험하게 된다([그림 6-13], 왼쪽). 다음으로 다섯 번째 이야기에서는 아폴로 11호의 달 탐사라는 맥락을 제시한다. 학생들은 축척을 활용

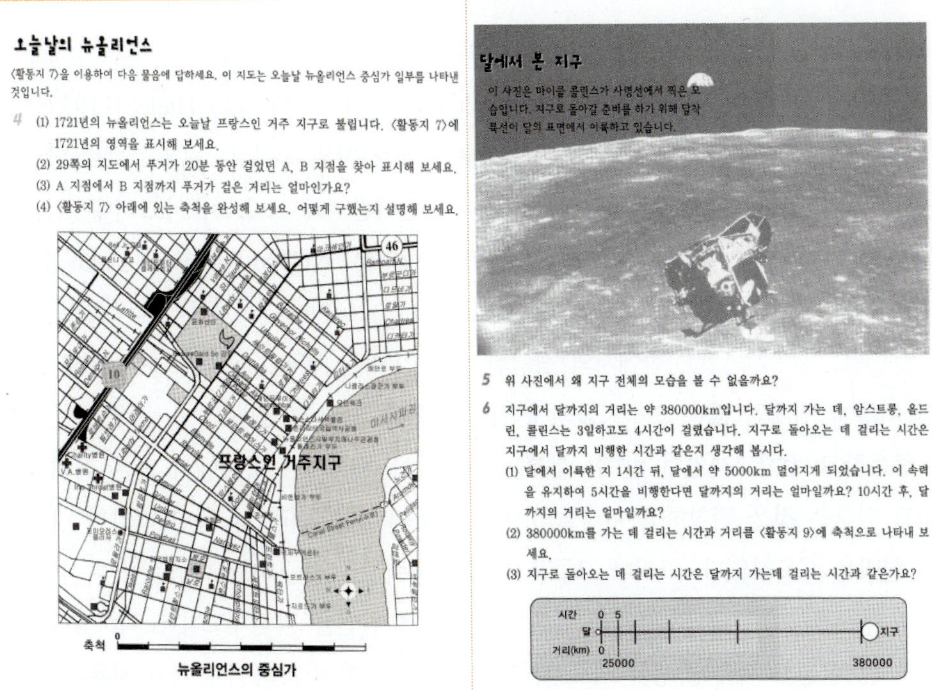
오늘날의 뉴올리언스

〈활동지 7〉을 이용하여 다음 물음에 답하세요. 이 지도는 오늘날 뉴올리언스 중심가 일부를 나타낸 것입니다.

4 (1) 1721년의 뉴올리언스는 오늘날 프랑스인 거주 지구로 불립니다. 〈활동지 7〉에 1721년의 영역을 표시해 보세요.
(2) 29쪽의 지도에서 푸거가 20분 동안 걸었던 A, B 지점을 찾아 표시해 보세요.
(3) A 지점에서 B 지점까지 푸거가 걸은 거리는 얼마인가요?
(4) 〈활동지 7〉 아래에 있는 축척을 완성해 보세요. 어떻게 구했는지 설명해 보세요.

달에서 본 지구

이 사진은 마이클 콜린스가 사령선에서 찍은 모습입니다. 지구로 돌아갈 준비를 하기 위해 달착륙선이 달의 표면에서 이륙하고 있습니다.

5 위 사진에서 왜 지구 전체의 모습을 볼 수 없을까요?

6 지구에서 달까지의 거리는 약 380000km입니다. 달까지 가는 데, 암스트롱, 올드린, 콜린스는 3일하고도 4시간이 걸렸습니다. 지구로 돌아오는 데 걸리는 시간은 지구에서 달까지 비행한 시간과 같은지 생각해 봅시다.
(1) 달에서 이륙한 지 1시간 뒤, 달에서 약 5000km 멀어지게 되었습니다. 이 속력을 유지하여 5시간을 비행한다면 달까지의 거리는 얼마일까요? 10시간 후, 달까지의 거리는 얼마일까요?
(2) 380000km를 가는 데 걸리는 시간과 거리를 〈활동지 9〉에 축척으로 나타내 보세요.
(3) 지구로 돌아오는 데 걸리는 시간은 달까지 가는데 걸리는 시간과 같은가요?

[그림 6-13] 뉴올리언스의 지도와 지구와 달의 거리(Grasping sizes, p. 32 & 38)

하여 지구에서 달까지의 거리, 달까지 도달하는 데 걸리는 시간, 그리고 지구와 달의 크기를 나타내는 활동을 한다([그림 6-13], 오른쪽). 더 나아가, 태양의 지름과 태양에서 지구까지의 거리가 주어졌을 때, 이전에 사용했던 동일한 축척을 적용하여 태양을 표현하는 활동을 한다. 이를 통해 학생들은 앞서 배운 개념을 종합적으로 활용하여 축척의 개념을 더욱 깊이 있게 이해할 수 있다. 따라서 네 번째와 다섯 번째 이야기는 수학화 과정 중 현실에의 응용 단계라고 볼 수 있다.

토의문제 2

현실적 수학교육 이론에서 주장하는 수학화 학습 사이클을 살펴보고, 초등학교 교과서 한 단원을 선택하여 이를 적용한 지도안의 개요를 작성해 보시오.

04 반 힐의 기학 학습 수준 이론

> Freudenthal은 P.M. van Hiele의 지도교수였으며, 그의 학습수준 이론은 프로이덴탈의 수학화를 학습하는 방법적 기초이론이라고 할 수 있다(우정호, 2011, p. 434)

반 힐의 기하 학습 수준 이론은 네덜란드의 부부 수학교사였던 D. van Hiele-Geldof와 P. M. van Hiele가 1957년에 Utrecht 대학에 제출한 박사학위 논문 두 편을 토대로 남편인 P. M. van Hiele가 발전시킨 이론이다. 이 사고 수준 이론은 1974년 미국수학교사협의회 NCTM(National Council of Teachers of Mathematics) 총회에서 〈기하 교수-학습 심리학에서의 상당한 발전〉이라는 Wirszup의 강연을 통해 소개된 이후에 세계의 많은 연구자들의 관심과 주목을 받게 되었다.

중등학교 수학교사였던 반 힐 부부는 학생들이 특히 기하학습에서 많은 어려움을 겪고 있다는 것을 관찰하고 학생들의 이해를 돕기 위해 여러 해 동안 다양한 방법으로 설명을 시도하였다. 그러나 그들은 이러한 노력에도 불구하고 학생들이 여전히 연역적 추론을 이해하지 못한다는 것을 깨닫고, 그 원인을 밝혀내고자 노력하였다. 그 결과 반 힐은 교사와 학생은 서로 다른 수준에 있으며 각자의 수준에서 사용하는 언어의 의미가 다르기 때문에 학생의 수준을 넘어서는 교사의 설명은 학생들이 이해하기에 어려운 것임을 통찰하게 되었고, 이를 바탕으로 기하에서의 사고 수준 이론을 체계화하였다.

'학습 내용 중에는 내가 거듭해서 설명할 수 있는 부분이 있었지만, 학생들은 여전히 이해하지 못했다. (...) 특히 학생들이 기하를 처음 배우기 시작하면서, 매우 간단한 것을 증명해야 했을 때, 나는 학생들이 최선을 다하는 것을 볼 수 있었지만, 학생들에게 그 학습 내용은 너무 어려워 보였다. (...) 그 뒤로 해가 계속되면서 설명 방법을 여러 차례 바꾸었으나, 학생들이 이해하지 못하는 어려움은 여전했다. 내가 사용하는 언어와 학생들이 사용하는 언어는 항상 다른 언어인 것처럼 보였다. 이러한 아이디어를 고려하게 되면서, 나는 해결책 즉, 사고의 서로 다른 수준을 발견하게 되었다.' (van Hiele, 1986, 우정호 외 역, p. 39)

이 절에서는 반 힐의 기하 학습 수준과 수준 상승을 위한 교수·학습 단계에 대해 살펴보기로 한다.

4.1. 반 힐의 기하 학습 수준

반 힐은 경험의 세계를 단계적으로 추상화하여 조직화하는 것을 수학적 사고활동이라고 보고, 기하 학습에서의 5단계 사고 수준을 제시하였다(우정호, 2011). 이때 수준 상승은 사고의 비약을 통해 일어나는데, 낮은 수준에서 경험을 정리하는 수단이 더 높은 수준에서 사고의 대상으로 의식화되어 조직화하는 활동이 이루어지게 되는 것이다. 그가 제시한 5단계 기하 학습 수준은 다음과 같다.

제1수준은 시각적 인식 수준으로, 이 수준에서는 책상과 창문 등과 같은 주변의 구체물이 사고의 대상이 되고, 이를 모양이란 수단에 의하여 정리하게 된다. 이 수준의 학생들은 도형을 그것의 외관적 모양으로 판별한다. 따라서 이 학생들에게 마름모를 보여주며 '이것이 왜 마름모일까?'라고 질문하면, 학생들은 '마름모처럼 보이니까요'라고 대답한다. 즉, 학생들은 주어진 도형이 마름모의 성질에 의해 마름모임을 인식하는 것이 아니라, 마름모로 부르도록 배웠던 모양과 같기 때문에 마름모라고 판단하는 것이다(van Hiele, 1986). 시각적 인식 수준의 학생들은 도형을 시각적 이미지로서 정신적으로 표상할 수 있으나, 도형의 성질을 인식하지는 못한다.

제1수준의 학생들에게는 도형을 인식하는 데 중점을 둔 학습 활동이 도움이 된다. 예를 들어, 생활 주변의 사물에서 여러 가지 모양을 찾아보고 분류하기, 여러 가지 모양을 그리거나 모양을 본떠 오려보기, 패턴블록 등과 같은 구체물을 이용하여 모양 만들기, 같은 모양을 크기나 방향을 달리하여 관찰하기 등이 있다.

제2수준은 분석적 인식 수준으로, 제1수준에서 수단이었던 도형이 사고의 대상이 되고 이를 성질로 조직화한다. 즉, 제1수준에서 관찰한 도형을 그 구성 요소와 성질에 주목하여 분석함으로써 도형의 특징을 파악한다. 각 도형을 외관적 모양이 아닌 성질들의 집합으로 인식하게 되는 것이다. 예를 들어, 제2수준의 학생들은 마름모의 네 변은 길이가 같다거나 직사각형의 두 대각선의 길이는 같고 마주보는 변의 길이가 같다는 등 각 도형의 성질을 말할 수 있으며, 어떤 도형을 마름모라고 판단하는 이유는 그 도형이 마름모의 성질을 모두 가지고 있기 때문이라고 생각한다. 그러나 이 수준의 학생들은 아직 도형의 성질들 사이의 관계에 관해 추론하지 못하기 때문에 정사각형은 직사각형이라는 것을 인식하지 못한다.

제2수준의 학생들에게는 도형의 성질을 파악하고 일반화하는 데 중점을 둔 학습 활동이 도움이 된다. 예를 들어, 구체물을 사용하여 도형의 성질을 관찰하고 측정하기, 도형의 성질 카드 만들기, 성질에 따라 도형 분류하기, 성질을 듣고 도형 인식하기, 조

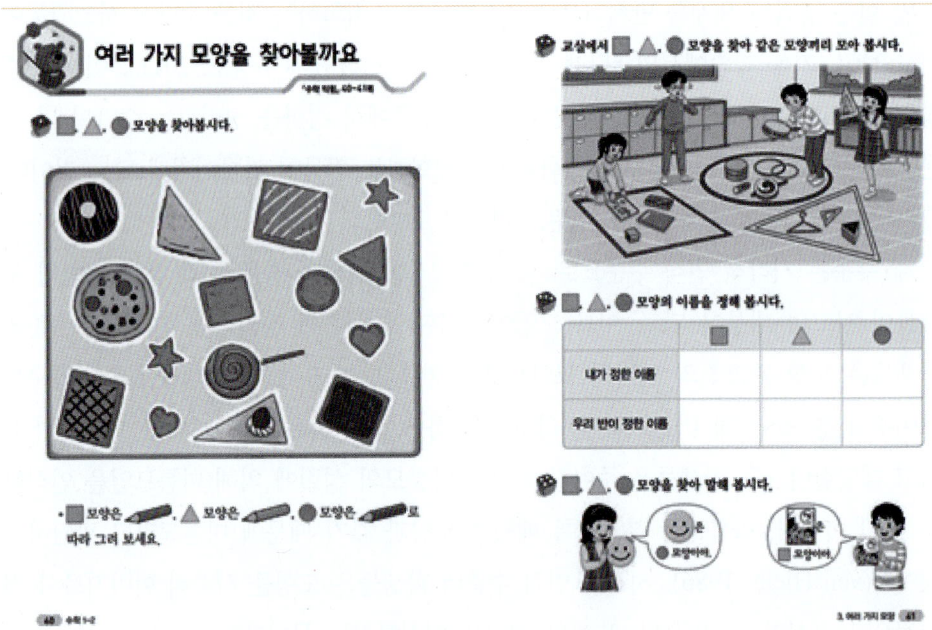

[그림 6-14] 제1수준 활동의 예시(2017, 1-2학기 3단원 '여러 가지 모양')

건에 맞는 도형 그리기, 도형의 부분을 보고 전체 파악하기 등의 활동이 있다.

제3수준은 관계적 인식 수준으로, 제2수준에서 수단이었던 도형의 성질이 사고의 대상이 되고 이를 명제로 조직화한다. 제3수준은 도형의 성질들이 논리적으로 조직되는 단계로서 이 수준에서 사용하는 언어는 제2수준에서 사용하는 언어보다 더 추상적이다. 제3수준의 학생들은 도형의 다양한 성질들을 조직할 필요성을 인식함에 따라, 성질의 일부는 정의로 채택하고 나머지는 논리적으로 정리함으로써 도형의 추상적 정의를 만들고 이해할 수 있으며, 또한 도형들의 성질을 정렬함으로써 도형을 위계적으로 분류할 수 있다. 따라서 이 수준의 학생들은 정사각형은 직사각형임을 인식하게 된다. 그러나 이 수준에서는 비형식적 논증에 의해 도형의 분류를 정당화할 수는 있지만, 이를 논리적으로 증명하지는 못하며 형식적인 증명의 필요성도 인식하지 못한다. 즉, 공리를 포함한 전체적인 연역적 체계를 파악하는 수준에 이르지는 못한 것이다.

제3수준의 학생들에게는 한 도형의 여러 성질들 간의 관계와 여러 도형들 간의 논리적인 관계를 파악하는 데 중점을 둔 학습 활동이 도움이 된다. 예를 들어, 도형의 성질을 이용하여 그 도형을 정의하기, 도형의 성질에 따라 위계적으로 분류하기, 주어진 성질에서 특정 도형에 필요한 성질 구별하기, 어떤 명제에 대하여 그 명제의 역도

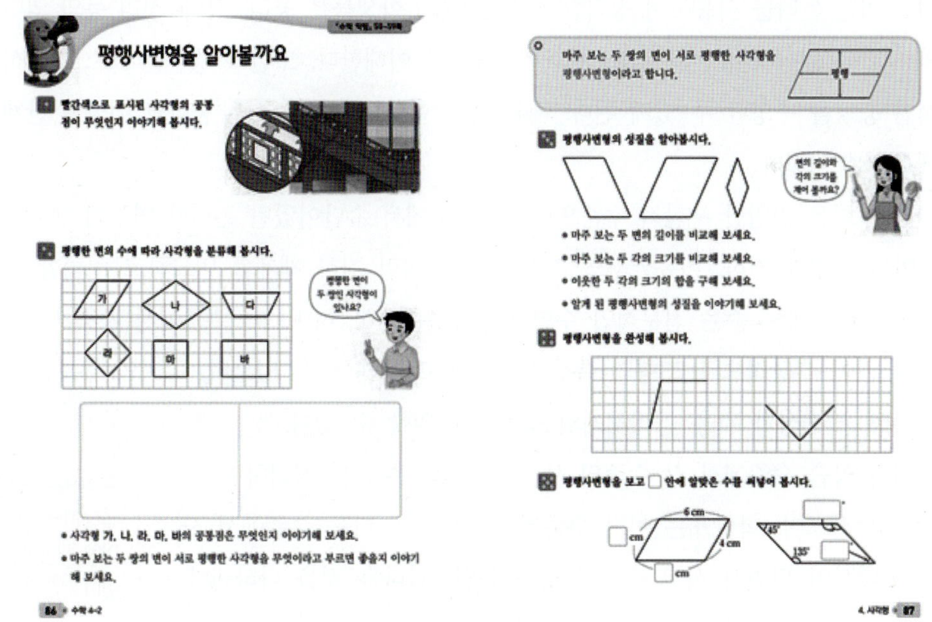

[그림 6-15] 제2수준 활동의 예시(2018, 4-2학기 4단원 '사각형')

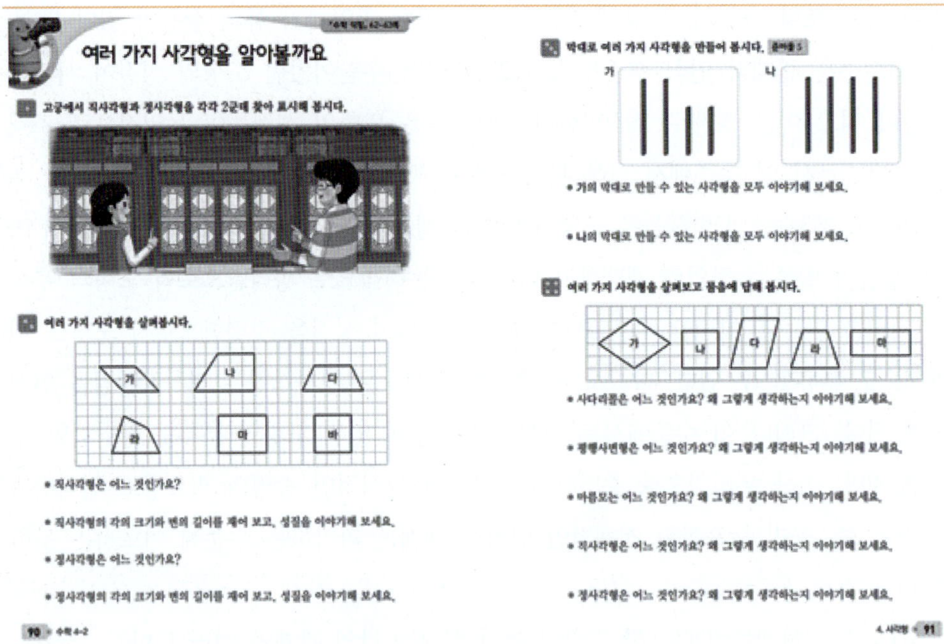

[그림 6-16] 제3수준 활동의 예시(2018, 4-2학기 4단원 '사각형')

성립하는지 알아보기 등이 제3수준의 활동에 해당한다(이하선, 2009).

제4수준은 형식적 연역 수준으로, 제3수준에서 수단이었던 명제가 사고의 대상이 되고 이를 논리를 사용하여 정리한다. 이 수준의 학생들은 공리, 정의, 정리 등의 의미와 역할을 인식하며, 기하학의 연역적인 체계를 이해한다. 또한 학생들은 스스로 형식적인 증명을 구성할 수 있게 된다. 제4수준은 학교수학에서 주로 중학교 이상의 단계에서 이루어진다.

제5수준은 엄밀한 수학적 수준으로, 제4수준에서 수단이었던 논리가 연구의 대상이 되어 유클리드 기하, 비유클리드 기하와 같은 여러 기하 체계를 비교하고 이해할 수 있게 된다. 제5수준은 전문적인 수학자의 수준에 해당하며, 이 수준에서는 구체적인 모델 없이 추상적으로 도형의 특성을 분석하고 이해할 수 있으며, 공리의 무모순성, 독립성, 완전성과 같은 공리체계의 성질을 논의할 수 있다.

기하 학습 수준에서 각 수준의 사고의 대상과 수단을 정리하면 〈표 6-1〉과 같으며, 화살표는 이전 수준에서의 수단이 다음 수준에서 사고의 대상이 되면서 사고 수준의 상승이 일어난다는 것을 나타낸다.

초등학교 교육과정에서는 주로 제1수준부터 제3수준 사이에 해당하는 내용을 다루고 있다.

〈표 6-1〉 기하 학습 수준의 상승

	제1수준	제2수준	제3수준	제4수준	제5수준
대상	주변사물	도형	성질	명제	논리
수단	도형	성질	명제	논리	

반 힐의 기하 학습 수준 이론의 특징을 정리하면 다음과 같다(Clements & Battista, 1992; Crowley, 1987; van Hiele, 1986).

첫째, 사고 수준은 위계적이다. 예를 들어, 제2수준의 사고는 제1수준의 사고 없이는 가능하지 않으며, 제3수준의 사고는 제2수준의 사고 없이는 가능하지 않다는 것이나. 즉, 학생들은 n-1수준을 통과해야만 n수준에 도달할 수 있게 된다.

둘째, 각 수준에는 그 자체의 언어적 기호와 그를 연결하는 관계망이 있다. 예를 들어, 제2수준에서 정사각형이 직사각형이 아니라고 판단하는 것이 그 수준의 학생들에게는 올바르고 당연한 것이지만, 도형의 성질들의 관계를 이해할 수 있는 제3수준의 학생들에게는 정사각형은 직사각형이면서 평행사변형으로 인식되게 된다. 즉, 수준의 상승은 언어의 확장과 관계 된다.

셋째, 서로 다른 수준에서 추론하는 두 사람은 서로를 이해할 수 없다. 이는 교사와 학생 사이에서 흔히 발생하는 현상이다. 특히, 교사가 자신의 수준, 즉 학생보다 높은 수준에서 설명한다면 학생들은 교사의 사고를 따라갈 수 없게 된다. 따라서 교사와 학생간의 진정한 의사소통이 이루어지기 위해서는 교사는 학생의 수준에서 설명하고 자신의 질문에 대한 학생의 응답이 어떤 의미인지 이해하려고 노력해야만 한다.

넷째, 한 수준에서 다음 수준으로의 전이는 자연스러운 과정이 아니다. 더 높은 수준으로의 상승은 생물학적 성숙보다는 적절한 지도에 의하여 촉진될 수 있으며, 부적절한 지도는 수준 상승을 방해하거나 지연시키기도 한다. 따라서 교사는 학생의 사고 수준에 따라 그들의 수준 상승을 지원할 수 있는 교육 내용과 방법이 무엇일지 탐구할 필요가 있다.

4.2. 반 힐의 교수·학습 5단계

반 힐에 따르면, 수준의 상승은 학습자가 성숙함에 따라 자연스럽게 발생하는 것이 아니라 적절한 교수·학습 과정에 의해 일어난다. 이는 학생들의 수준 상승을 촉진시키는 데 교사의 역할이 매우 중요하다는 것을 의미한다. 반 힐은 교사가 학생들의 더 높은 수준으로의 이행을 돕기 위해서는 교사의 일방적인 설명이 아니라 학생들이 탐구할 수 있는 적절한 활동을 제공해야 한다고 주장하며, 수준 상승을 위한 교수·학습의 5단계를 제시하였다. 이하에서는 반 힐이 제시한 5단계 교수·학습 과정에서 각 단계별 학생들의 학습 활동과 교사의 역할에 대해 살펴보기로 한다(Clements & Battista, 1992; Crowley, 1987; van Hiele, 1986).

1단계 : 질의/안내 단계(inquiry)

학습 과정의 첫 번째 단계인 질의/안내 단계에서 교사는 학생들과의 대화를 통해 새로운 학습 주제를 소개한다. 이 단계에서는 학습 주제와 관련된 정보 제공을 목적으로, 단순하지만 학생들의 호기심을 유발할 수 있는 자료나 교사의 질문이 이루어진다. 예컨대, 교사는 학생들에게 '마름모는 무엇인가요?', '정사각형은 무엇인가요?', '이들 도형의 공통점이나 차이점은 무엇인가요?, '정사각형은 마름모인가요?', '왜 그렇게 생각하나요?' 등의 질문을 할 수 있다. 이러한 질문과 학생들의 대답을 통해, 교사는 학생들의 선행지식을 파악하고 학생들은 앞으로 학습할 내용에 대한 방향성을 가지게 된다.

2단계 : 안내된 탐구 단계(directed orientation)

안내된 탐구 단계에서 학생들은 교사가 신중하게 계열화한 활동을 통해 학습 주제를 탐구하게 된다. 이 단계에서 교사는 학습 할 개념과 절차가 점진적으로 드러나는 자료와 과제를 선택하고 학생들은 제시된 자료를 적극적으로 탐구함으로써 앞으로 형성될 관계망의 주요한 연결을 접할 기회를 가진다. 일반적으로 이 단계에서는 하나의 해를 가지거나 학생들의 특수한 반응을 유도하는 단일 단계의 과제를 사용한다. 이때 교사의 역할은 세심하게 구조화되고 계열화된 과제를 학생들이 적절하게 탐구하도록 이끌면서 학생의 활동을 안내하는 것이다.

3단계 : 명료화 단계(explication)

명료화 단계에서는 학생들이 이전 단계에서 관찰하고 발견한 것들에 대해 표현하고 토론하도록 한다. 교사는 학생들이 토론하는 과정에서 그들의 언어를 수학적으로 명료화하기 위해서 전문적인 수학 용어를 도입하며, 학생들은 이 과정을 통해 이전 단계의 활동에 포함된 구조를 명확하게 인식하고 그 구조 내에서 관계를 형성하기 시작한다. 이때 교사의 역할은 학생들이 정확하고 적절한 언어를 사용하도록 도와주는 정도로 미미하다. 예를 들어, '평행사변형 알아보기'가 학습 주제인 경우에, 명료화 단계에서 학생들은 이전 단계에서 탐구한 여러 가지 사각형들의 공통점을 떠올려 자유롭게 이름을 붙여보고 평행사변형의 개념을 약속한 후, 평행사변형의 성질에 대해 토론하고 발표하는 활동을 하게 된다(서은영, 장혜원, 2010).

4단계 : 자유 탐구 단계(free orientation)

자유 탐구 단계에서는 학생들에게 다중 단계 과제나 여러 가지 방식으로 해결될 수 있는 더 복잡하고 도전적인 과제를 제시한다. 학생들은 자유롭게 과제를 탐구하면서 자신만의 해결 방식을 찾는 경험을 함으로써 학습 주제와 관련된 관계를 인식하고 활용할 수 있게 된다. 복잡한 문제해결 과정을 통해 탐구 대상 간의 많은 관계들이 학생들에게 더욱 명확하게 된다. 이 단계에서 교사의 역할은 적절한 자료와 과제를 선정하고, 학생들이 다양한 방식으로 그 과제를 수행하도록 격려하며 자신들의 해결책을 정교화하고 반성할 수 있도록 안내하는 것이다.

5단계 : 통합 단계(integration)

마지막 통합은 학생들이 지금까지 학습한 내용을 정리하는 단계이다. 학생들은 새로운 관계망을 형성하기 위해 자신이 배운 새로운 개념과 지식을 통합하면서 지금까지의 탐구 활동을 정리하여 전체를 조망하게 된다. 이 단계에서 교사는 지금까지 다루지 않았던 새로운 내용이 제시되지 않도록 주의해야 하며, 학생들이 이전의 활동을 반성하고 통합할 수 있도록 배운 내용에 대한 전체적인 개관을 제공함으로써 도움을 주어야 한다. 5단계가 끝나면 학생들은 사고 수준의 비약에 이르게 되며, 다음 수준의 학습 단계들을 반복할 준비가 된 것이다.

> 교수·학습 5단계는 반드시 순차적으로 진행되어야 하는 것은 아니다. 학생들의 필요에 따라 여러 단계를 되풀이 할 수도 있고 한 단계에 오랜 시간 머무를 수도 있으며 비교적 짧은 시간에 5단계 전체를 학습하고 되풀이할 수도 있다.

앞서 언급한 바와 같이, 반 힐의 교수·학습 단계를 통해 사고 수준 상승이 일어나기 위해서는 교사의 일방적인 설명이 아니라 학생들의 자발적이고 적극적인 탐구 활동이 매우 중요하다.

토의문제 3

4학년 '여러 가지 사각형'을 주제로 학생들을 2수준에서 3수준으로 상승시키기 위해 반 힐의 교수·학습 5단계를 적용하여 수업을 구성한다고 가정해 보자. 이때, 안내된 탐구 단계와 자유 탐구 단계에서 활용할 수 있는 과제의 특징을 비교해 보고, 각각의 단계에 적절한 과제를 설계해 보시오.

참고문헌

김수미, 강흥규, 권석일, 남진영, 박문환, 서동엽, 송상헌, 유현주, 이종영, 임재훈, 정영옥 (2017). **초등수학교육의 이해**. 서울: 경문사.

강완, 김상미, 박만구, 백석윤, 오영열, 장혜원 (2014). **초등수학교육론**. 서울: 경문사.

교육부 (2017). **수학 1-2**. 서울: 천재교육.

교육부 (2018). **수학 4-2**. 서울: 천재교육.

나온교육연구소 (2004). **달은 얼마나 높이 있을까?** 서울: 나온.

서은영, 장혜원 (2010). van Hiele의 학습단계에 따른 초등학교 4학년의 도형지도 방안연구, **초등수학교육**, 13(2), 85-97.

우정호 (2011). **수학 학습-지도 원리와 방법**. 서울: 서울대학교 출판부.

이하선 (2009). **반 힐 이론에 근거한 도형 지도 방안에 대한 연구 - 사각형의 포함관계를 중심으로 -**. 경인교육대학교 교육대학원 석사학위 논문.

정영옥 (1999). 현실적 수학교육에 대한 고찰 - 초등학교의 알고리듬 학습을 중심으로 -. **수학교육학연구**, 9(1), 81-109.

정영옥 (2000). 수학교육 연구 동향 - 네덜란드의 현실적 수학교육-, **학교수학**, 2(1), 283-310.

정영옥 (2004). RME의 수학 학습 평가틀에 대한 고찰 - Jan de Lange의 수학 학습 평가틀을 중심으로 -. **수학교육학연구**, 14(4), 347-366.

정영옥, 이경화, 나귀수 (2018). **현실적 수학교육의 이론과 실제**. 서울: 교우사.

황혜정, 나귀수, 최승현, 박경미, 임재훈, 서동엽 (2016). **수학교육학신론**. 서울: 문음사.

Clements, D. H., & Battista, M. T. (1992). Geometry and spatial reasoning. In D. A. Grouws (Ed.), *Handbook of research on mathematics teaching and learning: A project of the National Council of Teachers of Mathematics* (pp. 420-464). Macmillan Publishing.

Crowley, M. L. (1987). The van Hiele model of the development of geometric thought. In M. M. Lindquist (Ed.), *Learning and teaching geometry, K-12, 1987 yearbook of the National Council of Teachers of Mathematics* (pp. 1-16). Reston: National Council af Teachers af Mathematics.

Freudenthal, H. (1991). **프로이덴탈의 수학교육론**. (우정호 외 역). 서울: 경문사.

van Hiele, P. M. (1986). **구조와 통찰**. (우정호 외 역). 서울: 경문사.

3부

초등수학 교수학습론

제 7 장 수학적 문제해결

제 8 장 수학적 추론

제 9 장 수학적 의사소통

제10장 수학적 연결성

제11장 수학 교구와 수학교수학습

제12장 공학 도구와 수학교수학습

제13장 수학기초학력 교육

제14장 수학영재교육

제15장 수학과 평가

초등 수학 교육론

제 7 장

수학적 문제해결

수학은 오랫동안 가르치고 배워왔으며 그 과정에는 수학 문제를 해결하는 활동이 중점에 있어 왔다. 수학하는 방식과 수학을 가르치고 배우는 과정에서 문제해결(problem solving)은 큰 관심사였다. '문제해결'은 수학교과 뿐만 아니라 일상 생활 및 타교과 곳곳에서 강조되는 말이기도 하다. 수학교육에서 '문제해결'을 잘한다는 것은 무엇을 뜻하는 것인가? 수학교육에서 추구하는 수학적 문제해결은 단지 수학 문제를 빠르고 정확하게 푼다는 것을 넘어서 있으며, 그 초점과 추구의 방향도 변화하고 있다.

이 장에서는 수학적 문제해결을 바라보는 관점과 문제해결 교육의 중점이 어떻게 변화해 왔는지 살펴보기로 한다. 첫째로, 문제와 문제해결을 보는 관점과 수학교육에서 수학적 문제해결의 초점이 변화한 과정을 살펴본다. 둘째로, 우리나라 수학과 교육과정에 제시된 문제해결의 변화와 최근 수학교과 역량으로서 등장한 문제해결을 알아본다. 셋째로, 폴리아(G. Polya)의 문제해결 과정과 각 과정에서 가능한 발문을 살펴보고, 문제해결 연구에서 제시하고 있는 수학적 문제해결 방법 및 그 지도 방법을 논의한다. 덧붙여서 수학교육에서 주어진 문제를 해결하는 것을 넘어서 문제를 새롭게 변형하거나 새로운 문제를 만드는 문제 만들기 (또는 문제 설정)에 대하여 알아보고 그 사례를 소개하기로 한다.

01 수학적 문제해결을 보는 관점

1.1. 문제와 문제해결

Krulik & Rudnik(1987)은 문제(problem), 연습문제(exercise), 질문(question)을 구별하였다. 문제는 전형적인 연습문제와 다른 것이라고 말한다. 연습문제는 문제해결 절차가 알려져 있고 알고리즘을 직접 적용하면 해결할 수 있는 과제이다. 질문은 학습 내용을 이해하고 기억하는가를 확인을 위하여 학습한 내용을 회상하도록 요구하는 물음들이다. 반면에 문제해결에서 문제란 주어진 과제를 해결하기 위하여 학습 내용을 종합하고 분석할 수 있는 사고와 문제해결 방법을 요구한다.

> 문제란 '개인이나 집단이 해결하려는 과제로서 해결을 위한 구체적이고 확실한 방법을 쉽게 얻을 수 없는 상황'(Lester, 1978)을 말한다.

수학적 문제해결에서 수학적 문제해결이 가능한 '문제(problem)'가 되기 위해서는 필요한 조건이 있다. Charles & Lester(1982)는 문제가 되기 위하여 필요한 조건으로서 다음 세 가지를 제시하였다.

- 해결자에게 해법을 찾고자 하는 욕구를 불러일으켜야 한다.
- 해결자는 즉각적으로 적용할 수 있는 절차를 갖고 있지 않아야 한다.
- 해결자가 해법을 찾기 위하여 시도하려고 해야 한다.

문제의 해결 방법이 즉각적으로 보이지 않아서 해결을 하려는 욕구가 있을 때, 학생에게 주어진 문제가 학생이 해결해야 할 문제가 되는 것이다. 만약 어떤 학생에게 주어진 문제가 즉각적으로 답을 찾을 수 있거나 구하는 방법을 안다면 그 학생에게 실제로 문제는 없는 것과 같으며 그 문제는 그 학생에게 있어서 문제가 아니다. 주어진 문제가 진정한 문제가 될 수 있는가는 문제 자체의 성격만이 아니라 문제를 해결하는 학생에 따라 달라질 수 있다. 즉 동일한 문제라도 학생에 따라서 주어진 문제가 문제로서 역할을 할 수도 그렇지 못할 수도 있다는 것이다.

1.2. 수학적 문제해결 수업을 보는 관점

수학교육에서 '문제해결'은 지속적인 관심사였지만, 수학교육 전반의 큰 주제로 전면에 본격화된 것은 1980년 미국수학교사협의회(National Council of Teachers of Mathematics: NCTM)의 『*An agenda for action: Recommendations for school mathematics of the 1980's*(1980년대 학교수학을 위한 권고안)』이다. 이 권고안은 미국수학교사협의회 1980년 연차대회에서 '1980년대 학교수학의 중점을 문제해결에 두어야 한다.'라고 강조하고 있다. 1950~1960년대 '새수학(New Math)' 운동은 수학의 구조를 강조하면서 학교수학에 현대 수학을 반영하고 수학의 핵심적 아이디어를 중심으로 학문수학과 학교수학의 격차를 줄이고자 하였다. 그러나 오히려 새수학 운동의 흐름은 학생들의 학력 저하를 초래하고 있다는 비판이 대두되었고 1970년경 '기본으로 돌아가자(Back-to-Basics)'는 주장이 제기되었다. 반면에 기본으로 돌아가자는 운동에서 중점으로 했던 기본은 협소한 일부 연산 기능을 강조함으로써 학생들에게 문제해결이나 추론할 기회를 거의 주지 못하였을 뿐만 아니라 기본적인 기능도 신장되지 않는다는 비판이 제기되었다. 학교수학의 강조점을 주로 기본 계산 기능의 측면에 강조점을 두고 있었다면, 이에 대하여 비판으로 제기된 것이 '문제해결 교육'이다.

1980년대 문제해결의 강조는 학교수학은 무엇을 왜 가르쳐야 하는지에 대한 견해를 드러내고 있다. 학교수학에서 가르쳐야 할 것은 기본 계산 기능 이상의 것이어야 하며 문제해결을 전면에 주장하고 있다.

미국수학교사협의회 NCTM(2000)의 『*Principles and Standards for School Mathematics*』는 수학적 과정 규준으로서 문제해결, 추론과 증명, 의사소통, 연결성, 표현을 설정하였다. 문제해결은 다음을 추구한다고 밝히고, 수학학습에서 핵심이라고 강조하였다.

- 문제해결을 통하여 새로운 수학적 지식을 만들 수 있다.
- 수학이나 다른 그 밖의 상황에서 나타나는 문제를 해결할 수 있다.
- 문제를 해결하기 위하여 여러 가지 적절한 전략을 적용하고 채택할 수 있다.
- 수학적 문제해결 과정을 점검하고 반성할 수 있다. (NCTM, 2000)

학교수학에서 문제해결은 모든 학생을 위한 것으로서, 모든 학생이 문제에 몰두하고 문제해결 할 수 있어야 한다. 수학적인 아이디어를 학습하고 적용할 기회를 제공하기 위하여 문제해결은 수학과 교육과정 전반에 걸쳐서 다루어져야 한다. 문제해결은 수학 학습의 목표이면서 동시에 수학 학습의 주요한 수단이 될 수 있다. 추론, 의사소통, 연결성, 표현 등과 같은 다른 수학적 과정과 유기적으로 관련되어서 수학적 과정을 가능하게 하는 수단이 되기도 한다. 수학의 힘과 유용성을 경험할 수 있으며 탐구와 응용에서도 중요하다. 학생들이 폭넓은 문제를 경험하고 다양한 전략을 활용할 기회를 갖을 수 있도록 해야 한다.(NCTM, 2000, 류희찬 외(역), 2007)

〈문제해결 수업에서 나타나는 세 가지 접근 〉
- 문제해결에 대한 수업(teaching about problem solving)
- 문제해결을 위한 수업(teaching for problem solving)
- 문제해결을 통한 수업(teaching via problem solving)

(Schroeder & Lester, 1989)

Schroeder & Lester(1989)는 학교수학에서 문제해결을 추구하는 의의에 차이가 있다고 밝히고 다음과 같이 비교하고 있다.

첫째로, 주어진 문제를 해결하기 위한 전략에 중점을 두는 '문제해결에 대한 수업(teaching about problem solving)'이라는 접근이다. 교사는 문제해결의 과정에서 제시된 폴리아의 4단계에 초점을 맞추고 문제 이해, 계획, 실행, 반성을 중심으로 이 단계들을 직접 지도하고자 한다. 문제해결자가 문제를 해결할 때 이 단계를 활용하도록 하고 지도하고 규칙

찾기, 표만들기, 단순화하기 등과 같은 문제해결 방법을 지도하기도 한다. 문제해결 과정의 단계를 따라 문제해결 방법을 학습하는 데에 중점을 둔다.

둘째로, 수학을 학습하기 위한 본질적인 목적을 수학 지식을 활용하는 것에 두는 것으로서 정형 문제나 비정형 문제에서 적용하는 것에 중점을 두는 '문제해결을 위한 수업(teaching for problem solving)'이다. 학습할 수학적 개념과 구조의 많은 예를 제공하여 문제해결에 수학을 적용하게 하는 것이다. 하나의 문제 상황에서 다른 문제 상황으로 학습한 것을 전이하는 능력에 중점을 갖는다. 예를 들어 계산 기능이나 알고리즘을 학습하거나 해결 방법을 제시하고 그 다음 유사 문제를 풀어간다.

셋째로, '문제해결을 통한 수업(teaching via problem solving)'은 Schroeder & Lester(1989)가 수학적 문제해결에서 강화되어야 할 것으로서 제시하고 있다. 문제란 수학 학습을 위한 목적이며 동시에 수학을 행하는 수단이다. 구체화된 문제 상황을 제시하여 새로운 개념을 획득하는 연결 과정으로 문제를 해결하는 것이다. 수학적 관계를 조사하거나 더 깊은 수학적 아이디어를 조사하기 위하여 문제를 사용할 수 있다.

하나의 수업에서 세 가지 접근은 서로 혼재하지만, 지금까지 학교수학은 '문제해결에 대한 수업'이나 '문제해결을 위한 수업'에 집중하였다고 지적한다. 수학적 이해를 강조하기 위해서 '문제해결을 통한 수업'을 강화할 필요하다고 덧붙이고 있다. '문제해결을 통한 수업'에서 교사의 역할은 수학적 탐구 과정에 학생들을 참여시킴으로써 수학적 아이디어와 절차들에 대한 이해를 학생이 구성하도록 도와주는 것이라고 강조한다. 교사는 지식을 분배하는 자가 아니라, 안내자로서 그리고 공동의 문제해결자로서 역할해야한다고 말한다. 문제해결 수업의 초점은 지금까지의 문제해결 방법의 학습이나 지식의 응용이라는 접근에서 문제해결 과정에서 수학적 개념을 행하는 수업을 추구하고 있다.

토의문제 1

수학적 문제해결 수업을 보는 세 가지 관점 '문제해결에 대한 수업(teaching about problem solving)', '문제해결을 위한 수업(teaching for problem solving)', '문제해결을 통한 수업(teaching via problem solving)'에 대하여 자신의 입장을 이야기해 보시오.

02 수학과 교육과정에 제시된 수학적 문제해결

2.1. 수학과 교육과정에 따른 문제해결의 변화

우리나라 수학과 교육과정에서 문제해결이 명시적으로 나타난 것은 제4차 교육과정부터이다. 제4차 수학과(산수과) 교육과정의 교과목표에서 '일상생활의 여러 가지 문제를 합리적으로 해결할 수 있는 능력과 태도를 기른다'고 밝혔다. 제4차 수학과(산수과) 교육과정에 따른 교과서는 '여러 가지 문제' 단원을 추가하고 문제해결을 드러내고자 하였다. 여러 가지 문제 단원은 한 학기동안 다루었던 단원들을 총정리하면서 학습 내용을 응용한다는 취지에서 구성되었다. 제5차 수학과(산수과) 교육과정은 문제해결을 목표의 수준만이 아니라 수업에서 지도하는 방법과 평가에 대하여 구체적으로 밝히고 있다. '지도 및 평가상의 유의점' 항목에서 문제해결을 구체적으로 언급하였다. '지도' 항목에서 '다양한 전략을 학생 스스로 세우고 전 영역에서 제시되는 여러 형태의 문제에서 지도되어야 한다'고 하였고, '평가' 항목에서 '문제해결력에 대한 평가는 결과뿐만 아니라 문제의 이해 능력과 문제를 해결하기 위한 사고 능력을 교사와 학생 간의 질의 응답, 면담, 관찰 등의 다양한 방법을 통하여 평가될 수 있도록 하여야 한다'고 명시하였다.

제6차 수학과 교육과정은 '관계' 영역에 문제해결을 포함하고, '식만들기', '단순화하기' 등의 문제해결 방법을 학년별 내용에 추가하고, 수학 교과서는 '여러 가지 문제' 단원을 확대하여 각 학년별 두 단원으로 설정하였다. 한 단원은 문제해결 방법을 중심으로 구성하고 다른 한 단원은 사고력 및 응용문제 중심으로 구성하였다. 제7차 수학과 교육과정은 관계 영역을 '확률과 통계', '문자와 식', '규칙성과 함수' 영역으로 세분하였고, 문제해결을 '문자와 식' 영역에 포함하였다. '실제로 해보기', '그림그리기', '식만들기', '규칙찾기', '거꾸로 풀기', '표만들기', '예상과 확인', '단순화하기', '논리적 추론' 등의 여러 가지 문제해결 방법을 밝혔다. '문제에서 필요 없는 정보나 부족한 정보 찾기', '문제해결의 타당성 검토하기', '문제의 조건을 바꾸어 새로운 문제 만들기' 등의 문제해결 활동을 추가하였다.

2007 개정 수학과 교육과정에서는 '문자와 식' 영역과 '규칙성과 함수' 영역을 묶어 '규칙성과 문제해결' 영역으로 편성하고, 문제해결은 '규칙성과 문제해결' 영역에 포함되었다. 문제해결을 전 영역에서 지도하고 문제해결 방법과 과정이나 문제를 만들

어 보는 활동도 중시해야 한다고 밝히고 있다. '수학적 과정'으로서 수학적 추론, 수학적 문제해결, 수학적 의사소통을 강조하고, 문제해결은 하나의 내용 영역에 속하는 것으로서가 아니라 전 영역으로 확대한다는 점에서 모든 내용 영역에서 문제해결을 다루고 영역명에서 삭제되었다.

2015 개정 수학과 교육과정에서는 6개의 교과역량을 설정하고 그 중 하나로서 문제해결을 강조하고 있다. 교과역량으로서 문제해결은 '해결 방법을 알고 있지 않은 문제 상황에서 수학의 지식과 기능을 활용하여 해결 전략을 탐색하고 최적의 해결 방안을 선택하여 주어진 문제를 해결하는 능력'이라고 제시하고 있다. 2022 개정 수학과 교육과정에서는 5개의 교과역량을 설정하였고, 그 중 문제해결 역량을 강조하고 있다. 수학과 목표에서 '수학적 지식을 이해하고 활용하여 적극적이고 자신감 있게 여러 가지 문제를 해결한다'고 제시하였고, 내용 체계 및 성취 기준에서도 학습 내용과 연계하여 표현하고 있다. 우리나라 수학과 교육과정의 흐름을 따라 살펴본 바와 같이, 문제해결을 주요 목표로서 설정하고 수학과 교육 내용, 교수 방법 및 평가의 측면에서 구체적인 방안을 모색하고 있다.

2.2. 수학 교과역량으로서 문제해결

다음은 2022 개정 수학과 교육과정에서 수학 교과역량으로서 문제해결을 전 영역에서 강조하고자 성취 기준에 제시된 내용이다. 학년군별 4개 영역에서 '성취기준 적용 시 고려 사항'의 항목에 문제해결을 명시하고 있다. 〈표 7-1〉은 성취기준 적용시 고려 사항에서 수와 연산 영역에 제시된 수학적 문제해결을 발췌한 것이다. '수와 연산' 영역뿐만 아니라 '변화와 관계' 영역, '도형과 측정' 영역, '자료와 가능성' 영역에서도 이와 유사하게 제시하고 있다.

〈표 7-1〉 '성취기준 적용 시 고려 사항'에 제시된 수학적 문제해결

영역	성취기준 적용 시 고려 사항
수와 연산	[1-2학년군] '수와 연산' 영역의 문제 상황에 적합한 문제해결 전략을 지도하여 문제해결 역량을 기르게 한다. [3-4학년군] '수와 연산' 영역의 문제 상황에 적합한 문제해결 전략을 지도하고, 문제해결 과정을 설명하게 하여 문제해결 역량을 기르게 한다. [5-6학년군] '수와 연산' 영역의 문제 상황에서 문제해결 전략 비교하기, 주어진 문제에서 필요 없는 정보나 부족한 정보 찾기, 조건을 바꾸어 새로운 문제 만들기, 문제해결 과정의 타당성 검토하기 등을 통하여 문제해결 역량을 기르게 한다.

2022 개정 수학과 교육과정에서 문제해결 역량의 함양을 위하여 교수 · 학습 방법을 제시하고 평가 방법의 고려 사항을 명시하고 있다. 다음은 문제해결 역량 함양을 위한 교수 · 학습 방법과 문제해결 평가에서 고려 사항이다.

교수·학습 방법	평가 방법
① 다음과 같은 교수·학습 방법을 통해 문제해결 역량을 함양하게 한다. ㉠ 수학의 개념, 원리, 법칙을 이용하여 해결 가능한 문제를 학생에게 제시한다. 이때 다양한 방법으로 해결 가능한 문제, 여러 가지 해답이 나올 수 있는 문제 등을 활용할 수 있다. ㉡ 문제에 주어진 조건과 정보를 분석하고 적절한 문제해결 계획을 수립하고 실행하며 문제해결 과정을 반성하도록 구체적인 발문과 권고를 제시한다. ㉢ 문제해결 과정 및 결과의 의미를 재해석하여 주어진 문제를 변형하거나 새로운 문제를 만들어 해결하게 한다. ㉣ 성공적인 문제해결 경험을 바탕으로 적극적이고 자신감 있게 문제해결에 참여하게 하고, 단번에 답이 나오지 않는 문제라도 끈기 있게 도전하여 성취감을 느끼게 한다. (교육부, 2022, p. 44)	(나) 수학 교과 역량을 평가할 때는 다음 사항을 고려한다. ① 문제해결 역량의 평가는 수학의 개념, 원리, 법칙을 문제 상황에 적절히 활용하는지, 주어진 조건과 정보를 분석하고 적절한 해결 전략을 탐색하여 해결하는지, 문제해결 과정을 돌아보며 절차에 따라 타당하게 결과를 얻어내고 이를 반성하는지, 적극적이고 자신감 있게 문제해결에 참여하는지, 적절한 방법을 찾기 위해 끈기 있게 도전하는지 등을 고려한다. (교육부, 2022, p48)

토의문제 2

- 우리나라 수학과 교육과정의 변화에 따른 수학 교과서에서 문제해결의 강조점이 어떻게 나타나고 있는지 그 예들을 찾아서 비교해 보시오.
- 2022 개정 수학과 교육과정에서 성취기준에 제시된 수학적 문제해결의 방향이 수학 교과서에서 어떻게 나타나고 있는지 구체적인 예를 찾아 자신의 생각을 밝혀보시오.

03 수학적 문제해결의 과정

> 수학적 문제해결의 사고 과정을 '문제 이해, 계획 수립, 계획 실행, 반성'이라는 4단계로 나눈다(Polya, 1945).

George Polya(1887~1985)는 수학적 발견의 교육적 가치를 강조하였고, 1945년 『어떻게 풀 것인가(*How to solve it*)』이라는 작은 책을 자신의 문제해결과 교수 경험을 기반으로 출간하였다. 소책자로 구성되었지만 이후 문제해결 교육에서 널리 회자되는 중요한 문헌이다. 훌륭한 교육이란 학생에게 발견의 기회를 제공하는 것이라고 밝히고, 수학적인 발견이 어떻게 이루어지고 문제는 어떻게 해결되는가에 대하여 연구하였다. 각 단계에서 효과적인 사고를 위한 발문과 권고를 제시하고 있다.

문제 이해 Understanding the problem	➡	계획 수립 Devising a plan	➡	계획 실행 Carrying out the plan	➡	반성 Looking back

3.1. 문제 이해

문제 이해 단계는 문제에서 무엇을 묻고 있는지, 나타난 조건이 무엇인지, 조건 사이에는 어떤 관계가 있는지 등을 파악한다. 문제해결의 욕구를 가져야 하며 문제의 언어적인 진술을 이해하고 여러 측면에서 살펴보아야 한다. 다음은 문제 이해 단계에서 유용한 발문이다.

- 미지인 것은 무엇인가? 자료는 무엇인가? 조건은 무엇인가?
- 조건은 만족될 수 있는가? 조건은 미지의 것을 결정하기에 충분한가? 또는 불충분한가? 또는 과다한가? 또는 모순되는가?
- 그림을 그려 보시오. 적절한 기호를 붙이시오.
- 조건을 여러 부분으로 분해하라. 그것을 써서 나타낼 수 있는가?

(Polya, 1971, 우정호(역), 2002)

3.2. 계획 수립

계획 수립 단계는 문제를 해결할 수 있는 방법을 생각하는 단계이다. 문제해결 방법은 점진적으로 떠오르기도 하고 시행착오나 실패에 머물다가 갑작스럽게 떠오르기도 한다. 주어진 것과 구하려는 것 사이의 관련성을 찾기 어렵다면 관련된 보조 문제를 연계하거나 여러 개념을 활성화시킬 수 있도록 변형해 볼 수 있다. 다음은 계획 수립 단계에서 유용한 발문이다.

- 전에 그러한 문제를 본 적이 있는가? 약간 다른 형태로 된 유사한 문제를 본 적이 있는가?

- 관련된 문제를 알고 있는가? 유용하게 쓸 수 있는 듯한 어떤 정리를 알고 있는가?
- 미지인 것을 살펴보시오. 친숙한 문제 중에서 미지인 것이 같거나 유사한 문제를 생각해 보시오.
- 관련된 문제를 풀어본 적이 있다면, 그것을 활용할 수 있는가? 그 결과를 활용할 수 있는가? 그 방법을 활용할 수 있는가? 어떤 보조 요소를 도입하면 그것을 활용할 수 있겠는가?
- 문제를 다르게 진술할 수 있는가? 좀 더 다르게 진술할 수 있는가? 정의로 다시 돌아가 보시오.
- 이 문제를 풀 수 없다면 먼저 이 문제와 관련된 문제를 풀어보시오. 보다 접근하기 쉬운 관련 문제를 생각해 낼 수 있는가? 보다 일반적인 문제가 있는가? 보다 특수한 문제가 있는가? 유사한 문제가 있는가? 문제를 부분적으로 풀 수 있는가?
- 문제 조건 가운데 일부분만 남기고 다른 것을 버려보아라. 그렇게 한다면 미지의 것이 어느 정도 정해지는가? 자료로부터 무언가 유용한 것을 이끌어낼 수 있는가? 미지의 것을 결정하는 데 적절한 다른 자료를 생각해 볼 수 있는가? 새로운 미지의 것과 새로운 자료가 보다 더 가깝게 될 수 있도록, 새로운 미지의 것이나 자료 또는 필요하다면 둘 다를 변형할 수 있는가?
- 자료는 모두 다 사용했는가? 조건을 모두 사용했는가? 문제에 포함된 핵심적인 개념을 모두 고려했는가?

(Polya, 1971, 우정호(역), 2002)

3.3. 계획 실행

이전 계획 수립에서는 수학적 지식, 사고 습관, 목적을 향한 집중력이 요구된다. 계획 실행 단계에서는 세부 사항을 주의 깊게 살피고 인내심을 가져야 한다. 풀이의 각 단계가 옳다는 확신을 갖고 왜 그런지 질문하고 답해보도록 한다. 수립한 계획이 실행되지 않을 때에는 계획을 수정하여 실행해야 한다. 다음은 계획 실행 단계에서 유용한 발문이다.

- 문제해결 계획을 실행하고 각 단계를 점검하여라. 각 단계가 올바른지 명확하게

알 수 있는가? 그것이 옳다는 것을 증명할 수 있는가?

(Polya, 1971, 우정호(역), 2002)

3.4. 반성

문제해결의 반성 단계는 해결한 결과와 그 해결 과정을 검토한다. 뿐만 아니라 자신의 풀이가 최선의 과정이었는지 또 다른 풀이 방법이 없는가를 반성한다. 문제해결이란 답을 구하는 것 이후의 반성의 단계를 통하여 문제를 확장하고 수학적 사고력을 향상시킨다. 주어진 문제, 자신이 해결한 답, 자신의 해결 과정, 자신의 사고 과정 등에 대하여 검토하고 반성하는 단계이다. 다음은 반성 단계에서 유용한 발문이다.

- 결과를 점검할 수 있는가? 논증 과정을 점검할 수 있는가?
- 결과를 다른 방법으로 이끌어 낼 수 있는가? 그것을 한 눈에 할 수 있는가?
- 결과나 방법을 어떤 다른 문제에 활용할 수 있는가?

(Polya, 1971, 우정호(역), 2002)

Polya의 문제해결 4단계는 문제해결을 하나의 과정으로 볼 수 있게 해 준다. 그러나 문제해결의 각 단계는 필수적으로 모든 단계를 순서를 따라 실행해야만 하는 것은 아니다. 문제를 이해하다가 계획을 수립하기도 하고 문제를 이해하는 것만으로 해를 얻기도 한다. 문제해결 과정의 각 단계를 이용하려면 특별한 방법이 필요하고 폴리아 자신도 문제해결을 위한 많은 방법을 제시하고 있다. 문제해결과정 4단계는 문제를 어떻게 해결하는지에 대한 일반적인 큰 그림을 제공해 주는 것이라면 학생들이 문제해결 과정에서 전진하려면 구체적인 문제해결 방법이 필요하다.(Reys et al., 2015, 박성선 외, 2017)

토의문제 3

- Polya가 문제해결과정 4단계에서 제시한 발문이나 권고를 참고하여, 문제해결과정에서 발문을 만들어 보시오.

[문제] 다음은 디오판토스 묘비 문제로 잘 알려져 있는 문제이다.

디오판토스는 그 생애의 $\frac{1}{6}$은 소년이었고, 그 후 $\frac{1}{12}$이 지나서 수염이 나기 시작하였다. 다시 $\frac{1}{7}$이 지나서 결혼하였다. 그가 결혼한 5년 뒤에 아들이 태어났으나 그 아들은 아버지의 반 밖에 살지 못하였다. 아들이 죽은 지 4년 후 그도 죽었다. 디오판토스의 일생은 몇 년을 산 것인지 구하시오.

① 문제 이해 단계에서 발문을 만들어 보시오.
② 계획 수립 단계에서 발문을 만들어 보시오.
③ 계획 실행 단계에서 발문을 만들어 보시오.
④ 반성 단계에서 발문을 만들어 보시오.

04 수학적 문제해결의 방법

문제해결에서 필요한 개념이나 지식이 있더라도 문제를 해결하려면 주어진 문제의 조건과 연결하고 문제해결의 단서를 찾아야 하고 이를 문제해결의 방법이라고 할 수 있다. 하나의 문제에 대하여 여러 가지 다른 방법으로 접근할 수 있고 하나의 문제를 해결하는 데에 여러 가지 문제해결 방법을 활용할 수도 있다. 문제해결 방법은 다양하게 제시되어 왔으나 이 절에서는 수학과 교육과정에서 주로 다루는 문제해결 방법을 중심으로 실제로 해보기, 그림 그리기, 규칙 찾기, 표 만들기, 식 만들기, 단순화하기, 거꾸로 풀기, 예상과 확인 등의 문제해결 방법을 살펴보기로 한다.

4.1. 실제로 해보기

실제로 해보기 방법은 대상을 직접 사용하거나 모델이나 구체물로 바꾸어 실행해 보는 것이다. 문제를 시각화할 수 있도록 도와주며, 추상적인 문제를 구체화하는 데 도움이 된다. 문제에 제시된 행동을 직접 수행하거나 대상을 조작해 보면서 직접 답을 얻거나 다른 전략을 유도할 수 있게 한다.

▷ 문제 수현이네 반 20명이 한 줄로 둥글게 있다. 수현이부터 한 바퀴를 돌면서 번호를 붙이면서 홀수 번호이면 서 있고 짝수 번호이면 앉는다. 한 바퀴를 돌고 나면 수현이네 20명 중 몇 명이 서 있게 되었는가?

▶ 풀이 이 문제는 앉고 서는 행동을 하면 1, 3, 5, ……, 19번은 서있게 된다. 홀수 번호는 10명이고 10명이 서있다. 이 문제는 실제로 해보기를 하면서 홀수 번호의 친구들을 시각적으로 나타나고 그 명수를 파악할 수 있다. 홀수와 짝수의 개념과 연계하면서 1~20까지의 수 중에서 홀수를 알고 10개임을 알 수 있다.

문제가 복잡하고 어려워지면 실제로 해보기 방법은 비현실적인 것이 될 수 있다. 문제가 복잡해지는 경우는 문제를 간단하게 바꾸어 실제로 해보기 방법을 활용하거나 실제로 해본다면 어떻게 될지 생각하면서 기록해 볼 수 있다. 실제로 해보기 전략을 지도할 때에는 문제에서 제시한 실제 구체물을 반드시 사용할 필요가 없다는 점을 강조하고 쉽게 대체할 물건을 활용하게 한다. 예를 들어 동전 문제가 제시되었다고 반드시 실제 동전을 활용하는 것이 아니라 그 동전과 같은 표시하여 물건을 활용할 수 있다.

> 실제로 해보기 방법을 활용할 때 중요한 점은 학생들의 문제해결 초점이 물건이 아니라 학생의 실행에 있어야 한다.

4.2. 그림 그리기

그림 그리기 방법은 자료나 조건이 복잡할 때 그림으로 나타내어 정보를 분명하게 함으로써 정보 사이의 관계를 드러낸다. 문제가 간단한 경우에는 머릿속에서 떠올리고 처리하는 것이 가능하지만 문제가 복잡한 경우에는 여러 관계를 동시에 고려하고 결합하는 것은 쉽지 않다. 그림으로 나타내면 세부 사항을 검토하거나 관계를 통찰하는 데에 도움을 주고 기억하기도 쉽다.

▷ 문제 음악회에서 3학년 학생들의 의자를 놓아야 한다. 7줄을 놓아야 하고 각 줄은 중앙 통로를 비우고 20개를 놓아야 한다. 의자는 몇 개가 필요한지 구하시오.

▶ 풀이 아래 그림은 학생들이 위 상황을 나타낸 그림이다.

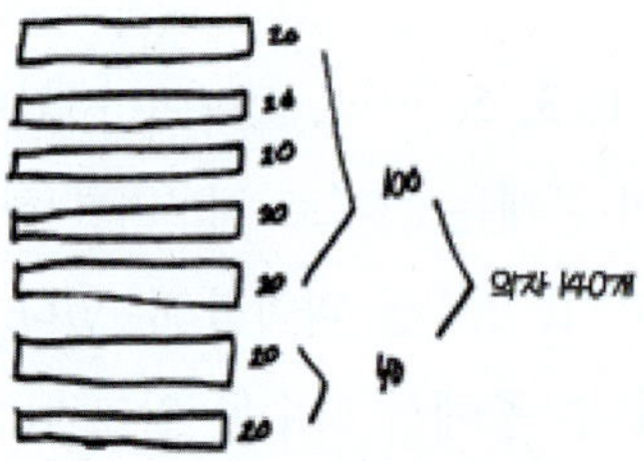

자스민의 그림

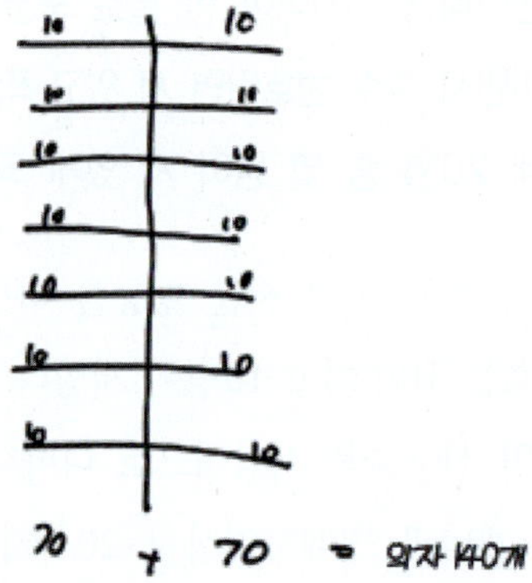

10씩 묶은 아만다의 표현

(NCTM, 2014, 김상미 외, 2024, pp 48-49)

그림 그리기 방법은 주어진 조건들의 관계가 잘 드러나도록 그림을 그리는 것이 문제해결에서 유용하다. 그림 그리기 전략을 지도할 때에 상황을 자세하게 그릴 필요가 없으며 문제를 표현하는 데 필수적인 것을 그리도록 한다. 예를 들어 의자를 배열하는 문제를 그림 그리기 방법으로 해결할 때, 의자를 단순한 사각형이나 원으로 그리고 그 밖의 것은 자세히 그릴 필요가 없다. 그림 그리기 방법에서도 문제해결에 필요한 정보만을 그림에 나타내도록 하거나 그림을 제시함으로써 문제해결의 기초 자료로 활용하도록 도와줄 수 있다.

4.3. 규칙 찾기

규칙 찾기 방법은 주어진 조건을 분석하여 규칙을 찾고 이 규칙을 이용하여 문제를 해결해 가는 전략이다. 규칙 찾기 방법은 주로 다른 방법과 병행하여 활용된다. 그림 그리기 방법이나 표 만들기 방법을 활용하여 규칙을 찾기도 하고 규칙을 찾아 식을 만들면서 보조적으로 활용되기도 한다.

문제 아래 그림과 같이 바둑돌을 계속 놓아간다면 열 번째에는 몇 개가 될까?

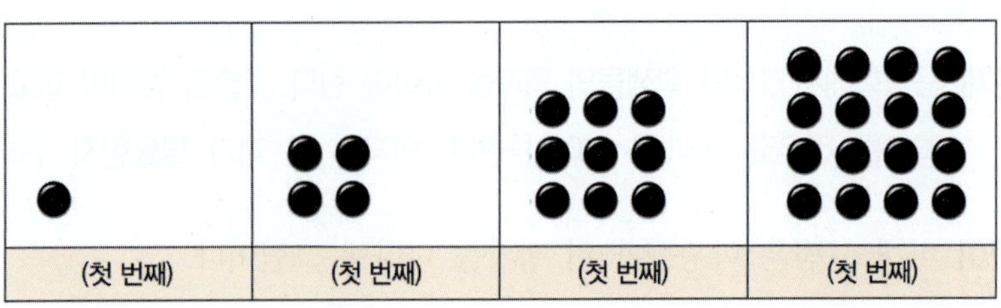

풀이 바독돌을 놓은 규칙을 보면 두 번째는 가로로 2개와 세로로 2개이다. 세 번째에는 가로로 3개와 세로로 3개이다. 네 번째에는 가로로 4개와 세로로 4개이다. 이 규칙대로 놓아간다면 10번째는 가로로 10개이고 세로로 10개이다. 따라서 열 번째 바독돌은 $10 \times 10 = 100$(개)이다. 또는 계속 홀수개씩 늘어가는 규칙을 찾았다면 홀수의 합을 구하는 식으로 해결할 수 있다. 첫 번째에는 1, 두 번째에는 $1+3$, 세 번째에는 $1+3+5$, 네 번째에는 $1+3+5+7$이다. 홀수의 합 규칙이므로 열 번째에는 $1+3+5+7+9+\cdots+17+19$이다. 1과 19의 합은 20이고, 3과 17의 합도 20이므로 20씩 5쌍이므로 바둑돌은 100개이다.

위의 [풀이]에서 보는 바와 같이, 그림 그리기 방법에서 증가하는 규칙을 찾을 수도 있고, 식 만들기 방법으로 홀수의 합으로 증가한다는 규칙을 찾을 수도 있다. 또는 표를 그려서 증가하는 규칙을 찾고 그 합을 구할 수 있다. 규칙 찾기 방법을 지도할 때에는 학생들이 적극적으로 여러 가지 방법을 활용할 수 있게 도와야 한다.

4.4. 표 만들기

표 만들기 방법은 많은 양의 정보를 체계적으로 조직하는 데 효과적이다. 문제해결 과정에서 문제를 구조화하거나 답을 직접 구할 수 있다. 표를 만들 때 기록해 가면서 동일한 계산을 반복하지 않을 수 있고 빠뜨리지 않고 모든 경우를 고려할 수 있다.

문제 지갑에 동전 2500원이 있다. 50원짜리, 100원짜리 500원짜리 동전으로 모두 12개이다. 동전은 각각 몇 개인지 구하시오.

풀이 조건에 맞는 표를 어떻게 그릴지 설정해야 한다. 표를 만들 때에는 어떤 항목을 중심으로 만들지 설정하는 것이 중요하다. 총액 2500원을 중심으로 동전 12개를 찾아간다면 먼저 어떤 동전을 중심으로 동전 개수를 늘려 갈 것인지 또는 줄여 갈 것인지를 정하여 표를 만들어 간다.

500원짜리 동전의 개수	100원짜리 동전의 개수	50원짜리 동전의 개수	총액	총 동전 개수
5	0	0	2500	5
4	4	2	2500	10
4	3	4	2500	11
4	2	6	2500	12
4	1	8	2500	13

> 표 만들기 방법을 지도할 때에는 학생들이 주어진 조건이나 자료를 정보를 어떤 표로 정리할 것인지 설정해 보게 한다.

어떤 형태의 표를 만들 것인지 또는 열과 행에 어떤 자료를 넣을 것인지 등의 표를 구성하는 방법을 학생 스스로 결정하는 기회를 제공해야 한다.

4.5. 식 만들기

수학적 문제해결에서 식 만들기 방법은 일반적으로 사용해 왔던 방법이다. 주어진 문제 장면이나 수량적 관계를 찾아 등식이나 부등식으로 나타내면 관계를 일반화하기에 수월하고 형식적인 처리도 간단해진다.

문제 아래와 같은 그림에서 도형의 넓이를 구하여라.

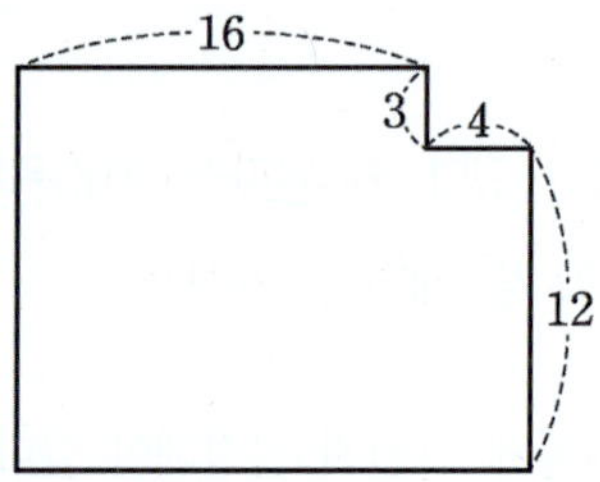

풀이 위의 도형의 넓이를 다음과 같이 서로 다른 식을 세워서 풀 수 있다.

- $12\times4+16\times(3+12)=288$
- $16\times3+12\times(4+16)=288$
- $12\times4+16\times3+12\times16=288$

• $20 \times 15 - 4 \times 3 = 288$ (정동권 외, 2010, p. 216)

식 만들기 방법을 지도할 때에는 최종 결과가 같더라도 식은 다를 수 있다는 점을 강조하고, 문제해결의 최종 결과에만 집중하지 않고 식 자체에도 관심을 갖도록 한다.

복잡한 도형의 넓이를 단순한 다각형으로 분할하여 구할 때 분할 방법에 따라 여러 가지 식을 만들어 해결할 수 있다. 같은 답을 구했다고 하더라도 식을 살펴보면 도형을 분할하는 방식의 차이가 있다. 식 만들기 방법으로 문제를 해결할 때에 만들어낸 여러 가지 식은 다른 관점에서 해석할 수 있고 새로운 문제해결의 방법으로 활용할 수 있다.

4.6. 단순화하기

단순화하기 방법은 큰 수나 복잡한 규칙을 단순화한 문제로 바꾸어 해결하면서 통찰이나 이해를 얻은 다음 다시 원래의 복잡한 문제를 해결할 수 있게 된다. 주어진 문제에서 수가 크거나 구조가 복잡할 때 친숙한 수나 단순한 구조로 단순화한 문제로 바꾸어서 해결하고 해결한 방법을 다시 원래의 복잡한 문제를 해결하게 된다.

문제 한 변이 200m인 정사각형 모양으로 된 학교 둘레에 5m 간격으로 나무를 심으려고 한다. 정사각형의 각 꼭지점에는 나무를 심는다. 나무 몇 그루가 있어야 하는가?

풀이 한 변이 200m인 정사각형을 한 변이 20m인 정사각형으로 단순화하여 문제를 해결해 본다. 한 변에 5m 간격으로 나무를 심는다면 한 변에 $20 \div 5 + 1 = 5$(그루)씩 심게 된다. 각 꼭지점은 중복되므로 $5 \times 4 - 4 = 20$(그루)이다. 이제 원래의 문제로 와서 한 변에 200m라면 한 변에 $200 \div 5 + 1 = 41$(그루)씩 심게 된다. 각 꼭지점은 중복되므로 $41 \times 4 - 4 = 200$(그루)이다.

규칙이 복잡하여 해결이 어렵다면 관계가 분명히 드러나게 단순화하거나 친숙한 수로 단순화하여 계산이 수월해지게 한다. 단순화하기 방법을 지도할 때에는 학생이 쉽게 이해할 수 있는 문제로 단순화할 수 있도록 한다. 이때 해결하여 할 원래의 문제는 복잡해 보이는 문제이므로, 단순화한 문제해결에서 멈추지 않고 다시 원래의 복잡한 문제해결을 적용하여야 한다.

4.7. 거꾸로 풀기

거꾸로 풀기 방법은 초기 조건이나 시작 상태를 구하는 경우에 유용하다. 결론에서 조건으로 거꾸로 생각하는 방법으로서 문제의 마지막 결과에서 처음의 조건을 구하는 문제라면 거꾸로 해결할 수 있다. 거꾸로 풀기 방법을 지도할 때에는 이 상황이 성립하려면 무엇이 성립하여야 하고 그 이전 단계에서 어떻게 될지 질문한다.

문제 계산기에서 [+][7]을 해야할 것을 잘못 눌러서 [×][7]을 하였더니 [5][6]이 나왔다. 바르게 계산기를 눌렀다면 얼마가 나오겠는가?

풀이 56은 ×7하여 나온 값이다. 이전의 수는 56÷7=8이다. 바른 계산은 +7을 하는 것이므로, 8+7=15이다. 계산기를 바르게 눌렀다면 15이다.

거꾸로 풀기 전략은 단지 순서를 뒤집어서 풀어가는 것만을 의미하는 것이 아니다. 고대 바빌로니아 시대에는 방정식을 가정법을 이용하여 해결하였고 고대 그리스 수학자들은 환원적인 분석을 통하여 상대적인 출발점을 찾거나 구체적인 문제에서 일반적인 문제로 나아가는 기회를 얻기도 하였다(정동권 외, 2009, p. 225).

4.8. 예상과 확인

예상과 확인 방법은 문제에 대하여 그럼직한 답을 미리 예상하고 그 답이 문제의 조건에 적절한지 확인하면서 문제해결의 단서를 구하는 방법이다. 문제에 직면했을 때 흔히 사용하고 있는 자연스러운 방법이다. 예상은 막연한 추측이 아니라 이전의 경험과 지식을 기초로 문제와 관련된 정보들을 조직적으로 예상하는 것이다. 빗나간 예상이라도 이전의 예상과 그 다음의 예상 결과를 비교하면서 문제해결의 단서를 얻을 수 있다.

문제 입장료가 어른 1000원, 어린이 800원이다. 정아네 가족은 모두 8명이 가서 입장료 7600원을 냈다. 어른과 어린이는 각각 몇 명인가?

풀이 어른과 어린이가 인원수가 같다고 예상하여 입장료를 구해보자.

- 어른 4명은 4000원, 어린이 4명은 3200원이고 입장료는 7200원이다.
- 입장료를 더 많이 냈으므로 어른의 인원수를 늘려본다. 어른 5명, 어린이 3명이라고 예상해 본다. 어른 5명은 5000원, 어린이 3명은 2400원이므로 입장료는 7400원이다.
- 입장료를 더 많이 냈으므로 어른의 인원수를 더 늘려본다. 어른 7명, 어린이 1명으로 예상해 본다. 어른 7명은 7000원, 어린이 1명 800원이므로 입장료는 7800원이다.
- 7800원은 지불한 입장료보다 더 많으므로 이제 어른의 수를 줄여본다. 어른 6명은 6000원, 어린이 2명은 1600원이므로 입장료는 7600원이다.
  따라서 어른은 6명이고 어린이는 2명이다.

예상과 확인 방법을 지도할 때에는 빗나간 예상을 반복하는 것은 두려워하지 않도록 격려해야 한다.

> 예상과 확인 방법을 지도할 때에는 빗나간 예상에서 답을 찾아가는 즐거움을 경험하고 그 다음의 예상이나 추측을 효율적으로 정교하게 하는 방법을 배울 수 있게 한다.

4.9. 여러 가지 문제해결 방법

문제 유형이나 문제해결자에 따라 우선적으로 활용하는 방법이 있을 수 있지만 특정 문제 유형에 따라 고정된 문제해결 방법이 있는 것은 아니다. 또한 하나의 문제를 해결하는 데에도 여러 가지 방법이 활용될 수 있고 문제해결자에 따라 설정하는 방법도 다양하다. 여러 가지 문제해결 방법을 지도하는 것은 특정한 문제해결 방법에 따라 문제 유형을 익숙하게 하려는 것이 아니라, 문제를 다양한 방법으로 해결하는 기회를 제공하려는 것이다.

아래 문제는 그림 그리기, 표 만들기, 예상과 확인, 식 만들기 등 여러 가지 문제해결 방법으로 해결한 풀이를 소개한다. 이때 식 만들기 방법에서 식을 풀어가는 것은 초등학교 교육과정의 학습내용을 넘어서지만 간결하게 표현하는 방법을 보이고자 제시하였다.

문제 농장에 소와 닭이 10마리 있다. 다리의 수를 세어보니 모두 24개이다. 소와 닭은 각각 몇 마리인가?

그림 그리기

농장에 있는 소와 닭의 다리를 /으로 표시하여 그림을 그릴 수 있다. 모두 10마리이므로 다리 20개에서 시작하여 그리고 소의 다리 2개씩 추가하면서 24개를 만들어 간다. 소가 2마리가 되면 다리의 수는 24개이다. 따라서 닭은 8마리이고 소는 2마리이다.

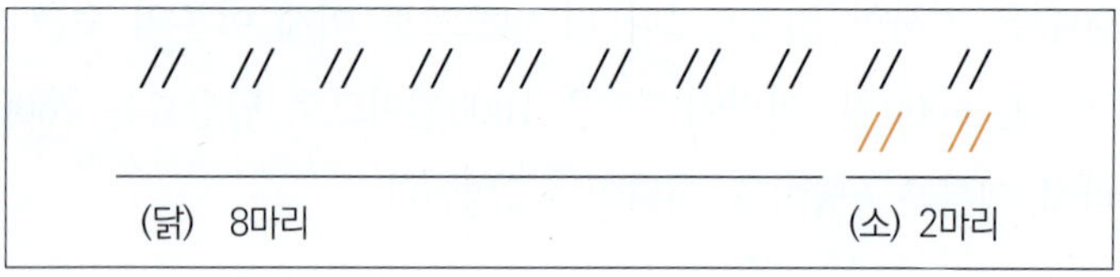

표 만들기

아래와 같이 소, 닭, 다리의 수를 나타내어 표를 만들 수 있다. 소의 수가 증가하면 총 다리의 수가 증가하므로 다리의 개수가 24개가 되는 칸을 찾아 구할 수 있다.

닭 (마리)	2	5	6	7	8
소 (마리)	8	5	4	3	2
다리의 개수	36	30	28	26	24

예상과 확인

소와 닭이 같다고 예상하면 소 5마리와 닭 5마리이고 다리의 수는 30개이다. 주어진 다리의 수 28개보다 크므로 소의 마리수를 줄여본다. 소 3마리라고 하면 닭은 7마리이다. 다리의 수는 12+14=26개가 된다. 소의 마리수를 더 줄여서 소를 2마리라고 하면 닭은 8마리이다. 다리의 수는 8+14=24개이다. 따라서 소는 2마리이고 닭은 8마리이다.

식 만들기

닭의 수를 □, 소의 수를 △라고 하자.

닭과 소의 합은 10이므로,

□ + △ = 10 … ①

다리의 개수 합은 24이므로,

$$2 \times \square + 4 \times \triangle = 24 \qquad \cdots ②$$

두 식 ①, ②에서

$$\square = 8,\ \triangle = 2$$

따라서 닭은 8마리이고 소는 2마리이다.

토의문제 4

이 장에서 제시되었던 문제 중 하나를 정하여 다른 문제해결 방법으로 해결하고 해결방법을 비교해 보시오. 초등학생이 그 문제를 해결한다면 어떤 문제해결 방법으로 해결할지 상상해보고 장점과 단점을 이야기해 보시오.

05 문제 만들기

문제 만들기는 주어진 문제를 변형하거나 새로운 문제를 만들면서 원래의 문제를 재해석하고 새로운 관점에서 문제를 해결하도록 제안하고 있다. 'Problem posing'(Brown & Walter, 1983, 1993), 'Problem formulation'(Kilpatrick, 1987)라고 알려져 왔으며, 우리나라에서 '문제 설정', '문제 제기', '문제 생성', '문제 형식화', '문제 만들기' 등으로 논의되어 왔다. 우리나라의 초등 수학과에서는 초등학생의 수준에 맞추어 '문제 만들기'로 사용하고 있다. Brown & Walter의 『The art of problem posing』(1983)으로 널리 회자되었고, 최근의 저서 『*Problem posing: Reflections and applications*』(1993)에서 세부적인 예시들을 찾을 수 있다.

문제해결을 주어진 문제나 문제 상황에서 시작하여 그 문제나 상황의 해결책을 찾아내는 일종의 예견된 틀 속에서 이루어지는 사고 행위라고 본다면, '문제만들기'는 사고의 주체가 현재 주어진 문제적 상황에 대하여 자의에 따라 모험적, 탐구적 또는 확산적 가정을 시도하여 새로운 문제나 문제적 상황을 발생시켜 이에 대한 해결을 시도하는 고등 사고활동이다. 이 과정은 전체적으로 문제 생성과 해결의 두 단계로 이루어져 문제해결의 의미를 기본적으로 포함하면서 문제해결의 교육적 의도를 심화 완성시키고자 하는 것이다.(백석윤, 2016, p. 156)

문제해결의 맥락에서 문제 만들기를 본다면, 주어진 문제를 해결하는 과정에서 문제 만들기를 통하여 주어진 문제를 새롭게 보고 그 해결을 촉진하는 역할을 한다. 주어진 문제해결를 해결한 이후에 문제 만들기를 실행하는 것은 새롭게 문제를 구성함으로써 문제와 문제해결을 다른 관점에서 볼 수 있게 한다. 문제 만들기는 문제해결의 전과 후 또는 그 과정에서 문제해결 과정의 메타인지적 사고를 촉구하고 있다.

Brown & Walter(1990)는 'What-if Not' 전략을 중심으로 다음과 같이 교수학습 과정을 제안하고 있다.

① 주어진 문제 상황에 대한 모든 요소를 파악한다.
② 'What-if Not' 전략을 활용할 문제 상황 요소를 설정한다.
③ 설정한 문제 상황 요소에 대하여 새로운 문제를 만든다.
④ 만든 문제를 해결한다.

문제 만들기 단계에서 'What-If-Not'(만약 ~이 아니라면) 전략을 활용하는 과정을 피보나치 수열을 예로 살펴보자.(고은성 외, 2017, pp. 198-199)

1, 1, 2, 3, 5, 8, 13, 21, 34, 55, 89, ⋯

[0단계] (출발점 선택하기)
[1단계] (속성 찾아 열거하기)
문제를 구성하고 있는 요소나 속성을 모두 열거해 본다.
- 시작하는 두 수는 같다.
- 처음 두 항으로 그 다음 항을 구한다.
- 덧셈 연산으로 다음 항을 구한다.

[2단계] (속성 부정하기)
전 단계에서 열거한 속성 중에서 하나를 택하고 '만약 ~이 아니라면' 의문을 가져본다.
- 만약 두 번째 속성이 아니라면 같은 수 1, 1이 아니라면,
- 처음 두 수를 다른 수 2, 1이라고 하자. 2, 1 두 항에서 시작하여 두 항의 합이 다음 항이 되도록 수열을 만들어 보자.

2, 1, 3, 4, 7, 11, 18, 29, 47, 76, 123, ⋯

[3단계] (문제 만들기)

전 단계의 의문을 기초로 새로운 질문이나 문제를 만든다.

- (변형한 수열에 대하여 질문을 제기한다) 피보나치 수열에서 성립되는 규칙들이 새로 만든 수열에서도 성립할까?
- 새로운 수열에서 연속된 항의 비에 대한 극한값은 어떤 값이 되는가?
- 새로운 수열에서 n항까지의 합은 어떤 값을 갖는가?

[4단계] (만든 문제를 분석하기)

전 단계의 새로 만든 질문 또는 문제를 분석하거나 해를 구한다.

- 원래의 피보나치 수열에서 연속된 항의 비에 황금비에 접근한다. 새로운 수열에서 연속된 항의 비는 황금비에 근접한다. 첫 번째 항과 두 번째 항을 다른 수로 바꾸어도 관계없이 황금비가 된다는 것을 알 수 있다.
- 새로운 수열에서

1항까지 합	2	2 (3항 3에서 1을 뺀 수)
2항까지의 합	2+1	3 (4항 4에서 1을 뺀 수)
3항까지의 합	2+1+3	6 (5항 7에서 1을 뺀 수)
4항까지의 합	2+1+3+4	10 (6항 11에서 1을 뺀 수)
5항까지의 합	2+1+3+4+7	17 (7항 18항에서 1을 뺀 수)
6항까지의 합	2+1+3+4+7+11	28 (8항 29항에서 1을 뺀 수)
7항까지의 합	2+1+3+4+7+11+18	46 (9항 47항에서 1을 뺀 수)
⋮		
n항까지의 합		$(n+2)$항의 수에서 1을 뺀 수

- 새로운 수열에서 n항까지의 합은 $(n+2)$항의 수에서 1을 뺀 수이다. 피보나치 수열에서도 n항까지의 합은 $(n+2)$항의 수에서 1을 뺀 수이다. 흥미롭게도 처음의 두 수를 다른 수로 바꾸어도 n항까지의 합에 있는 규칙은 유지된다.

참고문헌

고은성, 김상미, 김성준, 김수환, 유현주, 이동환, 이종영, 조영미 (2017). **초등수학 교과교육론**. 서울: 동명사.

교육부 (2015). **수학과 교육과정**. 교육부 고시 제2015-74호 [별책 8].

교육부 (2022). **수학과 교육과정**. 교육부 고시 제2022-33호 [별책 8].

백석윤 (2016). **수학 문제해결 교육**. 서울: 경문사.

정동권, 김수미, 김지원 (2010). **수학 문제해결 지도의 이해**. 서울: 학지사.

Brown, S. I., & Walter, M. I. (1983). *The art of problem posing*. Philadelphia, PA: Franklin Institute Press.

Brown, S. I., & Walter, M. I. (1993). *Problem posing: Reflections and applications*. Hillsdale, NJ: Lawrence Erlbaum Associates.

Charles, R., & Lester, F. K. (1982). *Teaching problem solving: What, why, and how*. Palo Alto, CA: Dale Seymour Publishing Co.

Charles, R., Lester, F., & O'Daffer P. (1987). *How to evaluate progress in problem solving*. 강완, 김진호, 신혜진(공역) (1997). **문제해결과정의 평가기법**. 서울: 동명사.

Kilpatrick, J. (1987). Problem fomulating: Where do good problems come from? In A. H. Schoenfeld (Ed.), *Cognitive science and mathematics education* (pp.123-147). Hillsdale, NJ: Lawrence Erlbaum Associates.

National Council of Teachers of Mathematics (1980). *An agenda for action: Recommendations for school mathematics of the 1980s*. Reston, VA: The National Council of Teachers of Mathematics.

National Council of Teachers of Mathematics (1989). *Curriculum and evaluation standards for school mathematics*. Reston, VA: The National Council of Teachers of Mathematics. 구광조, 오병승, 류희찬(공역) (1992). **수학교육과정과 평가의 새로운 방향**. 서울: 경문사.

National Council of Teachers of Mathematics (2000). *Principles and standards for school mathematics*. Reston, VA: The National Council of Teachers of Mathematics. 류희찬, 조완영, 이경화, 나귀수, 김남균, 방정숙(공역) (2007). **학교수학을 위한 원리와 규준**. 서울: 경문사.

National Council of Teachers of Mathematics (2014). *Principles to Actions: Ensuring Mathematical Success for All*. Reston, VA: The National Council of Teachers of

Mathematics. 김상미, 이지은, 박주경(공역) (2024). **모두가 성공하는 수학교실: 수학 수업의 원리와 실행**. 서울: 경문사.

Polya, G. (1971). *How to solve it: A new aspect of mathematical method* (2nd ed.). 우정호 (역) (2002). **어떻게 문제를 풀 것인가: 수학적 사고 방법**. 서울: 교우사.

Reys, R. E., Suydam, M. N., Lindquist, M. M., & Smith, N. L. (2015). *Helping children learn mathematics*, 11th edition. 박성선, 김민경, 방정숙, 권점례(공역) (2017). **초등 교사를 위한 수학과 교수법**. 서울: 경문사.

Silver, E. A., & Mamona, J. (1989). Stimulating problem posing in mathematics instruction through open problems and 'what-if-not', In G. W. Blume & M. K. Heid (Eds.), *Implementing new curriculum and evaluation standards* (pp. 1-7). University Park, PA: Pennsylvania Council of Teachers of Mathematics.

Schroeder. T. L., & Lester. F. K. (1989) Developing understanding in mathematics via problem solving. In P. R. Trafton & A. P. Shutle (Eds.), *New directions for elementary school mathematics: 1989 yearbook* (pp. 31-42). Reston, VA: The National Council of Teachers of Mathematics.

초 등
수 학
교 육 론

제 8 장

수학적 추론

수학에서 어떤 명제가 참이라는 것을 어떻게 주장할 수 있을까? 나는 수학자처럼 새로운 수학적 아이디어를 발견해낼 수 없을까? 어떤 수학적 명제 혹은 아이디어를 찾고 그것이 참임을 증명하는 것을 우리는 수학적 추론이라고 한다. 수학적 추론은 과거 문제해결의 하나로 간주되기도 하였으나 최근에는 문제해결과 분리하여 독립적인 수학 교과 역량으로 제시되고 있다. 실제로 미국수학교사협의회(National Council of Teachers of Mathematics: NCTM)에서는 2000년에 출간된 '학교 수학을 위한 원리 및 규준(『*Principles and Standards for School Mathematics*』)'에서 수학적 추론을 학생들이 수학을 학습하는 과정에서 반드시 경험해야 할 핵심 과정 규준 중 하나로 제시하였으며, 우리나라 2022 개정 수학과 교육과정 또한 수학 교과 역량 중 하나로 추론 역량을 강조하고 있다.

수학적 추론은 다양한 과제를 해결하는 과정에서 경험할 수 있다. 배열된 무늬나 수에서 규칙성을 발견하는 과제, 제시된 추측 혹은 논증의 참, 거짓을 판별하고 그 이유를 제시하는 과제, 직접 논증을 개발하는 과제, 추론의 오류를 수정하는 과제 등을 해결하는 과정에서 학생들은 추론을 경험하게 된다. 그렇기 때문에 교사는 학생이 수학적 추론을 경험할 수 있도록 다양한 과제와 활동을 설계하고, 모둠 구성과 분위기 조성 등을 통해 학생의 참여를 유도해야 한다.

이 장에서는 먼저 수학적 추론의 의미와 유형, 수학적 추론 과제의 유형과 특징, 수학적 추론 교육이 중요한 이유에 대해 논의하고, 해외 여러 나라의 교육과정에 반영된 수학적 추론을 살펴본다. 다음으로 우리나라 수학과 교육과정에서 수학적 추론이 어떻게 등장하고 발전되어 왔는지 살펴본 후, 교과서에 제시된 추론 과제를 분석한다. 마지막으로 수학적 추론 역량 함양을 위한 수업 환경 조성 방안을 안내하고자 한다.

01 수학적 추론의 중요성

1.1. 수학적 추론의 의미와 유형

수학적 추론(reasoning)이란 이미 알고 있는 어떤 사실 혹은 주어진 전제로부터 새로운 사실 혹은 결론을 이끌어내는 사고의 과정이다. 수학적 추론은 '자연수의 덧셈으로부터 소수의 덧셈 방법 추측하기'와 같이 수학을 학습하는 과정에서 필요로 하기도 하며, '평행사변형, 마름모, 직사각형, 정사각형 사이의 관계 찾기'와 같이 학습한 내용을 재정립하는 과정에서 필요로 하기도 한다. '1, 2, 3, 5, 8, …로 나열된 수에서 다음에 올 수는 무엇인지 찾아내기'와 같이 일반적인 수학적 지식을 적용하고 수학적 사고의 기회를 넓히는 데에도 적용된다. 말하자면, 수학적 추론은 수학을 학습하는 과정이자 수학을 학습하는 이유이기도 하다.

수학적 추론의 유형은 학자에 따라 저마다의 기준으로 다양하게 소개된다. 먼저, 수학적 추론의 유형 구분에 대한 오래된 관점은 수학적 추론을 크게 연역추론, 귀납추론, 유비추론으로 나누는 것이다. 이와 같은 유형의 분류는 참이라고 주장하는 명제가 어떻게 도출되었는지, 참이라고 증명된 명제의 엄밀성 수준에 비추어 나누어볼 수 있다. 연역추론은 정의, 공리, 정의 등을 이용하여 주어진 명제가 참임을 논리적으로 이끌어내는 증명을 의미한다. 주어진 명제가 참임을 논리적으로 이끌어낸다는 점에서 연역추론은 논증적 추론이라고도 불리며, 증명하려는 명제가 참임을 보장한다. 연역추론은 구체적 조작 없이 이루어진다는 점에서 피아제의 형식적 조작기에 이르러 가능한 것이기도 하다. 예를 들어, '이등변 삼각형의 두 밑각의 크기는 서로 같다'에 대한 연역추론이 중학교 수학에서 다음과 같이 제시된다.

〈표 8-1〉 '이등변삼각형의 두 밑각의 크기는 서로 같다.'에 대한 연역추론 사례

$\overline{AB}=\overline{AC}$인 $\triangle ABC$에서 $\angle A$의 이등분선과 밑변 BC의 교점을 D라고 하자. $\triangle ABD$와 $\triangle ACD$에서

$\overline{AB}=\overline{AC}$ (주어진 사실) …… ①

$\angle BAD = \angle CAD$ …… ②

$\overline{AD}$는 공통 …… ③

①, ②, ③에서 대응하는 두 변의 길이가 각각 같고, 그 끼인각의 크기가 같으므로, $\triangle ABD \equiv \triangle ACD$

따라서 $\angle B = \angle C$이다.

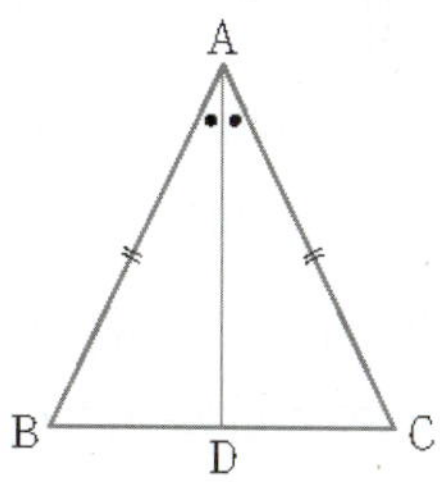

귀납추론은 관찰, 실험, 측정, 구체적 조작 등을 통하여 몇 가지 사례에 대해 어떤 명제가 참임을 보인 다음에, 이 사례들이 속한 전체 범주의 대상들에 대해 그 명제가 참임을 주장하는 것이다. 유비추론은 A라는 대상과 B라는 대상이 서로 유사할 때, A에서 성립하는 성질 P(A)와 유사한 성질 P(B)가 대상 B에서 성립할 것이라고 주장하

는 것이다(황혜정 외, 2023). 귀납추론과 유비추론은 증명하려는 명제가 참임을 보장하지 못하는데, 그로 인해 이들 두 가지 추론은 개연적 추론으로 나누어진다. 연역추론이 형식적 조작기에 이르러 가능한 것과 달리, 귀납추론은 구체적 조작 등을 이용하므로 구체적 조작기에서도 가능하다. 초등학생의 경우 대부분 구체적 조작기에 머문다는 점을 고려한다면, 초등수학에서는 주로 귀납추론이 수행된다(서동엽, 2003). 다음은 위에서 연역추론으로 증명한 명제 '이등변삼각형의 두 밑각의 크기는 서로 같다.'를 귀납추론으로 정당화하는 과정이다.

동일한 명제에 대해서도 각각 연역추론과 귀납추론을 이용하여 참임을 증명할 수 있다.

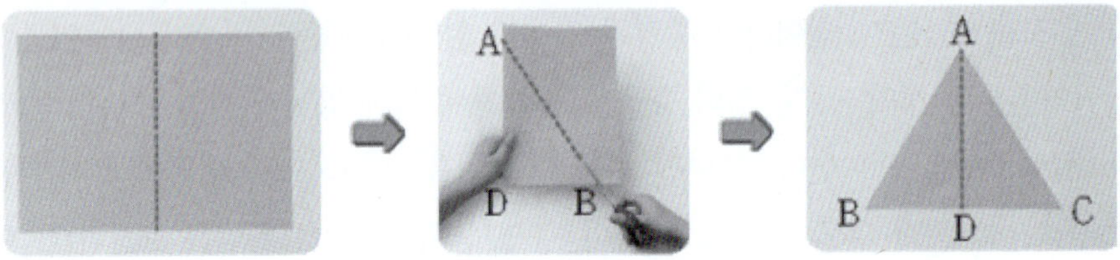

[그림 8-1] '이등변삼각형의 두 밑각의 크기는 서로 같다.'에 대한 귀납추론 사례

위와 같은 전통적인 방식의 수학적 추론 유형의 분류 기준이 주어진 명제가 참임을 증명하는 방식이나 엄밀성의 정도에 있다면, 최근 학자들(예를 들어, 도종훈, 2007; Thompson, Senk, & Johnson, 2012)은 주어진 명제가 참임을 증명하는 데에서 나아가 수학적 추론을 구성하는 주요 활동에 따라 유형을 구분하였다. 예를 들어, 추측하기, 일반화하기, 이유 조사하기, 정당화하기, 반박하기로 수학적 추론의 과정을 나누기도 하며(Lannin, Ellis, & Elliot, 2011), 반례 찾기, 추측하기, 추측 조사하기, 논증 개발하기, 논증 평가하기, 실수 정정하기 등 과제에 반영된 사고의 유형에 초점을 맞추어 추론 과제를 분류하기도 한다(Thompson et al., 2012). 이와 같은 추론 과제 유형은 증명을 한다는 기존의 추론 유형과 달리 증명을 수행하지 않아도 추론으로 인정한다. 추론이 꼭 증명을 요구해야 하는 것은 아니며, 증명을 요구하지 않아도 추론으로 간주할 수 있다는 것이다. 또한 추론의 엄밀성 정도에서 나아가 어떠한 사고로 추론을 할 수 있는지, 학생이 어떤 추론 학습의 기회를 제공받을 수 있는지에 대한 논의로 논의의 범위를 넓혔다는 의의를 갖는다. 이때, 새로운 방식의 추론 과제 유형 분류는 전통적인 방식의 연역추론, 귀납추론, 유비추론과 배치되지 않으며, 서로 연결성을 갖는다. 추론 과제 유형 중 추측하기는 과제에 따라 귀납추론 혹은 유비추론과 연결되며,

논증 개발하기는 연역추론과 연결될 수 있다. 이처럼 추론 과제 유형이 전통적인 방식의 추론 유형을 포괄한다는 점, 그리고 실제 학교수학에서 학생에게 제공되는 학습의 기회가 주로 과제의 유형과 수준에 근거한다는 점을 고려한다면, 추론 과제 유형은 실제 학생에게 어떠한 추론 학습의 기회가 제공되는지에 대해 확인할 수 있는 기회를 준다는 의의를 갖는다. 이와 같은 이유로 최근에는 교과서에 제시된 추론 과제의 유형에 대한 논의(예를 들어, 나귀수 외, 2023; 정혜윤 이경화, 2019)가 활발히 이루어지고 있다.

수학적 추론은 다양한 교육적 효과를 가진다. 먼저, 수학적 추론은 문제해결력 향상에 기여한다. 문제를 해결하기 위해 주어진 조건을 분석하고 자신의 생각을 명확하게 표현하는 과정에서 문제해결의 실마리를 찾아내어 문제를 해결할 수 있게 되는 것이다. 실제로, 수학적 추론은 문제해결전략으로 종종 언급된다(황혜정 외, 2023). 학생들은 규칙 찾기, 유추하기, 간접 증명법 등의 추론 전략을 이용하여 문제를 해결할 수 있다. 둘째, 수학적 추론은 창의성 교육과도 연결된다. 추론은 결론에 이르기 위해 이미 알려진 여러 가지 조건과 사실들을 서로 연결하게 되는데, 이러한 연결 과정에서 새로운 수학적 사실을 알게 되거나 이미 알고 있던 수학적 사실에 내포된 의미를 새롭게 발견할 수 있게 된다. 귀납추론이 수학적 발견의 중요한 도구라는 점(황혜정 외, 2023) 역시 수학적 추론이 수학적 창의성 교육에 기여할 수 있음을 보여주는 것이다. 셋째, 수학적 추론 활동은 수학에 대한 긍정적인 태도에 영향을 준다. 수학적 추론은 비단 추상적인 사고 과정만을 의미하는 것이 아니며 구체적 조작물 등을 활용한 추론도 가능하기 때문에, 다양한 활동과 결부되어 수학에 대한 흥미를 높여줌으로써 궁극적으로 수학에 대한 긍정적인 태도를 가져온다. 이처럼 수학적 추론은 수학에 대한 학습자의 인지적 수준과 긍정적 태도 향상에 기여한다. 이와 같은 교육적 효과는 수학적 추론이 초등수학부터 중요하게 다루어져야 하는 이유이기도 하다.

토의문제 1

초등수학의 내용 중 '평행사변형의 넓이 구하는 방법'을 연역추론, 귀납추론, 유비추론의 방법으로 각각 제시하시오.

1.2. 수학과 교육과정에 제시된 수학 교과 역량으로서의 수학적 추론

앞서 살펴보았듯이 수학적 추론은 그 교육적 효과와 중요성으로 인해 수학교육에서 꾸준한 지도와 안내가 필요하다. 이와 같은 중요성은 각 나라의 수학과 교육과정에 수학적 추론이 수학교육의 목표 혹은 교수법과 평가의 목적으로 제시되는 것으로도 알 수 있다.

> CCSSM은 Common Core State Standards for Mathematics의 약자로, 미국의 수학교육과정 규준이다.

미국에서는 NCTM(2000)의 과정 규준에 이어 CCSSM(CCSSI, 2010)의 수학적 실천에 이르기까지 추론 역량을 강조하였다. 먼저, NTCM(2000)에서는 과정 규준의 하나로 '추론과 증명'을 제시하면서, 추론과 증명을 위해 학생들에게 요구하는 능력으로 '추론과 증명을 수학의 기초 측면으로 인식하기', '수학적 추측을 하고 조사하기', '수학적 논증과 증명을 개발하고 평가하기', '다양한 유형의 추론 및 증명 방법을 선택하여 사용하기'를 언급하였다. 이어진 CCSSM(CCSSI, 2010)에서는 여덟 가지의 수학적 실천 중 추론과 관련하여 '추상적, 정량적으로 추론하기'와 '실행 가능한 주장을 구성하고 다른 사람의 추론을 비판하기', '구조를 찾고 활용하기', '반복된 추론에서 규칙성을 찾고 나타내기'의 네 가지를 제시하였다(장혜원, 2012). 이들 각각에 대한 행동 특성은 〈표 8-2〉와 같다.

〈표 8-2〉 CCSSM(CCSSI, 2010)의 수학적 실천 중 추론하기에 해당하는 수학적 실천의 행동 특성 (장혜원, 2012)

수학적 실천	행동 특성
추상적, 정량적으로 추론하기	• 문제 상황에서 양과 그 관계를 이해 • 탈문맥화 능력과 문맥화 능력 • 관련 단위를 고려, 계산 방법뿐만 아니라 양의 의미 다루기, 연산과 대상의 다른 성질을 알고 유연하게 활용
실행 가능한 주장을 구성하고 다른 사람의 추론을 비판하기	• 가정, 정의, 증명된 결과를 이해하고 이용하여 논증 구성 • 추측하고, 그것이 참인지 탐구하기 위해 명제를 논리적으로 전개 • 상황 분석, 반례 이용 • 자신의 결론을 정당화하고, 그 결론을 다른 사람과 의사소통하고, 다른 사람의 논증에 반응 • 데이터가 비롯된 문맥을 고려하여 논증을 만들면서 귀납적 추론 • 두 논증의 효과 비교 • 추론의 시비 구별, 오류 설명
구조를 찾고 활용하기	• 패턴이나 구조를 식별하기 위한 관찰
반복된 추론에서 규칙성을 찾고 나타내기	• 계산의 반복 파악 • 일반 해법과 약식 해법 찾기

IB 수학과 교육과정(IBO, 2019)에서는 교수법의 하나로 증명을 제시하면서, 이를 통해 학생의 추론 역량을 발달시켜야 함을 언급하고 있다. 또한 평가의 목적 중 하나로 추론을 제시하면서, 정확한 진술, 논리적인 연역과 추론, 그리고 수학적 표현의 조작을 통해 수학적 논증을 구성할 것을 안내하고 있다. IB 수학과 교육과정에서는 증명 유형으로 연역법, 귀류법, 귀납법, 반례 찾기를 안내하고 있는데, 모든 학생이 연역법을 학습할 것을 안내한 반면 귀류법, 귀납법, 반례 찾기의 경우 좀 더 상위 수준의 학생들만 학습할 것을 안내하고 있다.

싱가포르 교육과정(Ministry of Education Singapore, 2013)에서는 수학적 문제해결에 중심을 둔 수학교육의 틀을 구성하고, 수학적 문제해결의 과정 중 하나로 추론을 제시한 뒤, 연역적, 귀납적 추론의 유형으로 '수학적 해결이나 문장을 설명하거나 정당화하고 확인하기', '논리적 결론 제시하기', '추측하기', '수학적 논증 작성하기'를 안내하였다. 나아가, 초등수학의 목표 중 하나로 추론 역량의 향상을 언급하면서, 이때 수학적 추론이란 수학적 상황을 분석하고 논리적인 주장을 구성하는 능력, 심리적인 활동으로서 수학을 다른 맥락에 적용함으로써 발달될 수 있는 능력이라고 하였다. 또한 학생들에게는 수학적 추론 능력을 향상시킬 수 있는 기회가 제공되어야 함을 언급하였다.

호주 교육과정(ACARA, 2012)은 수학에서의 핵심 아디이어 네 가지를 제시하면서 그 중 하나로 추론을 언급하였다. 학생들이 분석, 증명, 평가, 설명, 추론, 정당화, 일반화와 같은 논리적 사고와 행동을 위한 능력을 개발함을 언급하면서, 이러한 능력은 학생들이 자신의 생각을 설명할 때, 사용된 전략과 도달한 결론을 연역하고 정당화할 때, 기지의 것을 미지의 것에 적용할 때, 하나의 맥락에 대한 학습을 다른 맥락으로 전이시킬 때, 무언가가 참인지 또는 거짓인지 증명할 때, 관련된 아이디어들을 비교, 대조하거나 자신들의 선택을 설명할 때 개발됨을 안내하였다. 이 외에도 호주 교육과정에서 핵심 아이디어로서의 추론이 학교급별 수준에 맞추어 어떻게 적용되어야 할지 제시하기도 하였다. 예를 들어, 초등학교 1학년 과정에서 추론은 '임의 단위를 사용하여 길이를 직접, 간접 비교하여 설명하는 것, 데이터 표현을 정당화하는 것, 그리고 생성된 패턴을 설명하는 것'을 포함한다.

이 외에 중국, 핀란드, 독일, 영국 등 여러 나라의 교육과정에서는 추론을 수학교육을 통해 배우고 익혀야 할 수학 교과 역량으로 제시하고 있다(나귀수 외, 2018). 수학 교과 역량으로 제시된 추론은 수와 연산, 측정과 기하 등 학습 내용과 결합된다. 예컨

PISA는 'Programme for International Student Assessment'의 약자로, 경제협력개발기구(OECD)에서 주관하여 참여국의 만 15세 학생들을 대상으로 진행되는 국제수준의 학업성취도 평가이다. 읽기, 수학, 과학 등에 대한 소양과 수준을 파악한다.

TIMSS는 'Trends in International Mathematics & Science Study'의 약자로, 국제교육성취도평가협 주관으로 4년에 한번씩 실시된다. 초등학교 4학년과 중학교 2학년 학생들의 수학과 과학 성취수준의 변화 추이를 파악한다.

대, 싱가포르(Ministry of Education Singapore, 2013, p. 34)에서는 수와 연산을 학습할 때 '어림값을 제시하고 답의 타당성을 확인'할 것을 안내하고 있으며, 미국의 CCSSM(CCSSI, 2010, p. 16)에서는 기하 학습 시 도형의 속성을 추론할 것을 안내하고 있다.

수학적 추론은 각국의 교육과정 뿐만 아니라 국제, 국가 수준 대규모 평가의 평가틀에도 포함되어 있다. 국외의 경우, 세계적인 수준의 대규모 평가인 PISA에서는 가장 최근에 진행된 PISA 2022에서 '수학적 추론과 문제해결'을 평가틀에서 하나의 차원으로 제시한 뒤, 그 하위 범주로 수학적 추론을 포함시켰다(김성경 외, 2023). TIMSS에서는 수학 성취도 평가틀의 구성 요소인 인지적 영역의 하위 요소 중 하나로 추론하기를 제시하며, 이는 가장 최근에 진행된 TIMSS 2023에도 동일하게 적용되었다(서민희 외, 2024). 이와 유사하게, 우리나라에서 시행하고 있는 국가수준 학업성취도 평가에서도 수학적 추론을 평가틀의 한 요소로 제시하고 있다. 우리나라 국가수준 학업성취도 평가에서는 평가틀을 영역, 역량, 맥락으로 제시하고 있으며, 이중 역량의 한 요소로 추론을 제시하고 있다(이광상 외, 2024). 그리고 수학적 추론을 수학적 사실을 추측하고 논리적으로 분석하고 정당화하는 능력이라고 정의한다. 이처럼 수학적 추론은 여러 국가에서 학생들이 수학을 깊이 이해하고 이를 타인과 효과적으로 공유할 수 있도록 돕는 중요한 요소로 자리매김하고 있다.

1.3. 우리나라 수학과 교육과정에 제시된 수학적 추론

교과서에서 수학적 추론과 관련한 과제는 7차 교육과정 이전에도 다루어진 바 있지만([그림 8-2] 참고), 우리나라 수학과 교육과정에서 수학적 추론이 명시적으로 등장한 것은 7차 교육과정부터이다. 다만 7차 교육과정에서 추론은 문제해결전략의 하나로 제시되었으며 추론 역량 강화를 위한 교수학습방법 등이 별로도 제시되지는 않았다.

교육과정에서 수학적 추론이 중요하게 다루어지기 시작한 것은 2007 개정 수학과 교육과정(교육인적자원부, 2007)부터이다. 2007 개정 수학과 교육과정에서는 이전 교육과정과 달리 수학적 능력 신장을 강조하였으며, 이를 위한 방안 중 하나로 수학적

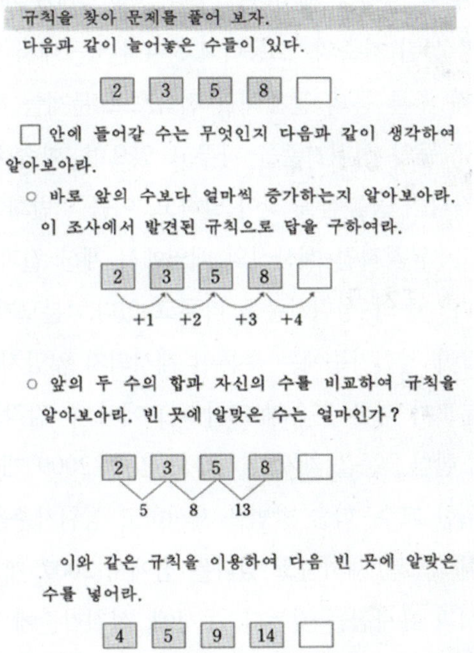

규칙을 찾아 문제를 풀어 보자.

다음과 같이 늘어놓은 수들이 있다.

2 3 5 8 □

□ 안에 들어갈 수는 무엇인지 다음과 같이 생각하여 알아보아라.

○ 바로 앞의 수보다 얼마씩 증가하는지 알아보아라. 이 조사에서 발견된 규칙으로 답을 구하여라.

2 3 5 8 □

+1 +2 +3 +4

○ 앞의 두 수의 합과 자신의 수를 비교하여 규칙을 알아보아라. 빈 곳에 알맞은 수는 얼마인가?

2 3 5 8 □

5 8 13

이와 같은 규칙을 이용하여 다음 빈 곳에 알맞은 수를 넣어라.

4 5 9 14 □

[그림 8-2] 6차 교육과정에 따른 수학 교과서에 제시된 추론 문제(교육부, 1996, p. 60)

추론 능력 신장을 위한 교수·학습법을 다음과 같이 제시하였다. 더불어 '규칙성과 문제해결' 영역에서도 '여러 가지 물체, 무늬, 수의 배열에서 규칙을 찾고, 그 규칙에 따라 배열할 수 있다(교육인적자원부, 2007, p. 136).'와 '문제해결 과정의 타당성을 설명할 수 있다(교육인적자원부, 2007, p. 154).' 등의 성취기준을 제시하면서 학습 내용과 방법 측면에서 수학적 추론의 비중이 높아지게 되었다.

- 귀납, 유추 등을 통해 학생 스스로 수학적 사실을 추측하게 하고, 이를 정당화하거나 증명해 보게 할 수 있다.
- 수학적 사실이나 명제를 분석하고, 수학적 관계를 조직하고 종합하며, 학생 자신의 사고 과정을 반성하게 한다.

2009 개정 수학과 교육과정(교육과학기술부, 2011)에서는 수학적 추론을 수학 교과의 핵심 역량으로는 제시하지 않고 있지만, 제시한 핵심 역량인 창의적 사고 능력, 문제해결 능력, 정보처리 능력, 의사소통 능력을 증진시키기 위한 교수·학습 방법의 하나로 수학적 추론을 언급하고 있다. 나아가 수학적 추론 능력을 신장시키기 위한 교

수·학습에서 유의해야 할 사항을 제시하고 있다. 또한 2009 개정 수학과 교육과정에서는 학년군(학교급)별 성취 기준의 '초등학교 3~4학년군'에서 '표 만들기, 예상과 확인, 단순화하기, 논리적 추론 등의 문제해결 전략으로 문제를 해결하고, 문제해결 과정을 설명할 수 있다.' 등의 성취기준을 다루고 있으며, 학습내용별 성취기준에서는 '삼각형, 사각형에서 각각의 공통점을 찾아 말하고, 이를 일반화하여 오각형, 육각형을 알고 구별할 수 있다.', '규칙적인 계산식의 배열에서 계산 결과의 규칙을 찾고, 계산 결과를 추측할 수 있다.' 등의 성취기준을 다루고 있다. '분모가 다른 분수의 크기를 비교할 수 있다.'와 같이 성취기준에는 추론이 제시되지 않았지만, 이에 대한 교수학습상의 유의점으로 '분모가 다른 분수의 크기 비교에서 수 감각을 이용하여 추론하고 토론하는 활동을 하게 한다.' 등을 제시한 경우도 있다. 2009 개정 수학과 교육과정에서는 수학적 추론을 위한 교수·학습 방법을 제시하고 성취기준을 통해 학습 영역에서의 수학적 추론을 구체적으로 제시하고 있다는 점에서 2007 개정 수학과 교육과정의 수학적 추론 제시 방식과 유사점을 갖는다. 동시에, 성취기준에 수학적 추론이 제시된 영역이 2007 개정 수학과 교육과정에 비해 다양화되고 그 개수가 증가했다는 점에서 2007 개정 수학과 교육과정에 비해 수학적 추론에 대한 인식이 강화되었음을 알 수 있다. 다음은 위에서 안내한 성취기준 중 '삼각형, 사각형에서 각각의 공통점을 찾아 말하고, 이를 일반화하여 오각형, 육각형을 알고 구별할 수 있다.'에 대한 교과서 내용이다. 교과서에 제시된 과제를 살펴보면, 삼각형과 사각형의 변의 개수를 묻고 오각형 모양의 도형을 제시하여 변의 개수를 물어본 뒤 도형의 이름을 스스로 제시할 것을 요구하고 있다. 이 과정에서 학습자는 '도형의 이름에 변의 개수 반영'이라는 공통점을 스스로 깨닫고 이를 일반화하여 오각형을 알게 된다.

- 삼각형과 사각형의 변은 각각 몇 개입니까?
- 의 변은 몇 개입니까?
- 의 이름은 무엇이라고 하면 좋을지 이야기해 보시오.

[그림 8-3] 2009 개정 수학과 교육과정에 따른 교과서에 제시된 추론 문제(교육부, 2015a, p. 67)

역량 중심의 2015 개정 수학과 교육과정(교육부, 2015b)에서는 추론 역량을 수학 교과 역량으로 언급하면서, 구체적으로 추론 역량이 '수학적 사실을 추측하고 논리적으로 분석하고 정당화하며 그 과정을 반성하는 능력(교육부, 2015b, p. 4)'임을 명시하고 있다. 나아가 '[4수03-14] 여러 가지 방법으로 삼각형과 사각형의 내각의 크기의 합을 추론하고, 자신의 추론 과정을 설명할 수 있다.', '[6수03-06] 평행사변형, 삼각형, 사다리꼴, 마름모의 넓이를 구하는 방법을 다양하게 추론하고, 이와 관련된 문제를 해결할 수 있다.'와 같이 성취기준에서 직접 추론할 것을 안내하고 있다. 또한 교수·학습 방법에서는 '관찰과 탐구 상황에서 귀납, 유추 등의 개연적 추론을 사용하여 학생 스스로 수학적 사실을 추측하고 적절한 근거에 기초하여 이를 정당화할 수 있게 한다.', '수학의 개념, 원리, 법칙을 도출하는 과정과 수학적 절차를 논리적으로 수행하게 한다.'와 같이 개연적 추론과 논리적 추론을 모두 명시하고 '추론 과정이 옳은지 비판적으로 평가하고 반성하도록 한다.'와 같이 추론 과정에 대한 반성적 태도를 강조하는 등의 방법으로 안내하고 있다. 2015 개정 수학과 교육과정에서는 수학적 추론을 핵심 역량으로 강조하고 그 의미를 제시하였다는 점에서 이전 교육과정과 차이점을 갖는다.

2022 개정 수학과 교육과정에서는 2015 개정 수학과 교육과정과 마찬가지로 수학적 추론을 핵심 역량 중 하나로 제시하며, '수학적 사실에 대한 흥미와 관심을 갖고 추측과 정당화를 통해 추론'하는 것을 수학과의 목표로 제시하였다. 2022 개정 수학과 교육과정에서 제시한 수학적 추론 역량 함양을 위한 교수·학습 및 평가 방법은 〈표 8-2〉와 같으며, 3~4학년의 도형과 측정 영역 교육과정 성취기준에 포함된 수학적 추론의 예시는 〈표 8-3〉에 제시되어 있다. 교수·학습 방법을 살펴보면, ㉠은 학생의 수학적 추론을 지원하기 위한 방안을 안내하고 있으며, ㉡과 ㉢은 각각 개연적 추론과 연역적 추론을 강조하고 있다. 평가 방법은 교수·학습 방법과 연결되어 안내되었다. 예를 들어, '수학적 증거와 논리적 근거를 바탕으로 비판적으로 사고하는 태도를

〈표 8-2〉 교수·학습 및 평가 방법(교육부, 2022, pp. 44, 48)

교수·학습 방법	평가 방법
㉠ 관찰, 실험, 측정 등 구체적 조작 활동을 통해 수학의 개념, 원리, 법칙에 흥미와 관심을 갖고 다양한 방법으로 탐구하고 이해하게 한다. ㉡ 귀납, 유추 등의 개연적 추론을 통해 수학적 추측을 제기하고 정당화하며, 수학적 증거와 논리적 근거를 바탕으로 비판적으로 사고하는 태도를 갖게 한다. ㉢ 수학의 개념, 원리, 법칙을 도출하는 과정과 수학적 절차를 논리적이고 체계적으로 수행하고 반성하게 한다.	추론 역량의 평가는 수학의 개념, 원리, 법칙을 이해하는지, 논리적으로 절차를 수행하는지, 수학적 지식을 다양한 방법으로 탐구하는지, 관찰에 근거하여 추측하고 일반화를 할 수 있는지, 추측의 근거를 제시하는지, 타당한 정당화를 하는지, 수학에 대한 흥미와 관심을 갖는지, 체계적으로 사고하려는 성향이 있는지, 수학적 증거와 논리적 근거를 바탕으로 비판적으로 사고하는 태도를 갖는지 등을 고려한다.

〈표 8-3〉 교육과정 성취기준 3~4학년군에 제시된 수학적 추론의 예

영역	교육과정 성취기준
도형과 측정	[4수03-08] 여러 가지 모양의 삼각형에 대한 분류 활동을 통하여 이등변삼각형, 정삼각형을 이해하고, 그 성질을 탐구하고 설명할 수 있다. [4수03-10] 여러 가지 모양의 사각형에 대한 분류 활동을 통하여 직사각형, 정사각형, 사다리꼴, 평행사변형, 마름모를 이해하고, 그 성질을 탐구하고 설명할 수 있다. [4수03-25] 여러 가지 방법으로 삼각형과 사각형의 내각의 크기의 합을 추론하고, 자신의 추론 과정을 설명할 수 있다.

* 교육과정에 제시된 성취기준을 수학적 의사소통 유형별로 재분류한 것으로 교육자의 관점에 따라 다른 방식으로 분류될 수도 있다.

갖게 한다.'는 교수·학습 방법과 연결하여 '수학적 증거와 논리적 근거를 바탕으로 비판적으로 사고하는 태도를 갖는지 등을 고려한다.'고 제시하고 있다.

수학적 추론이 반영된 성취기준을 살펴보면, 설명하기, 규칙 찾기, 결과 추측하기, 추론하기, 추론 과정 설명하기 등 다양한 유형으로 제시되었다. 성취기준 적용 시 고려 사항에서도 이들 성취기준을 활용한 수학적 추론 방안을 제시하고 있는데, [4수03-08]에 대하여, 삼각형의 성질을 탐구하는 활동에서 구체적인 관찰, 실험, 측정 등 귀납적 추론을 통해 성질을 이해하게 할 것을 안내하기도 하였다. 이처럼 2022 개정 수학과 교육과정에서 수학적 추론은 각 영역의 여러 학년 군에서 다양한 방식으로 표현되고 강조되고 있다.

앞서 확인하였듯이, 수학적 추론은 7차 교육과정 이후 꾸준히 언급되어 왔으며, 수학과의 중요한 목표와 수학 교과 역량으로 설정되고 교수·학습 방법과 평가 측면에서 이를 구체화하는 방안을 지속적으로 탐색해왔다. 교사는 학생들이 수학적 추론을 수행할 수 있는 다양한 기회를 제공해야 하며, 학생들이 관찰, 실험, 측정 등을 통해 스스로 수학적 사실을 발견하고 정당화, 평가할 수 있는 교실 환경을 조성해야 한다. 이러한 노력들은 학생들의 수학적 추론 역량을 함양하는 데 긍정적인 영향을 미칠 것이다.

토의문제 2

- 2022 개정 수학과 교육과정의 초등학교 1~6학년군 성취기준에 제시된 수학적 추론의 예를 찾아 학년군별, 영역별로 분류하시오.
- 2022 개정 수학과 교육과정의 초등학교 1~6학년군 성취기준에 제시된 수학적 추론이 실제 교과서에 적절하게 반영되었다고 생각하는지 답하고, 그 이유를 말하시오.

02 수학적 추론의 지도

앞 장에서 확인하였듯이, 수학적 추론은 그 교육적 효과성 등으로 인해 여러 나라에서 주요 수학 교과 역량으로 제시하고 있으며, 우리나라에서도 수학적 추론 역량 향상을 위한 방안을 모색 중에 있다. 수학적 추론 수업이 실제 학교수학에서 진행되기 위해서는 수업 진행을 위한 과제가 준비되어야 하며, 교사는 과제 수행과 수학적 추론 강화를 위한 적절한 발문 제시 및 환경 조성 등을 할 필요가 있다. 여기에서는 수학적 추론 지도의 실제를 살펴보고자 한다. 우리나라 초등수학 교과서에 제시된 수학적 추론 지도를 위한 과제를 살펴보고, 수학적 추론 수업을 위한 환경 구성과 교사의 수학적 추론 지도 전략을 안내하고자 한다.

2.1. 수학적 추론 지도를 위한 교과서 과제 분석

초등수학에서 이루어지는 추론은 논리적, 형식적 증명보다 다양한 사례에서 규칙성 등을 추측하고 본인의 추측을 정당화하거나 구체물 조작 등을 이용하여 증명을 하는 방식으로 이루어진다. 이러한 특징은 교과서 과제를 연역추론, 귀납추론 등 증명의 엄밀성 정도에 따라 분석하기 보다, 추론에 필요한 사고의 유형에 따라 분류하는 것이 적절함을 보여준다. 여기에서는 Thompson 외(2012), 정혜윤, 이경화(2016)의 추론 과제 분류를 참고하여 우리나라 초등학교 수학 교과서[1]에 제시된 수학적 추론 과제의 유형을 살펴본다.

> 과제가 학생에게 과제에 반영된 학습의 기회를 제공한다는 점에서, 교과서 과제에 대한 논의는 현재 수학 교실에서 이루어지고 있는 수학적 추론 지도의 실제를 보여 줄 수 있다.

2.1.1 반례 찾기 과제

반례 찾기(finding a counterexample)란 주어진 문장이 거짓임을 증명하는 수단으로 반례를 찾는 것이다. 이때 반례란, 수학적 문장의 조건은 만족하지만 결론에 부합하지 않는 예를 의미한다. 예를 들어, 2는 '모든 소수(prime)는 홀수이다.'가 거짓임을

1 여기에서 활용된 교과서 과제는 2015 개정 교육과정에 근거하여 집필된 교과서이다. 2015 개정 교육과정에 근거하여 집필된 교과서는 국정 교과서와 검정 교과서 모두 존재하며, 여기에서는 국정과 검정 교과서 모두 살펴보았다.

보여주는 반례이다. 반례는 증명의 수단과 반박의 메커니즘으로 사용되며, 반례를 마주하는 것은 추측과 증명을 강화하는 힘으로 작용한다.

초등학교 수학 교과서에서 반례 찾기 과제는 찾아보기 힘들었다. 반례 찾기 과제가 부족하다는 점은 이미 알려진 사실(나귀수 외 2023; 정혜윤, 이경화, 2016)이기도 하다. 다만 반례는 주어진 명제가 거짓임을 판단하고 반박하는 수단으로서의 역할도 하는데, 이로 인해 추측 조사하기 과제에서 반례 찾기 활동이 요구되기도 하였다.

2.1.2 추측하기 과제

추측하기(making a conjecture)란 일반적인 예 혹은 특수한 예를 찾기 위하여 규칙을 이용하는 것이다. 즉, 주어진 사례에 포함되어 있는 규칙을 발견, 통합하고 일반화하는 과정을 의미한다. 추측하기는 몇 가지 사례로부터 규칙을 발견하여 일반화한다는 관점에서 귀납추론으로도 볼 수 있다. 학생이 발견한 규칙이 타당하다고 판단되다면, 그 규칙에 의해 도출된 값 역시 타당하다고 간주된다.

2015 개정 교육과정에 따른 초등학교 수학 교과서에는 여러 학년과 영역에서 추측하기 과제가 제시되었다. 특히 규칙성 영역이 별도로 제시된 만큼, 규칙성 영역에서 추측하기 과제에 해당하는 규칙 찾기 과제가 1~2학년 때부터 다루어진다. 다음의 각 과제는 여러 학년군에 제시된 추측하기 과제의 사례를 보여준다. 학생들은 도형의 배열, 식의 배열, 측정값의 배열에서 각각 규칙을 찾고 찾아낸 규칙을 이용하여 특수한 예를 구하게 된다.

규칙을 찾아 무늬를 완성해 봅시다.

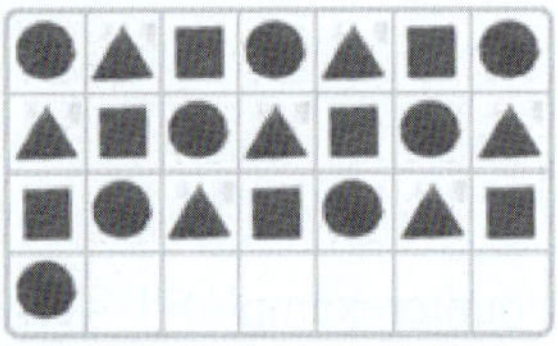

• 찾을 수 있는 규칙을 말해 보세요.

• 빈칸에 알맞은 모양을 그리고 색칠해 보세요.

[그림 8-3] 2학년 '규칙성' 영역에 제시된 추측하기 과제(교육부, 2018, p. 130)

곱셈식의 배열에서 규칙을 찾아 ☐ 안에 알맞은 곱셈식을 써넣으세요.

첫째	143×7=1001
둘째	143×14=2002
셋째	143×21=3003
넷째	143×28=4004
다섯째	☐

[그림 8-4] 4학년 '규칙성' 영역에 제시된 추측하기 과제(신항균 외, 2022a, p. 139)

원주는 지름의 몇 배인지 반올림하여 소수 둘째 자리까지 알아봅시다.

- 원주와 지름을 어떻게 재야 할지 이야기해 보세요.

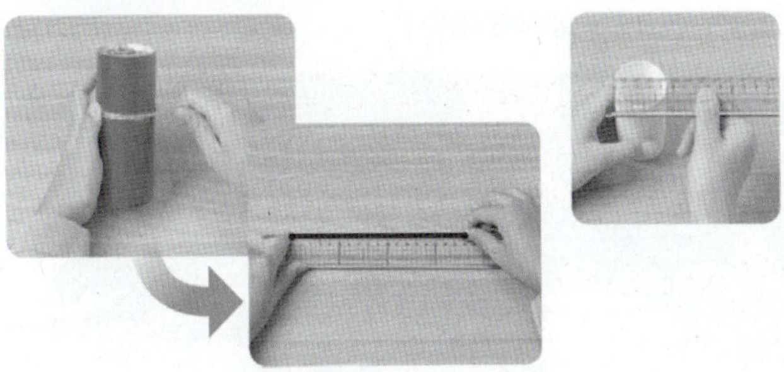

- 원주와 지름을 재어 보고 (원주)÷(지름)을 계산해 보세요.

물건	원주(cm)	지름(cm)	(원주)÷(지름) 반올림하여 소수 둘째 자리까지
음료수 캔			
휴지 심			

- 활동을 통해 알 수 있는 사실을 말해 보세요.

[그림 8-5] 6학년 '측정' 영역에 제시된 추측하기 과제(박만구 외, 2023, p. 98)

2.1.3 추측 조사하기 과제

추측 조사하기(investigating a conjecture)란 명시된 추측이나 주장의 참, 거짓을 판별하고 그 이유를 논리적으로 제시하는 것이다. 이때, 참 혹은 거짓을 논리적으로 제시하는 방법에는 반례를 들거나 형식적 증명 혹은 구체물을 활용한 증명을 하는 등 다양한 방법으로 가능하다.

초등학교 수학 교과서에서 확인한 과제는 다음과 같다. [그림 8-6]에서 지우의 추측이 항상 옳지는 않은데, 그 이유는 가로 3, 세로 3, 둘레의 길이가 6인 직사각형의 넓이는 9이지만, 가로 1, 세로 7, 둘레의 길이가 8인 직사각형의 넓이는 7이라는 반례가 있기 때문이다. 둘레의 길이는 6에서 8로 길어졌지만 넓이는 9에서 7로 줄어들었기 때문에, 지우의 추측이 항상 옳은 것은 아니다. 이 과제의 경우, 추측 조사하기 과제이지만 추측이 거짓이라는 이유를 보이기 위해 반례를 제시해야 하므로 반례 찾기 과제와 유사한 측면이 있다. 만약 과제를 '지우가 추측한 내용은 옳지 않음을 보일 수 있는 사례를 제시해봅시다.'라고 변형한다면, 이 과제는 반례 찾기 과제로 변형될 수 있다.

[그림 8-6] 5학년 '측정' 영역에 제시된 추측 조사하기 과제(안병곤 외, 2023a, p. 150)

2.1.4 논증 개발하기 과제

논증 개발하기(developing an argument)란 일반적인 사례 혹은 특수한 사례에 대한 증명을 작성하는 것이다. 이때의 증명은 형식적, 연역적인 증명만을 의미하지 않으며, 초등학생의 경우 본인의 정당화 과정을 논리적으로 제시하는 것으로도 논증 개발하기를 수행했다고 볼 수 있다. 이로 인해 논리적인 논증 개발하기 유형의 과제는 주로 '증명하여라.', '보여라.', '설명하여라.'와 같은 표현으로 제시된다.

초등학교 수학 교과서에서 확인한 과제는 다음과 같다. [그림 8-7]에 제시된 과제에서, 연우는 종이를 반듯하게 두 번 접으면 직각이 만들어진다는 사실을 이용하여 주어진 종이의 모서리를 반듯하게 두 번 접었기 때문에 네 각이 모두 직각이 되어 직사각형이 된다는 증명을 제시할 수 있다. [그림 8-8]은 통분의 방법과 연결하여 재이의 방법이 옳다는 사실을 증명할 수 있다. 두 과제 모두 학생이 증명을 하는데 필요한 사전 지식을 과제에 안내하고 있다는 점에서 공통된 특징을 가진다. [그림 8-7]의 경우 이전 학습 내용을 안내하고 있으며, [그림 8-8]의 경우 분모가 서로 다른 분수의 크기 비교를 위해 통분이 필요하다는 점과 두 분수의 통분 결과를 이미 안내하고 있다. 논증 개발하기 과제는 과제 해결에 필요한 인지적 수준이 높다고 평가되는 만큼, 초등학교 수학 교과서에서는 필요한 경우 이전 학습 내용을 제시하함으로써 학생이 논증을 개발하는데 도움을 제공하기도 한다.

연우는 다음과 같은 종이를 접어서 직사각형을 만들었습니다.
만든 사각형이 직사각형인 이유를 설명해 보세요.

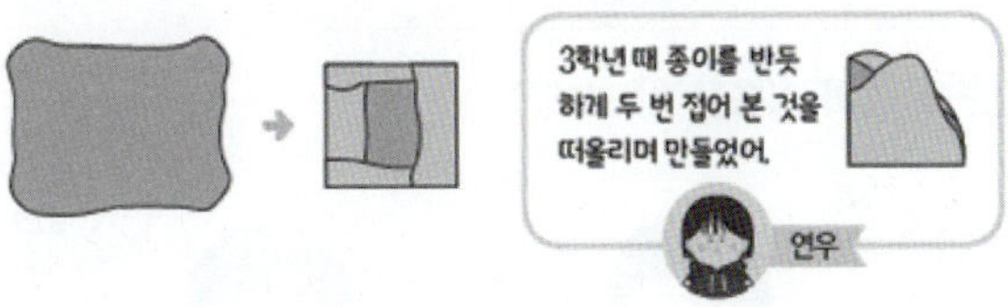

[그림 8-7] 4학년 '도형' 영역에 제시된 논증 개발하기 과제(신항균 외, 2022b, p. 93)

선우와 재이가 $\frac{3}{4}$과 $\frac{5}{7}$의 크기를 비교하는 방법에 대해 이야기하고 있습니다. 재이의 방법이 왜 옳은지 설명해 보세요.

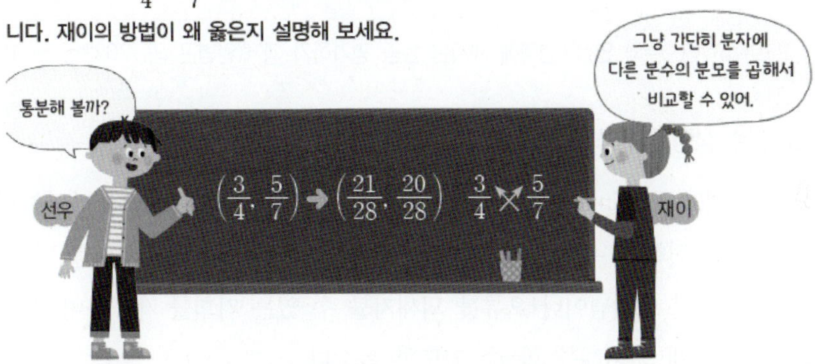

[그림 8-8] 5학년 '수와 연산' 영역에 제시된 논증 개발하기 과제(신항균 외, 2023, p. 75)

2.1.5 논증 평가하기 과제

논증 평가하기(evaluating an argument)란 주어진 논증이 유효한지 여부를 결정하는 것이다. 논증 평가하기는 학생이 직접 논증을 개발하는 것이 아니라 이미 개발된 논증을 평가한다는 점에서 논증 개발하기 과제와 다르다. 또한 논증이 유효한지 여부만을 결정한다는 점에서, 유효하지 않은 논증의 오류를 발견하여 수정하는 실수 정정하기 과제와 다르다.

초등학교 수학에서 사례는 다음과 같다. 제시된 과제는 곱의 소수점의 위치에 관한 내용으로, 바르게 말한 친구는 정연이다. 소수 한 자리 수인 두 수를 곱하면 결괏값은 소수 두자리가 되므로, 32와 29의 곱이 약 900이라면 3.2와 2.9의 곱은 9 정도가 되어야 한다. 따라서 주혜의 논증은 잘못된 논증이다. 한편, 이 과제는 과제 변형을 통해 실수 정정하기 과제로 변형될 수 있다. 과제를 '잘못된 풀이를 말한 친구를 찾고, 풀이에서 잘못된 것을 찾아 바르게 고쳐 보세요.'라고 변형한다면 실수 정정하기 과제가 될 수 있을 것이다.

바르게 말한 친구를 찾아 이름을 써 보세요.

[그림 8-9] 5학년 '수와 연산' 영역에 제시된 논증 평가하기 과제(안병곤 외, 2023b, p. 103)

2.1.6 실수 정정하기 과제

실수 정정하기(correcting a mistake)란 문제의 잘못된 풀이, 답이나 타당하지 않는 논증의 오류를 발견하여 수정하는 것이다. 실수 정정하기 과제는 오류를 발견한다는 점에서 학생이 가진 오개념이나 오류를 되새겨볼 수 있는 기회를 제공하며, 오류 수정 과정에서 올바른 개념 이해를 할 수 있도록 돕는다.

실수 정정하기 과제는 학생에게 인지적 갈등을 유발한다는 점에서도 의미를 갖는다. 학생들이 오류를 갖게 되는 원인은 다양하지만, 결국 개념에 대한 정확한 이해가 결여되었다는 공통점을 갖는다. 인지적 갈등을 경험한 학생은 갈등을 해결하기 위해 오류의 원인을 찾고 그 원인을 개선하고자 노력한다. 그리고 그 과정에서 개념에 대한 이해도가 향상된다.

초등학교 수학에서 사례는 다음과 같다. [그림 8-9]의 사례는 이분모 분수 덧셈에서 학생들이 종종 가질 수 있는 오류로, 분모를 통분하여 동분모 분수 덧셈으로 하지 않고 분모는 분모끼리, 분자는 분자끼리 더하는 오류를 보여준다. 특히 이러한 오류를 갖고 있는 학생들은 이와 같은 풀이가 잘못된 풀이임을 깨닫고, 바르게 계산하는 과정에서 풀이 방법을 깨닫게 될 것이다. [그림 8-11]의 사례는 대응 관계를 식으로 나타내는 방법에 대한 과제로, 대응 관계를 식으로 나타내거나 계산하는 과정에서 학생이 보이는 오류가 제시된다. 제시된 설명 중 잘못된 설명은 두 번째 설명인데, △가 4일 때 ♡는 1이 된다. 혹은 ♡가 4일 때 △가 16이 되는 대응 관계를 갖는다. 학생들은 잘못된 풀이를 바르게 계산하는 과정에서 △와 ♡의 대응 관계를 나타낸 식을 바르게 해석하게 될 것이다.

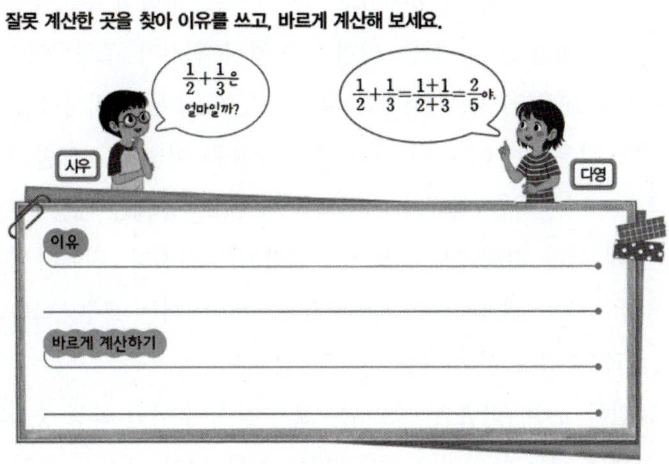

[그림 8-10] 5학년 '수와 연산' 영역에 제시된 실수 정정하기 과제(안병곤 외, 2023a, p. 114)

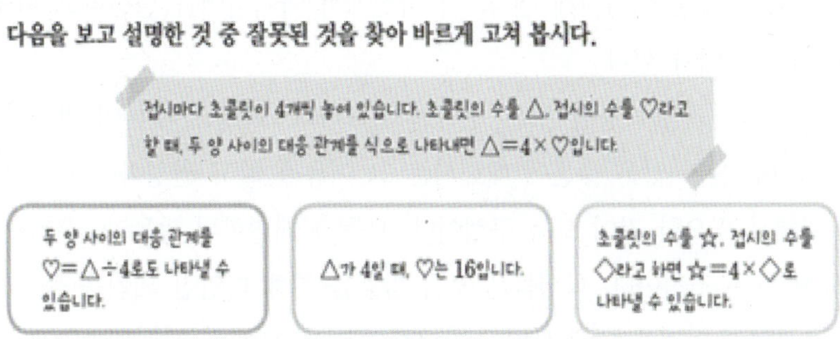

[그림 8-11] 5학년 '규칙성' 영역에 제시된 실수 정정하기 과제(안병곤 외, 2023a, p. 61)

토의문제 3

- 위에 제시된 추론 과제 유형를 토대로 초등학교 수학 교과서에 제시된 추론 과제의 유형을 학년별, 영역별로 분류하고, 초등수학에서 다루는 추론 과제의 특징을 말하시오.
- 각 학년군별, 영역별로 추론 과제를 개발하시오.

2.2. 수학적 추론 수업을 위한 수업 환경 조성

수학 수업을 위한 수업 환경은 과제, 교수·학습 방법, 분위기 조성 등 다양한 측면을 포함한다. 이는 수학적 추론 수업에서도 마찬가지로, 수학적 추론을 위해 요구되는 과제가 준비되고, 적절한 교수·학습 방법과 수업 분위기가 조성되어야 한다. 특히, 국내외 여러 나라의 교육과정에서 확인할 수 있었듯이, 추론은 직사각형의 개념, 이분모 분수의 덧셈과 같은 내용이 아닌 그와 같은 내용을 어떻게 지도할 것인지와 관련된다. 즉, 추론은 교수·학습 방법과 결부되는 것으로, 동일한 내용일지라도 교사의 교수·학습 방법에 따라 학생에게 향상되는 역량이 달라진다. 위에서 수학적 추론을 위한 다양한 유형의 수학 과제를 확인하였으므로, 여기에서는 교수·학습 방법과 분위기 조성 등에 대해 추가로 살펴본다.

먼저, 추론을 위한 교수·학습 방법으로는 교사 중심이 아닌 학생 중심의 수업이 요구된다. 이는 학생의 활동과 발언이 많아졌다는 점을 넘어, 학생이 본인의 의지에 따라 자유롭게 활동하고 생각하며 의견을 피력할 수 있는 수업이 되어야 함을 의미한다. 학생들은 추론하는 과정에서 자신의 아이디어를 발산하게 되며, 발산된 아이디어는 반복된 타당화의 과정을 거치게 된다. 이 과정에서 아이디어를 발산하고 타당화하는 주체는 학생이 되어야 한다.

다음으로, 모둠 구성을 통한 추론 수업이 필요하다. 학생의 추론이 반드시 옳다고 할 수는 없으며, 옳지 않은 추론에 대해서는 그 이유를 알고 반성하는 과정이 필요하다. 이를 위해서 필요한 것이 모둠 구성이다. 모둠은 개별화된 활동과 집단 활동을 모두 가능하게 하는 조직이다. 학생들은 모둠 활동을 통해 다양한 의견을 들을 수 있으며, 모둠 구성원의 의견에 대해 본인이 다양한 의견을 제시할 수도 있다. '모둠'이라는 안정적인 집단 내에서 다양한 의견을 듣고 자신의 의견을 피력하는 과정은 학생의 사고의 폭을 넓혀주어 궁극적으로 학생의 추론 역량을 강화시킨다. 실제로 추론 수업을 설계할 경우 대부분 모둠을 구성하게 되는데, 이와 같은 수업 설계는 모둠 구성이 수학적 추론 수업에 적절한 환경이 될 수 있음을 보여준다.

셋째, 추론 수업을 위해 상호작용에 긍정적인 수업 분위기 조성 및 규범 안내가 필요하다. 상호작용에 긍정적인 수업 분위기란, 학생들이 자유롭게 자신의 의견을 표현하는데 거리낌이 없어야 하며, 다른 사람의 의견에 경청하는 분위기가 조성되어야 함을 의미한다. 또한 추론 과정에서 오류가 발견될 수 있으므로 발견된 오류에 대해 반론을 제기하는 데에도 자유롭고, 제기된 반론을 수용하거나 재반박 하는 데에도 자유로워야 한다. 상호작용에 긍정적인 수업 분위기 조성이 힘든 경우에는 적절한 규범의 설정과 안내가 필요하다. 예를 들어, '누구든지 동료 학생의 의견에 자유롭게 긍정적이거나 비판적인 의견을 추가하여 제시할 수 있음.', '누구든지 자신의 의견에 대한 상대방의 의견을 수용하거나 재반박하는데 자유로워야 함.'과 같은 규범을 통해 의견의 피력과 그에 대한 비판이 자유롭고 긍정적으로 조성될 수 있도록 해야 한다. 나아가 의견 제시가 적절하게 이루어지지 않을 경우, '모둠 내에서 논의가 이루어지지 않을 경우, 가운데 앉은 학생부터 오른쪽 방향으로 돌아가면서 반드시 발언해야 함.' 혹은 '모둠 내 제시된 의견에 대해 추가 의견이 없을 경우, 의견 제시자의 오른쪽에 앉은 학생이 추가 의견을 제시해야 함.'과 같은 규범을 통해 모둠 내 상호작용이 활발하게 이루어질 수 있도록 해야 한다. 위와 같은 규범의 경우, 아직 모둠 내 의견 제시와 비판이 익숙하지 않은 학생들에게 필요할 수 있다. 이후 학급에 규범이 동화될 경우, 자발적인 상호작용이 가능하므로 강제성이 부여된 의견 제시는 차차 줄어들게 될 것이다.

넷째, 교구와 공학 도구의 자유로운 활용이 허용되는 환경이 조성되어야 한다. 초등학생의 경우 형식적, 추상적 수준의 추론을 하기에 어려움이 있으며, 이로 인해 규칙성을 찾거나 추론을 정당화하는 데 있어서 교구나 공학 도구의 사용을 필요로 할 수 있다. 예컨대, '삼각형의 세 내각의 크기의 합이 180°이다.'라는 명제가 참임을 증명하기 위한 논증 개발하기 과제를 해결하기 위해, 학생은 색종이로 삼각형을 직접 접어보는 활동을 필요로 할 수 있다. 혹은 알지오매쓰와 같은 컴퓨터 프로그램을 이용하여 다양한 삼각형을 그리고 세 내각의 크기의 합을 구한 뒤 삼각형의 세 내각의 크기가 180°임을 주장할 수 있다.

토의문제 4

- 초등학교 5학년 학생을 대상으로 한 수학적 추론 수업을 설계하시오.
- 수업 시간에 제시된 다음의 규칙찾기 과제에 대해, 한 학생은 '♡, △가 차례대로 제시되어야 한다.' 라고 발표하고, 다른 한 학생은 '△, ♡가 차례대로 제시되어야 한다.'라고 발표하였다. 두 학생의 답의 적절성을 평가하고, 이에 대한 적절한 발문과 피드백을 제시하시오.

〈규칙찾기 과제〉

다음에 이어서 나타날 모양을 그리시오

△	♡	△	△	♡	△	△		

참고문헌

교육부 (1996). **수학 4-2**. 충남: 국정교과서 주식회사.

교육부 (2015a). **수학 2-1**. 서울: 천재교육.

교육부 (2015b). **수학과 교육과정**. 교육부 고시 제2015-74호 [별책 8].

교육부 (2018). **수학 2-2**. 서울: 천재교육.

교육부 (2022). **수학과 교육과정**. 교육부 고시 제2022-33호 [별책 8].

교육인적자원부 (2007). **수학과 교육과정**. 교육인적자원부 고시 제2007-79호 [별책 8].

김선희, 김수민 (2019). **수학적 추론에 대한 예비교사의 이해 및 지도 능력 증진 방안**. 교과교육학연구, 23(1), 46-58.

김성경, 김명화, 김인숙, 이신영, 백혜선 (2023). OECD **국제 학업성취도 평가 연구**: PISA 2022 **결과 보고서**. 진천: 한국교육과정평가원.

나귀수, 권혁상, 김소영, 최현민, 김동원 (2023). 초등학교 수학 교과서에 나타난 수학적 추론 양상 탐색: 3-4학년 도형 관련 단원을 중심으로. **수학교육학연구**, 33(4), 1137-1158.

도종훈 (2007). 학교수학에서 추측과 문제제기 중심의 수학적 탐구 활동 설계하기. **한국수학교육학회지 시리즈A 〈수학교육〉**, 46(1), 69-79.

박만구, 강경은, 김대진, 김도경, 김수정, 김원석, 김지영, 김진호, 김희웅, 손경호, 유대현, 이진우, 임근광, 조수윤 (2023). **수학 6-2**. 서울: 천재교과서.

서동엽 (2003). 초등 수학 교재에서 활용되는 추론 분석. **수학교육학연구**, 13(2), 159-178.

서민희, 이동원, 한수연, 신혜성, 한정아, 양혜원, 천해주, 정정교 (2024). **수학 · 과학 성취도 추이변화 국제 비교 연구**: TIMSS 2023 **결과 분석**. 진천: 한국교육과정평가원.

신항균, 김태환, 김리나, 정나영, 최혜령, 황혜진, 서형주, 김숙현, 김현미, 남미선, 박재한, 조웅래, 최하철, 김승희, 문행운, 홍혜원, 임연주 (2023). **수학 5-1**. 서울: 비상교육.

신항균, 김태환, 조보영, 김리나, 정나영, 최혜령, 황혜진, 박재한, 조웅래, 김승희, 백상희, 오수진, 김아라 (2022a). **수학 4-1**. 서울: 비상교육.

신항균, 김태환, 조보영, 김리나, 정나영, 최혜령, 황혜진, 박재한, 조웅래, 김승희, 백상희, 오수진, 김아라 (2022b). **수학 4-2**. 서울: 비상교육.

안병곤, 나귀수, 김민경, 이광호, 류현아, 최지선, 조진우, 김남준, 정연숙, 박은정, 허지연, 황창훈, 문은혜, 손태권, 추성엽, 장송이, 정소영, 김주창, 윤재원, 정은희, 차은경 (2023a). **수학 5-1**. 서울: 동아.

안병곤, 나귀수, 김민경, 이광호, 류현아, 최지선, 조진우, 김남준, 정연숙, 박은정, 허지연, 황창훈, 문은혜, 손태권, 추성엽, 장송이, 정소영, 김주창, 윤재원, 정은희, 차은경 (2023b). **수학 5-2**. 서울: 동아.

이광상, 양성현, 이기돈, 오택근, 백종호, 김지연 (2024). **2023년 국가수준 학업성취도 평가 결과 분석: 고등학교 수학**. 진천: 한국교육과정평가원.

장혜원 (2012). 미국의 수학교육과정 규준 CCSSM의 수학적 실천에 대한 고찰. **수학교육학연구**, 22(4), 557-580.

정혜윤, 이경화 (2016). 우리나라와 미국 수학 교과서의 과제 비교: 평행사변형 조건을 중심으로. **학교수학**, 18(4), 749-771.

황혜정, 조성민, 박지현 (2023). **수학교육학신론3**. 서울: 문음사.

Australian Curriculum, Assessment and Reporting Authority (ACARA, 2012). *The Australian curriculum: Mathematics*.

Common Core State Standards Iinitiative (CCSSI, 2010). *Common core state standards for mathematics* (*CCSSM*).

International Baccalaureate Organization (IBO, 2019). *Mathematics: Analysis and approaches guidd*.

Lannin, J., Ellis A. B., & Elliot, R. (2011). *Developing essential understanding of mathematical reasoning for teaching mathematics in prekindergarten-grade 8*. National Council of Teachers of Mathematics.

Ministry of Education Singapore (2012). *Matheamtics syllabus secondary one to four express course normal (academic) course*.

National Council of Teachers of Mathematics (NCTM, 2000). *Principles and standards for school mathematics*. VA: NCTM.

The Australian curriculum mathematics.

Thompson, D. R., Senk, S. L., & Johnson, G. J. (2012). Opportunities to learn reasoning and proof in high school mathematics textbooks. *Journal for Reasoning in Mathematics Education*, 43(3), 253-295

제 9 장

수학적 의사소통

수학 문제를 해결할 수는 있지만, 문제해결 과정과 자신의 수학적 아이디어를 다른 사람에게 설명하지 못한다면, 과연 그 문제해결 전략을 명확하게 이해하고 있다고 할 수 있을까? 수학을 학습한다는 것은 단순히 문제의 정답을 찾는 것을 넘어, 수학적 의사소통을 통해 자신의 수학적 아이디어를 표현하고, 다른 사람의 아이디어를 이해하는 것을 포함한다. 이러한 관점에서 문제해결 중심의 수학교육이 1980년대 미국수학교사협의회(National Council of Teachers of Mathematics: NCTM)에서 강조된 이후, 수학 교육자들은 '수학적 의사소통'에 많은 관심을 가져왔다. NCTM은 2000년에 출간된 '학교 수학을 위한 원리 및 규준'「Principles and Standards for School Mathematics」에서 수학적 의사소통을 학생들이 수학을 학습하는 과정에서 반드시 경험해야 할 핵심 과정 규준 중 하나로 제시하였으며, 우리나라 2022 개정 수학과 교육과정 또한 수학 교과 역량 중 하나로 의사소통 역량을 강조하고 있다. 따라서 수학 교사는 단편적인 문제해결 전략을 지도하는 것에 그치지 않고, 학생들이 자신의 수학적 아이디어를 말, 글, 그림, 기호 등 다양한 방법으로 표현하며, 다른 사람의 수학적 사고와 전략을 이해하고 평가하는 능력을 기를 수 있도록 지도해야 한다.

이에 이 장에서는 의사소통의 각 하위 요소별 지도 전략과 활동을 알아보고자 한다.

01 의사소통의 중요성

1.1. 교육적 의사소통의 특징

교육적 의사소통은 일반적인 의사소통과 비교할 때, 화자와 청자의 관계, 의사소통의 구조와 목적 등의 측면에서 차이가 있다.

의사소통(communication)은 라틴어 'communicare'에서 유래한 개념으로, 본래 정보나 소식을 전달하고 교환하는 행위를 가리킨다. 국립국어대사전은 이를 "가지고 있는 생각이나 뜻이 서로 통함"으로 정의한다. 그러나 학자들은 각자의 지식, 철학, 배경에 따라 의사소통을 조금씩 다른 관점에서 해석한다. 어떤 이들은 의사소통을 "사람들 사이에 생각, 감정, 태도, 믿음, 사실 등을 전달하는 과정"으로, 또 다른 이들은 "송신자와 수신자가 특정 채널을 거쳐 정보를 주고받는 과정"으로 보는 경우도 있다(성경환, 권동택, 2022, p. 10). 이처럼 다양한 해석이 존재하지만, 공통적으로 의사소통은 동등한 권리를 가진 화자들이 언어적·비언어적 방식으로 자유롭게 의견을 교환하는 과정으로 이해되고 있다.

교실에서 발생하는 '교육적 의사소통'은 일반적인 의사소통과는 몇 가지 점에서 구분된다. 첫째, 교육적 의사소통은 화자들 간의 동등한 관계를 전제하지 않는다. 수업의 목표를 달성하기 위해 교사가 설계한 수업 과정에서 의사소통이 시작되므로, 교사에게 더 많은 권한과 발언권이 부여된다. 둘째, 교실에서는 '일대일 의사소통'보다 '다대일 의사소통'이 더 자주 발생한다. 일반적으로 교사가 여러 명의 학생에게 질문을 던지고, 학생들이 이에 대해 답변하는 구조를 갖는다. 셋째, 교육적 의사소통은 학생들의 인지적·정의적 성장을 도모하기 위한 활동으로, 의사소통의 목적과 기대하는 결과물이 명확하다. 일반적인 의사소통은 때로 목표가 불분명하거나 없는 경우도 있지만, 교육적 의사소통은 지식 전달, 도덕 규범 형성 등 분명한 목적과 방향성을 가지고 있으며, 목표 달성 여부를 판단할 수 있는 기준 또한 명확하다.

교육적 의사소통은 전통적으로 교사가 주도권을 행사하는 형태로 이루어져왔으나, 최근에는 교사와 학생 간 상호작용을 통해 학습자를 의사소통의 주체로 격상시키는 방향으로 변화하고 있다. 이는 수동적인 학습 환경, 즉 교사의 일방적 의사소통으로는 학습자들이 자기주도적으로 지식을 탐구하고 수학적 문제해결 능력을 높이는 데 한계가 있다는 비판에 기인한다. 또한 교실 내 의사소통은 교사의 설명과 시범 중심의 수직적 의사소통뿐 아니라, 학생들 간 토론을 기반으로 한 수평적 의사소통, 그리고 학생 개개인이 메타인지 전략을 활용하여 자기 자신과 묻고 답하는 내적 의사소통 등 다양한 양상으로 전개된다([그림 9-1] 참고).

결국, 학습자는 교사나 또래 중에서 자기보다 높은 인지적 수준을 가진 상대와의 상호작용을 통해 우선적으로 지식을 습득하고, 이후 그 지식을 내면화하는 과정을 거

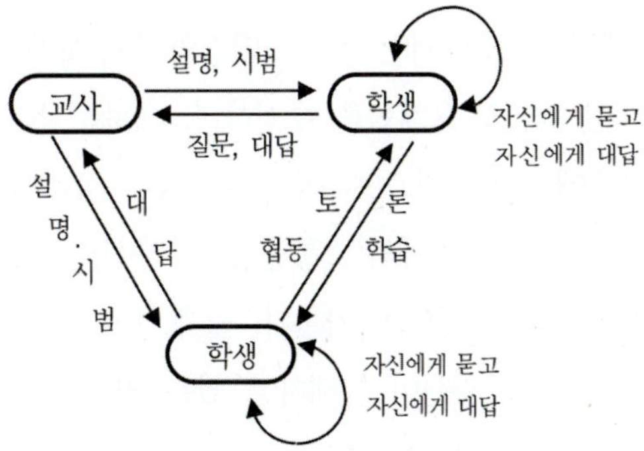

[그림 9-1]. 교육적 의사소통의 도식화(류현주, 2000, p. 54)

쳐 자신의 사고체계를 고도화한다. 이러한 점에서 교사는 수직적, 수평적, 개인적 차원의 의사소통 상황을 적절히 구성하여 학생들에게 다채로운 의사소통 경험을 제공해야 한다. 이를 통해 학생들은 자신의 아이디어를 체계적으로 조직하고, 타인의 아이디어를 비판적으로 수용하는 능력을 기를 수 있으며, 궁극적으로 학업 성취도 향상과 긍정적인 학습 태도 형성에 유리한 조건을 마련할 수 있다.

1.2. 수학교육에서 의사소통의 강조

> 수학적 의사소통은 교육적 의사소통에 비해 기호, 문자, 표, 그래프 등의 사용이 더욱 강조된다.

수학적 의사소통은 교육적 의사소통과 기본적인 의미를 공유하지만, 기호나 문자 사용이 더 강조된다는 점에서 차이가 있다. 이성애(2011)는 수학적 의사소통을 “수학 교수·학습 과정에서 발생하는 수학 과제 해결을 위해 일상 용어, 수학 용어, 그림, 표, 그래프, 수식, 기호 등 다양한 표현 수단을 사용하여 수학적 아이디어를 전달하고 수용하기 위한 말하기, 듣기, 읽기, 쓰기, 신체적 표현 등 다양한 활동”(p. 7)으로 정의하였다. 이와 유사하게, 안종수(2023)는 수학적 의사소통을 “수학적인 기호 체계 인식이나 기호 또는 문자 등을 활용하여 수학적 법칙이나 개념 등을 설명하거나, 수학에 관한 생각을 듣고 전달하는 활동”(p. 427)으로 정의하였다. 이러한 정의를 종합하면, 수학적 의사소통은 수학적 지식, 아이디어, 문제해결 과정과 결과, 신념 등을 다양한 기호나 글, 그림, 표, 그래프 등을 통해 공유하고 이해하며 표현하는 과정이라 할 수 있다.

수학적 의사소통의 근원은 고대 그리스 철학자 소크라테스의 대화법에서 찾을 수 있다. 그는 메논의 노예가 지니고 있던 수학적 오개념을 바로잡고자, 문답을 통해 ‘정사각형의 한 변의 길이를 두 배로 늘리면 그 넓이가 단순히 두 배가 되지 않는다’는 점을 스스로 깨닫도록 이끌었다. 노예는 소크라테스와의 수학적 의사소통을 바탕으로 자신의 기존 지식을 재검토하고, 오개념을 수정하며, 새로운 통찰을 얻을 수 있었다. 이러한 관점을 현대 교육에 적용하면, 수학적 의사소통을 강조한 수업은 다음과 같은 장점을 갖는다. 첫째, 학생들은 타인과의 소통을 통해 자신의 수학적 사고를 논리적으로 정리하고 명료하게 표현하는 능력을 기른다. 둘째, 다른 사람들의 수학적 사고와 전략을 관찰하고 탐구함으로써 자신이 이해하고 있는 범위를 확장하고 한층 풍부한 수학적 통찰을 얻을 수 있다. 셋째, 자신의 수학적 아이디어를 일관성 있고 분명하게 전달하는 과정을 통해, 궁극적으로 더 깊은 수학적 이해와 표현 능력을 발전시킬 수 있다.

이러한 장점으로 인해 수학적 의사소통은 여러 나라의 수학교육에서 중요한 요소로 강조되어 왔다. 미국의 NCTM은 1989년에 발표한 학교 수학을 위한 교육과정과 평가 규준「Curriculum and Evaluation Standards for School Mathematics」에서, 학생들이 급변하는 사회에 능동적으로 대처할 수 있는 능력과 소양을 기르기 위해 전통적인 계산 중심의 수학 학습을 넘어 추론과 의사소통을 활용하여 문제를 해결할 수 있는 경험을 제공해야 한다고 주장하였다. 특히, 의사소통과 관련된 교육 목표로서 학생들은 수학적으로 의사소통하는 방법을 배워야 한다고 강조하며, 다음과 같은 방안을 제시하였다.

> 학생들은 수학을 효과적으로 사용할 수 있는 능력을 개발하기 위해 수학적 기호, 상징, 용어를 정확하게 사용하는 방법을 배워야 한다. 이를 위해 학생들이 문제를 해결하는 과정에서 수학적 언어를 자연스럽게 사용할 수 있도록, 아이디어를 읽고, 쓰고, 토론할 수 있는 경험을 제공해야 한다. 이러한 과정을 통해 학생들은 자신의 아이디어를 전달하면서 자신의 생각을 명확히 하고, 구체화하며, 통합하는 방법을 배우게 된다.

이후, 수학적 의사소통의 중요성은 NCTM이 발간한 여러 문서에서 지속적으로 강조되어 왔으며, NCTM은 의사소통을 수학 학습의 핵심 요소로 보고 수학교실에서 의사소통의 활성화가 필요하다고 설명하였다. 특히, 수학 수업에서 교사가 고려해야 할 의사소통 관련 규준을 다음과 같이 제시되었다.

- 의사소통을 통해 수학적 사고를 조직하고 확고히 하기
- 자신의 수학적 사고를 동료, 교사, 다른 사람과 일관되고 명확하게 의사소통하기
- 다른 사람의 수학적 사고와 전략을 분석하고 평가하기
- 수학적 아이디어를 정확하게 표현하기 위해 수학 언어를 사용하기

이러한 규준은 수학적 의사소통의 정의와 일치하며, 이는 교사가 학생들이 수학적 지식과 아이디어를 기호, 글, 그림 등을 사용하여 표현하고 이해하는 학습 경험을 제

공해야 함을 의미한다. 수학적 의사소통은 미국뿐만 아니라 영국, 싱가포르, 일본, 중국의 수학 교육과정, 그리고 OECD가 주관하는 PISA(Programme for International Student Assessment) 평가틀에도 포함되어 있다. 예를 들어, 싱가포르 수학과 교육과정에서는 수학적 아이디어를 표현하고 소통하기 위해 적절한 기호, 표현, 약속을 사용하는 능력을 강조하고 있다. PISA 2012에서는 수학적 의사소통을 수학적 과정 중 하나로 정의하며, 학생들이 명제, 질문, 과제를 읽고 해석하는 능력과 문제를 해결한 후 이를 다른 사람에게 설명하고 정당화하는 능력을 기본적인 수학 능력으로 규정하고 있다. 이처럼 수학적 의사소통은 여러 국가에서 학생들이 수학을 깊이 이해하고 이를 타인과 효과적으로 공유할 수 있도록 돕는 중요한 요소로 자리매김하고 있다.

1.3. 우리나라 수학과 교육과정에 제시된 수학적 의사소통

우리나라 수학교육에서 수학적 의사소통이 본격적으로 강조된 것은 2009 개정 수학과 교육과정에서부터이지만, 그 이전의 교육과정에서도 수학적 의사소통의 중요성이 간접적으로 언급되었다. 예를 들어, 제1차 교육과정에서는 “수학적인 용어나 기호를 알려 이것을 바로 쓰게 함과 동시에 수학적인 개념에 대한 기초를 풍부히 한다”(문교부, 1955, p. 44)라고 기술하며, 수학적 아이디어를 이해하고 표현하는 필요성을 강조하였다. 또한, ‘수학적 힘의 신장’을 목표로 한 제7차 교육과정에서는 수학적 힘의 중요한 요소로 ‘수학에 관한, 수학을 통한 정보 교환 능력’을 포함시켜, 학생들이 자신의 생각과 아이디어를 수학적으로 표현하고 설명하는 능력의 중요성을 언급하였다.

2009 개정 수학과 교육과정에서는 이전 교육과정과 달리, 수학적 문제해결, 추론과 함께 수학적 의사소통을 ‘수학적 과정’의 핵심 요소로 명시하였다. 특히, 학생들의 수학적 의사소통 능력 함양을 강조하며, 교사 중심의 전통적인 수업 방식을 탈피하고 학생 중심의 능동적인 수학 학습을 구현하기 위해 수학적 의사소통의 활성화가 필수적이라고 언급하였다. 또한, 학생들이 의사소통을 통해 탐구, 토의, 묘사, 설명 등의 활동을 수행하면서 수학적 개념, 원리, 기능에 대한 지식을 심화하고 발전시킬 것을 제안하였다.

역량 중심의 2015 개정 수학과 교육과정에서는 의사소통 역량을 수학 교과의 핵심 역량 중 하나로 제시하며, 그 하위 요소의 의미와 기능을 상세히 설명하였다(〈표 9-1〉 참고). ‘수학적 표현의 이해’와 ‘수학적 표현의 개발 및 변환’은 개인적 수준의 의사소수학적 의사소통은 크게 개인적 수준의 의사소통과 사회적 수준의 의사소통으로 나눌 수 있다.

통으로, 학생과 수학 간의 상호작용을 의미한다. 이는 텍스트에 제시된 수학적 표현을 학생이 이해하고, 자신의 생각을 수학적 표현을 활용하여 나타내는 활동을 포함하며, 예로는 그리기, 읽기, 쓰기, 표 만들기, 그래프 그리기, 변환하기 등이 있다. 반면, '자신의 생각 표현'과 '타인의 생각 이해'는 사회적 수준의 의사소통을 의미하며, 이는 학생 간의 수평적 의사소통이나 교사와의 수직적 의사소통을 포함한다. 이러한 의사소통은 자신의 생각을 수학적으로 표현하고, 다른 사람의 수학적 표현을 이해하는 것을 목표로 하며, 설명하기, 쓰기, 보여주기, 토론하기, 경청하기, 질문하기 등의 활동을 포함한다.

〈표 9-1〉 수학적 의사소통의 하위 요소 (교육부, 2015, p. 17)

하위 요소	의미	기능의 예
수학적 표현의 이해	수학적 표현을 정확하게 이해하고 사용하는 것	그리기, 읽기, 쓰기, 표현하기, 서술하기
수학적 표현의 개발 및 변환	자신의 수학적 아이디어를 정확하게 표현하고 변환하는 것	표 만들기, 그래프 그리기, 그림 식 표 등으로 나타내기, 변환하기
자신의 생각 표현	수학적 아이디어와 결과를 다른 사람에게 정확하게 표현하는 것	설명하기, 쓰기, 말하기, 보여주기, 토론하기
타인의 생각 이해	다른 사람의 수학적 아이디어를 정확하게 이해하고 평가하는 것	경청하기, 질문하기, 파악하기, 토론하기

2015 개정 수학과 교육과정과 마찬가지로 2022 개정 수학과 교육과정에서도 수학적 의사소통을 핵심 역량 중 하나로 제시하며, 이를 "학생들이 수학적 사고와 전략에 대해 의사소통하고 수학적 표현의 편리함을 인식할 수 있는 역량"(교육부, 2024, p. 50)으로 정의하였다. 2022 개정 수학과 교육과정에서 제시한 교수·학습 및 평가 방법은 〈표 9-2〉와 같으며, 교육과정 성취기준에 포함된 수학적 의사소통의 예시는 〈표 9-3〉에 제시되어 있다. 교수·학습 방법을 살펴보면, (1)과 (2)는 학생 개인과 수학 간의 의사소통에 대한 설명으로 학생들의 수학적 용어, 기호, 표, 그래프에 대한 이해와 표현을 강조하고 있다. 반면, (3)과 (4)는 학생과 타인 간의 수학적 의사소통에 관한 것으로 수학적 의사소통이 활성화된 교실 문화 구축을 강조하였다. 이와 유사하게 평가 방법도 개인적 수준과 사회적 수준의 의사소통에 모두에 대해 평가할 것을 제시하고 있다.

〈표 9-2〉 수학적 의사소통 교수·학습 및 평가 방법(교육부, 2022, pp. 44, 48)

교수·학습 방법	평가 방법
(1) 수학 용어, 기호, 표, 그래프 등의 수학적 표현을 정확하게 사용하고 표현끼리 변환하게 한다. (2) 학생이 자신의 사고와 전략을 수학적 표현으로 나타내고 설명하면서 수학적 표현의 편리함을 인식하게 한다. (3) 학생 간 상호 작용과 질문이 활발한 교실 문화를 조성하고 수학적으로 의미 있는 의사소통이 이루어지도록 적절한 과제를 제시하고 안내한다. (4) 수학적 아이디어에 대해 상호 작용하는 과정에서 타인을 배려하고 의견을 존중하는 태도를 기르게 한다.	의사소통 역량의 평가는 수학 용어, 기호, 표, 그래프 등 수학적 표현을 이해하고 정확하게 사용하는지, 적절한 수학적 표현을 선택할 수 있는지, 수학적 표현 간에 변환을 할 수 있는지 고려한다. 수학적 아이디어나 수학 학습 과정 및 결과에 대해 표현하고 다른 사람의 견해를 이해하는지, 수학적 표현의 편리함을 인식하는지, 타인을 배려하고 의견을 존중하는지 등을 고려한다.

〈표 9-3〉 교육과정 성취기준 5~6학년군에 제시된 수학적 의사소통의 예

수준	교육과정 성취기준
개인적 수준	[6수01-02] 실생활과 연결하여 이상, 이하, 초과, 미만의 의미와 쓰임을 알고, 이를 활용하여 수의 범위를 나타낼 수 있다. [6수01-14] '(자연수)÷(자연수)'에서 나눗셈의 몫을 소수로 나타낼 수 있다. [6수02-02] 두 양의 크기를 비교하는 상황을 통해 비의 개념을 이해하고, 두 양의 관계를 비로 나타낼 수 있다. [6수04-04] 사건이 일어날 가능성을 말로 표현하고 비교할 수 있다.
사회적 수준	[6수01-12] 분수와 소수의 관계를 이해하고 크기를 비교하며 그 방법을 설명할 수 있다. [6수03-01] 도형의 합동을 이해하고, 합동인 도형의 성질을 탐구하고 설명할 수 있다. [6수03-05] 각기둥과 각뿔을 이해하고, 구성 요소와 성질을 탐구하고 설명할 수 있다.
개인적·사회적 수준	[6수02-01] 한 양이 변할 때 다른 양이 그에 종속하여 변하는 대응 관계를 나타낸 표에서 규칙을 찾아 설명하고, □, △ 등을 사용하여 식으로 나타낼 수 있다.

* 교육과정에 제시된 성취기준을 수학적 의사소통 유형별로 재분류한 것으로 교육자의 관점에 따라 다른 방식으로 분류될 수도 있다.

이처럼 우리나라 수학과 교육과정은 여러 차례 개정되었음에도 불구하고, 수학적 의사소통을 중요한 목표로 설정해 왔으며, 교수·학습 방법과 평가 측면에서 이를 구체화하는 방안을 지속적으로 탐색해왔다. 교사는 학생들이 수학적 아이디어를 표현할 수 있는 다양한 기회를 제공해야 하며, 학생들이 교사 및 동료와 협업하고 토론함으로써 아이디어를 공유하고, 비교하며, 평가할 수 있는 교실 환경을 조성해야 한다. 이러한 노력들은 학생들의 의사소통 역량을 함양하는 데 긍정적인 영향을 미칠 것이다.

토의문제 1

2022 개정 수학과 교육과정 성취기준에 제시된 수학적 의사소통의 예를 찾아 각 유형별로 분류하시오.

02 수학적 의사소통의 유형

수학적 의사소통은 전달 방식, 방향성, 상호작용 패턴에 따라 분류될 수 있다.

학자들은 다양한 관점에서 수학적 의사소통의 분류 기준을 제시해 왔다. 이 장에서는 김성화(2010)와 이종희, 김선희(2002)의 연구를 참고해 대표적인 의사소통 분류 기준과 그 하위 요소를 살펴보고, 교사가 수학적 의사소통을 구현할 때 주의해야 할 점에 대해 논의하고자 한다.

2.1. 전달 방식에 따른 분류

수학적 의사소통은 정보가 전달되는 형태에 따라 구어적 의사소통, 문어적 의사소통, 신체적 활동으로 분류될 수 있다(〈표 9-4〉 참고). 또한 이러한 분류는 받아들이기(수용)와 표현하기의 측면에서 구분된다. 구어적 의사소통은 듣기와 말하기로 나뉘며, 문어적 의사소통은 읽기와 쓰기로 추가적으로 분류된다. 신체적 활동의 경우에는 다른 사람의 신체 활동을 해석하는 것과 자신의 신체 활동으로 표현하는 것으로 나뉜다.

각 유형은 전통적 방식과 비전통적 방식으로도 나눌 수 있다. 전통적 방식에서는 학습자가 수동적으로 지식을 받아들이며, 교사가 의사소통을 주도하는 수직적이고 교사 중심적인 형태를 띤다. 반면, 비전통적 방식에서는 교사가 학습 촉진자의 역할을 하며, 학습자가 의사소통의 주체가 되어 자신의 생각을 활발히 표현하는 수평적이고 학생 중심적인 형태가 나타난다.

예를 들어, 구어적 의사소통의 받아들이기 측면에 해당하는 '듣기'는 교사의 설명을 수동적으로 듣는 전통적 듣기 활동과 동료나 교사의 말을 평가적, 분석적, 해석적으로 듣는 비전통적 듣기 활동으로 구분된다. 문어적 의사소통의 표현하기 측면에 해당하는 '쓰기'는 수학적 알고리즘 쓰기, 교사가 제시한 문제 풀이, 그래프 모방하기와 같은 전통적 쓰기 활동과 설명하기, 반성하기, 이야기 만들기, 요약하기, 정의하기, 그래프 만들기 등과 같은 비전통적 쓰기 활동으로 나눌 수 있다.

〈표 9-4〉 전달 방식에 따른 수학적 의사소통 분류(김상화, 2010, pp. 32-33, 수정)

표현 방식	받아들이기		표현하기	
구어적 의사소통	듣기	(전통적 방식) 교사의 말을 수동적으로 듣기	말하기	(전통적 방식) 닫힌 질문에 답하기
		(비전통적 방식) 동료, 교사의 말을 평가적, 분석적, 해석적 듣기		(비전통적 방식) 열린 질문에 답하기, 토론하기, 정당화하기, 질문하기, 보고서 발표하기
문어적 의사소통	읽기	(전통적 방식) 교사나 교과서가 제시한 문제나 그래프 읽기	쓰기	(전통적 방식) 수학적 알고리즘 쓰기, 교사가 제시한 문제 풀이, 그래프 모방
		(비전통적 방식) 이야기, 책, 신문, 동료의 글에 제시된 그래프와 수학적 정보 읽기		(비전통적 방식) 실제적, 창의적, 상상에서 나온 설명하기, 반성하기, 이야기 만들기, 요약하기, 정의하기, 그래프 만들기
신체적 활동	다른 사람의 활동 해석하기	(전통적 방식) 교사의 행동 해석	신체 활동을 수행하며 보여 주기	(전통적 방식) 구체물 조작
		(비전통적 방식) 다른 학생의 행동 해석		(비전통적 방식) 역할극, 마임, 증명하기, 게임, 구어나 문어를 보고 구체물로 다시 표현하기

2.2. 방향성에 따른 분류

방향성에 따른 의사소통 분류는 송신자와 수신자 간의 관계에 초점을 맞춰 의사소통을 분류하는 방식이다(〈표 9-5〉 참고). 예를 들어, 교사와 학습자 간의 의사소통은 수직적 의사소통으로 정의되며, 학습자들 간의 의사소통은 수평적 의사소통으로 분류된다. 그러나, 수학적 토론과 같이 교사와 학습자가 동등한 권위를 가지는 경우, 수평적 의사소통이 이루어질 수도 있다. 반대로, 수학 학습 수준이 높은 학습자가 학습 수준이 낮은 학습자에게 지식을 전달하는 상황에서는 수직적 의사소통이 발생할 수 있다. 따라서, 방향성에 의한 의사소통 분류는 단순히 송신자와 수신자가 누구인지에 기반하기보다는, 의사소통에 참여하는 사람들 간의 지식 수준과 권위 관계가 어떻게 설정되어 있는지를 기준으로 판단하는 것이 더 적절하다.

또한, 방향성에 따른 의사소통은 일방향적 의사소통(단방향적 담화)과 쌍방향적 의사소통(대화적 담화)으로 구분된다. 일방향적 의사소통은 주로 교사나 학습 수준이 높은 학습자가 지시하거나 수정을 요구하는 형태로, 학습 수준이 낮은 학습자는 이에 단답형으로 답하거나 지시에 따른 행동을 수행한다. 이 경우, 의사소통의 흐름은 한쪽 방향으로만 진행되며, 단기간에 많은 정보를 암기해야 하는 상황에서 활용될 수 있다. 반면, 쌍방향적 의사소통은 교사와 학습자가 수학적 권위를 공유하며, 상호작용을 통해 수학적 지식을 함께 탐구하고 토론하는 방식이다. 이 과정에서 대화의 참여자는 서로의 의견을 경청하고, 질문을 주고받으며, 다양한 관점을 제시하거나 반박함으로써 수학적 사고를 발전시킨다. 쌍방향적 의사소통은 학생들의 적극적인 참여와 비판적 사고를 촉진하여 학습 효과를 극대화하는 데 중요한 역할을 한다.

〈표 9-5〉 방향성에 따른 수학적 의사소통 분류

유 형	의 미
수직적 의사소통	- 권위를 가진 교사와 학생 간의 의사소통 - 학습 수준이 높은 학생과 수준이 낮은 학생간의 의사소통
수평적 의사소통	- 학생과 권위를 공유한 교사와 학생 간의 의사소통 - 동등한 학습 수준을 가진 학생들 간의 의사소통
일방향적 의사소통	- 교사나 학습 수준이 높은 학생이 주도권을 가진 지시적 의사소통
쌍방향적 의사소통	- 권위를 교사와 학생이 공유하며 수학적 지식을 함께 탐구해 가는 의사소통

2.3. 상호작용 패턴에 따른 분류

수학적 의사소통은 교사와 학습자 간의 질문과 답변이 이루어지는 상호작용 패턴에 따라 깔때기형 패턴(funnel pattern)과 초점형 패턴(focus pattern)으로 구분된다. 이 두 패턴은 주로 말하기 및 듣기와 관련된 의사소통 유형이다. 깔때기형 패턴은 넓은 범위의 질문으로 시작하여 점차 구체적이고 특정한 답변이나 결론으로 대화를 이끄는 방식이다. 교사는 여러 단계의 질문을 통해 학생들이 설명을 이해하고 있는지 확인하며, 학생들은 교사의 질문에 따라 단계적으로 답을 제시하며 사고 과정을 따라간다(〈표 9-6〉 참고). 예를 들어, 평행사변형의 넓이를 가르칠 때, 교사는 "평행사변형이란 무엇인가요?"와 같은 일반적인 질문으로 시작해 "평행사변형의 넓이를 구하는 공식을 말해볼까요?"와 같은 구체적인 질문으로 발전시킬 수 있다. 깔때기형 패턴은 학생들의 답변을 확인 및 수정하고 수학적 개념과 절차를 명시적으로 지도하는 데 유용하지만, 의사소통이 지나치게 교사 중심으로 진행될 경우 학생들의 창의적 문제해결 능력이 저하될 위험이 있다.

초점형 패턴은 특정 주제를 심도 있게 탐구하는 데 중점을 둔다. 학생들은 문제를 심층적으로 분석하며 사고를 확장하게 된다. 예를 들어, 이분모 분수의 크기를 비교하거나 통분 개념을 가르칠 때, 교사는 "이 방법이 왜 효과적인지 정당화할 수 있나요?"와 같은 질문을 제시하며 학생들의 논리적 사고와 개념 이해를 촉진한다. 초점형 패턴은 문제해결 전략 탐구와 논의를 중심으로 하며, 학생들의 자율성과 수학적 탐구를 강조한다. 교사는 정답이나 특정 전략을 제시하기보다는 열린 질문을 통해 학생들의 인지적 사고를 자극하고, 스스로 아이디어를 점검하고 명확하게 표현할 기회를 제공한다. 다만, 초점형 패턴을 활용한 학습 활동 후 교사가 수업 내용을 정리하지 않으면, 학생들이 의사소통의 목적과 학습 주제를 명확히 인식하지 못할 가능성이 있다. 따라서 교사는 활동 이후 논의와 탐구의 결과를 체계적으로 정리하며 학습 목표와 연결해서 설명해야 한다.

〈표 9-6〉 상호작용 패턴에 따른 의사소통 유형

패턴	활용 목적과 예시
깔때기형 (교사 중심 의사소통)	- 교사의 풀이 방법 설명, 학생의 정답 확인 및 수정, 수학적 개념과 절차를 명시적으로 지도하기
	- 사각형의 특징에 대해 이야기해 볼까요?(일반적인 질문) - 평행의 뜻을 이야기해 볼까요?(구체적인 질문) - 제시된 사각형에서 평행한 변을 모두 찾아볼까요?(구체적인 예시) - 평행한 변은 모두 몇 쌍이 존재하죠?(구체적인 답변 요구) - 마주보는 두 쌍의 변이 평행한 사각형을 무엇이라고 할까요(특정 개념으로 유도)
초점형 (학생 중심 의사소통)	- 학생의 해결 전략 보고하기, 학생의 탐구 및 논의
	- $\frac{3}{4}$과 $\frac{2}{3}$중 더 큰 것은 무엇이라고 생각하나요?(문제 제시) - 왜 그렇게 생각하나요?(언어적 정당화 요구) - 그림으로 설명할 수 있나요?(시각적 정당화 요구) - 분모가 다른 분수의 크기를 비교하는 방법에 대해 설명해 볼까요?(개념 확장 및 일반화)

교사는 수평적이고 쌍방향적인 초점형 의사소통 전략을 적극적으로 활용할 필요가 있다.

앞서 언급한 것처럼, 최근 수학 교육은 학생의 탐구와 참여에 중점을 둔 학생 중심의 의사소통을 강조하고 있다. 따라서 교사는 전통적인 교사 중심의 수직적, 일방향적, 깔때기형 의사소통 전략뿐만 아니라, 학생들에게 풍부한 수학 학습 경험을 제공하기 위해 수평적, 쌍방향적, 초점형 의사소통 전략과 같은 비전통적인 의사소통 방식을 사용할 필요가 있다. 교사가 다양한 수학적 의사소통 전략을 활용하면, 학생들은 수학적 지식을 명확하게 이해하고 발전시킬 수 있을 뿐만 아니라, 학습에 책임감을 갖고 수업에 주체적으로 참여하게 될 것이다.

03 수학적 의사소통의 지도

이 장에서는 수학적 의사소통을 전달 방식에 따라 말하기, 듣기, 읽기, 쓰기로 구분한 후, 구체적인 지도 전략을 사례와 함께 살펴보고자 한다.[1]

3.1. 말하기

(1) 말하기의 특징과 지도 시 유의점

말하기는 자신의 생각이나 의도를 상대방이 이해할 수 있도록 음성과 언어로 표현하는 행위를 의미한다. 이는 머릿속의 내용을 언어로 변환하는 인지 과정으로, 표준국어대사전에서는 이를 "생각, 느낌, 의견 등을 말로 정확하게 표현하는 것"이라고 정의하고 있다. 교실에서의 말하기는 교육적 목표를 달성하기 위한 과정에서 화자와 청자가 서로의 의도를 명확히 이해하도록 여러 발화가 연속적으로 이루어지는 특징이 있다. 또한, 일상적인 말하기와는 달리, 교실 내 말하기는 청자에게 교육적 변화를 유도하기 위한 체계적이고 구조적인 성격을 가지며, 종종 '담화'로도 불린다. 표준국어대사전에서 담화는 "서로 이야기를 주고받는 것"으로 정의되며, 교실 담화는 교사와 학생이 학습 목표를 달성하기 위해 주고받는 일련의 의사소통 과정을 의미한다. 이처럼 말하기와 담화는 의미에서 약간의 차이가 있으나, 본 글에서는 '말하기'라는 용어로 통일하여 서술하였다.

교실 내 말하기의 형태는 교사가 설정한 교사와 학생의 역할에 따라 달라지며, 사용되는 질문의 유형, 수학적 사고를 설명하는 방식, 수학적 표현과 기호의 사용, 학생 참여 수준 등 다양한 요인에 영향을 미친다. 수학 교실에서의 말하기는 다양한 수준으로 이루어질 수 있으며(〈표 9-7〉 참고), 교사는 학습자 중심의 교실 문화를 조성하여 높은 수준의 말하기를 구현해야 한다. 구체적으로 살펴보면, 교사는 지식 전달자의 역할에서 벗어나 안내자로 변해야 하며, 학생은 지식의 수용자에서 탐구자 또는 생산

1 이번 장에서 제시된 예시 자료는 2015 개정 수학과 교육과정에 기반한 교과서를 활용 하였음.

자로서의 역할을 강화해야 한다. 교사는 학생들이 자신의 수학적 아이디어를 표현하고 정당화하며, 다른 사람의 아이디어를 비판적으로 검토할 기회를 제공해야 한다. 학생들은 짝 활동, 소그룹 토론, 전체 교실 발표를 통해 자신의 수학적 아이디어를 설명해야 하며, 다른 사람의 설명을 주의 깊게 듣고, 질문을 제기하며, 비판적으로 평가한 뒤 이를 자신의 언어로 표현함으로써 동료의 사고를 이해해야 한다. 또한, 동료의 주장에 대해 반례를 제시하거나 반박할 수 있는 환경이 조성되어야 한다. 이러한 과정을 통해 학생들은 수학적 사고를 심화하고, 논리적이며 비판적인 사고 능력을 발전시킬 수 있다.

〈표 9-7〉 수학 교실 내 말하기 수준(Hufford-Ackles, Fuson, & Sherin, 2014, pp. 88-90, 수정)

수준	교사의 역할	수학적 사고와 말하기의 주안점	학생의 역할
0	교사가 말하기를 주도한다. 교사는 질문하고 지식을 전달하는 사람이다.	교사가 정답을 설명하거나 정답에 초점을 둔 질문을 제시한다.	학생은 교사의 설명을 조용히 듣고, 질문을 받았을 때만 교사의 질문에 짧게 대답한다.
1	교사는 수학적 아이디어의 공유를 장려하며, 발표자가 교사에게만 이야기하는 것이 아니라 학급 전체를 대상으로 말하도록 유도한다	교사의 질문은 학생의 생각을 탐구하는 데 중점을 두고, 답변보다는 그 과정에 집중한다. 그러나 질문은 교사만이 제기한다.	학생은 교사의 질문에 대해 간략히 답변한다. 학생들은 서로의 의견을 경청하며, 다른 학생의 발언을 자신의 말로 다시 표현한다.
2	교사는 학생들 간의 대화를 촉진하고 학생들이 서로에게 질문하도록 장려한다.	교사는 학생들의 수학적 사고를 파악하기 위해 탐색적인 질문을 제시하고, 다양한 전략을 이끌어내기 위한 질문을 던진다.	학생은 자신의 생각을 자발적으로 표현하고, 자신의 생각을 정당화하기 시작한다. 학생은 교사의 안내에 따라 서로 질문한다.
3	교사는 대화의 중심에서 벗어나 안내자의 역할을 맡으며, 학생의 말을 주의 깊게 듣고 그들의 사고를 따라간다. 그러나 교사의 질문은 여전히 수학적 의사소통을 이끌어갈 수 있다.	학생이 주도적으로 대화를 이끌며 질문을 제기한다. 많은 질문이 '왜'를 묻고 그에 대한 정당화를 요구한다. 학생은 교사의 지시가 없이도 자신의 생각을 방어하고 정당화한다.	학생은 수학적 리더로서 적극적으로 의문을 제기하고 지식을 탐구하며, 다른 사람의 사고 형성에 기여한다.

(2) 발문[2] 유형

교실에서의 말하기는 일반적으로 교사의 발문, 학생의 응답, 교사의 피드백으로 구성된다. 질문은 특정 내용을 모르는 사람이 그 내용을 아는 사람에게 던지는 물음을

2 많은 학자들이 질문과 발문을 명확히 구분하지 않고 혼용하여 사용하는 점을 고려하여, 본 글에서도 질문과 발문을 혼용하여 사용하였다. 그러나 이번 장에서는 발문의 정의를 설명하기 위해 질문과 발문을 구분하여 사용하였다.

의미한다. 그러나 교실에서 교사가 제시하는 질문은 교수학습 과정에서 학습자의 사고를 자극하고 학습 동기를 유발하기 위한 문제 제기로, 단순히 답을 얻는 데 중점을 두지 않는다. 이러한 이유로 교수·학습 과정에서 교사가 제시하는 질문을 '발문'이라고 정의하기도 한다. 발문은 교수 내용과 방향을 제시하는 단서로서 학습자에게 나침반과 같은 역할을 한다. 따라서 교사가 사용하는 발문은 학습자의 사고, 행동, 응답, 그리고 학습 경험에 영향을 미치며, 교사가 어떤 발문을 제시하느냐에 따라 학생의 응답과 수업의 말하기 패턴이 결정된다.

교사의 발문은 학생의 수학적 사고에 영향을 미치므로, 교사는 확산적 사고를 자극하는 발문을 적극적으로 사용할 필요가 있다.

학자들은 교사의 발문을 다양한 관점에서 구분하고 있는데, 권오남 외(2007)는 교사의 발문을 지시(directing), 설명(telling), 질문(questioning), 다시 말하기(revoicing)로 분류하였다. 또한, Boaler와 Brodie(2004)는 수학 교사의 발문 유형을 〈표 9-8〉과 같이 보다 세밀하게 제시하였다. 특히, 학생 중심의 말하기를 촉진하기 위해서는 정보

〈표 9-8〉 수학 교사의 발문 유형(Boaler & Brodie, 2004, p. 777, 수정)

유형	설명	예시
1. 정보 모으기, 학생들을 하나의 전략으로 유도하기	- 즉각적인 답변 요구 - 학생들이 알려진 사실이나 설차를 말할 수 있도록 유도	이 식에서 □의 값은 무엇일까? 그것을 어떻게 표현할까?
2. 용어 삽입하기	- 아이디어가 논의될 때, 올바른 수학적 용어를 사용해서 이에 대해 이야기하도록 한다.	이것의 이름은 무엇일까? 이것을 어떻게 표현할 수 있을까?
3. 수학적 의미와 관계 탐색하기	- 관련된 수학적 관계와 의미를 언급한다. - 수학적 아이디어와 표현을 연결한다.	그림/수직선에서 □는 어디에 있을까? 확률은 무엇을 의미할까?
4. 증명, 학생들이 자신의 생각을 설명하도록 요구하기	- 학생에게 아이디어를 표현하고 정교화하며 명확하게 설명하도록 요구한다.	어떻게 10을 얻었지? 너의 생각/의견을 설명해 줄래?
5. 토론 하기	- 학급의 다른 구성원들의 참여를 요청한다.	이것에 대해 다른 의견이 있어? 진수야, 뭐라고 말 했어?
6. 연결과 적용하기	- 수학적 아이디어간의 연결 그리고 타 교과 및 생활 영역 간의 관계를 언급한다.	다른 문제/상황에 이 방법을 적용할 수 있을까? 어떤 문제/상황에 이것을 사용했지?
7. 사고 확장하기	- 학습 중인 내용을 유사한 아이디어가 사용될 수 있는 다른 상황으로 확장한다	다른 문제/상황에도 이것을 적용할 수 있을까?
8. 방향 설정 및 집중하기	- 학생들이 문제해결을 위해 문제의 핵심적인 측면에 집중할 수 있도록 지원한다.	문제에서 요구하는 것은 무엇이지? 이것이 중요한 이유는 무엇이지?
9. 문맥 설정하기	- 수학과 연관된 수학 외의 주제에 대해 이야기한다.	복권이란 무엇일까? 복권을 사려면 몇 살이 되어야 하지?

모으기나 학생들을 하나의 전략으로 유도하는 발문보다는, 학생들이 자신의 생각을 설명하도록 요구하기, 토론 시작하기, 연결과 적용하기 등 확산적 사고를 자극하는 발문을 사용하는 것이 중요하다고 강조하였다.

(3) 교과서에 제시된 말하기 활동

수학 교과서에서는 학습자들이 수학적 지식의 의미와 관계를 탐구하고 사고를 확장할 수 있도록 자신의 생각을 말로 표현하는 활동이 거의 모든 차시에 포함되어 있다. 교과서에 제시된 말하기 유형은 크게 두 가지로 나뉜다. 첫 번째 유형은 수학적 지식을 소개하기 전에 학습자들이 자신의 생각을 말하도록 유도하는 것이다. 예를 들어, "서로 평행한 두 면이 있는 입체도형의 특징을 말해 보세요"라는 질문을 통해 학습자들은 다양한 입체도형의 공통점과 차이점을 탐구하고, 그 결과를 언어로 표현하게 된다(〈표 9-9〉 왼쪽). 이 과정에서 학습자들은 각기둥의 특징에 주목하게 되고, 이를 다른 입체도형과 비교하며 이해를 심화시킨다. 이러한 활동을 통해 학습자들은 단순한 관찰에서 나아가 '각기둥'이라는 용어를 익히며, 개념 형성을 자연스럽게 이루게 된다.

두 번째 유형은 수학적 지식을 학습한 이후, 관련 문제를 해결하며 자신의 풀이 과정을 설명하고, 문제를 통해 새롭게 알게 된 사실을 말하는 것이다. 예를 들어, 소수의

〈표 9-9〉 수학 교과서에 제시된 말하기의 예

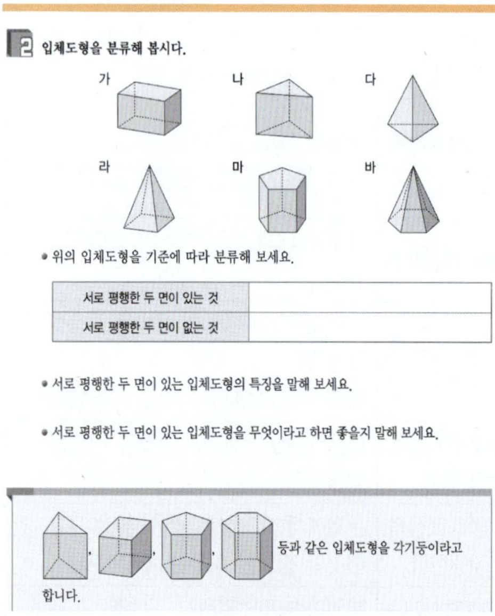

6-1. 2. 각기둥과 각뿔, p. 29

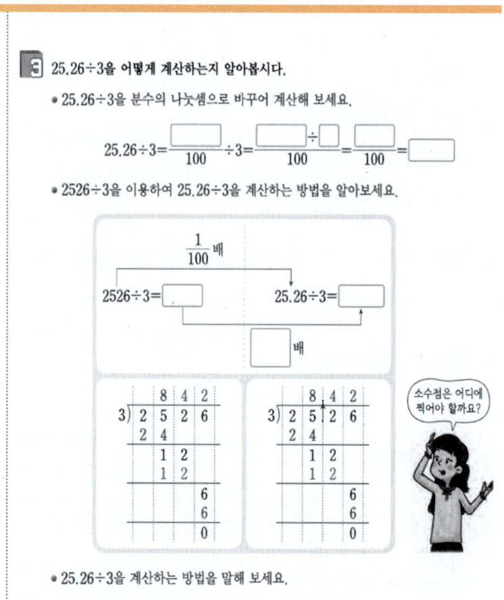

6-1. 3. 소수의 나눗셈, p. 55

나눗셈에 대한 절차적 지식을 습득한 후, '25.26 ÷ 3'을 해결하고, "25.26 ÷ 3을 계산하는 방법을 말해 보세요"(〈표 9-9〉 오른쪽) 와 같은 발문을 통해 학습자들에게 소수의 나눗셈을 계산하는 방법을 자신의 언어로 설명할 수 있는 기회를 제공할 수 있다. 학생들은 이 질문에 대해 소수를 분수로 변환하여 계산하기, 소수를 자연수로 바꿔서 계산하기, 세로셈으로 계산하기 등 다양한 방식으로 답할 수 있다.

교과서의 질문은 답이 정해진 닫힌 질문과 답이 정해지지 않은 열린 질문으로 나눌 수 있다. 그러나 수업 상황과 학생의 특성에 따라 닫힌 질문과 열린 질문의 경계가 모호해질 때가 많다. 예를 들어, "서로 평행한 두 면이 있는 입체도형의 특징을 말해 보세요"라는 질문에 대해 학습자들은 "서로 평행한 두 면이 합동입니다"와 같은 정형화된 답을 할 수 있지만, "두 면이 만나지 않는다", "옆면과 수직이다", "다각형으로 구성되어 있다"와 같은 예상하지 못한 답변을 할 수도 있다. 따라서 닫힌 질문과 열린 질문을 구분하는 것보다 중요한 것은, 학습자들이 자신의 사고를 말로 표현하고, 다른 학생의 지식을 비판적으로 점검하며 수학적 지식을 공고히 할 수 있도록 교과서에 제시된 말하기 활동을 적극적으로 활용하는 것이다.

3.2. 듣기

(1) 듣기의 특징과 지도 시 유의점

듣기란 남의 말을 올바르게 알아듣고 이해하는 일로서 자신의 생각을 표현하는 쓰기와 말하기 보다는 초보적인 의사소통 수단이다. 그러나, 수학 교실에서 학습자는 상당 부분의 시간을 교사의 말을 듣는데 보내기 때문에 듣기 역량은 학습자의 수학적 이해와 성장에 매우 중요한 역할을 한다. 말하기와 연결지어 살펴보면, 전통적인 듣기 활동은 교사의 일방향적인 의사소통을 학습자가 수동적으로 받아들이는 활동을 의미한다. 그러나, 최근에는 외부로부터 전달되는 음성 정보를 자신의 배경 지식을 활용해 능동적으로 이해하고 재구성하는 정신 활동을 듣기로 보는 시각이 보다 우세하다.

듣기는 구어를 통한 의사소통이기 때문에 많은 정보가 짧은 시간 안에 전달되며, 집중하지 않으면 전달된 정보를 이해하기 어렵다. 또한, 화자의 언어 사용에 따라 정보 전달의 정확성이 달라질 수 있으므로, 교사는 학습자의 수준에 맞춰 정확한 발음, 알맞은 속도, 적절한 단어로 말해야 한다. 듣기 전 단계에서는 관련 단어와 사전 지식을 언급하거나 시각 자료를 활용하여 배경지식을 활성화해야 한다. 또한, 내용이 어려울 경우 어느 부분에 집중해야 할지 안내하여 듣기의 부담을 줄일 수 있다. 듣기 중 단계에는 듣기에만 집중할 수 있는 환경을 조성하고, 다른 유형의 의사소통(예: 말하기) 활동은 삼가야 한다. 듣기 후 단계에는 화자가 전달한 내용을 학생들이 정확히 이해했는지 확인하고, 이를 바탕으로 수학적 의사소통에 참여할 수 있는 기회를 제공해야 한다.

(2) 듣기 지도 전략

> 수학 교실에서의 듣기는 평가적 듣기, 해석적 듣기, 그리고 해석학적 듣기로 구분할 수 있다.

수학 교실 내의 듣기는 일반적으로 평가적 듣기, 해석적 듣기, 해석학적 듣기로 나뉜다(〈표 9-10〉 참고). 평가적(Evaluative) 듣기는 화자의 발언이 정확한지를 확인하기 위해 듣는 방식으로, 표면적으로 듣는 특성이 있다. 이는 비판적 성찰 없이 발언의 사실 여부를 확인하는 데 초점을 두며, 주로 교사가 이미 정답을 알고 있는 문제를 확인할 때 자주 나타난다. 예를 들어, 교사가 "2 더하기 2는 얼마인가요?"라고 묻고, 학생이 "4"라고 답했을 때 교사가 "맞습니다"라고 응답하는 상황이 이에 해당한다.

해석적(Interpretive) 듣기는 상대방의 생각을 이해하려는 목적을 가진 듣기 방식이다. 발언의 정확성에 초점을 둔 평가적 듣기와는 달리, 화자의 사고를 탐구하고 이에 응답하는 데 중점을 둔다. 예를 들어, 교사가 "그 부분을 더 설명해 줄 수 있나요?"라

〈표 9-10〉 듣기 유형(Davis,1997; Hintz & Tyson, 2015, p. 307 수정)

듣기 유형	특징	예시
평가적 듣기	듣기의 주된 목적은 발언의 정확성을 평가하는 것이다. 듣기는 화자 자신의 생각, 타인(교사)의 생각, 또는 정형화된 사고(예: 알고리즘)를 재현하는데 초점을 둔다.	"2 더하기 2는 얼마인가요?" "맞습니다." "틀렸습니다."
해석적 듣기	듣기는 다른 사람의 사고를 이해하기 위해 화자의 생각을 탐색하고, 이에 응답할 기회를 제공하는 것을 목적으로 한다. 이를 통해 청자는 화자의 사고를 재구성하게 된다.	"그 부분에 대해 더 설명해 주시겠어요?" "다른 방식으로 말해 줄 수 있나요?"
해석학적 듣기	청자와 화자가 공동의 목표를 달성하기 위한 듣기로, 모두에게 열려 있고 비판적인 특성을 지닌다. 청자는 자신의 생각을 유지하면서도 타인의 생각을 경청하며, 상호작용을 통해 새로운 관점과 이해를 형성한다. 단순히 정보를 수용하는 데 그치지 않고, 대화에 참여하는 모든 이들에게 새로운 사고와 성장을 가져오는 생산적인 듣기로 작용한다.	"그 해결책에 대해 어떻게 생각하세요?" "이것이 우리에게 무엇을 말해 주나요?"

고 묻는 경우, 이는 학생의 생각을 더 깊이 이해하려는 의도를 보여준다. 이를 통해 학생은 자신의 사고를 확장하고, 교사는 학생의 수학적 사고를 파악해 수업을 설계할 수 있다.

해석학적(Hermeneutic) 듣기는 교사와 학생이 상호작용을 통해 공동의 목표를 달성하기 위한 듣기 방식이다. 이는 여러 관점을 탐구하고 이해하며 아이디어를 발전시키는 참여적이고 상호작용적인 과정으로, 표면적인 이해를 넘어 문제를 깊이 있게 탐구하도록 돕는다. 질문과 응답을 통해 교사와 학생이 적극적으로 수학적 토론에 참여하며, 이를 통해 새로운 집단적 이해를 형성할 수 있다. 해석학적 듣기는 기존 지식을 재생산하는 평가적 · 해석적 듣기와 달리, 새로운 이해를 창출하는 생산적 듣기라는 점에서 차별화된다.

(3) 듣기 유형에 따른 수업 상황

듣기는 음성 언어를 이해하는 인지적 활동이기 때문에 학습자들의 듣기 활동을 관찰하기 어렵다. 따라서 수학 교과서에는 듣기와 관련된 활동이나 발문이 거의 제시되지 않는다. 듣기와 관련된 학습 활동을 제시하는 대신 David(1997)의 연구를 바탕으로 각 유형별 듣기가 활성화된 수업 상황을 소개하고자 한다.

(ㄱ) 평가적 듣기가 활성화된 수업(학습 주제: 동분모 분수의 덧셈)

교사 : $\frac{1}{5}+\frac{1}{5}$을 더하면 얼마가 되지?

학생 1: $\frac{1}{10}$입니다.

교사 : 다시 한 번 생각해보자. 막대 과자를 5등분으로 자른다고 생각해봐. 막대 과자의 $\frac{1}{5}$를 먹고 잠시 후 $\frac{1}{5}$를 또 먹었어. 그럼 모두 얼마를 먹은 거야?

학생 1: $\frac{2}{5}$입니다.

교사 : 그래. $\frac{2}{5}$. 이 문제를 맞춘 학생 손들어 볼까? 좋아. 훌륭해.

(ㄴ) 해석적 듣기가 활성화된 수업(학습 주제: 소수의 뺄셈)

교사 : 오늘은 소수의 뺄셈에 대해 공부할거야. 소수가 무엇인지 기억나? 1.5, 1.23과 같이 자연수와 소수가 같이 있는 것도 소수일까?

학생 1 : 네.

교사 : 왜 그런지 설명해줄래?

학생 1 : 자연수와 분수가 같이 있는 것도 분수니까. 자연수와 소수가 같이 있어도 소수일 것 같아요.

교사 : 맞아. 소수란 1.5, 1.23처럼 소수점 아래에 자릿수를 가진 모든 수를 말해. 수직선을 보자. 수직선에서 왼쪽, 오른쪽으로 가는 건 어떤 의미지?

학생 2 : 왼쪽으로 가면 수가 작아지고, 오른쪽으로 가면 수가 커지는 거 아닌가요?

교사 : 조금 더 설명해줄래

학생 2 : 음. 빼기 위해서는 왼쪽으로 가고 더하기 위해서는 오른쪽으로 가요.

교사 : 그럼 4.5 - 1.9를 수직선에 표현해보자. 빼기가 있으니까 1.9만큼 왼쪽으로 가면 되는 거네 그렇지?

(3) 해석학적 듣기가 활성화된 수업(학습 주제: 이분모 분수의 덧셈)

교사 : $\frac{1}{6}+\frac{3}{12}+\frac{2}{24}$를 더하면 얼마가 될까?

학생 1 : $\frac{1}{2}$입니다.

교사 : 어떻게 $\frac{1}{2}$이 나왔는지 설명해줄래?

학생 1 : (그림으로 그리며) $\frac{1}{6}$은 $\frac{1}{2}$과 높이가 같고, 세 조각($\frac{1}{6}+\frac{3}{12}+\frac{2}{24}$)을 더하면 $\frac{1}{2}$이 되요.

교사 : 세 분수를 사각형으로 그려보니 $\frac{1}{2}$과 크기가 똑같네. 다르게 답을 구한 사람 있을까?

학생 2 : $\frac{6}{12}$입니다.

교사 : 어떻게 $\frac{6}{12}$가 나왔는지 설명해줄래?

학생 2 : (학생1의 그림을 가리키며) $\frac{1}{12}$이 3개 있고 $\frac{1}{24}$를 2개 더하면 $\frac{1}{12}$이 되고, $\frac{1}{6}$은 두 개의 $\frac{1}{12}$로 나눌 수 있어요. 그래서 $\frac{1}{12}$이 6개 있으니까 모두 더하면 $\frac{6}{12}$이 되요.

교사 : 좋아. 훌륭한 생각이야.

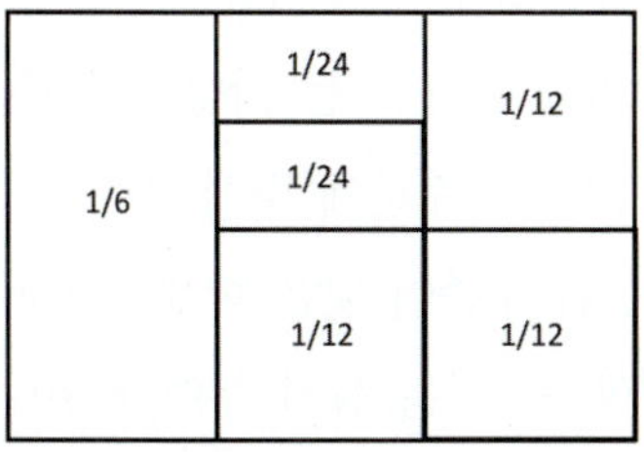

〈학생1의 전략〉

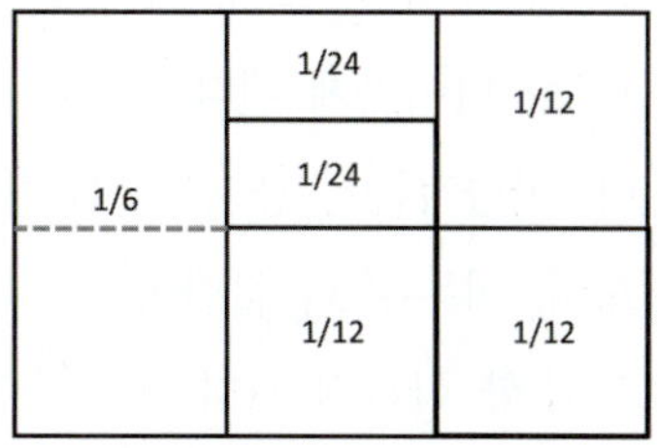

〈학생2의 전략〉

토의문제 2

- 수학 수업 동영상을 찾아보고, 수학적 의사소통의 방향성, 상호작용 패턴, 발문 유형, 교실 내 말하기 수준, 듣기 유형 등을 분석하시오.

3.3. 쓰기

(1) 쓰기의 특징과 지도 시 유의점

쓰기란 알고 있는 지식이나 자신의 생각을 문자를 통해 표현하는 의사소통 방식으로, 표준국어대사전에서는 "글 쓰는 사람의 생각이나 느낌을 글로 정확하게 표현하는 일"로 정의되어 있다. 일기와 같이 독자가 없는 쓰기도 있지만, 대부분의 쓰기 활동은 독자를 고려하여 이루어진다. 따라서 쓰기는 개인적인 활동인 동시에 사회적 활동이기도 하다. 수학 학습에서의 쓰기는 일반적인 쓰기와 달리 많은 수식과 기호가 사용되며, 학습자의 문제해결 과정을 기록하는 동시에 수학적 사고를 조직하고 설명하며 이를 정교화하고 통합하는 도구로서 역할을 한다. 따라서, 수학적 쓰기는 수학 학습 과정에서 수학적 지식, 아이디어, 문제해결 전략, 감정 등을 기호, 문자, 수식을 통해 타인이나 자신과 소통하는 과정으로 정의할 수 있다.

말하기가 다소 즉흥적으로 이루어지는 것과 달리, 쓰기는 작가의 의식적인 준비와 퇴고를 통한 반성 과정이 수반되며, 그 기록이 오래 남는다. 따라서 학습자는 쓰기를 통해 자신의 생각을 더 논리적이고 명확하게 조직하고 반성할 수 있게 된다. 이에, 이경희(2021)는 수학교육에서 쓰기의 가치를 인지적·정의적·교수적 측면에서 다음과 같이 제시하였다. 첫째, 수학적 쓰기를 통해 학습자는 자신의 사고 과정을 점검하고 수정할 기회를 갖는다. 반성적 쓰기 활동을 통해 학습자는 머릿속의 수학적 아이디어를 명확하게 표현할 수 있으며, 미처 인지하지 못했던 오류와 오개념을 발견하고 보다 발전적인 사고로 나아가게 된다. 둘째, 수학적 쓰기를 통해 모든 학습자가 학습에 참여할 수 있다. 학습자들은 충분한 시간을 가지고 자신의 수준에 맞게 쓰기 활동에 참여할 수 있으며, 이는 수학 불안이 높거나 학습 성취 수준이 낮은 학생들에게 안정감을 제공하고, 수학 학습에 보다 적극적으로 참여할 수 있는 동기 부여가 된다. 셋째, 교사는 수학적 쓰기 활동을 통해 유용한 교수 자료를 얻을 수 있다. 쓰기 결과물을 통해 학습자들의 수학적 사고와 오류를 면밀히 분석할 수 있으며, 이를 바탕으로 학습자 맞춤형 수업을 설계할 수 있다.

수학 교실에서 쓰기를 효과적으로 지도하기 위해서는 교사가 쓰기의 목적과 조건을 학생들에게 안내하고, 결과물을 어떻게 평가할 것인지에 대한 평가 기준을 명확히 안내해야 한다. 쓰기가 단순히 학생들의 수학적 사고를 점검하기 위한 것이라면, 자유로운 글쓰기임을 강조하여 학생들의 부담을 줄이는 것이 좋다. 또한, 많은 학생들이 글쓰기를 어렵고 두려워하기 때문에, 사용해야 할 용어나 기호가 있다면 그 의미를 사전에 설명하거나 예시 글을 제공하는 것이 도움이 된다. 본격적으로 글을 쓰기 전에 작성할 내용을 미리 계획하도록 지도하고, 글쓰기가 일회성으로 끝나지 않도록 작성 후 반드시 검토 과정을 거치도록 해야 한다. 교사는 개별적이고 구체적인 피드백을 제공하여 학생들이 점진적으로 쓰기 실력을 향상시킬 수 있도록 돕고, 학생들 간에 서로의 글을 읽고 아이디어를 공유하며 사고를 확장할 기회를 제공해야 한다. 이를 통해 학습자들은 자신의 글을 다양한 시각에서 평가하고, 목표에 맞게 정교하고 체계적인 글쓰기로 발전할 수 있다.

(2) 쓰기 지도 전략

수학 교실에서 나타나는 쓰기의 유형은 크게 교류적인(transactional) 쓰기와 표현적인(expressive) 쓰기로 나눌 수 있다. 교류적인 쓰기는 독자에게 정보를 제공하거나 설득하고 가르치는 것을 목적으로 하며, 요약하기, 질문 만들기, 설명하기, 정의하기, 보고서 쓰기 등이 이에 해당된다. 반면, 표현적인 쓰기는 화자가 자신의 생각을 표현하는 데 중점을 두며, 특정 독자를 염두에 두지 않는다. 이 유형은 형식에 구애받지 않으며, 일지 쓰기, 학습일지, 자유롭게 쓰기 등이 그 예로 포함된다.

> 교사는 쓰기 활동의 목적에 맞게 다양한 쓰기 전략을 활용할 필요가 있다.

그러나 이러한 두 가지 쓰기 유형은 명확히 구분되지 않는 경우가 많다. 예를 들어, 요약하기, 질문 만들기, 설명하기는 정보를 전달하기 위한 교류적 목적으로 활용될 수 있지만, 자신의 생각을 표현하기 위한 표현적 목적에서도 사용될 수 있다. 마찬가지로, 일지 쓰기나 자유롭게 쓰기와 같은 표현적 쓰기는 특정 내용을 전달하기 위한 교류적 목적으로도 활용될 수 있다. 따라서 교사는 쓰기 활동의 목적에 따라 다양한 쓰기 전략(〈표 9-11〉 참고)을 적절히 활용할 필요가 있다.

〈표 9-11〉 수학 교실에서 활용할 수 있는 쓰기 유형(최낙복, 2006, 수정)

유 형	설 명
요약하기	교과서나 수업에서 들은 내용을 자신의 글로 요약하는 것으로, 수학적 개념을 명확하게 이해하는데 유용하다.
질문 만들기	궁금한 사항들을 글로 표현하는 활동이다. 작성한 내용을 추후 교사에게 질문하거나 스스로 찾아볼 수 있다.
설명식 쓰기	수학적 개념이나 문제해결 전략을 글로 설명하는 활동이다. 이를 통해 학생들은 자신의 사고 과정을 점검하고, 수학적 오류가 있는지 확인할 수 있다.
정의하기	교과서에 제시된 수학적 개념을 학생 수준에서 다시 정의하는 활동이다. 비록 형식적으로 완벽하지는 않지만, 해당 개념을 더 오래 기억할 수 있다.
보고서 쓰기	수학과 일상생활의 연결성을 탐구하는 쓰기 활동이다. 수학자의 전기나 수학과 관련된 직업 및 분야에 대한 보고서를 작성한다.
문제 만들기	학생이 직접 문제를 만들어 보거나 교사가 제시한 자료를 비탕으로 기존의 문제를 수정해보는 쓰기이다.
프로젝트	특정 주제(수학과 관련된 직업, 수학과 역사 등)에 대한 정보를 학생들이 직접 장기간에 걸쳐 수집하는 과정에서 이루어지는 쓰기 활동이다.
에세이 (일지쓰기)	특정 수학적 주제(예: 확률과 복권)에 대한 학생 개인의 생각과 의견을 자유롭게 표현하는 활동으로, 특정한 형식에 얽매이지 않는다.
반으로 접은 노트	노트를 반으로 나누어 왼쪽에는 문제와 관련된 자신의 생각과 느낌을 자유롭게 쓰고, 오른쪽에는 문제해결에 도움이 되는 아이디어나 계산 과정을 기록한다. 이 방식은 문제해결에 대한 불안감을 줄이는 데 효과적이다.

(3) 교과서에 제시된 쓰기 활동

수학 교과서에 제시된 쓰기 활동은 주로 문제의 식과 답을 작성하는 데 국한되어 있다. 학습자의 수학적 아이디어를 묻는 경우에도, "써 보세요"라는 표현보다는 "말해 보세요"라는 표현이 사용되어 쓰기보다 말하기가 강조되고 있음을 알 수 있다. 이에 반해, 수학익힘책은 다양한 유형의 수학적 쓰기 활동을 포함하고 있다. 이러한 쓰기 활동은 학습자들이 자신의 수학적 사고를 언어적으로 표현할 기회를 제공하며, 문제해결 과정에서의 논리적 사고와 표현 능력을 동시에 발달시킬 수 있도록 설계되어 있다.

첫 번째 유형은 문제해결 과정이나 수학적 아이디어를 글로 표현하는 것으로, 학습자들은 문제를 어떻게 해결했는지, 문제의 답을 무엇이라고 생각하는지 그 이유를 설명한다(〈표 9-12〉, ①과 ② 참고). 이를 통해 학습자는 자신의 수학적 사고 과정을 점검하고, 오류를 발견하며, 획득한 지식을 공고히 할 수 있다. 이 유형은 답이 정해진 수렴적 쓰기와 확산적 사고를 촉진하는 열린 쓰기 활동으로 나뉜다.

두 번째 유형은 설명식 쓰기로, 수학적 개념, 원리, 절차 등을 다른 사람에게 이해시키기 위한 목적의 글쓰기이다(〈표 9-12〉, ③ 참고). 학습자들은 자신의 수학적 아이디어를 동료 친구들에게 설명하거나, '편지 쓰기'처럼 수학적 이해가 부족한 친구나 결석한 친구에게 오늘 배운 내용을 가르치는 글을 작성할 수 있다. 설명식 쓰기에서는 독자의 이해를 돕기 위해 그림, 그래프, 표 등 다양한 수학적 기호들이 보다 적극적으로 활용된다. 세 번째 유형은 에세이(일지 쓰기)이다(〈표 9-12〉, ④ 참고). 이는 특정 수학적 주제에 대해 학습자의 개인적인 생각을 자유롭게 표현하는 형태로, 논리성과 엄밀성은 설명식 쓰기보다 낮을 수 있지만, 수학적 지식을 바탕으로 작성되어야 한다는 점에서 일반적인 일기 쓰기와는 차별된다.

〈표 9-12〉 수학 익힘책에 제시된 쓰기의 예

우유 1 L를 어제는 $\frac{1}{5}$ L, 오늘은 $\frac{2}{5}$ L 마셨습니다. 남은 우유가 몇 L인지 풀이 과정을 쓰고 답을 구해 보세요.

① 4-2. 1. 분수의 덧셈과 뺄셈 p. 9

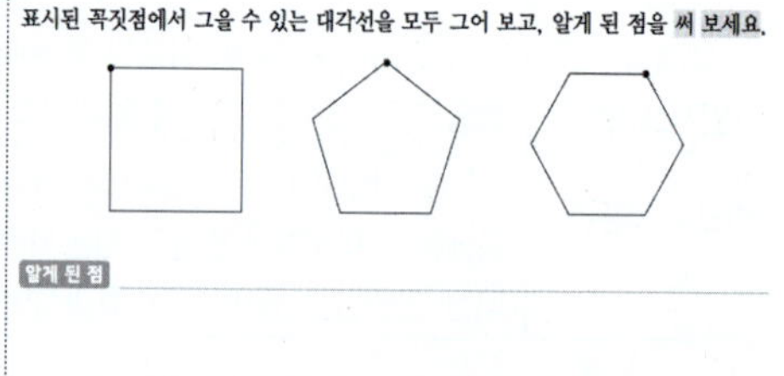
표시된 꼭짓점에서 그을 수 있는 대각선을 모두 그어 보고, 알게 된 점을 써 보세요.

② 4-2. 6. 다각형 p. 59

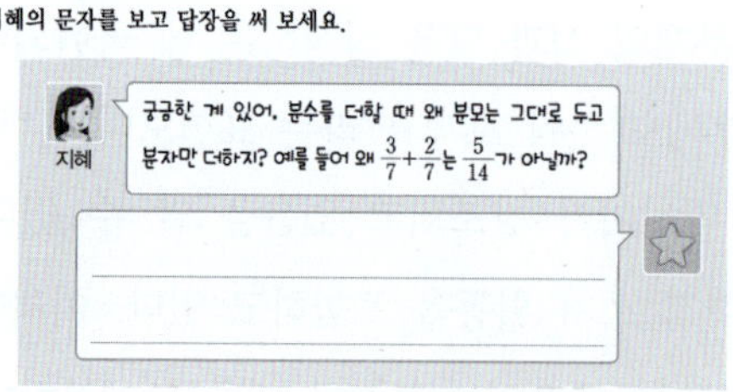
지혜의 문자를 보고 답장을 써 보세요.

③ 4-2. 1. 분수의 덧셈과 뺄셈 p. 7

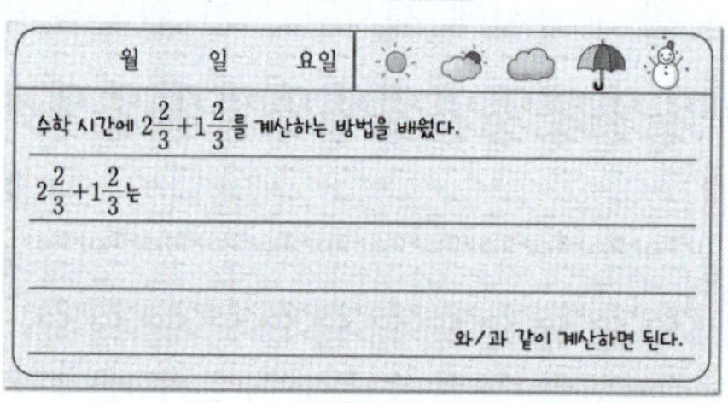
분수의 덧셈을 배운 내용으로 수학 일기를 써 보세요.

④4-2. 1. 분수의 덧셈과 뺄셈 p. 11

토의문제 3

〈표 9-12〉에 제시된 쓰기 유형 중 하나를 골라 수학적 글을 작성하시오.

3.4. 읽기

(1) 읽기의 특징과 지도 시 유의점

표준국어대사전은 읽기를 "글을 바르게 읽고 이해하는 일"로 정의하며 다소 수동적인 의미로 읽기를 설명하고 있다. 그러나 읽기는 단순한 정보 습득의 행위를 넘어 독자가 능동적으로 해석하고 의미를 재구성하는 과정이다. 인지적 구성주의 관점에서는 읽기를 개인의 지식, 경험, 믿음을 바탕으로 글의 내용을 해석하고 새로운 의미를 구성해 나가는 사고 과정으로 본다. 이 관점에서는 글 자체보다는 글에 제시된 정보를 조정하고 재조직하는 과정이 읽기의 핵심 활동으로 간주된다. 반면, 사회적 구성주의 관점에서는 읽기를 사회적 상호작용의 행위로 간주한다. 독자는 배경지식을 활용해 글의 내용을 이해하고, 타인과 함께 읽은 내용을 논의하며, 그 의미를 해석하고 비판적으로 재구성하는 협력적 과정을 강조한다. 따라서, 수학 교육에서의 읽기는 수학적 내용, 기호, 표, 다이어그램에 대한 단편적인 해석을 넘어, 학습자의 경험을 바탕으로 교사 및 동료 학생들과 함께 그 의미를 재구성하는 인지적이고 사회적인 활동으로 정의할 수 있다. 특히, 수학적 정보가 일상 언어와 수학적 기호로 표현된다는 점을 고려할 때, 교사는 학생들이 수학적 정보를 정확히 해석하고 탐구하며 활용할 수 있는 읽기 능력을 기를 수 있도록 읽기 활동을 명시적으로 지도할 필요가 있다.

수학 수업에서 학습자의 능동적인 읽기 활동은 다음과 같은 가치를 지닌다. 첫째, 학생들은 읽기를 통해 새로운 학습을 할 수 있다. 수학 교과서, 신문 기사, 에세이 등과 같은 다양한 자료를 읽으면서, 학생들은 수학과 관련된 내적 및 외적 지식을 습득하게 된다. 이러한 지식은 수학적 개념과 문제해결 전략을 이해하고, 새로운 전략을 고안하며, 문제 상황에 창의적으로 접근하는 데 효과적으로 활용될 수 있다. 둘째, 읽기는 학생들의 수학적 탐구를 지속하고 발전시키는 중요한 수단이다. 읽기 자료는 학생들에게 흥미를 유발하고, 자신의 사고를 검토하고 수정할 기회를 제공하며, 학습 목표를 명확히 설정할 수 있도록 도와준다. 이 과정에서 학생들은 수학적 호기심을 키우고, 스스로 학습을 이끄는 능력을 강화할 수 있다. 셋째, 학생들은 읽기를 통해 수학의 가치와 중요성을 깨닫게 된다. 읽기 활동을 통해 학생들은 수학을 배우는 이유와 그것이 일상생활과 어떻게 연관되는지를 이해하게 된다. 이러한 이해는 학생들에게 수학에 대한 긍정적인 태도를 형성하게 하며, 수학 학습에 대한 동기를 부여한다.

교사가 수학 읽기를 지도할 때 유의해야 할 사항은 다음과 같다. 첫째, 교사는 학생의 수준을 고려해 읽기 자료를 선택해야 한다. 수학 읽기 자료는 언어적 표현, 기호, 시각적 정보가 혼재되어 있어 학생들에게 어렵게 느껴질 수 있다. 저학년을 지도할 때는 일상 언어와 시각적 정보가 포함된 자료를 활용하고, 학년이 올라감에 따라 수학적 기호의 비중이 높은 자료를 점진적으로 사용할 필요가 있다. 또한, 새롭거나 난해한 개념을 지도할 때는 학습자가 추상적인 개념을 이해할 수 있도록 시각적 정보에서 출발해 장차 수학적 용어와 기호적 표현으로 연결할 수 있도록 해야 한다. 둘째, 교사는 학생들이 수학적 텍스트의 구조를 이해할 수 있도록 도와주어야 한다. 수학은 일상 언어와 구분되는 특유의 구문론적 성격과 구조를 가지고 있다. 예를 들어, 연산 기호는 숫자 사이에 위치해야 하며, 문장의 시작으로는 올 수 없다. 또한, 수학적 연산이 끝난 후에도 마침표를 사용하지 않는다는 점에서 일상적인 텍스트와 다르다. 교사는 수학의 독특한 구조를 명확히 설명하여 학생들이 혼동하지 않도록 지도해야 한다.

셋째, 교사는 학생들이 다양한 텍스트 유형 간의 관계를 이해하도록 지도해야 한다. 수학 텍스트에는 기호, 시각적 정보, 수학 용어, 일상 언어와 같은 다양한 요소가 포함된다. 교사는 이러한 텍스트 유형을 서로 변환하는 기회를 제공하며, 학생들이 각 유형 간의 관계를 이해하고 통합적인 개념 이해를 형성할 수 있도록 도와야 한다. 예를 들어, 수학적 기호를 일상 언어로 설명하거나, 일상 언어로 된 내용을 기호나 시각적 정보로 변환하는 활동을 통해 학생들이 다양한 표현 방식 간의 연관성을 이해할 수 있게 한다. 또한, 교사는 텍스트에 제시된 다양한 정보가 전체 맥락 속에서 어떻게 사용되는지 해석하는 능력을 학생들에게 길러줄 필요가 있다.

넷째, 읽기 활동이 끝난 후에는 학습자들이 읽은 내용을 다른 의사소통 영역과 연계하여 표현하고 논의하는 시간을 가져야 한다. 학습자들은 읽기 활동에서 얻은 내용을 바탕으로 말하기나 쓰기를 통해 자신의 이해를 표현하고, 동료의 의견을 듣고 자신의 관점과 비교해보는 과정을 통해 읽기 능력을 더욱 신장시킬 수 있다. 이러한 상호작용은 학습자들이 읽기 내용을 보다 깊이 이해하고, 비판적 사고와 협력적 학습 역량을 강화하는 데 기여한다.

학습자의 능동적인 읽기 활동을 지원하기 위해 교사는 다양한 읽기 전략을 효과적으로 활용해야 한다.

(2) 읽기 지도 전략

이종희와 김선희(2002)가 제시한 읽기 지도 전략을 요약하면 〈표 9-13〉과 같다. 첫째, 직접 시행하기는 학생들이 글을 읽고 내용을 행동으로 표현하는 활동이다. 예를 들어, '각도'에 관한 글을 읽은 후, 예각, 둔각, 직각을 신체로 표현하는 활동이 이에 해당한다. 이러한 신체적 표현은 학생들이 글의 내용을 더 명확히 이해하고 기억하도록 돕는다. 둘째, 읽은 내용 재구성하기는 학생들이 글을 읽은 후 자신의 해석과 이해를 바탕으로 내용을 새롭게 작성해 보는 활동이다. 이 과정에서 학생들은 기존의 지식과 새롭게 습득한 지식을 통합적으로 연결하는 경험을 하게 된다. 예를 들어, 기존 문장제 문제의 조건이나 맥락을 새롭게 구성해 보는 활동이 이에 해당한다.

셋째, 내용 예측하기는 학생들이 읽은 부분을 바탕으로 이후 내용을 예측하는 활동이다. 단원의 제목이나 수학적 개념을 나타내는 단어를 보고 학습할 내용을 예상하거나 미완성의 이야기를 읽고 나서 뒷부분을 완성하는 활동이 이에 해당한다. 이러한 활동은 예측의 즐거움을 제공함과 동시에 글의 내용을 더 정확하게 이해하려는 동기를 부여할 수 있다. 넷째, 읽기 협동 학습은 2명 이상의 학생이 같은 글을 읽고 알게 된 점, 궁금한 점, 느낀 점 등을 공유하는 활동이다. 그룹별로 서로 다른 글을 읽을 수도 있고, 학급 전체가 같은 글을 읽고 논의할 수도 있다. 이러한 사회적 지식 구성 활동은 학생들이 글에 대한 이해를 심화시키고, 자신의 생각을 점검하고 반성하며 수정하는 기회를 제공한다.

다섯째, 텍스트 구조 파악하기는 글을 읽고 중심 생각을 찾아 그들 간의 관계를 구조적으로 배열하는 활동이다. 수학사를 읽고 시대에 따라 수학적 개념이 어떻게 변화

〈표 9-13〉 읽기 지도 전략(이종희, 김선희, 2002, 수정)

유형	설명
직접 시행하기	읽은 내용을 직접 행동으로 표현하는 활동
읽은 내용 재구성하기	읽을 내용을 재구성해서 다시 쓰는 활동
내용 예측하기	글의 앞부분의 내용을 바탕으로 뒤에 올 내용 예측하는 활동
읽기 협동 학습	학생들에게 동일한 읽기 자료를 주고 토의하게 하는 활동
텍스트 구조 파악하기	글의 중심 생각을 찾고 이들 간의 관계를 분석하는 활동
그림으로 확장하기	생각, 느낌, 새롭게 알게 된 내용을 그림으로 표현하는 활동

하고 발전해 왔는지 문단의 중심 내용을 기준으로 마인드맵으로 표현하는 활동이 이에 해당한다. 여섯째, 그림으로 확장하기는 글의 내용을 그림으로 표현하는 활동이다. 학생들은 글을 읽으면서 새롭게 알게 된 사실이나 생각, 느낌 등을 추상적인 그림으로 표현할 수 있다. 분수의 다양한 개념(가분수, 대분수, 진분수)을 시각적인 그림으로 표현하는 활동이 이에 해당된다. 이러한 활동을 통해 학생들은 학습한 지식을 자신의 생각으로 재구성하고 재창조하는 경험을 하게 된다.

(3) 교과서에 제시된 읽기 관련 활동

수학 교과서에서 제시된 읽기 활동은 주로 수학적 정보를 담은 글을 읽고, 학습한 내용을 바탕으로 관련 문제를 해결하는 방식으로 구성된다. 예를 들어, '비와 비율'단원을 학습한 후, 병 재사용 현황에 관한 기사문을 읽고 상점용 병과 가정용 병의 출고

〈표 9-14〉 수학 교과서에 제시된 읽기의 예

지혜가 병 재사용 현황을 조사하고 쓴 환경 보고서입니다. 보고서에 적힌 상점용 병과 가정용 병의 출고량에 대한 빈 병 회수량의 비율을 백분율로 나타내고 비교해 봅시다. (백분율은 반올림하여 자연수로 나타냅니다.)

매립된 폐기물이 분해되는 데 100년 이상이 걸린다고 한다. 이대로 폐기물을 매립하면 매립장의 잔여 사용 연수가 10여 년뿐이기 때문에 폐기물 발생량을 줄이고 병을 재사용하는 노력이 필요하다.

병 출고 및 빈 병 회수 현황

구분	출고량(병)	회수량(병)
상점용	3510000000	3250000000
가정용	1600000000	820000000

(출처: 빈 용기 출고 및 회수량, 한국 순환 자원 유통 지원 센터, 2017.)

특히 가정에서 사용한 병의 재사용 비율을 높여야 한다. 병을 재사용하려면 병 안의 내용물이나 이물질을 비우고 배출해야 한다. 환경을 보호하는 병 재사용! 우리 집에서부터 적극적으로 실천해야겠다.

- 구하려는 것은 무엇인가요?
- 어떤 방법으로 문제를 해결하면 좋을까요?
- 생각한 방법으로 문제를 해결해 보세요.
- 생각한 방법이 맞는지 확인해 보고, 문제를 해결한 방법을 친구들에게 이야기해 보세요.

6학년 1학기, 4. 비와 비율, p. 86

량 및 회수량을 비율로 비교하는 활동을 들 수 있다(〈표 9-14〉 참고). 이 활동은 단순히 텍스트 정보를 이해하는 것("구하려는 것이 무엇인가요?")을 넘어서, 문제해결 전략을 스스로 고안하는 것("어떤 방법으로 문제를 해결하면 좋을까요?")과 문제해결 후 친구들과 방법을 비교하고 설명하는 과정("문제를 해결한 방법을 친구들에게 설명해 보세요")까지 포함한다. 즉, 교과서의 읽기 활동은 새로운 수학적 개념을 학습하기 위한 도구라기보다는, 이미 학습한 수학적 지식을 실생활에 적용하고 확장할 기회를 제공하도록 설계되어 있다. 이를 통해 학생들은 수학적 지식을 실제 상황에서 활용하는 방법을 깊이 이해하며, 문제해결 능력을 발전시킬 수 있다.

이와 유사하게, 수학 익힘책에 제시된 읽기도 문제해결을 위한 상황 정보를 제공하는 데 중점을 두고 있다. 그러나 수학 교과서의 읽기 활동에 비해 실생활과의 연계성이 다소 낮으며, 지문의 길이도 상대적으로 짧다는 특징이 있다. 예를 들어, 간단한 지문을 통해 소수 ÷ 자연수의 원리를 적용하여 끈 84.2cm를 두 사람에게 나누어 주는 상황을 제시하거나(〈표 9-15〉, 위), 비와 비율을 활용하여 학생들이 선호하는 운동 활

〈표 9-15〉 수학 익힘책에 제시된 읽기의 예

[1~2] **슬기와 연수의 설명을 읽고 ☐ 안에 알맞은 수를 써넣으세요.**

1

끈 84.2 cm를 두 사람에게 똑같이 나누어 주려고 합니다.
1 cm=10 mm이므로 84.2 cm=842 mm입니다.
842÷2=☐, 한 명에게 줄 수 있는 끈은
☐mm이므로 ☐cm입니다.

6학년 1학기, 3. 소수의 나눗셈, p. 32

[4~6] **글을 읽고 물음에 답하세요.**

진우네 학교 학생 400명을 대상으로 점심시간에 하는 활동을 조사했습니다.
보드게임은 ☐명, 술래잡기는 80명, 독서는 60명, 축구는 40명, 기타는 20명입니다.

4 **표를 완성해 보세요.**

점심시간에 하는 활동별 학생 수

활동	보드게임	술래잡기	독서	축구	기타	합계
학생 수(명)		80	60	40	20	400
백분율(%)			15	10	5	100

6학년 1학기, 5. 여러 가지 그래프, p. 67

동에 대한 자료를 표와 띠 그래프로 나타내는 활동을 예로 들 수 있다(〈표 9-15〉, 아래). 이처럼 수학 익힘책의 읽기 활동은 수학적 개념이 적용되는 문제 상황을 제공하는 데 그 목적이 있으며, 지문의 길이가 짧고 실생활과의 연계가 교과서에 비해 제한적이다.

토의문제 4

〈표 9-13〉에 제시된 읽기 유형 중 하나를 골라 수학적 읽기 활동을 수행하시오.

참고문헌

권오남, 박지현, 최은자 (2007). 전통적 교실과 개혁적 교실에서의 교사의 담화 분석: 중학교 방정식 단원을 중심으로. **한국수학교육학회 전국수학교육연구대회 프로시딩**, 28, 71-73.

교육부 (2015). **수학과 교육과정**. 교육부 고시 제2015-74호 [별책 8].

교육부 (2018). **수학 4-2**. 서울: 천재교육.

교육부 (2019). **수학 6-1**. 서울: 천재교육.

교육부 (2022). **수학과 교육과정**. 교육부 고시 제2022-33호 [별책 8]

교육인적자원부 (2007). **수학과 교육과정**. 교육인적자원부 고시 제2007-79호 [별책 8].

김상화 (2010). **초등학교 수업에서 수학적 의사소통의 목표 설정 및 지도의 실제**. 한국교원대학교 박사학위 논문.

김선희, 이종희 (2002). 수학 기호와 그 의미에 대한 고찰 및 도입 방법. **학교수학**, 4(4), 539-554.

김수미, 강흥규, 권석일, 남진영, 박문환, 서동엽, 정영옥 (2017). **초등수학교육의 이해**. 경문사.

김원아 (2005). **수학에서 자기 주도적 학습을 위한 교류적인 읽기 전략의 활용**. 이화여자대학교 교육대학원 석사학위논문.

문교부 (1955). **초등학교 교과과정**. 문교부.

방정숙, 김윤영, 선우진 (2022). 분수의 나눗셈에 대한 초등학생의 수학적 의사소통 능력 분석. **초등수학교육**, 25(2), 179-195.

박성익, 김연경 (2004). 발문의 유형에 따른 학습효과 고찰. *Journal of the College of Education (사대논총), 68*, 59-79.

성경환, 권동택 (2022). 초등교사의 비언어적 의사소통 행동 유형 연구. **학습자중심교과교육연구**, 22(20), 799-811.

안종수 (2023). 수학적 의사소통 증진 프로그램이 인문계 고등학생들의 수학적 태도 및 학업성취도에 미치는 효과 분석. **학습자중심교과교육연구**, 23(21), 425-446.

유현주 (2000). 수학적 의사소통과 수학의 교수-학습. **학교수학**, 2(1), 53-72.

이경희 (2021). **기호중심 수학적 쓰기 양식 개발과 적용**. 이화여자대학교 대학원 박사학위논문.

이성애 (2011). **수학적 의사소통 모델 개발 및 모델 요소에 따른 의사소통 과제 분석**. 경북대학교 교육대학원 석사학위논문.

이정아 (2020). **한국과 CMP3 교과서 속 수학적 의사소통 교과 역량 분석: 중학교 함수 단원을 중심으로**. 인천대학교 교육대학원 석사학위논문.
이종희 (2002). 수학 학습-지도에서 읽기 활용 방안. **수학교육학연구, 12**(3), 425-442.
이종희, 김선희 (2002). **수학적 의사소통**. 교우사.
전경숙 (2009). "교육적 의사소통"의 의미와 성격. **교육철학, 45**, 199-220.
정다운, 오영열 (2015). 초등 수학 수업에서 설명식 쓰기 활동이 수학적 의사소통에 미치는 영향. **한국초등수학교육학회지, 19**(3), 435-455.
장혜원 (2012). 미국의 수학교육과정 규준 CCSSM의 수학적 실천에 대한 고찰. **수학교육학연구, 22**(4), 557-580.
최규진 (2019). **의사소통 능력 향상을 위한 듣기 활동 방안**. 건국대학교 대학원 석사학위논문.
최낙복 (2006). **수학 학습에서쓰기의 효과에 관한 연구**. 전북대학교 대학원 박사학위논문.
한나영 (2012). **읽기자료를 활용한 수학적 의사소통이 수학학업성취도 및 태도에 미치는 영향: 초등학교 5학년을 중심으로**. 전주교육대학교 교육대학원 석사학위논문.
황성환, 손태권, 이광호 (2021). 초등 수학 교사의 피드백 사용과 수학 교실 문화 분석. *Brain, Digital, & Learning, 11*(4), 685-702.
Boaler, J., & Brodie, K (2004). The importance of depth and breadth in the analysis of teaching: A framework for analysing teacher questions. *In the proceedings of the 26th conference of the International Group for the Psychology of Mathematics Education*, (Vol. 2, pp. 773-781). Toronto, Ontario.
Borasi, R., & Siegel, M (2000). *Reading counts: Expanding the role of reading in mathematics classrooms.* Teachers College, Columbia University.
Britton, J. N (1988). *Writing and reading in the classroom.* Center for the Study of Reading Technical Report; no. 425.
Davis, B (1997). Listening for differences: An evolving conception of mathematics teaching. *Journal for Research in Mathematics Education, 28*(3), 355-376.
Hintz, A., & Tyson, K (2015). Complex listening: Supporting students to listen as mathematical sense-makers. *Mathematical Thinking and Learning, 17*(4), 296-326.
Hwang, S (2019). Exploring the relationships among teacher questions, turn-taking patterns, and student talks in mathematics classrooms. *Journal of the Korean School Mathematics Society, 22*(4), 439-460.
NCTM (1989). *Curriculum and evaluation standards for school mathematics*. NCTM
NCTM (2000). *Principles and standards for school mathematics*. NCTM

Shield, M., & Galbraith, P (1998). The analysis of student expository writing in mathematics. *Educational studies in mathematics, 36*(1), 29-52.

Wood, T (1994). Patterns of interaction and the culture of mathematics classrooms. In S. Lerman (Ed.), *The Culture of the mathematics classroom* (pp. 149-168). Dordrecht, The Netherlands: Kluwer Academic.

Wood, T., & McNeal, B (2003). Complexity in teaching and children's mathematical thinking. In N. Pateman, B. Dougherty, & J. Zilliox (Eds.), *Proceedings of the 27th conference of the International Group for the Psychology of Mathematics Education* (Vol. 4, pp. 435-442). CRDG, College of Education, University of Hawai'i: Psychology of Mathematics Education.

초등수학교육론

제10장

수학적 연결성

우리나라 수학과 교육과정에서 연결성이 명시적으로 등장한 것은 2022 개정 수학과 교육과정부터이지만, 그 중요성은 1차 교육과정부터 꾸준히 언급되어 왔다.

고도로 발달된 현대 사회는 그 복잡성과 불확실성이 점차 증가하고 있다. 우리 사회가 직면하고 있는 다양한 문제들을 해결하기 위해서는 지식을 분절적으로 이해하기보다는 서로 다른 영역의 지식을 연결하고 통합하여 새로운 지식과 정보를 창출할 수 있는 능력이 필요하다. 또한, 수학 내의 다양한 영역이나 주제를 연결하여 통합적인 관점에서 수학적 문제를 해결할 수 있는 역량을 기르기 위해서도 연결성에 대한 교육이 중요하다. 이러한 시대적, 교육적 요구에 부응하여 특정 영역의 수학적 지식을 다른 수학적 영역, 타 교과, 또는 실생활과 연결하려는 '수학적 연결성(connections)'에 대한 이해와 교육이 강조되고 있다.

우리나라 수학과 교육과정에서는 수학적 연결성이 꾸준히 강조되어 왔으며, 2022 개정 수학과 교육과정부터 수학적 연결성이 하나의 독립적인 역량으로 제시되었다. 이와 유사하게, 미국의 NCTM은 1989년부터 수학 수업에서 연결성을 필수적으로 가르쳐야 할 과정 규준으로 제시하였으며, 유럽에서는 프로이덴탈의 현실주의 수학교육(Realistic Mathematics Education, RME)을 기반으로 수학적 연결성을 수학 수업에서 지도해 왔다.

분수, 소수, 도형, 사칙연산 등과 같이 초등학교에서 학습하는 수학적 개념과 원리들은 실생활과 관련되는 부분이 많으며, 어릴 때부터 수학 내의 주제들을 통합적으로 사고하는 경험들은 학생들의 수학적 성장에 많은 도움이 된다. 따라서 초등학교 교사는 학생들이 실제 맥락 속에서 수학적 지식을 획득하고, 얻은 지식을 활용해 타 교과나 실생활 문제를 해결하며, 여러 수학적 지식을 통합해서 고차원의 문제를 해결하는 경험을 제공할 필요가 있다. 이러한 활동들은 학생들이 수학적 지식을 함양하는 것과 함께 수학의 가치와 필요성을 깨닫게 하고 수학 학습에 대한 긍정적인 태도를 형성하는 데 기여할 것이다.

이 장에서는 먼저 수학적 연결성의 중요성과 교사의 역할에 대해 논의하고, 우리나라 수학과 교육과정에서 수학적 연결성이 어떻게 등장하고 발전해왔는지를 살펴본다. 다음으로, 수학적 연결성의 각 하위 요소별 지도 전략과 교과서에 제시된 관련 활동들을 탐구한다. 수학적 연결성(connection)이 '수학적 연결'로 번역될 수 있는 점을 고려하여, 본 글에서는 '연결성', '연결'이라는 용어를 문맥에 따라 혼용하여 사용하였다.

01 수학적 연결성의 강조

1.1. 수학적 연결성의 정의와 중요성

표준국어대사전에 따르면, '연결성(連結性)'이란 "서로 이어지거나 관계를 맺는 성질이나 특성"을 의미하며, 이는 둘 이상의 개념이나 사물 간의 연관성 및 상호작용을 나타낸다. 이와 유사하게, 영어 단어 'connection'은 "하나로 묶이거나 함께 있게 되는 것"(이예진, 장혜원, p. 197)을 의미한다. 따라서 수학교육에서 '수학적 연결성'이란 수학적 지식이 다른 지식들과 연결되는 것으로, 여기에는 수학적 개념과 개념의 연결뿐만 아니라 절차와 절차, 개념과 절차, 그리고 수학적 개념과 다른 분야의 개념을 연결 짓는 것 모두를 포함한다. 이러한 연결성은 크게 수학 내적 연결성과 수학 외적 연결성으로 분류할 수 있다. 수학 내적 연결성은 수학적 내용(개념, 절차 등)을 다른 수학적 내용과 연결하는 것을 의미하며, 수학 외적 연결성은 수학적 내용을 수학 외적 영역, 즉 타 교과나 실생활 맥락과 연결하는 활동을 의미한다.

김유경(2013)은 수학 교육에서 연결성을 지도하는 것이 중요한 이유를 '수학 내용의 연결성', '학생 사고의 연결성', '수업에서의 연결성' 세 가지 측면에서 설명하였다. 이를 간단히 살펴보면 다음과 같다.

첫째, 수학 내용의 연결성 측면에서 수학은 각 개념들이 통합된 하나의 학문으로, 각 주제들이 분절적이지 않고 위계적으로 밀접하게 연결되어 있다. 덧셈과 뺄셈, 곱셈과 나눗셈은 서로 역연산의 관계에 있으며, 분모가 10인 분수는 소수로 표현될 수 있다. 또한, 하나의 수학 개념은 여러 가지 상황에서 설명될 수 있다. 곱셈식 구조는 곱셈뿐만 아니라 덧셈, 나눗셈, 공배수, 약수 등 다양한 개념들을 포함하고 있으며, 이들 개념 또한 서로 밀접하게 연결되어 있다. 예를 들어, $3\times4=12$라는 곱셈식은 $3+3+3+3$, $12\div3=4$, 3과 4의 공배수는 12, 12의 약수는 3과 4 등으로 표현되고 해석될 수 있다. 따라서 수학을 학습할 때는 수학적 개념들 간의 관련성을 이해하는 것이 필수적이다.

수학은 타 교과 및 실생활과도 밀접하게 연결되어 있다. 피자는 분수의 개념과 연결되어 있으며, 분수의 나눗셈은 속도, 비와 비율은 환율과 환전 등에 적용된다. 이처럼 수학적 지식을 다양한 분야와 연결 지어 생각하는 과정을 통해 학생들은 수학의 유용성을 인식하고, 융합적(STEAM) 사고 능력을 기를 수 있다. 또한, 수학적 연결성을 통한 문제해결 경험은 복잡한 문제를 해결하기 위해 기존에 습득한 지식을 새롭게 연결하고 융합할 수 있는 창의적 역량을 강화한다.

둘째, 학생 사고의 연결성 측면에서 학생들은 다양한 수학적 개념과 원리, 그리고 실생활 요소들을 연결함으로써 통합적인 관점에서 사고할 수 있는 역량을 형성하게 된다. 학생들은 새롭게 습득한 지식을 기존의 지식과 연결함으로써 지식의 외연을 확장하고, 네트워크화된 스키마를 형성한다. 각각의 지식들은 노드에 의해 연결되며, 노드의 수와 강도가 강할수록 학생들은 보다 생산적이고 정교화된 지식 구조를 갖게 된다. 반대로, 연결성 없이 분절적으로 지식을 습득할 경우 학생들은 많은 개념과 기능들을 암기해야 하며, 문제해결 상황에서 관련된 지식을 회상하는 데 어려움을 겪게 된다. 예를 들어, 연결된 지식 구조를 가진 학습자는 곱셈과 나눗셈을 연결하여 생각하기 때문에, 곱셈 문제를 해결할 때 나눗셈의 지식을 활용할 수 있다. 반면에, 곱셈과 나눗셈의 관계를 이해하지 못하고 각각을 분절적으로 암기한 학습자는 곱셈 문제를 오직 곱셈식만을 이용해 해결하게 된다. 따라서 학습자들이 구조적으로 잘 연결된 지식 연결망을 구성하는 것은 학생들의 사고를 증진시키기 위해 필수적이다([그림 10-1] 참고).

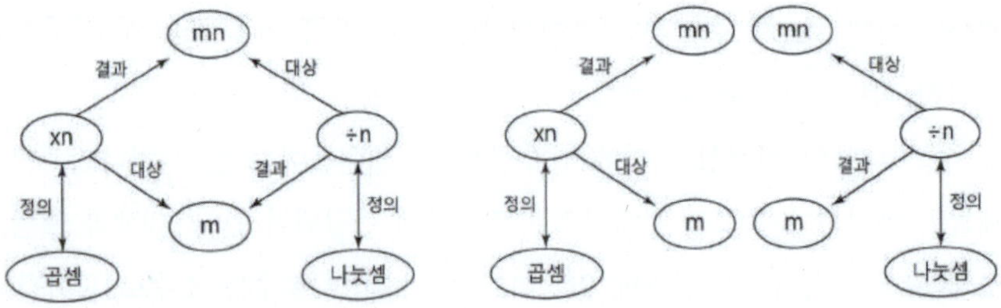

[그림 10-1] 연결성에 따른 지식의 구조 차이(서보억 외, 2018, p. 28)

셋째, 수업에서의 연결성 측면에서 교사가 수학적 개념들 간의 공통점을 바탕으로 개념을 연결하여 수업을 진행하면, 학생들은 수학적 오류를 줄이고 수학적 지식에 대한 추상화와 일반화를 보다 쉽게 이룰 수 있다. 이와 같이 향상된 수학적 이해는 다른 내용을 학습하는 데에도 활용될 수 있으며, 수학 학업 성취도에 긍정적인 영향을 미친다. 결국, 수학의 개념과 그 연결에 대한 깊이 있는 지식을 가진 교사들이 절차적 지식에만 치중하여 연결성 없이 수학을 가르치는 교사들보다 더 우수한 교수법을 실천할 수 있으며, 학생들의 성취도 향상에도 더 큰 기여를 할 수 있다. 또한, 학생들이 이전에 학습한 내용들을 현재 수업에 연결하는 경험을 통해 수업에 대한 흥미와 참여도

역시 향상된다.

결론적으로, 학생들이 수학 학습에서 성공을 경험하고 미래 사회에 필요한 통합적 지식을 구축하기 위해서는 교사가 수학적 연결성이 수업에 잘 드러나도록 수업 내용과 활동을 구성해야 한다. 이를 바탕으로 학생들은 수학적 개념, 원리, 법칙들이 연결된 통합적인 사고를 구축할 수 있다. 결국, 연결성이 강조된 수학 학습을 통해 학생들은 다른 영역으로의 지식 전이가 용이해지고, 오랫동안 기억할 수 있는 견고한 수학적 사고 체계를 구축하게 된다.

1.2. 수학과 교육과정에 제시된 수학적 연결성

수학 교육에서 수학적 연결성이 강조되는 이유는, 수학 교육이 단순히 개별적인 수학적 개념을 학습하는 데 그치지 않고, 다양한 개념 간의 상호 연관성을 이해하고 융합적인 관점에서 각 개념을 통합할 수 있는 능력을 기르는 데 중점을 두고 있기 때문이다. 이러한 접근은 학생들이 수학을 더 깊이 이해할 수 있도록 도와줄 뿐만 아니라, 학습한 내용을 다양한 맥락에 적용할 수 있게 한다. 수학 내적 연결성과 외적 연결성을 통해 학생들은 수학적 사고를 지속적으로 확장하며, 실생활의 문제를 해결하는 데 필요한 통합적이고 종합적인 사고 능력을 키울 수 있다. 이러한 배경에서 많은 나라들이 수학적 연결성을 중점적으로 지도하며, 학생들이 더 풍부한 학습 경험을 얻고 수학에 대한 이해와 응용력을 강화할 수 있도록 노력하고 있다. 수학적 연결성이 수학 교육과정에 제시된 유형은 크게 세 가지로 분류할 수 있다.

> 미국에서는 2000년대 이전부터 수학적 연결성을 강조해 왔다.

첫 번째 유형은 수학적 연결성이 독립된 규준(standard), 과정(process), 역량(competency) 등으로 제시되는 경우이다. 예를 들어, 미국의 NCTM(National Council of Teachers of Mathematics)은 1989년에 출간한 학교 수학을 위한 교육과정과 평가 규준 『*Curriculum and Evaluation Standards for School Mathematics*』에서 수학적 연결성을 문제해결, 추론, 의사소통과 함께 수학 교육의 핵심 규준 중 하나로 언급하였다. 이후 2000년에 발간한 학교 수학을 위한 원리와 규준 『*Principles and Standards for School Mathematics*』에서도 연결성을 문제해결, 추론, 의사소통, 표현과 함께 학교 수학의 필수 규준 중 하나로 제시하였다. 특히, 2000년에 출간된 이 책에서는 연결성 지도의 목표를 다음과 같이 보다 명확하게 제시하였다.

(1) 수학적 아이디어 사이의 연결성을 인식하고 사용할 수 있다.

(2) 일관된 전체를 형성하기 위해 수학적 아이디어가 다른 아이디어와 어떻게 상호 연결되는지, 그리고 이러한 아이디어들이 어떻게 서로를 기반으로 구성되는지를 이해할 수 있다.

(3) 수학 외적 문맥에서 수학을 인식하고 적용할 수 있다.

이 목표들 중 첫 번째와 세 번째 목표는 각각 수학 내적 연결성과 외적 연결성에 해당하며, 두 번째 목표는 수학적 아이디어 간의 상호 연결이 일관된 전체를 형성하는 데 중요한 역할을 한다는 점을 강조한 것이다. 우리나라 2022 수학과 교육과정도 첫 번째 유형에 해당된다.

두 번째 유형은 수학적 연결성이 다른 과정과 결합되거나 분리된 경우이다. 예를 들어, 우리나라 2015 수학과 교육과정에서는 연결성을 '융합'이라는 용어로 대체하고, 창의성과 결합하여 이를 '창의·융합 역량'으로 제시하였다. 한편, 싱가포르의 수학과 교육과정에서는 연결성을 추론, 의사소통과 함께 수학적 과정의 하나로 제시하지만 수학적 모델링을 수학적 연결성과 구분된 독립적인 영역으로 제시하였다. 수학적 모델링은 현실 세계의 문제를 해결하기 위해 실세계를 단순화하고 구조화된 수학적 기호로 표현하는 과정으로, 학습한 수학적 지식을 현실 세계와 연결한다는 점에서 수학 외적 연결성과 일부 관련이 있다. 그러나 싱가포르 수학과 교육과정에서는 수학적 모델링이 과제의 복잡성과 개방성 측면에서 수학적 연결성과 차이가 있다는 점을 고려하여, 수학적 연결성을 수학적 모델링과 구분하고 있다.

세 번째 유형은 연결성이 교육과정 내에 명시적으로 제시되어 있지는 않지만, 성취기준과 교수 전략을 설명할 때 연결성을 강조하는 경우이다. 예를 들어, 영국의 수학과 교육과정에서는 연결성이 독립된 규준이나 과정으로 제시되지 않는다. 그러나 학생들이 유창성, 수학적 추론 능력, 복잡한 문제해결 능력을 개발하기 위해 수학적 아이디어들 간의 풍부한 연결성을 형성해야 한다고 설명하고 있다. 또한, 측정 활동을 통해 도형 영역과 수와 연산 영역의 연관성을 이해하거나, 거스름돈을 통해 뺄셈의 개념을 이해하도록 하는 등 연결성의 관점에서 수학을 지도하도록 안내하고 있다. 중국의 수학과 교육과정도 이와 유사한 형태로 구성되어 있다.

이처럼 한국, 미국, 영국, 중국, 싱가포르 등 다양한 국가의 수학과 교육과정에서 수학적 연결성을 강조하며, 이를 통해 학생들이 수학적 사고력을 확장하고 다양한 맥락에서 문제해결를 해결할 수 있는 능력을 기를 수 있도록 지원하고 있다. 다음 장에서는 우리나라 수학과 교육과정에 제시된 수학적 연결성에 대해 살펴보고자 한다.

1.3. 우리나라 수학과 교육과정에 제시된 수학적 연결성

우리나라 수학과 교육과정에서 연결성이 명시적으로 등장한 것은 2022 개정 수학과 교육과정부터이지만, 그 중요성은 1차 교육과정부터 꾸준히 언급되어 왔다. 1차 수학과 교육과정에서는 수학 외적 연결성을 강조하기 위해 '생활 단원 학습기'를 도입하였으며, 실생활 맥락을 통해 수학적 개념과 원리를 탐구할 수 있도록 단원을 구성하였다. 예를 들어, [그림 10-2]와 같이 '받아올림이 있는 두 자리 수의 덧셈'을 가르치기 위해 새 학년을 맞이한 교실 상황을 설정하고, 교실 내 남학생과 여학생의 수를 더하는 과정을 통해 덧셈 알고리즘의 원리를 탐구하도록 안내하였다.

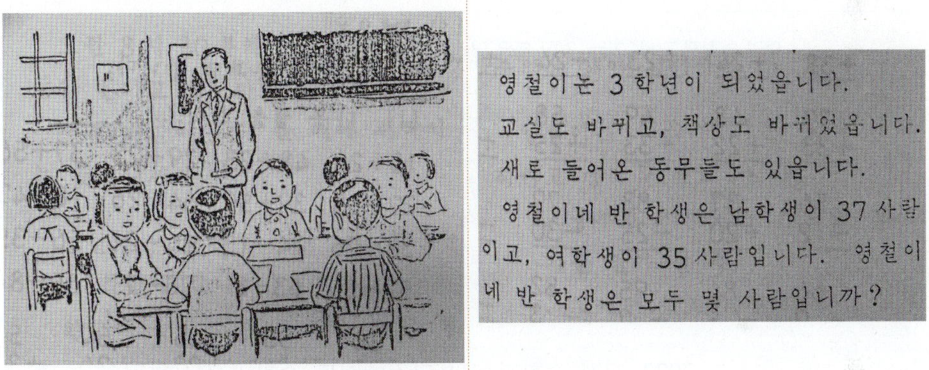

[그림 10-2] 제1차 수학과 교육과정에 따른 수학교과서, 3-1. 1. 새 학년 p. 1

이후 여러 차례의 교육과정 개편이 있었지만, 연결성은 계속해서 수학과 교육과정의 주요 목표 중 하나로 유지되었다. 2015 개정 수학과 교육과정에서는 "생활 주변 현상을 수학적으로 관찰하고 표현하는 경험을 통해 수학의 기초적인 개념, 원리, 법칙을 이해하고 수학의 기능을 습득한다."는 목표를 설정하였다. 또한, '창의·융합 역량'을 강조하며, 융합 역량을 "여러 수학적 지식, 기능, 경험을 연결하거나, 수학과 타 교과나 실생활의 지식, 기능, 경험을 수학과 연결 융합하여 새로운 지식, 기능, 경험을 생성하고 문제를 해결하는 능력"(교육부, 2018a, p. 16)으로 정의하고, 그 하위 요소를

〈표 10-1〉과 같이 수학 내적 연결, 수학 외적 연결 및 융합으로 구분하여 제시하였다.

> 수학적 연결성은 수학 내적 연결과 수학 외적 연결로 구분될 수 있다.

수학 내적 연결을 구현하기 위한 기능으로는 서로 다른 수학적 주제나 학년 간의 수학적 지식, 기능, 경험을 연결하기, 통합하기, 재구성하기, 문제해결을 위해 두 가지 이상의 수학적 지식을 적용하기 등이 있다. 수학 외적 연결 및 융합을 위한 기능으로는 실생활이나 타 교과와 관련된 상황에서 수학적 지식, 기능, 경험을 찾아보기, 적용하기, 연결짓기, 융합하기 활동이 있다. 2015 개정 수학과 교육과정은 수학적 연결성의 하위 요소에 대한 정의와 관련 활동을 제시함으로써 그 의의를 인정받고 있지만, 연결성을 창의성과 결합하고 '융합'이라는 용어로 표현한 결과, 수학적 연결성의 본질이 다소 모호하게 전달되었다는 한계가 있다.

〈표 10-1〉 2015 개정 수학과 교육과정에 제시된 융합 역량 구성 요소 (교육부, 2018a, p. 16)

하위 요소	의미	기능
수학 내적 연결	여러 수학적 지식, 기능, 경험 등을 연결하여 새로운 수학적 지식, 기능, 경험 등을 생성하고 수학 문제를 해결하는 능력	(서로 다른 주제 또는 서로 다른 학년의 수학 지식, 기능, 경험 사이의) 관계찾기/관련짓기/연결하기/통합하기/재구성하기, (수학 문제 상황에 두 가지 이상의 지식, 기능) 적용하기/문제해결하기
수학 외적 연결 및 융합	수학과 타 교과나 실생활의 지식, 기능, 경험 등을 연결·융합하여 새로운 지식, 기능, 경험 등을 생성하고 문제를 해결하는 능력	(실생활이나 타 교과 상황과 관련된 수학적 지식, 기능, 경험 등) 찾아보기, (실생활이나 타 교과 상황에 수학적 지식, 기능, 경험 등) 적용하기/연결하기/관련짓기/융합하기

> 2022 개정 교육과정에서는 연결성을 지도하기 위한 교수·학습 및 평가 방법을 명시적으로 제시하였다.

2022 개정 수학과 교육과정에서도 수학과 교육과정의 목표 중 하나로 수학적 연결성을 다음과 같이 강조하고 있다. "수학의 개념, 원리, 법칙 간의 관련성을 탐구하고 실생활이나 타 교과에 수학을 적용하여 수학의 유용성을 인식한다"(교육부, 2022, p. 6). 또한, 수학교육에 관한 국제 연구 동향을 반영하여 연결성을 수학과의 핵심 역량 중 하나로 제시하고, 교사가 수학 교실에서 연결성을 명시적으로 지도할 것을 요구하고 있다. 이는 '교과 간 연계와 통합', '삶과 연계한 학습'을 주요 강조점으로 제시한 2022 개정 교육과정 총론의 개발 방향과도 일치한다. 2022 개정 수학과 교육과정에서 제시한 교수·학습 및 평가 방법은 〈표 10-2〉와 같으며, 교육과정 성취기준에 제시된 연결성의 예는 〈표 10-3〉에 제시하였다.

〈표 10-2〉 연결성 교수·학습 및 평가 방법(교육부, 2022, pp. 44, 48)

교수·학습 방법	평가 방법
(1) 영역이나 학년(군) 내용 간에 관련된 수학의 개념, 원리, 법칙 등을 유기적으로 연계하여 새로운 지식을 생성하면서 창의성을 기르게 한다. (2) 수학과 실생활, 사회 및 자연 현상, 타 교과의 내용을 연계하는 과제를 활용하여 수학의 유용성을 인식하게 한다.	영역이나 학년(군) 내용 사이에서 개념, 원리, 법칙을 적절하게 관련지어 이해하는지, 수학의 개념, 원리, 법칙을 연계하여 새로운 지식을 생성할 수 있는지, 수학을 실생활이나 타 교과의 지식, 기능, 경험에 적용할 수 있는지, 실생활이나 타 교과의 지식, 기능, 경험을 수학적으로 해석할 수 있는지, 수학을 바탕으로 창의적으로 관련성을 찾을 수 있는지, 수학의 유용성을 인식하는지 등을 고려한다.

〈표 10-3〉 교육과정 성취기준 1~2학년군에 제시된 연결성의 예

연결 유형	교육과정 성취기준
개념과 개념	[2수01-07] 덧셈과 뺄셈의 관계를 이해한다. [2수03-09] 실생활 문제 상황과 연결하여 1분, 1시간, 1일, 1주일, 1개월, 1년 사이의 관계를 이해한다.
개념과 절차	[2수01-06] 두 자리 수의 범위에서 덧셈과 뺄셈의 계산 원리를 이해하고 그 계산을 할 수 있다. [2수03-08] 1시간과 1분의 관계를 이해하고, 시간을 '시간', '분'으로 표현할 수 있다. [2수03-04] 삼각형, 사각형, 원을 직관적으로 이해하고, 그 모양을 그릴 수 있다.
절차와 절차	[2수01-09] □가 사용된 덧셈식과 뺄셈식을 만들고, □의 값을 구할 수 있다. [2수01-04] 하나의 수를 두 수로 분해하고 두 수를 하나의 수로 합성하는 활동을 통하여 수 감각을 기른다.
실생활과 개념	[2수01-05] 덧셈과 뺄셈이 이루어지는 실생활 상황과 연결하여 덧셈과 뺄셈의 의미를 이해한다. [2수03-03] 교실 및 생활 주변에서 여러 가지 물건을 관찰하여 삼각형, 사각형, 원의 모양을 찾고, 이를 이용하여 여러 가지 모양을 만들 수 있다. [2수03-12] 여러 가지 물건의 길이를 어림하고, 길이에 대한 양감을 기른다.

* 교육과정에 제시된 성취기준을 연결 유형별로 재분류한 것으로 교육자의 관점에 따라 다른 방식으로 분류될 수 있다.

이처럼 2022 개정 수학과 교육과정은 학생들이 수학적 개념을 통합적으로 이해하고, 이를 실생활과 타 교과에 적용할 수 있는 능력을 기를 수 있도록 연결성을 핵심 역량 중 하나로 제시하였다. 특히, 연결성을 명시적으로 지도하고 평가하는 방안을 마련하여, 학생들이 수학적 지식을 실제로 적용하고 학습의 의미를 깊이 있게 인식하도록 유도하고 있다. 이러한 접근은 학생들이 수학을 다양한 맥락에서 유용하게 활용하며, 수학적 사고력과 창의적인 문제해결 능력을 향상시키는 데 중요한 역할을 할 것이다.

1.4. 연결성이 풍부한 수학 수업을 위한 교사의 역할

교사는 수학적 연결성에 대한 학생들의 이해를 강화하기 위해 수학 내적 연결성과 외적 연결성을 균형 있게 지도해야 하며, 학생들의 발달 단계와 인지 수준에 맞는 적절한 활동과 질문을 통해 통합적 사고를 촉진해야 한다. 이러한 수업은 학생들이 수학을 단편적으로 이해하는 것을 넘어, 다양한 상황과 맥락에서 수학을 유용하게 활용할 수 있도록 돕는다. 결과적으로, 교사는 학생들이 수학을 일관되고 통합된 전체로 인식하도록 지원함으로써, 그들이 문제해결 능력과 창의적 사고력을 개발하는 데 중요한 역할을 할 수 있다. 이러한 목표를 달성하기 위한 교사의 역할과 수업 시 고려사항을 구체적으로 제시하면 다음과 같다(NCTM, 2000).

첫째, 교사는 학생들이 수학적 개념과 원리를 분절적으로 인식하지 않고, 연결성을 바탕으로 통합적으로 사고할 수 있도록 적절한 발문과 상황을 제시해야 한다. 이때 학생들의 인지 수준과 수학 지식의 학습 정도를 고려하여, 학년과 수준에 따라 연결성을 신장시키기 위한 발문과 상황을 다르게 제시할 필요가 있다.

예를 들어, 학교에 입학한 지 얼마 되지 않은 저학년 학생들에게는 수학 외적 연결성에 초점을 두고, 실생활 맥락과 수학을 통합하는 것에 중점을 둔다. 창문과 책에서 사각형을 인식하기, 달력에서 규칙 찾기와 같은 활동이 효과적일 수 있다. 기본적인 수학적 지식을 습득한 초등학교 고학년 학생들에게는 수학 내적 연결성을 기반으로 한 학습이 필요하다. 덧셈과 곱셈의 관계 인식하기, 자연수의 연산과 소수의 연산의 관계 인식하기, 평면도형의 둘레와 입체도형의 겉넓이를 연결 짓기와 같은 활동이 효과적이다. 또한, "이전에 이와 비슷한 문제를 풀어 본 적이 있는가?", "이 문제는 이전에 공부했던 내용과 어떻게 다른가?"와 같은 발문을 통해 학생들이 사고를 확장하도록 유도할 수 있다. 따라서, 교사는 학생들의 수학적 지식이 성장함에 따라 수학 외적 연결성과 관련된 발문과 더불어 수학 내적 연결성과 관련된 발문도 적극적으로 사용할 필요가 있다.

둘째, 교사는 학생들이 일관된 전체(coherent whole)를 형성하기 위해 수학적 아이디어들이 어떻게 상호 연결되고, 다른 아이디어를 기반으로 어떻게 구성되는지 이해할 수 있도록 수학 내적 연결성을 탐구할 기회를 제공해야 한다. 학생들이 수학을 경험하는 동안, 서로 다른 상황에서 동일한 수학적 구조를 인식하는 능력을 향상시켜야 한다. 예를 들어, 저학년 학생들은 자연수 사칙연산의 원리를 이해하고 계산하는 데 중점을 두고, 고학년 학생들은 분수와 소수의 사칙연산과 같은 더 복잡한 구조를 이해하고 계산하는 데 초점을 맞춘다. 학생들이 수학을 연결되고 통합된 전체로 인식하게 되면, 수학적 개념과 원리를 분절적으로 인식하는 경향이 줄어들고, 수학을 무질서한 규칙들의 집합으로 인식하지 않게 된다. 개념적 이해가 절차적 이해와 연결된다면, 학생들은 수학적 사고에서 더 깊이 있는 통찰력을 얻을 수 있다. 따라서 교사는 개념과 절차의 통합이 학교 수학의 중심이 되도록 지도를 해야 한다.

셋째, 교사는 학생들이 수학 외부의 맥락에서 발생하는 문제를 다루며 수학적 지식을 습득할 수 있는 기회를 제공해야 한다. 저학년 학생들은 현실 세계와의 연결을 통해 수학을 배울 수 있으며, 고학년 학생들은 수학적 아이디어를 타 교과에 적용하는 방법을 배워야 한다. 이를 통해 학생들은 수학을 자신 있게 사용하여 외부 세계의 복잡한 문제를 해석하고 설명할 수 있는 능력을 기르게 된다. 수학 외적 연결성은 학습 과정 중에서도 이루어진다. 예를 들어, 저학년 학생들은 한 달간의 날씨를 관찰하고, 비가 오는 날, 흐린 날, 맑은 날을 기록하여 자료를 수집하며, 이를 통해 자료 수집, 분류, 정리, 해석으로 구성된 통계적 사고를 경험할 수 있다. 고학년 학생들은 인터넷을 사용하거나 다른 지역의 학생들과 협력하여 다양한 자연 현상에 관한 자료를 수집하고 분석하는 활동을 통해 더 깊이 있는 수학 학습을 할 수 있다.

토의문제 1

2022 개정 수학과 교육과정 성취기준에 제시된 연결성의 예를 찾아 각 유형별로 분류하시오.

토의문제 2

• 수학 수업 동영상을 관찰하여 해당 교사가 수학적 연결성을 효과적으로 구현하고 있는지, 어떤 유형의 연결성을 사용하는지, 그리고 연결성의 사용이 학생들의 수학 학습에 미치는 영향 등을 아래에 제시된 체크리스트를 활용해 평가하시오.

* 수학적 연결성 평가를 위한 체크리스트

1. 수학 내적 연결성 측면에서의 평가

(1) 개념/절차 간의 관계 강조: 교사는 수학적 개념/절차들 간의 관계를 명확히 설명하고 있는가?

(2) 문제해결 과정에서의 통합: 교사는 학생들이 문제를 해결할 때, 여러 수학적 주제나 방법을

결합하도록 유도하는가?

(3) 학생 발문을 통한 사고 확장: 교사는 적절한 발문을 통해 학생들이 수학 내적 연결성을 인식하도록 돕고 있는가?

2. 수학 외적 연결성 측면에서의 평가

(1) 실생활 예시 사용: 교사는 수학적 개념/절차를 설명하기 위해 실생활 예시를 사용하여 학생들이 수학적 지식을 현실 세계와 연결할 수 있도록 돕고 있는가?

(2) 타 교과와의 연계: 교사는 수학을 타 교과와 연계하여 가르치고 있는가?

(3) 학생 중심의 실생활 문제해결 활동: 교사는 학생들이 실생활 문제를 해결하면서 수학적 지식을 적용할 수 있는 기회를 제공하고 있는가?

02 수학적 연결성의 지도

학자들은 다양한 관점에서 수학적 연결성의 유형을 제시하고 있다.

앞서 언급한 것처럼 연결성은 일반적으로 수학 내적 연결성과 수학 외적 연결성으로 분류되어 왔다. 그러나 최근 연구들은 연결성을 보다 다양한 관점에서 분류할 필요성을 제안하고 있다(예: 이예진, 최혜령, 2022; Rodríguez-Nieto et al., 2022). 예를 들어, 우리나라 수학과 교육과정에서는 수학 외적 연결성을 '수학과 타 교과' 또는 '수학과 실생활'의 연결로 분류하였으나, 일부 학자들은 연결되는 교과가 인문사회 계열인지 자연과학 계열인지에 주목하고 있다. 더 나아가, 자연과학 계열 내에서도 수학, 과학, 실과 등 특정 교과와의 관련성을 분석한 연구들도 있었다. 이에 이 장에서는 수학적 연결성의 유형을 보다 상세하게 분류하여 안내하고자 한다. 또한 예비교사들의 이해를 돕기 위해, 2015 개정 수학과 교육과정에 따른 국정교과서를 활용하여 구체적인 적용 사례도 소개하였다. 특히, 초등학교에서 가장 가르치고 배우기 어려운 주제가 분수라는 점을 고려하여, 분수와 관련된 내용들만 제시하였다. 다만, 주의할 점은 각 유형들이 완전히 구분되지 않고 어느 정도 유사한 부분이 존재할 수 있으며, 연구자의 관점에 따라 제시된 예시들이 다른 유형으로 분류될 수도 있다.

본 글에서는 분수를 중심으로 연결성을 소개하였으나, 이는 다른 주제에도 충분히 적용될 수 있다.

2.1. 수학 내적 연결

(1) 수업 지향(Instruction-oriented) 연결

수업 지향 연결은 이전에 학습한 개념이나 절차 'A'를 바탕으로 새로운 개념이나 절차 'B'를 이해하는 것을 의미한다. 이는 교사가 학생들의 이해를 돕기 위해 수업 중에 의도적으로 사용하는 연결 방식으로, 주로 수학 내적 연결과 관련되어 있다. 분수에 대한 이해를 바탕으로 소수의 개념을 이해하는 활동(개념-개념 연결)이나, 통분에 대한 이해를 바탕으로 이분모 분수의 덧셈과 뺄셈 문제를 해결하는 활동(개념-절차 연결)이 포함된다. 예를 들어, 학생들은 약분과 통분을 학습하면서 $\frac{1}{2}$이 $\frac{2}{4}$, $\frac{3}{6}$과 크기가 같다는 동치분수의 개념을 이해하게 된다(〈표 10-4〉 참고). 이후 학생들은 $\frac{1}{2}$와 $\frac{1}{4}$을 더하기 위해 $\frac{1}{2}$을 동치분수인 $\frac{2}{4}$으로 변환하여 $\frac{1}{2}+\frac{1}{4}=\frac{2}{4}+\frac{1}{4}=\frac{3}{4}$과 같은 과정을 학습하게 된다. 따라서, 수업 지향 연결은 새로운 개념을 학습하기 전에 학생들이 이해하고 있어야 하는 개념과 절차, 상황 등을 본 수업에 연결하는 활동으로 이해할 수 있다.

(2) 다양한 표현(Different representations) 연결

학생들은 다양한 수학적 표현을 사용함으로써 수학적 개념들 간의 차이와 관계를 명확하게 인식하고, 새로운 수학적 지식을 창출할 수 있다. 특히 초등학생의 경우, 인지적 수준이 중·고등학생에 비해 다소 낮기 때문에 글자로 제시된 문제의 조건과 규칙을 즉각적으로 이해하기 어려운 경우가 종종 있다. 이럴 때 문제 상황을 그림, 그래

〈표 10-4〉 수업 지향 연결의 예

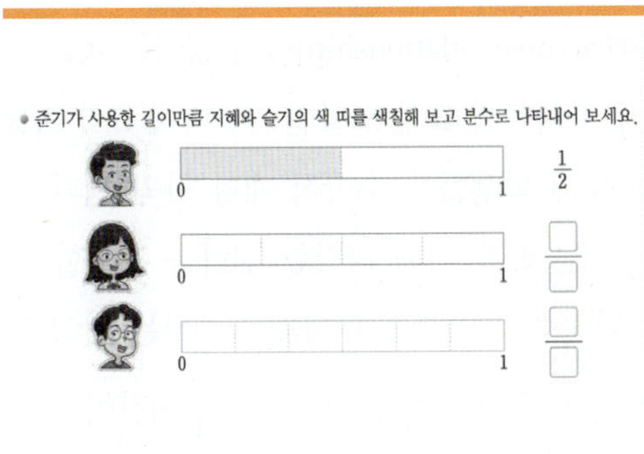

5-1. 4. 약분과 통분, p. 68

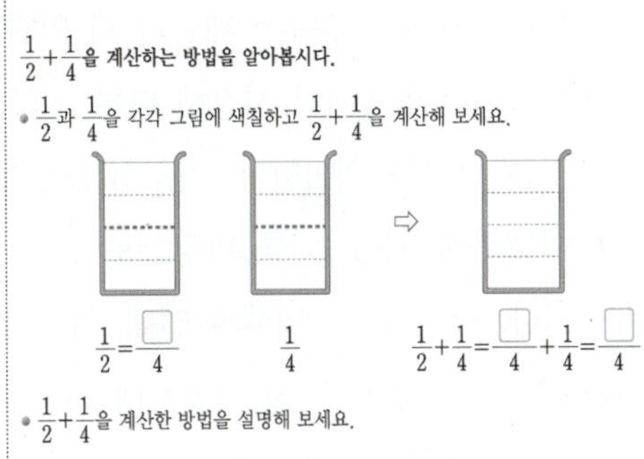

5-1. 5. 분수의 덧셈과 뺄셈, p. 86

프, 표, 글, 기호 등으로 간략하게 표현하면 문제를 어떻게 해결할지에 대한 통찰을 얻을 수 있다. 이처럼 수학적 아이디어를 형태가 다른 수학적 아이디어로 변환하는 활동을 '다양한 표현 연결' 전략이라 한다. 학생들은 이러한 경험을 통해 수학적 개념을 시각적으로 이해하고, 문제를 다양한 방식으로 접근할 수 있는 능력을 개발할 수 있다. 예를 들어, "쌀과자를 포장하는 데 지혜는 리본 $2\frac{1}{4}$m를 사용했고, 슬기는 리본 $1\frac{1}{2}$m를 사용했습니다. 두 친구가 사용한 리본의 길이를 비교해 봅시다."라는 문제를 해결하기 위해 학생들은 문제의 조건과 상황을 띠그래프, 그림, 수식, 글 등으로 표현하여 문제해결 전략과 이분모 분수의 덧셈 알고리즘을 탐색할 수 있다(〈표 10-5〉 참고).

〈표 10-5〉 다양한 표현 연결의 예

• 두 친구가 사용한 리본의 길이를 각각 그림에 나타내어 보세요. 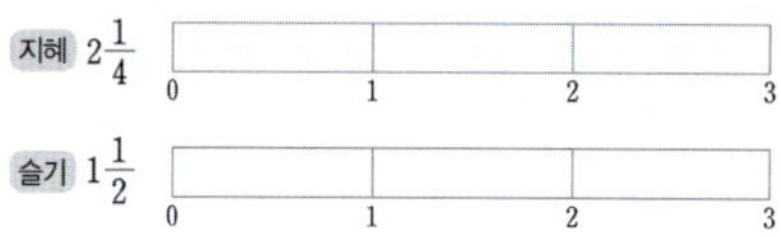 	• $2\frac{1}{4}$과 $1\frac{1}{2}$을 각각 그림에 색칠하고 $2\frac{1}{4}-1\frac{1}{2}$을 계산해 보세요. 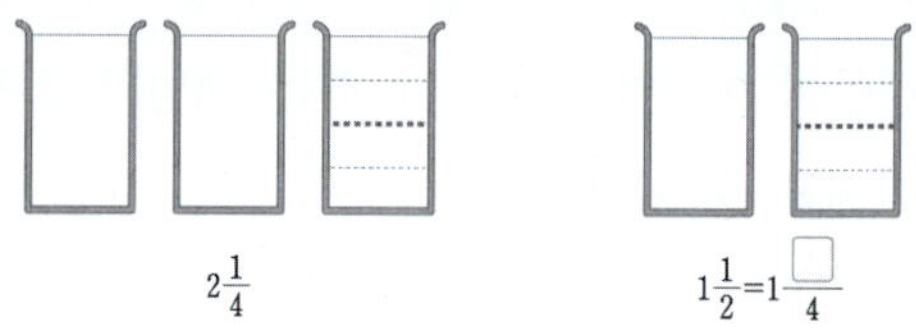
$2\frac{1}{4}-1\frac{1}{2}=2\frac{1}{4}-1\frac{\square}{4}=1\frac{\square}{4}-1\frac{\square}{4}$ $=(1-1)+\left(\frac{\square}{4}-\frac{\square}{4}\right)=\frac{\square}{4}$	• $2\frac{1}{4}-1\frac{1}{2}$을 계산한 방법을 설명해 보세요.
5-1. 5. 분수의 덧셈과 뺄셈, pp. 98~99	

(3) 가역성(Reversibility) 연결

가역성 연결이란 수학적 개념 간의 역관계(reverse relationship)를 연결하는 것으로, 수학적 아이디어 A에서 시작해 다른 수학적 아이디어 B에 도달한 후, 다시 B와 A를 연결 짓는 과정을 의미한다. 가역성 연결을 통해 학생들은 수학적 개념 간의 변환 관계를 이해하게 되며, 이를 바탕으로 문제를 해결하기 위해 다양한 전략을 활용할 수 있게 된다. 예를 들어, 덧셈과 뺄셈, 곱셈과 나눗셈의 역연산 관계를 이해하는 것이 그 예이다. 분수 학습의 경우, "지혜네 반 학생들이 조개 6kg을 캐는 데 $\frac{3}{4}$시간이 걸렸습니다. 지혜네 반 학생들이 1시간 동안 캘 수 있는 조개의 무게를 알아봅시다."라는 문제를 해결하기 위해 $6 \div \frac{3}{4} = \square$과 같이 분수의 나눗셈을 사용할 수 있지만, 이전에 학습한 분수의 곱셈을 활용하여 $\frac{3}{4} \times \square = 6$로 분수의 곱셈식을 세우는 방법도 있다. 이때, □의 $\frac{1}{4}$이 2이므로, 1시간 동안 캘 수 있는 조개의 무게가 8kg이라는 것을 알 수 있다. 이처럼 수학적 아이디어 간의 역관계를 인식하는 것은 학생들이 새로운 수학적 개념이나 절차를 배우지 않고도 기존의 수학적 지식을 창의적으로 활용하여 새로운 맥락에서 제시된 문제를 해결할 수 있도록 돕는다.

〈표 10-6〉 가역성 연결의 예

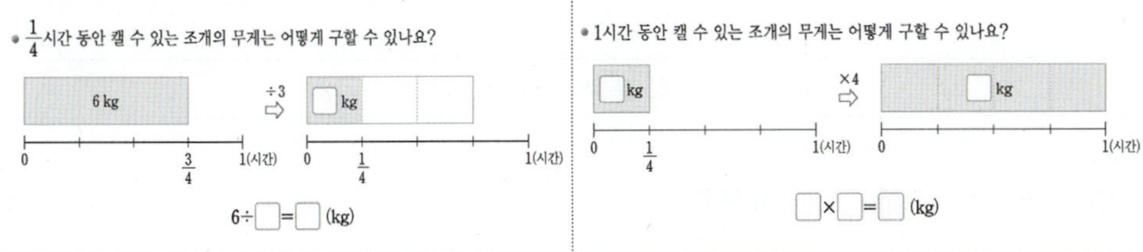

6-2. 1. 분수의 나눗셈, p. 20

(4) 절차적(Procedural) 연결

절차적 연결은 수학 문제를 해결하거나 새로운 수학적 절차를 이해하기 위해 기존의 수학적 규칙, 알고리즘, 절차를 활용하여 수학적 연결을 형성하는 활동을 의미한다. 절차적 연결은 절차와 절차의 연결, 개념과 절차의 연결뿐만 아니라, 유사한 사례를 통해 일반적인 알고리즘을 도출하는 일반화의 과정도 포함된다. 예를 들어, 학생들은 $\frac{1}{2}$과 $\frac{1}{3}$, $\frac{1}{4}$와 $\frac{1}{5}$, $\frac{1}{3}$과 $\frac{1}{5}$의 크기를 비교하는 활동을 반복적으로 수행한 후, 교사는 학생들에게 단위분수의 크기를 비교하는 규칙을 생각해 보라고 요청할 수 있다(〈표 10-7〉 참고). 학생들은 단위분수의 경우, 분자가 모두 1이고 분모만 다르며, 분모가 작을수록 수가 더 크다는 일반적인 규칙을 발견하게 될 것이다. 이처럼 교사가 단위분수의 크기를 비교하는 방법을 명시적으로 가르치기보다는, 학생들이 다양한 예시를 관찰하고 종합함으로써 스스로 새로운 규칙이나 알고리즘을 발견하도록 유도하는 방식이 절차적 연결에 해당한다.

〈표 10-7〉 절차적 연결의 예

<table>
<tr>
<td>

• $\frac{1}{2}$과 $\frac{1}{3}$ 중에서 어느 분수가 더 큰지 띠를 이용하여 알아보세요.

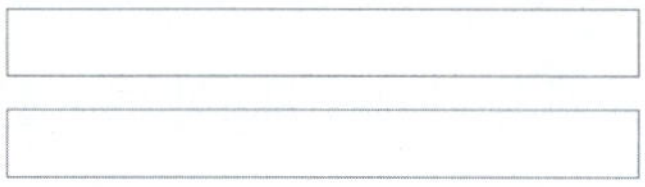

$\frac{1}{2}$ ○ $\frac{1}{3}$

• $\frac{1}{4}$과 $\frac{1}{5}$ 중에서 어느 분수가 더 큰지 띠를 이용하여 알아보세요.

$\frac{1}{4}$ ○ $\frac{1}{5}$

</td>
<td>

• $\frac{1}{3}$과 $\frac{1}{5}$을 수직선에 나타내어 알아보세요.

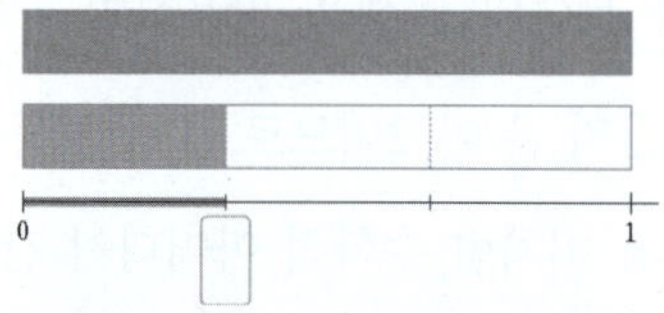

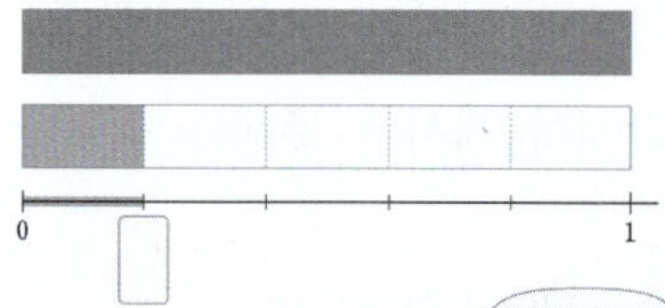

• $\frac{1}{3}$과 $\frac{1}{5}$ 중에서 어느 분수가 더 큰가요?

</td>
</tr>
<tr>
<td colspan="2">3-1. 6. 분수와 소수, p. 121</td>
</tr>
</table>

(5) 부분-전체(Part-whole) 연결

부분과 전체의 연결이란, 일반적인 경우와 그와 관련된 특수한 사례를 연결 짓는 활동을 의미한다. A가 B의 일반화된 형태일 때, 학생들은 A에 대한 이해를 바탕으로 B를 A의 특수한 사례로 이해하게 되는 경우이다. 예를 들어, 전체를 똑같은 크기로 나눈 것 중 일부를 나타내는 것을 분수의 개념으로 이해한 후, 학생들은 분수의 특수한 경우로서 분자가 모두 1인 분수를 단위분수로, 분모와 분자의 공약수가 1뿐인 분수를 기약분수로 연결 지을 수 있다. 이후 학생들은 보다 다양한 형태의 분수를 탐색함으로써, 분수에 대한 이해를 확장할 수 있다. 이처럼 부분과 전체(또는 특수한 사례와 일반적인 개념)의 연결을 통해 학생들은 개념의 본질을 깊이 이해하게 되고, 이를 바탕으로 다양한 특수한 사례들을 유연하게 다를 수 있게 된다.

〈표 10-8〉 부분-전체 연결의 예

<table>
<tr>
<td>

전체를 똑같이 2로 나눈 것 중의 1을 $\frac{1}{2}$이라 쓰고 2분의 1이라고 읽습니다.

전체를 똑같이 3으로 나눈 것 중의 2를 $\frac{2}{3}$라 쓰고 3분의 2라고 읽습니다.

$\frac{1}{2}$, $\frac{2}{3}$와 같은 수를 분수라고 합니다.

1 ← 분자　　2 ← 분자
2 ← 분모　　3 ← 분모

</td>
<td>

분수 중에서 $\frac{1}{2}$, $\frac{1}{3}$, $\frac{1}{4}$, $\frac{1}{5}$……과 같이 분자가 1인 분수를 단위분수라고 합니다.

분모와 분자의 공약수가 1뿐인 분수를 기약분수라고 합니다.

$\frac{\overset{3}{\cancel{6}}}{\underset{9}{\cancel{18}}}=\frac{\overset{1}{\cancel{3}}}{\underset{3}{\cancel{9}}}=\frac{1}{3}$

</td>
</tr>
<tr>
<td>3-1. 6. 분수와 소수, p. 115</td>
<td>(위) 3-1. 6. 분수와 소수, p. 120
(아래) 5-1. 4. 약분과 통분, p. 71</td>
</tr>
</table>

(6) 의미(Meaning) 연결

의미 연결이란 학생이 특정 맥락에서 수학적 개념에 의미를 부여하고, 이를 다른 수학적 개념들과 연결 짓는 활동을 의미한다. 의미 연결을 통해 학생은 자신이 이해한 수준에서 해당 개념에 대한 명확한 이해를 얻고, 다른 개념들과의 차이점도 인식하게 된다. 예를 들어, 학생들이 곱셈을 덧셈의 개념과 연결하여, 곱셈을 반복된 덧셈의 또 다른 표현으로 이해할 수 있다. 분수와 관련하여 생각해보면, 〈표 10-9〉과 같이 교사가 학생들에게 소수의 개념을 분수의 또 다른 표현으로 소개할 때, 학생들은 분모가 10인 분수가 소수임을 이해하고, 분수를 소수의 또 다른 형태로 인식하게 된다. 그러나 학생들이 분수에 대한 이해가 충분하지 않다면, 분수와 소수의 연결은 효과적이지 않을 수 있다. 따라서 의미 연결은 학생의 배경 지식에 따라 이해의 깊이가 제한될 수 있다. 하지만, 의미 연결을 일단 획득하면, 학생들은 기존 지식을 확장하여 자신만의 이해를 구축하고, 새로운 지식을 생성할 수 있는 능력을 기르게 된다.

〈표 10-9〉 의미 연결의 예

• 1 cm를 똑같이 10으로 나누었을 때 ▬ 부분을 분수로 나타내어 보세요. 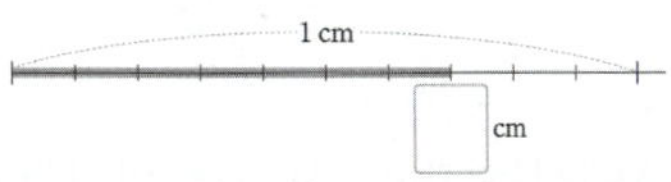	$\frac{1}{10}$, $\frac{2}{10}$, $\frac{3}{10}$ …… $\frac{9}{10}$를 0.1, 0.2, 0.3 …… 0.9라 쓰고 영 점 일, 영 점 이, 영 점 삼 …… 영 점 구라고 읽습니다. 0.1, 0.2, 0.3과 같은 수를 소수라 하고 '.'을 소수점이라고 합니다.

3-1. 6. 분수와 소수 p. 123

(7) 특징/속성(Feature/Property) 연결

의미 연결이 특정 수학적 개념과 관련된 또 다른 수학적 개념을 학생들이 생각하도록 유도하는 것이라면, 특징(속성) 연결은 학생들이 개념의 본질에 대한 이해를 바탕으로 개념의 특징이나 속성을 연결 짓는 활동을 의미한다. 이때 사용되는 특징들은 해당 개념을 다른 개념과 차별화하는 역할을 한다. 예를 들어, 학생이 삼각형을 '세 각으로 이루어진 도형'으로 정의한다면, 이 정의는 '세 각'이라는 속성을 통해 삼각형을 설명하고, 삼각형을 다른 다각형과 구분하는 역할을 한다. 비슷하게, 직사각형을 '두 쌍의 평행한 변과 네 개의 90° 각을 가진 도형'으로 설명함으로써, 직사각형을 사다리꼴, 평행사변형, 마름모 등과 구분할 수 있게 된다.

분수의 경우, 분자와 분모의 대소 비교를 통해 분모가 분자보다 크면 진분수, 분자가 분모보다 크면 가분수, 분모와 분자의 크기가 같으면 자연수로 정의할 수 있다. 또한, 진분수와 자연수가 결합된 형태는 대분수로 이해할 수 있다(〈표 10-10〉 참고). 이처럼, 특징 연결은 내포적 정의 방법과 유사하게 개념의 고유 속성을 활용하여 상위 개념(예: 분수) 안에 있는 하위 개념(예: 진분수, 가분수, 자연수, 대분수)을 설명하기 위해 그 속성들을 연결 짓는 방식이다.

〈표 10-10〉 특징/속성 연결의 예

3-1. 6. 분수와 소수. p. 115	3-2. 4. 분수 p. 85
전체를 똑같이 2로 나눈 것 중의 1을 $\frac{1}{2}$이라 쓰고 2분의 1이라고 읽습니다. 전체를 똑같이 3으로 나눈 것 중의 2를 $\frac{2}{3}$라 쓰고 3분의 2라고 읽습니다. $\frac{1}{2}$, $\frac{2}{3}$와 같은 수를 분수라고 합니다. $\frac{1}{2}$ ← 분자, 분모 $\frac{2}{3}$ ← 분자, 분모	$\frac{1}{4}$, $\frac{2}{4}$, $\frac{3}{4}$과 같이 분자가 분모보다 작은 분수를 진분수라고 합니다. $\frac{4}{4}$, $\frac{5}{4}$와 같이 분자가 분모와 같거나 분모보다 큰 분수를 가분수라고 합니다. $\frac{4}{4}$는 1과 같습니다. 1, 2, 3과 같은 수를 자연수라고 합니다. 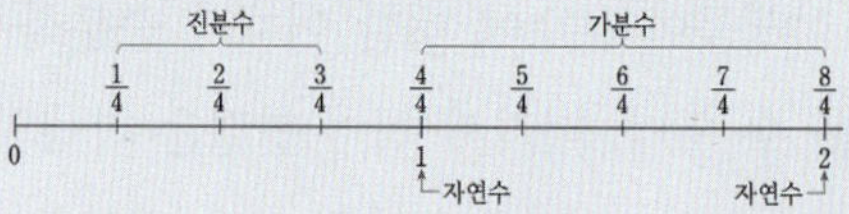

2.2. 수학 외적 연결

(1) 실생활 맥락과의 연결

OECD가 주관하는 국제학력평가 검사인 PISA에서는 미래 사회를 살아가기 위해 필요한 능력으로 수학적 소양을 강조하고 있다. 수학적 소양이란 실세계의 다양한 맥락에서 발생하는 문제를 해결하기 위해 수학을 이용해 추론하고 형식화하며, 문제를 해결할 수 있는 능력을 의미한다. 이를 위해 PISA는 학생들이 다양한 맥락 속에서 수학을 학습할 것을 강조하고 있다. 맥락이란 문제가 제시된 구체적인 상황과 장소를 의미하며, 이는 개인적, 사회적, 직업적 맥락 등으로 분류될 수 있다. 개인적 맥락은 학생 자신, 가족, 동료 집단의 생활과 관련된 것으로, 요리, 쇼핑, 건강, 스포츠, 여행, 재정, 일정 관리 등과 관련된 내용을 포함한다. 사회적 맥락은 지역 공동체, 국가, 세계에서 발생하는 사회적 활동과 관련된 것으로, 투표, 운송, 공공 정책, 인구 증가, 출산율, 통계, 경제 등과 관련된다. 직업적 맥락은 직업 세계와 관련된 상황으로, 건축가, 회계사, 품질관리자 등이 수행하는 측정, 계산, 급여 지급, 품질·재고·일정 관리, 건축 등의 수학적 의사결정 상황과 관련된 문제들을 포함한다. 이러한 문제들은 모두 수학적 연결성 중 실생활 맥락의 예로 활용될 수 있다.

〈표 10-11〉 실생활 맥락과의 연결 예

다음은 참치주먹밥 4인분을 만드는 데 필요한 재료와 재료의 양입니다. 참치주먹밥 1인분을 만드는 데 필요한 재료의 양을 구해 봅시다. 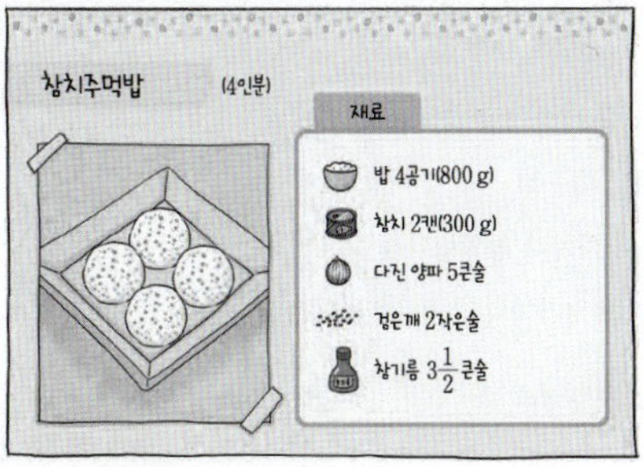 	슬기와 연수는 용돈을 똑같이 받았습니다. 슬기는 용돈의 $\frac{5}{9}$를 저금했고, 연수는 용돈의 $\frac{7}{12}$을 저금했습니다. 누가 저금을 더 많이 했는지 알아봅시다. 
6-1. 1. 분수의 나눗셈 p. 24	6-2. 1. 분수의 나눗셈 p. 21

(2) 수학사와의 연결

수학사는 수학적 개념과 방법이 역사적으로 어떻게 변화하고 발전해 왔는지를 기록하고 연구하는 분야이다. 여기에는 수학자의 삶과 업적, 수학과 관련된 사실이나 이야기, 수학적 개념의 탄생과 발달 과정, 수학사적 문제 등이 포함된다. 학생들은 수학사를 학습함으로써 수학에 대한 흥미를 키울 뿐만 아니라, 역사적 오류나 논쟁을 통해 수학에 대한 이해와 비판적 사고력을 향상시킬 수 있다. 또한, 수학이 실생활에서 어떻게 활용되어 왔는지를 이해함으로써 수학의 유용성을 인식하게 된다. 이처럼 수학사는 단순히 과거의 기록이 아니라, 현재의 수학 학습을 발생학적 맥락과 연결하는 중요한 교육 자료로서 학생들은 수학사를 통해 수학을 더 깊이 있게 이해하고 수학을 보다 인간적인 시각에서 바라보며 그 실효성과 중요성을 깨닫게 된다. 예를 들어, 학생들은 '의좋은 형제' 이야기(〈표 10-12〉 참고)를 읽으며 동분모 분수의 덧셈 문제를 수학사와 연관 지어 해결하는 경험을 할 수 있다.

(3) 공학 도구와의 연결

수학교육에서 공학 도구란 수학적 개념과 절차를 이해하고 문제를 해결하기 위해 사용하는 다양한 소프트웨어를 의미한다. 이러한 도구의 예로는 계산기 및 그래프 계산기, 스프레드시트 소프트웨어(예: Excel), 동적 기하 소프트웨어(예: GeoGebra, GSP, 알지오매스), 시뮬레이션 프로그램, 프로그래밍 언어(예: Python, R, Mathematica) 등이 있다. 공학 도구를 수학 학습에 활용하면, 학생들은 추상적인 수학적 정

〈표 10-12〉 수학사와의 연결 예

'의좋은 형제' 이야기를 읽고 문제를 해결해 봅시다. 옛날에 콩 한 쪽도 나누어 먹는 의좋은 형제가 살고 있었습니다. 어느 날 형제는 방앗간에서 쌀을 찧은 후 똑같이 나누었습니다. 형은 쌀 $1\frac{1}{4}$가마니를 동생 집에 밤에 몰래 가져다 놓았습니다. 동생에게는 아이들이 많았기 때문이었지요. 동생도 형수님 생신이 며칠 안 남은 것을 생각하고 쌀 $\frac{3}{4}$가마니를 형 집에 몰래 가져다 놓았습니다. 다음 날 아침, 일어난 형은 집에 있는 쌀이 4가마니인 것을 알고 깜짝 놀랐습니다. 형이 처음에 가지고 있던 쌀은 몇 가마니일까요?
4-2. 1. 분수의 덧셈과 뺄셈 p. 22

〈표 10-13〉 공학 도구와의 연결 예

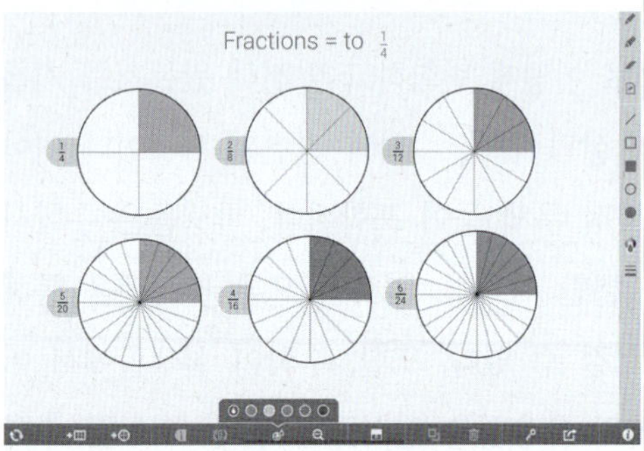	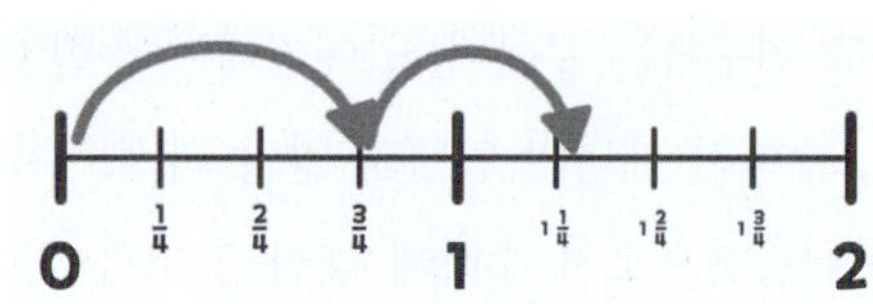
https://www.mathlearningcenter.org/apps/fractions	https://www.steamup.academy/ko/fractopia

보를 보다 쉽게 시각적으로 이해할 수 있으며, 이로 인해 수학적 탐구 능력과 문제해결 능력이 향상된다. 또한, 학생들은 직접적인 조작 활동을 통해 학습에 보다 능동적으로 참여하게 되며, 실생활 문제에 대한 응용력이 강화된다. 이에 학자들은 공학 도구의 사용을 수학적 연결성의 한 유형으로 제시하였다. 수학적 연결성의 측면에서 공학 도구를 수학 수업에 활용하는 방법은 다음과 같다.

(1) 공학 도구 화면 제시: 학생들이 직접 공학 도구를 조작하지 않고, 교사가 공학 도구를 활용해 제작한 결과물(예: 표, 그래프, 동적 변환 자료, 코딩 결과 등)을 화면에 제시한다. 학생들은 이 결과물을 수학적 개념에 연결하고 관련된 수학적 지식을 학습하거나 문제를 해결한다. 예를 들어, 학생들은 원을 다양한 크기로 분할한 그림을 통해 동치분수의 개념을 시각적으로 이해할 수 있다(〈표 10-13〉 왼쪽).

(2) 공학 도구 활용 방법 안내: 수학과 관련된 공학 도구의 사용법을 배우는 데 초점을 둔 활동이다. 교사는 공학 도구 사용법을 글과 화면을 통해 안내하며, 학생들은 교사의 설명에 따라 각 단계별 과제를 수행하며 사용법을 연습한다. 예를 들어, 교사가 '알지오매스'의 각 기능을 소개하고, 학생들이 교사의 안내에 따라 다양한 조작 활동을 수행한다. 이후 학생들은 각 기능들을 통해 수학적 개념과의 연결성을 탐색하게 된다.

(3) 공학 도구를 활용한 문제해결: 학생들이 직접 공학 도구를 사용하여 문제를 해결하는 활동이다. 예를 들어, Excel을 사용해 앞으로 발생할 일에 대한 경향성을 파악하거나, '알지오매스'의 블록코딩 기능을 활용해 도형을 창의적으로 작도하는 활동이 있다. 또한, $\frac{3}{4}+\frac{2}{4}$를 해결하기 위해 학생들이 각 분수의 크기를 직접 수직선에 표시하며 동분모 분수 문제의 해를 찾는 활동도 포함된다(〈표 10-13〉 오른쪽).

(4) 타 교과와의 연결

타 교과와의 연결이란 수학적 개념과 절차를 지도하기 위해 수학 이외의 다른 교과 내용을 활용하는 것을 의미한다. 타 교과와의 연결 유형은 구체적인 교과(예: 국어, 사회, 도덕, 체육, 미술 등)로 분류되기도 하며, 더 넓은 학문 영역(예: 사회과학, 자연과학, 예술 등)으로 분류되기도 한다. 수학을 타 교과와의 연결지어 학습하는 경험을 통해 학생들은 다른 교과와 융합하여 수학에 관한 심화된 이해를 형성하게 되며, 종합적이고 통합적인 사고를 형성할 수 있다. 예를 들어, 수학과 미술을 연결하여 학생들은

〈표 10-14〉 타 교과의 연결 예

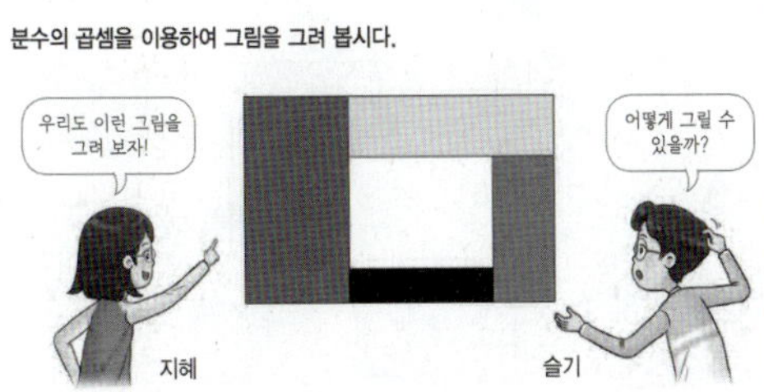

5-2. 2. 분수의 곱셈 p. 50	5-1. 4. 약분과 통분 p. 76

미술 작품에서 황금비를 찾고 이를 수학적으로 분석하면서 비와 비율에 대한 개념을 학습할 수 있고, 분수의 곱셈을 이용하여 그림을 그릴 수도 있다(〈표 10-14〉 왼쪽). 또한 과학 실험 중 비커에 들어 있는 물의 양을 측정하는 활동을 통해 분수와 소수의 관계를 알게 되고 분수를 소수로, 소수를 분수로 표현하는 방법을 이해하게 된다(〈표 10-14〉 오른쪽).

(5) 은유적(Metaphorical) 연결

은유적 연결이란 잘 알려진 영역의 속성이나 특성을 덜 알려진 다른 영역에 투영하는 것을 의미한다. 수학 교실에서는 학생들이 이해하기 어려운 추상적인 수학 개념을 설명하기 위해 학생들의 수학, 문화, 경험, 일상생활과 관련된 지식을 사용해 연결하는 것이다. 학생들은 은유를 사용함으로써 새로운 수학적 아이디어나 개념을 이해할 뿐만 아니라, 학습한 내용을 다양한 상황에 적용해 봄으로써 수학을 보다 의미 있게 학습할 수 있다. 학생들은 은유를 활용해 현실 세계의 문제를 수학화하며, 이를 설명하기 위한 적절한 모델을 찾고, 현실 세계 상황을 수학적으로 검증하는 수학적 모델링 과정도 일부 경험하게 된다. 분수 학습과 관련된 대표적인 예시로는 은유를 사용한 분수 분류하기가 있다. '전체를 똑같은 것으로 나눈 것을 나타낸 수'라는 분수의 정의를 바탕으로, 엄마를 분모(分母)로, 아들을 분자(分子)로 비유한다. 이후, 엄마가 아들보다 더 큰 일반적인 상황을 진분수로, 아들이 더 큰 경우를 가분수로 비유한다. 이외에도, 피자 한 판, 두 판, 세 판 등을 자연수 1, 2, 3의 은유로 활용하거나, 피자의 한

〈표 10-15〉 은유적 연결의 예

3-1. 6. 분수와 소수. p. 112

3-2. 4. 분수 p. 85

조각, 두 조각, 세 조각을 $\frac{1}{\square}$, $\frac{2}{\square}$, $\frac{3}{\square}$ 등으로 소개하기도 한다. 또한, 수직선 위의 분수의 덧셈 상황을 운동 트랙을 달리는 선수에 비유하여 지도하기도 한다.

토의문제 3

수학적 연결성이 제시된 다양한 사례를 수학 교과서에서 찾아보시오. 또한, 수학적 연결성의 각 유형들을 고려하여 교수·학습 자료를 제작하시오.

참고문헌

교육부 (2018a). **수학 3-1**. 서울: 천재교육.

교육부 (2018b). **수학 3-2**. 서울: 천재교육.

교육부 (2018c). **수학 4-2**. 서울: 천재교육.

교육부 (2019a). **수학 5-1**. 서울: 천재교육.

교육부 (2018b). **수학 5-2**. 서울: 천재교육.

교육부 (2019c). **수학 6-1**. 서울: 천재교육.

교육부 (2019d). **수학 6-2**. 서울: 천재교육.

교육부 (2022). 2022 **수학과 교육과정**. 교육부

김남희 (2011). 예비 수학 교사 교육에서 공학 도구의 교육적 활용. **수학교육학연구**, 21(4), 345-359.

김소연 (2021). **수학적 연결성 관점에서 본 고등학교 수학 I 교과서 분석**. 한양대학교 박사학위논문.

김안나 (2017). **분수 내용 설명에서 교사와 학생이 사용하는 은유 분석**. 서울교육대학교 교육대학원 석사학위논문.

김유경 (2013). **초등학교 수학 수업에서 수학적 연결성 구현을 위한 지도방안 탐색**. 한국교원대학교 박사학위논문.

박정미, 박장희, 이중권 (2017). 수학적 연결성 관점에서 CMP 교과서 분석: 방정식 · 부등식과 함수 단원을 중심으로. **한국학교수학회논문집**, 20(3), 277-302.

서보억, 한혜숙, 주홍연, 최남강 (2018). **수학교육에서 수학적 과정 및 교과 역량**. 서울: 경문사.

손홍찬 (2011). 우리나라 수학교육에서 공학 활용의 역사와 현황. **학교수학**, 13(3), 525-542.

우정호, 민세영, 정연준 (2003). 역사 발생적 수학교육 원리에 대한 연구 (2) - 수학사의 교육적 이용과 수학교사 교육. **학교수학**, 5(4), 555-572.

이예진, 장혜원 (2023). 연결성 관점에서 본 수학과 교육과정 국제 비교 · 분석 연구: 한국, 싱가포르, 홍콩을 중심으로. **수학교육학연구**, 33(1), 195-215.

이예진, 최혜령 (2022). 수학 내적 연결성의 관점에서 본 CMP 교과서와 2015 개정 수학 교과서의 비교 분석. **한국초등수학교육학회지**, 26(3), 257-281.

장혜원 (2012). 미국의 수학교육과정 규준 CCSSM 의 수학적 실천에 대한 고찰. **수학교육학연구**, 22(4), 557-580.

최윤정, 오영석, 김동중 (2024). 중학교 삼각비 단원 과제의 수학적 연결성 구성요소 분석 및 교사의 인식과 실천적 방안 조사. **수학교육**, **63**(1), 63-83.

Bicer, A., Bicer, A., Capraro, M., & Lee, Y (2023). Mathematical connection is at the heart of mathematical creativity. *Creativity: Theories–Research-Applications, 10* (1-2), 17-40.

Businskas, A. M (2008). *Conversations about connections: How secondary mathematics teachers conceptualize and contend with mathematical connections*. Simon Fraser University Doctoral Dissertation.

Common Core State Standards Initiative (CCSSI: 2010). *Common core state standards for mathematics* (*CCSSM*).

De Gamboa, G., Caviedes, S., & Badillo, E (2022). Mathematical connections and the mathematics teacher's specialised knowledge. *Mathematics, 10*(21), 4010.

Department for Education England (2013). *Mathematics programmes of study: Key stages 1 and 2 national curriculum in England.* England.

Ministry of Education Singapore (2013). *Primary mathematics teaching and learning syllabus*. Singapore.

Eli, J. A., Mohr-Schroeder, M. J., & Lee, C. W (2011). Exploring mathematical connections of prospective middle-grades teachers through card-sorting tasks. *Mathematics Education Research Journal*, 23(3), 297-319.

García-García, J., & Dolores-Flores, C (2018). Intra-mathematical connections made by high school students in performing Calculus tasks. *International Journal of Mathematical Education in Science and Technology, 49*(2), 227-252.

Rodríguez-Nieto, C. A., Rodríguez-Vásquez, F. M., & Moll, V. F (2022). A new view about connections: The mathematical connections established by a teacher when teaching the derivative. *International Journal of Mathematical Education in Science and Technology, 53*(6), 1231-1256.

NCTM (1989). *Curriculum and evaluation standards for school mathematics*. NCTM.

NCTM (2000). *Principles and standards for school mathematics*. NCTM.

제11장

수학 교구와 수학교수학습

학교수학에서 다루는 수학적 개념은 추상적이고 형식적인 특성을 지니고 있어, 많은 초등학생들이 이를 학습하는 데 어려움을 겪는 것으로 알려져 있다. 초등학생들은 피아제의 용어로 구체적 조작기 단계에 있거나 구체적 조작기에서 형식적 조작기로 이행하는 과정에 있기에 구체적인 자료나 경험 없이 추상적인 개념을 구성하는 것을 어려워하기 때문이다. 따라서 초등학생에게는 추상적인 수학적 개념을 시각적으로 표현할 수 있는 적절한 모델을 개발하고, 학생들이 직접 조작할 수 있는 구체물을 활용하는 것이 효과적인 교수·학습 방법으로 제안되고 있다. 수학 교구는 학생들의 흥미를 유발함과 동시에 추상적인 수학적 개념을 시각적이고 구체적으로 전달할 수 있는 도구이다. 앞 장에서 설명한 듀이(J. Dewey), 피아제(J. Piaget), 디에네스(Z. Dienes) 등 수학적 개념 형성에서 조작적 구성을 강조해 온 학자들의 이론들이 초등수학교육에서 수학 교구 활용에 대한 이론적 근거를 제공해 왔으며 이에 따라 초등수학 교수·학습 과정에서 수학 교구의 활용은 보편적으로 권장되는 방법으로 여겨져 왔다. 이에 이 장에서는 수학교육에서 교구 활용과 관련된 다양한 논의를 살펴보고, 초등수학 교수·학습 과정에서 수학 교구를 활용하는 방법을 소개한다.

01 수학교육에서 수학 교구

1.1. 수학 교구의 의미와 중요성

교구란 “교수의 수단 또는 방법으로서, 교수를 용이하게 하고 교수효과를 높이기 위하여 사용되는 도구”(서울대학교 교육연구소, 2011)를 의미한다. 수학 교구가 다음의 네 가지 조건을 만족하면 조작교구(manipulative material)라고 부를 수 있다(김수미, 2000). 첫째, 학생의 지각적 감각에 자극을 줄 수 있어야 한다. 여러 가지 색상이나 다양한 기하학적 도형으로 구성되어 학생의 시각을 자극하거나 길이 변화 혹은 빼고 끼는 것이 용이하여 학생의 촉각을 자극할 수 있어야 한다. 둘째, 학생이 만질 수 있어야 한다. 크기가 너무 크거나 작지 않고, 깨지지 않는 재질로 이루어져 학생이 손으로 만질 수 있게 제작되어야 한다. 셋째, 이동과 재배열이 가능해야 한다. 교구는 주로 학생의 책상 위에서 다루어지므로 자유롭게 위치를 옮길 수 있어야 한다. 마지막으로 수학적 아이디어를 표현할 수 있어야 한다. 학생들이 적극적으로 교구를 조작하여 교구가 내포하고 있는 수학적 구조를 발견하고 수학적 아이디어를 학습할 수 있어야 한다.

이러한 특징을 가지는 수학 교구를 활용한 학습에서는 학생들이 직접 교구를 만지고 조작해 보면서 시각과 청각 외 촉각을 활용한 학습을 가능하게 한다. 또한 이러한 수학 교구의 활용은 학생의 인지적 측면과 정의적 측면 모두에서 효과가 있다고 알려져 있다. 학생들은 조작 과정에서 자신의 행동과 사고를 조절해 가면서 수학적 개념과 원리, 법칙을 구성할 수 있을 뿐만 아니라 구체물의 조작을 통해 추상적인 수학적 개념을 발견해 나가면서 수학 학습에 흥미와 자신감을 얻을 수 있다.

1.2. 교구 활용을 위한 교수학적 원리

수학 교구 활용을 위한 교수학적 원리에는 활동의 원리, 도구의 원리, 학습의 원리가 있다(이경화 외, 2017).

첫째, **활동의 원리**란 활동을 통해 수학을 이해하고 학습하도록 해야 한다는 것이다. 이는 피아제, 듀이, 디에네스가 공통적으로 주장하는 바이다. 피아제는 수학 학습을 위해서는 개념 형성이 선행되어야 하는데, 개념 형성을 위해서는 물리적 경험이 선행되어야 한다고 주장하였다. 듀이는 사물을 눈으로 보거나 손으로 들어보는 것 등과 같은 물리적인 활동이 수 개념의 발생을 위해 중요하다고 하였고, 디에네스는 수학적 개념이 교구를 이용한 인간의 활동을 통해 형성된다고 하였다. 이에 따라 구체적이고 물리적인 경험으로서의 활동을 가능하게 하는 교구를 다루는 경험에 근거하여 학생들이 수학을 이해하고 학습하도록 해야 한다. 활동의 원리를 반영하여 교구를 활용하기 위해서는 가르치고자 하는 수학 내용, 학생의 심리 발달, 수학 수업에 영향을 미치는 제반 요인 등을 고려해야 한다는 점에 유의해야 한다. 수학 내용과 긴밀히 관련되지 않은 방식으로 활용하는 구체물은 수학 학습을 촉진할 수 없기 때문이다.

둘째, **도구의 원리**란 수학 교구가 도구로서 기능과 역할을 해야 한다는 것이다. 즉, 수학 교구의 활용이 효과적인 수학 수업을 위한 도구라는 의미에 부합되는 방식으로 이루어져야 한다는 것이다. 이때 교사뿐만 아니라 학생들은 수학 교구가 제공하는 특정 기능이나 활동의 필요성을 인식해야 한다. 예를 들어, 삼각형의 내각의 합이 180° 임을 지도할 때 교사가 먼저 교구를 활용하여 어떻게 이를 알아낼 수 있는지를 알려

준다면 이는 학생들이 교구를 도구로 하여 학습한 것이라고 볼 수 없다. 대신 학생 스스로 교구의 다양한 기능을 숙련한 후, 삼각형의 세 내각의 합을 구하기 위해 다양한 삼각형에 이 교구의 기능을 적용하여 모든 삼각형의 내각의 합이 180°일 거 같다는 추측을 만들어낼 때에야 교구를 도구로서 활용한 것이라고 볼 수 있다. 이후 여러 삼각형의 내각의 합을 구할 때에도 삼각형의 종류를 의미 있게 구분해 보면서 교구를 간편히 사용하는 경지에 이르면 교구는 학생들에게 도구로 발전한 것이라고 할 수 있다.

셋째, **학습의 원리**란 수학 교구의 활용 결과가 학습의 촉진이어야 한다는 것이다. 학생들은 수학 교구를 경험적으로 익히는 것을 넘어 이러한 경험에 대한 사고 활동을 이루어야 한다. 즉, 수학 교구를 활용한 경험으로부터 무엇을 알게 되었고, 이를 어떻게 표현할 수 있는지, 그리고 어떻게 개념화할 수 있는지에 대해 탐구해야 한다. 이러한 과정을 거쳐 교구의 활용이 수학 개념 형성에 도달하도록 할 수 있다. 한편, 학습을 촉진하기 위해서는 수학의 각 내용 영역의 주요 지식이 가지고 있는 특성을 감안하여 교구를 활용해야 한다. 수학 교구는 수학의 특정한 개념과 원리에 연결되므로 교구의 선택은 학습하고자 하는 수학 학습 내용에 따라 달라져야 한다.

이와 같은 세 가지 원리는 교구의 활용에 내포된 주요 원리이므로 수학교육에서 교구를 활용할 때 고려되어야 한다. 도형판을 활용하여 사다리꼴의 넓이 공식을 지도하는 예를 들어 각 원리를 설명하면 다음과 같다. 이전에 도형판을 다루어 본 경험이 없는 학생이 도형판에 있는 핀 위에 고무줄을 걸면서 만들고 싶은 도형을 만드는 활동을 하는 것은 '활동의 원리'가 반영된 것이다. 이후 도형판에서 핀과 핀 사이의 길이나 핀으로 둘러싸인 영역의 넓이를 약속하고, 각자 구성한 도형의 넓이를 알아보는 활동을 하는 것은 도형판의 기능을 알고 활용하도록 하는 것이므로 '도구의 원리'가 반영된 것이다. 마지막으로 도형판을 활용한 결과로 사다리꼴의 넓이 공식을 발견하고 정당화하도록 하는 것은 '학습의 원리'가 반영된 것이라고 볼 수 있다(이경화 외, 2017).

이와 같은 원리를 반영하여 수학 교구를 훌륭한 수학 교수·학습의 도구로 활용하기 위해서는 교사의 철저한 사전 준비가 필요하다. 교사는 학생들에게 교구를 제공하기 전에 미리 교구를 조작해 보면서 학생들이 교구를 활용하면서 느낄 수 있는 점과 이들이 보일 수 있는 반응을 미리 예측하고 수업에서 학생들의 다양한 반응에 적절히 대응할 수 있도록 준비해야 한다. 최근에는 기술 공학의 발전으로 인하여 다양한 수학

교구들이 웹사이트나 애플리케이션으로 제공되고 있어 실물 조작교구를 만지지 않고도 각 교구의 특징을 알고 기능에 대해 미리 경험해 볼 수 있다. 또한 학교 현장에 태블릿 PC가 보급됨에 따라 학생들 역시 쉽게 디지털 교구에 접근할 수 있다. 따라서 교사는 실물 조작교구와 디지털 교구의 활용에서의 장단점을 먼저 파악한 후 학생들에게 실물 조작교구와 디지털 교구 중 어떠한 것을 제공할 것인지 판단해야 할 것이다.

토의문제 1

초등 수학교육에서 실물 조작교구와 디지털 교구를 활용하는 것의 장단점을 비교하고, 이 둘을 효과적으로 병용할 수 있는 방안을 생각하시오.

1.3. 수학과 교육과정에서의 수학 교구

2022 개정 초등 수학과 교육과정에서 수학 교구 관련 내용은 '성격 및 목표', '내용 체계 및 성취기준', '교수·학습 및 평가'에서 각각 다음과 같이 제시되고 있다.

성격 및 목표

수학과 교육과정에서는 수학 학습을 통해 기르고자 하는 능력과 학습의 도달점을 총괄 목표와 세부 목표로 구분하여 제시하고 있는데, 수학 교구에 대한 내용은 다섯 가지 세부 목표 중 하나로 제시된다. 수학 교구를 활용하여 정보처리 역량을 함양하는 것을 목표로 하고 있다.

> 나. 목표
> (5) 목적에 맞게 교구나 공학 도구를 활용하며 자료를 수집하고 처리하여 정보에 근거한 합리적 의사 결정을 한다.

내용 체계 및 성취기준

학습 내용의 범위와 수준을 나타내는 내용 체계에서는 내용 영역별로 내용 요소를 지식·이해, 과정·기능, 가치·태도로 나누어 제시하고 있다. 도형과 측정 영역의 과정 · 기능으로 교구의 하나인 쌓기나무가 제시된다.

> • 내용 요소
> - 과정 · 기능: 쌓은 모양 추측하고 쌓기나무의 개수 구하기

교육과정에서는 성취기준과 더불어 성취기준 설정의 의미나 의도가 담긴 성취기준 해설, 성취기준을 적용할 때 주요하게 다루어야 할 교수 · 학습 및 평가의 주안점인 성취기준 적용 시 고려사항을 제시하고 있다. 수학 교구가 주로 언급된 도형과 측정 영역의 성취기준, 성취기준 해설, 성취기준 적용 시 고려사항을 각 학년군별로 제시하면 다음과 같다.

1~2 학년	• 성취기준 - [2수03-02] 쌓기나무를 이용하여 여러 가지 입체도형의 모양을 만들고, 그 모양에 대해 위치나 방향을 이용하여 말할 수 있다. • 성취기준 해설 - [2수03-02] 쌓기나무로 만든 입체도형의 모양에 대해서 '~의 앞', '~의 오른쪽', '~의 위', '2층' 등을 사용하여 말하게 한다. - [2수03-04] 삼각형, 사각형, 원은 예인 것과 예가 아닌 것을 분류하는 활동을 통하여 직관적으로 이해하게 한다. 본뜨기, 도형판을 이용한 활동 등을 통해 삼각형, 사각형, 원의 모양을 그리게 할 수 있다. • 성취기준 적용 시 고려 사항 - 쌓기나무, 칠교판 등의 구체물을 이용한 모양 만들기를 통하여 도형에 대한 공간 감각을 기르게 한다.
3~4 학년	• 성취기준 해설 - [4수03-11] 도형판, 모양 조각 등의 교구를 이용한 구체적인 조작 활동을 통해 다각형과 정다각형을 이해하게 한다. - [4수03-12] 다양한 교구와 공학 도구 등을 이용한 구체적인 활동을 통해 주어진 도형으로 여러 가지 모양을 다양하게 만들거나 채울 수 있다.
5~6 학년	• 성취기준 적용 시 고려 사항 - 선대칭도형과 점대칭도형 그리기를 평가할 때 모눈종이, 점판, 공학 도구 등을 이용하여 쉽게 그릴 수 있게 한다. - 입체도형의 구성 요소와 성질, 전개도, 쌓기나무로 만든 입체도형을 탐구할 때는 여러 가지 모형과 공학 도구를 이용하게 할 수 있다. - 쌓기나무로 만든 입체도형의 위, 앞, 옆에서 본 모양에 대한 평가를 할 때는 간단한 모양을 이용한다.

교수 · 학습 및 평가

교수 · 학습과 평가의 원칙 및 방법에서 수학 교구는 효율적인 교수 · 학습이 이루어지도록 할 뿐만 아니라 정보처리 역량을 함양하고 평가하는데 활용될 수 있다고 제시된다.

가. 교수 · 학습

(1) 교수 · 학습의 방향

(라) 수학 내용 특성에 적합한 교구나 공학 도구를 선택하여 효율적인 교수 · 학습이 이루어지도록 하고 학생들의 디지털 소양 함양을 도모한다.

(2) 교수 · 학습 방법

⑤ 다음과 같은 교수 · 학습 방법을 통해 정보처리 역량을 함양하게 한다.

㉡ 교구나 공학 도구를 활용하여 추상적인 수학 내용을 시각화하고 수학의 개념, 원리, 법칙에 대한 직관적 이해와 논리적 사고를 돕는다.

㉢ 학생이 주도적으로 교구나 공학 도구를 활용하여 탐구하게 한다.

나. 평가

(2) 평가 방법

(나) 수학 교과 역량을 평가할 때는 다음 사항을 고려한다.

⑤ 정보처리 역량의 평가는 자료와 정보를 목적에 맞게 수집하고 변환하고 정리하는지, 자료를 바탕으로 도출한 결론이 적절한지, 교구나 공학 도구를 적절하게 활용하는지, 수학적 근거를 바탕으로 합리적으로 의사 결정하는 태도를 갖는지 등을 고려한다.

(라) 교구나 공학 도구를 활용하여 평가할 때는 다음 사항을 고려한다.

① 성취기준의 도달 여부를 판단하는 데 교구나 공학 도구의 사용이 효과적인 경우 이를 활용한 평가를 실시할 수 있다.

② 교구나 공학 도구를 활용하여 평가할 때는 교구나 공학 도구의 기능 및 조작이 아닌 수학 내용의 탐구 과정을 평가한다.

02 수학 교구의 활용

초등 수학교육에서 활용할 수 있는 수학 교구의 종류는 다양하다. 2022 개정 초등 수학과 교육과정에 명시되어 있는 교구인 도형판, 모양 조각, 칠교판, 쌓기나무 외에도 속성 블록, 폴리드론, 십진 블록, 퀴즈네어 막대, 연결 큐브 등을 초등 수학교육에서 활용할 수 있다. 다음에서는 각 교구의 특징과 활용 방법에 대해 알아본다.

2.1. 도형판

> 도형판은 기하판, 지오보드(Geoboard), 페그보드(Pegboard)라고도 불린다.

도형판은 수학교육자 가테그노(C. Gattegno)가 학생들이 도형의 개념과 성질을 탐구하는데 활용할 수 있도록 개발한 조작 교구이다. 도형판은 연속적으로 배열된 격자점에 핀이나 못을 박아 고무줄을 걸 수 있도록 만들어졌으며, 격자점의 형태에 따라 정사각격자 도형판, 정삼각격자 도형판, 원형 도형판으로 구분된다. 각 판에 박힌 핀의 개수도 다양하여 예를 들어, 정사각격자 도형판의 종류에는 핀의 개수에 따라 5×5 도형판, 7×7 도형판, 10×10 도형판 등이 있다.

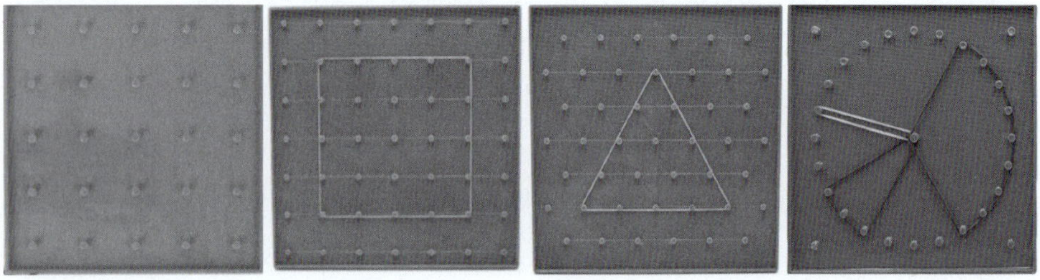

[그림 11-1] 도형판의 종류
(정사각격자 도형판(5×5), 정사각격자 도형판(7×7), 정삼각격자 도형판, 원형 도형판)

도형판은 자유롭게 도형을 만들 수 있을 뿐만 아니라 그 결과를 바로 확인할 수 있고, 필요한 경우 바로 수정이 가능하다는 점에서 종이에 점이나 격자가 그려져 있는 점판이나 모눈종이와는 차이가 있다. 도형판을 사용할 때 점판이나 모눈종이를 함께 활용하여 도형판을 통해 탐구했던 결과를 점판이나 모눈종이에 기록하면서 자신의 탐

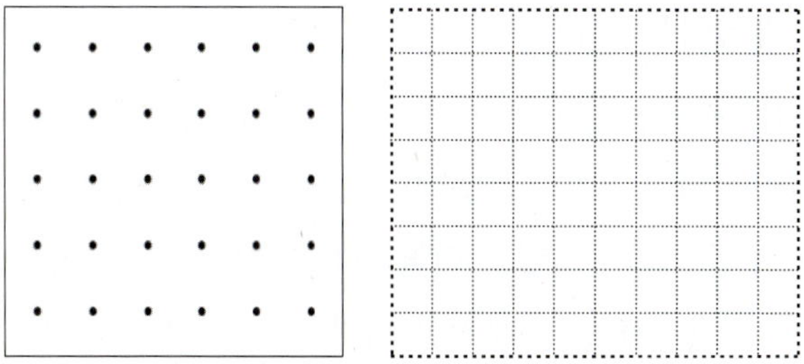

[그림 11-2] 점판, 모눈종이

구 결과를 인지하고 반성하도록 할 수 있다.

초등 수학에서 도형판은 다양한 내용 영역에서 활용될 수 있다. 구체적인 활용 방법을 소개하면 다음과 같다.

도형의 구성 요소 및 성질 탐구하기

도형판에 선분이나 삼각형, 사각형, 오각형 등 다양한 다각형을 만들도록 하고 만든 도형을 관찰하면서 각 도형과 도형의 구성 요소에 대한 개념을 형성하게 할 수 있다. 다각형을 만드는 과정에서 학생들은 오목다각형과 같이 교육과정에서 다루지 않는 사례를 접할 수 있으며, 이를 통해 자연스럽게 볼록다각형과 오목다각형의 개념을 탐구할 수 있다. 도형판에 삼각형 혹은 사각형을 다양하게 만들도록 한 후 이들을 변의 길이 혹은 각의 크기에 따라 분류하기를 통해 삼각형과 사각형의 성질을 파악하고 도형 간의 관계를 파악하게 할 수 있다. 이 외에도 아래와 같이 특정 조건을 가지는 도형을 만들도록 하여 도형의 구성 요소와 성질을 인식하도록 할 수 있다.

과제 예시 도형판을 사용하여 다음 도형을 만들어 봅시다.

- 두 변의 길이가 같은 삼각형
- 모든 변의 길이가 같은 삼각형
- 둔각이 1개인 삼각형
- 두 변의 길이가 같은 사각형
- 둔각 1개, 직각 2개, 예각 1개를 가지는 사각형

도형의 둘레와 넓이 탐구하기

도형판의 점과 점 사이의 길이를 1이라고 할 때, 주어진 도형의 둘레나 넓이를 구하는 활동이나 둘레나 넓이가 주어진 도형 만들기 활동 등을 통해 도형의 둘레와 넓이에 대한 탐구를 할 수 있다. 도형을 만들거나 도형의 둘레나 넓이를 탐구할 때에는 삼각형과 직사각형, 정사각형 등 기본적인 평면도형 외에도 다양한 모양을 활용할 수 있다. 예를 들어, 넓이가 1인 도형, 넓이가 2인 도형은 [그림 11-3]의 왼쪽과 가운데 그림과 같이 다양하게 나타날 수 있다. 이러한 다양한 도형을 만드는 과정에서 학생들은 밑변의 길이와 높이가 같지만 모양이 다른 도형을 파악하면서 **등적변형**에 대해 이해할 수 있다. 또한 둘레가 10인 도형은 [그림 11-3]의 오른쪽 그림과 같이 나타날 수 있다.

> 등적변형(equiareal transform)이란 도형의 넓이는 변화시키지 않고 모양만 바꾸는 것이다.

[그림 11-3] 넓이가 1인 도형, 넓이가 2인 도형, 둘레가 10인 도형

도형의 이동, 합동과 대칭 탐구하기

> 2015 개정 교육과정에 따른 수학 교과서에서는 한 직선을 따라 접었을 때 완전히 겹치는 도형을 선대칭도형, 한 도형을 어떤 점을 중심으로 180° 돌렸을 때 처음 도형과 완전히 겹쳐지는 도형을 점대칭도형으로 정의하고 있다(교육부, 2020a, p. 59, p. 65).

도형판에 주어진 도형을 밀고, 뒤집고, 돌렸을 때의 도형을 만들도록 하면서 도형의 이동을 경험하게 할 수 있다. 예를 들어, [그림 11-4]는 가장 왼쪽의 도형을 위로 1만큼 밀었을 때(①), 아래로 뒤집었을 때(②), 시계 방향으로 90° 돌린 도형(③)을 만든 것이다. 이 외에도 도형판에 주어진 **선대칭도형**이나 **점대칭도형**을 관찰하고 어떠한 성질을 가지는지 탐구하거나, 주어진 도형으로 선대칭도형이나 점대칭도형을 만들도록 할 수 있다.

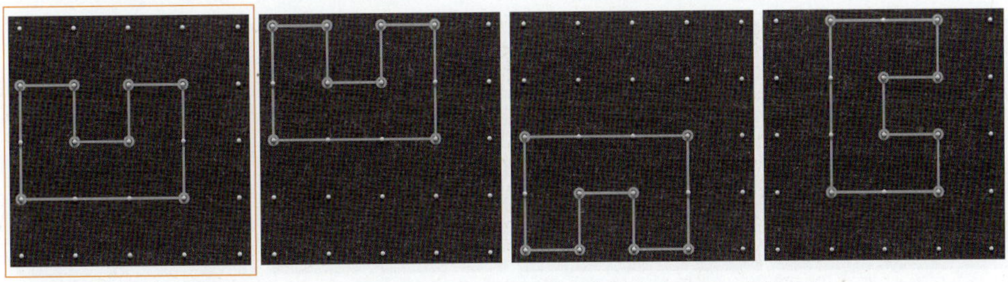

[그림 11-4] 도형판으로 도형의 밀기, 뒤집기, 돌리기 나타내기

규칙성 찾기

도형판을 활용하여 기하적, 대수적 패턴을 찾는 활동을 할 수 있다. 예를 들어, [그림 11-5]와 같이 높이의 길이가 밑변의 길이보다 1만큼 더 큰 직각삼각형의 내부에 있는 핀의 수에서 규칙성을 찾을 수 있다.

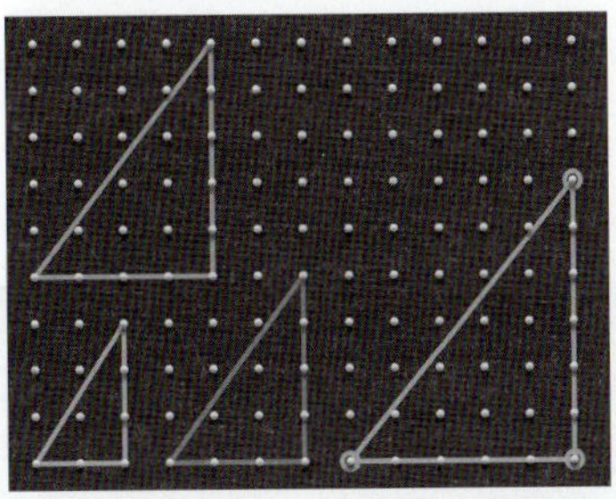

밑변의 길이	2	3	4	5	…
내부에 있는 핀의 수	1	1+2	1+2+3	1+2+3+4	…

[그림 11-5] 도형판을 활용한 규칙성 탐구 사례

이 외에도 도형판에서는 도형의 둘레에 있는 핀의 수를 a, 내부에 있는 핀의 수를 b, 도형의 넓이를 S라 했을 때 $S=\frac{a}{2}+b-1$이라는 Pick의 공식이 성립한다. 학생들은 [그림 11-3]에서와 같이 같은 넓이를 가지는 다양한 도형에서 이러한 규칙성을 찾아볼 수 있다.

분수와 소수 시각화하기

도형판은 분수와 소수의 개념을 학습하는데 활용될 수 있다. 분수는 전체를 똑같이 나눈 것 중의 하나로 도입되는데, 예를 들어, [그림 11-6]에서 ①, ②, ③은 전체를 모두 4로 나눈 것으로 한 조각의 크기는 각각 $\frac{1}{4}$ 혹은 0.25를 나타낸다. 도형판에서는 이렇게 쉽게 전체를 같은 크기로 나눌 수 있기에 분수와 소수의 개념을 도입하는데 용이하다.

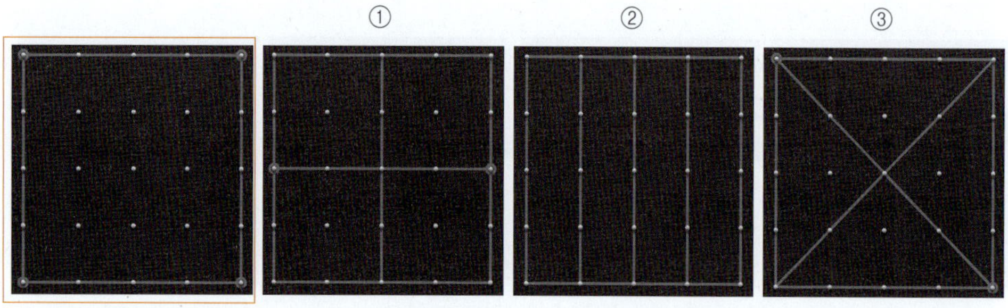

[그림 11-6] 도형판으로 분수와 소수를 시각화한 사례

이와 같이 도형판의 활용은 다양한 장점을 가지지만, 실물 도형판을 활용하여 다각형을 만드는 경우 꼭짓점 부분이 곡선이 되기에 학생들이 꼭짓점이 곡선이어도 다각형이 될 수 있다는 오개념을 심어줄 수 있고, 도형판마다 핀의 개수가 정해져 있으므로 핀의 개수가 더 많이 필요한 탐구는 수행하기 어렵다는 단점이 있다. 실물 도형판이 가지는 이러한 단점을 극복하고 확장된 탐구를 할 수 있도록 [그림 11-7]에 제시된 것처럼 웹사이트나 애플리케이션으로 제공되는 디지털 도형판을 활용할 수 있다. [그림 11-7]의 오른쪽에 제시된 도형판은 '똑똑! 수학탐험대'의 교구에 있는 것이다.

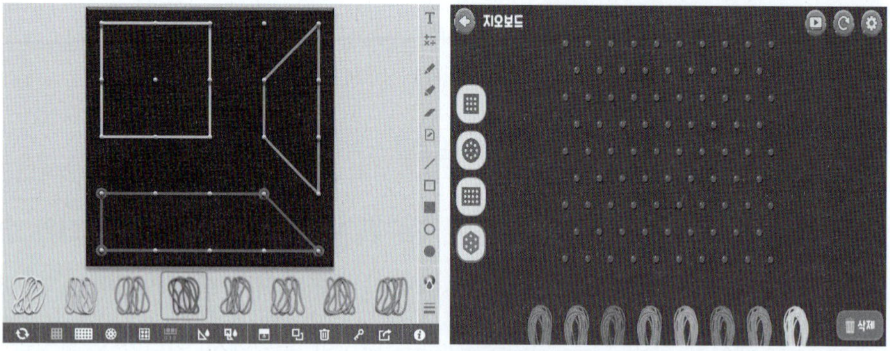

[그림 11-7] 디지털 도형판

주소: https://apps.mathlearningcenter.org/geoboard/

주소: https://www.toctocmath.kr/toctoc

토의문제 2

- 5×5 도형판을 활용하여 다음 활동을 수행하시오.
  - 서로 다른 크기의 정사각형 만들기
  - 삼각형의 내부에 핀의 개수가 가장 많은 서로 다른 삼각형 만들기
  - 사각형의 내부에 핀의 개수가 가장 많은 서로 다른 사각형 만들기

1.2. 모양 조각

> 모양 조각은 패턴 블록(Pattern blocks)으로 불리기도 한다.

모양 조각은 1960년대 이루어진 미국의 초등과학연구(Elementary Science Study) 프로젝트에서 개발된 수학 교구이다. 모양 조각은 녹색 정삼각형, 주황색 정사각형, 파란색 평행사변형, 베이지색 마름모, 빨간색 등변사다리꼴, 노란색 정육각형의 6가지 서로 다른 색깔과 모양으로 이루어진 조각으로 구성된다. 각 조각의 변의 길이는 등변사다리꼴의 아랫변만 제외하고 모두 1인치(약 2.54센티미터)이고, 등변사다리꼴의 아랫변은 그 2배인 2인치이다. 또한 각 조각의 내각의 크기는 [그림 11-8]과 같이 30°의 1, 2, 3, 4, 5배에 해당하는 30°, 60°, 90°, 120°, 150°로 이루어져 있다.

정삼각형 (녹색)	정사각형 (주황색)	평행사변형 (파랑색)
마름모 (베이지색)	등변사다리꼴 (빨간색)	정육각형 (노란색)

[그림 11-8] 모양 조각의 종류

모양 조각은 변과 각이 맞물리도록 설계되어 있기에 학생들이 조각을 이어 붙여 여러 가지 모양이나 패턴을 만들어낼 수 있다. 또한 도형의 모양 인식 외에도 도형의 넓이 이해, 규칙성 파악, 분수 개념 이해, 테셀레이션 등에서 활용될 수 있다. 보다 구체적인 모양 조각의 활용 사례는 다음과 같다.

모양 조각 탐구하기

모양 조각을 이용하여 주어진 모양을 만들 수 있는 다양한 방법을 탐구할 수 있다. 예를 들어, [그림 11-9]의 ①과 같은 모양이 주어졌을 때, 노란색 정육각형 조각을 제외한 나머지 5개의 조각을 이용하여 만들 수 있는 서로 다른 방법을 모두 찾도록 하거나(이때 뒤집거나 돌려서 같은 모양인 경우 같은 방법으로 간주함), ②가 주어졌을 때, 가장 적은 수(혹은 종류)나 가장 많은 수(혹은 종류)의 모양 조각으로 주어진 모양을 만들기 위한 방법을 탐구하게 할 수 있다. 또한 ③과 같은 모양이 제시되었을 때, 서로 다른 두 종류의 조각을 사용하여 만들 수 있는 경우를 모두 기록하고, 각 조각의 수 간의 관계를 탐구하게 할 수 있다.

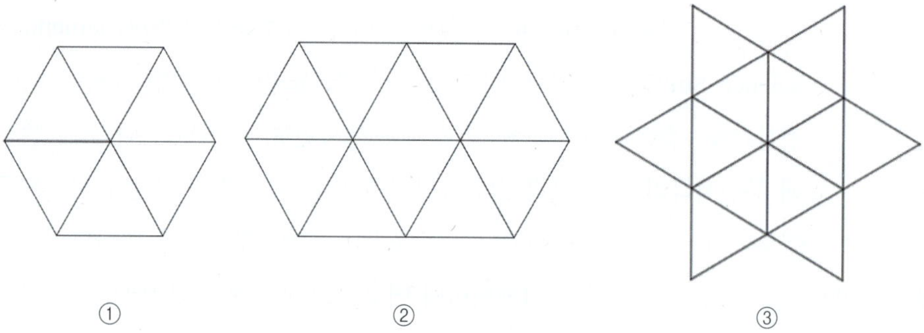

[그림 11-9] 모양 조각으로 주어진 모양 만들기

모양 조각의 넓이 추론하고 분수의 시각화 및 연산하기

모양 조각에서 녹색 정삼각형 조각 6개, 파란색 평행사변형 조각 3개, 빨간색 등변사다리꼴 조각 2개는 노란색 정육각형 조각의 넓이와 같다. 이러한 관계를 발견하면, 노란색 정육각형 조각이 1일 때, 녹색 정삼각형 조각, 파란색 평행사변형 조각, 빨간색 등변사다리꼴 조각이 각각 $\frac{1}{6}$, $\frac{2}{6}(=\frac{1}{3})$, $\frac{3}{6}(=\frac{1}{2})$을 나타냄을 알 수 있다. 이를 통해 $\frac{1}{2}+\frac{1}{3}=\frac{5}{6}$이 됨을 [그림 11-10]과 같이 모양 조각을 통해 나타낼 수 있다.

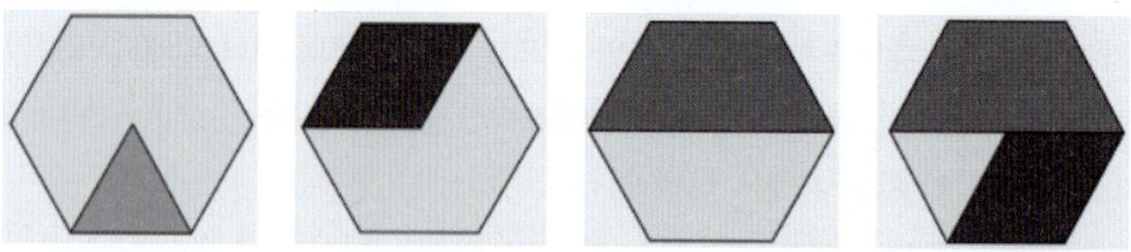

$\frac{1}{6}$ $\frac{2}{6}(=\frac{1}{3})$ $\frac{3}{6}(=\frac{1}{2})$ $\frac{1}{2}+\frac{1}{3}=\frac{5}{6}$

[그림 11-10] 모양 조각으로 분수와 분수의 연산 표현하기

모양 조각 역시 웹사이트나 애플리케이션으로 활용할 수 있다. [그림 11-11]의 가장 왼쪽에 제시된 프로그램에서는 격자 모양이 제시되지 않지만, 가운데 제시된 프로그램은 지오지브라(Geogebra)로 구현되어 격자 모양을 나타낼 수 있고 각 조각의 한 내각의 크기를 알기 쉽다는 장점이 있다. 이 외에도 [그림 11-11]의 가장 오른쪽에 있는 그림과 같이 '똑똑! 수학탐험대'에서 모양 조각은 칠교놀이의 하나로 제시된다.

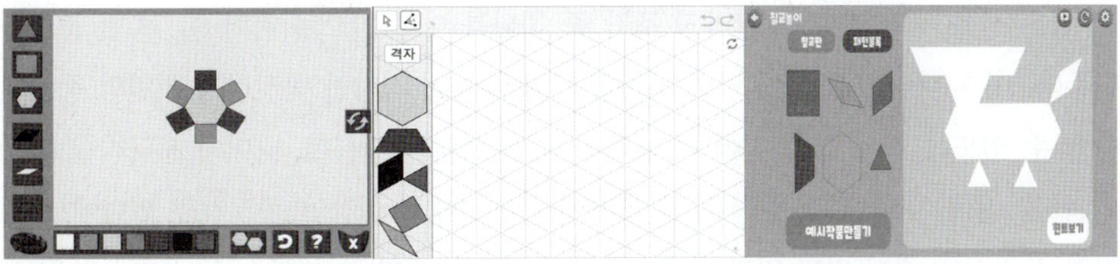

[그림 11-11] 디지털 모양 조각

주소: https://www.mathplayground.com/pattern-blocks.html
주소: https://www.geogebra.org/m/f3fwabze
주소: https://www.toctocmath.kr/toctoc

2.3. 칠교판

> 칠교판은 탱그램(Tangram)으로도 불린다.

칠교판은 정사각형 판을 잘라 만든 7개의 조각으로 구성된 교구이다. 칠교판은 직각이등변삼각형 5개, 정사각형 1개, 평행사변형 1개로 구성되어 있다. 직각이등변삼각형은 세 가지 종류의 크기로 이루어져 큰 직각이등변삼각형이 2개, 중간 크기의 직각이등변삼각형이 1개, 작은 직각이등변삼각형이 2개이다. 학생들은 칠교판 조각 전체 혹은 일부를 가지고 자유롭게 동물, 식물, 건축물 등과 같은 모양을 만들어 보면서 창의적 사고를 기를 수 있다. 또한 칠교판 조각들로 도형을 만드는 과정에서 도형의 개념이나 성질 및 넓이 변환에 대한 이해를 향상시킬 수 있다. 칠교판에서 가장 작은 정사각형(④)의 넓이를 를 1이라 했을 때, 나머지 도형들의 넓이는 $\frac{1}{2}$(③, ⑤), 1(⑥, ⑦), 2(①, ②)이다. 따라서 칠교판의 7조각을 모두 활용하여 만든 정사각형의 넓이는 작은 정사각형의 8배로 8이 된다. 칠교판 각 조각들의 넓이 사이의 관계를 알고 있으면 모양이나 도형을 만드는 과정이 수월해 질 수 있다. 보다 구체적으로 칠교판을 활용한 사례는 다음과 같다.

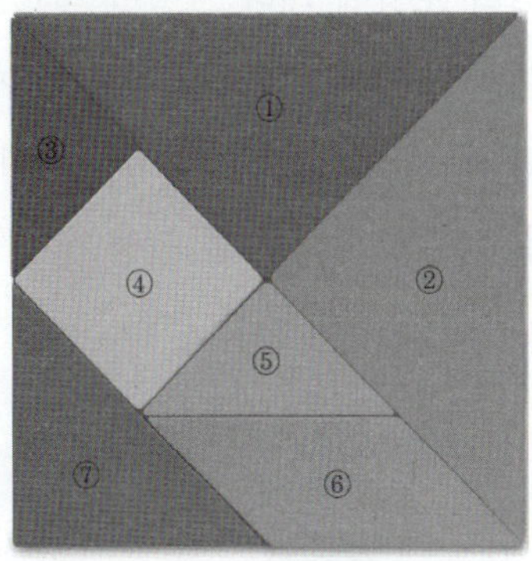

[그림 11-12] 칠교판

종이로 칠교판 만들기

정사각형 모양의 종이를 활용하여 칠교판을 직접 만들 수 있다. 먼저 대각선을 접고 접은 선을 따라 자르고, 잘라진 조각 중 하나를 다시 반으로 접어 ①, ②번 조각을 만든다. 이후 나머지 조각의 빗변의 중점을 표시하고, 직각인 꼭짓점이 빗변의 중점에 닿을 수 있도록 접고 접은 선에 따라 잘라 ⑦번 조각을 만든다. 나머지 사다리꼴 조각의 반을 접어 자른 조각 중 하나의 조각에서 밑변에서 예각인 꼭짓점을 밑변에서 직각인 꼭짓점에 대어 접고 잘라서 ③, ④번 조각을 만든다. 마지막으로 나머지 작은 사다리꼴 조각의 밑변에서 직각인 꼭짓점을 둔각 꼭짓점에 대어 접고 자르면 ⑤, ⑥번 조각이 만들어진다.

여러 가지 모양 만들기 및 완성하기

칠교판 조각으로 다양한 모양을 만들 수 있다. 초반에는 칠교판을 이용하여 만든 여러 모양에 대한 그림인 칠교도(七巧圖)를 이용하여 도움을 받을 수 있으나, 칠교판이 익숙해지면 칠교도 없이도 여러 가지 모양을 만들어 낼 수 있다. [그림 11-13]의 ①과 ②는 각각 나무와 토끼에 대한 칠교도를 제시하여 만들어본 모양이며, ③과 같이 칠교판 조각 일부를 활용해 집 모양을 완성하도록 할 수도 있다.

① ② ③

[그림 11-13] 칠교판으로 다양한 모양 만들기 및 완성하기

도형의 넓이 사이의 관계 탐구 및 도형 만들기

칠교판 조각의 일부나 전체를 이용하여 삼각형, 사각형, 오각형 등의 다각형이나 평행사변형, 등변사다리꼴 등을 만들 수 있다. 예를 들어, ③번 조각과 ⑤번 조각으로 삼각형을 만들거나, ③, ④, ⑤번 조각으로 사각형을 만들어 볼 수 있다. 혹은 다른 조각 여러 개를 사용하여 ②번 조각을 만들도록 할 수 있다. 이 외에도 조각을 지정하지 않고 ③번 조각의 넓이를 1이라 할 때, 넓이가 2인 삼각형 만들기, 넓이가 4인 직사각

형 만들기, 넓이가 4인 정사각형 만들기, 넓이가 16인 육각형 만들기 등 다양한 넓이를 가지는 도형을 만들도록 할 수 있다.

웹사이트나 애플리케이션으로 활용할 수 있는 디지털 칠교판의 사례는 [그림 11-14]와 같다. 왼쪽에 제시된 프로그램에서는 수준에 따라 칠교도의 종류를 구분하여 학생들이 수준에 맞게 선택하여 활용할 수 있도록 하고 있다. 오른쪽에 제시된 것은 '똑똑! 수학탐험대'의 교구 중 칠교놀이에 있는 것이다. '똑똑! 수학탐험대'에서는 칠교놀이를 칠교판과 모양 조각인 패턴 블록 두 가지로 할 수 있도록 제시하고 있다.

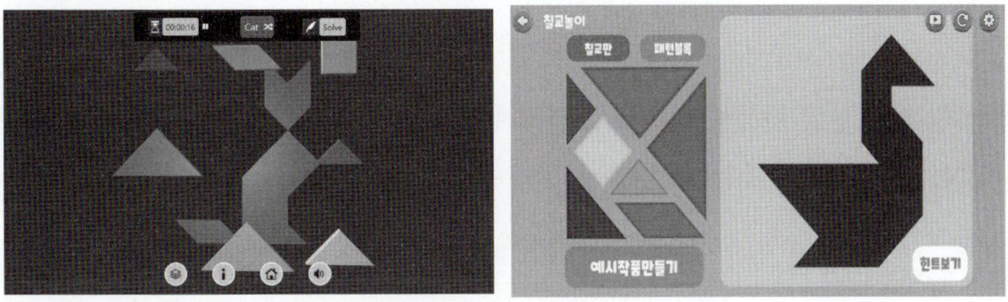

[그림 11-14] 디지털 칠교판

주소: https://www.mathplayground.com/tangram_puzzles.html

주소: https://www.toctocmath.kr/toctoc

토의문제 3

칠교판 조각의 일부 혹은 전체를 활용하여 정사각형을 만들고, 각 정사각형의 넓이를 구하시오. 정사각형을 모두 찾기 위해 활용할 수 있는 전략을 제시하시오.

2.4. 속성 블록

속성 블록(Attribute blocks)은 디에네스가 개발한 교구이다. 속성 블록은 모양(원, 정사각형, 직사각형, 정삼각형, 정육각형), 색(빨강, 노랑, 파랑), 크기(큰 것, 작은 것), 두께(두꺼운 것, 얇은 것)라는 4가지 속성이 각각 다른 도형 60개로 구성되어, 각 블록의 일부 속성은 겹치지만 모든 속성이 동일한 블록은 없다. 속성 블록은 주로 플라스틱으로 만들어진 것을 사용하지만, 종이를 활용하여 직접 만들 수도 있다.

> 속성 블록은 논리블록(Logical blocks)이라 불린다.

[그림 11-15] 속성 블록

속성 블록은 분류 활동을 하는데 그리고 논리적 사고를 개발하는데 활용될 수 있는 교구이다. 구체적으로 초등 수학에서 속성 블록의 활용 사례는 다음과 같다.

속성에 따라 분류하기

한 가지 속성이 같은 블록끼리 분류하는 활동, 두 가지 혹은 그 이상의 속성이 같은 블록끼리 분류하는 활동, 주어진 속성을 가지지 않는 블록 모으기 활동 등을 통해 집합과 관련된 경험을 할 수 있다. 예를 들어, 파란색 블록을 모으는 활동은 집합이라는 개념과 관련되고, 파란색이고 삼각형 모양인 블록을 모으는 활동은 교집합과 관련된 활동이다. 두 가지 속성이 같은 블록을 모으는 과정에서 학생들은 논리 접속사인 '그리고(and)'의 의미를 탐구할 수 있다. 파란색이 아닌 블록을 모으는 활동은 '아니다(not)'의 의미를 탐구할 수 있게 한다.

제시된 속성을 가지는 블록 찾기 및 블록의 속성 만들기

여러 가지 속성에 대한 설명을 제시하고 주어진 속성을 모두 만족하는 블록을 찾거나 주어진 블록의 속성을 만들 수 있다. 이러한 활동을 통해 학생은 분류와 논리적 사고 및 의사소통 역량을 개발할 수 있다. 이때 학생의 수준에 따라 블록의 수를 다르게 사용할 수 있다. 저학년 학생의 경우 예를 들어, 같은 두께를 가지는 블록 중 모양을 4종류(원, 삼각형, 사각형, 육각형)로 제한하고, 색(빨강, 노랑, 파랑)과 크기(큰 것, 작은 것)는 그대로인 총 24개의 블록만을 가지고 활동을 하도록 할 수 있다.

과제 예시 아래 제시된 속성을 모두 갖는 속성 블록을 각각 찾아봅시다.

1)	2)	3)
속성1: 변이 세 개다 속성2: 파란색이다 속성3: 크다	속성1: 변이 네 개보다 많다 속성2: 빨간색이 아니다 속성3: 노란색이 아니다 속성4: 작다 속성5: 두껍다	속성1: 변이 없다 속성2: 파란색이 아니다 속성3: 크다 속성4: 얇다

[그림 11-16] 속성 블록 활용 과제 예시

토의문제 4

주어진 속성을 모두 갖는 속성 블록을 찾는 게임을 하려 한다. 자신만의 속성을 만들고, 친구와 게임을 해 보시오.

2.5. 폴리드론

영국에서 개발된 폴리드론(Polydron)은 다면체를 의미하는 폴리히드론(Polyhedron)이라는 용어에서 비롯된 도형 학습용 교구이다. 폴리드론은 4가지 색(빨강, 노랑, 파랑, 녹색)과 8가지 모양(정삼각형, 정삼각형(대), 이등변삼각형, 직각이등변삼각형, 정사각형, 직사각형, 정오각형, 정육각형)의 조각으로 구성되어 있으며, 조각의 한 변의 길이는 72mm를 기준으로 1 혹은 $\sqrt{2}$이다. 각 조각은 면이 채워져 있는 것과 아닌 것이 있는데, 입체도형의 구성요소의 하나로 면을 강조하고 싶은 경우에는 면이 채워져 있는 조각을, 모서리를 강조하고 싶은 경우에는 면이 채워지지 않고 변으로만 이루어진 조각을 활용하는 등 학습의 목적에 따라 적절한 조각을 선택하여 활용할 수 있다. 폴리드론은 초기에는 플라스틱으로 만들어졌으나, 이후 자석을 이용해 도형을 더 쉽게 연결할 수 있는 자석형 폴리드론이 개발되었으며, 평면이 아닌 곡면으로 이루어진 조각도 제작되어 곡면으로 구성된 입체도형을 만들 수 있다.

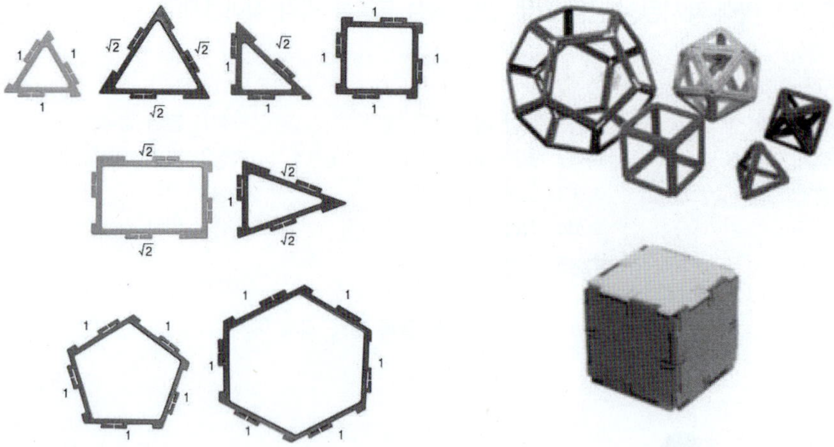

[그림 11-17] 폴리드론 조각 및 폴리드론으로 만든 입체도형

폴리드론의 조각들은 조립과 분해가 쉽게 가능하도록 설계되었기에, 폴리드론으로 만든 입체도형의 모서리를 접고 피는 과정에서 서로 만나는 꼭짓점과 모서리의 관계를 파악하는데 좋다. 또한 같은 색과 모양의 조각들로 입체도형의 마주 보는 면을 구성하면, 면 사이의 관계를 파악하는 것도 용이하다. 따라서 주로 입체도형이나 입체도형의 전개도를 만드는 과정에서 활용되며, 학생들이 직접 손으로 만져가며 입체도형을 평면도형으로 평면도형을 입체도형으로 변환하는 과정을 통해 학생들이 공간 감각을 갖도록 할 수 있다. 구체적으로 초등 수학에서 폴리드론의 활용 사례는 다음과 같다.

정육면체 만들기 및 정육면체의 전개도 찾기

> 정육면체의 전개도는 정육면체의 모서리를 잘라서 펼친 그림이다(교육부, 2019, p. 109).

폴리드론 조각 중 정사각형 모양의 조각 6개를 활용하여 정육면체를 만들 수 있다. **정육면체의 전개도**는 정육면체의 모서리 12개 중 적어도 7개의 모서리를 잘라서 만들 수 있는데, 뒤집거나 돌린 모양을 같은 모양으로 생각했을 때 만들어질 수 있는 정육면체의 전개도의 개수는 [그림 11-18]과 같이 총 11개이다. 전개도를 빠짐없이, 중복 없이 찾기 위해서는 가운데 줄에 정사각형 조각 4개(유형1, 유형2) 혹은 정사각형 조각 3개(유형3) 혹은 정사각형 조각 2개(유형4)를 연결하여 놓은 다음, 그 윗줄과 아랫줄에 한 개 혹은 두 개의 정사각형 조각을 차례대로 붙여나가야 한다. 이러한 과정을 폴리드론을 통해 수행하면 체계적으로 사고하면서 서로 다른 정육면체의 전개도를 모두 찾을 수 있다.

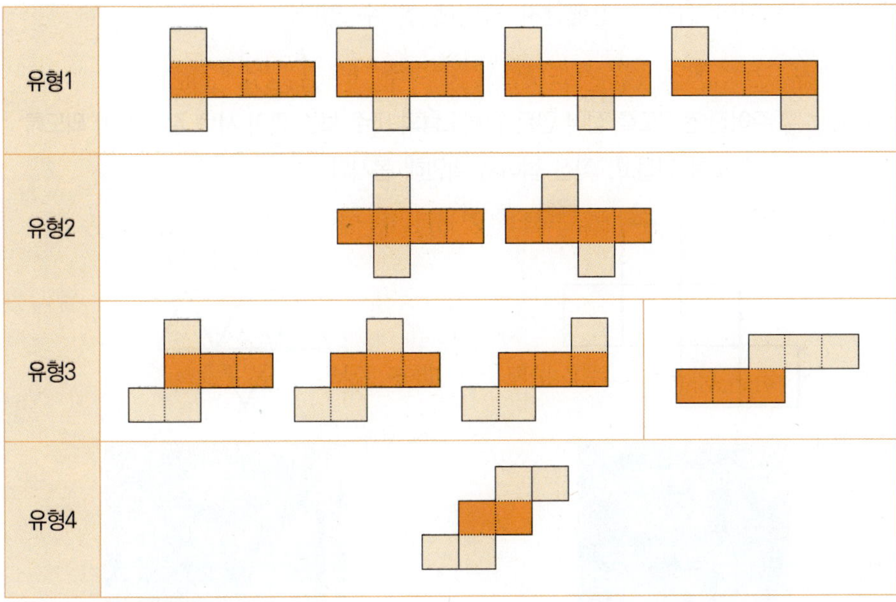

[그림 11-18] 정육면체의 전개도

정다면체 만들기

폴리드론 조각들을 이용하여 정다면체를 만들도록 할 수 있다. 이때 정다면체라는 용어를 도입하지 않더라도 모양, 크기, 색이 모두 같은 폴리드론 조각만을 활용하도록 하면 이들을 가지고 입체도형을 만드는 과정에서 자연스럽게 정다면체가 무엇인지 파악하기 용이하다.

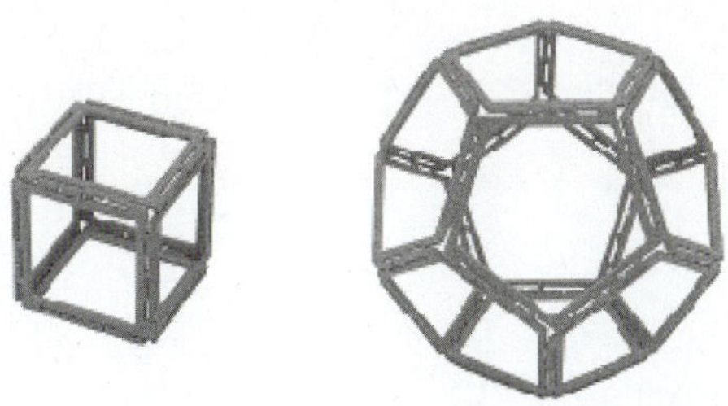

[그림 11-19] 같은 폴리드론 조각을 사용하여 만든 정다면체

전개도를 활용하여 마주 보는 면이 서로 같은 색인 정육면체와 정팔면체 만들기

폴리드론을 활용하여 마주 보는 면이 서로 같은 색이 되는 정육면체와 정팔면체의 전개도를 만들고 이를 활용하여 정육면체와 정팔면체를 구성하도록 할 수 있다. 이 과정에서 학생들은 정육면체와 정팔면체의 서로 평행한 두 면을 전개도에서 찾고, 전개

도를 접어 두 면이 실제로 평행한지 확인해 볼 수 있다.

과제 예시 주어진 전개도를 접어 만든 입체도형의 마주 보는 면이 서로 같은 색이 되도록 전개도를 만들고, 직접 접어서 확인해 봅시다.

1)

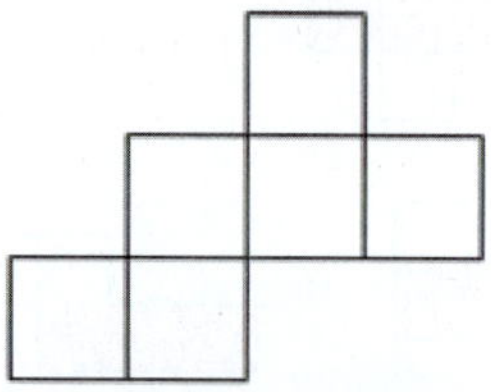

2)

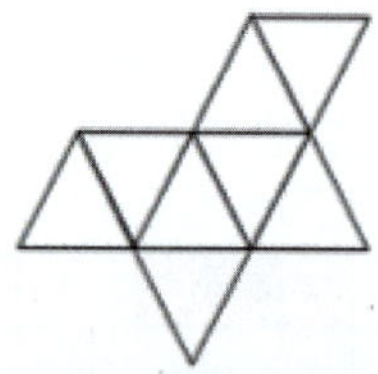

답안 예시:

답안 예시:

[그림 11-20] 폴리드론으로 같은 색의 평행한 면을 가지는 정다면체 만들기 과제 예시

토의문제 5

주어진 9개의 폴리드론 조각을 모두 사용하여 선대칭도형과 점대칭도형을 만드시오. (무늬에 상관없이 전체적인 모양이 선대칭도형 혹은 점대칭도형이 되기만 하면 됨)

2.6. 십진 블록

십진 블록(Base ten blocks)은 디에네스의 이름을 딴 디에네스 블록 중 십진기수법에 맞춰 만들어진 블록이다. 십진 블록은 [그림 11-21]과 같이 한 변의 길이가 1인 정육면체 모양의 단위 블록(unit, 일 모형), 단위 블록 10개를 일렬로 이어 붙인 막대 블록(long, 십 모형), 막대 블록 10개를 옆으로 이어 붙인 정사각형 모양의 판 블록(flat, 백 모형), 판 블록 10개를 위로 쌓아 올린 한 변의 길이가 10인 정육면체 모양의 입체

단위 블록 일 모형 (1) | 막대 블록 십 모형 (10) | 판 블록 백 모형 (100) | 입체 블록 천 모형 (1000)

[그림 11-21] 십진 블록

블록(block, 천 모형)이라는 서로 다른 네 가지 크기의 블록으로 구성된다. 각 블록들은 순서대로 십진법에서 1, 10, 100, 1000에 해당하는 것이다.

십진 블록은 학생들이 양감을 기초로 수 감각을 기를 수 있도록 도울 수 있고, 십진 블록의 종류와 개수로 자연수의 각 자리의 수의 값을 나타내면서 자릿값 개념을 이해하도록 할 수 있다. [그림 11-22]의 왼쪽 그림에서는 413을 십진 블록으로 나타내어 각 자리의 숫자가 얼마를 나타내는지 이해하도록 하고 있다. 또한 오른쪽 그림은 십진 블록을 이용하여 받아올림이 있는 두 자리 수와 한 자리 수의 덧셈의 원리를 설명하고 있다. 일 모형 5개와 일 모형 6개가 모여 일 모형이 11개가 되면 이중 10개를 십 모형 1개로 바꿀 수 있음을 십진 블록을 통해 보여주면서 받아올림의 개념을 이해하도록 한다.

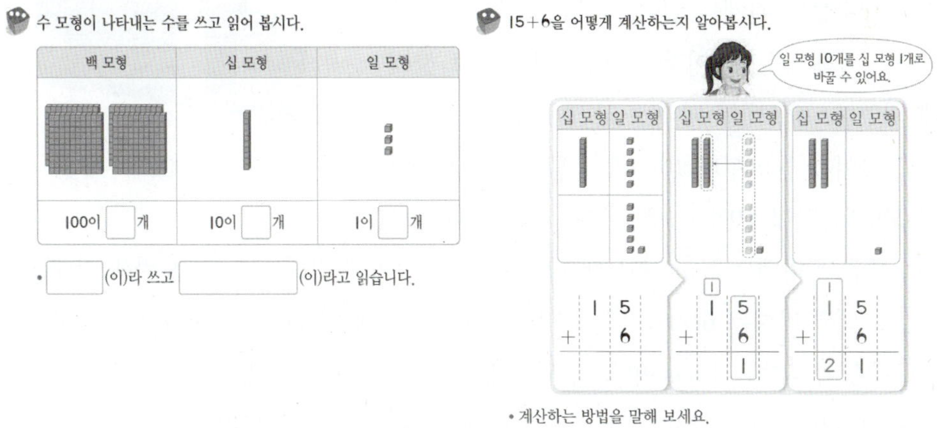

[그림 11-22] 십진 블록 활용 사례(교육부, 2021, p. 15, p. 61)

웹사이트나 애플리케이션에서 활용할 수 있는 십진 블록의 예는 [그림 11-23]과 같다. 이 프로그램에서는 모형의 종류에 따라 색을 같게 하거나 다르게 할 수 있다.

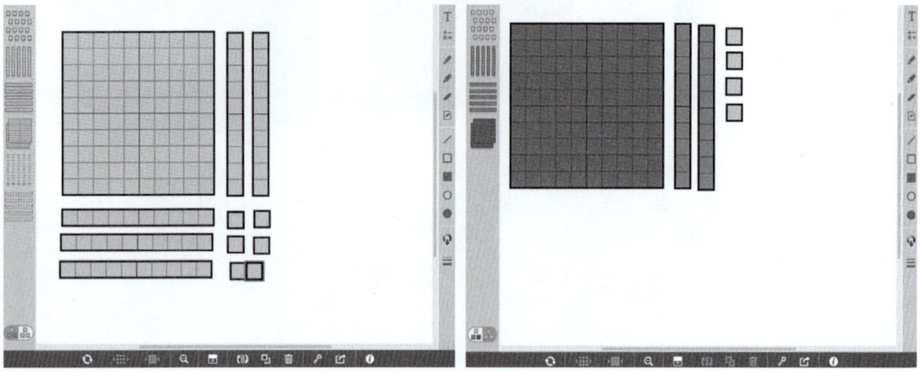

[그림 11-23] 디지털 십진 블록

주소: https://apps.mathlearningcenter.org/number-pieces/

2.7. 퀴즈네어 막대

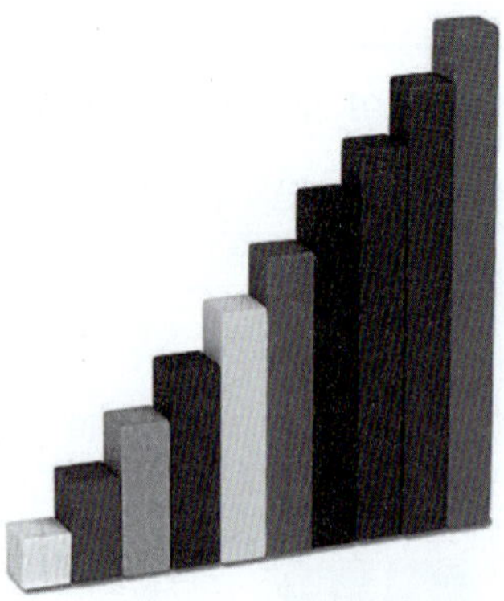

[그림 11-24] 퀴즈네어 막대

퀴즈네어 막대(Cuisenaire rods)는 퀴즈네어(G. Cuisenaire)에 의해 창안되고 가테뇨(C. Gattegno)에 의해 대중화된 수학 교구이다. 벨기에의 초등 교사이자 바이올린 연주자였던 퀴즈네어는 음악과 수학의 비교를 통해 음악에서 음의 높낮이가 있는 것처럼 수들의 관계를 길이로 나타낼 수 있는 방법을 생각해 냈는데, 이것이 퀴즈네어 막대로 불리게 되었다. 퀴즈네어 막대는 밑면의 넓이가 $1cm^2$이고 높이가 $1cm$부터 $10cm$인 서로 다른 직육면체 모양의 막대 10개로 구성된다. 흰색 막대는 $1cm$, 빨간색 막대는 $2cm$, 연두색 막대는 $3cm$, 보라색 막대는 $4cm$, 노란색 막대는 $5cm$, 초록색 막대는 $6cm$, 검정색 막대는 $7cm$, 갈색 막대는 $8cm$, 파란색 막대는 $9cm$, 주황색 막대는 $10cm$이다. 각 막대에는 서로 다른 색이 칠해져 있으나, 눈금이나 단위 길이가 주어져 있지 않아 하나의 막대에 특정 수가 지정되면 다른 막대의 수가 결정될 수 있다. 예를 들어, 가장 짧은 길이를 가지는 흰색 막대를 1로 지정하면 다음으로 긴 빨간색 막대는 흰색 막대 2개의 길이와 같아 2가 되고, 가장 긴 길이를 가지는 주황색 막대는 10이 된다. 또한 주황색 막대를 1로 지정하면 흰색 막대는 $\frac{1}{10}$로 결정된다. 이처럼 임의로 길이를 정해서 활용하면서 수 개념을 이해하고 수 감각을 형성할 수 있다. 구체적으로 초등 수학에서 퀴즈네어 막대의 활용 사례는 아래와 같다.

분수의 의미 이해

퀴즈네어 막대로 분수를 나타내면서 전체-부분으로서의 분수의 의미를 이해할 수 있다. 예를 들어, 분수 $\frac{3}{4}$은 [그림 11-25]의 순서대로 퀴즈네어 막대로 나타내면서 이해할 수 있다(Behr & Post, 1992). (1) 기준(전체)로 사용할 막대를 결정한다. 분모가 4이므로 4등분이 가능한 막대를 골라야 한다. 예를 들어, $8cm$인 막대( )를 기준으로 설정할 수 있다. (2) 기준 막대를 4등분할 수 있는 막대를 찾는다. 이 경우에는 $2cm$인 막대( )가 적절하다. (3) 기준 막대를 4등분한 것 중 3개에 해당하는 만큼의 길이를 가지는 막대를 찾는다. 이 경우 $6cm$인 막대( )가 해당된다. (4) 마지막으로 막대를 가지고 계속 활동을 하면서 이 표현이 $\frac{3}{4}$이자 $\frac{6}{8}$임을 나타낸다는 것을 인식하게 한다. 이러한 과정을 통해 동치분수까지 이해하는데 도움이 될 수 있다.

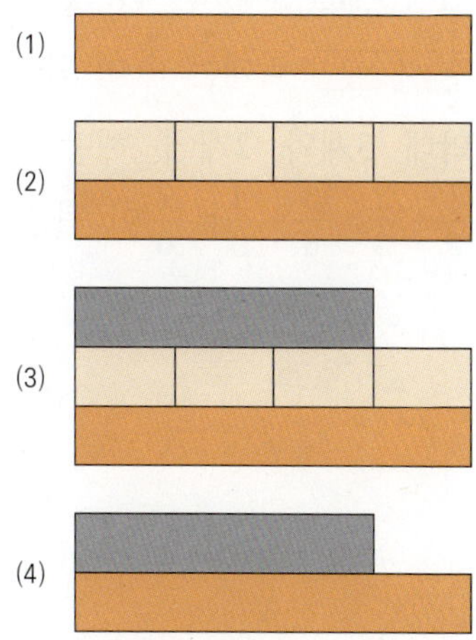

[그림 11-25] 퀴즈네어 막대로 $\frac{3}{4}$ 표상하기

분수의 크기 비교

퀴즈네어 막대를 활용하여 동분모분수의 크기의 비교를 [그림 11-26]과 같이 할 수 있다(류성림, 2002). 먼저 기준(전체)로 사용할 막대를 $8cm$인 막대( )로 두면, $\frac{7}{8}$은 막대 7개에 해당하는 양, $\frac{3}{8}$은 막대 3개에 해당하는 양이므로 $\frac{7}{8}$이 $\frac{3}{8}$보다 더 크다.

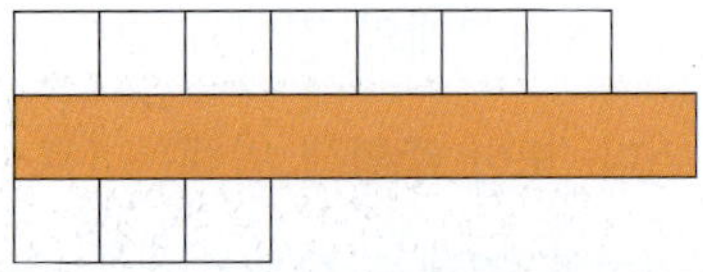

[그림 11-26] 퀴즈네어 막대로 $\frac{7}{8}$과 $\frac{3}{8}$의 크기 비교하기

분수의 연산 이해

퀴즈네어 막대를 활용하여 이분모분수의 덧셈을 [그림 11-27]과 같이 할 수 있다. 먼저 기준(전체)로 사용할 막대를 6*cm* 인 막대( )로 두면, 막대 하나는 $\frac{1}{2}$, 막대는 $\frac{1}{3}$이 됨을 알 수 있다. 막대와 막대는 각각 막대 3개와 2개에 해당하는 양이므로 각각 전체의 $\frac{3}{6}$, $\frac{2}{6}$가 됨을 활용하면 $\frac{1}{2}+\frac{2}{3}=\frac{3}{6}+\frac{4}{6}=\frac{7}{6}$이 됨을 알 수 있다.

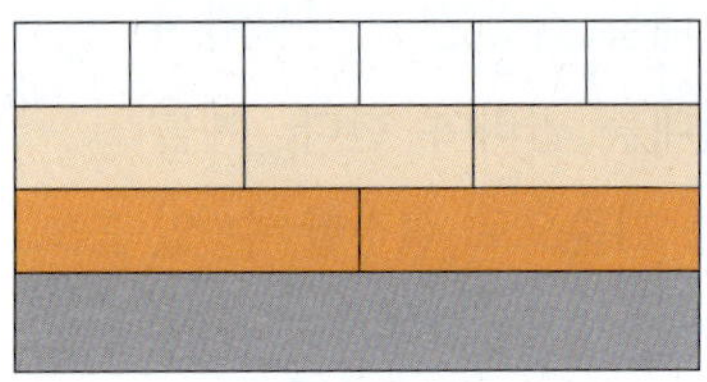

[그림 11-27] 퀴즈네어 막대로 $\frac{1}{2}+\frac{2}{3}$하기

약수와 배수 사이의 관계 탐구

하나의 색 막대(예를 들어, 막대)를 선택한 후, 같은 막대를 여러 개 연결하여 이 막대의 길이(8)과 같아지는 막대들(막대, 막대, 막대)을 찾는다. 이후, 처음 막대의 길이(8)와 각 색깔별 막대의 수 사이(, , 막대 순서대로 2, 4, 8)의 관계를 살펴본다. [그림 11-28]은 8의 약수를 구하는 과정을 퀴즈네어 막대로 표현한 것이다.

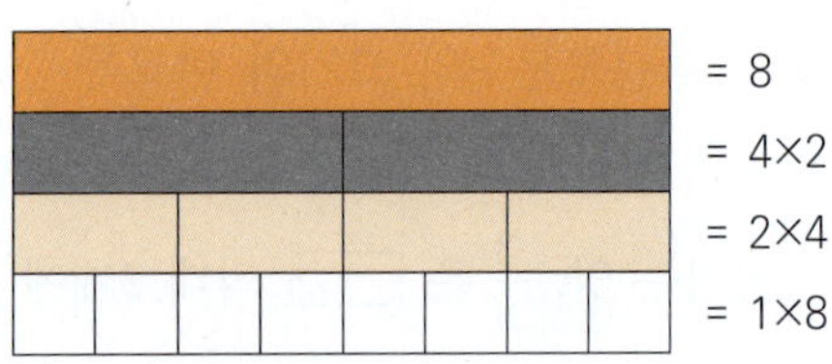

[그림 11-28] 퀴즈네어 막대로 약수와 배수의 관계 탐구하기

퀴즈네어 막대 역시 웹사이트나 어플리케이션으로 활용할 수 있다. [그림 11-29]에 제시된 프로그램은 막대의 색이 전통적인 퀴즈네어 막대의 색과 동일하지는 않지만, 1부터 10까지 10개의 막대를 표현할 수 있고 격자 표현 여부도 선택할 수 있다. 또한 가장 작은 단위를 1로 하여 막대별로 해당하는 값을 자동으로 부여할 수 있으며, 본인이 직접 막대에 값을 적을 수 있는 기능도 제공하고 있다.

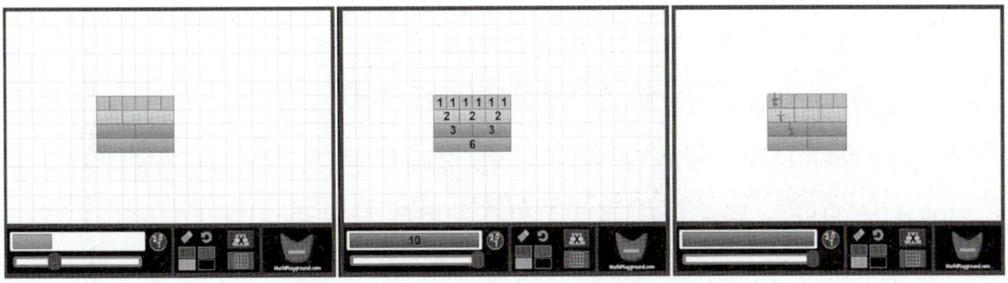

[그림 11-29] 디지털 퀴즈네어 막대

주소: https://www.mathplayground.com/mathbars.html

토의문제 6

퀴즈네어 막대를 활용하여 $\frac{1}{2}+\frac{2}{5}$을 계산하시오.

2.8. 연결 큐브

> 연결 큐브는 스냅 큐브(Snap cubes) 혹은 멀티 큐브(Multi cubes)라고도 불린다.

연결 큐브(Linking cubes)는 모서리의 길이가 $\frac{3}{4}$인치인 정육면체 모양으로 한 면에는 돌기가 있고 나머지 다섯 면에는 구멍이 있어 서로 연결할 수 있도록 설계되었다. 10가지 서로 다른 색으로 구성되어 있는 연결 큐브는 정육면체의 모든 면에 서로 연결이 가능하기 때문에 다양한 모양을 만들어 낼 수 있으며, 연결 큐브 여러 개를 하나씩 연결하여 십진 블록이나 퀴즈네어 막대와 같이 활용할 수 있다. 따라서 이러한 교구들이 활용되는 방식과 유사하게 연결 큐브를 활용하여 자연수의 자릿 값 개념 이해, 크기 비교, 덧셈과 뺄셈의 원리 등을 이해하도록 할 수 있다. 또한 연결 큐브는 각 큐브를 쌓기나무 조각처럼 활용하면서 공간 감각 및 추론 신장에 도움을 줄 수도 있다. 이하에서는 연결 큐브 혹은 쌓기나무로 활용할 수 있는 사례만 소개한다.

여러 가지 모양 만들고 설명하기, 설명을 듣고 동일한 모양 만들기

연결 큐브(쌓기나무)로 입체로 된 모양을 만들고, 만든 모양을 친구에게 설명하면서 수학적 의사소통 역량을 기를 수 있다. 또한 친구가 자신의 설명을 듣고 연결 큐브를 활용하여 동일한 모양을 만들도록 할 수 있다. 친구가 만든 모양이 자신이 만든 모양과 똑같은지 돌려보면서 확인하는 과정에서 공간 감각을 기를 수 있다.

연결 큐브를 쌓은 모양을 위, 앞, 옆에서 본 모습 그리기

연결 큐브(쌓기나무)로 쌓은 모양을 위, 앞, 옆에서 본 모양을 그리거나 반대로 위, 앞, 옆에서 본 모양을 통해 연결 큐브로 쌓은 모양을 찾을 수 있다. [그림 11-30]은 쌓기나무를 활용하여 위, 앞, 옆에서 본 모양을 보고 쌓은 모양으로 가능한 모양을 모두 찾도록 하고 있다.

4 위, 앞, 옆에서 본 모양을 보고 쌓은 모양으로 가능한 모양을 모두 찾아보세요.

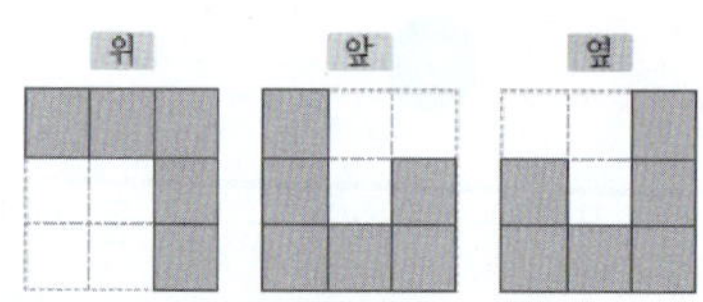

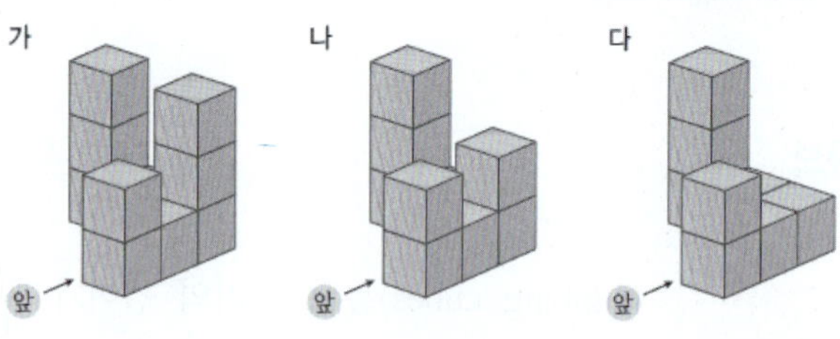

[그림 11-30] 쌓은 모양으로 가능한 모양 찾기(교육부, 2020b, p. 67)

같은 개수의 연결 큐브로 서로 다른 모양 만들기

주어진 개수의 연결 큐브로 만들 수 있는 서로 다른 모양이 무엇인지 찾도록 할 수 있다. 이때 뒤집거나 돌려서 모양이 같으면 같은 모양이 된다고 가정해야 한다. 학생들은 서로 다른 모양을 체계적으로 찾기 위한 방법을 궁리해야 하는데, 예를 들어, 연결 큐브 4개로 만들 수 있는 모양의 수를 찾기 위해서는 하나 적은 수인 연결 큐브 3개로 만들 수 있는 서로 다른 모양이 무엇인지 찾고, 찾은 각 모양에서 모형 하나를 추가하여 어떻게 서로 다른 모양을 만들 수 있는지에 대해 고민해야 한다. 연결 큐브 3개로 만들 수 있는 서로 다른 모양은 2가지이고, 이에 각각 모형 1개씩을 더 붙여서 만들 수 있는 서로 다른 모양은 [그림 11-31]과 같이 각각 3가지, 7가지이다. 그러나 중복되는 모양이 2가지가 있어 서로 다른 모양의 수는 총 8가지이다.

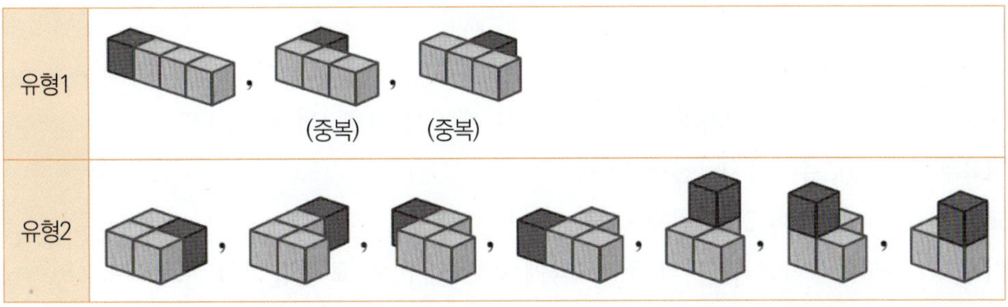

[그림 11-31] 연결 큐브 3개에 모형 1개를 추가하여 만들 수 있는 모양(교육부, 2020c, p. 216)

웹사이트나 애플리케이션에서 연결 큐브를 활용하는 방식은 [그림 11-32]의 왼쪽 그림에 제시된 '똑똑! 수학탐험대'에서와 같이 자연수의 개념을 이해하는데 사용하거나 오른쪽 그림에 제시된 알지오매스 키즈 3D에서와 같이 쌓기나무 탐구 등 다양하다.

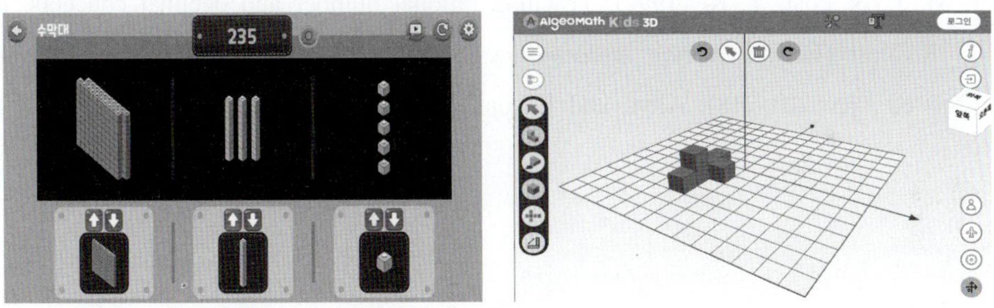

[그림 11-32] 디지털 연결 큐브

주소: https://www.toctocmath.kr/toctoc

주소: https://www.algeomath.kr/kids/algeomath/poly/make.do

참고문헌

교육부 (2020a). **수학 5-2**. 비상교육.

교육부 (2020b). **수학 6-2**. 비상교육.

교육부 (2020c). **수학 6-2 교사용 지도서**. 비상교육.

교육부 (2021). **수학 1-1**. 비상교육.

교육부 (2022). **수학과 교육과정**. 교육부 고시 제2022-33호 [별책 8].

교육부 (2024a). **수학 1-1**. 천재교과서.

교육부 (2024b). **수학 2-1**. 천재교과서.

김수미 (2000). 수학교육에서의 조작교육에 관한 연구. **학교수학, 2**(2), 459-474.

류성림 (2002). 초등 수학 수업에서 퀴즈네어 막대의 활용에 관한 연구. **과학 · 수학교육연구, 25**, 73-92.

류성림, 이종학 (2021). **예비 및 현직 교사를 위한 초등수학교육공학**. 경문사.

서울대학교 교육연구소 (2011). **교육학 용어사전**. 하우동설.

이경화, 정혜윤, 강완, 안병곤, 백도현 (2017). 수학 교구 활용을 위한 교수학적 원리의 제안 및 적용. **수학교육 논문집, 31**(2), 203-221.

최창우 (2019). **수학교육과 교구(제2판)**. 경문사.

Behr, M. J., & Post, T. R. (1992). Teaching rational number and decimal concepts. In T. R. Post (Ed.), *Teaching mathematics in grades K-8: Research-based methods* (2nd ed., pp. 201-248). Allyn and Bacon.

제12장

공학 도구와 수학교수학습

수학학습에서 공학 도구는 디지털 기술과 소프트웨어를 활용해 수학적 사고를 촉진하고 문제해결을 보조하는 다양한 도구를 통칭한다. 이때 도구는 단순한 계산기와 같은 범용적 기기뿐만 아니라 수학 학습을 목표로 개발된 소프트웨어, 예를 들어 지오지브라와 같은 동적 기하 소프트웨어, 알지오매스, 통그라미와 같은 특화된 프로그램까지 포함한다.

최근 국내외 수학과 교육과정에서 공학 도구의 중요성이 점점 더 강조되고 있다. 미국 수학 교사 협의회(NCTM)는 공학 도구가 수학교육에서 학습 자체를 개선하고 학생들의 성취도를 높이는 데 기여한다고 강조했다. 수학과 공통 핵심 기준(Common Core Standards for Mathematics)에서도 계산기와 동적 기하 소프트웨어 등과 같은 도구의 전략적 사용을 권장하고 있다. 또한 싱가포르 교육과정(Singapore Ministry of Education)에서도 수학 개념 탐구와 표현에서 공학 도구가 핵심 역할을 한다고 보았다. 이러한 세계적 흐름은 수학교육에서 공학 도구가 학습 효과를 높이고 미래 지향적 교육 혁신에 기여하는 중요한 수단임을 보여준다(임해미 외, 2024).

우리나라에서도 점진적으로 공학 도구의 활용을 강조해 왔다. 제6차 수학과 교육과정에서 처음으로 계산기와 컴퓨터의 활용을 제안한 이후 2007 개정 교육과정에서는 자연수의 사칙연산에 계산기 활용이 명시되었으며, 2009 개정 교육과정에서는 수와 연산뿐만 아니라 규칙성을 탐구하는 데도 계산기를 활용하도록 강조하였다. 2015 개정 교육과정에서는 정보처리 역량이 신설되어 자료 분석과 공학 도구 활용을 포함하는 수학 교과의 핵심 역량으로 자리 잡았다. 이러한 흐름에 맞춰 2022 개정 수학과 교육과정에서도 공학 도구의 사용과 디지털 소양을 강조하였다. 구체적으로 내용 영역에서 공학 도구에 대해 언급한 부분을 살펴보면 아래와 같이 수와 연산, 변화와 관계, 도형과 측정, 자료와 가능성 모든 영역에서 적합한 공학 도구를 선택하여 활용할 수 있도록 제시하고 있다.

수와 연산

[3~4학년군] 계산 기능을 숙달하는 것이 목적이 아닌 경우에는 계산기를 사용하게 할 수 있다.

[5~6학년군] 소수의 곱셈과 나눗셈에서 복잡한 계산은 계산기를 사용하게 할 수 있다.

변화와 관계

[3~4학년군] 계산식의 배열에서 계산 결과의 규칙을 찾는 활동을 할 때 필요에 따라 계산기를 사용하게 할 수 있다.

도형과 측정

[5~6학년군] 선대칭도형과 점대칭도형 그리기를 평가할 때 모눈종이, 점판, 공학 도구 등을 이용하여 쉽게 그릴 수 있게 한다.

[5~6학년군] 입체도형의 구성 요소와 성질, 전개도, 쌓기나무로 만든 입체도형을 탐구할 때는 여러 가지 모형과 공학 도구를 이용하게 할 수 있다.

자료와 가능성

[3~4학년군] 막대그래프와 꺾은선그래프를 그릴 때 공학 도구를 사용하게 할 수 있다.

[5~6학년군] 복잡한 자료의 평균이나 백분율을 구할 때 계산기를 사용하게 할 수 있다.

[5~6학년군] 띠그래프와 원그래프를 그릴 때 공학 도구를 사용하게 할 수 있다.

> SAMR 모형은 수학적 과제와 활동을 설계하고 공학 도구를 효과적으로 활용하기 위한 유용한 프레임이다.

공학 도구를 수학 수업에 통합하는 방법과 관련하여 SAMR 모형은 수학적 과제와 활동을 설계하고 공학 도구를 효과적으로 활용하기 위한 유용한 프레임이다. SAMR 모형은 [그림 12-1]처럼 대체, 보강, 수정, 재정의의 네 단계로 구성되며, 앞의 두 단계는 학습의 향상, 뒤의 두 단계는 학습의 변혁을 목표로 한다(Puentedura, 2010). 대체는 기능적 변화를 수반하지 않은 채 기존의 실물을 공학 도구로 전환하는 것이다. 예를 들어 교실에서 사용하는 실물 쌓기나무를 디지털 교구로 대체하거나, 두 자리 수 덧셈에서 구체물 연결 모형 대신 디지털 연결 모형을 활용하는 것이다. 보강 단계는 기존 활동에 기능적 향상을 더해 공학 도구를 활용하는 것을 의미한다. 예를 들어 디지털 수 모형을 활용하여 백 모형을 클릭 한 번으로 십 모형으로 교환함으로써 학습 과정을 보완할 수 있다. 수정 단계는 공학 도구를 통해 기존의 수학적 과제나 활동을 유의미하게 재구성하는 것을 뜻한다. 예를 들어 동적 기하 소프트웨어를 사용하여 평행사변형의 한 점을 조작하면서도 평행의 성질이 유지되는 다양한 사례를 탐구하도록 하면 학생들은 수학적 성질을 보다 깊이 이해할 수 있다. 재정의 단계는 공학 도구를 통해 기존에는 상상할 수 없었던 새로운 형태의 학습을 가능하게 한다. 예를 들어 메타버스 환경에서 학생들이 아바타를 통해 협력적으로 수학 문제를 해결하거나 다양한 지역의 학생들과 실시간으로 상호작용하며 문화적 맥락을 바탕으로 과제를 해결하는 활동이 이에 해당한다.

이러한 공학 도구의 통합은 수학 학습을 시각적으로 지원하고 직관적 탐구를 가능하게 하며 학생들이 개념과 원리를 발견할 기회를 제공한다. 이를 통해 수학 수업에서 활동 중심의 교수·학습을 실현하고 복잡한 계산이나 기호적 작업에 소요되는 시간을 줄여 사고력 중심의 학습을 강화할 수 있다.

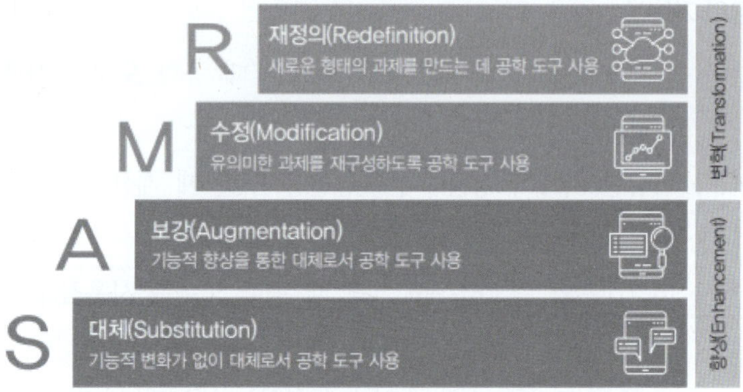

[그림 12-1] SAMR 모형(교육부, 2024, p. 85)

공학 도구를 효과적으로 활용하기 위해 교사가 갖추어야 할 지식은 다양한 연구를 통해 체계화되어 왔다. 대표적으로 Mishra와 Koehler(2009)는 이를 기술 교육 내용 지식(Technological Pedagogical and Content Knowledge, 이하 TPACK)으로 정의하며, 교사가 수업에서 기술을 통합하는 데 필요한 핵심 지식 체계를 설명하였다. TPACK은 [그림 12-2]와 같이 기술 지식(TK), 교육 지식(PK), 내용 지식(CK)의 상호작용을 기반으로 하며, 이러한 지식이 통합된 형태에서 공학 도구를 활용한 교육적 효과가 극대화된다. 기술 지식(TK)은 공학 도구의 특성과 기능에 대한 이해를 포함하며 동적 기하 소프트웨어에서 드래깅 기능을 통해 기하학적 개념을 탐구하는 방법을 이해하는 것을 의미한다. 교육 지식(PK)은 학생의 사고방식과 학습 전략에 대한 이해로 특정 기술이 교수 방법에 어떤 영향을 미치는지를 포함한다. 내용 지식(CK)은 교과 내용에 대한 깊은 이해를 기반으로 하며, 이는 수학, 과학 등 전문 분야의 지식을 다룬다. 또한 기술 교육 지식(TPK)은 기술 도구가 학습 활동을 어떻게 지원하거나 변형할 수 있는지를 다룬다. 예를 들어 프레젠테이션 도구를 활용해 학생들이 자신의 사고를 시각적으로 표현하게 하면 효과적인 의사소통을 촉진할 수 있다. 기술 내용 지식(TCK)은 특정 공학 도구가 학문적 개념을 어떻게 변화시킬 수 있는지를 이해하는 지식으로 동적 기하 소프트웨어를 활용해 전통적 학습 방식에서 어려웠던 기하 관계를 탐구할 수 있도록 돕는다. 교육 내용 지식(PCK)은 특정 주제의 이해를 증진하기 위한 교수 방법에 초점을 맞추며 이는 학생들에게 적합한 학습 전략을 제공하는 데 중요한 역할을 한다. 교사들은 TPACK을 기반으로 기술 도구를 효과적으로 수업에 통합하고 학생들에게 더 나은 학습 경험을 제공할 수 있다. 최근에는 AI 기반 도구와 같은 신기술의 발전에 따라 TPACK의 적용 범위도 확장되고 있으며 AI 기술을 수업에 통합하기 위한 교사의 역량 개발에 대한 연구가 활발히 진행되고 있다.

> 교사들은 기술 교육 내용 지식(TPACK)을 기반으로 기술 도구를 효과적으로 수업에 통합하고, 학생들에게 더 나은 학습 경험을 제공할 수 있다.

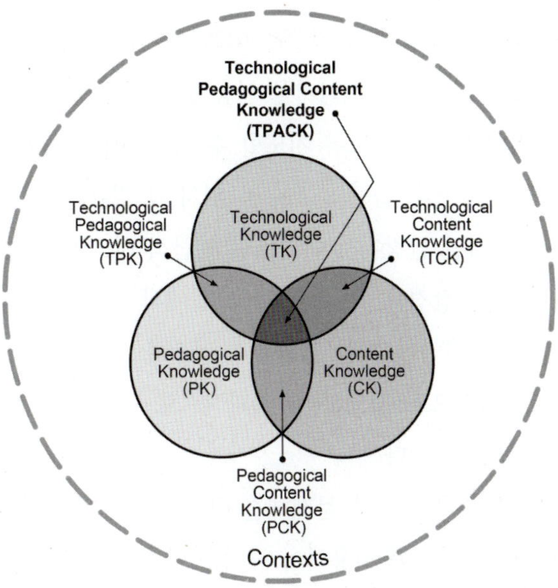

[그림 12-2] TPACK framework (Koehler & Mishra, 2009, p. 63)

본 절에서는 주로 계산기와 알지오매스, '똑똑! 수학탐험대', 이지통계, 통그라미와 같은 교육용 소프트웨어를 중심으로 수학교육에 활용 사례를 중심으로 각 공학 도구의 특징과 활용 방법을 살펴보았다.

01 계산기

계산기는 단순한 계산 보조 도구에서 벗어나 학생들의 수학적 사고를 촉진하고 학습 방식을 변화시키는 중요한 인지적 도구로 자리 잡고 있다. 미국, 영국 등 주요 국가들에서는 계산기를 수학학습의 도구로 도입하고 이를 통해 계산의 효율성을 넘어 수학적 개념 학습과 탐구 능력을 강화하고 있다. 특히 학습 초기 단계에서 성공적인 문제해결 경험을 제공함으로써 학생들의 동기를 높이고 수학에 흥미가 없던 학생들에게도 새로운 접근 방식을 통해 학습 참여를 유도한다. 우리나라에서도 6차 교육과정부터 계산기의 활용이 권장되었으며, 2022 개정 교육과정에서도 이를 명시하며 복잡한 계산 수행, 수학 개념과 원리 이해, 문제해결력 향상 등을 목표로 계산기를 적극적으로 활용하도록 제안하고 있다. 이러한 변화는 계산기를 수학교육에서 단순히 계산 부담을 줄여주는 보조 도구로 인식하던 전통적 접근에서 벗어나 학생들의 인지적 탐구를 지원하는 학습 도구로 재조명하도록 이끌고 있다.

> 계산기는 복잡한 계산을 대신하거나 규칙성을 이해하는 데 도움을 주고, 다양한 문제해결 방식을 실험하고 탐구할 수 있는 기회를 제공함으로써 학생들의 인지적 탐구를 지원하는 학습 도구로 조명받고 있다.

구체적으로 초등학교에서 계산기 활용을 살펴보면 복잡한 계산을 대신하거나 규칙성을 이해하는 데 도움을 주는 활동이 제시되어 있다. 특히 계산기를 사용해 복잡한 연산에서 규칙을 발견하고 원리를 탐구하도록 지도할 수 있다. 예를 들어, '0이 포함된 곱셈'이나 '소수 곱셈의 소수점 위치'와 같은 주제에서 계산기가 기존의 지필 환경에서 어려웠던 귀납적 사고와 패턴 인식을 돕는다(이화영, 장경윤, 2015). 이 과정에서 학생들은 계산기를 활용하여 구한 다양한 계산 결과를 바탕으로 규칙을 스스로 발견하고 이를 논리적으로 설명하며, 결과적으로 문제해결 능력과 자신감을 키우는 데 긍정적인 영향을 받는다.

또한 계산기는 학생들에게 다양한 문제해결 방식을 실험하고 탐구할 수 있는 기회를 제공한다. 예를 들어 계산기를 사용하여 규칙을 발견하거나 복잡한 계산 문제를 해결하는 활동은 학생들의 논리적 사고와 창의적 문제해결 능력을 강화하는 데 기여한다. 이러한 활동을 통해 학생들은 수학적 사고를 구체적으로 실험하며 계산 결과를 통해 얻은 규칙성을 수학적 개념과 원리 탐구로 확장할 수 있다. 이처럼 계산기는 초등학교 수학 교육에서 학생들의 개념 중심 학습을 지원하고 문제해결 능력과 창의적 사고를 확장하는 데 중요한 역할을 한다.

초등학교 수학과 교육과정에서 계산기를 언급한 부분을 살펴보면 수와 연산 영역에서 "계산 기능을 숙달하는 것이 목적이 아닌 경우에는 계산기를 사용하게 할 수 있다"고 제시되어 있으며, 특히 소수의 곱셈과 나눗셈에서 복잡한 계산은 계산기를 사용할 수 있도록 안내하고 있다. 또한 변화와 관계 영역에서 계산식의 배열에서 계산 결과의 규칙을 찾을 때, 자료와 가능성 영역에서 복잡한 자료의 평균이나 백분율을 구할 때 계산기를 사용하게 할 수 있음을 명시하고 있다. 이처럼 수와 연산 영역 외에도 변화와 관계, 자료와 가능성 영역에서도 계산기를 폭넓게 사용할 수 있음을 언급하고 있다.

성취기준 적용 시 고려 사항을 기반으로 구체적인 계산기 활용 사례를 살펴보면 다음과 같다. 먼저 [그림 12-3]과 같이 수와 연산 영역에서 계산기를 주요 소재로 활용하여 활동을 제시한 경우가 있다. 구체적인 활동을 살펴보면 계산기의 저장 기능을 활용하여 덧셈, 뺄셈, 곱셈, 나눗셈이 섞여 있는 식을 계산하는 것이다. 이때 계산기로 덧셈, 뺄셈, 곱셈, 나눗셈이 섞여 있는 식을 앞에서부터 순서대로 계산한 경우 계산 순서에 맞게 계산하지 않아서 계산 결과가 다르게 나오기 때문에 학생들이 혼합 계산식의 계산 순서를 이해하고 계산기의 저장 기능을 알고 있어야 혼합 계산식을 바르게 계산할 수 있다.

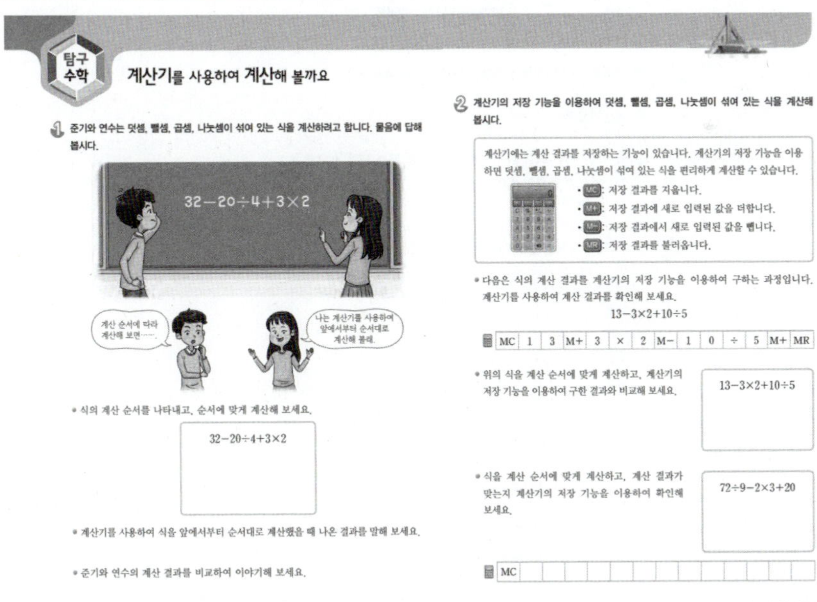

[그림 12-3] 계산기를 주요 학습 소재로 사용한 예 (교육부, 2019, pp. 24-25)

변화와 규칙 영역에서도 계산기 활용을 제시한 경우가 있다. 구체적인 활동을 살펴보면 [그림 12-4]와 같이 규칙적인 계산식의 배열에서 계산 결과의 규칙을 찾는 활동을 할 때 계산기를 사용하도록 제시하고 있다. 해당 차시는 자연수의 사칙연산을 학습하는 것이 중점이 아니라 계산식에서 규칙을 찾는 것이 중점이므로 학생들에게 계산기를 활용할 수 있도록 함으로써 연산과정에 대한 부담은 낮추고 규칙을 찾는 것에 집중할 수 있도록 하였다. 또한 주어진 계산식에서 규칙을 추론하고 계산기를 활용하여 확인해볼 수 있도록 함으로써 자신이 규칙을 잘 추론했는지 스스로 확인해 볼 수 있도록 하였다.

이 외에도 계산기를 사용하여 소수의 곱셈에서 소수점의 위치를 찾는 활동을 살펴보면 계산기를 활용하여 귀납을 통한 패턴 인식에 도움을 줄 수 있다. 만약 계산기를 사용하지 않는다면 학생들이 승수와 피승수 및 곱의 소수점 위치에 대한 규칙성을 인식할 수 있을만큼 많은 사례를 생산하기 어렵기 때문에 규칙을 찾기 어려웠을 것이다. 하지만 학생들이 계산기를 활용하여 주어진 항 외에 더 많은 항을 쉽게 살펴보고 규

2 덧셈식에서 규칙을 찾아 다음 계산식 알아보기

순서	덧셈식
첫째	12+21=33
둘째	123+321=444
셋째	1234+4321=5555
넷째	12345+54321=66666
다섯째	

㉠ 규칙을 찾아 다섯째에 알맞은 덧셈식을 써 보세요.

㉡ 계산기로 확인해 보세요.

㉢ 규칙에 따라 계산 결과가 99999999가 되는 덧셈식을 쓰고 계산기로 확인해 보세요.

3 뺄셈식에서 규칙을 찾아 다음 계산식 알아보기

순서	뺄셈식
첫째	12−1=11
둘째	123−12=111
셋째	1234−123=1111
넷째	12345−1234=11111
다섯째	

㉠ 규칙을 찾아 다섯째에 알맞은 뺄셈식을 써 보세요.

㉡ 계산기로 확인해 보세요.

㉢ 규칙에 따라 계산 결과가 111111111이 되는 뺄셈식을 쓰고 계산기로 확인해 보세요.

수학익힘 42~43쪽 63

[그림 12-4] 변화와 규칙 영역에서 계산기를 활용한 예 (장혜원 외, 2025, p. 63)

칙을 찾을 수 있었으며, 학생들은 찾아낸 규칙을 새로운 문제에 적용한 후 다시 계산기로 확인함으로써 자신들의 추론이 옳았는지 확인하였다. 이처럼 계산기를 활용하여 0이 포함된 곱셈이나 혼합 계산이나 괄호가 사용된 식의 계산에서 규칙을 발견하거나 계산 원리를 탐구하는 데 활용할 수 있다(이화영, 장경윤, 2015).

토의문제 1

계산기를 활용하여 소수의 곱셈 원리를 탐구하는 방안을 제시해 보시오.

02 알지오매스

알지오매스(AlgeoMath)는 교육부와 한국과학창의재단 주도로 개발된 수학 탐구용 소프트웨어로, 디지털 도구의 힘을 통해 초등 및 중등 수학교육에서 학생들의 학습 효과를 극대화하고자 개발되었다(김화경 외, 2020). 이 소프트웨어는 웹브라우저를 통해 PC, 태블릿, 스마트폰 등 다양한 기기에서 쉽게 접근할 수 있어 누구나 사용할 수 있다. 알지오매스는 크게 2D 및 3D 기하, 대수 기능, 그리고 문서 작성을 위한 도구들을 포함하여 수학교육에 필요한 폭넓은 기능을 제공한다.

특히 알지오매스 키즈(AlgeoMath Kids)는 초등학생들의 수학학습을 지원하기 위해 개발된 디지털 공학 도구이다. 구체적으로 알지오매스 키즈 2D는 점, 선, 평면도형을 만들고 탐구할 수 있는 도구로, 점 도구, 선 도구, 도형 도구, 이동 도구, 측정 도구 등을 통해 평면도형의 구성 요소와 성질을 학습할 수 있다. 알지오매스 키즈 3D는 입체도형 및 쌓기나무를 다양한 시야로 탐구할 수 있는 도구로, 삼차원 공간에서 쌓기나무를 쌓고 이를 움직이며 관찰하거나, 정다면체의 전개도를 펼치거나 접는 등의 기능을 통해 입체도형의 개념을 직관적으로 이해할 수 있다.

알지오매스는 추상적인 수학 개념을 시각화하고, 직접 조작할 수 있는 활동을 제공함으로써 학생들이 개념을 더 깊이 이해할 수 있도록 한다. 예를 들어, 학생들은 평면도형을 그려보고, 선과 각을 사용하여 다양한 도형을 만들어 보는 활동을 통해 직관적으로 개념을 습득하게 한다. 원주율 탐구에서는 학생들이 다양한 원의 지름과 원주를 실제로 측정하고 비교하며, 원주율이 항상 동일하다는 것을 경험적으로 이해할 수 있게 한다. 이러한 활동은 학생들의 수학적 사고력과 추론 능력을 기르는 데 큰 도움을 준다.

알지오매스의 장점은 우리나라 수학교육의 맥락에 적합한 공학 도구로 설계되었다는 점이다. 2015 개정 수학과 교육과정과 제3차 수학교육 종합계획은 공학 도구를 활용하여 학생 중심의 탐구 학습을 지원하고, 이를 통해 수학적 사고력을 향상시키는 것을 주요 목표로 삼고 있다. 알지오매스는 이러한 정책적 방향에 부합하여 개발된 소프트웨어로, 우리나라 교육과정에 기반한 다양한 수학적 주제를 다루며, 학교 현장에서 쉽게 활용할 수 있도록 설계되었다.

2.1. 무한의 개념을 내포한 도형

초등수학에서 반직선, 직선, 평행선 등은 무한의 개념을 내포하고 있어, 학생들이 이를 이해하려면 직관적인 시각적 접근이 필요하다. 그러나 서책형 교과서는 제한된 공간과 정적인 이미지로만 이 개념들을 표현할 수 있기 때문에, 무한이라는 본질적 속성을 전달하는 데 한계가 있다. 예를 들어, 직선은 양방향으로 끝없이 뻗어나가는 선으로 정의되지만, 교과서에서는 이를 한정된 페이지 위에 표현해야 하는 한계 때문에 직선의 본질적인 무한성을 학생들이 충분히 체감하기 어렵다. 반직선이나 평행선 역시 이러한 제약 속에서 그 개념의 깊이를 이해하기 힘들다.

이러한 한계를 극복하기 위해 공학 도구의 활용이 필수적이다. 공학 도구는 직선을 화면의 경계를 넘어 끝없이 뻗어나가도록 표현하거나, 반직선을 한 방향으로만 무한히 이어지는 모습으로 시각화할 수 있다. 또한, 평행선이 교차하지 않는다는 성질을 실시간으로 시뮬레이션하거나, 이를 무한히 확장하여 개념적으로 확인할 수 있다. 이러한 시각적 경험은 학생들이 무한 개념을 더욱 깊이 이해하고, 추상적인 수학적 개념을 실제로 탐구할 수 있도록 돕는다.

알지오매스 키즈 2D는 반직선, 직선, 평행선을 그리는 기능을 제공하여 이러한 학습 과정을 효과적으로 지원한다. 학생들은 이 도구를 사용해 반직선과 직선을 자유롭게 생성하고, 평행선의 성질을 탐구하며, 무한의 개념을 동적으로 경험할 수 있다. 이러한 기능은 학생들이 수학적 사고를 발전시키고 무한의 개념을 명확히 이해하는 데 큰 도움을 준다. 공학 도구를 활용한 학습은 무한의 개념을 내포한 도형을 학습하는 데 필수적인 역할을 하며, 수학교육에서 이를 적극적으로 도입하는 것이 효과적인 교수·학습 방법이 될 것이다.

목표	메뉴	활동 예시
반직선 그리기		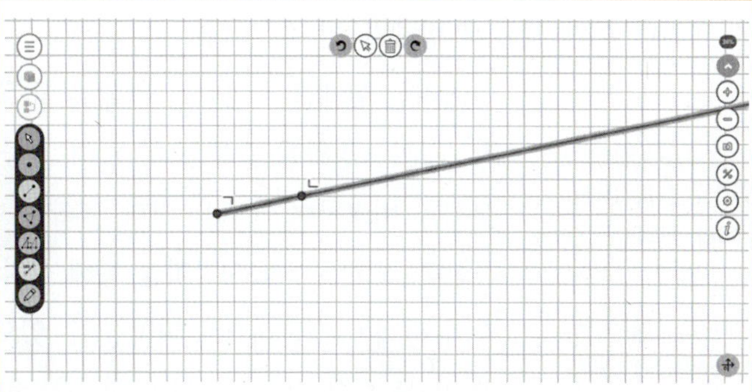
직선 그리기	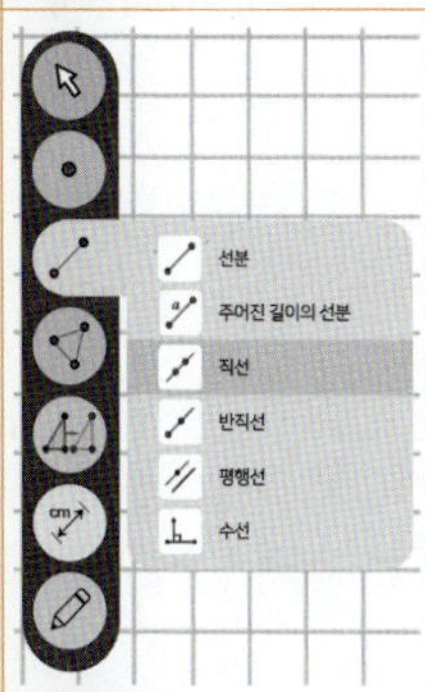	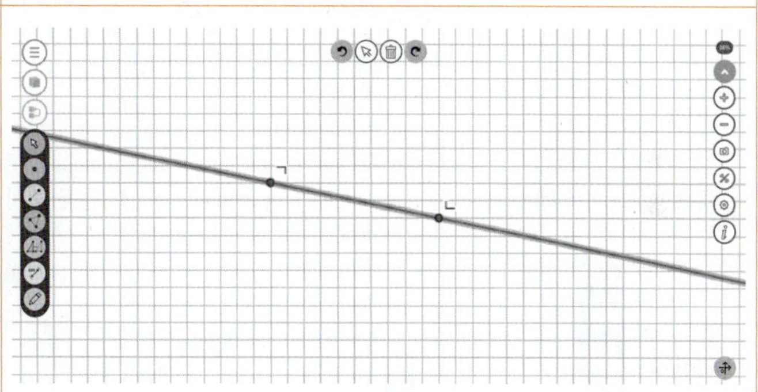
평행선 그리기		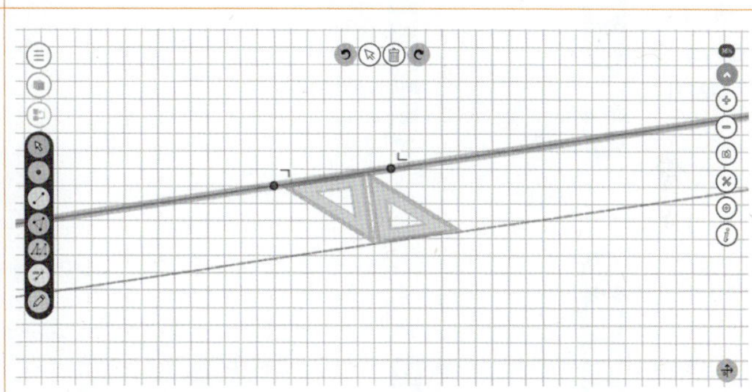

[그림 12-5] 알지오매스 키즈 2D로 반직선, 직선, 평행선 그리기

2.2. 오차 없는 측정

교과서에서는 삼각형과 사각형의 내각의 크기를 직접 측정하여 그 합을 구하는 활동을 제시하고 있다. 그러나 각도기를 사용해 삼각형이나 사각형의 내각을 측정하는

과정에서 도구 사용 미숙이나 측정 방식의 차이로 인해 오차가 발생할 수 있다는 한계가 있다. 예를 들어, 삼각형의 세 각을 측정하여 합을 구할 때 180°가 나와야 하지만, 측정 오차로 인해 175°에서 185° 사이의 값이 나오는 경우가 흔하다(오영열, 박주경, 2021). 이러한 오차는 학생들이 삼각형의 내각 합이 항상 180°라는 수학적 사실을 명확히 이해하는 데 방해가 될 수 있다.

> 알지오매스 키즈 2D에서는 각도가 자연수로만 표기되므로, 경우에 따라 내각의 크기의 합에서 1° 정도의 오차가 발생할 수 있다는 사실에 유의하여 지도할 필요가 있다.

이러한 한계를 극복하기 위해 공학 도구의 활용이 필요하다. 공학 도구는 정확한 값을 오차 없이 제공함으로써 학생들이 이론과 실제를 비교하며 개념을 보다 명확히 이해할 수 있는 기회를 제공한다. 또한, 동적 시각화를 통해 삼각형과 사각형의 형태 및 내각의 관계를 직관적으로 파악할 수 있도록 돕는다. 알지오매스 키즈 2D를 활용하면 삼각형의 내각을 정확히 측정하고, 세 각의 합이 180°임을 보여준다.

목표	메뉴	활동 예시
삼각형의 세 각의 합 크기의 합 구하기	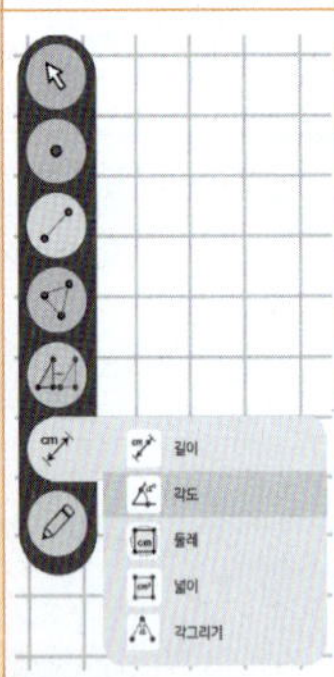	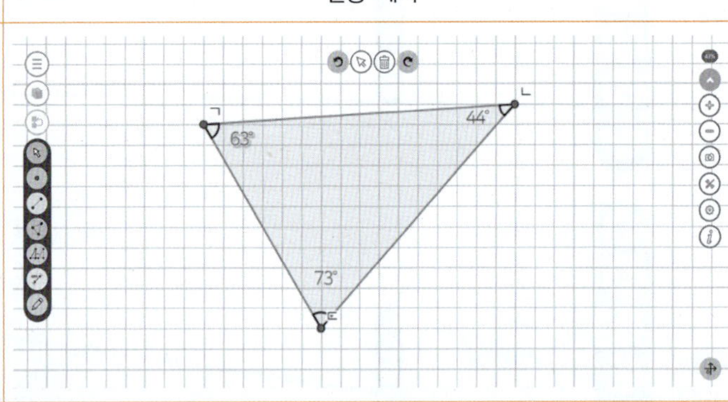
사각형의 네 각의 크기의 합 구하기	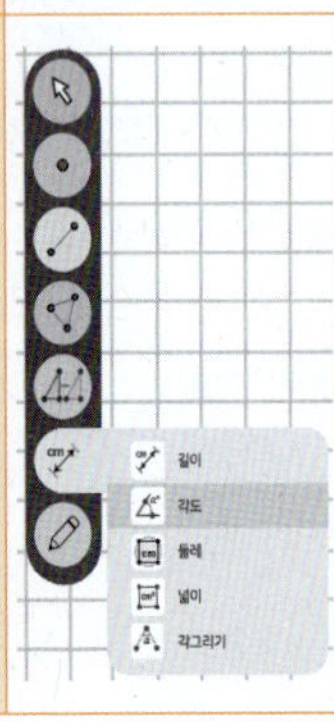	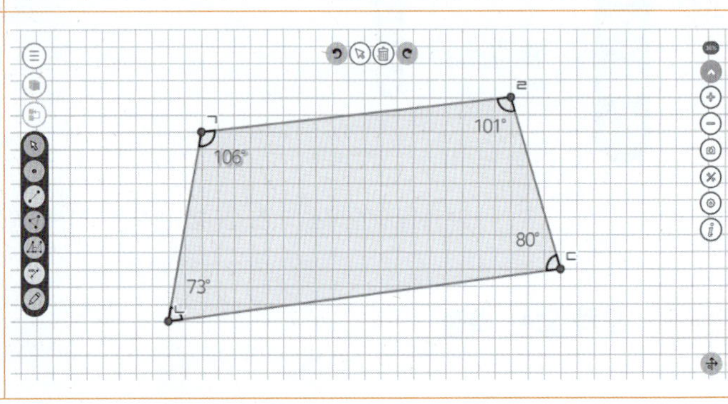

[그림 12-6] 알지오매스 키즈 2D로 삼각형과 사각형의 내각의 크기의 합 구하기

측정 활동에서는 공학 도구가 높은 정확성과 효율성을 제공하지만, 자, 각도기, 컴퍼스와 같은 전통적인 도구를 다루는 능력도 여전히 중요하다. 전통적인 도구는 학생들이 직접 손으로 측정하고 그리는 과정을 통해 도형의 구조와 수학적 관계를 직관적으로 탐구할 수 있는 기회를 제공한다. 따라서 공학 도구와 전통적인 도구는 각각 고유한 장점을 지니고 있어, 이를 균형 있게 활용하는 것이 중요하다. 이 과정에서 교사는 학습 목표와 학생들의 수준을 고려하여 적절한 도구를 선택적으로 제공함으로써, 학생들이 이론적 이해와 실질적 적용 능력을 균형 있게 발전시킬 수 있도록 지도해야 한다.

2.3. 다양한 종류의 입체도형

알지오매스 키즈 3D를 활용하면 다양한 입체도형을 시각적으로 탐구할 수 있어 기하 학습의 깊이를 넓히는 데 효과적이다. 이 도구는 입체도형을 3차원 환경에서 자유롭게 이동, 회전, 확대할 수 있는 기능을 제공하여, 도형의 특성과 구조를 다양한 관점에서 탐구할 수 있게 한다. 이러한 조작 활동은 학생들이 입체도형의 구성 요소인 면, 꼭짓점, 모서리와 이들 간의 관계를 보다 명확히 이해하고, 이를 일반화하는 데 도움을 준다.

또한, 알지오매스 키즈 3D의 큰 장점은 실생활에서 접하기 어려운 특정 입체도형을 디지털 환경에서 직접 생성하고 탐구할 수 있다는 점이다. 실물로 제작하기 어렵거나 접근성이 낮은 도형도 이 도구를 통해 손쉽게 다룰 수 있다. 예를 들어, 팔각기둥이나 십각뿔과 같은 입체도형을 생성하고, 이들의 구성 요소를 동적으로 탐구하는

목표	메뉴	활동 예시
십각뿔 만들기		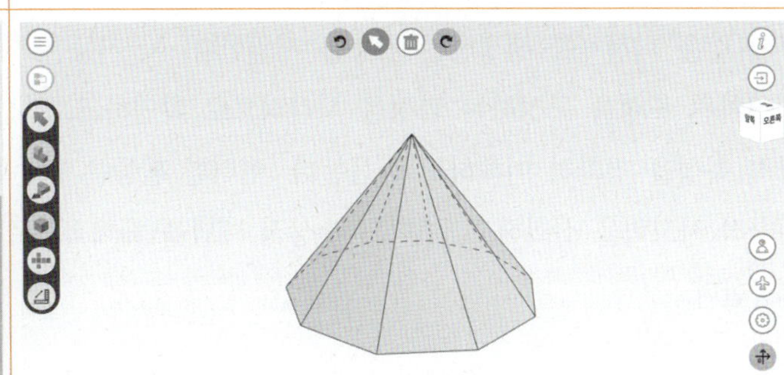

[그림 12-7] 알지오매스 키즈 3D로 십각뿔 만들기

것은 공학 도구의 활용을 통해서만 가능하다. 이를 통해 학생들은 다양한 입체도형의 구조와 성질을 심층적으로 이해하고, 추상적 개념을 실제적인 경험으로 연결할 수 있다.

2.4. 동적 기하 환경(DGE)

동적 기하 환경(Dynamic Geometry Environment, 이하 DGE)은 디지털 기술을 활용하여 기하학적 도형을 동적으로 조작하고 탐구할 수 있는 학습 환경을 제공한다. 기존의 수학학습이 정적인 방식으로 도형을 그리고 측정하며 개념을 이해하는 데 그쳤다면, DGE는 실시간 조작과 동적 시각화를 통해 추상적인 기하학적 개념을 직관적으로 이해할 수 있도록 돕는다. 이 환경에서는 점, 선, 면을 자유롭게 이동하거나 변형하며, 도형 간의 관계를 실험적으로 탐구할 수 있다. 이를 통해 학생들은 기하학적 성질을 직접 확인하고 다양한 가설을 검증하며, 창의적 문제해결 능력을 기를 수 있다. 또한 DGE는 반복 가능성과 높은 정확성을 제공하여, 학습 과정에서 실수를 줄이고 수학적 개념을 명확히 탐구할 수 있는 기회를 제공한다.

특히, 알지오매스 키즈는 이러한 동적 기하 환경의 특성을 효과적으로 구현한 공학 도구로, 초등학교 수준에서도 기하학적 탐구를 직관적으로 수행할 수 있도록 설계되었다. 이 중 알지오매스 키즈 3D는 정육면체 전개도 접기와 회전체 생성과 같은 활동을 통해 2D와 3D 도형의 관계를 시각적으로 탐구할 수 있는 기능을 제공한다. 예를 들어, 정육면체의 전개도를 다양한 방식으로 설계하고, 이를 디지털 환경에서 접어 정육면체를 구성하는 과정을 실시간으로 시뮬레이션할 수 있다. 이러한 활동은 학생들이 평면도형이 입체도형으로 변환되는 과정을 자연스럽게 이해하도록 돕는다.

또한, 알지오매스 키즈 3D는 평면도형을 축을 중심으로 회전시켜 원기둥, 원뿔, 구와 같은 회전체를 생성하는 기능을 지원한다. 이 기능은 학생들이 2차원에서 시작해 3차원 도형을 구성하는 과정을 시각적으로 확인하고, 회전체의 형성 과정과 기하학적 특성을 명확히 이해하도록 돕는다. 이러한 활동은 단순한 도형 학습을 넘어 기하학적 사고력을 심화하고, 수학의 추상적 개념을 체계적으로 학습할 수 있는 기회를 제공한다.

목표	메뉴	활동 예시
정육면체의 전개도 접기		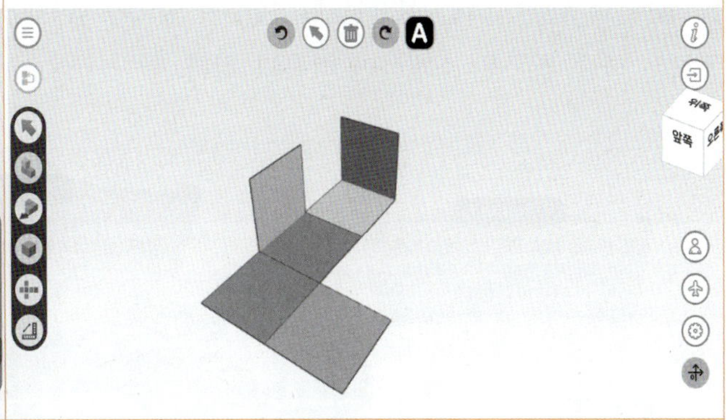
직각삼각형을 한 변을 기준으로 한 바퀴 돌려 원뿔 만들기		

[그림 12-8] 알지오매스 키즈 3D로 동적 기하 환경 구현하기

토의문제 2

알지오매스와 같은 공학 도구를 활용할 때의 장점을 설명해 보시오.

03 똑똑! 수학탐험대

'똑똑! 수학탐험대'는 교육부와 한국교육학술정보원의 주도로 개발된 게임형 초등 수학 수업 지원시스템이다. AI를 활용한 이 시스템은 맞춤형 학습 분석과 처방을 통해 학생 개개인의 수학 능력에 맞는 추가 학습을 제공하며, 게임 요소를 접목하여 학

습의 재미를 유발한다. 또한 교과 활동, 탐험 활동, 평가, 디지털 교구 등 다양한 활동을 통해 학생들이 학습 목표를 달성할 수 있도록 돕는다. '똑똑! 수학탐험대'에서 제공하는 학습 활동을 소개하면 다음과 같다.

[그림 12-9] '똑똑! 수학탐험대'의 그래픽 사용자 인터페이스(GUI)

- **교과활동**: 교육과정 기반의 단원, 차시, 활동별 학습 콘텐츠가 제공하고 있어 수학 개념을 익히고 다양한 학습 문제를 풀어볼 수 있다. 더불어 각 단원마다 배운 개념을 확인할 수 있는 학습지를 제공해 복습 시 활용할 수 있다. 또한, 단원 시작 전 학습개념을 짚어보고 동기 유발할 수 있는 단원 도입 영상, 차시별 개념을 이해할 수 있는 차시 영상, 단원에서 배운 개념을 정리할 수 있는 탐구 영상을 제공하고 있다.
- **탐험활동**: 교과활동을 마치고 배운 개념을 학생 스스로 재미있게 복습할 수 있는 게임형 수학 퀴즈로 구성되어 있으며, 탐험을 완료할 때마다 보상으로 동물카드를 얻을 수 있다.
- **평가활동**: 학습 후에 배운 내용을 점검할 수 있는 차시평가, 수시평가, 진단평가, 단원평가 콘텐츠를 제공한다.
- AI **추천활동**: 학생의 진단평가 결과와 탐험활동 이력을 분석하여 학생 수준에 적합한 학습 활동 콘텐츠를 추천해준다.
- **디지털 교구**: 수막대, 레켄렉, 자릿값 판, 시계, 수모형, 10칸 상자, 숫자판, 칠교놀이, 분수막대, 분수원형, 지오보드, 모눈종이, 평면도형 이동판, 그래프, 원 그리기 점판,

평면 도형판, 각도기, 쌓기나무, 전개도 등의 디지털 교구를 제공한다.

- **자유활동**: 학년별 주요 교과 학습 내용을 선정하여 교과활동을 마치고 학습 내용을 복습할 수 있도록 재미있게 수학 문제를 풀 수 있는 미니 게임으로 구성되어 있다.
- **마을 꾸미기와 동물카드**: 학생들의 학습 동기를 유발하고, 학습 흥미와 몰입도 향상을 위해 탐험활동을 완료하면 얻게 되는 동물카드로 나만의 마을을 꾸미고 성장시킬 수 있다.

'똑똑! 수학탐험대'의 장점은 개별 맞춤형 학습 제공, 게임 요소를 통한 학습 동기 유발, 교사와의 상호작용 강화, 다양한 학습 도구 활용 등이다. 학생 개인의 학습 수준을 진단하고 이에 맞는 학습 자료를 제공하여 맞춤형 학습을 실현하며, 게임화된 학습 콘텐츠로 학생들이 수학에 흥미를 느끼며 학습을 지속할 수 있도록 유도한다. 교사가 학생들의 학습 현황을 실시간으로 파악하고 피드백을 제공할 수 있어 교사 주도의 지도와 학생 자율 학습이 균형을 이룰 수 있으며, 디지털 교구를 통해 수학 개념을 시각화하고 학생들이 직접 체험하며 학습할 수 있도록 지원한다. 특히 이 시스템은 학습 성취도가 낮은 학생들에게 큰 도움을 주며, 학생들의 학업성취도를 향상시키는 데 긍정적인 영향을 미친다는 연구 결과가 있다(임영빈 외, 2021).

3.1. AI 활용 학습과 개별 맞춤형 학습

'똑똑! 수학탐험대'는 AI를 활용하여 학생들의 학습 데이터를 분석하고 이를 통해 학습 결과를 예측하는 기능을 갖추고 있다. 이 시스템은 학생들이 수행한 진단평가 결과와 탐험활동 이력을 알고리즘을 통해 분석하고, 개별 학생의 학습 패턴과 성취 수준을 평가한다. AI 분석은 학생이 어디에서 어려움을 겪고 있는지를 파악할 수 있게 하며, 이를 통해 학생 개개인에게 맞춤형 피드백을 제공할 수 있다. 이러한 분석 과정은 학생들이 학습 격차를 줄이고, 자신만의 학습 속도에 맞게 수학적 개념을 이해할 수 있도록 돕는다.

특히 '똑똑! 수학탐험대'는 진단-예측-처방이라는 순환 과정을 통해 학습의 지속적인 개선을 지원한다. AI는 학생들의 학습 결과를 바탕으로 향후 학습 성취를 예측하며, 이러한 예측 정보를 기반으로 교사와 학생 모두에게 학습 계획을 제시한다. 예를 들어, 학생이 특정 개념에서 반복적으로 어려움을 겪는다면, AI는 그 내용을 보완할 수 있는 추가 학습 활동을 제안하고, 이를 통해 학생이 더 나은 학습 성과를 달성할 수 있도록 돕는다. 이처럼 학습 데이터를 기반으로 한 예측과 분석은 학생 개개인에 맞춘 학습 경로를 설계하는 데 역할을 한다.

또한, 이러한 학습 결과 분석 및 예측은 교사들에게도 유용한 도구로 작용한다. 교사는 AI 시스템이 제공하는 학습 분석 보고서를 통해 각 학생의 학습 상태를 명확히 파악하고, 수업 시간에 개별 학생의 필요에 맞춘 지도를 제공할 수 있다. 예를 들어, 어떤 학생이 분수의 개념에서 어려움을 겪고 있다는 사실을 알게 된다면, 교사는 해당 학생을 위한 추가 학습 자료를 제공하거나, 개별 지도를 통해 보완할 수 있다. 이는 교사의 수업 효율성을 높이고, 학생들이 더 나은 학습 경험을 할 수 있도록 돕는 중요한 요소이다.

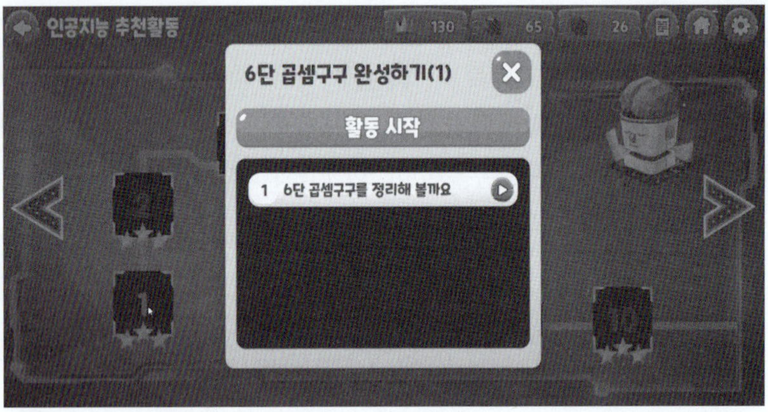

[그림 12-10] '똑똑! 수학탐험대'의 AI 추천 장면

3.2. 게임 요소를 통한 흥미 유발

'똑똑! 수학탐험대'는 학생들이 수학학습에 흥미를 느끼고 지속적으로 참여할 수 있도록 다양한 게임 요소를 도입하였다. 이러한 게임화(gamification) 요소는 학생들에게 학습의 즐거움을 제공하고, 학습 동기를 유발하는 데 중요한 역할을 한다. 예를 들어, 학생들은 탐험활동을 통해 다양한 문제를 해결하고, 그에 따른 보상을 받으며, 이를 통해 학습에 대한 성취감을 느낄 수 있다. 이러한 보상 시스템은 학생들이 수학학습을 게임처럼 재미있게 느끼도록 만들어, 학습에 대한 흥미와 참여도를 높인다.

[그림 12-11] '똑똑! 수학탐험대'의 게임화 장면

탐험활동은 지도 모양의 단계별 문제해결 과정으로 구성되어 있으며, 각 단계를 완료할 때마다 학생들은 보상을 받는다. 이 과정에서 학생들은 자신만의 학습 속도에 맞춰 문제를 해결하며, 게임을 하듯이 수학적 사고력을 키울 수 있다. 또한, 동물 카드 수집이나 마을 꾸미기와 같은 추가적인 보상 요소는 학생들이 학습에 대한 동기를 지속적으로 유지할 수 있도록 돕는다. 이러한 활동들은 학생들이 수학을 단순한 공부가 아닌 재미있는 활동으로 인식하게 만들어, 학습의 지속성을 높이는 데 기여를 한다.

더불어 '똑똑! 수학탐험대'는 학생들이 학습 동기를 높일 수 있도록 성취한 결과를 시각적으로 보여준다. 학생들은 자신이 얻은 점수나 보상을 눈으로 확인함으로써 학습에 대한 성취감을 느낄 수 있으며, 이러한 시각적 피드백은 학습 참여를 더욱 촉진한다. 또한, 경쟁 요소를 도입하여 학생들이 서로의 성취를 비교하고 더 나은 결과를 목표로 노력하도록 유도함으로써 학습 동기를 야기한다.

04 이지통계와 통그라미

2022 개정 교육과정에서는 통계적 소양을 기르기 위해 공학 도구 활용을 더욱 강조하였다. 구체적으로 자료와 가능성 영역에서 공학 도구를 언급한 부분을 살펴보면 막대그래프와 꺾은선그래프, 띠그래프와 원그래프를 그릴 때 공학 도구를 사용하게 할 수 있다고 제시되어 있다. 이처럼 학생들이 자료를 탐구하고 시각화하며 통계적 정

보를 바탕으로 문제를 해결하는 과정을 지원하는 공학 도구를 사용할 경우, 복잡한 계산이나 데이터 분석 과정을 단순화하여 학생들이 통계적 개념과 원리를 더 깊이 이해할 수 있도록 도울 수 있다. 또한, 통계 교육에 필수적인 그래프 생성과 자료 분석 과정을 자동화함으로써 학습자들이 보다 효율적으로 학습할 수 있는 환경을 제공할 수 있다.

본 절에서는 초등학교 통계 교육에 적합한 대표적인 공학 도구인 이지통계와 통그라미에 대해 살펴보았다. 이들 프로그램은 초중등 교과서에 등장하는 다양한 그래프와 자료 분석 기능을 통합적으로 제공하며, 동적 그래프와 직관적인 인터페이스를 통해 학생들이 통계적 개념을 탐구할 수 있는 환경을 제공한다.

4.1. 이지통계

초등학교 통계 교육에 적합한 대표적인 공학 도구로 이지통계와 통그라미가 있으며, 그래프와 자료 분석 기능을 통합적으로 제공하고, 동적 그래프와 직관적인 인터 페이스를 통해 학생들이 통계적 개념을 탐구할 수 있는 환경을 제공한다.

이지통계는 EBSMath에서 개발한 통계 전문 소프트웨어로, 자료 입력부터 다양한 그래프 표현까지 손쉽게 활용할 수 있다. 교육용으로 최적화된 사용자 인터페이스를 통해 학생들이 통계 학습을 재미있고 유익하게 경험하도록 돕는다. 특히 초등학교와 중학교 교과 과정에 맞추어 각각 개발되었으며, 통계의 기본 개념 학습에서부터 응용 능력을 기르는 데 적합하다. 초등학교 버전의 이지통계는 학생들이 통계 자료를 입력하고 다양한 그래프를 생성하는 과정을 통해 통계적 사고를 자연스럽게 배울 수 있도록 지원한다. 또한 스마트폰이나 태블릿에서도 사용할 수 있어 교실 환경에서 손쉽게 활용할 수 있다. 이를 통해 학생들은 통계적 개념을 이해하고, 통계 자료를 기반으로 한 의사소통 능력을 향상시킬 수 있다. 이지통계를 활용하면 학생들은 단순한 통계 계산을 넘어 통계적 사고를 바탕으로 자료를 시각화하고 분석하는 능력을 키울 수 있다.

구체적으로 이지통계를 교과서 활용한 예는 [그림 12-12]와 같다. 프로젝트형 학습으로 구성된 해당 차시는 주어진 자료를 이지통계를 활용하여 막대그래프로 나타내 보도록 제시되어 있다. 이때 이지통계의 구성에 대해 살펴보면 메인 화면에서 '교과서 표현' 아이콘이 있어 프로그램에서 사용되는 표현을 교과서 표현과 일치하여 제공한다. 이후 자료 입력에서 표를 선택하여 주어진 자료를 입력하고, 그래프에서 막대그래프를 선택한다. 이때, 그래프의 설정 기능을 활용하여 학생들이 스스로 그래프의 형태, 세로 눈금과 가로 눈금, 눈금 한 칸의 크기 등을 선택할 수 있도록 되어 있다. 이처럼 학생들이 단순히 주어진 자료를 그래프를 그리는 것에 집중하는 것이 아니라 주어진 자료를 보고 그래프를 그리기 위해 필요한 설정들을 살피고 가장 적합한 형태를 선택할 수 있도록 하였다.

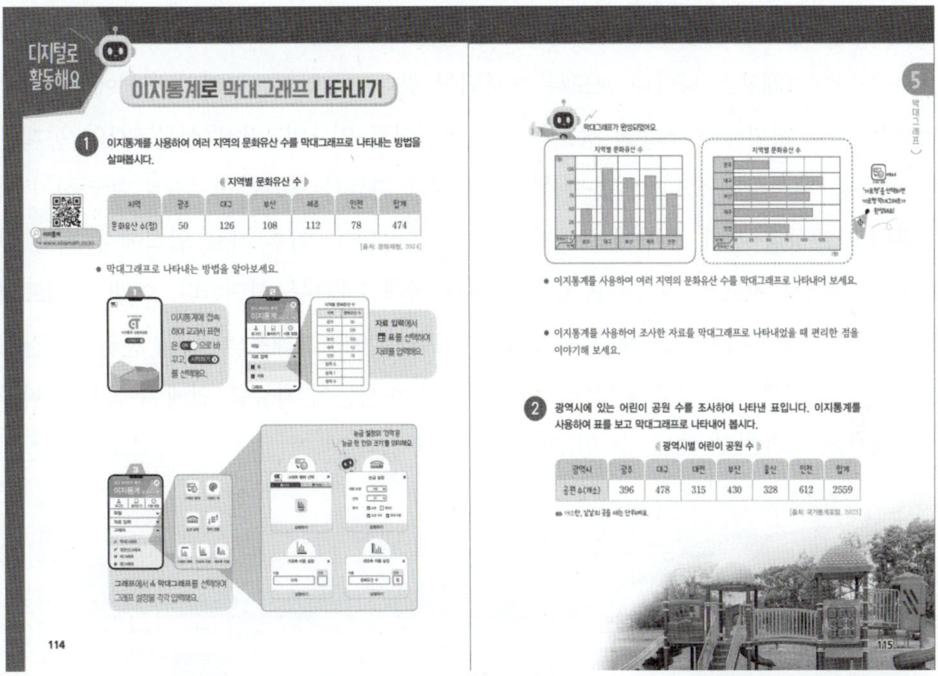

[그림 12-12] 이지통계를 활용한 교과서 활동의 예 (방정숙 외, 2025, pp. 114-115)

4.2. 통그라미

통그라미는 통계청과 교육부가 협력하여 개발한 무료 교육용 통계 프로그램으로 설문지 작성, 자료 수집, 자료 분석과 해석까지의 전 과정을 체험할 수 있도록 설계되었다. 통그라미는 초·중·고등학생들이 통계를 쉽고 친근하게 학습할 수 있도록 돕고, 수학, 사회, 경제 등 다양한 과목에서 활용 가능하다. 학생들은 통그라미를 통해 데이터를 입력하고 분석하여 결과를 도출하는 과정을 배우며, 통계적 소양과 문제해결 능력을 키울 수 있다. 이 프로그램은 직관적인 사용자 환경과 무료 제공이라는 특성을 바탕으로 학생들이 통계의 기본 개념을 실질적인 활동 속에서 탐구하고 이해할 수 있도록 지원한다. 특히, 학생 주도형 프로젝트 수업과 체험 교육에 적합하여 실생활과 연계된 통계 프로젝트를 수행할 수 있는 환경을 제공한다. 이를 통해 단순한 내용 학습을 넘어 학생들에게 창의적이고 실용적인 학습 경험을 제공하며, 통계적 소양을 기를 수 있는 기회를 제공한다.

구체적으로 통그라미를 교과서 활용한 예는 [그림 12-13]과 같다. 막대그래프 단원에 별도로 '공학 도구를 활용하여 자료를 수집하고 분석해 볼까요' 차시를 제시하였으며, 해당 차시에서 통그라미를 활용하여 설문지를 만들어 수집하고 설문 결과를 활용하여 막대그래프로 나타내 보도록 제시되어 있다. 이때 통그라미의 구성에 대해 살펴보면 메인 화면에서 초등과 중고등으로 나뉘어져 있으며, 각각 설문조사와 통계분석 메뉴를 제시하고 있다. 설문조사에서 수집한 자료를 통계분석 '자료 관리하기'에 등록하고 초등용 통계 분석에서 해당 자료를 불러온다. 이후 자료 입력에서 표를 선택하여 주어진 자료를 입력하고, 그래프에서 막대그래프를 선택한다. 이때 그래프의 설정 기능을 활용하여 학생들이 스스로 그래프의 형태, 그래프의 제목, 눈금 한 칸의 크기 등을 설정할 수 있도록 되어 있다. 이처럼 학생들이 자료를 쉽게 수집하고 이를 효과적으로 그래프로 그릴 수 있도록 제시되어 있다.

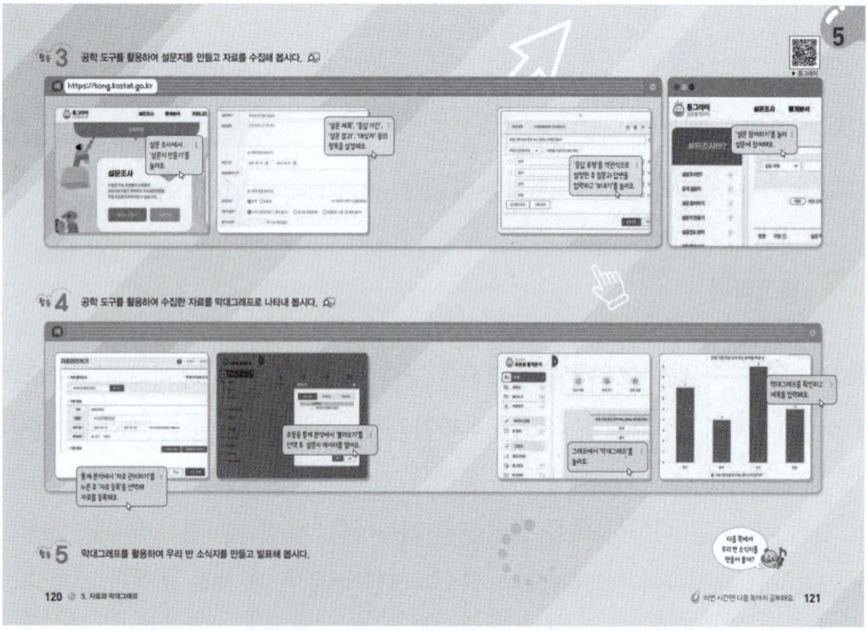

[그림 12-13] 통그라미를 활용한 교과서 활동의 예 (한대희 외, 2025, pp. 120-121)

참고문헌

교육부 (2024). **수학 2-2 지도서**. 경기: 천재교육.

교육부 (2019). **수학 5-1**. 경기: 천재교육.

구나영 (2023). 초등 예비교사들의 알지오매스 활용 과제 설계 사례 분석. **학교수학, 25**(4), 569-593.

김화경, 이현숙, 이호, 진소현, 송민호, 정인우, 조성윤, 최인용, 최정원, 최홍원, 홍은미, 홍창섭 (2020). **알지오매스(AlgeoMath) 3차년도 개발 연구보고서**. 서울: 한국과학창의재단.

방정숙, 여승현, 선우진, 김상화, 김유경, 송유경, 최병훈, 김수경, 김민정, 서은미, 김승민, 이유진, 김성희, 황지남, 곽기우, 김리나, 이하늬, 오민영, 김숙진, 이수진, 김경훈 (2025). **수학 4-1**. 경기: 비상교육.

서유진, 최인용, 김화경, 오세준, 정인우, 최여선 (2024). **알지오매스 성능향상을 위한 사전 연구 보고서**. 서울: 한국과학창의재단.

오영열, 박주경 (2021). 측정 오차를 활용한 삼각형의 내각의 합 지도 방안 사례 연구. **수학교육논문집, 35**(4), 425-444.

이경화, 여승현, 탁병주, 최종현, 손태권, 옥지현 (2024). 초등교사들의 AI 활용 수학수업 지원시스템 사용 의도에 영향을 미치는 요인 연구: 〈똑똑! 수학탐험대〉 사례를 중심으로. **수학교육, 63**(2), 335-350.

이화영, 장경윤 (2015). 인지적 도구로서의 사칙계산기 활용. **학교수학, 17**(2), 157-178.

임영빈, 안서헌, 김경미, 김중훈, 홍옥수 (2021). AI를 활용한 수업 지원시스템의 효과성 분석: 〈똑똑 수학탐험대〉 사례를 중심으로. **한국초등교육, 32**(4), 61-73.

임해미, 신동조, 박진형, 조진우, 이지연, 한현구, 신보미 (2024). 2022 개정 수학과 교육과정에 따른 공학 도구 활용 자료 개발 연구. **한국학교수학회논문집, 27**(1), 43-69.

장혜원, 강태석, 임미인, 김민회, 김선, 김예림, 남경민, 남지현, 박성광, 박혜민, 유철민, 이예진, 임다원, 최혜령 (2025). **수학 4-2**. 경기: 미래엔.

최미라, 이예진, 최은미, 최인용 (2024). AlgeoMath를 활용한 초등 도형 과제의 도구화 스킴 분석. **학교수학, 26**(2), 181-207.

한대희, 고은성, 한상희, 이희석, 김민정, 신희영, 이자미, 방한샘, 김성숙, 문석현, 강정수, 강혜영, 김가영, 김나라, 박이서로, 방선경, 서현진, 송동현, 양종현, 여혜진, 이경윤, 이선미, 임훈택, 황은지, 김태범, 김은영 (2025). **수학 4-1**. 경기: 천재교육.

Mishra, P., & Koehler, M. J. (2006). Technological pedagogical content knowledge: A framework for teacher knowledge. *Teachers College Record, 108*(6), 1017-1054.

Puentedura, R. (2010). *SAMR and TPCK: Intro to advanced practice.* Retrieved from http://hippasus.com/resources/sweden2010/SAMR_TPCK_IntroToAdvancedPractice.pdf.

제13장

수학기초학력 교육

대한민국 헌법 제31조①항 모든 국민은 능력에 따라 균등하게 교육을 받을 권리가 있다.

대한민국 헌법(헌법 제10호, 1987. 10. 29. 전부 개정) 제31조① 항에는 모든 국민은 능력에 따라 균등하게 교육을 받을 권리가 있다고 하였다. 그러나 학교에서의 정규 교육과정에서 이루어지는 수업에서는 많은 학생들이 자신의 능력에 맞는 교육이 아닌 보편적 교육으로 인해 교과 내용을 따라가는 데 어려움이 발생하고 있다.

기초학력에 대한 이슈는 과거에도 많은 관심을 갖는 분야이었지만 코로나-19 이후에 더욱 큰 관심을 불러일으키고 있다. 코로나-19 이전에도 기초학력에 도달하지 못한 학생들이 없는 것은 아니지만 그 수가 코로나-19 이후에 크게 증가하였다(교육부, 2022). 학생들 사이의 교육격차가 심화되는 문제로 학교 현장에서는 기초학력 부진 학생들을 해결해야 하는 과제가 매우 중요한 문제로 부각되고 있다.

이 장에서는 수학기초학력에 대한 이해를 높이기 위해 먼저 기초학력 보장법 및 기초학력 보장법 시행령을 통해 기초학력에 대한 개념을 살펴보고, 교육부에서 발표한 제1차 기초학력 보장 종합계획(2023~2027)과 시 · 도교육청의 기초학력 보장 시행계획을 통해 기초학력에 대한 방향성을 살펴본다. 둘째, 학생들의 기초학력 보장을 위한 수리력의 개념 및 최소한의 성취기준과 그에 의해 개발된 수리력 진단도구를 살펴본다. 셋째, 국가 및 시 · 도교육청에서 수학기초학력 지원을 위해 운영하고 있는 플랫폼에 대해 살펴보고, 마지막으로 수학기초학력 지도가 학교 현장에서 어떻게 이루어지고 있는지 살펴본다.

01 기초학력

수학교육에서의 기초학력은 수학 교과에서 단독적으로 운영되는 것이 아니라 기초학력이라는 큰 틀에서 국어 등의 다른 교과와 함께 이루어진다. 수학기초학력을 이해하기 위해서는 먼저 기초학력에 대한 이해와 국가 및 시 · 도교육청에서 기초학력과 관련된 정책 방향을 먼저 이해할 필요가 있다. 기초학력에 대한 이해를 높이기 위해 기초학력과 관련된 법령 및 국가 및 시 · 도교육청에서 수립한 기초학력 보장 종합(시행)계획에 대해 살펴본다.

1.1. 기초학력 보장법 및 동법 시행령

초 · 중등교육법(법률 제19740호, 2023. 10. 24.) 제28조에서는 학업에 어려움을 겪는 학생에 대해 국가와 지방자치단체는 이러한 학생들을 위한 교육상 필요한 시책을 마련해야 한다고 하고 있다. 이에 국가에서는 기초학력 보장법과 동법 시행령을 제정하여 2022년 3월 25일부터 시행하도록 하였다.

1.1.1 기초학력 보장법(법률 제18458호, 2021. 9. 24.) 주요 내용

기초학력이란 학교 교육과정을 통하여 갖추어야 하는 최소한의 성취기준을 충족하는 학력이다.

기초학력 보장법에는 법률 제정의 목적, 법에서 사용하는 주요 용어의 정의, 국가와 지방자치단체의 책무, 기초학력 보장 종합계획 수립 의무, 기초학력 진단검사와 학교의 역할 등을 제시하고 있다. 기초학력 보장법의 주요 내용은 다음과 같다.

제1조 (목적) 이 법은 학습지원대상학생에게 필요한 지원을 함으로써 모든 학생의 기초학력을 보장하여 능력에 따라 교육을 받을 수 있도록 그 기반을 조성하는 것을 목적으로 한다.

제2조 (정의) 이 법에서 사용하는 용어의 뜻은 다음과 같다.

1. "기초학력"이란 「초 · 중등교육법」 제2조에 따른 학교(이하 "학교"라 한다)의 학생이 대통령령으로 정하는 바에 따라 학교 교육과정을 통하여 갖추어야 하는 최소한의 성취기준을 충족하는 학력을 말한다.
2. "학습지원대상학생"이란 학교의 장이 기초학력을 갖추지 못하였다고 판단하여 제8조제1항에 따라 선정한 학생을 말한다. 다만, 「장애인 등에 대한 특수교육법」 제15조에 따라 학습장애를 지닌 특수교육대상자로 선정된 학생은 제외한다.
3. "학습지원교육"이란 학습지원대상학생에게 개인의 상황과 특성에 맞는 내용과 방법으로 실시하는 맞춤형 교육을 말한다.

제7조 (기초학력진단검사) ① 학교의 장은 학습지원대상학생을 조기에 발견하고 효과적으로 지원하기 위하여 학생별 기초학력 수준 도달 여부를 진단하는 검사(이하 "기초학력진단검사"라 한다)를 실시할 수 있고, 그 결과를 학생의 보호자에게 통지할 수 있다.

제8조 (학습지원대상학생의 선정 및 학습지원교육) ① 학교의 장은 기초학력진단검사 결과와 학급담임교사 및 해당 교과교사의 추천, 학부모 등 보호자에 대한 상담결과

등에 따라 학습지원교육이 필요하다고 판단되는 학생을 학습지원대상학생으로 선정할 수 있다.

② 학교의 장은 학습지원대상학생의 학력 수준과 기초학력 미달 원인 등을 고려하여 학습지원교육을 실시하여야 한다.

③ 학교의 장은 필요한 경우 보호자에 대한 교육·상담을 실시하거나 학교 외부의 전문기관과 연계하여 학습지원교육을 실시할 수 있다.

④ 학교의 장은 학습지원교육의 효율적인 수행을 위하여 제9조에 따른 학습지원 담당교원, 「학교보건법」 제15조에 따른 보건교사, 「초·중등교육법」 제19조의2에 따른 전문상담교사 등이 함께 학습지원교육을 실시하도록 할 수 있다.

⑤ 학교의 장은 학생들의 기초학력 보장을 위하여 특별한 학습지원이 필요한 교과의 수업에 보조인력을 배치할 수 있다.

제9조 (학습지원 담당교원) ① 학교의 장은 효율적인 학습지원교육의 수행을 위하여 「초·중등교육법」 제19조에 따른 교원 중에서 학습지원교육을 담당하는 교원(이하 "학습지원 담당교원"이라 한다)을 지정할 수 있다.

② 교육부장관 및 교육감은 학습지원 담당교원에게 전문성 함양을 위한 연수를 제공하여야 한다.

최소한의 성취기준은 국어, 수학 등 교과의 내용을 이해하고 활용하는 데 필요한 읽기·쓰기·셈하기를 포함하는 기초적인 지식, 기능 등으로 한다.

1.1.2. 기초학력 보장법 시행령(대통령령 제32554호, 2022. 3. 25.) 주요 내용

기초학력 보장법 시행령에는 기초학력 보장법에서 위임된 사항과 그 시행에 필요한 사항을 구체적으로 제시하고 있다. 기초학력 보장법 시행령의 주요 내용은 다음과 같다.

제1조 (목적) 이 영은 「기초학력 보장법」에서 위임된 사항과 그 시행에 필요한 사항을 규정함을 목적으로 한다.

제2조 (최소한의 성취기준 등) ① 「기초학력 보장법」(이하 "법"이라 한다) 제2조제1호에 따른 "최소한의 성취기준"은 「초·중등교육법 시행령」 제43조제1항에 따른 국어, 수학 등 교과의 내용을 이해하고 활용하는 데 필요한 읽기·쓰기·셈하기를 포함하는 기초적인 지식, 기능 등으로 한다.

② 교육부장관은 제1항의 최소한의 성취기준에 관한 구체적인 사항을 정하고, 이를 법 제5조제1항에 따른 기초학력 보장 종합계획에 포함해야 한다.

③ 특별시·광역시·특별자치시·도·특별자치도(이하 "시·도"라 한다)의 교육감(이하 "교육감"이라 한다)은 제2항에 따라 교육부장관이 정하는 범위에서 지역 실정에 맞는 최소한의 성취기준의 세부 내용을 정할 수 있다

제6조 (기초학력진단검사의 실시 방법 등) ① 법 제7조제1항에 따른 기초학력진단검사(이하 "기초학력진단검사"라 한다)는 지필평가, 관찰, 면담 등의 방법으로 실시한다.

② 학교의 장은 기초학력진단검사를 실시할 때에는 미리 학생과 학생의 보호자에게 검사 과목·방법 및 일정 등을 알려야 한다.

③ 교육부장관 및 교육감은 기초학력진단검사의 효율적인 운영을 지원하기 위하여 컴퓨터 등 전자통신매체를 통하여 기초학력진단검사의 평가문항 및 그 결과 등을 제공하는 시스템을 구축·운영할 수 있다.

제7조 (학습지원대상학생의 선정 등) ① 법 제8조제1항에 따른 학습지원대상학생(이하 "학습지원대상학생"이라 한다)의 선정은 매 학년도의 시작일부터 2개월 이내에 완료해야 한다. 다만, 입학·편입학·전학 등의 사유로 새로 학생에게 학습지원교육이 필요하다고 학교의 장이 인정하는 경우에는 2개월이 지난 후에도 학습지원대상학생을 추가로 선정할 수 있다.

③ 학교의 장은 법 제8조제3항에 따라 학습지원대상학생의 학부모 등 보호자에 대한 교육이나 상담을 실시할 때에는 미리 학생의 학부모 등 보호자에게 그 교육 또는 상담에 성실히 협조할 것을 요청할 수 있다.

④ 학교의 장은 제1항에 따라 선정된 학습지원대상학생 중에서 학교에서 제공하기 어려운 학습 지도 및 심리 상담 등 학습지원교육에 대한 추가적인 지원이 필요하다고 인정되는 학생에 대하여 교육감에게 행정적·재정적 지원을 요청할 수 있다.

⑤ 학교의 장은 법 제8조제5항에 따라 특별한 학습지원이 필요한 교과의 수업에 보조인력을 배치할 때에는 소속 교원의 현황, 업무 조정 범위 등을 고려하여 보조인력 수급에 관한 계획을 수립해야 한다.

제8조 (학습지원 담당교원의 업무 등) ① 법 제9조제1항에 따른 학습지원 담당교원(이하 "학습지원담당교원"이라 한다)은 다음 각 호의 업무를 수행한다.

1. 학습지원교육 운영계획의 수립 및 관리
2. 학습지원대상학생에 대한 교육 및 상담
3. 그 밖에 학습지원교육의 수행에 필요한 업무

③ 학습지원담당교원은 학습지원담당교원으로 지정된 날부터 1년 이내에 법 제9조제2항에 따라 교육부장관 또는 교육감이 제공하는 직무연수를 이수해야 한다.

1.2. 기초학력 보장 종합(시행)계획

기초학력 보장법 제5조제1항에서 교육부 장관은 관계 중앙행정기관의 장 및 특별시·광역시·특별자치시·도·특별자치도의 교육감과 협의하여 5년마다 기초학력 보장 종합계획을 수립해야 하고 제2항에서 교육감은 종합계획의 내용과 해당 지역의 여건을 고려하여 매년 시·도 기초학력 보장 시행계획을 수립·시행하여야 한다고 하였다. 이에 교육부에서는 지난 2022년 10월 제1차 기초학력 보장 종합계획을 수립하여 발표하였고, 이를 반영하여 각 시·도교육청에서는 기초학력 보장 시행계획을 수립하여 시행하고 있다.

1.2.1. 제1차 기초학력 보장 종합계획(2023~2027)

교육부에서 수립한 제1차 기초학력 보장 종합계획을 수립한 배경은 다음과 같다.

첫째, 개인의 삶과 사회 발전을 위해 기초학력의 중요성이 부각되고 있다. 기초학력은 개인이 존엄을 지키며 사회적 삶을 유지할 수 있는 필수적 전제 조건이며 근래에는 인권으로서의 의미가 부각되고 있다. 이를 위해 모든 학생이 기초학력을 갖출 수 있도록 지역 간 격차 해소, 지원 사각지대 해소 등 국가 및 시도교육청 등의 책무성 확보가 필요한 상황이다.

둘째, 기초학력 미달 학생 수가 지속적으로 증가하고 있다. 국가 차원의 지속적인 노력에도 불구하고 기초학력 미달 학생은 계속 증가하는 추이를 보여 국민적 우려가 증가하고 있다. 기초학력 미달 학생에 대한 판단은 매년 중학교 3학년, 고등학교 2학년 학생의 3%를 표집하여 국어, 수학, 영어를 시행하여 4(우수)~1(기초학력 미달) 수준으로 진단하는데 2017년과 2021년 국가수준 학업성취도 수학평가 1수준(기초학력 미달) 비율 추이는 [그림 13-1]과 같다.

셋째, 코로나-19로 인한 기초학력 저하 및 학습 결손이 심각한 상황이다. 감염병 예방을 위한 등교 제한은 수업 참여도, 학업 및 학교 만족도 등에 부정적 영향을 주었으며, 학생 간 학습 수준 차이의 심화를 가져왔으며 비대면 수업 상황과 제한된 학습 활동의 여파가 학습 결손으로 이어졌으며, 단기간에 회복하는 데는 한계가 있는 상황이다. 또한 학생들이 코로나-19 이전보다 높은 우울 및 불안감을 보여 심리·정서적 안정을 위한 지속 지원이 필요하다.

마지막으로, 국가·지역·학교로 이어지는 기초학력 보장 체계 마련이 필요하다. 학생들에게 실질적으로 도움이 되는 정책 추진을 위해 국가 단위 종합계획, 지역단위 시행계획, 학교단위 운영계획 간 연계성 확보가 필요하다.

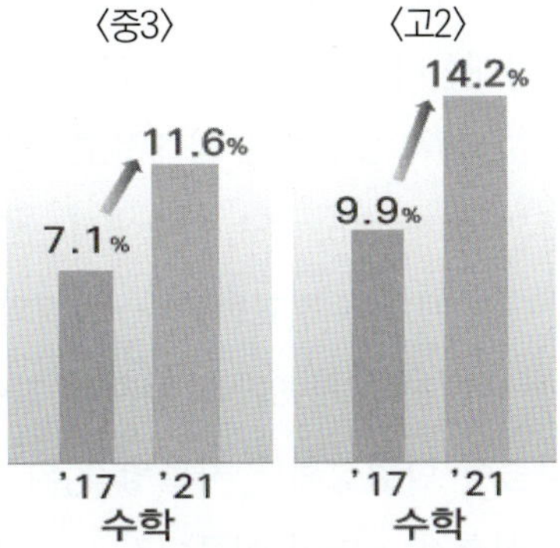

[그림 13-1] 국가수준 수학성취도 평가 1수준 비율 추이

제1차 기초학력 보장 종합계획에서는 모든 학생의 기초학력을 보장하는 국가 교육책임제 실현을 정책비전으로 제시하고 있다.

이러한 배경에 따라 교육부에서는 국가-교육청-학교가 함께 모든 학생의 기초학력을 보장하기 위한 제1차 기초학력 보장 종합계획을 발표하였다. 기초학력 보장 종합계획의 추진 목표 및 방안은 [그림 13-2]와 같다.

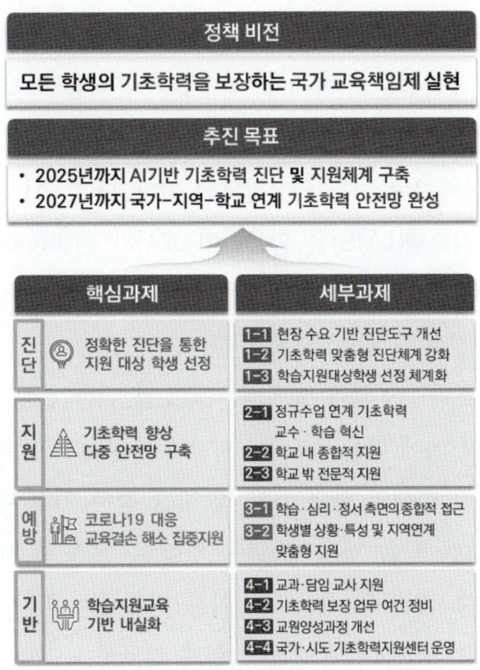

[그림 13-2] 제1차 기초학력 보장 종합계획 추진 목표 및 방안

진단, 지원, 예방, 기반의 핵심과제에 대한 세부과제 중 수학기초학력과 관련된 내용을 정리하여 살펴본다.

- **진단** 정확한 진단을 통한 지원 대상 학생 선정을 위해서는 첫째, 기초학력 진단 도구의 진단 대상자를 확대한다. '기초학력 진단-보정 시스템'을 통한 기초학력 진단 대상은 현재 초1~고1에서 고2까지 확대하고, 컴퓨터 기반 「맞춤형 학업성취도 자율평가」의 대상은 현재 초6, 중3, 고2에서 초3~고2까지 확대한다. 둘째, 수요자 편의성 제고 및 진단체계를 정교화한다. 가정과 학교에서 국가기초학력지원센터를 활용하여 언제 어디서나 기초학력 수준을 진단하고 부족한 부분을 보정할 수 있도록 하며 「맞춤형 학업성취도 자율평가」와 기초학력 진단검사를 연계하여 현장에서 다중적 · 심층적 진단이 이루어질 수 있도록 지원한다. 셋째, 2022 개정 교육과정을 반영한 기초학력 도달 기준을 마련한다. 2022 개정 교육과정 내 읽기 · 쓰기 · 셈하기 및 관련 교과를 중심으로 「최소한의 성취기준」을 개발하고 이에 따라 평가 기준을 설정하고 이에 기반한 진단문항을 개발하여 진단 및 교수 · 학습 자료 통합 제공을 위한 국가 포털 학생 맞춤형 진단 시스템을 구축한다.
- **지원** 기초학력 향상 다중 안전망을 구축하기 위해서는 정규 수업 연계 기초학력 교수 · 학습을 혁신한다. 발달 수준에 따른 기초 수리력 함양을 위해 복잡한 수학적 표현 및 반복적 계산 활동 제한 등 학습 수준과 범위를 재구조화한다. 예를 들어 초1~2학년군 수학에서 '여덟', '마흔아홉', '첫째' 등과 같은 수학적 표현은 한글로 쓰게 하는 것을 지양하면서 친근한 실생활 상황에서의 문제해결을 통해 사칙 연산의 유용성을 인식하도록 한다. 또한 AI 기반 프로그램, 디지털교과서, 학습관리시스템(LMS)를 활용하여 교사가 기초학력이 부족한 학생에게 사전 기초학습 자료를 제공하여 학생이 사전에 학습해 오게 하여 수업 이해도를 제고하고 학습 결손을 예방하도록 한다.
- **예방** 코로나-19 대응 교육결손 해소를 위한 집중 지원을 위해서는 교사가 방과후(방학 포함)에 학생의 수준 · 희망에 따른 1:1 또는 소규모 맞춤형 교과 학습 보충 지도 및 학생의 학습 동기 및 학습 참여 기제 형성을 위한 심리 · 정서 · 사회성 프로그램 등을 자율적으로 운영할 수 있도록 지원한다.
- **기반** 학습지원교육 기반 내실화를 위해서는 국가 수준에서 기초학력 지도 · 지원 전문성 강화를 위해 현장 경험과 전문성을 고려한 연수를 개발하여 운영하고, 2022 개정 교육과정에 따른 '최소한의 성취기준'을 개발하여 국가 수준의 기초학

력 진단도구 및 교수·학습 자료를 개발하여 보급한다.

1.2.2. 시·도교육청 기초학력 보장 시행계획

기초학력 보장법 제5조제2항에 따라 교육감은 종합계획의 내용과 해당 지역의 여건을 고려하여 매년 시·도 기초학력 보장 시행계획을 수립·시행하여야 한다. 이에 각 시·도교육청에서는 기초학력 보장법 및 동법 시행령, 초·중등교육법 제28조 및 동법 시행령 제54조, 교육부 제1차 기초학력 보장 종합계획 및 각 시·도교육청별 주요 업무 계획에 근거하여 매년 시·도교육청별 기초학력 보장 시행계획을 수립하여 학교 현장에 제공한다. [그림 13-3]은 서울과 부산교육청에서 2024년도에 수립한 기초학력 보장 시행계획의 추진방향 및 과제이다.

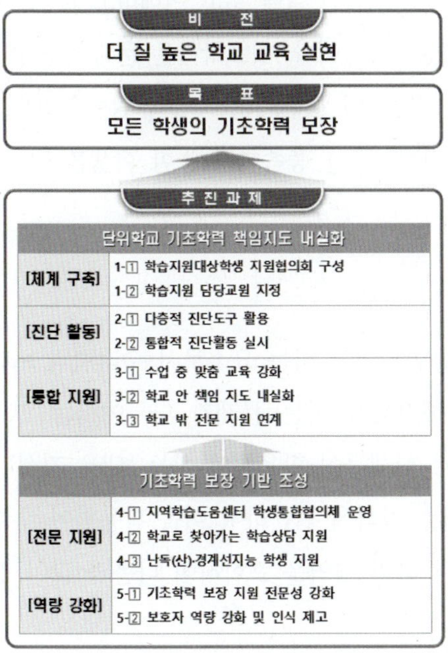

2024 서울 기초학력 보장 시행계획

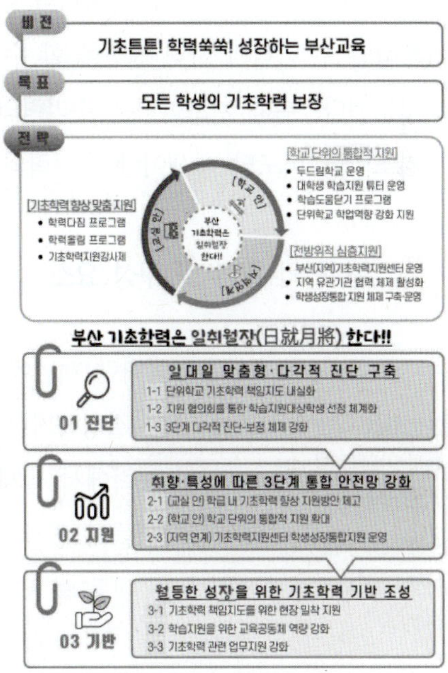

2024 부산 기초학력 보장 시행계획

[그림 13-3] 시·도교육청별 기초학력 보장 시행계획 예시

각 시·도교육청에서 수립한 기초학력 보장 시행계획은 각 단위학교에서 학습지원 대상학생의 책임지도를 통해 기초학력 보장이 실현되고 학습 부진과 관련된 다양한 요인에 따라 다각적 지원으로 학습격차 해소 및 책임교육을 실현함으로써 교원의 전문성 신장 및 역량을 강화할 수 있도록 하고 있다.

토의문제 1

국가 및 시 · 도교육청이 법령 및 종합(시행)계획을 통해 기초학력을 보장하려고 하는 이유에 대해 이야기해 보시오.

02 기초학력 보장을 위한 수리력

기초학력 보장법에 따르면 "기초학력"이란 학생이 학교 교육과정을 통하여 갖추어야 하는 최소한의 성취기준을 충족하는 학력을 말한다. 전통적으로 기초학력을 구성하는 요소는 3R's로 읽기, 쓰기, 셈하기와 같이 기초적인 글을 읽고 이해하고 쓸 수 있으며 기본적인 수 감각과 사칙 연산을 할 수 있는 능력이다. 기초학력은 문해력과 수리력으로 구분된다. 수학 기초학력은 수리력의 최소한의 성취기준을 충족하는 학력으로서 수학 기초학력 미도달 학생이란 수리력의 성취기준을 충족하지 못한 학생을 말한다.

2.1 수리력의 개념 및 구성 요소

수리력이란 일상생활과 학습 상황 등에서 수학적 과제를 해결하기 위하여, 수학적 정보 및 아이디어를 이해하고 이를 활용하여 계산, 문제 해결, 의사소통하는 능력이다.

수리력이란 개념에 포함되어야 하는 요소로서 수리력의 토대가 되어 의사결정하거나 해결해야 하는 문제가 다루어지는 '맥락', 다양한 맥락에서 실제로 학생들이 활용해야 하는 '내용 지식', 그리고 학생들이 해당 내용 지식에 접근하여 이를 활용하여 수행해야 하는 '행동'의 3가지 하위 영역을 포함하여 다음과 같이 정의한다.

- 수리력의 개념(안): 일상생활과 학습 상황 등에서 수학적 과제를 해결하기 위하여, 수학적 정보 및 아이디어를 이해하고 이를 활용하여 계산, 문제해결, 의사소통하는 능력
  - 맥락: 일상생활과 학습 상황
  - 내용: 수학적 정보 및 아이디어
  - 행동: 이해, 계산, 문제해결, 의사소통

수리력의 개념을 보다 구체화하기 위한 구성 요소는 아래 〈표 13-1〉과 같다.

〈표 13-1〉 수리력의 구성 요소(박선화 외 (2020))

영역	하위 영역	세부 요소(예시)
맥락	일상생활	
	학습 상황	
내용 (수학적 정보 및 아이디어)	수와 연산	• 자연수(읽고 쓰기, 자릿값, 크기 비교), 자연수의 계산 • 분수와 소수(읽고 쓰기, 크기 비교), 분수와 소수의 계산 • 약수와 배수, 소인수분해 • 정수와 유리수, 양수와 음수, 유리수의 계산 • 제곱근과 실수, 근호가 포함된 수의 계산
	도형과 측정	• 양(길이, 들이, 무게, 넓이, 시간, 각도)의 비교와 측정(단위) • 시각과 시간 • 평면도형의 모양, 평면도형의 구성 요소, 입체도형의 모양 • 평면도형의 둘레와 넓이, 입체도형의 부피와 겉넓이, 겨냥도와 전개도 • 어림하기(올림, 버림, 반올림) • 도형의 합동, 선대칭과 점대칭 • 평행선의 성질(동위각, 엇각), 평면도형(삼각형, 사각형, 원)의 성질 • 피타고라스 정리
	변화와 관계	• 규칙(패턴, 대응 관계) 설명하기, 규칙(대응 관계)을 수와 기호(□, △, 문자 등)를 사용하여 식으로 나타내기 • 다항식, 다항식의 계산(인수분해, 곱셈정리) • 일차함수, 이차함수 • 비와 비율, 백분율(퍼센트, %), 비례식 • 방정식(일차, 이차)과 부등식(일차)
	자료와 가능성	• 자료의 종류(숫자형 자료, 분류형 자료) • 표와 그래프(O, X, /를 이용한 그래프, 막대그래프, 꺾은선 그래프, 띠그래프, 원그래프) • 대푯값과 산포도(평균, 중앙값, 최빈값, 점도표), 상관관계 • 경우의 수와 확률
행동 (기능 및 수행)	이해	• 감각, 식별, 개념이해
	계산	• 어림 및 추측, 연산, 알고리즘 적용
	문제해결	• 전략 수립 및 실행, 점검 및 반성, 추론, 정당화
	의사소통	• 정보처리, 표현(설명하기, 용어 및 기호 사용), 변환, 해석

2.2 기초학력 보장을 위한 수리력의 수준별 성취기준

기초학력 보장법에서 기초학력이란 학교 교육과정을 통하여 최소한의 성취기준을 충족하는 학력으로 제시하면서 동법 시행령에서는 최소한의 성취기준의 세부 내용을 정하도록 하고 있다. 한국교육과정평가원(박선화 외 2023)에서는 2022 개정 교육과정에 따른 교과(국어, 수학, 사회, 과학, 영어)별 최소한의 성취기준을 개발하기 위한 성취기준의 개발 방향을 다음과 같이 설정하였다.

① 초·중등학교 학생이 일상생활을 영위하고 학교 교육과 평생 학습을 지속할 수 있게 하기 위해 학습의 기초로서 필수적으로 갖추어야 할 기초적인 지식, 기능 등으로 구성한다.

② 학습지원대상 학생(기초학력 미달 학생)을 선별하는 기준으로 활용하기에 적합한 내용으로 개발한다(단, 학습장애를 지닌 특수교육 대상자 선정된 학생 제외(기초학력 보장법 제2조제2항)).

③ 2022 개정 교육과정의 성취기준 중에서 핵심적이고 전이력이 높은 지식, 기능 등을 선정하거나 기초학력 수준에 적합하도록 재구성한다.

④ 학년(군)간 위계성, 연계성을 고려하여 상위 학년(군)의 교육 이수를 위해 필수적으로 갖추어야 할 해당 학년(군)의 학습 내용으로 개발한다.

⑤ 2022 개정 교육과정에 따른 학년군 단위로 개발하되, 교과 특성을 고려하여 학년별로 개발할 수 있다.

⑥ 2022 개정 교육과정에 따른 성취기준, 성취수준, 최소 성취수준(고교학점제)과 연계하여 개발한다.

이를 바탕으로 2022 개정 교육과정에 따른 초1~2학년군 수학 교과의 최소한의 성취기준 최종안을 개발하였다. 개발내용은 다음과 같다.

〈표 13-2〉 초1~2학년군 수학 교과의 최소한의 성취기준

영역	내용 요소	2022 개정 교육과정 성취기준	최소한의 성취기준 최종(안)
수와 연산	네 자리 이하의 수	[2수01-01] 수의 필요성을 인식하면서 0과 100까지의 수 개념을 이해하고, 수를 세고 읽고 쓸 수 있다. [2수01-02] 일, 십, 백, 천의 자릿값과 위치적 기수법을 이해하고, 네 자리 이하의 수를 읽고	• 100까지의 수를 셀 수 있다. • 네 자리 이하의 수를 읽고 쓸 수 있다. • 네 자리 이하의 범위에서 두 수의 크기를 비교할 수 있다.

영역	내용 요소	2022 개정 교육과정 성취기준	최소한의 성취기준 최종(안)
		쓸 수 있다. [2수01-03] 네 자리 이하의 수의 범위에서 수의 계열을 이해하고, 수의 크기를 비교할 수 있다. [2수01-04] 하나의 수를 두 수로 분해하고 두 수를 하나의 수로 합성하는 활동을 통하여 수 감각을 기른다.	
	두 자리 수 범위의 덧셈과 뺄셈	[2수01-05] 덧셈과 뺄셈이 이루어지는 실생활 상황과 연결하여 덧셈과 뺄셈의 의미를 이해한다. [2수01-06] 두 자리 수의 범위에서 덧셈과 뺄셈의 계산 원리를 이해하고 그 계산을 할 수 있다. [2수01-07] 덧셈과 뺄셈의 관계를 이해한다. [2수01-08] 두 자리 수의 범위에서 세 수의 덧셈과 뺄셈을 할 수 있다. [2수01-09] □가 사용된 덧셈식과 뺄셈식을 만들고, □의 값을 구할 수 있다.	• 두 자리 수의 범위에서 덧셈을 할 수 있다. • 두 자리 수의 범위에서 뺄셈을 할 수 있다.
	한 자리 수의 곱셈	[2수01-10] 곱셈이 이루어지는 실생활 상황과 연결하여 곱셈의 의미를 이해한다. [2수01-11] 곱셈구구를 이해하고, 한 자리 수의 곱셈을 할 수 있다.	• 한 자리 수의 곱셈을 할 수 있다.
변화와 관계	규칙 찾기	[2수02-01] 물체, 무늬, 수 등의 배열에서 규칙을 찾아 여러 가지 방법으로 표현할 수 있다. [2수02-02] 자신이 정한 규칙에 따라 물체, 무늬, 수 등을 배열할 수 있다.	• 간단한 규칙에 따라 배열된 물체, 무늬, 수 등을 이어서 배열할 수 있다.
도형과 측정	입체도형의 모양	[2수03-01] 교실 및 생활 주변에서 여러 가지 물건을 관찰하여 직육면체, 원기둥, 구의 모양을 찾고, 이를 이용하여 여러 가지 모양을 만들 수 있다. [2수03-02] 쌓기나무를 이용하여 여러 가지 입체도형의 모양을 만들고, 그 모양에 대해 위치나 방향을 이용하여 말할 수 있다.	• 주어진 입체 모양에서 직육면체, 원기둥, 구의 모양을 찾을 수 있다.
	평면도형과 그 구성 요소	[2수03-03] 교실 및 생활 주변에서 여러 가지 물건을 관찰하여 삼각형, 사각형, 원의 모양을 찾고, 이를 이용하여 여러 가지 모양을 만들 수 있다. [2수03-04] 삼각형, 사각형, 원을 직관적으로 이해하고, 그 모양을 그릴 수 있다. [2수03-05] 삼각형, 사각형에서 각각의 공통점을 찾아 말할 수 있다.	• 주어진 도형에서 삼각형, 사각형, 원을 찾을 수 있다. • 삼각형, 사각형에서 꼭짓점과 변을 찾을 수 있다.
	양의 비교	[2수03-06] 구체물의 길이, 들이, 무게, 넓이를 비교하여 각각 '길다, 짧다', '많다, 적다', '무겁다,	• 두 구체물의 길이, 들이, 무게, 넓이의 크기를 비교할 수

영역	내용 요소	2022 개정 교육과정 성취기준	최소한의 성취기준 최종(안)
		가볍다', '넓다, 좁다' 등을 구별하여 말할 수 있다.	있다.
	시각과 시간	[2수03-07] 시계를 보고 시각을 '몇 시 몇 분'까지 읽을 수 있다. [2수03-08] 1시간과 1분의 관계를 이해하고, 시간을 '시간', '분'으로 표현할 수 있다. [2수03-09] 실생활 문제 상황과 연결하여 1분, 1시간, 1일, 1주일, 1개월, 1년 사이의 관계를 이해한다.	• 시계를 보고 시각을 '몇 시 몇 분'으로 읽을 수 있고, 1시간이 60분임을 안다.
	길이	[2수03-10] 길이 단위 1cm와 1m를 알고, 이를 이용하여 수변 사물의 길이를 측정할 수 있다. [2수03-11] 1m와 1cm의 관계를 이해하고, 길이를 '몇 m 몇 cm'와 '몇 cm'로 표현할 수 있다. [2수03-12] 여러 가지 물건의 길이를 어림하고, 길이에 대한 양감을 기른다. [2수03-13] 실생활 문제 상황과 연결하여 길이의 덧셈과 뺄셈을 할 수 있다.	• 1cm와 1m 단위를 이용하여 사물의 길이를 측정할 수 있고, 1m가 100cm임을 안다.
자료와 가능성	자료의 정리	[2수04-01] 여러 가지 사물을 정해진 기준 또는 자신이 정한 기준으로 분류하여 개수를 세어 보고, 기준에 따른 결과를 말할 수 있다. [2수04-02] 자료를 분류하여 표로 나타내고, 자료를 표로 나타내면 편리한 점을 말할 수 있다. [2수04-03] 자료를 분류하여 ○, ×, / 등을 이용한 그래프로 나타내고, 자료를 그래프로 나타내면 편리한 점을 말할 수 있다.	• 사물을 정해진 기준에 따라 분류하여 개수를 셀 수 있다. • 자료를 정해진 기준에 따라 분류하여 표로 나타낼 수 있다. • 분류된 자료를 ○, ×, / 등을 이용하여 그래프로 나타낼 수 있다.

이것은 초등학교 수학과뿐만 아니라 모든 교과 학습을 수행하기 위해 필수적으로 갖추어야 하는 수학과의 기초적인 지식, 기능으로서 초등학교 3학년(또는 2학년말) 학생 중에서 기초학력이 부족하여 학습지원이 필요한 학습지원대상학생을 선별하는 기준으로 초등학교 3학년 학교 교육과 평생 학습을 지속하기 위해 학습의 기초로서 갖추어야 할 기초소양의 일부이며 초등학교 1~2학년 수업에서 기초학력 미달 학생이 발생하지 않도록 사전 예방 지도를 할 때 참고할 수 있는 기준이 된다.

2.3. 기초학력 보장을 위한 수리력 진단도구

한국교육과정평가원에서는 2022 개정 교육과정에 따른 초등학교 1~2학년군 수리력 성취기준을 기반으로 한 수리력 진단도구를 개발할 예정인데 아직 개발되지는 않았다. 여기서는 2015 개정 교육과정에 따른 초등학교 수리력의 수준별 성취기준에 따라 개발된 수리력 진단도구에 대해 설명한다.

수리력 진단도구는 기초학력 보장을 위한 수리력의 기초학력 도달 여부를 진단하는 것을 목적으로 이를 바탕으로 보정 프로그램을 운영하여 기초학력 부진 학생이 필요한 지원을 받을 수 있는 체계 마련을 통해 특정 시기별 기초학력을 보장하는 것을 궁극적인 목적으로 개발되었다. 평가 대상은 학년군을 고려하여 4개의 수준으로 구분하여 1수준은 초등학교 1~2학년군, 2수준은 초등학교 3~4학년군, 3수준은 초등학교 5~6학년군, 4수준은 중학교 1~3학년군으로 구분하며 평가는 학교나 개별 학급에서 자율적으로 시행한다. 평가 영역은 수와 연산 영역, 도형과 측정 영역, 변화와 관계 영역, 자료와 가능성 영역의 4개 영역으로 지필평가(선다형 + 단답형) 방식으로 구성하여 다음과 같이 개발하였다.

〈표 13-3〉 수리력 진단도구(박선화 외, 2022)

<table>
<tr><th>수준</th><th>진단검사지 명칭</th><th>진단영역</th><th>성취기준 수</th><th colspan="2">문항 수</th><th>검사 시간</th></tr>
<tr><td rowspan="2">1수준</td><td rowspan="2">1수준 A[수와 연산] + [도형과 측정]
1수준 B[도형과 측정] + [수와 연산]</td><td>수와 연산</td><td>14</td><td>14</td><td rowspan="2">26</td><td rowspan="2">40분</td></tr>
<tr><td>도형과 측정</td><td>12</td><td>12</td></tr>
<tr><td rowspan="2">2수준</td><td>2수준[수와 연산]</td><td>수와 연산</td><td>20</td><td>20</td><td>20</td><td>40분</td></tr>
<tr><td>2수준 [도형과 측정]</td><td>도형과 측정</td><td>26</td><td>26</td><td>26</td><td>40분</td></tr>
<tr><td rowspan="4">3수준</td><td rowspan="2">3수준 A[수와 연산] + [자료와 가능성]
3수준 B[자료와 가능성] + [수와 연산]</td><td>수와 연산</td><td>14</td><td>14</td><td rowspan="2">26</td><td rowspan="2">45분</td></tr>
<tr><td>자료와 가능성</td><td>12</td><td>12</td></tr>
<tr><td rowspan="2">3수준 A[도형과 측정] + [변화와 관계]
3수준 B[변화와 관계] + [도형과 측정</td><td>도형과 측정</td><td>26</td><td>26</td><td rowspan="2">34</td><td rowspan="2">45분</td></tr>
<tr><td>변화와 관계</td><td>8</td><td>8</td></tr>
<tr><td rowspan="4">4수준</td><td rowspan="2">4수준 A[수와 연산] + [변화와 관계]
4수준 B[변화와 관계] + [수와 연산]</td><td>수와 연산</td><td>17</td><td>17</td><td rowspan="2">35</td><td rowspan="2">50분</td></tr>
<tr><td>변화와 관계</td><td>18</td><td>18</td></tr>
<tr><td rowspan="2">4수준 A[도형과 측정] + [자료와 가능성]
4수준 B[자료와 가능성] + [도형과 측정]</td><td>도형과 측정</td><td>20</td><td>20</td><td rowspan="2">29</td><td rowspan="2">50분</td></tr>
<tr><td>자료와 가능성</td><td>9</td><td>9</td></tr>
<tr><td>합계</td><td></td><td></td><td>196</td><td>196</td><td></td><td></td></tr>
</table>

수리력 진단평가 예시 문항은 다음과 같다.

수리력 문항카드

출제위원 : 임 O O

<table>
<tr><td rowspan="2">문항 분류</td><td colspan="2">문항분류코드</td><td colspan="2">수준</td><td colspan="2">제작연도</td></tr>
<tr><td colspan="2">수-1-1-3</td><td colspan="2">1</td><td colspan="2">2021</td></tr>
<tr><td rowspan="4">문항 유형 및 평가틀</td><td>문항 유형</td><td colspan="2">영역</td><td colspan="2">텍스트 유형</td><td>맥락</td></tr>
<tr><td>☑ 선다형
☐ 단답형</td><td colspan="2" rowspan="3">☑ 수와 연산
☐ 변화와 관계
☐ 도형과 측정
☐ 자료와 가능성</td><td colspan="2" rowspan="3">☑ 이해
☐ 계산
☐ 추론
☐ 의사소통</td><td>☑ 일상생활
☐ 학습 상황</td></tr>
<tr><td>진단 방식</td><td rowspan="2">☐ 문장제
☐ 비교와 지식
☑ 그림(삽화)포함</td></tr>
<tr><td>☑ 컴퓨터
☑ 지필</td></tr>
<tr><td rowspan="2">수리력 성취기준</td><td>코드</td><td colspan="5">내용</td></tr>
<tr><td>수-1-1</td><td colspan="5">한 자리 수를 세고 읽고 쓸 수 있다.</td></tr>
<tr><td>자료 및 출처</td><td colspan="6">자체 개발</td></tr>
<tr><td rowspan="2">배점 및 정답</td><td colspan="2">배점</td><td colspan="2">정답</td><td colspan="2">예상 정답률(%)</td></tr>
<tr><td colspan="2"></td><td colspan="2">②</td><td colspan="2">☐ 70~80
☐ 80~90
☑ 90~100</td></tr>
</table>

▣ 문항 내용

펴고 있는 손가락의 수를 알맞게 쓰고 읽은 것을 고르세요.

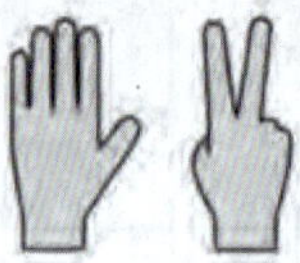

① 7 - 육　　② 7 - 칠　　③ 8 - 칠　　④ 8 - 팔

▣ 정답 및 오답 해설

▪ 정답 및 해설

- 정답: ②
- 해설: 펴고 있는 손가락을 1개씩 세어 보면 모두 7개이고, 7은 "칠"이라고 읽습니다.

▪ 보정학습 지도를 위한 교사용 팁

오답을 한 경우에는 실제 손가락이나 실물 사탕, 바둑돌, 연결큐브 등을 이용하여 1부터 9까지의 수를 정확히 세어 말해 보게 합니다. 또한 1부터 9까지의 숫자에 대응하여 수를 알맞게 읽고 쓸 수 있는지 확인합니다.

[그림 13-4] 수리력 진단평가 예시 문항

이렇게 개발된 수리력 진단도구 검사지는 국가기초학력지원센터 기초학력 학습자료-초등학교-수학(https://k-basics.org/user/)서 다운로드하여 사용할 수 있다.

수리력 진단도구 검사지는 국가기초학력지원센터 기초학력 학습자료실에서 다운로드하여 사용한다.

수리력 진단도구 검사는 학교나 개별 교사가 실시한 후 결과를 한국교육과정평가원에서 수합하여 시험 응시자의 점수를 토대로 기초학력 도달 기준 점수를 결정한다. 아래 결과는 2022년과 2023년의 검사지별 기초학력 도달 기준 점수이다. 예를 들어 검사 도구 A(2022)의 경우 1수준 수와 연산 14문항 중 10개 이상의 문항에 정답을 한 경우에는 기초학력 도달이 되고, 9개 이하의 문항에 정답을 한 경우에는 기초학력 미도달로 판정된다.

한국교육과정평가원에서는 수리력 진단도구 검사 결과를 수합하여 응시자의 점수를 토대로 기초학력 도달 기준 점수를 결정한다.

〈표 13-4〉 1수준 분할 점수(A/B)

검사 도구	1수준 분할 점수		2수준 분할 점수	
	수와 연산	도형과 측정	수와 연산	도형과 측정
검사 도구 A (2022)	10/14	8/12	12/20	18/26
검사 도구 B (2023)	11/14	8/12	12/20	17/26

진단검사 결과를 바탕으로 학생의 전체 점수, 핵심 요소별 점수, 그래프, 종합의견, 취약 내용, 취약 내용 보강 학습 방법에 대한 정보, 참여 학생의 진단검사 결과를 학생용으로 제공하고, 교사용에는 학급 전체 학생의 점수, 학생별 기초학력 도달 유무, 핵심 요소별 취약 학생 정보, 보정학습 지도를 위한 학습자료 안내에 대한 정보, 참고자료로서 해당 영역 및 수준의 성취기준을 제공하는 형태로 다음과 같이 제공한다.

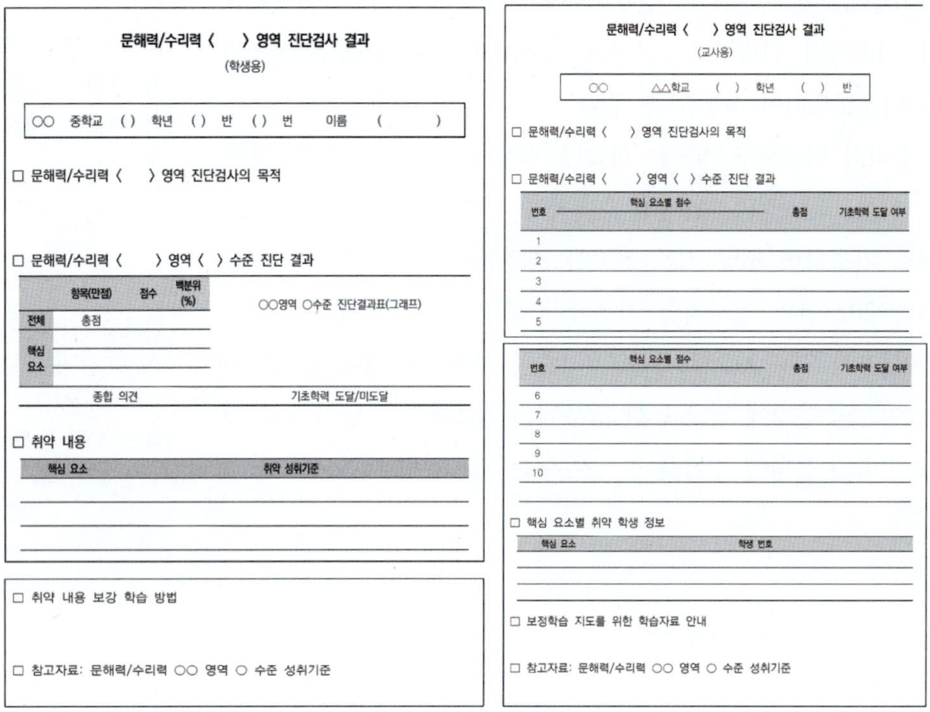
문해력/수리력 〈 〉 영역 진단검사 결과
(학생용)

○○ 중학교 ( ) 학년 ( ) 반 ( ) 번 이름 ( )

□ 문해력/수리력 〈 〉 영역 진단검사의 목적

□ 문해력/수리력 〈 〉 영역 〈 〉 수준 진단 결과

	항목(만점)	점수	백분위(%)	○○영역 ○수준 진단결과표(그래프)
전체	총점			
핵심 요소				
종합 의견				기초학력 도달/미도달

□ 취약 내용

핵심 요소	취약 성취기준

□ 취약 내용 보강 학습 방법

□ 참고자료: 문해력/수리력 ○○ 영역 ○ 수준 성취기준

문해력/수리력 〈 〉 영역 진단검사 결과
(교사용)

○○ △△학교 ( ) 학년 ( ) 반

□ 문해력/수리력 〈 〉 영역 진단검사의 목적

□ 문해력/수리력 〈 〉 영역 〈 〉 수준 진단 결과

번호	핵심 요소별 점수	총점	기초학력 도달 여부
1			
2			
3			
4			
5			

번호	핵심 요소별 점수	총점	기초학력 도달 여부
6			
7			
8			
9			
10			

□ 핵심 요소별 취약 학생 정보

핵심 요소	학생 번호

□ 보정학습 지도를 위한 학습자료 안내

□ 참고자료: 문해력/수리력 ○○ 영역 ○ 수준 성취기준

[그림 13-6] 진단검사 결과

토의문제 2

초1~2학년군 수학 교과의 최소한의 성취기준에 맞는 초1~2학년군 수리력 진단평가 문항을 만들어 보시오.

03 수학기초학력의 지원

> 학습지원대상학생의 기초학력 향상 지원을 위한 공적 플랫폼은 한국교육과정 평가원의 국가기초학력지원센터, 17

단위학교에서 세워진 기초학력 책임지도 계획에 따라 교사는 3~4월에 학습지원대상학생을 선정하고 개별학생 맞춤형 지원 프로그램을 통해 다양한 방법으로 기초학력 지원이 이루어진다. 학습지원대상학생의 기초학력 향상 지원을 위한 공적 플랫폼은 한국교육과정평가원의 국가기초학력지원센터, 17개 시 · 도교육청의 개 시·도교육청의 기초학력 진단-보정 시스템, 충남대학교 응용교육측정평가연구소의 배이스캠프가 있다.

기초학력 진단-보정 시스템, 충남대학교 응용교육측정평가연구소의 배이스캠프가 있다.

3.1. 국가기초학력지원센터(https://k-basics.org)

한국교육과정평가원에서 국가기초학력지원센터를 운영한다. 국가기초학력지원센터는 연구 및 관리(기초학력 보장 정책연구 및 성과관리), 콘텐츠 개발(콘텐츠 기획 및 개발), 연수 운영(기초학력 연수 운영 및 지원)의 3개 영역으로 구분하여 국가수준 기초학력 정책 개발 및 안착을 위한 연구 및 사업 성과관리 강화, 기초학력 보장을 위한 현장 지원 교수학습 자료 개발 및 보급, 다양한 유관 기관과의 소통과 협력을 통한 기초학력 지원 내실화를 목표로 하여 모든 학생의 개별 맞춤형 성장 지원을 위한 국가수준 기초학력 체제 마련을 비전으로 운영되고 있다.

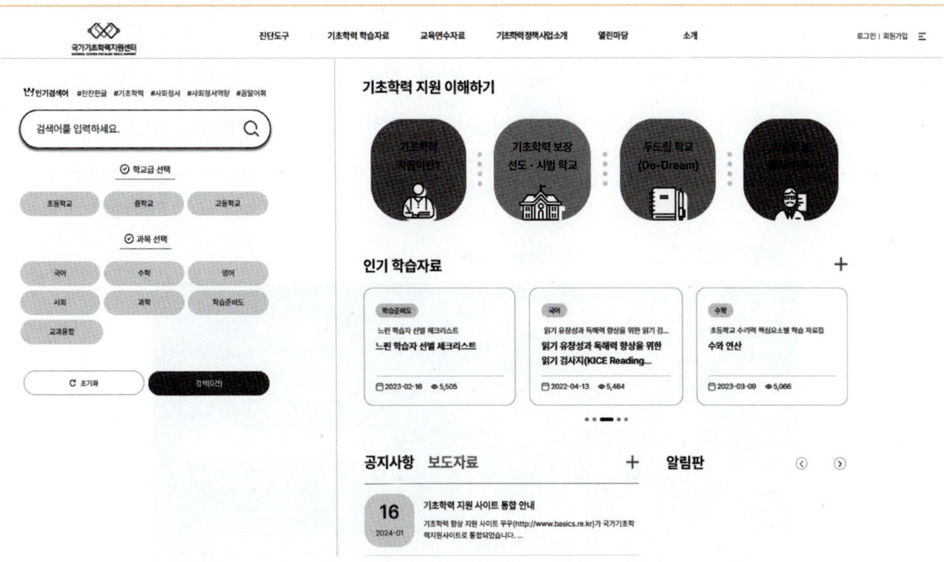

[그림 13-7] 국가기초학력지원센터

국가기초학력지원사이트의 주요 기능은 학습자료 검색 및 다운로드(학교급, 학년, 학기, 영역, 내용 등을 선택하거나 키워드 검색)를 할 수 있으며 학생은 마이페이지에서 학습 수준 진단 및 검사 결과를 확인할 수 있다. 교사는 마이페이지에서 학생을 관리하고 학생에게 맞는 자료를 추천하여 제공할 수 있다.

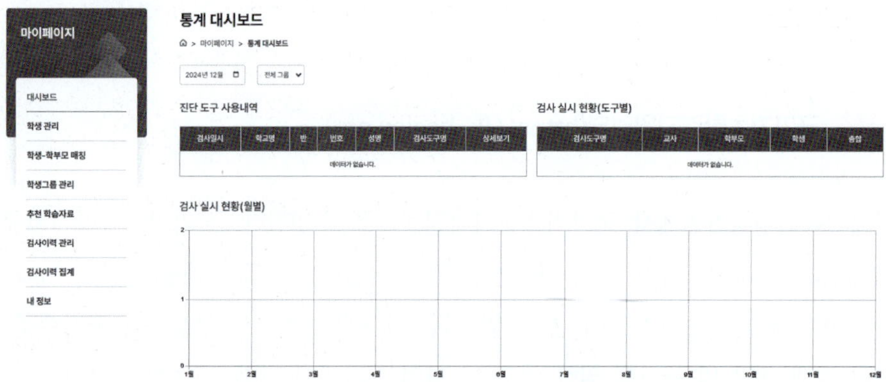

[그림 13-8] 교사용 마이페이지

3.2. 기초학력 진단-보정 시스템(https://basic.goe.go.kr/pt/index.do)

한국교육학술정보원(Keris)은 현장 교사들이 학생들의 교과별 학습 결손 영역을 진단하고 개인별 검사 결과에 따른 맞춤형 지원이 가능하도록 진단-보정 프로그램을 구축하기 위해 17개 시 · 도교육청 기초학력 진단-보정 시스템을 개발하였다. 이 사이트는 학습부진 학생에 대한 맞춤형 지도 및 관리를 통한 기초학력 보장을 목적으로 운

[그림 13-9] 시 · 도교육청 기초학력 진단-보정 시스템

영된다.

기초학력 진단-보정 시스템은 기초학력 진단 및 학습자료 제공과 관련하여 국어, 사회·역사, 수학, 과학, 영어 진단도구를 제공함과 동시에 기초학력 진단 결과를 확인하고 그 결과에 따라 맞춤형 보정 학습자료를 제공한다. 또한 기초학력 검사 응시자에

〈표 13-5〉 기초수학 튼튼

대한 통계 자료를 제공하여 학습자가 기초학력에 도달하였는지 재도전 중인지 등을 확인할 수 있으며 학년별, 과목별 보정학습 진행에 대한 교사의 모니터링이 가능하다.

학습콘텐츠는 교과학습, 기초튼튼 상호작용형 콘텐츠, 정서·심리 검사도구로 구분된다. 교과학습은 초등학교 3학년부터 고등학교 2학년까지 학습부진 학생 및 경계에 있는 학생들을 대상으로 국어, 사회, 역사, 한국사, 수학, 과학, 영어 교과에 대한 진단을 온라인과 오프라인으로 검사를 통한 검사 결과를 제공하며 그 검사 결과에 따라 보정 학습자료를 제공한다. 기초수학 튼튼은 초등학교 1~2학년을 대상으로 3단계로 〈표 13-5〉와 같은 내용을 학생들이 온라인상에서 학습할 수 있도록 지원한다.

3.3. 배이스캠프(https://www.plasedu.org/plas/)

충남대학교 응용교육측정평가연구소는 기존 기초학력 진단-보정 시스템이 학교 담당자에 의해 관리되고 운영되어 학생들이 제한적으로 이용되는 것을 보완하고자 누구나 각 학년 및 교과목에서 배워야 할 내용을 스스로 진단하고 보충할 수 있도록 하기

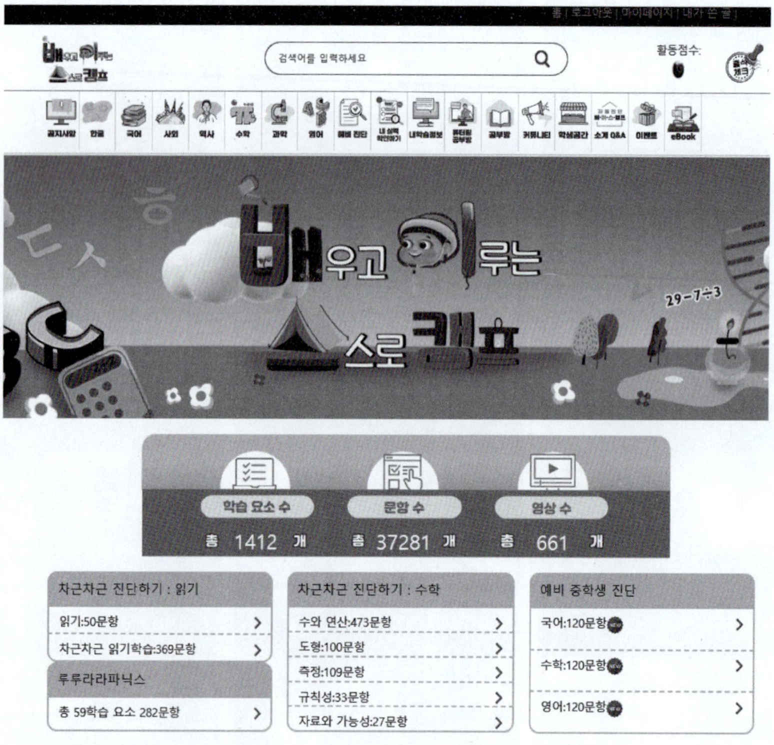

[그림 13-10] 배이스캠프

위해 배이스캠프를 운영하고 있다. 배이스캠프란 배우고 이루는 스스로 캠프의 줄임말이다. 학생들이 시기에 관계없이 스스로 기초적인 학습 내용을 진단하고 자기주도적으로 학습할 수 있는 콘텐츠를 제공하는 것을 목적으로 한다. 배이스캠프는 [그림 13-10]과 같이 공지사항, 한글, 국어, 사회, 역사, 수학, 과학, 영어, 예비 진단, 내실력 확인하기, 내학습정보, 튜터링공부방, 커뮤니티, 학생공간, 소개 Q&A, 이벤트, e-book 등으로 구성되어 있다.

배이스캠프는 기초학력 진단 및 학습자료를 제공한다. 수학교과 선택 시 3R's(셈하기), 3R's(셈하기 기초 계산), 초1~초6, 중1~중3, 고1, 학습진단 등을 선택할 수 있고 교육 내용의 소주제별로 퀴즈 형태의 기초학력 진단이 가능하며 학생의 응답에 따라 바로 정답 확인이 가능하다. 해당 문항에서 다루고 있는 핵심 개념에 대한 이해가 필요할 시에는 동영상 혹은 pdf 형태의 학습자료가 함께 제공되어 이를 활용할 수 있다.

학생들은 학습 진행도, 스마트스코어, 출석 횟수, 우수횟수, 이번 달 활동지수 등 학습자 개인이 스스로 자신의 학습활동을 확인하고 관리할 수 있는 기능과 개인의 학습 현황을 달력, 그래프 등을 통해 시각적으로 가시화하여 효과적으로 정보를 제공하고 있다. 그룹 학습 관리 기능으로 교사가 공부방을 개설하여 가입된 공부방 학생들에게 자료 공유 및 학생들의 학습이력 사항을 확인할 수 있으며 공부방 내 자유게시판을 통해 교사와 학생, 학생과 학생 간의 상호작용이 가능하다.

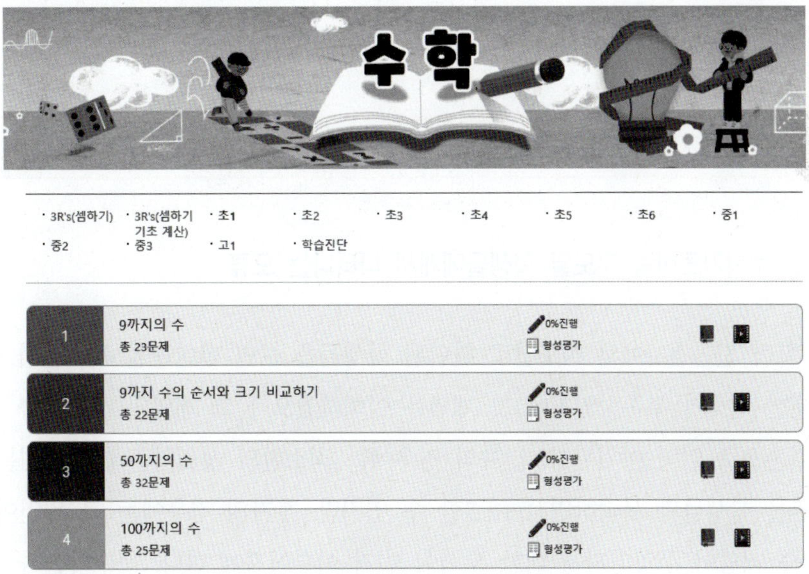

[그림 13-11] 기초학습 진단 학습 자료

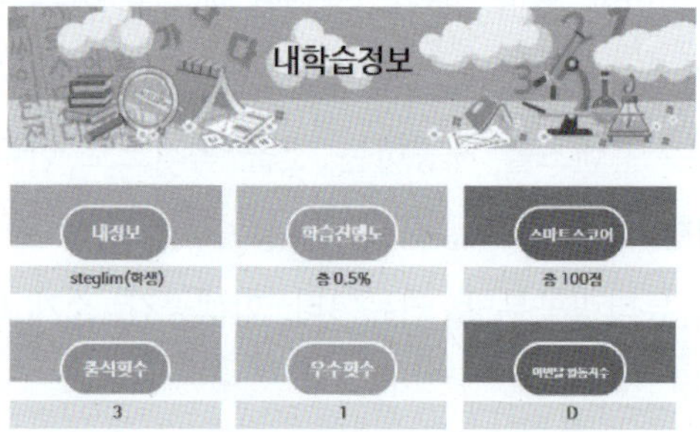

[그림 13-12] 내 학습정보 대시보드

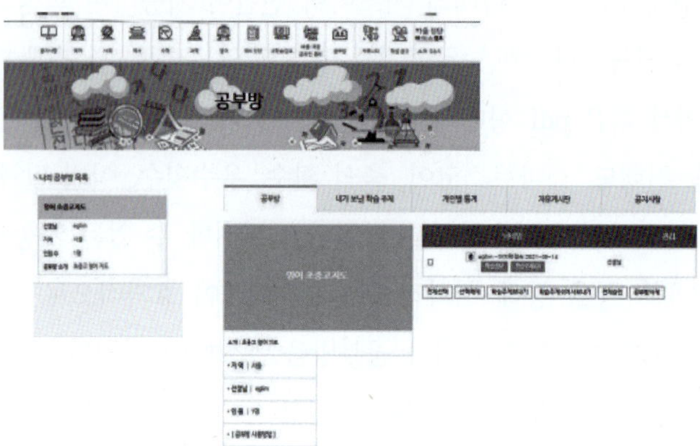

[그림 13-13] 공부방 화면

04 수학기초학력의 지도

4.1. 수학기초학력 미도달 학생들에게서 나타나는 오류

기초학력 진단검사에서 미도달로 판단된 학생들을 보면 학년군별 최소한의 성취기준에 대한 이해가 부족하였거나 그 개념은 이해하였으나 그 개념의 선수학습 개념에 대한 결손으로 인해 야기된다. 전자의 경우에는 최소한의 성취기준에 해당되는 단원의 개념을 학생들과 복습하면서 해결할 수 있지만, 후자의 경우에는 그 원인이 되는 선수학습 개념이 무엇인지에 대한 분석이 먼저 이루어져야 한다. 선수학습과 관련하여 가장 크게 나타나는 현상이 연산에서 나타나는 오류이다. 여기에서는 기초학력 미도달 학생들에게서 나타나는 대표적인 오류로 연산과정에서 나타나는 오류를 예시적으로 살펴본다.

Engelhardt(1977)는 3학년과 6학년 학생들을 대상으로 연산 문제를 해결하는 과정에서 틀린 문항에 대한 학생들의 반응을 분석하여 8가지 오류 유형을 제시하였다.

① **기본 사실 오류**: 학생은 기본 숫자 사실을 기억하는 데 오류가 있는 계산으로 응답한다. 예를 들어, 4+3=8이라고 하거나 63÷7=8이라고 한다. 이러한 학생은 24+13의 값도 38이라고 쓰고 7×8도 63이라고 답한다.

② **결함이 있는 알고리즘**: 학생은 체계적이지만 잘못된 절차로 문제를 해결한다. 이러한 유형의 오류를 보이는 학생은 자신이 왜 이렇게 문제를 해결하였는지 설명할 수 있고, 교사는 유사한 상황에서의 학생의 응답도 예측할 수 있다. 예를 들어 다음과 같다.

$\begin{array}{r} 123 \\ \times\ \ 42 \\ \hline 186 \end{array}$ $\begin{array}{r} 332 \\ 32\overline{)996} \\ -9 \\ \hline 96 \\ -9 \\ \hline 6 \\ -6 \\ \hline 0 \end{array}$	(세 자리 수)×(두 자리 수)를 계산하는 과정에서 일의 자리 수는 일의 자리 수끼리, 십의 자리 수는 십의 자리 수끼리, 백의 자리 수는 백의 자리 수끼리 계산한다. (세 자리 수)÷(두 자리 수)를 계산하는 과정에서 (두 자리 수)로 (세 자리 수)를 나누지 않고 (두 자리 수)의 십의 자리 수로만 나눈다.

③ **그룹화 오류**: 그룹화 오류를 보이는 학생들은 십진기수법의 특성에 주의를 기울이지 않아 자릿값에 대한 이해 부족으로 나타나는 것이 특징이다. 예를 들어 다음과 같다.

$\begin{array}{r} 57 \\ +\ \ 93 \\ \hline 1410 \end{array}$, $\begin{array}{r} 13 \\ \times\ \ 14 \\ \hline 52 \\ 13 \\ \hline 65 \end{array}$	일의 자리 수인 7과 3을 더해서 10을 결과값에 적고 이어서 십의 자리 수인 5와 9를 더해서 10 옆에 이어서 14를 적는다. (두 자리 수)×(두 자리 수)를 계산하는 과정에서 승수 14의 1을 10으로 생각하지 않고 1로 생각해서 계산한다.

④ **부적절한 역산:** 학생은 해결 절차의 몇 가지 중요한 측면을 역으로 계산한다. 부적절한 역산의 예는 다음과 같다.

$\begin{array}{r} 43 \\ -\ 19 \\ \hline 36 \end{array}$ $\quad$ $\begin{array}{r} 23 \\ \times\ \ 7 \\ \hline 152 \end{array}$	(두 자리 수)끼리의 뺄셈에서 일의 자리는 9에서 3을 빼고, 십의 자리는 4에서 1을 뺀다. (두 자리 수)×(한 자리 수)에서 3×7의 계산에서 2를 결과값에 적고 1은 십의 자리로 올린다.

⑤ **부정확한 연산:** 연산의 의미를 잘못 받아들여 연산을 혼동해서 계산한다. 부정확한 연산의 예는 다음과 같다.

$\begin{array}{r} 2 \\ \times\ 3 \\ \hline 5 \end{array}$ $\quad$ $\begin{array}{r} 13 \\ -\ \ 1 \\ \hline 14 \end{array}$ $\quad$ $4 \div 2 = 8$	2×3을 덧셈으로 이해하여 5로 답하거나 13−1을 덧셈으로 이해하여 14를 쓰거나 4÷2를 곱셈으로 이해하여 8을 쓴다.

⑥ **불완전한 알고리즘:** 학생은 적절한 계산 절차를 시작하지만, 계산 과정에서 이를 중단하거나 중요한 단계를 생략해서 계산한다.

⑦ **항등원 오류:** 학생들이 0과 1을 혼동하여 계산한다. 그 예는 다음과 같다.

$\begin{array}{r} 3 \\ \times\ 0 \\ \hline 3 \end{array}$	3×0에서 0을 1로 혼동하여 3으로 한다.

⑧ **0처리 오류:** 학생은 0이 포함된 문제들을 계산할 때 0이라는 개념에 대한 이해 부족으로 오류를 보인다. 그러나 0이 들어가 있지 않은 계산은 잘한다는 것이 특징이다. 그 예는 다음과 같다.

$\begin{array}{r} 1 \\ -\ 0 \\ \hline 0 \end{array}$ $\quad$ $\begin{array}{r} 0 \\ -\ 5 \\ \hline 5 \end{array}$ $\quad$ $\begin{array}{r} 0 \\ -\ 5 \\ \hline 0 \end{array}$	1−0의 값을 0이라고 쓰는 학생들은 어떤 수에서 0을 빼면 그 값은 항상 0이라고 생각한다. 예를 들어 31−20의 경우에는 10이라고 쓴다. 0−5는 5라고 쓰는 학생은 0에서 어떤 수를 빼면

	그 값은 어떤 수라고 생각한다. 예를 들어 20−15의 경우에는 15라고 쓴다. 0−5는 0이라고 생각하는 학생은 0에서 어떤 수를 빼면 그 값은 항상 0이라고 생각한다. 예를 들어 30−15의 경우에는 20이라고 쓴다.

이처럼 학생들은 다양한 유형으로 오류를 보이기 때문에 이러한 오류를 보이는 원인을 정확히 진단하는 것이 매우 중요하다.

4.2. 기초학력 미도달 학생을 위한 지도

기초학력 진단검사에서 미도달로 판단된 학생들을 지도하기 위한 자료는 앞에서도 설명한 바와 같이 기초학력 보장을 위해 국가, 또는 시 · 도교육청에서 운영하는 플랫폼을 이용하거나 수학교구(제 11장 참조)나 공학 도구(제 12장 참조) 등을 이용하여 수학 개념을 명확하게 이해할 수 있도록 지도해야 한다. 수학교구나 공학 도구를 활용하여 수업에 이용하는 방법은 앞 장에서 다루었던 내용이므로 여기에서는 국가기초학력지원센터 수학관련 자료들을 소개한다.

〈표 13-6〉 국가기초학력지원센터 수학관련 자료 모음

내용				
자료 설명	경계선 지능 학생 지원 프로그램 초등 수리력 워크북 및 지도서	초등학교 수리력 핵심요소별 학습 자료집_ebook	기초학력 보장을 위한 수리력 핵심요소별 진단 도구 및 교수학습자료	초등학교 고학년 대상 놀이를 통해 수학의 기본 개념과 원리를 학습하는 자료
학년 수준	초1~2	초1~6	초1	초4

내용				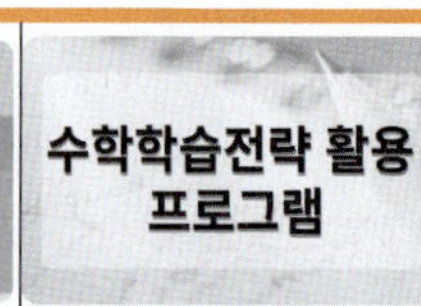
자료 설명	초등학교 수학 진단학습	학생들이 어려워하는 주요 수학 개념이나 오개념 등에 대해 현장 교사가 직접 설명해 주는 수학 동영상 자료	자기주도적으로 수학 공부 계획을 세우고, 공부할 수 있는 능력을 기를 수 있도록 구성된 프로그램	초등학교 학습부진 학생 지도를 위한 수학 학습전략 활용 프로그램
학년 수준	초6	초4	초6	초5~6

내용	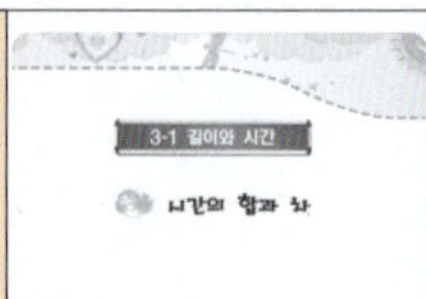			
자료 설명	일반적인 기초학력 부진학생 지도 방안에서부터 교과별 부진학생 지도 방안까지	자연수, 분수, 소수의 사칙계산을 연습하기 위해 개발한 자료	일반 학급과 특수 학습의 경계선에 있는 학생을 위한 기초학습 보정 자료	수와 연산, 도형, 측정 영역에 대한 내용으로 수학 교과 부진 학생들에게 단계별로 적용
학년 수준	초3~6	초1	초1	초1

내용				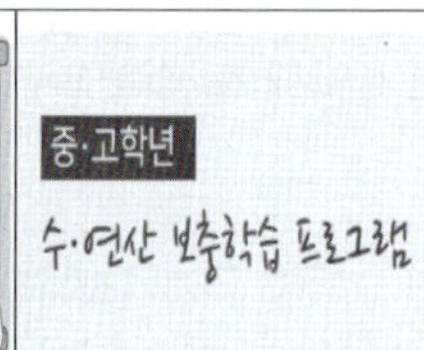
자료 설명	기초학력 부진으로 판단된 학습자를 지도하기 위한 자료	수학과 교육과정에서 영역별로 꼭 학습해야 할 내용을 중심으로 만든 자료	수와 연산 관련 진단도구	초등학교 중·고학년 대상 수연산 영역 기초학력 보충자료
학년 수준	초1~3	초3~6	초1	초1~2

토의문제 3

(네 자리 수)끼리의 뺄셈에서 다음과 같이 문제를 해결한 학생이 있다. 이 학생은 뺄셈과 관련하여 어떤 오류를 보이고 있고, 이 학생이 이와 유사한 문제에서 어떻게 반응할 지를 예상해 보고, 어떻게 지도하면 좋을지 토의해 보시오.

$$\begin{array}{rrrrr} & & & 6 & 10 \\ & 6 & 5 & \not{7} & 6 \\ - & 4 & 2 & 3 & 8 \\ \hline & 2 & 3 & 3 & 2 \end{array} \qquad \begin{array}{rrrrr} & 4 & 10 & 2 & 10 \\ & \not{5} & 3 & \not{3} & 2 \\ - & 4 & 8 & 1 & 9 \\ \hline & & 2 & 1 & 1 \end{array}$$

참고문헌

교육부 (2022). **제1차 기초학력 보장 종합계획(2023~2027)**. 교육부.

박선화, 김광규, 김지영, 상경아, 유은정, 정연준, 조보경, 이지숙 (2023). **2022 개정 교육과정에 따른 최소한의 성취기준 개발 연구(1)** – (연구자료 CRI 2023-7). 한국교육과정평가원.

박선화, 이명애, 오상철, 이영태, 오택근, 이경남 (2020). **기초학력 보장을 위한 문해력, 수리력 진단도구 개발(1) – 문해력, 수리력의 수준별 성취기준 개발을 중심으로** – (연구보고 RRI 2020-7). 한국교육과정평가원.

박선화, 오택근, 이경남, 이명애, 이영태 (2021). **기초학력 보장을 위한 문해력, 수리력 진단도구 개발(2) – 문해력, 수리력의 예시문항 개발 및 타당성 검토** – (연구보고 RRI 2021-7). 한국교육과정평가원.

박선화, 오택근, 이경남, 이명애, 이영태, 박찬호 (2022). **기초학력 보장을 위한 문해력, 수리력 진단도구 개발(3) – 진단도구 개발 및 타당성 검토** – (연구보고 RRI 2022-7). 한국교육과정평가원.

박선화, 오택근, 이경남, 이명애, 이영태 (2022). **기초학력 보장을 위한 문해력, 수리력 진단도구 개발 및 활용 방안** – (연구자료 ORM 2022-68-27). 한국교육과정평가원.

부산광역시교육청학력개발원 (2024). **2024학년도 기초학력 보장 시행계획**. 부산광역시교육청.

서울특별시교육청 (2024). **2024 서울 기초학력 보장 시행계획**. 서울특별시교육청.

Engelhardt, J. M. (1977). Analysis of children's computational erros: A qualitative approach. *British Journal of Educational Psychology, 47(2)*, 149-154.

제14장

수학영재교육

우리나라 교육기본법 제12조제2항에서는 '교육내용, 교육방법, 교재 및 교육 시설은 학습자의 인격을 존중하고 개성을 중시하여 학습자의 능력을 최대한으로 발휘할 수 있도록 강구되어야 한다.'고 명시되어 있다. 따라서 교육은 일반 아동과는 능력, 재능, 흥미 그리고 심리적 성숙도가 다른 영재들에게도 자기에게 맞는 교육의 기회를 제공하여 자신의 잠재력을 계발하여 자아실현을 할 수 있도록 해야 한다.

이러한 개인적, 교육적 차원에서의 당위성뿐만 아니라 국가적 인재양성과 국가경쟁력 향상을 위하여 세계 여러 나라들은 영재교육의 중요성을 강조하고 있다. 이러한 목적을 구현하기 위해 영재학교, 영재학급, 월반, 조기진학, 조기졸업, 지역별 공동 영재학교, 영재교육센터 등의 다양한 교육기관의 운영을 통해 각자의 능력과 수준에 맞는 영재교육을 집중적으로 실시하고 있다.

우리나라도 영재교육진흥법(2000. 1. 28)의 제정과 영재교육진흥법 시행령(2002. 4. 18)이 공포되면서 초·중등 학생을 대상으로 한 영재교육이 본격적으로 이루어지고 있다.

이 장에서는 수학영재교육에 대한 이해를 높이기 위해 먼저 영재교육진흥법 및 동법 시행령을 통해 영재교육에 대한 개념을 살펴보고, 교육부에서 발표한 제1차 영재교육진흥 종합계획(2003~2007)~제5차 영재교육진흥 종합계획(2023~2027)을 통해 우리나라 영재교육에 대한 방향성을 살펴본다. 둘째, 각 영재교육 기관에서 기관의 특성 및 여건을 고려한 영재교육 프로그램을 개발하고 운영하는데 필요한 국가 수준에서의 공통적인 지침과 안내 제공을 목적으로 개발한 국가 수학영재교육 프로그램 기준을 살펴본다. 셋째, 우리나라 영재교육대상자들의 선발 절차에 대해 살펴본다. 마지막으로 수학영재교육 프로그램의 교수·학습 방향과 방법 및 수학영재교육 프로그램을 통해 수학영재교육이 학교 현장에서 어떻게 이루어지고 있는지 살펴본다.

01 영재교육

1983년 경기과학고등학교가 설립됨과 동시에 영재교육연구실, 과학영재교육연구원이 설치되면서 영재교육에 대한 관심이 교육에서도 중요한 이슈로 다루어지고 있었지만, 공교육 체제 안에서의 수월성 교육에 대한 반론이 동시에 존재하였다. 그러나 1997년도에 우리나라에 외환 유동성 위기가 생기면서 사회적·경제적 어려움을 온 국민이 체감하였다. 이후 외환 유동성 위기를 이겨낸 후 국가 차원의 인재 육성의 필요성이 부각되면서 2000년에 영재교육진흥법(법률 제6215호, 2000.1.28.)과 2002년에 영재교육진흥법 시행령(대통령령 제17578호, 2002.4.18.)이 제정되었고, 2003년도에 제1차 영재교육진흥 종합계획이 발표되면서 본격적인 공교육 안에서의 영재교육이 시작되었다.

1.1. 영재교육진흥법 및 동법 시행령

우리나라는 특별법인 영재교육진흥법에서 영재교육의 정의와 기본 골격을 제시하고, 동법 시행령에서는 세부사항을 규정하고 있다.

1.1.1. 영재교육진흥법(법률 제15231호, 2017. 12. 19. 일부개정) 주요 내용

영재란 재능이 뛰어난 사람으로서 타고난 잠재력을 계발하기 위하여 특별한 교육이 필요한 사람을 말한다.

영재교육진흥법에는 법률 제정의 목적, 법에서 사용하는 주요 용어의 정의, 국가와 지방자치단체의 임무, 영재교육대상자의 선정, 영재교육기관의 설치 · 운영, 학교생활기록부 게재, 영재교육 담당 교원의 교육 등을 제시하고 있다. 영재교육진흥법의 주요 내용은 다음과 같다.

제1조(목적) 이 법은 「교육기본법」 제12조 및 제19조에 따라 재능이 뛰어난 사람을 조기에 발굴하여 능력과 소질에 맞는 교육을 실시함으로써 개인의 타고난 잠재력을 계발하고 개인의 자아실현을 도모하며 국가와 사회의 발전에 이바지하게 함을 목적으로 한다.

제2조(정의) 이 법에서 사용하는 용어의 뜻은 다음과 같다.

1. "영재"란 재능이 뛰어난 사람으로서 타고난 잠재력을 계발하기 위하여 특별한 교육이 필요한 사람을 말한다.
2. "영재교육"이란 영재를 대상으로 각 개인의 능력과 소질에 맞는 내용과 방법으로 실시하는 교육을 말한다.
3. "영재교육기관"이란 영재학교, 영재학급 및 영재교육원을 말한다.
4. "영재학교"란 영재교육을 위하여 이 법에 따라 지정되거나 설립되는 고등학교 과정 이하의 학교를 말한다.
5. "영재학급"이란 「초 · 중등교육법」에 따라 설립 · 운영되는 고등학교 과정 이하의

각급 학교에 설치·운영하여 영재교육을 실시하는 학급을 말한다.

6. "영재교육원"이란 영재교육을 실시하기 위하여 「고등교육법」 제2조에 따른 학교(이에 준하는 학교로서 다른 법률에 따라 설치된 학교를 포함하며, 이하 "대학 등"이라 한다) 등에 설치·운영되는 부설기관을 말한다.
7. "영재교육연구원"이란 효율적인 영재교육 운영을 위하여 필요한 각종 연구·개발 및 지원 업무를 수행하기 위하여 지정 및 설치·운영되는 기관을 말한다.
8. "영재교육특례자"(이하 "특례자"라 한다)란 이 법에서 정한 영재교육대상자 중에서 하나 또는 그 이상의 분야에서 타고난 재능과 잠재력이 현저히 뛰어나 특별한 교육적 지원이 필요한 사람을 말한다.

제5조 (영재교육대상자의 선정) ① 영재교육기관의 장은 다음 각 호의 어느 하나의 사항에 대하여 뛰어나거나 잠재력이 우수한 사람 중 해당 교육기관의 교육 영역 및 목적 등에 적합하다고 인정하는 사람을 영재교육대상자로 선발한다.

1. 일반 지능
2. 특수 학문 적성
3. 창의적 사고 능력
4. 예술적 재능
5. 신체적 재능
6. 그 밖의 특별한 재능

② 영재교육기관의 장은 제1항에 따른 영재교육대상자를 선발할 때 저소득층 자녀, 사회적 취약 지역 거주자 등 사회적·경제적 이유로 잠재력이 충분히 발현되지 못한 영재를 선발하기 위하여 별도의 선발절차를 마련하는 등의 조치를 할 수 있다.

제12조의3 (교원의 교육 및 연수) ① 국가와 지방자치단체는 영재교육 담당 교원의 자질 향상을 위한 교육 및 연수를 정기적으로 실시하여야 한다.

제13조 (교육과정 및 교과용 도서) ① 영재교육기관의 장은 「초·중등교육법」 제23조 제2항에도 불구하고 해당 교육기관의 교육 영역 및 목적 등에 적합한 교육과정을 정하여 운영하여야 한다.

1.1.2. 영재교육진흥법 시행령(대통령령 제28211호, 2017. 7. 26. 타법개정) 주요 내용

영재교육진흥법 시행령에는 영재교육진흥법에서 위임된 사항과 그 시행에 필요한 사항을 구체적으로 제시하고 있다. 영재교육진흥법 시행령의 주요 내용은 다음과 같다.

제1조 (목적) 이 영은 영재교육진흥법에서 위임된 사항과 그 시행에 관하여 필요한 사항을 규정함을 목적으로 한다.

제11조 (영재교육대상자의 선정) ①영재교육대상자로 선정되고자 하는 자 또는 그의 보호자는 선정신청서에 재학중인 학교의 장이나 지도교사의 추천서를 첨부하여 영재교육을 받고자 하는 영재교육기관의 장에게 제출하여야 한다.

제12조 (영재교육대상자의 선정기준 등) ①영재교육대상자는 영재교육기관의 교육영역 및 목적에 적합하고, 교육내용을 이수할 능력이 있다고 인정되는 다음 각 호의 어느 하나에 해당하는 자로 한다.

1. 표준화된 지능검사, 사고력검사, 창의적 문제해결력검사 그 밖의 소정의 검사·면접 또는 관찰의 방법에 따라 특정교과 또는 특정분야에서 일정수준 이상의 뛰어난 재능 또는 잠재력이 있다고 인정되는 자
2. 실기검사 그 밖의 소정의 검사·면접 또는 관찰의 방법에 따라 예술적·신체적 분야에서 일정수준 이상의 재능 또는 잠재력이 있다고 인정되는 자

② 제1항에도 불구하고 사회·경제적 이유로 잠재력이 발현되지 못한 다음 각 호의 자로서 영재교육기관의 교육영역 및 목적에 적합하고, 교육내용을 이수할 능력이 있다고 인정되는 자는 영재교육대상자로 선발될 수 있다.

1. 「국민기초생활 보장법」 제7조제1항제4호에 따른 교육급여 수급권자
2. 「도서·벽지 교육진흥법」 제2조에 따른 도서·벽지에 거주하는 자
3. 「장애인 등에 대한 특수교육법」 제15조에 따른 특수교육대상자
4. 행정구역상 읍·면 지역에 거주하는 자
5. 그 밖에 사회·경제적 이유로 교육기회의 격차가 발생하였다고 인정되는 자

제20조 (영재학급의 설치) ①법 제7조의 규정에 의한 영재학급을 설치·운영하고자 하는 학교의 장은 교육감에게 다음 각호의 사항이 포함된 영재학급설치계획서를 제출하여야 한다. 다만, 국립학교의 경우에는 교육부장관에게 제출하여야 한다. 〈개정 2008. 2. 29., 2013. 3. 23.〉

1. 학칙
2. 영재교육 담당교원(제27조의 규정에 의한 강사, 제28조 및 다른 법령에 의하여 영재학급에 파견 또는 겸임되어 영재교육을 담당하는 자를 포함한다)현황 및 확보계획
3. 영재교육에 필요한 시설·설비현황 및 확보계획
4. 소요경비의 조달계획 및 재정운영계획

5. 학교법인의 설치·운영동의서(사립학교에 한한다)

6. 그밖에 영재학급의 설치승인을 위하여 교육부장관 또는 교육감이 정하는 사항

제32조 (영재교육기관의 수업 등) ⑦영재교육원의 학급당 학생수는 20인 이하로 한다.

제36조 (학교생활기록부의 기재) ①영재학급을 설치한 학교의 장 및 영재교육원의 장은 해당 영재교육기관에서 영재교육을 받는 자에 대하여 학교생활기록부에 준하는 자료를 작성·관리하고 이를 매 학년 말에 소속 학교의 장에게 송부하여야 한다.

② 영재학급을 설치한 학교의 장 및 제1항의 규정에 의한 자료를 송부받은 학교의 장은 그 영재교육을 받은 내용을 학교생활기록부에 기재하여야 한다.

1.2. 영재교육진흥 종합계획

영재교육진흥 종합계획은 교육기본법 제19조 '영재교육 시책 수립에 대한 국가 및 지방자치단체의 의무'와 영재교육진흥법 제3조 및 동법시행령 제2조 '영재교육진흥 종합계획 수립'에 근거하여 수립되었다. 제1차 영재교육진흥 종합계획(교육인적자원부 외, 2002)을 시작으로 제2차 영재교육진흥 종합계획(교육인적자원부, 2007), 제3차 영재교육진흥 종합계획(교육부, 2013), 제4차 영재교육진흥 종합계획(교육부, 2018), 제5차 영재교육진흥 종합계획(교육부, 2023)이 수립되었다.

1.2.1. 영재교육진흥 종합계획 추진 배경

각 영재교육진흥 종합계획은 이전의 영재교육진흥 종합계획을 통해 현재의 영재교육 정책을 분석하고 사회변화 및 요구를 반영하여 수립되어왔다. 각 영재교육진흥 종합계획의 추진배경은 〈표 14-1〉과 같다.

〈표 14-1〉 영재교육진흥 종합계획 추진배경

구 분	추진배경
1차	• 국가발전에 필요한 소수의 창의적 인력을 국가차원에서 개발·육성하기 위한 새로운 교육 시스템으로서 영재교육 정착을 도모 • 2002. 3. 1부터 영재교육진흥법이 시행됨에 따라 중장기적 관점에서 우리 현실에 적합한 영재교육의 기틀을 정립
2차	• 제1차 영재교육진흥 종합계획이 마무리됨에 따라 국가 차원의 영재교육 중장기 비전 재정립 필요(그동안 추진된 영재교육 정책성과 평가를 통해 우리 현실에 적합한 영재교육 기틀 마련)

<table>
<tr><th>구 분</th><th>추진배경</th></tr>
<tr><td></td><td>• 선진 각국은 우수 인재 육성을 위한 다양한 정책 방안을 마련하여 국가경쟁력 강화에 노력
- 미국 : 2001년 연방정부의 「영재교육법(Gifted and Talented Students Act)」(1988년 제정)의 재승인으로 각 주별로 1~15% 영재교육 실시
- 영국 : 2005년 영재교육에 대한 정부 비전을 제시하고 5~10% 대상 실시
- 호주 : 1991년 '영재교육전략' 제정, 전담부서 설치 및 10% 영재교육 실시
• 각 분야별 잠재능력이 큰 학생을 조기 발굴하여 체계적 교육 프로그램 제공 등의 수월성 교육에 대한 요구 증대</td></tr>
<tr><td>3차</td><td>• 창조경제시대 국가 혁신 핵심 전략으로서 창의인재 양성을 위한 부문별 실현계획 마련 필요
• '국민행복' 실현을 위한 영재교육의 역할 정립 필요
- 영재교육의 중요성에도 불구하고 입시위주의 교육풍토로 인하여 국민 개개인의 행복감 저하 요인으로 작용
- 영재교육기관의 선발과 관련한 과열된 경쟁, 사교육비 유발 우려 등과 관련한 불만을 해소하고, 영재교육의 정상화 방안 제시 필요
- 개개인의 잠재력의 발현을 최대화할 수 있는 영재교육 여건 마련을 통하여 '행복교육, 창의인재 양성' 목표의 실현을 구체화
- 수월성 교육 소외자(영재)가 없도록 개개인이 꿈과 끼를 최대한 발휘하여 창의적 인재로 성장할 수 있도록 국가가 책임지고 지원
• 영재교육의 안정적 · 지속적 추진을 위한 새로운 중장기 비전 필요
• 제3차 종합계획 수립을 통하여 국민행복을 실현하는 영재교육 구현
- 제1· 2차 영재교육진흥 종합계획의 성과 및 한계 분석을 통하여 영재교육의 질적 도약을 위한 실현 방향 제시
- 영재교육이 국가 전체의 교육 및 우수 인재 양성을 뒷받침할 수 있도록 지속 가능한 전략을 제시하여 영재교육 도약 견인
<table>
<tr><td>제1차 영재교육진흥 종합계획
도입기 ('03~'07)</td><td>제2차 영재교육진흥 종합계획
발전기 ('08~'12)</td><td>제3차 영재교육진흥 종합계획
도약기 ('13~'17)</td></tr>
<tr><td>각 개인의 능력과 소질 극대화</td><td>잠재력 발현 고도화를 통한
국가 경쟁력 강화</td><td>영재교육 최적화를 통한
창조적 인재육성</td></tr>
</table>
- 향후 5년간 범부처 차원에서 영재교육을 체계적으로 추진하기 위한 종합계획으로 다양한 분야 우수 인재 지원 강화 촉진</td></tr>
<tr><td>4차</td><td>▪ 지능정보기술을 통해 산업의 구조변화를 촉발하는 4차 산업혁명 변화에 대응하는 영재교육 체계 마련
▪ 제4차 산업혁명에 대비한 새로운 영재교육 비전과 국가의 미래를 견인할 창의융합형 인재 양성을 위한 영재교육혁신 필요</td></tr>
<tr><td>5차</td><td>• 미래 사회 변화에 능동적 대응
- 첨단과학기술 발전에 따른 사회변화에 대응하고, 미래 사회의 변화와 혁신을 선도하는 인재 양성 요구
- 저출산으로 인한 학령인구 감소와 고령 인구 증가 등 인구 구조 변화에 따라 학생 개개인의 잠재력을 계발하는 영재교육의 역할 강조
- 지방 소멸 위기 등으로 인한 지역 간 양극화 및 계층 간 소득 격차 심화 등 사회 · 경제 · 지리적 불평등 가속화</td></tr>
</table>

구 분	추진배경
	• 범지구적 문제 증가와 국제 경쟁의 심화 - 에너지·기후 위기, 환경 오염, 전염병 확산 등 증가하는 범지구적 문제에 대한 국제적 공동 노력 필요성 증대 - 경제, 기술, 안보 분야에서 해외 주요국의 자국 우선주의 경향 강화 등 국제 우위를 차지하려는 국가별 경쟁 심화 • 교육 패러다임 전환 및 인재상의 변화 - 지식 중심의 분절적 교과 교육에서 주제 중심의 교과 융합 및 역량 교육을 강조하는 방향으로 변화 - 변화하는 시대의 다양한 문제를 해결할 수 있는 자기주도성에 기반한 '변혁적 역량'을 갖춘 인재 필요성 증가 • 국정과제 이행 및 관련 방안 연계 - 국정과제 이행을 위한 중앙부처 및 시·도교육청 단위의 영재교육 진흥계획 수립 필요 - 디지털 인재양성 종합방안('22. 8.)에 따라 정책 연계성을 위해 디지털 분야의 영재교육 강화

1.2.2. 영재교육의 비전과 목표 및 추진계획

제1차 영재교육진흥 종합계획은 국가발전에 기여할 세계적 수준의 소수 정예 인력 양성을 위하여 2007년까지 영재성 계발 기회의 확대, 영재교육 기관의 특성화 및 세계 수준 영재 육성, 고등교육단계와 영재교육의 연계성 확보, 영재교육 담당교원의 전문성 제고를 목표로 제시하였다. 제2차 영재교육진흥 종합계획은 잠재력 발현 고도화를 통한 국가경쟁력 강화를 비전으로 2012년까지 전체 초·중·고생의 1%(7만여 명)에게 영재교육기관별로 특성화된 영재교육 제공을 목표로 5가지 추진 전략을 제시하였다. 제3차 영재교육진흥 종합계획은 영재교육 최적화를 통한 창조적 인재육성을 비전으로 영재교육 기회 확대, 영재교육 질적 수준 제고, 영재교육 효과성 강화를 목표로 5대 분야 17개 추진과제를 제시하였다. 제4차 영재교육진흥 종합계획은 재능 계발 영재교육 기회 확대를 통한 창의융합 인재 육성을 비전으로 '선발'에서 '교육'으로의 패러다임 전환, 다양한 학생에 대한 맞춤형 선발로 적합한 영재교육 제공, 영재교육 연계성 확보로 교육의 연속성·효과성 제고, 영재교육 담당교원의 전문성 강화, 효과적인 영재교육을 위한 지원체계 구축을 목표로 5대 분야 11개 추진과제를 제시하였다. 제5차 영재교육진흥 종합계획은 사회 각 분야에서 혁신을 주도하는 창의적인 인재 양성을 비전으로 개인적으로는 개개인의 고유한 특성(개성)과 다름을 존중하고, 자신의 잠재력과 재능을 발현하는 인재를 추구하고, 공공으로는 사회 변화에 능동적으로 대응하고, 인류가 직면한 도전과 위협에 창의적이고 협력적으로 대처하는 인재를 추구하는 인간상을 목표로 4개 추진 중점 13개 추진과제를 제시하였다. 구체적인 추진 방향과 추진과제는 〈표 14-2〉와 같다.

〈표 14-2〉 추진 방향 및 추진과제

시기	추진 방향	추진과제
1차	영재성 계발 기회 확대	• 영재교육 대상자의 점진적 확대 • 영재교육 분야의 다양화
	영재교육기관 특성화 및 세계 수준의 영재육성	• 영재교육기관(영재학교, 영재교육원, 영재학급)운영 특성화
	고등교육 단계와 영재교육 연계성 확보	• 영재학교 졸업생에 대한 대입전형 방법 개선 • 대학의 수월성 프로그램 운영 • 대학 교과목 조기이수 인정제도 도입
	영재교육 담당교원의 전문성 제고	• 영재학교에 맞는 교원임용시스템 마련 • 우수교원 양성 • 담당교원 전문성 신장 및 사기 진작
	영재교육 연구지원 기능 강화	• 영재교육연구원 지정 운영 • 교수 · 학습자료 및 판별도구 개발 • 원격 영재교육 시스템 구축
	영재교육 지원 체제 구축	• 영재교육관련 법제도 개선 • 영재교육 행 · 재정 지원 강화 • 영재교육 프로그램 구성·운영 권장 기준 설정
2차	영재교육 기관 특성화	• 영재학교 특성화 • 영재학급 특성화 • 영재교육원 특성화
	영재교육 기관 운영 개선	• 영재교육 프로그램 개선 • 영재교육기관 운영 효율성 제고
	영재교육의 연속성 확보	• 영재교육대상자 선발 제도 개선 • 사회적 통합성 강화 • 고등교육 단계의 영재교육 기능 강화
	영재교육 담당교원 전문성 신장	• 우수 교원 확보 • 영재교육 담당 교원의 양성 · 연수 · 배치 체계화 • 영재교육 담당 교원 연수 강화
	영재교육 지원 체제 정비	• 관계 법령·제도 정비 • 영재교육 유관 기관 협력체제 강화
3차	꿈 · 끼를 키우는 영재교육 기회 확대	• 영재교육 다양화 및 연계 활성화 • 영재교육 수혜 사각지대 해소 • 영재선발 방법의 타당성 제고
	영재교육기관 운영 내실화	• 고교-대학 간 영재교육 연계체제 강화 • 영재교육기관 다양화·효율화 • 영재교육기관 지원환경 개선
	수요자 중심의 영재교육과정 제공	• 학생 맞춤식 영재교육과정 제공 • 창의·융합형 영재교육 콘텐츠 개발

시기	추진 방향	추진과제
		• 영재교육 프로그램 구성·운영 방식 개선 • 영재교육 프로그램 질 관리 체제 강화
	우수교원 확보·지원 강화	• 영재교육 교수인력 다양화 • 교원의 전문성 신장 및 역량 개발 • 영재교육 교원 지원환경 개선
	안정적인 발전기반 구축	• 행정 지원체계 효율화 • 영재교육 정보·교류지원 강화 • 영재교육 재원 확대 및 다양화 • 영재교육 국제화
4차	학생 수요 중심의 영재교육을 통한 재능 계발	• 희망하는 모든 학생에게 영재교육 기회 제공 • 맞춤형 영재교육 프로그램 운영·지원 • 영재교육 프로그램 질적 고도화
	영재선발의 다양성 제고	• 다양한 선발 체계 정립 • 영재교육 진입의 유연성 확보
	영재교육의 연계성 확보	• 영재교육기관 및 교육과정의 연계성 강화 • 영재교육 성과 관리 연계체계 구축
	영재교육 담당교원 전문성 강화	• 교원의 전문성 신장 및 확보 방안 모색 • 영재교육 담당교원 지원 환경 개선
	영재교육 지원체계 구축	• 부처 간 협력 체제 구축 및 역할 분담 • 영재교육 지원 체제 강화
5차	잠재력 있는 인재 발굴	• 고도영재 발굴·지원 • 소외계층 맞춤형 선발·지원 • 선발 방식의 다양화·체계화
	맞춤형 교육·지원 확대	• 미래사회 역량 함양 • 분야별 영재교육 강화 • 일반학교 교육과정 연계 강화
	교육기관 운영의 특성화	• 영재학급·영재교육원 운영의 내실화·특성화 • 영재학교·과학고 운영의 책무성 및 자율성 강화
	교원의 전문성·역량 강화	• 전문성을 갖춘 교원 양성·배치 • 우수 교원 확보·지원 대책 마련
	지속가능한 교육 기반 마련	• 법·제도 개선 • 미래지향적 교육 환경 조성 • 성과 관리 체계화 및 홍보 확대

영재교육은 영재교육진흥법에 따라 영재학교, 영재교육원, 영재학급으로 분류한다.

1.2.3. 영재교육체계

우리나라 영재교육은 영재교육진흥법에 따라 영재학교, 영재교육원, 영재학급으로 분류한다. 영재학교는 영재교육진흥법 제6조에 의하여 설치된 전일제 영재교육기관으로 2024년 현재 8개의 고등학교급 영재학교가 운영되고 있다. 영재교육원은 영재교육진흥법 제8조에 의하여 시 · 도 교육청, 대학, 국공립 연구소, 정부 출연기관, 공익법인에 설치된 비전일제 영재교육기관으로 운영되고 있다. 영재학급은 영재교육진흥법 제7조에 의하여 고등학교 과정 이하의 각 학교에서 설치 · 운영하는 학급이다. 영재교육기관 분류 체계는 〈표 14-3〉과 같다.

〈표 14-3〉 영재교육기관 분류 체계(임후남, 2023)

<table>
<tr><th colspan="4">구분</th><th>운영</th></tr>
<tr><td colspan="4">영재학교</td><td>• 「영재교육진흥법」전국 8개 영재학교 운영</td></tr>
<tr><td rowspan="6">영재 교육원</td><td rowspan="2">교육청 영재교육원</td><td colspan="2">시·도교육청</td><td>• 교육청이 관할하는 영재교육원
- 고등학교에 설치된 영재교육원 (일부는 교육지원청 관할)
- 연구기관, 교육청산하기관, 정부출연기관, 공익법인 등</td></tr>
<tr><td colspan="2">교육지원청</td><td>• 교육지원청이 관할하는 영재교육원
- 통상 교육지원청별로 운영 (광주, 제주 제외)
- 서울, 부산, 대구, 광주, 충북은 다수의 협력 학교에서 분리 운영</td></tr>
<tr><td rowspan="4">대학부설 영재교육원</td><td rowspan="3">중앙 행정 기관</td><td>교육부</td><td>• 교육부에서 승인
- 정보보호영재교육원 4개 (부산광역시교육청 승인 1개 별도)</td></tr>
<tr><td>과학기술정보통신부</td><td>• 과학기술정보통신부에서 승인
- 대학부설과학영재교육원 27개</td></tr>
<tr><td>문화체육관광부</td><td>• 문화체육관광부에서 승인
- 한국예술영재교육원 4개 (본원 1개, 분원 3개</td></tr>
<tr><td colspan="2">시·도교육청</td><td>• 시·도교육청에서 승인</td></tr>
<tr><td colspan="2" rowspan="2">영재학급</td><td colspan="2">지역공동</td><td>• 이웃 학교에서 지원이 가능하도록 설치 · 운영된 영재학급</td></tr>
<tr><td colspan="2">단위학교</td><td>• 설치된 학교의 재학생만 지원 가능하도록 승인된 영재학급</td></tr>
</table>

토의문제 1

영재교육은 영재교육대상자를 선정하는 과정에서 시작한다. 대부분의 영재교육기관은 선발 시험을 통해 영재교육대상자를 선정한다. 그러나 제4차 영재교육진흥 종합계획에서는 희망하는 모든 학생들에게 영재교육 기회를 제공하기 위해 '선발'에서 '교육'으로의 영재교육 패러다임 전환을 시도하였고, 제5차 영재교육진흥 종합계획에서는 예비 교육, 온라인 교육 등을 통해 선교육 · 후선발 제도를 확대하여 영재교육의 진입 유연성 확보를 주요 과제로 추진중이다. 영재교육의 목적과 관련하여 영재교육대상자를 어떻게 선정하는 것이 좋은지 이야기해 보시오.

02 국가 수학영재교육 프로그램 기준

국가 수학영재교육 프로그램은 국가 교육과정에 기반하여 창의적인 인재 양성을 목표로 수학영재성을 신장하기 위한 프로그램 구성방식을 제시하는 국가 수준의 안내서이다.

영재교육진흥법 제정 이후 제1, 2차 영재교육진흥 종합계획을 통해 다양한 측면에서 영재교육의 발전을 꾀하기 위하여 영재교육의 체계 구축, 영재교육 수혜자 수 확대, 영재교육 영역의 다양화, 영재교육 프로그램 개발, 영재교원 양성 등을 통해 영재학생에게 필요한 양질의 교육을 제공하기 위해 노력하였고, 이러한 양적 확대와 함께 프로그램 질에 대한 제고 또한 강조되어 국가 수준의 최소한의 영재교육 프로그램(교육과정) 및 운영에 대한 기준을 마련하여 지역과 교사 등의 변인에 따른 프로그램의 수준과 질 차이를 극복해야 한다는 필요성이 제기되었다. 이에 국가 수학영재교육 프로그램은 국가 교육과정에 기반하여 창의적인 인재 양성을 목표로 수학영재성을 신장하기 위한 프로그램 구성방식을 제시하는 국가 수준의 안내서로서 기능을 하고 있다. 본 절에서는 수학영재들의 특성을 기반으로 영재교육대상자를 교육하기 위한 국가 수학영재교육 프로그램 기준에 대해 살펴본다.

2.1. 수학영재의 정의 및 특성

수학영재란 지적 능력, 창의성, 과제 집착력의 세 요소에서 모두 평균 이상의 특성을 지니고, 수학적 지각력, 민첩성, 일반화 능력, 추론 능력, 사고 과정의 가역성, 적용 능력이 뛰어난 사람이다.

수학영재의 정의는 학자마다 차이가 있으나 일반적으로 지적 능력, 창의성, 그리고 과제집착력의 세 요소에서 모두 평균 이상의 특성을 지니고, 수학적 지각력, 민첩성, 일반화 능력, 추론 능력, 사고 과정의 가역성, 적용 능력이 뛰어난 사람을 수학영재라 일컫는다(이희현 외, 2015).

미국 수학교사 협의회(NCTM: National Council of Teachers of Mathematics, 1989, 1991, 1995)에서는 수학영재의 행동특성을 1) 일반 행동특성, 2) 학습 행동특성, 3) 창의적 행동 특성, 4) 수학적 행동특성으로 나누어 설명하고 있으며 구체적 특징은 다음과 〈표 14-5〉와 같이 제안하였다.

〈표 14-5〉 수학영재의 행동특성

구 분	행동특성
일반 행동특성	• 조기에 뛰어난 이해력과 풍부한 어휘력을 가지고 독서에 열중함 • 시, 노래, 이야기 등을 빨리 기억함 • 공간 지각력이 뛰어나며, 기본 기술의 습득이 빠름 • 다른 사람들을 이끌고 조직하는 능력이 뛰어남 • 올바르고 공정한 판단력과 뛰어난 통찰력 • 추상적인 것을 조작하는 능력이 우수함 • 오랫동안 독립적으로 작업하고 집중하는 능력 • 자발적으로 계획을 실행하는 능력을 소유함 • 호기심이 많고 활동적인 학습자 • 어떤 일을 행할 때 새로운 것과 새로운 방법을 즐김 • 체계화를 잘하고 능률적임
학습 행동특성	• 지적 활동을 즐거워 함 • 예리한 관찰력: 중요한 것을 보는 눈이 있음 • 추상화, 개념화, 종합화하는 능력과 원인과 결과의 관계에 대한 통찰력 • 주어진 문제에 대해 의문을 가지고, 정보를 찾으며, 다양한 자료를 활용함 • 의문을 많이 가지고 비판적이며 가치를 검토함 • 기초 지식과 회상하는 능력이 뛰어남 • 중요한 원리를 파악하고 일반화하는 능력이 뛰어남 • 유사성과 차이점, 예외적인 것에 대한 지각 • 효과적으로 사고를 전환하는 능력
창의적 행동특성	• 유창한 사고자: 많은 가능성과 결과들을 인식하는 능력 • 유연한 사고자: 대안적인 접근 방법을 사용하는 능력 • 조직적 사고자: 관계를 파악하는 능력 • 정교한 사고자: 새로운 답을 발견하는 능력 • 추측과 가설을 잘 세우는 사람 • 고도의 호기심, 풍부한 지적 활동과 상상력 • 창의력이 풍부하고 심미적인 것에 예민함 • 충동적이고 감정적으로 예민함 • 가끔 판에 박힌 과업을 자주 싫증을 냄
수학적 행동특성	• 수에 대한 조기의 호기심과 이해 • 수와 공간적 관계에 대한 논리적이고 상징적인 사고능력 • 수학적 패턴, 구조, 관계 그리고 연산에 대한 지각과 일반화하는 능력 • 분석적, 연역적, 귀납적으로 추론하는 능력 • 수학적 추론을 간략화하고 합리적이고 경제적인 해를 찾는 능력 • 수학적 활동에서 지적 처리과정이 유연성과 가역성 • 수학적 기호, 관계, 증명, 풀이 방법 등을 기억하는 능력 • 학습한 것을 새로운 상황에 적용하는 능력 • 수학적 문제를 풀이하는 데 있어서의 활동력과 지속성 • 수학적 지각력

송상헌(2002)은 수학영재들이 수학적 추론 능력과 일반화 능력, 그리고 장시간 과제에 집중할 수 있는 능력이 우수하다고 보았으며, 수학영재성의 구성요인과 특성에 대하여 〈표 14-6〉과 같이 제언하였다.

〈표 14-6〉 수학영재성의 구성요인과 특성

<table>
<tr><th colspan="3">구 분</th><th>각 유형에 대한 정의</th></tr>
<tr><td rowspan="13">인지적</td><td rowspan="7">수학적 사고능력</td><td>직관적 통찰</td><td>수와 공간적 관계에 있어서 전체적 구조, 논리, 관계, 패턴을 파악하는 능력</td></tr>
<tr><td>정보 조직화 능력</td><td>관련성 없는 자료를 변별하고 유효한 정보를 수집, 분류, 조직하는 능력</td></tr>
<tr><td>시각화 능력</td><td>주어진 문제 상황을 그래프나 그림으로 표상화하고 시각화하는 능력</td></tr>
<tr><td>공간화 능력</td><td>공간이나 회전, 변환 관계 등을 지각하고 감지하는 능력</td></tr>
<tr><td>수학적 추상화 능력</td><td>비구조화된 수학적 문제 상황을 적당한 수학적 개념으로 표상화, 수학적 상징기호나 수식, 그림 등으로 표현하는 능력</td></tr>
<tr><td>추론적 사고능력</td><td>수학적 내용을 분석적, 연역적, 귀납적으로 추론, 유추하는 능력</td></tr>
<tr><td>일반화 및 적용 능력</td><td>문제를 해결하는 과정에서 대상, 관계, 공식 등을 일반화하고 결과를 새로운 문제에 적용하는 능력</td></tr>
<tr><td rowspan="6">수학적 창의성</td><td>반성적 사고능력</td><td>문제해결의 매 단계 또는 전 과정에 나타나는 메타인지적인 사고 능력</td></tr>
<tr><td>수학적 문제에 대한 민감성</td><td>수학적 상황에 대해 민감한 관심을 보이고 이를 통해 새로운 탐색을 하는 능력</td></tr>
<tr><td>수학적 사고과정의 융통성</td><td>한 가지에 고정되지 않고 서로 다른 범주의 아이디어를 생각해내고 사고를 전환하는 유연함, 가역성</td></tr>
<tr><td>수학적 사고과정의 유창성</td><td>다양한 수학적 아이디어를 많이 산출하는 능력</td></tr>
<tr><td>수학적 사고의 독창성</td><td>독특한 생각을 쉽고 빠르게 제시하는 창조적인 생산 능력</td></tr>
<tr><td>수학적 사고의 정교성</td><td>수학적 아이디어를 구체화하여 설득력 있게 제시하는 능력</td></tr>
<tr><td rowspan="3">정의적</td><td colspan="2">수학에 대한 태도</td><td>수학에 대한 동기, 흥미, 수치적 정보에 대한 강한 호기심, 수학에 대한 긍정적, 높은 자신감</td></tr>
<tr><td colspan="2">수학 문제해결 과정의 성향</td><td>집중력, 지속성, 집착력, 인내심, 도전성향, 확신과 신념</td></tr>
<tr><td colspan="2">수학적 가치에 대한 인식</td><td>지적 사고활동, 도구와 언어, 문화적 역할이나 응용가능성으로서의 가치에 대한 인식</td></tr>
</table>

2.2. 국가 수학영재교육 프로그램 기준(이희연 외, 2017)

2.2.1. 국가 수학영재교육 프로그램 기준의 개발 목적 및 개념

우리나라의 영재교육 상황에 적합하며 특히 초·중학교의 시·도교육청 소속 영재학급과 영재교육원의 수학영재들의 타고난 수학적 잠재력을 신장시키는 데 도움을 주기 위해서는 국가 수학영재교육 프로그램 기준이 제시될 필요가 있다. 국가 수학영재교육 프로그램 기준은 초·중학교 영재교육 기관에서 운영 중인 수학영재교육의 목표 및 방향성을 제시하고, 수학영재교육 프로그램의 내용 및 방법의 질적인 수준을 제시하기 위해 다음과 같은 구체적인 목적에 따라 개발하였다.

① 모든 영재교육기관에서 지향해야 할 공통적인 수학영재교육의 목표 및 방향성을 제시한다.
② 정규 수학과 교육과정과 연계하되, 영재교육으로서의 차별성을 지닌 수학영재교육 프로그램 기준(안)을 제공한다.
③ 수학영재교육 프로그램의 체계성과 연계성을 구축한다.
④ 수학영재교육 프로그램의 질 관리 차원에서 평가 준거를 제공한다.

수학영재교육 프로그램 기준은 정규 수학과 교육과정에 기반하여 수학 관련 분야에서의 창의적 인재 양성을 목표로 수학영재성의 발현을 극대화하기 위한 프로그램의 개발 및 구성에 대한 지침서이다.

국가 수학영재교육 프로그램 기준은 정규 수학과 교육과정에 기반하여 수학 관련 분야에서의 창의적 인재 양성을 목표로 수학영재성의 발현을 극대화하기 위한 프로그램의 개발 및 구성에 대한 지침서로, 초·중학교 영재학급 및 영재교육원에서 수학영재교육 담당교원이 수학영재교육 프로그램을 개발 또는 구성하여 활용하는 데 지침이 되는 국가 수준의 안내서이다. 즉, 국가 수학영재교육 프로그램 기준은 각 영재교육 기관에서 수학영재교육 프로그램을 개발하는 데 지침이 되는 기준이며, 이 기준에 따라 각 지역 및 영재교육기관의 실정과 특성에 적합하게 개발하고 구성한 체계적인 내용 및 교육 계획서가 곧 수학영재교육 프로그램이다.

2.2.2. 국가 수학영재교육 프로그램 기준에서의 수학영재의 핵심역량

수학영재교육을 통해 개발하고자 하는 영재들의 핵심역량은 일반 학생을 대상으로 하는 국가 수준 수학과 교육과정의 교과 역량과 차별화될 필요가 있다. 이에 2015 개정 수학과 교육과정에서 제시하고 있는 여섯 가지 교과 역량(문제해결, 추론, 창의·융합, 의사소통, 정보처리, 태도 및 실천)과 영재학생들의 특성과 수준을 고려하면서 강조점이나 용어를 일부 수정 또는 추가하여 수학영재의 핵심역량으로 1) 창의적 문제해결 능력 2) 고등 수학적 추론 능력 3) 융합 및 응용 능력 4) 수학적 의사소통 및 협업 능력 5) 정보처리 및 도구 활용 능력 6) 수학적 태도와 실천 의지력의 여섯 가지로 제시한다. 또한 수학 교과 역량의 하위 요소로 제시된 항목 중에서 일반 학생들에게 요구되는 기본적인 하위 요소를 영재 학생들의 특성에 맞게 수정하여 제시한다. 하위 요소를 포함한 수학영재들의 핵심역량은 아래의 〈표 14-7〉과 같다. 다만, 영재라고 하여 이 요소들을 모두 갖추어야 한다는 뜻은 아니며 어떤 특정한 요소나 역량에서는 미흡하거나 더 우수한 경우도 있다.

수학영재의 핵심역량으로 창의적 문제해결 능력, 고등 수학적 추론 능력, 융합 및 응용 능력, 수학적 의사소통 및 협업 능력, 정보처리 및 도구 활용 능력, 수학적 태도와 실천 의지력이 있다.

〈표 14-7〉 수학영재들의 핵심역량

핵심역량	하위요소	의 미
1. 창의적 문제해결 능력	직관적 통찰	주어진 과제에 대한 비범한 감수성, 이해력, 직관, 통찰력
	창의적 전략	문제해결에 필요한 틀에 박히지 않은 풀이나 방법, 비정형적인 전략을 사용하는 능력
	반성	문제해결의 과정이나 결과를 점검, 비평, 검토하는 능력
	재구성 및 재창조	기존에 알려져 있던 개념이나 문제, 정리 등을 새로운 방식으로 추측, 개선, 변형하여 재구성하거나 새롭게 제기하고 만들어 낼 수 있는 능력
2. 고등 수학적 추론 능력	분석 및 종합	수학의 개념, 원리, 법칙을 분석하거나 분석한 사실을 바탕으로 유사한 것들을 관련짓고 전체를 조망하는 능력
	추리	관찰과 탐구 상황에서 귀납, 유추, 가추 등의 개연적 추론과 형식적 증명의 연역적 사고를 통해 참임을 밝힐 수 있는 능력
	논리적 절차 수행	수학적 절차와 수학적 사실 도출 과정을 논리적으로 수행하는 능력
	정당화	수학적 사실이 참임을 보이기 위해 증거를 제시하고 이유를 논리적으로 설명하는 능력
3. 융합 및 응용 능력	융복합	개념간, 영역간, 교과간, 일상생활과의 내용 또는 방법을 결합, 통합, 융합, 복합하는 능력
	모델링	실생활 문제 상황을 수학적으로 나타내고 분석하여 결론을 도출하고 이를 상황에 맞게 해석하고 적용하는 능력
	응용	습득한 지식과 사고 방법을 타 교과나 일상생활에 활용 또는 응용하는 능력

핵심역량	하위요소	의 미
4. 수학적 의사소통 및 협업능력	이해	수학적 표현의 의미, 문제의 조건이나 과제의 목적, 타인의 생각을 명확히 이해하고 재현, 평가하는 능력
	표현 및 변환	자신의 아이디어를 수학적으로 간결하고 명확하게 표현하거나 다양한 표현으로 변환하는 능력
	협업	책임 분담과 상호작용을 통해 집단적으로 협력하여 수행하는 능력
5. 정보처리 및 도구 활용 능력	정보처리	조건의 부족 또는 과잉의 정보를 판단하고 필요한 정보를 수집, 분석, 활용하면서 습득한 정보를 기록, 처리, 활용하고 핵심적인 정보를 오랫동안 기억하는 능력
	도구의 활용	적절한 공학 도구나 교구를 선택, 활용하여 자료와 정보를 효과적으로 처리하는 능력
6. 수학적 태도와 실천 의지력	가치인식과 수학에 대한 태도	개인적인 흥미, 호기심, 자신감, 도전감 등을 바탕으로 수학의 가치와 유용성을 인식하는 등의 수학에 대한 태도(attitude to mathematics)
	수학적 태도	문제나 목적을 명확히 파악하려하고, 이치에 맞고 조리 있게 사고하고 행동하려하며, 수식이나 기호로 간결/명확히 표현하면서, 보다 나은 풀이를 찾아 일반화, 확장, 통합하려는 것과 같은 수학적 안목으로 세상을 바라보면서 수학적으로 사고하려는 태도(mathematical attitude)
	시민의식과 실천 의지	학습 또는 탐구한 내용을 타 교과에 활용 또는 생활 속에서 응용 실천해 보려는 의지, 진로나 직업/생활과 관련지어보려는 마음가짐, 수학적 사고와 활동을 바탕으로 생활 속에서 정직, 공정, 책임감 있는 도전, 배려와 존중, 합리적 의사결정 등 민주 시민으로 가져야할 의식과 실천하려는 의지

2.2.3. 국가 수학영재교육 프로그램 내용의 체계

국가 수학영재교육 프로그램 기준에서는 정규 교육과정과의 연계성과 차별성을 동시에 고려하여 국가 수학영재교육 프로그램의 내용 기준을 정규 교육과정에서 제시하고 있는 대영역에 따른 핵심개념을 기본으로 제시하여 정규 교육과정의 학교급과 학년군별 성취기준과의 관련을 용이하게 파악할 수 있도록 구성하였다. 또한 정규 교육과정의 개념별 성취기준을 포괄하는 주제별 내용 기준을 제시함으로써 수학영재의 특성에 맞는 수학적 탐구활동이나 문제해결 활동, 창의적 프로젝트가 중심이 되도록 하였다.

이를 위해 수학과 교육과정의 핵심개념에 상응하는 대주제를 선정하고 이를 Ⅰ수준(기본), Ⅱ수준(발전), Ⅲ수준(확장)으로 구분하여 제시하였다. 이를 이용하여 수학영재교육 프로그램을 개발하고자 하는 기관별로 해당 기관 내 소속 학생들의 수준과 특성을 고려하여 1년간 교육할 내용의 주제 또는 주제별 단위 프로그램에 포함시킬 비율을 자율적으로 정할 수 있도록 하였다. 국가 수학영재교육 프로그램 내용 기준 체계는 〈표 14-8〉과 같다.

〈표 14-8〉 수학영재교육 프로그램 내용 기준 체계

영역		수학과 교육과정에서 제시하고 있는 대영역을 기준으로 하되 「영역간 통합」 영역을 추가
핵심 개념		수학과 교육과정에서 제시하고 있는 기본적인 핵심 개념
대주제		정규 수학과 교육과정의 내용을 심화하고 수학영재를 위한 핵심역량을 개발하도록 고안된 과제를 포괄할 수 있는 핵심 개념의 하위 범주
수준	Ⅰ수준(기본)	• 내용 : 수학적 흥미, 동기 유발, 수학에 대한 긍정적 태도 및 수학적 태도의 제고를 위한 정규 교육과정의 내용을 심화한 내용 • 방법 : 조작, 관찰, 발견, 추측, 수량화/기호화, (비형식)정당화 활동 및 실생활 활용과 타 분야 응용
	Ⅱ수준(발전)	• 내용 : 수학적 원리의 이해, 고차원의 창의적 문제해결, 형식적 정당화 활동 등을 위한 도전적 활동이 필요한 내용 • 방법 : 자기주도적 탐구, 발표와 토론
	Ⅲ수준(확장)	• 내용 : 정규 교육과정의 내용 영역 범위를 초월할 수는 있으며, 해당 주제에 대한 추상적, 형식적 수준의 깊이 있는 수학적 활동 및 수학 문제 제기 등의 수학적 경험이 필요한 내용 • 방법 : 장기 프로젝트 형식의 수학적 원리에 기초한 산출물, 융합적 결과를 산출하기 위한 협력적 활동 및 후속 연구를 위한 정교하거나 새로운 과제에 대한 도전하는 자율 연구

Ⅰ수준(기본)은 정규 교육과정의 내용을 심화하고, Ⅱ수준(발전)은 기본 수준의 내용을 보다 발전시켜 깊이있게 다룬다. Ⅲ수준(확장)은 기본 수준과 발전 수준을 바탕으로 하되, 보다 우수한 학생들을 대상으로 정규 교육과정의 범위와 한계를 넘어서는 내용과 방법을 포함할 수 있도록 한다. 이 세 수준을 내용면, 역량면(과정면, 태도면)으로 각각 상세화한 내용은 〈표 14-9〉와 같다.

〈표 14-9〉 수학영재교육 프로그램 수준별 상세화

구분		Ⅰ수준(기본)	Ⅱ수준(발전)	Ⅲ수준(확장)
내용면		Ⅰ-1-1. 정규교육과정의 기본적인 심화 내용 Ⅰ-1-2. 표준적인 난이도 및 복잡도	Ⅱ-1-1. 도전적인 문제나 과제의 해결을 포함 Ⅱ-1-2. 난이도 및 복잡도의 향상	Ⅲ-1-1. 내용 영역의 한계를 초월하거나 새로운 문제나 과제의 창의적인 개발을 포함 Ⅲ-1-2. 난이도 및 복잡도는 자율적 선택을 허용
역량면	과정면	Ⅰ-2-1. 교사의 안내와 지도에 따른 수행 Ⅰ-2-2. 조작, 관찰, 발견, 추측, 수량화/기호화, 비형식적 정당화 활동 등의 기본적인 탐구 학습 및 활동	Ⅱ-2-1. 교사의 안내보다는 학습자의 자기주도적 탐구 비중을 향상 Ⅱ-2-2. 수학적 원리의 이해를 바탕으로 한 창의적 문제해결, 형식적 정당화	Ⅲ-2-1. 학습자 위주의 자기주도적 탐구 강화, 발표와 토론, 장기과제 수행, 자율 연구 Ⅲ-2-2. 수학적 원리의 이해를 바탕으로 창의·융합적 접근, 엄밀한 수학적 증명

구분		Ⅰ수준(기본)	Ⅱ수준(발전)	Ⅲ수준(확장)
	태도면	Ⅰ-3-1. 실생활 활용, 타 분야 응용, 조작 활동의 흥미와 동기 유발 Ⅰ-3-2. 수학에 대한 긍정적 태도 및 수학적 태도의 제고	Ⅱ-3-1. 주제별 심화된 호기심/도전으로 확장 Ⅱ-3-2. 수학적 태도와 실행 의지 강화	Ⅲ-3-1. 깊이 있는 수학 및 새로운 통합 영역에 대한 호기심/도전으로 확장 Ⅲ-3-2. 후속적인 활동으로 지속하려는 욕구

이를 기준으로 기존에 한국교육개발원 및 전국의 시 · 도 교육청에서 개발하여 적용하고 있는 수학영재교육 프로그램을 구성하고 있는 단위 프로그램들을 바탕으로 국가 수학영재교육 프로그램 내용 기준 체계에 따라 초등학교급 내용 영역에 따른 수와 연산 영역의 수준별 주제는 <표 14-10>과 같다.

<표 14-10> 국가 수학영재교육 프로그램 수와 연산 영역의 수준별 주제

핵심 개념	대주제	수준별 주제		
		Ⅰ수준(기본)	Ⅱ수준(발전)	Ⅲ수준(확장)
수의 체계	기수법/명수법	• 다양한 수체계 - 다양한 수체계에서 기수법, 명수법, 진법의 원리를 이해하고 생활에서 활용할 수 있다. - 수체계의 발생과 관련한 고대인들의 수체계를 이해하고 활용할 수 있다.	• 수체계를 이용한 문제해결 - 진법의 성질이 활용되는 다양한 문제를 해결할 수 있다.	• 진법의 간단한 확장 - 십진법을 바탕으로 이진법, 오진법, 이십진법을 이해하고 활용할 수 있다. • 새로운 수체계 고안하기 - 새로운 수체계를 창의적으로 고안하고, 그 성질을 탐구할 수 있다.
	자연수	• 큰 수 - 큰 수를 표현하는 다양한 방법을 이해하고 창의적인 큰 수의 표현을 만들 수 있다. • 친화수, 완전수, 도형수 - 피타고라스가 탐구한 친화수, 완전수, 도형수 등을 이해하고 그 성질을 찾을 수 있다. • 생활 속에 사용되는 수, 어림전략 - 생활 속에서 다양한 수의 표현과 어림 전략이 사용됨을 확인할 수 있다.	• 짝수, 홀수, 약수, 배수, 소수의 성질 - 약수, 배수, 소수의 성질을 탐구하고, 이를 활용하여 다양한 문제를 해결할 수 있다. • 하세의 다이어그램(약수들의 직사각형 배열) - 하세의 다이어그램에 나타난 약수와 배수의 관계를 이용하여 두 수의 최소공배수와 최대공약수 문제를 해결할 수 있다. • 배수판정법을 이용한 문제 해결	• 배수판정법의 확장, 중국인의 나머지 정리 - 배수판정법, 중국인의 나머지 정리 등 자연수의 성질을 다양하게 응용할 수 있다. • 하세의 다이어그램의 확장 - 평면형 하세의 다이어그램을 입체형으로 확장하여 세 수의 최대공약수와 최소공배수를 탐구할 수 있다.

핵심 개념	대주제	수준별 주제		
		I 수준(기본)	II 수준(발전)	III 수준(확장)
		• 배수판정법 - 간단한 배수판정법을 확인할 수 있다.	- 배수판정법을 이용한 문제를 해결할 수 있다.	
	분수와 소수	• 등분할과 분수의 개념 - 분수 개념의 기초가 되는 등분할 개념을 다양한 이산량과 연속량에서 응용할 수 있다.	• 분수와 소수의 관계와 성질 - 분수와 소수의 관계와 성질을 활용하여 여러 가지 문제를 해결할 수 있다.	• 여러 가지 수의 새로운 표기와 관계 - 연속량과 이산량을 표현하는 창의적인 수 표기법을 고안하고, 그 성질과 관계를 탐구할 수 있다.
수의 연산	자연수의 계산	• 다양한 계산 방법 - 고대인의 계산법, 손가락 셈법 등의 다양한 계산 방법을 이해하고 활용할 수 있다. • 계산기를 활용한 재미있는 계산 - 계산기를 활용하여 계산 문제 속에 숨겨진 규칙을 찾아낼 수 있다.	• 효율적이고 빠른 계산 - 자연수의 합을 구하는 가우스의 방법과 같은 효율적인 계산법을 찾아낼 수 있다. • 새롭게 정의된 이항연산 탐구 - 새롭게 정의된 이항연산을 이해하고 다양한 이항연산 문제를 해결할 수 있다.	• 모듈 산술 - 간단한 모듈 산술을 이해하고 그 성질을 탐구할 수 있다. • 새로운 이항연산 고안하기 - 새로운 연산을 창의적으로 정의하고 그에 따른 성질을 탐구할 수 있다.
	분수와 소수의 계산	• 이집트인의 분수 - 이집트인의 분수 표현을 이해하고 분수를 단위분수로 표현할 수 있다. • 소수의 탄생 - 소수 탄생의 역사적 과정을 이해하고 생활 속에서 소수가 유용하게 활용됨을 확인할 수 있다.	• 분수와 소수의 계산 - 분수와 소수가 활용되는 다양한 문제를 해결할 수 있다.	• 분수와 소수를 활용한 문제 만들기 - 분수와 소수를 포함한 창의적인 문제를 고안할 수 있다.
수와 연산의 활용	수와 연산의 활용	• 비형식적 전략이 활용되는 수리 퍼즐/게임 - 스도쿠, 노노그램, 연산 빙고, 디피 등의 게임 규칙을 이해하고 실행할 수 있다.	• 도전적 문제해결을 포함한 수리 퍼즐/게임 - 복면산, 마방진, 연산 기호를 넣어 등식 완성하기 등의 수리 퍼즐과 게임을 비형식적 전략을 이용하여 해결할 수 있다.	• 수리 퍼즐의 일반적인 원리와 성질 - 마방진의 일반적 해법이나 디피의 수학적 원리를 탐구할 수 있다. • 간단한 수를 활용한 수리 퍼즐 - 규칙을 변형한 새롭고 창의적인 수리 퍼즐과 게임을 만들 수 있다.

토의문제 2

수학문제를 잘 해결하는 학생과 수학영재의 차이에 대해서 이야기해 보시오.

03 수학영재 선발

3.1. 우리나라 수학영재 선발 절차

영재교육기관은 재능이 뛰어나거나 잠재력이 우수한 사람 중 해당 교육기관의 교육 영역 및 목적 등에 적합한 영재교육대상자를 선발한다.

영재교육진흥법 제2조(정의) 및 제5조(영재교육대상자의 선정)에 의거 영재교육기관의 장은 재능이 뛰어나거나 잠재력이 우수한 사람 중 해당 교육기관의 교육 영역 및 목적 등에 적합하다고 인정하는 사람을 영재교육대상자로 선발한다. 따라서 수학영재교육 프로그램의 목표, 내용, 방법과 영재교육 대상자의 선발 방법 및 도구간에 일관성이 있어야 한다. 영재교육 프로그램의 목표, 내용, 방법, 지도교사 등이 먼저 결정된 후 이를 바탕으로 그 방향에 맞는 수학영재를 선발해야 한다.

수학영재를 타당하게 선발하기 위해서는 교사 또는 전문가의 추천, 표준화 검사 실시, 과제 수행과정의 관찰·평가, 영재교육 프로그램에의 배치 후 관찰 평가와 같은 장기간의 지속적인 검사와 평가를 실시할 필요가 있다. [그림 14-1]과 같이 선발이 단계적으로 진행되면서 점차 평가 대상자의 수를 축소시켜 나감으로써 초기에는 시간, 비용이 덜 드는 방법을 주로 활용하여 많은 지원자들 중에서 일부 학생들을 걸러낸 후, 점차 더 적은 학생 수를 대상으로 시간, 비용, 노력이 많이 드는 방법을 적용함으로써 수학영재 선발의 타당성과 효율성을 동시에 극대화하도록 한다(조석희, 박성익, 정태희, 2001). 따라서 대부분의 영재교육기관들이 1단계에서는 교사관찰추천 체크리스트를 통한 추천이나 교사 추천서를 통해 선발이 이루어지고, 2단계에서는 한국교육개발원(KEDI)에서 영재교육대상자 선발을 위한 검사도구를 이용하거나 해당 기관에서 자체적으로 개발한 지필평가를 통해 선발하고, 마지막으로 3단계에서는 수행 관찰 도구를 이용하거나 심층면접도구를 이용하여 선발이 이루어진다.

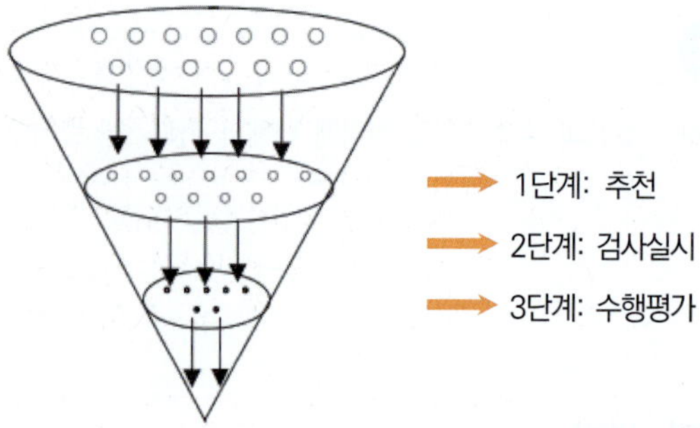

[그림 14-1] 수학영재교육대상자 선발 단계

3.2. 수학영재 선발을 위한 한국교육개발원 개발 문항

수학영재는 뛰어난 수학분야의 지적 능력과 관심 분야에 대한 남다른 창의성과 높은 문제해결력과 같은 인지적 특성을 지니고 있다. 또한 호기심과 과제집착력, 흥미, 동기, 리더십, 사회성과 같은 정의적 특성에서 높고 뛰어난 특징을 보인다. 이러한 수학영재의 특성이 잠재되어 있는 수학영재를 선발하기 위하여 인지적인 능력과 정의적인 특성들을 측정할 수 있는 검사의 필요성이 제기됨에 따라 영재교육기관별 인재상 및 교육과정을 고려하여 다양한 선발도구 검사를 실시하고 있다.

평소 학교에서 학생들을 가르치며 생활하는 가운데 영재성을 관찰하여 평가하는 '학생 영재행동특성 관찰 체크리스트', 과제를 제작하고 수행하는 과정을 평가하는 '관찰 체크리스트 및 산출물 결과 평가 체크리스트'를 비롯하여 '교사추천서', '리더십 특성검사', '창의적 인성검사', '적성 및 행동특성 체크리스트(수학, 과학, 정보과학, 인문사회, 음악, 미술, 발명)', 'KEDI 영재성 검사', 'KEDI 창의적 문제해결력 검사', 'KEDI 창의적 문제해결력 수행 관찰 검사', 'KEDI 심층 면접', '영재 캠프, 교육청 및 영재교육기관 자체평가도구' 등 다양한 선발도구 검사를 선택 활용하여 종합적으로 평가한다.

많은 시 · 도교육청 부설 영재교육원 및 영재학급에서는 한국교육개발원에서 개발한 검사도구를 이용하여 영재교육대상자를 선발하고 있다. 수학영재 선발을 위한 한국교육개발원 검사도구의 종류 및 특징은 〈표 14-11〉과 같다.

〈표 14-11〉 한국교육개발원 검사도구

검사도구	특 징
수학영재성 검사	수학영재성 검사도구는 수학적 사고력, 추론능력, 통찰력을 이용하여 실세계 문제를 창의적으로 해결하는 역량을 측정하는 도구
창의적 문제해결 검사	실생활(real-world) 상황에서의 영역별 상황제시 과제에 대해 학생의 다양한 아이디어와 창의적으로 문제를 해결하는 과정 및 결과를 측정할 수 있는 도구
창의적 문제해결력 수행 관찰 검사	영역별 탐구과제 및 이슈 과제에 대해 실험, 주제토론, 창작 글쓰기, 논술, 발표평가, 산출물 제작 등 창의적으로 문제를 해결하는 과정과 태도를 관찰 평가하는 도구
심층면접	창의성, 인성, 태도를 평가하는 창의인성 질문과 수학 분야와 관련된 학문적성 및 탐구 역량과 관련한 다양한 심층면접 질문으로 구성된 평가도구

KEDI에서 개발한 검사도구별 샘플 문항은 영재교육종합데이터베이스(GED)에 탑재되어 공개되어 있지만 저작권법에 따라 보호되기 때문에 GED(https://ged.kedi.re.kr/intro/gedinfo/intro.do)에서만 열람할 수 있다.

토의문제 3

다음과 같이 정삼각형으로 이루어진 도형을 정삼각형만을 이용해서 분할하면 1개, 6개, 9개로 할 수 있다.

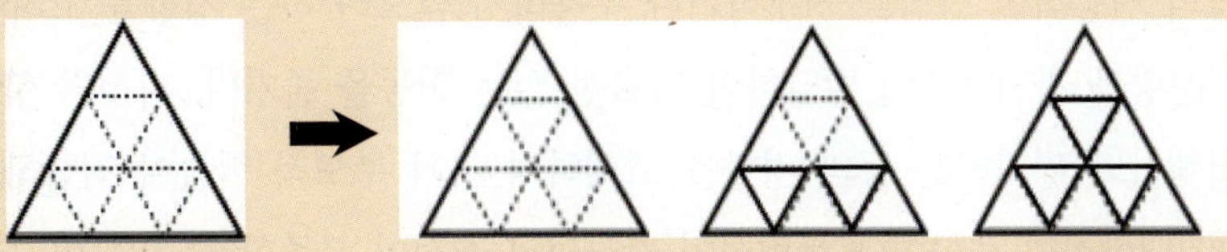

(1기) (6개) (9개)

[문제] 다음 도형을 위와 같은 방법으로 정삼각형만을 이용해서 서로 다른 개수로 분할하시오.

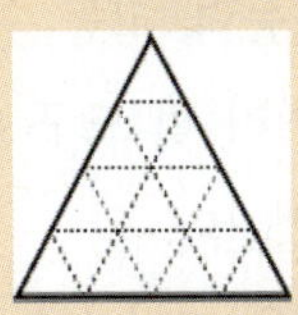

[답]

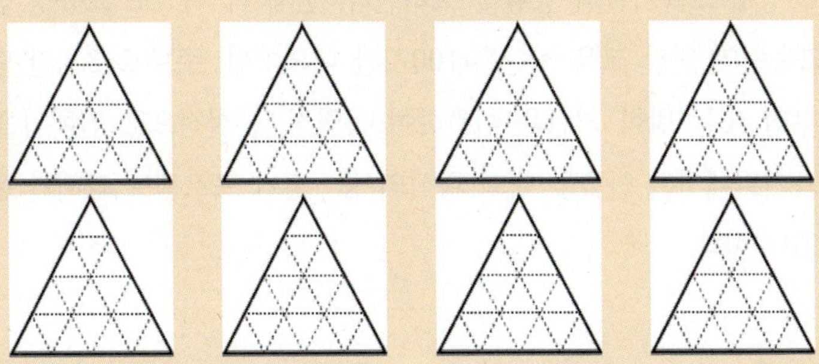

04 수학영재교육 프로그램

4.1 수학영재교육 프로그램의 교수 · 학습 방향

수학영재교육을 위한 교수 · 학습 방법은 정규 수학과 교육과정에서 제시하고 있는 교수 · 학습 방법을 기반으로 하되 수학영재의 특성 및 우리나라 영재교육 기관의 상황을 고려하여 차별화하도록 한다.

수학과 교육과정의 교수 · 학습 방향을 다음과 같이 제시하고 있다.

첫째, 학생의 능력과 수준을 고려하여 설명식 교수, 탐구 학습, 프로젝트 학습, 토의 · 토론 학습, 협력 학습, 매체 및 도구 활용 학습 등을 적절히 선택해서 적용하며 학생들의 사고를 촉진하고, 학생들 간의 상호 작용이 활발히 일어나도록 하는 의미 있는 발문을 한다. 또한, 개인차를 고려하여 수준별 수업을 운영하되, 충분한 확장의 기회를 제공한다.

둘째, 수학영재의 특성을 고려하여 프로그램을 구성한다. 영재들은 ① 지적 호기심이 많고, 사고 능력이 높으며, 창의성이 풍부하여 반복과 연습을 싫어하고, 일방적인 전달 중심의 전통적인 방법을 거부하거나 수용하지 않으려 하는 경향을 고려한다. ② 독립적인 성향과 자기개념이 발달하여 자율성 있는 활동을 즐기며, 자신의 학습을 개발하고 실행하고 평가하는 등의 경향을 고려하여 자기 주도적 학습이 적합하도록 구성한다. ③ 내향적인 성향이나 독립성이 강하여 사회성이 부족할 수 있으며, 의사소통 능력과 협업 능력을 발달시킬 필요성을 고려한다. ④ 정규 수학과 교육과정의 6가지 교과역량을 개선한 창의적 문제해결 능력, 고등 수학적 추론 능력, 융합 및 응용 능력, 수학적 의사소통 및 협업능력, 정보처리 및 도구 활용 능력, 수학적 태도와 실천 의지력 등의 핵심역량을 함양하도록 구성한다.

마지막으로, 영재 교육기관의 상황을 고려한다. 현재 각 시 · 도 교육청 산하의 영재학급과 영재교육원의 연간 교육 시간은 100시간 내외이며, 주로 2~3시간 단위의 수업이 방과 후, 주말 또는 방학 기간을 이용하여 독립적, 분절적으로 진행됨을 고려한다. 또한, 영재교육기관에서는 산출물 대회 형식의 중 · 장기 프로젝트 과제가 운영되는 경우가 많음을 고려한다.

4.2 수학영재교육 프로그램의 교수 · 학습 방법

수학영재들을 교육하기 위한 수학영재교육 프로그램의 교수 · 학습 방법으로 다음 사항을 제시하고 있다.

- **호기심과 흥미** 수학영재들의 호기심과 모험심이 자극 격려되는 환경이 제공되어야 한다.
  - 수학영재들이 지나치게 어려운 과제를 해결하는 과정에서 수학 학습에 흥미를 잃지 않도록 할 필요가 있다.
  - 퍼즐, 게임, 구체물, 공학 도구 등을 이용하여 수학영재들의 흥미를 자극하고자 할 때 단순한 흥미에 끝나지 않고 수학적 흥미로 발전할 수 있도록 해야 한다.
- **수용적 / 개방적 환경** 수학영재들은 자신의 능력과 수준에 적합한 과제를 선택할 수 있고, 과제를 수행하는 데 필요한 시간을 스스로 조절할 수 있어야 하며, 자유롭게 허용적인 분위기에서 학습 할 수 있도록 해야 한다.
- **다양한 교수법과 교수 · 학습 모형** 수학영재들을 위한 수업은 정규 수학과 교육과정에서 제안하고 있는 설명식 교수, 탐구 학습, 프로젝트 학습, 토의 · 토론 학습, 협력 학습, 매체 및 도구 활용 학습뿐만 아니라 영재들의 특성을 고려한 3단계 심화학습 모형, 자기주도적 학습 모형, 자율학습자 모형, 문제 중심학습 모형(PBL), 창의적 문제해결학습 모형(CPS), 융합인재교육모형(STEAM), 개방형 교수법 등 수학영재들에게 적절한 교수법 및 교수 · 학습 모형이 적용할 수 있다.
- **창의적 문제해결** 수학영재들이 수학 문제를 해결하는 과정에서 창의성을 발현할 수 있도록 해야 한다. 이를 위해 다음을 고려하여야 한다.
  - 도전적 과제 제시 : 수학영재들에게 쉽게 해결되지 않는 도전적 과제가 제시되어야 한다.
  - 폴리아가 제안한 「문제이해 → 계획수립 → 계획실행 → 반성」 등의 문제해결 과정 각 단계에서 필요한 문제해결력을 배양할 수 있어야 한다.
  - 아다마르가 제안한 「준비기 → 부화기 → 발현기 → 검증기」 등의 수학적 발견 과정을 고려하여 수학영재들이 창의적 사고를 발현할 수 있도록 하는 충분한 기회와 시간을 제공하여야 한다.
  - 문제해결의 아이디어가 도출되었더라도 발현된 사고를 학습자 스스로 충분히

반성하고 일반화할 수 있는 검증단계에 이를 때까지 끝까지 격려하고 확인해 주면서 지속적으로 점검할 필요가 있다.

- **문제 제기 및 재창조 활동** 수학영재들이 주어진 문제를 해결하는 것에서 끝나지 않고 새로운 문제를 제기하고 자신이 제기한 문제를 탐구하는 경험을 제공할 필요가 있다. 또한 역사적으로는 이미 존재했던 결과물이라 할지라도 독자적이고 자기 주도적인 학습을 통해 재창조의 경험을 할 수 있도록 한다.
- **수학영재를 위한 핵심역량의 개발** 목표 기준에서 제안한 바와 같은 수학영재들을 위한 여섯 가지 핵심역량이 개발될 수 있는 교수 학습 방법을 모색하여야 한다.
- **발문을 활용한 교사의 역할** 교사는 수학영재들이 문제에 대한 창의적인 해법이나 새로운 아이디어를 발현할 수 있도록, 보다 깊이 고민하고 탐구할 수 있는 기회를 제공하고, 학생이 부화기를 거치는 동안 지속적으로 창의적 사고를 유발하는 발문을 제기해야 한다.
- **산출물 지도** 협력적으로 문제를 해결하고 탐구하는 중장기 프로젝트 과제를 수행하게 할 때 다음을 고려한다.
  - 산출물 지도 과정은 「(1) 과제 안내 → (2) 중간 점검 및 지도 조언 → (3) 학생 주도의 프로젝트 수행 → (4) 자기 활동 점검 및 반성」의 과정을 통해 교사주도에서 학생주도로 이행하도록 한다. 여기서 KEDI형 3단계 심화학습 모형을 참조할 수 있다.
  - 개인 또는 모둠별로 제작한 산출물은 한 번 발표하고 끝나는 것이 아니라 다른 학생들의 피드백과 재검토/재구성을 통해 개선되도록 해야 하며 이 과정에서 영재 학생들이 반성적 성찰의 경험과 협력적 의사소통을 경험할 수 있도록 해야 한다.

4.3 수학영재교육 프로그램 소개

한국교육개발원에서는 영재교육진흥법과 동법 시행령이 고시되기 전부터 영재교육 프로그램을 개발하였으나 본격적으로 영재교육기관에서 영재교육이 이루어지면서 영재교육기관에 〈표 14-12〉와 같은 수학영재교육 프로그램을 지속적으로 보급하였다.

〈표 14-12〉 한국교육개발원에서 개발한 수학영재교육 프로그램

연번	제목	영역	발행연도	비고
1	도형이의 수학여행	도형	1998	단행본
2	통계와 우리 생활	자료와 가능성	1998	단행본
3	수학 만들기	변화와 관계	1999	단행본
4	생활 속의 기하	도형과 측정	1999	단행본
5	바닥깔기를 통한 수학적 미의 탐구	도형과 측정 / 변화와 관계	2000	단행본
6-1	내가 만드는 수학 놀이	변화와 관계	2001	CD
6-2	규칙나라 만들기	변화와 관계	2001	CD
7	교육청 영재 교육 심화 교수·학습 자료 - 4, 5, 6학년 각 50차시	전 영역	2002	CD 및 단행본
8	교육청 영재 교육 심화 교수·학습 자료 - 4, 5, 6학년 각 50차시	전 영역	2003	CD 및 단행본
9	교육청 영재 교육 심화 교수·학습 자료 - 4, 5, 6학년 각 50차시	전 영역	2004	CD 및 단행본
10	규칙의 바다에 풍덩(초급)	변화와 관계	2001	CD 및 단행본
11	나는 통계 신문 기자(초급)	자료와 가능성	2005	CD 및 단행본
12	수는 내 친구(초급)	수와 연산 / 변화와 관계	2005	CD 및 단행본
13	탄생! 내가 만든 신퍼즐(초급)	도형과 측정	2005	CD 및 단행본
14	도시 계획을 내 손으로(중급)	도형 / 측정	2005	CD 및 단행본
15	모듈로 산술(중급)	수와 연산 / 규칙성과 함수	2005	CD 및 단행본
16	자료를 말해요(중급)	자료와 가능성	2005	CD 및 단행본
17	자와 컴퍼스로 꾸미는 세상(중급)	도형과 측정	2005	CD 및 단행본
18	CUBE 행성에 관한 Math-file(고급)	전 영역	2005	CD 및 단행본
19	나는 바닥 디자이너(초급)	도형과 측정	2006	CD 및 단행본
20	로직포터와 마법사의 성(초급)	변화와 관계	2006	CD 및 단행본
21	수 게임 발표회(초급)	수와 연산 / 변화와 관계	2006	CD 및 단행본
22	신비한 수의 세계(중급)	수와 연산 / 변화와 관계	2006	CD 및 단행본
23	눈금 없는 자와 컴퍼스로 디자인하기(중급)	도형과 측정	2006	CD 및 단행본
24	내가 탐구하는 수학사(중급)	전 영역	2006	CD 및 단행본
25	꿈은 이루어진다.(고급)	자료와 가능성	2006	CD 및 단행본
26	나만의 비를 찾아서(고급)	변화와 관계	2006	CD 및 단행본
27	축구공 위의 수학(고급)	도형과 측정	2006	CD 및 단행본

역량중심 영재교육 프로그램은 영재교육 프로그램의 목표와 내용을 핵심역량 중심으로 재구조화하여 핵심역량 육성을 목적으로 개발되었다.

이후 국가 영재교육 프로그램 기준이 만들어지고 그 안에 수학 역량이 강조되면서 한국교육개발원에서는 국가 영재교육 프로그램 기준을 반영한 역량중심 영재교육 프로그램을 3년(2018~2020)에 걸쳐 매년 개발하였다. 역량중심 영재교육 프로그램은 4차 산업혁명 시대의 복잡한 문제를 해결할 수 있는 지식, 기술, 태도, 가치의 종합적인 역량을 갖춘 인재가 요구되는 시대적 상황에서 영재교육 프로그램의 목표와 내용을 교과중심 프로그램에서 핵심역량 중심으로 재구조화하여 영재의 특성을 고려한 핵심역량 육성을 목적으로 개발되었다. 역량중심 영재교육 프로그램은 '역량'의 렌즈로 영재교육의 교육과정을 재구조화할 때 다음의 4가지를 중요한 방향으로 고려하였다(한국교육개발원 영재교육센터, 2018).

첫째, 실제 세계에 대한 탐구에서 출발한다. 학생들의 경험 세계에서 학습이 시작할 수 있도록 맥락을 제공하는 것이다. 학습을 위한 가공의 상황이 아니라, 학생들이 일상생활에서 직면하게 되는 생활 장면에서 시작해서 해당 학문의 핵심 개념과 원리에 접근해 가는 방식이다. 실제 세계의 문제를 해결하기 위해 필요한 개념, 원리 등을 끌어오는 것이다. 이때 지식의 중요성이 간과되는 것은 아니다.

둘째, 인식론적 문제를 탐색하도록 하기 위해 대주제(big idea)를 활용한다. 영재들은 개별적인 지식체계가 제시될 때만이 아니라, 지식 체계 간의 상호연관성 속에서 탐구하도록 할 때 더 흥미를 가지고 몰입하게 된다. 대주제(Big idea)는 분과적인 중요 개념보다 상위개념으로 다른 학문과 연계하여 설명하는 것을 용이하게 한다. 학생들이 지식에 대한 영속적 이해(전인적 이해)에 도달하는 것을 돕기 위해 이를 안내해 주는 기제로 "핵심질문"을 활용한다. 여기서 핵심질문은 주요 개념, 목적과 가치(의미) 등을 포함하며, 학문내, 학문 간 연계 기회를 제공하고 내용 전달이 아니라 배움을 이끌어내는 역할을 한다.

셋째, 해당분야의 전문가들이 자신의 일을 수행하는 데 있어 경험하는 사고와 활동 과정을 거치도록 한다(사고기능의 강조). 영재학생들을 단순히 지식의 소비자가 아니라 생산자로 만들기 위해서는 학생들이 단순하게 오래된 경험과 사고의 축적 결과로서의 지식만을 습득하는 것이 아니라 해당 분야에서 전문가들이 사고하고, 활동하는 과정을 경험하도록 하는 것이 필요하다.

넷째, 자신의 삶과 관련지어 지식의 의미를 통찰해 보도록 한다. 역량에서 강조되는 학습의 전인성, 총체성이 실현되기 위해서는 해당 분야의 지식이 자신의 삶에서 어떤 의미가 있는지, 자신의 진로와 관련지어 볼 때 어떤 영향력을 가지는지에 대해 생각할 수 있는 기회를 제공할 필요가 있다.

3년에 걸쳐 역량중심 영재교육 프로그램 중 초등수학분야의 내용은 〈표 14-13〉[1]과 같다.

〈표 14-13〉 역량중심 초등수학분야 영재교육 프로그램

연도	대주제	영역	1주제	2주제	3주제
2018	규칙과 질서	대수	자연수의 비밀을 찾아서	두근두근 수학자와의 만남	정보 · 패턴 · 추론과 함께하는 행복한 수학(Math) 여행
		기하	우리 생활을 바꾸는 포장상자의 전개도	수학 중점 도시의 상징 구조물 만들기	세상 속 공간, 공간 속 세상! 프랙털 구조물 만들기
		조합	나는 테마파크 디자이너	알리바바에게 무슨 일이 생겼나?	나도 빅데이터 전문가 / 패턴 조명 디자인
2019	조화와 균형	대수	분수와 소수로 나만의 수 설계하기	하노이탑을 옮기며 발견하는 단순하면서도 복잡한 규칙의 세계	내 몸과 조화를 이루는 균형 잡힌 의자 만들기
			과거와 미래를 잇는 마법 – 마방진의 원리를 알고 만들어 보기	보드게임에 숨겨진 수학-조화와 균형을 이루는 생태 보드게임 만들기 프로젝트	아날로그와 디지털의 결합 이진법과 모스부호를 이용한 암호화 도형 만들기 프로젝트
		기하	통일된 사각형 퍼즐 나라를 꿈꾸며 – 변형 스핑크스 퍼즐 만들기 프로젝트	수학을 알면 건물이 보인다 – 폴리큐브와 건축물의 만남	사통팔달 만인만족 교통체계 만들기
			나만의 기리 타일 디자인	택시 기하에서 적절한 공영 주차장의 위치	차원이 다른 동화
		조합	통계의 힘으로 해결하기	신기한 가능성의 이야기, 확률!	우리는 확률게임 디자이너
			전략을 바꾼 나만의 게임 만들기	수학을 이용하여 남몰래 나의 생각 전하기	효율적인 급식시간 제안하기
2020	문제해결과 삶의 향상	대수 기하 조합	최적의 수리적 해법과 변형 게임이론	대한민국 알리기 프로젝트 –수학자의 여행 플래너	바이러스에 대처하기 위한 모델 활용 수학보고서
			What can tell me that who I am?	공정한 통계자료 활용 생활	수학의 이름으로 감정을 말하다

1 이 자료는 영재교육종합데이터베이스(https://ged.kedi.re.kr/index.do)에서 다운로드 받을 수 있음.

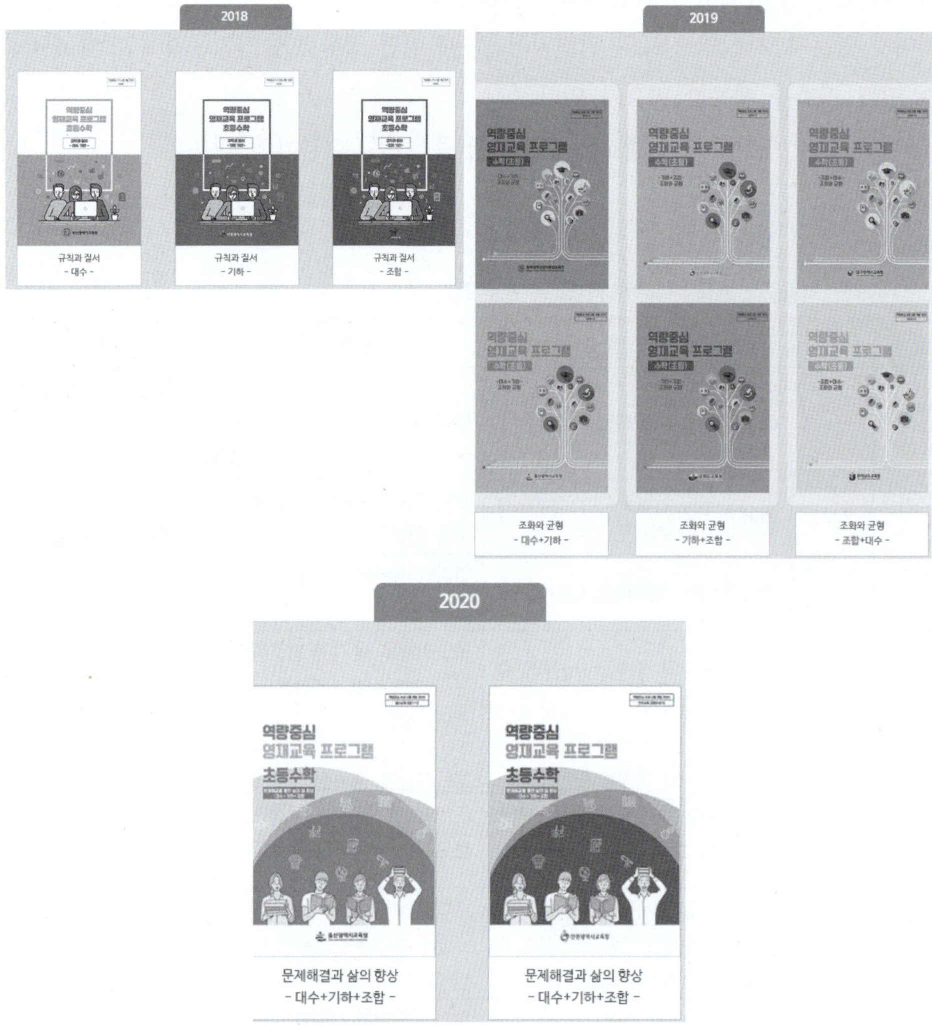

[그림 14-2] 역량중심 초등수학분야 영재교육 프로그램 표지

토의문제 4

놀이공원 한 곳을 정해서 타고 싶은 놀이기구 8개를 선정한 후 어떻게 하면 8개의 놀이기구를 빠른 시간 안에 탈 수 있을지 이야기해 보시오.

참고문헌

교육부 (2013). **제3차 영재교육진흥 종합계획**. 교육부.

교육부 (2018). **제4차 영재교육진흥 종합계획**. 교육부.

교육부 (2023). **제5차 영재교육진흥 종합계획**. 교육부.

교육인적자원부, 과학기술부, 문화관광부, 정보통신부, 여성부, 기획처, 특허청 (2002). **제1차 영재교육진흥 종합계획**. 교육인적자원부, 과학기술부, 문화관광부, 정보통신부, 여성부, 기획처, 특허청.

교육인적자원부 (2007). **제2차 영재교육진흥 종합계획**. 교육인적자원부.

서예원, 이동화, 문대진, 문미연. (2015). **대한민국의 영재교육**. 한국교육개발원

송상헌 (2002). 수학영재를 위한 교수원리 및 방법의 적용에 대한 소고. **과학교육논총**, *14*, 311-329.

이희현, 김주아, 김동원, 송상헌, 한대희, 함남우 (2017). **영재교육 프로그램 기준: 초 · 중학교 수학** - (연구자료 CRM 2017-16). 한국교육개발원.

이희연, 송상헌, 한대희, 함남우, 김아름 (2015). **국가 영재교육 프로그램 기준(안) 개발: 초 · 중학교 수학** - (수탁연구 CR 2015-30). 한국교육개발원.

임후남 (2023). 2023 **영재교육통계연보** - (CSM 2023-14). 한국교육개발원.

조석희, 박성익, 정태희 (2001). **영재교육 실천방안** - (수탁연구 CR 2001-35). 한국교육개발원.

한국교육개발원 영재교육센터 (2018). 2018 **역량중심 영재교육 프로그램 개발 2차 워크숍 자료**. 한국교육개발원.

National Council of Teachers of Mathematics (1989). *Curriculum and evaluation standards for school mathematics*. Reston, VA: NCTM.

National Council of Teachers of Mathematics (1991). *Professional standards for teaching mathematics*. Reston, VA: NCTM.

National Council of Teachers of Mathematics. (1995). *Assessment standards for school mathematics*. Reston, VA: NCTM.

[illegible]

[illegible]

[illegible]

[illegible]

[illegible]

[illegible]

[illegible]

[illegible]

[illegible]

[illegible]

[illegible]

National Council of Teachers of Mathematics (1989). *Curriculum and evaluation standards for school mathematics*. Reston, VA: NCTM.

National Council of Teachers of Mathematics (1991). *Professional standards for teaching mathematics*. Reston, VA: NCTM.

National Council of Teachers of Mathematics (1995). *Assessment standards for school mathematics*. Reston, VA: NCTM.

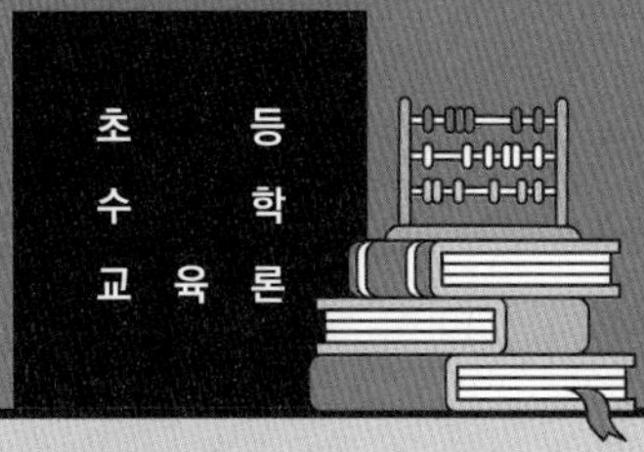

제15장

수학과 평가

교사에게 요구되는 여러 가지 전문성 중 하나는 평가 전문성이다. 교사는 자신의 가르침(teaching)에서 비롯된 학생의 학습이 어떠한지 판단할 수 있는 역량을 갖추어야 하고 실제로 평가를 잘 수행할 수 있어야 한다. 최근 미래 사회에서 요구되는 인재상과 교육 환경이 변화함에 따라 평가에서의 강조점이 결과 중심보다 과정 중심으로 변하였다. 또한 평가를 통해 학생의 성장을 도울 수 있도록 하는 것을 지향하고 있다. 이러한 변화는 교사들로 하여금 전통적으로 수학과 평가에서 수행해 온 방식과 다르게 평가를 수행할 것을 요구한다. 따라서 수학과 평가 전문성을 기르기 위해서는 수학과 평가에 대한 관점의 변화를 파악하고 현재 강조되고 있는 수학과 평가의 특징과 방법을 함께 이해할 필요가 있다. 이 장에서는 먼저 수학과 평가의 동향을 설명하고, 수학과 평가의 특징과 수학과 평가 방법을 소개한다. 마지막으로 국내외에서 이루어지고 있는 대규모 학업성취도 수학과 평가 사례를 제시한다.

01 수학과 평가의 동향

최근 교육평가에 대한 관점이 변화함에 따라 수학과 평가에 대한 다양한 변화가 나타나고 있다. 이 절에서는 이러한 변화를 교육평가에 대한 관점의 변화, 과정 중심 평가의 강조, 수행평가의 활용, 컴퓨터 기반 평가의 도입으로 설명하고자 한다.

1.1. 교육평가에 대한 관점의 변화

표준국어대사전에 따르면 '평가'란 사물의 가치나 수준 따위를 평하는 것이다. 평가의 사전적 의미를 교육평가에 적용하면 교육평가란 학생의 학습의 정도를 교육목표에 비추어 판단하는 것이라고 볼 수 있다. 이와 유사하게 미국의 교육학자 Tyler(1942)는 교육평가를 교육과정 또는 교육 프로그램의 목표가 실제로 달성된 정도를 판단하는 과정이라고 정의하였다. 이러한 정의는 학생들이 교육목표를 얼마나 달성했는지 측정하고 평가하는 것이 교육평가에서의 주된 활동임을 나타내는 것이다. 그러나 교육평가에 대한 초기 개념화 이후로 교육평가의 의미, 유형, 목적과 내용, 주체와 방법 등에 대한 다양한 관점들이 제기되었다. 이러한 논의들에서 파악되는 교육평가의 주된 강조점은 평가가 학생들의 교수-학습 과정에서 유익한 활동이 되어야 한다는 점이다.

이는 교육평가의 목적이 변화되었음을 나타낸다.

> 전통적인 교육평가에서 강조해온 총괄평가는 학생의 '학습에 대한 평가(assessment of learning)'로 표현될 수 있다. 이와 달리 형성평가는 '학습을 위한 평가(assessment for learning)' 혹은 '학습으로서의 평가(assessment as learning)'로 표현될 수 있다(McMillan, 2007).

교육평가의 목적은 대체로 학생을 선발, 분류, 배치하기 위하여 학생의 학습 결과를 점수화, 서열화하기 위한 것과 학생의 학습과 수업 개선에 도움이 되는 자료를 수집하고 학생의 성장에 도움을 주는 것으로 구분해 볼 수 있다. 전자는 중간고사, 기말고사나 대학수학능력시험 등과 같은 예에서 쉽게 알 수 있듯이, 학생이 학습한 결과를 대상으로 평가하는 총괄적인(summative) 평가에서 추구하는 것이다. 그러나 후자는 교수-학습 과정에서 확인되는 학생들의 학습 과정에 주목하면서 학생의 학습을 돕고자 하는 형성적인(formative) 평가의 목적이다.

총괄평가와 형성평가의 차이는 평가의 목적 뿐만 아니라 평가의 시기나 주체에 있어서도 드러난다. 학습 결과에 대한 점수화나 서열화를 목적으로 이루어지는 총괄평가의 경우 학기 말 혹은 학년 말과 같이 모든 학습이 끝난 뒤에 수행되므로 학생의 교수-학습 과정에 대해 평가할 수 없고, 평가의 주체는 주로 교사가 된다. 그러나 학생의 성장을 지원하고 수업을 개선하기 위해 이루어지는 형성평가는 학생의 학습 결과 뿐만 아니라 학습 과정을 중심으로 평가하게 되므로 수업 중 교수-학습 과정에서 이루어져야 한다. 이 과정에서 학생의 학습을 도울 수 있는 주체는 교사만이 아니라 학생 본인이나 동료 학생도 될 수 있다.

학습 과정에서 이루어지는 형성평가가 학생들의 성취를 높인다는 연구 결과가 발표된 이후로 교육평가에서 형성평가를 강조하는 흐름은 더욱 강해졌다(박정, 2013). 그러나 이와 같은 형성평가의 강조가 교육평가에서 총괄평가를 배제하고 형성평가만 해야 한다는 것을 의미하는 것은 아니다. 그동안 학교 현장에서 교육평가가 총괄평가 방식으로만 이루어졌음을 반성하면서 형성평가와 총괄평가의 균형을 잘 맞춘 교육이 이루어져야 함을 강조하는 것이라고 보아야 한다(김희경 외, 2014).

결과 중심의 평가를 중심으로 수행되어 온 평가 방식을 반성하면서 학습 과정의 측면에 대해서도 평가가 이루어져야 한다는 주장이 제기 됨에 따라 수학과 평가에서도 형성평가를 반영하고자 하는 흐름이 점차 시작되었다. 그리고 이러한 흐름은 '과정 중심 평가'라는 용어가 도입되면서 더욱 뚜렷이 드러나게 되었다. 이하에서는 수학과에서 형성평가를 강조하면서 대두된 '과정 중심 평가'의 의미와 특징 및 실행에 대해 살펴본다.

1.2. 과정 중심 평가의 강조

가. 과정 중심 평가의 의미와 특징

과정 중심 평가란 "수업과 연동된 평가를 실행하고 그 결과를 교수·학습에 반영함으로써 학생의 수학 학습을 돕는 평가"(이경화 외, 2016, p. 826)이다. 이러한 정의는 평가의 목적이 수업 중 나타나는 학생의 수학 학습을 돕는 것이고, 평가를 통해 평가 결과가 수업에 반영되어 학생의 학습을 성장시키는 일종의 형성평가임을 드러내 준다.

수학과에서 과정 중심 평가는 2015년에 발표된 '제2차 수학교육 종합 계획'에서 수학교육 패러다임의 변화를 추진하는 주요 과제 및 내용의 하나로 제시되었다. 이 계획에서는 과정 중심의 평가를 통해 학생의 학습 과정과 성취 정도에 대한 구체적인 정보를 제공하여 평가를 통해 학습하는 풍토를 조성할 것을 강조하였다(교육부, 2015b). 이후 2015 개정 수학과 교육과정에서는 아래와 같이 '과정 중심 평가'라는 용어를 사용하여 평가의 방법을 밝히었다.

> (가) 수학과의 평가는 학습 결과 평가뿐만 아니라 과정 중심 평가도 실시하여 종합적인 수학 학습 평가가 될 수 있게 한다.

사실, 과정 중심 평가는 2015 개정 교육과정에서만 강조된 것은 아니다. 2009 개정 수학과 교육과정(교육부, 2011)에서도 아래와 같이 인지적 영역에 대한 평가에서 과정을 중시해야 함을 언급하면서 과정 중심 평가를 고려하고 있음을 드러내었다.

> 마. 인지적 영역에 대한 평가에서는 학생의 수학적 사고력 신장을 위하여 결과뿐만 아니라 과정도 중시하여 평가하되, 수학의 교수·학습에서 전반적으로 요구되는 다음 사항을 강조한다.

다만 2015 개정 교육과정에서 '과정 중심 평가'라는 용어를 새롭게 사용하였고, 이를 계기로 학교 현장에 과정 중심 평가가 본격적으로 확산됨에 따라 2015 개정 교육과정에서부터 과정 중심 평가가 수학과 평가의 새로운 패러다임으로 자리 잡은 것처럼 보여진 측면이 있다. 따라서 과정 중심 평가는 새로운 평가의 종류로 보기보다 학생의 학습에 도움을 주고자 하는 목적을 잘 구현하기 위해 표현된 용어로 이해하는 것이 좋다(이경화 외, 2016). 2022 개정 교육과정에서는 '과정 중심 평가'라는 용어 대신 아래와 같이 '과정을 중시하는 평가'라고 제시하고 있다.

> (다) 학생의 수학 학습을 돕기 위해 수업과 평가를 통합하여 과정을 중시하는 평가를 실시한다.

대신 이 평가에서의 목적은 수학 학습을 돕는 것임을 분명하게 제시하고 있다. 따라서 앞으로 이 장에서 지속적으로 사용할 '과정 중심 평가'라는 용어는 2022 개정 수학과 교육과정에서 추구하고 있는 '과정을 중시하는 평가'와 동일한 것으로 이해하는 것이 좋다.

앞서 언급한 것처럼 과정 중심 평가는 형성평가의 일종이므로 학생의 학습을 돕기 위한 목적으로 행해지는, 학습을 위한 평가이다. 또한 수업 전과 수업 중에 이루어지는 교사의 활동이 평가로 간주되어 평가와 수업이 통합된 것으로 보는 학습으로서의 평가이기도 하다. 과정 중심 평가에서 평가하는 내용은 성취기준과 관련된 수학적 개념, 원리, 법칙을 이해하고 적용하는 능력 외에도 학생의 수학 교과 역량까지 포괄한다. 그리고 이들을 평가해서 얻은 결과에 기초한 즉각적이고 실제적인 피드백을 해당 학생에게 구체적으로 제공하여 평가가 학습에 기여하도록 한다는 것이 특징이다.

또한 과정 중심 평가에서는 다양한 방법을 활용하여 평가를 시행하는 것이 권장된다. 다양한 평가 방법을 적절히 활용하면 적절한 시점에 학생의 학습이 일어날 수 있도록 기회를 만들어 줄 수 있기 때문이다(교육부, 한국과학창의재단, 2017). 따라서 주로 교사에 의해 만들어지는 지필평가 외에도 학생 본인이나 동료 학생들이 수행하는 자기 평가, 동료 평가 및 그 외 프로젝트 평가, 포트폴리오 평가, 관찰 · 면담 · 구술 평가 등 학생들의 수행 과정에 대한 정보를 수집할 수 있는 모든 방법들이 과정 중심 평가의 방법이 될 수 있다. 지금까지 논의한 과정 중심 평가의 특징을 결과 중심 평가와 비교하여 정리하면 〈표 15-1〉과 같다.

〈표 15-1〉 결과 중심 평가와 과정 중심 평가의 특징 비교(이경화 외, 2016, p. 827)

결과 중심 평가	범주	과정 중심 평가
총괄적 평가	평가의 목적	형성적 평가
학습의 평가	학습과의 관계	학습을 위한 평가, 학습으로서의 평가
성취기준과 관련된 수학적 개념, 원리, 법칙의 이해 및 적용 능력	평가 내용	* 성취기준과 관련된 수학적 개념, 원리, 법칙의 이해 및 적용 능력 * 문제해결, 추론, 창의-융합, 의사소통, 정보처리, 태도 및 실천 등의 교과 핵심 역량
지필평가	평가 방법	지필평가, 프로젝트 평가, 포트폴리오 평가, 관찰 평가, 면담 평가, 구술 평가, 자기 평가, 동료 평가
수업 후에 일회적으로 평가	평가 시기	수업 중에 지속적으로 평가
객관적이고 표준화된 양적 정보	수집된 정보	비형식적인 질적 정보
교사	평가 주체	교사, 학생(동료, 자기 자신)
미래의 학생에게 더 많은 혜택이 있음	혜택의 분배	미래의 학생뿐만 아니라 현재의 학생에게 많은 혜택이 있음
즉각적이지 않으며 일반적	피드백	즉각적이고 구체적

나. 과정 중심 평가의 실행

과정 중심 평가의 실행을 위해서는 평가 문항이나 기법만의 변화가 아닌 이를 포함한 수업 자체의 변화가 필요하다. 과정 중심 평가의 실행을 위해 고려해야 하는 조건을 세 가지로 정리하면 다음과 같다(이경화 외, 2016, pp. 828-829)

첫째, 학생의 현재 학습 상태와 사고방식을 보여주는 과제를 설계해야 한다. 주로 다양한 사고와 해법이 가능한 과제, 정답을 요구하기 보다 그러한 답을 얻게 된 이유를 물어보는 과제가 학생의 학습 상태를 파악하는데 용이하다. 예를 들어, 27과 43 중 더 큰 수를 묻는 과제보다 2, 3, 4, 7의 숫자 카드를 제공하고 학생들이 두 자릿수를 만들어서 크기를 비교하는 과제가 과정 중심 평가에 더 적합하다. 이러한 과제는 두 자릿수 크기 비교와 관련된 학생들의 다양한 사고전략을 드러낼 수 있고, 다양한 전략을 중심으로 학생 간의 상호작용을 유도할 수 있기 때문이다. 교사는 이러한 상호작용을 관찰하면서 학생의 학습 상태를 파악할 수 있으며, 학생들은 동료 학생들의 전략과 자신의 전략을 비교하면서 자신의 학습을 개선할 수 있다.

둘째, 교사와 학생 및 학생과 학생 간의 상호작용이 일어나는 수업을 설계해야 한다. 과정 중심 평가는 학생이 성취기준에 도달했는가를 확인하는 것보다 성취기준에 도달하기 위해 어떠한 일이 진행되었는가를 파악하는 데 목적이 있다. 따라서 이러한 과정을 파악하기 위해 교사와 학생, 학생과 학생 간의 상호작용을 강조한다. 학생들의 생각을 드러낼 수 있는 적절한 과제와 이를 통해 드러난 학생들의 학습 상태에 맞는 피드백이 이루어질 때, 상호작용이 활발한 교실이 형성될 수 있다.

셋째, 학생들의 학습 요구에 맞추어 피드백이 이루어져야 한다. 과정 중심 평가에서 피드백은 평가의 환류 측면에서 중요한 역할을 한다. 학생의 수학 학습 향상에 도움이 되기 위해 피드백은 직접적인 설명보다는 학생의 반성을 유도하는 질문 형식이 적합하며, 피드백을 제공하는 역할은 교사에게만 한정되지 않고 동료 학생 역시 피드백을 제공할 수 있다. 교수-학습 과정에서 학생의 학습 과정에 대해 피드백을 제공하기 위해서는 수업 전부터 미리 학생의 반응에 대한 예상을 하고 그에 대한 피드백을 제공할 준비를 해야 한다. 예를 들어, 〈표 15-2〉 상단에 주어진 과제에서 보일 학생의 예상 반응과 그에 대한 피드백은 〈표 15-2〉 하단과 같다.

〈표 15-2〉 과정 중심 평가에서의 피드백 사례(교육부, 한국과학창의재단, 2017, p. 44)

<table>
<tr><td colspan="2">평가 과제:
① $\frac{3}{4}$은 $\frac{1}{4}$이 (　　)개 이다.
② $\frac{3}{5}$은 (　　)이 (　　)개 이다.
③ $\frac{2}{3}$를 수직선에 나타내 봅시다.

0　　　　1</td></tr>
<tr><th>학생의 예상 반응</th><th>피드백 전략</th></tr>
<tr><td>①, ②, ③을 모두 정확하게 해결한 학생</td><td>가분수에서 단위분수의 개수를 알아보고 수직선에 나타내 보도록 한다.</td></tr>
<tr><td>①, ③은 정확하게 해결했지만 ②를 해결하지 못하는 학생</td><td>전략(1): ①과 비교하면서 유추해보도록 한다.
전략(2): 분수 모델을 이용해 단위 분수를 하나씩 색칠하고 개수를 확인하도록 한다.</td></tr>
<tr><td>①, ②는 정확하게 해결했지만 ③을 해결하지 못하는 학생</td><td>전략(1): ③을 해결하지 못한 학생이 많은 경우 학급 전체 학생들과 함께 문제를 해결한다.
→ "수직선을 몇 등분해야 하죠?",
"왜 3등분을 해야 하죠?"<br>"몇 칸을 이동해야 하죠?"
전략(2): ③을 해결하지 못한 학생이 적은 경우 개별적으로 지도한다.</td></tr>
<tr><td>①, ②, ③을 모두 해결하지 못한 학생</td><td>전략(1): ①을 틀린 학생이 많으면 전체적으로 분수 모형에 단위분수를 하나하나 세면서 색칠을 하고 개수를 확인하도록 한다. ②와 ③도 학급 전체 학생들과 함께 해결한다.
전략(2): ①을 틀린 학생이 적으면 그 학생과 중점적으로 분수모형을 색칠하면서 개수를 세어 보도록 한다. ②와 ③도 개별지도한다.</td></tr>
</table>

수학과 과정 중심 평가에서의 피드백의 특징을 정리하면 다음과 같다(교육부, 한국과학창의재단, 2017, p. 19)

① 피드백은 학습자 참여를 중심으로 이루어진다. 과정 중심 평가에서 피드백은 교사와 학생이 함께 수업에 참여하여 상호작용함으로써 얻는 학습자 중심의 정보, 그리고 이를 교수-학습 개선에 활용하는 행위를 뜻한다.

② 피드백은 학생의 산출물을 기반으로 이루어진다. 과정 중심 평가는 교수-학습과 평가를 동일시하기 때문에, 교수-학습의 개선을 위한 피드백은 평가로부터 나온 학생의 산출물에 기반을 둔다. 이때, 수학 수업에서 학생의 산출물은 대개 과제(task)를 매개로 하기 때문에 과정 중심 평가에서의 유의미한 피드백을 위해서는 학생의 역량을 드러낼 수 있는 과제의 선정이 특히 중요하다.

③ 피드백은 순환적 과정이다. 피드백은 교수-학습과 평가를 연결하는 매개로서, 교수-학습과 평가를 동일시하는 과정 중심 평가의 핵심 요소이다. 이러한 순환은 수업 내의 연결성, 수업 간의 연결성이 확보되어야 실천 가능하다.

④ 피드백의 기준은 고정되어 있지 않다. 과정 중심 평가는 고정된 학습 목표에 비추어 학생의 수행 정도를 평가하는 것뿐만 아니라 학생의 과거와 현재를 비교하여 학습 개선을 평가하는 것을 포함한다.

⑤ 피드백의 유형과 방법은 매우 다양하다. 교수-학습을 도울 수 있는 다양한 피드백의 유형과 방법을 활용함으로써 과정 중심 평가를 목표를 실천할 수 있다.

⑥ 피드백을 위한 자료는 다원적 성격을 지니고 있다. 과정 중심 평가를 위해 수집되어야 하는 자료는 정형화된 산출물과 비형식적인 관찰 기록 그리고 비언어적 정보까지 모두 포함하기 때문에, 교사는 교수-학습 맥락에서 수집되는 모든 정보를 활용할 수 있어야 한다.

1.3. 수행평가의 활용

수행평가(performance assessment)는 "교과 담당교사가 학습자들의 학습과제 수행 과정 및 결과를 직접 관찰하고, 그 관찰 결과를 전문적으로 판단하는 평가 방법"(교육부, 2018)으로, 우리나라에서는 1990년대에 들어 새롭게 도입되었다. 수행평가의 정의에서 가장 핵심적인 부분은 학생이 직접 구성적으로 만들어 내는 반응이나 수행 과정, 행동 등에 주목한다는 것이다. 수행평가를 통해 학생이 가지고 있는 수학적 지식,

수행평가에서 수행(performance)이란 '수행과 산출(performanceand-product)'을 포함하고 있는 개념으로, 자신의 지식과 기술을 이용하여 과제를 수행하고 산출물을 만들어 내는 학생들의 능력을 강조하는 용어다(서지영 외, 2008).

기능, 태도 등의 능력을 직접 구성하거나 수행을 통해 나타내 보이도록 하는데, 이때 교사는 직간접적인 관찰을 통해 학생들의 수행에 대한 판단을 내릴 수 있다(황혜정 외, 2019). 이처럼 수행평가는 교수-학습의 결과 뿐만 아니라 교수-학습의 과정을 중요하게 평가하게 되므로 과정 중심 평가의 일종으로 활용될 수 있다. 수행평가의 일반적인 특징을 정리하면 다음과 같다(서지영 외, 2008, pp. 16-17).

① 학생의 지식이나 기능, 태도 등을 평가함에 있어서 교사의 전문적인 판단에 크게 의존하는 평가 방식이다.

② 학생이 문제의 정답을 선택하게 하는 것이 아니라, 자기 스스로 답을 작성(또는 구성)하거나 행동으로 나타내도록 요구하는 평가 방식이다.

③ 교수·학습의 결과뿐만 아니라 교수·학습의 과정도 함께 중시하는 평가 방식이다.

④ 추구하고자 하는 교육 목표의 달성 여부를 가능한 한 실제 상황 하에서 파악하고자 하는 평가 방식이다.

⑤ 학생의 학습 과정을 진단하고 개별 학습을 촉진하려는 노력을 중요시하는 평가 방식이다.

⑥ 학생의 능력을 일회적으로 평가하기보다는 학생 개개인의 변화·발달 과정을 종합적으로 평가하기 위해 전체적이면서도 지속적으로 이어지는 것을 강조하는 평가 방식이다.

⑦ 학생의 인지적인 영역 뿐만 아니라 학생 개개인의 행동 발달 상황이나 흥미, 태도 등의 정의적인 영역, 그리고 운동 기능 등의 심동적인 영역에 대하여 종합적이고 전인적인 평가를 중시하는 평가 방식이다.

수행평가를 실행하기 위해서는 먼저 성취기준을 분석하여 교수학습 및 평가 계획을 수립하고, 수행평가 과제를 개발해야 한다. 교육부와 한국교육과정평가원(2017)은 수행평가로 활용할 수 있는 과제의 요건을 실생활에서 발생할 수 있는 문제 상황을 반영한 과제, 다양한 지식, 기능, 태도를 통합적으로 활용할 수 있는 과제, 수행평가 과정에서 학습과 성장의 기회를 제공하는 과제, 문제해결을 위하여 다양한 시도와 노력을 할 수 있는 비구조화된 과제의 네 가지로 제안한 바 있다. 예를 들어, [그림 15-1]과 같은 수행평가 과제는 학생들이 실생활에서 볼 수 있는 문제 상황을 반영하면서도 도형의 이동이라는 수학적 내용과 연결되며, 학생들이 다양한 시도를 해 볼 수 있는

한 가지 모양을 사용하여 다양하게 타일 깔기

1. 평가 대상: 4학년
2. 관련 단원: 4학년 4. 평면도형의 이동
3. 준비물: 테셀레이션을 위한 도형본 여러 장, 점종이, 연필, 지우개, 태블릿
4. 평가 내용: 반복되는 패턴에서 규칙성을 인지하고 그것을 수학적으로 표현하는데 강조점을 주어 스스로 다양한 규칙을 정하여 패턴을 창안하도록 한다. 학생들은 도형본을 사용하는 대신 점종이 위에 도형을 이용한 패턴을 그려볼 수 있고, 태블릿으로 AlgeomathKid를 사용하여 꾸며볼 수도 있다.
5. 평가 목표: 반복되는 기본단위를 변형하여 새로운 무늬 꾸미기를 할 수 있는지 평가한다. 스스로 규칙을 정하여 여러 가지 무늬 꾸미기를 하고, 자신이 정한 규칙을 설명할 수 있는지 평가한다.
6. 평가 문항

> 1. 욕실 바닥에 정사각형 모양의 타일을 깔아서 장식하려고 합니다. 장식하는 방법을 찾고, 아래의 〈타일 깔기 규칙〉을 잘 지켜서 모둠별로 예쁘게 꾸며 봅시다. (단, 원하는 모둠은 태블릿을 활용하여 타일 깔기를 할 수 있음).
>
> 〈타일 깔기 규칙〉
> ① 정사각형 모양의 타일만 사용하세요.
> ② 바닥에 깔린 타일과 타일 사이에 빈틈이 생기지 않도록 합니다.
> ③ 타일이 겹쳐져서도 안되요.
>
> 2. 타일 깔기 모양을 결정한 모둠은 교실 바닥에 타일 깔기를 해 봅시다. 다 한 후에는 다른 방법을 찾아봅시다. (단, 원하는 모둠은 태블릿을 활용하여 타일 깔기를 할 수 있음).
> 3. 이번에는 똑같은 크기의 정사각형 타일을 사용하는데, 2가지 이상의 다른 색깔의 타일을 사용하여 타일 깔기를 하려고 합니다. 어떤 방법들이 있을지 찾아 봅시다.
> 4. 타일 깔기를 할 수 있는 다른 모양의 타일을 정하고, 자유롭게 타일 깔기를 해 봅시다.

[그림 15-1] 수행평가 과제 사례(전영아, 2000, pp. 162-165 재구성)

개방형 문제로 구성되었다. 학생들은 도형본, 점종이, 공학 도구 등 자신의 기호와 역량에 적합한 도구를 선택하여 주어진 과제를 수행할 수 있는데 교사는 이러한 과정을 평가하게 된다.

수행평가 과제를 만든 후에는 채점 기준을 개발해야 한다. 채점 기준을 개발하기 위해서는 과제 수행의 판단 준거가 되는 구체적인 평가 요소나 학생들의 성취 수준을 파악하기 위한 평가 요소별 척도와 세부 기준이 마련되어야 한다(황혜정 외, 2019). 이와 같이 타당하고 신뢰로운 채점 기준을 수립하여 수행평가를 수행한다면 학생의

수행 과정과 결과에 대한 객관적인 점수를 제공할 수 있다. 그러나 수행평가를 과정 중심 평가로 활용하기 위해서는 위 과제에서 학생들이 보일 수 있는 다양한 반응들을 예상하고 그에 맞는 피드백을 제공하는 것이 필요하다. 이 과제는 학생들이 수행을 통해 다양한 방법들을 창안하는 창의융합 역량을 기르고 평면도형의 이동과 관련하여 의사소통하는 것을 목표로 한다. 따라서 학생들이 발산적으로 의견을 내고 수행하는 과정에서 이러한 목표를 달성할 수 있도록 교사는 그 과정 중에 적절한 피드백과 발문을 제공하는 것이 필요하다.

1.4. 컴퓨터 기반 평가의 도입[1]

최근 AI를 포함한 기술공학의 발전으로 인해 수학과 교수-학습 및 평가에 기술공학을 활용한 사례가 많이 나타나고 있다. 수학과 평가에서 이러한 사례는 컴퓨터 기반 평가(computer based assessment)를 통해 확인할 수 있다. 컴퓨터 기반 평가의 도입은 전통적인 지필평가 방법으로는 평가하기 어려운 학생들의 수학 역량을 평가하는 데 도움이 될 수 있다.

전통적인 지필평가에서 컴퓨터 기반 평가로의 변화는 [그림 15-2]와 같이 사분면으로 설명될 수 있다. 제 3사분면은 전통적인 지필평가를 나타내는 것이고, 제 3사분면에서 제 4사분면으로 이동하는 것은 지필평가의 내용을 그대로 스크린 기반 평가로 옮기는 것을 의미한다. 여기서 평가도구의 형식은 지필에서 컴퓨터로 바뀌었으나 내용의 질적인 면에서의 변화는 없다. 그러나 제 3사분면에서 제 1사분면으로의 이동은 지필평가에서 컴퓨터 기반 평가로의 변화가 학생들의 학습과 평가에 혁신적인 변화를 주는 것을 의미한다. 예를 들어, 컴퓨터 기반 평가는 지필평가와는 다르게 복잡한 과제를 해결하는 데 적합한 환경을 제공하고, 학생들의 사고와 풀이 과정을 유도할 수 있고, 어떻게 문제를 해결했는지를 기록파일로 저장하여 수행 결과를 다각도로 해석할 수 있기에 수학 교과 역량을 평가할 수 있다. 또한 평가 수행 및 관리의 전 과정이 컴퓨터 시스템으로 이루어져 즉각적인 피드백, 과정 평가의 가능성, 실제적인 문제 상황 제시, 정보 검색 기능 등이 가능하게 된다.

1 이 절의 내용은 이광상 외(2021, pp. 157-162)의 내용을 요약하고 재구성한 것임

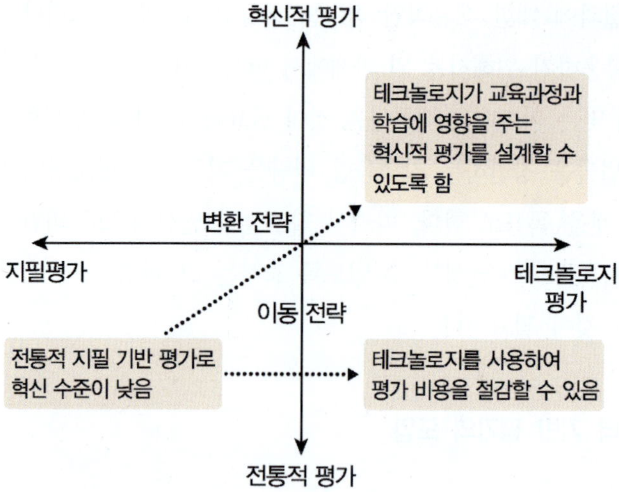

[그림 15-2] 지필평가에서 컴퓨터 기반 평가로의 변화(이광상 외, 2021, p. 159)

예를 들어, PISA 2021에서는 컴퓨터 기반 평가를 도입하였는데, 그에 따른 장점을 정리하면 다음과 같다.

① 컴퓨터 기반 평가는 지필평가에서 보다 상호작용적이고 실제적이며 참여적 특성을 갖는 문항을 사용할 수 있어 지필평가에서 포착하기 어려운 수학 교과 역량에 대한 평가를 가능하게 한다.

② 컴퓨터 기반 평가에서는 통계 소프트웨어, 기하 작도, 시각화 도구, 가상 측정 도구 등을 이용하여 삼차원 입체를 회전시켜 가면서 관찰할 수 있기에 실험과 탐색을 통한 문제해결 환경을 제공할 수 있다.

③ 컴퓨터 기반 평가의 결과 분석을 통해 학생의 전체 문항 풀이 시간, 문항별 풀이 시간, 문항을 접했을 때 정보를 찾기 위해 클릭하고 검색한 순서, 도움말 확인 등의 다양한 정보를 파악할 수 있다.

PISA 2021의 공개 문항인 [그림 15-3]은 기하 패턴에 대한 추론을 통해 타일 붙이기와 설명서를 완성하는 문항으로 구성되어 있다. 이러한 문항을 지필평가에서 해결하려면 직접 기록하거나 그려 넣어야 하지만 컴퓨터 기반 평가에서는 '드래그하여 놓기' 기능을 활용하여 응답이 용이할 뿐만 아니라 채점도 간단하게 할 수 있다. 이 외에도 PISA에서는 단계형 적응형 평가(multistage adaptive testing)를 도입하는 등 혁신적 평가로의 전환을 위해 노력하고 있다.

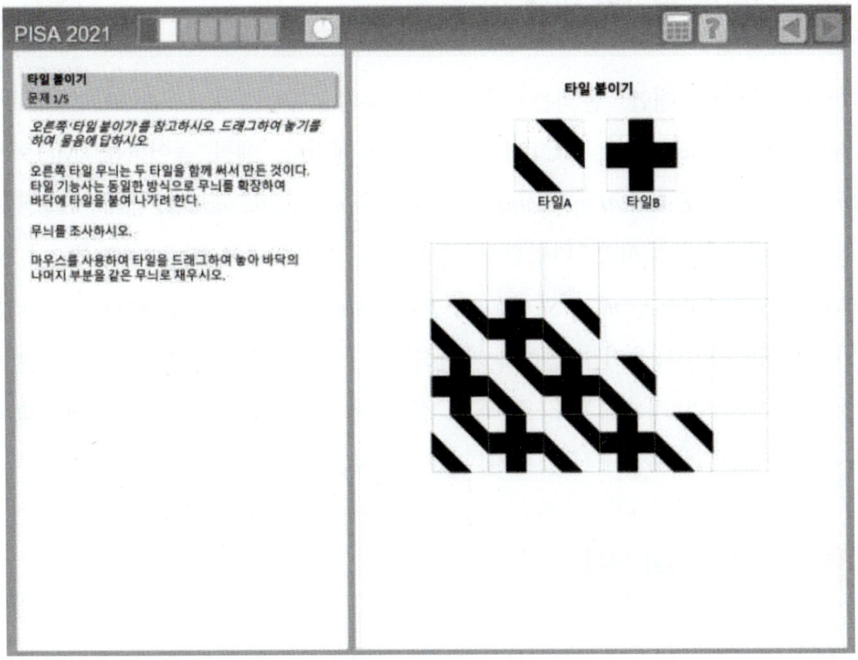

[그림 15-3] 컴퓨터 기반 평가 문항 사례-PISA 2022(조성민 외, 2020, p. 313)

컴퓨터 기반 평가는 개발 단계에서 많은 비용이 소요되기에 개별 교사가 수업에서 활용하기는 어렵고 PISA와 같은 대규모 평가에서 주로 활용되고 있다. 대신 교사는 수업에서 '똑똑! 수학탐험대'와 같은 AI 기반 플랫폼을 활용하여 학생의 수준을 진단하고 성취 정도 및 추이를 빠르게 확인할 수 있다. 이 외에 수업에서 활용 가능한 컴퓨터 기발 평가는 주로 [그림 15-2]의 제 4사분면과 같이 지필평가를 스크린으로 옮겨 놓은 컴퓨터 기반 평가의 형태로 이루어지는 경우가 많다. 그러나 향후 연구가 더욱 심화되고 기술이 발전하게 된다면 교실에서 수행하는 학생평가에서도 혁신적인 수준의 개인 맞춤형 컴퓨터 기반 평가가 활용될 수 있을 것으로 기대된다.

토의문제 1

[그림 15-1]에 제시된 수행평가 과제를 활용하여 과정 중심 평가를 수행하려 할 때 유의할 점을 구체적으로 제시하시오.

02 수학과 평가의 이해

수학과 평가에 대한 논의는 주로 전미수학교사협의회(National Council of Teachers of Mathematics; NCTM)로부터 이루어졌다. 예를 들어 NCTM(1989)의 『*Curriculum and Evaluation Standards for School Mathematics*』에서는 학생 평가가 수업에 통합되어야 하고, 다양한 평가 방법이 사용되어야 함을 강조하였다. 이후 NCTM(1995)의 『*Assessment Standards for School Mathematics*』에서는 수학과 평가에 대한 구체적인 내용과 방향성을 제안하였다. 이하에서는 NCTM(1995)에 제시된 내용을 통해 수학과 평가의 특징을 목적, 절차, 평가 기준의 측면에서 이해하고 우리나라 수학과 교육과정에 제시된 평가 관련 내용을 살펴보고자 한다.

2.1. 수학과 평가의 목적

평가를 수행하기 전에 중요한 것은 평가의 목적을 설정하는 것이다. 수학과 평가의 목적은 다양할 수 있지만, NCTM(1995)에서는 [그림 15-4]와 같이 타원 안에 네 가지로 평가의 목적을 제시하고 있으며, 각 목적에 따른 결과를 타원 밖에 있는 사각형으로 나타내고 있다.

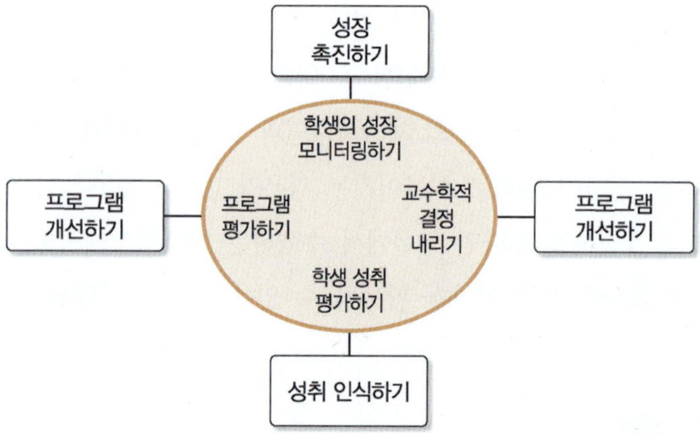

[그림 15-4] 평가의 목적과 결과(NCTM, 1995, p. 25)

평가의 목적은 첫째, 학습 목표에 대한 학생의 성장 과정을 모니터링하는 것이다. 이를 위해 교사는 평가를 통해 "학생들은 우리가 정한 혹은 동의한 목표와 관련하여 어떻게 성장하고 있는가?"라는 질문에 답할 수 있어야 하며, 이러한 평가의 결과 학생의 성장을 촉진할 수 있다. 둘째, 교사가 교수학적 결정을 내리기 위한 정보를 얻기 위함이다. 이러한 목적으로 수행된 평가에서 교사는 "학생들의 성장에 대한 증거를 어떻게 교수학적 결정을 내리는데 잘 사용할 수 있을까?"라는 질문을 고려해 봐야 한다. 이와 같은 목적으로 평가가 이루어진다면 그 결과 수업을 개선시킬 수 있다. 셋째, 특정한 시점에 학생의 수학적 성취를 파악하는 것이다. 교사는 평가를 통해 "각 학생들의 이해 정도는 해당 시기에 학생들이 달성할 것으로 기대했던 목표와 비교하여 어떠한가?"라는 질문에 답할 수 있어야 한다. 이러한 목적으로 이루어지는 평가를 통해 학생과 교사는 개별 학생의 성취 정도를 인식할 수 있다. 마지막으로, 평가의 목적은 수학 프로그램을 평가하는 것이다. 교사는 평가를 통해 "수학 프로그램이 학생들에 대해 설정한 목표와 기대치와 관련하여 얼마나 잘 운영되고 있는가?"라는 질문에 답해야 한다. 이러한 목적으로 이루어진 평가 결과를 통해 수학 프로그램을 질적으로 개선할 수 있게 된다.

2.2. 수학과 평가의 절차

수학과 평가는 다음과 같은 서로 관련된 네 단계로 이루어진다. 각 단계의 특징은 [그림 15-5]와 같다(NCTM, 1995, pp. 4-5).

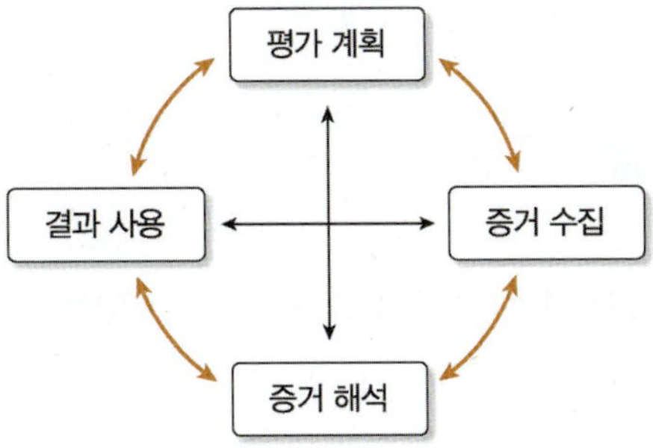

[그림 15-5] 수학과 평가의 네 단계(NCTM, 1995, p. 4)

평가 계획 세우기

- 평가의 목적은 무엇인가?
- 활동에서의 초점과 균형을 위해 어떤 평가틀을 사용할 것인가?
- 증거를 수집하고 해석하기 위해 어떤 방법을 사용할 것인가?
- 활동에 대한 수행을 판단하기 위해 어떤 기준을 사용할 것인가?

- 판단을 요약하고 결과를 보고하기 위해 어떤 양식을 사용할 것인가?

자료 수집하기

- 활동과 과제는 어떻게 만들거나 선택할 것인가?
- 학생들을 활동에 참여시키기 위해 어떤 절차를 선택할 것인가?
- 판단할 수행의 증거를 만들고 보존하기 위해 어떤 방법을 사용할 것인가?

수집한 자료 해석하기

- 증거의 질을 어떻게 판단할 것인가?
- 증거로부터 수행에 대한 이해를 어떻게 추론할 것인가?
- 수행을 판단하기 위해 어떤 구체적인 기준을 적용할 것인가?
- 기준이 적절하게 적용하게 적용되었는가?
- 판단을 어떻게 결과로 요약하여 제시할 것인가?

평가 결과 활용하기

- 결과를 어떻게 보고할 것인가?
- 결과로부터 어떻게 추론할 것인가?
- 추론에 기반하여 어떤 조치를 취할 것인가?
- 이러한 결과가 이후의 수업과 평가에 통합되도록 어떻게 보장할 것인가?

2.3. 수학과 평가 기준

NCTM(1995)에서는 수학과 평가의 질을 판단할 수 있는 기준으로 다음과 같은 여섯 가지를 제시하고 있다.

① **수학 기준**(The mathematics standard): 평가는 모든 학생들이 알아야 할 필요가 있고 할 수 있는 수학을 반영해야 한다.

② **학습 규준**(The learning standard): 평가는 수학 학습을 향상시켜야 한다.

③ **형평성 규준**(The equity standard): 평가는 형평성을 증진해야 한다.

④ **개방성 규준**(The openness standard): 평가의 과정은 투명하게 공개되어야 한다.

⑤ **추론 규준**(The inferences standard): 평가는 학생의 수학 학습에 대한 타당한 추

론을 할 수 있게 해야 한다.

⑥ **일관성 규준**(The coherence standard): 평가의 과정은 일관성을 가져야 한다.

2.4. 수학과 교육과정에서의 평가

2022 개정 수학과 교육과정에서 평가 관련 내용은 '내용 체계 및 성취기준'과 '교수 · 학습 및 평가'에서 살펴볼 수 있다.

내용 체계 및 성취 기준

'내용 체계 및 성취기준'의 '성취기준 적용 시 고려사항'에서 '평가'가 직접적으로 언급되어 있는 부분은 다음과 같다. 여기에서는 각 학습 내용 중에서 평가되어야 하는 내용과 평가되지 말아야 하는 내용, 평가 시 중점을 두어야 하는 사항과 평가 방법 등을 구체화하고 있다.

[초등학교 1~2학년]

(2) 변화와 관계

- 물체, 무늬, 수 등의 배열에서는 크기, 색깔, 위치, 순서 등에 대한 단순한 규칙을 다루고, 지나치게 복잡한 배열에 대한 평가는 지양한다.

[초등학교 3~4학년]

(3) 도형과 측정

- 직선, 선분, 반직선에 대한 평가에서는 정확한 정의나 표현보다 직선, 선분, 반직선을 서로 구별할 수 있는지에 중점을 둔다.

[초등학교 5~6학년]

(1) 수와 연산

- 최대공약수와 최소공배수는 두 수에 대하여 약수와 배수를 각각 나열하여 공통된 약수와 배수를 찾는 방법으로 그 의미를 이해하게 하고, 평가에서 소인수의 곱으로 나타내어 구하는 방법은 다루지 않는다.

(3) 도형과 측정

- 선대칭도형과 점대칭도형 그리기를 평가할 때 모눈종이, 점판, 공학 도구 등을 이용하여 쉽게 그릴 수 있게 한다.

- 입체도형의 전개도에 대한 평가는 전개도가 될 수 있는 것과 될 수 없는 것을 구별하는 데 중점을 둔다.
- 쌓기나무로 만든 입체도형의 위, 앞, 옆에서 본 모양에 대한 평가를 할 때는 간단한 모양을 이용한다.

교수 · 학습 및 평가

'교수 · 학습 및 평가'에 제시된 평가의 방향은 아래와 같다. (다), (라), (마), (사) 등에서 알 수 있듯이 수학과 평가의 주요 패러다임인 과정 중심 평가가 강조되어 있다.

나. 평가

(1) 평가의 방향

(가) 학생의 수학 학습에 대한 정보를 수집·활용하여 학생의 주도적 학습과 성장을 지원하고 교사의 수업 개선을 돕도록 지속적으로 평가를 실시한다.

(나) 수학과 교육과정에 제시된 성격, 목표, 내용 체계, 성취기준, 교수·학습과 일관성을 가지도록 평가를 실시한다.

(다) 학생의 수학 학습을 돕기 위해 수업과 평가를 통합하여 과정을 중시하는 평가를 실시한다.

(라) 수학 내용 체계의 지식·이해, 과정·기능, 가치·태도를 학습 결과뿐 아니라 학습 과정에서 균형 있게 평가한다.

(마) 학생이 평가 과정에 적극적으로 참여하고 스스로 설정한 수학 학습 목표에 대한 달성 여부를 점검할 수 있게 한다.

(바) 학생의 사회·문화적 배경, 신체 특성 등이 불리하게 작용하지 않도록 평가를 실시하고, 학생의 사전 지식, 수학에 대한 흥미, 학습 유형, 학습 수준을 고려하여 평가 목적, 교수·학습 내용 및 방법에 따라 다양한 평가 방법을 적용한다.

(사) 진단평가, 형성평가, 총괄평가 등을 적절히 활용하여 수학 학습 과정과 결과에 대한 구체적인 정보를 바탕으로 학생의 특성과 학습 결손을 파악하고 개별적 지원 방안을 마련한다.

(아) 온라인 수학 수업에서 평가를 할 때 학습 환경 등의 외적 요소가 수학 학습 과정과 평가 결과에 영향을 미치지 않도록 한다.

(자) 평가 절차를 개방적이고 공정하게 시행하고 학생의 수학 학습에 대한 의미 있는 정보를 학생, 학부모에게 제공한다.

2022 개정 수학과 교육과정의 평가 방법에서는 과정 중심 평가를 실시할 때 고려해야 할 사항이 (가) 항목에 가장 먼저 제시되어 있다. 또한 (나) 항목에서 2022 개정 수학과 교육과정에서의 수학 교과 역량인 문제해결, 추론, 의사소통, 연결, 정보처리 역량 각각에 대한 평가 방법을 제시하고 있다. 이전 교육과정에서는 각 역량의 평가 방법까지 제시하지는 않았으나(교육부, 2015a), 2022 개정 교육과정에서는 역량별 평가 방법을 구체화하고 있음을 알 수 있다. 이는 이전 교육과정에서 수학 교과 역량이 교육의 목표로서만 제시되었을뿐 수학 교과 역량을 평가한다는 것이 무엇을 의미하는지 명료하게 제시되지 않았었다는 지적에서 비롯된 것이다(이경화 외, 2022).

(2) 평가 방법

(가) 수학 수업과 연계하여 과정을 중시하는 평가를 실시할 때는 다음 사항을 고려한다.

① 성취기준을 중심으로 지식·이해, 과정·기능, 가치·태도 범주를 평가 요소로 구체화한다.

② 교수·학습과 연계하여 적절한 평가 도구와 준거를 개발하고 평가를 실시한다.

③ 평가 결과에 기반하여 학생의 학습 정보 및 수행 과정을 학생과 학부모에게 환류한다.

(나) 수학 교과 역량을 평가할 때는 다음 사항을 고려한다.

① 문제해결 역량의 평가는 수학의 개념, 원리, 법칙을 문제 상황에 적절히 활용하는지, 주어진 조건과 정보를 분석하고 적절한 해결 전략을 탐색하여 해결하는지, 문제해결 과정을 돌아보며 절차에 따라 타당하게 결과를 얻어내고 이를 반성하는지, 적극적이고 자신감 있게 문제해결에 참여하는지, 적절한 방법을 찾기 위해 끈기 있게 도전하는지 등을 고려한다.

② 추론 역량의 평가는 수학의 개념, 원리, 법칙을 이해하는지, 논리적으로 절차를 수행하는지, 수학적 지식을 다양한 방법으로 탐구하는지, 관찰에 근거하여 추측하고 일반화를 할 수 있는지, 추측의 근거를 제시하는지, 타당한 정당화를 하는지, 수학에 대한 흥미와 관심을 갖는지, 체계적으로 사고하려는 성향이 있는지, 수학적 증거와 논리적 근거를 바탕으로 비판적으로 사고하는 태

도를 갖는지 등을 고려한다.

③ 의사소통 역량의 평가는 수학 용어, 기호, 표, 그래프 등 수학적 표현을 이해하고 정확하게 사용하는지, 적절한 수학적 표현을 선택할 수 있는지, 수학적 표현 간에 변환을 할 수 있는지, 수학적 아이디어나 수학 학습 과정 및 결과에 대해 표현하고 다른 사람의 견해를 이해하는지, 수학적 표현의 편리함을 인식하는지, 타인을 배려하고 의견을 존중하는지 등을 고려한다.

④ 연결 역량의 평가는 영역이나 학년(군) 내용 사이에서 개념, 원리, 법칙을 적절하게 관련지어 이해하는지, 수학의 개념, 원리, 법칙을 연계하여 새로운 지식을 생성할 수 있는지, 수학을 실생활이나 타 교과의 지식, 기능, 경험에 적용할 수 있는지, 실생활이나 타 교과의 지식, 기능, 경험을 수학적으로 해석할 수 있는지, 수학을 바탕으로 창의적으로 관련성을 찾을 수 있는지, 수학의 유용성을 인식하는지 등을 고려한다.

⑤ 정보처리 역량의 평가는 자료와 정보를 목적에 맞게 수집하고 변환하고 정리하는지, 자료를 바탕으로 도출한 결론이 적절한지, 교구나 공학 도구를 적절하게 활용하는지, 수학적 근거를 바탕으로 합리적으로 의사 결정하는 태도를 갖는지 등을 고려한다.

한편 수학과 평가 방법으로 2022 개정 수학과 교육과정에서는 (다) 항목에서 이전 교육과정에서부터 지속적으로 강조해 온 다양한 평가 방법을 소개하고 있다. 또한 이전 교육과정에서 제시하고 있지 않은 교구나 공학 도구를 활용한 평가와 온라인 수학 교수·학습 환경에서 평가를 할 때 고려해야 하는 사항을 추가로 제시하고 있다. 교구나 공학 도구를 활용한 평가시 고려할 사항의 경우, 2022 개정 교육과정에서 기초 소양의 하나인 디지털 소양의 신장 방안으로 공학 도구의 활용을 강조됨에 따라 추가된 것으로 보인다. 그리고 코로나 19 이후 미래 교육 방안의 하나로 온라인 학습 환경에서의 교수·학습이 강조됨에 따라 온라인 수학 교수·학습 환경에서의 평가 방안이 추가되었다(이경화 외, 2022).

(다) 학생의 수학 학습 과정과 결과는 다양한 평가 방안을 사용하여 양적 또는 질적으로 평가한다.

① 지필평가는 수학 내용 체계의 지식·이해, 과정·기능을 평가하는 데 활용할 수

있고, 선택형, 단답형, 서·논술형 등의 다양한 문항 유형을 사용할 수 있다.

② 프로젝트 평가는 학생 스스로 특정 주제나 과제를 탐구하고 해결하기 위해 계획을 수립하고 수행하는 과정과 그 결과물을 평가하는 방안으로, 수학 내용 체계의 세 범주를 종합적으로 평가할 때 활용할 수 있다.

③ 포트폴리오 평가는 학생의 성장에 대한 정보를 얻기 위해 수학 학습 수행과 그 결과물을 일정 기간 수집하여 평가하는 방안으로, 수학 교과 역량의 발달을 종합적으로 평가할 때 활용할 수 있다.

④ 관찰 평가, 면담 평가, 구술 평가는 학생 개인 및 소집단을 관찰, 학생과의 질의응답, 학생의 발표를 통해 평가하는 방안으로, 학생의 사고 방법, 수행 과정, 수학 내용 체계의 가치·태도 등을 평가할 때 활용할 수 있다.

⑤ 자기 평가는 학생 스스로 자신의 학습 과정과 결과를 평가하는 방안으로, 수학 내용의 이해와 수행 과정, 문제해결과 추론 과정의 반성, 자신의 생각 표현, 수학 내용 체계의 가치·태도 등을 평가할 때 활용할 수 있다.

⑥ 동료 평가는 동료 학생들이 상대방을 서로 평가하는 방안으로, 협력 학습 상황에서 학생 개개인의 역할 수행이나 집단 활동의 기여를 평가할 때 활용할 수 있다.

(라) 교구나 공학 도구를 활용하여 평가할 때는 다음 사항을 고려한다.

① 성취기준의 도달 여부를 판단하는 데 교구나 공학 도구의 사용이 효과적인 경우 이를 활용한 평가를 실시할 수 있다.

② 교구나 공학 도구를 활용하여 평가할 때는 교구나 공학 도구의 기능 및 조작이 아닌 수학 내용의 탐구 과정을 평가한다.

(마) 온라인 수학 교수·학습 환경에서 평가할 때는 다음 사항을 고려한다.

① 온라인 수학 학습에서는 학생의 활동에 근거한 구체적인 자료를 사용하여 평가한다.

② 온라인 학습 플랫폼이나 학습 관리 시스템을 이용하여 학생의 수행 과정을 관찰하고 개별 맞춤형으로 환류할 수 있다.

③ 학생의 접속 환경 미비로 인한 불참 시 기회 부여 등에 대해 방안을 마련하고 형평성의 문제가 제기되지 않도록 사전에 안내한다.

토의문제 2

과정 중심 평가의 특징을 NCTM(1995)의 수학과 평가 기준에 따라 분석하시오.

03 수학과 평가의 방법

평가의 목적이 결정되면 평가 목적에 맞는 적절한 평가 방법을 선택해야 한다. 다양한 평가 방법을 활용하면 적절한 시점에 학생들의 학습이 이루어 질 수 있는 기회를 만들어 줄 수 있기에 과정 중심 평가를 실행하는 교사는 다양한 평가 방법을 활용할 수 있어야 한다. 이하에서는 학생의 수학 학습 과정과 결과를 평가하는 데 활용할 수 있는 지필평가, 프로젝트 평가, 포트폴리오 평가, 관찰 평가, 면담 평가, 구술 평가, 자기 평가, 동료 평가의 의미와 방법을 서술한다.

3.1. 지필평가

지필평가는 주어진 문항에 대한 응답을 학생이 직접 고르거나 작성하도록 하는 방법으로, 그동안 수학과 평가에서 가장 많이 활용되어 왔다. 평가에 활용된 문항에 학생들이 답하는 방식에 따라 지필평가를 선택형, 단답형, 서 · 논술형 평가로 구분할 수 있다. 선택형, 단답형 평가는 많은 학생들의 성취도를 효율적으로 파악할 수 있다는 장점이 있지만, 주로 학생이 암기한 지식이나 절차적 기능을 확인하는 데 활용된다. 이와 달리 서 · 논술형 평가의 경우 학생의 사고 과정과 수학 교과 역량을 파악하기에 용이하기에 과정 중심 평가에서 권장된다. 이하에서는 서술형 평가에 주목하여 기술한다.

> 논술형 평가는 일종의 서술형 평가이지만, 의견을 논리적이고 설득력 있게 조직하여 작성해야 한다는 것을 강조한다는 점에서 서술형 평가와 구별된다.

서술형 평가에서는 문제 풀이와 같은 학생의 수행 결과를 채점하고 점수화하는 방법으로 총체적 점수화 방법과 분석적 점수화 방법을 활용한다. 총체적 점수화는 〈표 15-3〉과 같이 문제 풀이 전반에 걸쳐 하나의 점수를 부여하는 방법이고, 분석적 점수화는 〈표 15-4〉와 같이 주어진 문제를 해결하는데 필요한 각각의 과정을 평가 요소로 구분하고 요소마다 점수를 배당하는 방법이다(황혜정 외, 2019). 분석적 점수화는 학생의 수행 능력을 개별 요소별로 평가한 후 각 평가 결과를 합산하지만, 총체적 점수화는 평가를 수행 하는 전체적인 과정과 결과에 초점을 맞춘다는 점에서 차이가 있다.

서술형 평가가 과정 중심 평가로 활용되기 위해서는 풀이 과정에 점수를 부여하는

〈표 15-3〉 분석적 점수화 방법에 의한 채점 기준(조미경 외, 2008, p. 454 재구성)

문항

석현이가 숙제한 종이가 찢어져서 다보탑의 높이를 알 수 없습니다. 다만 다보탑은 감은사지 3층 석탑보다는 4m 56cm가 낮고, 분황사 모전 석탑보다는 1m 10cm가 높은 것을 알고 있습니다. 다보탑의 높이는 얼마인가요? 구하는 과정을 설명해 보세요.

모범답안

1) 다보탑은 감은사지 3층 석탑의 높이보다 4m 56cm 낮으므로 감은사지 3층 석탑의 높이에서 4m 56cm를 빼면 된다.
   14m 96cm−4m 56cm=10m 40cm
   따라서 다보탑의 높이는 10m 40cm이다.
2) 다보탑은 분황사 모전 석탑보다 1m 10cm가 높으므로 분황사 모전 석탑의 높이에 1m 10cm를 더하면 된다. 9m 30cm+1m 10cm=10m 40cm
   따라서 다보탑의 높이는 10m 40cm이다.

채점 기준

영역	채점 요소	배점
문제 이해	문제해결에 필요한 정보들을 적절히 선택하여 식을 세움. 14m 96cm−4m 56cm 또는 9m 30cm+1m 10cm	3
문제해결	각 식에서 연산 과정에 오류 없이 계산을 수행함	4
답 구하기	정답을 단위와 함께 정확히 제시함	1
설명	문제해결 과정을 논리적으로 설명함	2
총점		10

〈표 15-4〉 총체적 점수화 방법에 의한 채점 기준(김민경, 김서영, 2014, p. 417 재구성)

평가 기준	배점
• 문제의 조건 중 문제해결에 필요한 정보를 정확히 선택하여 활용함 • 문제해결에 알맞은 전략을 찾아 바르게 실행하고 답을 정확히 기술함 • 문제해결의 모든 과정을 명확하고 논리적으로 설명함	3
• 문제의 조건 중 문제해결에 필요한 정보를 정확히 선택하여 활용함 • 문제해결에 알맞은 전략을 찾아 실행했으나 답을 쓰지 않거나 답이 부정확함 • 문제해결 과정을 논리적으로 설명하고 있으나 약간의 비약을 포함하고 있음	2
• 문제의 조건 중 일부 정보만을 활용함 • 문제해결에 알맞은 전략을 찾아 시도하고 있으나 타당하게 추론하지 못하거나 끝까지 실행하지 못하여 정답에 이르지 못함 • 문제해결 과정 없이 정답만 기술함	1
• 문제의 조건들을 단순히 옮겨 놓거나, 문제의 조건을 이해하지 못해 문제해결에 관련 없이 제시된 정보를 활용함 • 문제해결을 시도하지 못함(오답만 제시, 문제와 관련 없는 것만 기술함, 백지)	0

것에 주목하기보다 풀이 과정에 대한 분석을 통해 학생의 학습 정도를 파악하고 피드백을 제공하여 학생의 학습을 지원할 수 있게 해야 한다. 예를 들어, 지필평가에서 문제는 잘 풀 수 있으나, 풀이의 오류 혹은 적절성을 설명하는 것은 잘 하지 못하는 경우가 확인되면, 교사는 학생이 이와 관련된 지식을 갖고 있는지를 확인하고, 학생에게 오류 혹은 적절성을 설명하는 것이 중요함을 말해주는 것을 포함한 피드백을 제공할 수 있다(교육부, 한국과학창의재단, 2017).

3.2. 프로젝트 평가

프로젝트 평가는 특정 주제나 과제를 탐구하고 해결하기 위해 계획을 수립하고 수행하는 과정과 그 결과물을 평가하는 방법이다(교육부, 2022). 프로젝트는 소재 측면에서 일반 과제형, 수학사 활용형, 실생활 관련형, 타교과 연계형 등, 해결 방법 측면에서는 자료 수집형, 정보 활용형, 도구 활용형, 게임형 등으로 구분될 수 있다(신항균, 황혜정, 김희정, 2003).

유형에 따라 다를 수는 있지만, 대체로 프로젝트 평가에서는 답이 정해지지 않은 과제, 비구조화된 과제가 제시되는 경우가 많다. 따라서 학생들은 과제의 해결을 위해 어떠한 수학적 지식이 필요한지 판단하고 어떻게 해결해 나갈지를 고민해야 하는데, 이 과정에서 학생의 수학적 지식과 기능을 파악할 수 있다. 특히 실생활 관련형이나 타교과 연계형 등의 프로젝트는 다양한 자료와 타교과 상황을 수학적 지식과 연결하고 해석해야 하므로 프로젝트를 수행하는 과정에서 연결성 역량이 드러날 수 있다. 또한 프로젝트는 개인보다는 주로 모둠에서 함께 수행하므로 과제를 해결하는 계획을 수립하고 수행하는 전 과정에서 학생의 의사소통 역량이 평가될 수 있다. 이처럼 프로젝트 평가에서는 학생 개인의 수학적 지식과 기능뿐만 아니라 수학 교과 역량을 충분히 파악할 수 있다는 장점이 있다.

그러나 프로젝트 과제에 해답이 정해져 있지 않고 학생들의 관점이나 해석에 따라 여러 가지 답이 나올 수 있으므로 평가 요소와 기준을 세우는 것이 어려울 수 있다. 이에 교사는 학생의 산출물을 평가할 때 주목해야 하는 측면과 요소로서 교육과정 문서를 활용하거나 자기 평가나 동료 평가 등과 같은 다양한 평가 방법을 함께 활용하여 프로젝트 수행 과정과 결과를 평가할 수 있다.

최근 수학과에서 많이 수행하고 있는 프로젝트의 하나는 통계 프로젝트이다. 예를 들어, [그림 15-6]과 〈표 15-5〉는 프로젝트 기반 통계적 문제해결 과제와 이에 대한 프로젝트 평가 기준 사례이다. 평가시에는 각 단계별 하위요소마다 상, 중, 하와 같이 평가할 수 있다.

숫자로 읽는 우리들 세상!

통계로 무엇을 나타낼 것인가, 무엇을 바꿀 것인가?

통계 자료를 통해 우리는 다양한 것을 읽을 수 있습니다. 아니면 이것을 통해서 사람들에게 문제에 대해 알리고, 더 나은 방향이 무엇인지 해결책은 무엇인지 조언해줄 수도 있습니다.
자, 이제부터 여러분은 기자가 되어 여러분 주변에서 일어나는 여러 문제들이나 상황에 대한 학생들의 여론이 어떠한지 조사하고, 관심을 이끌어 내거나 문제에 대한 해결 방안을 조언해주어야 합니다. 이것은 여러분이 어떠한 시각으로 문제를 보고 있는지에 관한 이야기이기도 합니다. 여러분이 정한 문제의 실태 또는 해결 방안에 대한 설문 조사를 해보고 자료를 분석하여 아침 방송에서 발표할 것입니다.

[그림 15-6] 프로젝트 과제 사례(김혜원, 김민경, 2021, p. 703)

〈표 15-5〉 프로젝트 평가 기준 사례(김혜원, 김민경, 2021, p. 707)

단계	하위요소	평가 기준
주제 선정 및 자료 수집	주제와 조사 목적의 명확한 기술	• 자료 조사의 필요성에 대한 인식을 바탕으로 주제를 선정하며 조사 목적을 명확히 하는가? • 논의를 통해 합의를 하는가?
	자료 수집 계획의 적절성	• 목적에 맞는 표집 대상을 선정할 수 있는가? • 문제와 관련된 설문 문항을 작성하는가? • 설문 문항에서 범주를 잘 구분하여 보기를 제시하는가? • 논의를 통해 합의를 하는가?
자료 정리 및 표현	자료 정리의 적절성	• 자료를 정리할 때 논리적 근거를 들어 공통의 특성을 발견할 수 있는가? • 논의를 통해 합의를 하는가?
	자료 표현의 적절성	• 목적에 맞는 그래프를 선정하고 나타낼 수 있는가? • 논의를 통해 합의를 하는가?
자료 분석 및 해석	자료 분석의 적절성	• 자료들 간의 연관성을 이해하고 정당화 할 수 있는가? • 논의를 통해 합의를 하는가?
	자료 해석의 적절성	• 자료의 숨은 뜻을 읽일 수 있는가? • 문제와 관련된 결과로 해석하는가? • 논의를 통해 합의를 하는가?
발표 및 평가	상대 모둠에 대한 평가의 적절성	• 알맞은 근거를 들어 상대 모둠 자료를 나타내고 분석할 수 있는가? • 비판과 제안이 포함된 질의를 하는가? • 논의를 통해 합의를 하는가?
	발표의 적절성	• 발표를 통해 전 단계의 통계적 문제해결 과정이 포함된 최종 결과물을 효과적으로 전달할 수 있는가?

3.3. 포트폴리오 평가

포트폴리오 평가는 학생의 수학 학습 과정과 그에 따른 결과물을 일정 기간 수집한 것에 대해 평가하는 것으로(교육부, 2022), 학생의 성장이나 변화를 보기에 적합한 평가 방법이다. 포트폴리오에 포함될 수 있는 내용으로는 활동지나 시험지와 같은 수업 활동의 결과물이나 과제물, 숙제 등 수업 밖 활동에 대한 결과물, 각 활동에 대한 자기평가지나 교사와의 면담 자료 등과 같은 다양한 요소들이 가능하다(최창우, 2022). 또한 포트폴리오에 포함되는 항목들은 학습의 시기별로 수집하는 것이 권장된다. 이와 같이 여러 기간 동안 다양한 종류로 수집된 자료를 통해 교사는 학생의 과거와 현재 상태를 쉽게 파악할 수 있고, 학습의 과정을 종합적으로 확인하여 학생을 총체적으로 평가할 수 있다.

포트폴리오 평가를 할 때 교사는 평가할 항목들과 각 항목별로 평가하고자 하는 학생의 산출물을 결정하게 되는데, 이를 학생들에게 공지하여 학생들이 포트폴리오를 직접 완성해 나가도록 해야 한다(교육부, 한국과학창의재단, 2017). 포트폴리오 평가 중 학생들은 자신이 수행한 결과물 중에서 포트폴리오에 포함할 것을 고르고, 목록을 만들고, 각 항목을 선택한 이유와 간단한 설명을 쓰게 되는데, 이러한 과정에서 자신이 학습한 것을 종합하고 반성하게 된다. 이는 자연스럽게 자기 평가 기능을 발전시키는 것이며, 자신의 고유한 개성과 가치를 드러낼 수 있다. 수학 학습에 대한 포트폴리오를 구성할 때 학생들은 수학에 대한 개념적 이해나 문제해결, 추론, 의사소통 등 수학 교과 역량을 잘 보여줄 수 있는 자료를 중심으로 고를 수 있다. 포트폴리오 평가시 교사는 특정 역량의 측면을 중심으로 포트폴리오에 포함된 산출물들을 검토하여 학생의 진전에 대한 전문적 판단을 종합적으로 기술할 수 있다.

포트폴리오를 효과적으로 관리하고 평가하기 위해서는 학생들이 포트폴리오의 목록을 마련하도록 하고, 언제나 쉽게 열람하고 기록할 수 있도록 한다. 또한 교사는 포트폴리오의 내용을 수시로 점검하여 결과보다 과정이 중요함을 학생 스스로 알 수 있도록 해야 한다.

최근에는 포트폴리오에 포함되는 자료들을 온라인 데이터베이스에 탑재하는 방식으로 평가하는 e-포트폴리오 평가도 활용되고 있다. e-포트폴리오 평가에서는 수업에서 활용한 활동지 외에도 수업 중 학생의 발표, 학생이 만든 실물 자료나 입체 자료 등 다양한 학습 결과물을 각자 적합한 형태의 파일로 e-포트폴리오 웹사이트에 탑재할 수 있다. 이러한 e-포트폴리오 평가는 기존 포트폴리오 평가가 가지는 다양한 장점을 가지고 있을 뿐만 아니라 기존에 활용되지 못한 다양한 매체를 포트폴리오에 포함시킬 수 있다는 장점을 가진다(조재성, 2021).

3.4. 관찰 평가

관찰 평가는 교수–학습 과정에 나타나는 학생의 사고 과정이나 수행을 관찰하여 평가하는 방법이다. 관찰을 통해 다른 평가 방법으로는 확인하지 못하는 구체적인 학생의 행동 수행의 특성이나 정의적 영역의 특성 등을 파악할 수 있으나, 다른 평가 방법들보다 관찰자의 주관성이 많이 반영될 수 있다는 특징이 있다.

타당하고 체계적으로 관찰 평가를 수행하기 위해서는 사전에 관찰할 대상과 내용, 기간, 방법 등을 계획하는 것이 필요하다. 수업 중에 이루어지는 관찰 평가는 학생 개인이나 소그룹 모두를 대상으로 할 수 있고, 이들의 전반적인 학습 과정을 평가하거나 특정 수학 교과 역량을 집중적으로 평가할 수도 있다. 또한 관찰 평가의 목적이나 내용에 따라 관찰하는 기간과 기록 방법도 달라질 수 있다.

관찰 평가에서 관찰한 내용을 기록하는 방법은 다양하다. 의미 있는 개별 학생의 구체적인 수행 사례를 기술하거나(일화기록법), 관찰하려는 행동 요소의 목록을 미리 작성한 후 이러한 행동이 나타났을 때 표시할 수도 있다(체크리스트법). 일화기록법은 특별한 형식이나 준비 없이 관찰한 내용을 기록할 수 있고 관찰하는 과정 중 미리 예상하지 못한 새로운 행동을 포착해 낼 수 있다는 장점이 있으나 장기적으로 활용되는 경우 기록을 분석하는데 시간과 노력이 많이 요구된다. 체크리스트법은 사전에 관찰할 행동 요소의 목록을 제작하는데 많은 시간과 노력이 필요하고, 목록에 제시되지 않았던 행동이 발생하는 경우 적절히 기록하기 어렵다는 단점이 있으나, 자료에 대한 재분석을 하지 않아도 된다는 장점이 있다(황혜정 외, 2019).

일화기록법이나 체크리스트법이나 모두 개별 학생들의 수행에 대해 평가하고 기록한다면 시간에 따른 학생의 변화나 성장의 정도를 파악할 수 있다. 이와 달리 모둠원이나 전체 학생을 대상으로 체크리스트를 만들 수도 있는데, 이런 경우 모둠원 혹은 전체 학생의 사례를 전반적으로 파악할 수 있다. 〈표 15-6〉은 한 모둠의 학생들의 정의적 영역을 평가하기 위한 체크리스트사례이다.

〈표 15-6〉 관찰 평가를 위한 체크리스트(황혜정 외, 2019, pp. 340-341 재구성)

정의적 영역	관찰 요소	학생 1	학생 2	학생 3	학생 4
수학에 대한 흥미와 호기심	• 수학을 하는 것을 즐거워한다.				
	• 수학에서 배운 것들에 대해 흥미가 있다.				
	• 수학 수업 시간을 기다린다.				
	• 수학에 대한 것을 읽기를 좋아한다.				
	• 수학의 개념이나 원리를 알려고 한다.				
과제 집착력과 의지	• 수학 공부를 열심히 한다.				
	• 수학 시간에 배운 내용을 확실히 알려고 노력한다.				
	• 수학 문제를 풀 때, 답을 구할 때까지 중단하지 않고 열심히 하려고 노력한다.				
	• 수학 공부를 잘하기 위해 계획을 세우고 스스로 노력한다.				

이 외에도 〈표 15-7〉과 같이 전체 학급의 학생을 대상으로 미리 정한 평가 기준표의 각 기준 옆에 해당 학생들의 이름을 기록할 수 있다. 이와 같이 기록하는 경우 학생들이 어느 수준에 있는지 파악하기 쉽고 수업 계획을 세우는데 도움이 된다.

〈표 15-7〉 관찰 평가 기준표

기 준	학생(해결 방법)
주어진 문제를 표, 그림, 몸동작 등의 방법을 사용하여 해결하고 그 이유를 설명할 수 있음	진수(표), 민경(그림), 진호(그림), 연오(몸동작), 혜인(표)
주어진 문제를 표, 그림, 몸동작 등의 방법을 사용하여 해결했지만, 그 이유를 설명하지 못함	민지(몸동작), 유진(표)
주어진 문제를 해결하지 못함	성호, 아인, 진수, 철호

다만, 관찰 평가가 과정 중심 평가를 위해 활용되기 위해서는 어떠한 기록 방법을 활용하던지 학생들에게 제공할 피드백 전략을 미리 수립해 놓는 것이 필요하다. 이를 위해 각 학생들이 주어진 문제에 어떻게 반응할지 예상하고 그에 따른 피드백을 정리하여 준비하는 것이 좋다. 예를 들어, 도형판과 바둑돌을 활용하여 2469를 세도록 하는 활동에 대한 학생의 예상 반응별 피드백 전략은 〈표 15-8〉과 같다. 이 외에도 〈표 15-2〉에서도 볼 수 있다.

〈표 15-8〉 관찰평가에서의 피드백 사례(교육부, 한국과학창의재단, 2017, p. 54)

학생의 예상 반응	피드백 전략
100개 도형판이 4개이므로 400개입니다.	해결 못하는 학생이 있는 경우 → 100, 200, 300, 400 차례로 뛰어세기를 해본다.
가로로 10개씩 6줄이므로 60개입니다.	해결 못하는 학생이 있는 경우 → 10, 20, 30, 40, 50, 60으로 뛰어세기를 해본다.
낱개로 9개가 남았습니다. 그러므로 2469입니다.	해결 못하는 학생이 있는 경우 → 낱개는 1:1 대응 방법으로 하나씩 세어본다.
2469를 세지 못하는 아동은 없을 것으로 예상됨	1000 모형이 2개인 경우 2000, 100모형이 4개인 경우 400, 10모형이 6개인 경우 60, 1모형이 9개인 경우 9라는 값이 나옴을 말한 뒤 2469로 이어지도록 지도한다.

3.5. 면담 평가, 구술 평가

면담 평가는 평가자와 학생이 대화를 통해 학생의 수학적 사고나 태도, 교과 역량을 평가하는 방법이다. 면담은 주로 수업 시간 외 시간에 이루어지는데, 수업 중 보인 학생 특성에 대한 추가 정보가 필요한 경우에 활용되면 유용하다. 면담 평가시 평가 목적에 맞게 교사가 미리 준비한 질문에 따라 면담을 진행할 수 있고, 이러한 질문을 준비하지 않고 면담 상황에 따라 자유롭게 질문을 제공하면서 진행할 수도 있다. 면담을 진행할 때 교사는 중립적 입장을 취하여 자신의 반응으로 인해 대화의 방향이 바뀌지 않도록 해야 하고, 학생이 자발적으로 면담에 응할 수 있는 기회를 제공해야 하며, 질문을 하고 답하는 형식이 아니라 상호 대화하는 분위기를 조성하는 것이 필요하다(이광상 외, 2021; 황혜정 외, 2019). 면담은 주로 개별적으로 진행하지만, 소모둠별로 면담을 진행하여 자연스러운 상황에서 학생들 간의 상호작용을 통해 정확한 정보를 얻을 수도 있다. 면담 평가지 사례는 〈표 15-9〉와 같다.

〈표 15-9〉 면담 평가지 예시(이광상 외, 2021, p. 353)

면담 대상	학년 반 이름: ○○○
면담 계획(면담 목적, 면담 진행 계획)	
면담 내용(면담 질문과 답변, 학생 특성)	
평가 결과	
면담 후 학생 변화	

구슬 평가는 특정 주제나 수학 문제에 대하여 학생이 자신의 의견이나 해결 방법을 발표하도록 하여 학생의 수학적 사고 과정이나 문제 이해 정도, 의사소통 능력이나 태도 등을 평가하는 방법이다. 학생이 학습한 내용을 토대로 자신의 문제해결 과정을 효과적으로 전달할 수 있는지 평가하여 학생의 의사소통 능력을 평가하는데 적절하다(이광상 외, 2021), 또한 학생의 설명 과정에서 학생의 오류나 오개념을 쉽게 파악할 수 있다.

구술 평가는 주로 수업 중 교수-학습 과정에서 학생의 발표로 이루어지는 경우가 많은데, 구술 평가를 위해 특정 주제에 대하여 미리 발표 준비를 하도록 한 다음에 평가가 이루어질 수도 있고, 평가 범위만 미리 제시한 후 평가 시 교사가 관련된 주제나 질문을 제시하고 학생이 답변하도록 할 수도 있다(이광상 외, 2021). 구술 평가는 학생의 성격, 발표 내용 및 방법, 발표 환경에 따라 다양한 수준으로 나타날 수 있으므로 평가를 위해 학생들이 자유롭게 발표할 수 있는 분위기를 조성하는 것이 중요하다. 수학과 평가에서 사용할 수 있는 구술 평가지 예시는 〈표 15-10〉과 같다.

〈표 15-10〉 구술 평가지 예시(이광상 외, 2021, p. 359)

이름	
일시	
발표 태도	
내용 이해	
내용의 논리성	
의사소통	
표현 및 전달 방식	
수학적 오개념	
구술 발표 후 학생과의 면담	

면담 평가와 구술 평가는 모두 학생의 인지적 특성 뿐만 아니라 정의적 특성을 파악할 수 있고, 즉각적인 피드백이 가능하다는 특징을 가진다. 면담과 구술을 통해 학생들이 과제를 수행하는 과정을 바로 파악할 수 있기에 교사는 학생에게 적절한 피드백을 질문, 발문, 힌트의 형태로 즉각적으로 제공하여 이들의 학습을 도울 수 있다. 따라서 교사는 면담 평가와 구술 평가에서 학생의 말에 담긴 의미를 정확히 드러낼 수 있도록 수학적으로 정리하면서 피드백이 이루어질 수 있도록 해야 한다.

3.6. 자기 평가, 동료 평가

자기 평가는 학생이 스스로 자신의 수학 학습 과정 및 결과에 대해 평가하는 방법을 의미한다. 이를 통해 학생의 수학 학습에 대한 인지적 능력 뿐만 아니라 수학 학습 과정에서 느끼는 수학에 대한 가치 인식, 흥미, 자신감이나 수학 학습 태도 등의 정의적 측면에 대한 정보를 얻을 수 있다(이광상 외, 2021). 자기 평가를 하는 동안 학생은 평가 과정에 직접 참여하게 됨에 따라 자신의 수학 학습 과정 및 결과를 스스로 반성하는 기회를 가질 수 있고, 그 결과 스스로 자신의 학습을 도울 수 있게 된다. 또한 교사는 자기 평가 결과를 통해 관찰이나 다른 평가 방법으로 잘 파악하기 어려웠던 학생의 심리적 측면을 파악할 수 있을 뿐만 아니라, 자신이 수행해 온 평가 결과와 자기 평가를 비교해 봄으로써 자신의 평가가 얼마나 타당했는지를 판단 할 수 있다. 그러나 자기 평가는 평가의 주체가 학생 본인이므로 평가 결과의 정확성을 판단하는데 어려움이 있을 수 있기에 단독으로 활용되기 보다는 다른 평가 방법과 함께 활용되어야 한다.

학생들은 자신의 어떤 측면을 평가해야 하는지 모를 수 있기에 무엇을 평가하는지 학생들이 알 수 있도록 양식을 제공하는 것이 바람직하다(교육부, 한국과학창의재단, 2017). 예를 들어, 수업 시간에 주어진 문제를 해결하는 과정에 대하여 자기 평가를 수행할 때에는 〈표 15-11〉과 같은 양식을 제공하여 학생이 주어진 수학 문제를 해결하는 과정에서의 느낌을 직접 작성하도록 할 수 있다. 학생은 자신이 푼 풀이에 대한 의견이나 동일한 문제에 대해 동료 학생이나 교사가 제공한 해결 전략이나 풀이에 대한 의견을 제시할 수 있고, 이를 통해 스스로 자신이 무엇을 알고 있는지 혹은 모르는지 판단해 볼 수 있다.

〈표 15-11〉 자기평가 양식 예시(이광상 외, 2021, p. 363 재구성)

단원명	
날짜	
이름	
문제	
풀이	
반성 및 소감	
자기 평가	아주 못함( ), 못한 편임( ) , 잘한 편임( ), 아주 잘함( )
교사 논평	

동료 평가는 수학 학습 과정에 대하여 동료 학생들이 상대방을 서로 평가하는 방법으로, 협력 학습 상황에서 학생 개개인의 역할 수행이나 집단 활동의 기여 정도를 평가할 수 있다(교육부, 2022). 학생 개인은 동료 평가에서 평가자이자 평가를 받는 사람이므로 동료 평가를 수행하는 과정에서 동료 뿐만 아니라 자신을 객관적으로 바라볼 수 있다. 동료 평가를 수행할 때에는 소모둠 활동 등과 같이 서로가 서로의 협력 학습 과정을 잘 관찰할 수 있을 때 사용하는 것이 좋다. 또한 평가를 수행하기 전 서로에게 신뢰를 가지고 있어야 하며, 동료 평가의 수행과 평가 결과에 대하여 긍정적으로 받아들일 수 있는 분위기가 형성되어야 한다.

토의문제 3

다음의 평가 문항을 활용하여 지필평가와 관찰 평가를 통해 과정 중심 평가를 하고자 한다. 학생의 반응을 다양하게 예상하고 〈표 15-2〉에 제시된 양식을 활용하여 이에 따른 피드백 전략을 제시하시오.

◎ 아래 네 개의 분수의 합을 비교하여 **공통점을 찾아** 분수의 합을 구하는 방법을 찾아보아요.

① $\frac{1}{3} \cdot \frac{1}{3} \cdot \frac{2}{3}$	② $\frac{5}{5} \cdot \frac{1}{5} \cdot \frac{2}{5}$
③ $\frac{5}{7} \cdot \frac{3}{7} \cdot \frac{8}{7}$	④ $\frac{2}{4} \cdot \frac{3}{4} \cdot \frac{5}{4}$

분수의 합을 구하는 방법을 글로 써 봅시다.

분수의 합을 구하는 방법은?

출처: 교육부, 한국과학창의재단(2017, p. 42)

04 국내외 대규모 수학과 평가

세계 여러 나라들에서는 자국 학생들의 학업성취도를 파악하기 위하여 전국 단위 학업성취도 평가를 시행하고 있다. 미국의 교육향상평가(National Assessment of Educational Progress), 영국의 교육과정평가(National Curriculum Assessment), 호주의 전국학력평가(National Assessment Program Literacy and Numeracy), 일본의 전국 학력·학습 상황 조사 등이 그 예이며 우리나라의 경우 국가수준 학업성취도 평가를 수행해 오고 있다. 이 외에도 국제적인 수준에서 세계 여러 나라 학생들의 학업성취도의 추이를 평가하는 연구들도 있다. 수학 교과의 경우 대표적인 국제 학업성취도 평가로 수학·과학 성취도 추이변화 국제 비교 연구(Trends in International Mathematics and Science Study; TIMSS)와 국제 학업 성취도 평가(Programme for International Student Assessment; PISA)가 있다. 이하에서는 국내외 대규모 수학과 평가 사례로 우리나라 국가수준 학업성취도 평가와 국제 학업성취도 평가인 TIMSS와 PISA에 대해 알아본다.

4.1. 국가수준 학업성취도 평가

국가수준 학업성취도 평가(이하 학업성취도 평가)는 1998년 '국가수준 교육성취도 평가 기본 계획'이 수립된 이후로 우리나라에서 매년 시행되는 평가이다. 학업성취도 평가의 목적은 우리나라 학생들의 교과별 학업 성취의 추이를 파악하여 각 교과별로 교육과정의 목표에 도달한 정도를 점검하고 교육과정의 개선을 위한 기초 자료를 제공하기 위함이다(상경아 외, 2022).

학업성취도 평가는 평가의 목적이나 대상, 영역, 시기, 표집 방법, 결과 분석과 활용 등 다양한 측면에서 변화되어 왔다(상경아 외, 2022). 예를 들어, 2013년부터 초등학교 6학년 학생을 대상으로 하는 평가가 폐지되어 중학교 3학년과 고등학교 2학년 학생을 대상으로만 평가가 시행되었고, 2017년부터는 모두 표집 평가 체제로 전환하였다. 또한 2022년부터는 표집 학교에 컴퓨터 기반 평가를 전면 시행하였고(상경아 외, 2022), 초등학교 6학년을 포함하여 중학교 3학년, 고등학교 2학년의 비표집학교 중 희망하는 경우에는 맞춤형 학업성취도 자율평가(이하 자율평가)에 참여하여 교육과정 성취수준 도달 여부를 점검할 수 있도록 하였다(상경아 외, 2022).

> 초등학생 대상의 자율평가는 2022년 초등학교 6학년을 대상으로 도입한 후 적용 학년을 3학년에서 6학년까지로 확대할 예정이다(박지현 외, 2023).

역량 중심의 2015 개정 교육과정이 적용됨에 따라 수학과 학업성취도 평가의 평가틀은 '영역', '역량', '맥락'의 3차원으로 구성되었다. 영역 차원은 2015 개정 수학과 교육과정의 내용 영역을 재구성한 것으로 교과 내용을 평가하기 위한 것이고, 역량 차원은 2015 개정 교육과정에서의 수학 교과 역량을 재구성한 것으로 교과에서 중점적으로 기르고자 하는 능력(역량)을 평가하기 위한 것이다. 맥락 차원은 수학과 교육과정에 제시된 것은 아니지만 교과에서 문항 해결에 필요한 상황을 설정한 것으로 학생들이 문항에 제시된 문제를 해결함에 있어서 실제적으로 경험하게 되는 상황이다(동효관 외, 2018, pp. 17-18). 각 차원별 구성요소는 〈표 15-12〉와 같다. 역량 차원의 경우, 기존의 지필평가에서는 '의사소통' 역량을 평가하기 어려웠으나, 컴퓨터 기반 평가에서는 다양한 기술공학적 기능을 활용할 수 있게 됨에 따라 수학적 표현을 개발하고 활용하는 것과 관련된 의사소통 역량도 평가할 수 있게 되었다(이재봉 외, 2020, p. 99).

〈표 15-12〉 2015 개정 교육과정을 적용한 초등학교 수학과 컴퓨터 기반 평가틀(동효관 외, 2018, p. 18, p. 33; 이재봉 외, 2020, p. 99)

차원	차원별 구성 요소
영역	수와 연산, 도형, 측정, 규칙성, 자료와 가능성
역량	계산 · 이해, 추론, 문제해결, 의사소통, 정보 처리
맥락	실생활, 학문

준거참조평가(criterion-referenced assessment)인 학업성취도 평가에서는 학생의 성취도를 4수준(우수학력), 3수준(보통학력), 2수준(기초학력) 및 기초학력에 도달하지 못한 1수준(노력 요망)의 4개 수준으로 구분하고 있다(상경아 외, 2022). 최근 조사된 초등학교 학생의 수학과 학업성취 수준은 2022년 7월에 수행된 초등학교 6학년 자율평가 예비검사의 결과를 통해 파악할 수 있다. 2022년 자율평가 예비검사에는 2015 개정 교육과정이 적용되었고, 국어, 사회, 수학, 과학, 영어 교과에 대해 수행되었으며, 전국의 23개 학교, 총 2,866명의 학생들이 참여하였다. 내용 영역별 자율평가 예비검사 정답률은 〈표 15-13〉과 같다. 내용 영역 중에서는 자료와 가능성 영역의 정답률이 가장 높았고, 도형 영역의 정답률이 가장 낮게 나타났다. 도형 영역은 3수준 집단의 정답률이 70%를 넘지 못하여 중위권 학생들의 이해도를 제고할 필요가 있음이 제안되었다(박지현 외, 2023).

〈표 15-13〉 2022 자율평가 예비검사 초6 수학 영역별 분석 결과(박지현 외, 2023, p. 46)

(단위: %)

영역	전체	4수준	3수준	2수준	1수준
수와 연산	69.40	94.42	78.96	47.99	14.10
도형	63.14	91.84	67.84	44.69	25.36
측정	67.86	94.50	75.11	46.70	25.68
규책성	71.74	94.88	80.84	52.03	18.63
자료와 가능성	80.29	97.37	86.45	67.09	33.71

4.2. 국제 학업성취도 평가: TIMSS[2]

우리나라의 경우 1주기 연구인 TIMSS 1995에서부터 8주기 연구인 TIMSS 2023에 이르기까지 지속적으로 연구에 참여하고 있다.

TIMSS는 초등학교 4학년과 중학교 2학년 학생들의 수학 · 과학 성취도를 국제적으로 파악하고 이에 영향을 미치는 교육맥락변인들을 파악하여 각 나라의 교육정책 수립 및 교육 개선에 유용한 정보를 제공하는 것을 목적으로 한다. TIMSS는 4년 주기로 실시되며, 7주기 평가인 TIMSS 2019부터 평가 방식이 지필평가에서 컴퓨터 기반 평가(eTIMSS)로 전환되었고 TIMSS 2023에서부터는 전면적으로 eTIMSS를 도입하였다.

TIMSS의 교육과정 모형은 의도된 교육과정, 실행된 교육과정, 성취된 교육과정의 세 가지로 구성된다. 의도된 교육과정은 국가 교육과정 정책과 문서에서 규정된 학생이 학습하기를 기대하는 수학 · 과학 및 이러한 학습을 촉진하기 위해 구조화된 교육제도를 의미하고, 실행된 교육과정은 수업에서 가르친 것과 교수 활동상의 특징을, 성취된 교육과정은 학생의 학습성취도와 수학, 과학 학습에 대한 학생의 태도를 의미한다. TIMSS에서는 수학 평가문항과 각 참여국의 수학과 교육과정과의 일치도 분석 Test-Curriculum Matching Analysis(TCMA)을 통해 의도된 교육과정을 평가하고, 학업성취도 평가를 통해 성취된 교육과정을 평가하며, 교육맥락변인에 대한 설문조사를 통해 실행된 교육과정과 성취된 교육과정을 평가하고 있다.

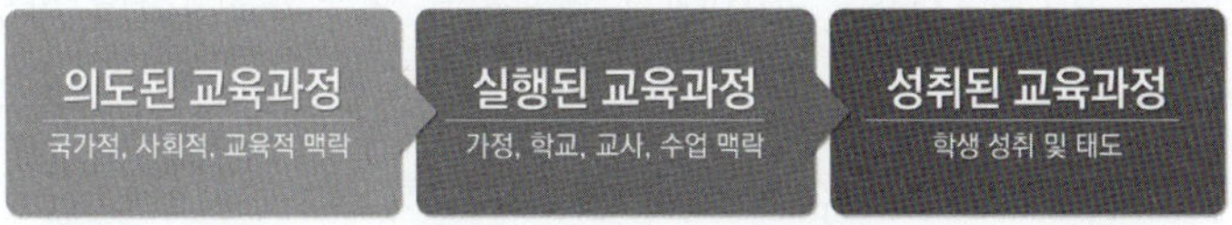

[그림 15-7] TIMSS의 교육과정 모형과 평가도구의 관계(상경아 외, 2020, p. 28)

TIMSS 2023 연구는 2021년부터 시작되어 2024년 말에 평가 결과가 보고되었다.

TIMSS의 수학 성취도 평가틀은 내용 영역과 인지 영역의 두 가지로 구성된다. TIMSS 2023의 초4 수학 성취도 평가틀의 경우, 내용 영역은 '수', '측정과 기하', '자료'로, 인지 영역의 경우 '알기', '적용하기', '추론하기'로 구성되며, 각 영역의 하위요소는 〈표 15-14〉와 같다. 내용 영역의 경우 수 영역의 비율이 가장 높고, 인지 영역의 경우 알기와 적용하기 영역의 비율이 높다.

2 이 절의 내용은 상경아 외(2020)의 내용을 요약하고 재구성한 것임

〈표 15-14〉 TIMSS 2019 초4 수학 성취도 평가틀(상경아 외, 2020, pp. 29-30)

구분	영역	하위요소	비율(%)
내용 영역	수	범자연수, 식·방정식·관계, 분수와 소수	49
	측정과 기하	측정, 기하	30
	자료	읽기·해석하기·표현하기, 자료 이용하여 문제해결하기	21
	계		100
인지 영역	알기	회상하기, 인식하기, 분류·정렬하기, 계산하기, 인출하기, 측정하기	35
	적용하기	결정하기, 표현·모델링하기, 실행하기	43
	추론하기	분석하기, 통합·종합하기, 평가하기, 결론짓기, 일반화하기, 정당화하기	22
	계		100

TIMSS에서는 우리나라 학생들의 수학 성취도를 다른 나라들과 비교할 뿐만 아니라 TCMA를 통해 TIMSS 수학 문항과 각 참여국의 수학과 교육과정 간의 일치도 자료를 함께 제공하고 있어, 이를 통해 각국의 수학과 교육과정 개선에 영향을 주고 있다. 우리나라에서는 TMSS 2011 수학 평가틀의 일부가 2009 개정 수학과 교육과정의 '교수학습 상의 유의점'에 반영되었고(신이섭 외, 2011), TIMSS 2011의 결과에 기반하여 2015 개정 수학과 교육과정의 개정 방향을 실생활 중심의 통계교육으로 설정한 바 있다(박경미 외, 2015).

이 외에도 학생들의 인지적 성취 외에도 수학에 대한 흥미, 자신감과 같은 정의적 태도를 평가하고 있다. TIMSS 2019에서 조사하는 초등학교 4학년 학생들의 수학에 대한 흥미와 자신감 문항은 〈표 15-15〉와 같다. TIMSS 결과에 따르면 우리나라 학생들의 수학에 대한 흥미와 자신감은 국제 평균에 비해 낮은 편이며, 이러한 경향이 지

〈표 15-15〉 TIMSS 2019에서 정의적 태도 평가 문항(상경아 외, 2020, p. 240, p. 248)

흥미	자신감
• 나는 수학을 공부하는 것이 즐겁다. • 나는 수학을 공부하지 않아도 되면 좋겠다. • 수학은 지루하다. • 나는 수학 과목에서 흥미로운 것을 많이 배운다. • 나는 수학을 좋아한다. • 나는 수와 관련된 과제를 좋아한다. • 나는 수학 문제를 해결하는 것을 좋아한다. • 나는 수학 수업이 기다려진다. • 수학은 내가 좋아하는 과목 중 하나이다	• 나는 대체로 수학을 잘한다. • 나는 우리 반 친구들에 비해 수학을 더 어려워한다. • 나는 수학 내용을 빨리 배운다. • 수학은 나를 긴장하게 한다. • 나는 어려운 수학 문제를 잘 해결한다. • 선생님은 내가 수학을 잘한다고 말씀하신다. • 나는 다른 과목보다 수학이 더 어렵다. • 수학은 나를 헷갈리게 한다. • 나는 수학을 잘하는 것은 아니다

속되고 있다. 이러한 결과를 통해 수학에 대한 긍정적 태도 및 자신감 형성이 수학교육 종합계획의 주요 목표로 설정되기도 하였다(교육부, 2015b).

4.3. 국제 학업성취도 평가: PISA[3]

PISA는 경제협력개발기구(Organization for Economic Co-operation and Development; OECD)의 주관 하에 의무교육이 종료되는 시점인 만 15세의 학생들이 미래 사회를 살아가는 데 필요한 지식과 기능을 갖추었는지 살펴보는 역량 평가의 일종이다. PISA는 3년 주기로 읽기, 수학, 과학 영역을 평가하는데, 매 주기마다 한 영역을 주 영역으로 설정하여 심층 분석을 하고 있다. PISA는 3주기 평가인 PISA 2006의 주영역을 중심으로 지필평가와 컴퓨터 기반 평가를 병행 시행하였고, 6주기인 PISA 2015부터 모든 영역에서 컴퓨터 기반 평가를 도입하였다.

> 가장 최근에 수행된 PISA 2022의 주 영역은 수학이었다.

PISA는 초기부터 교과서에 제시된 문제에 답하는 능력보다 정량적으로 추론하고 관계나 종속을 나타낼 수 있는 능력을 중요하게 여겼다. 또한 수학 지식의 기능적 측면을 강조하기 위해 '수학 소양'이라는 용어를 도입하여 기본 용어나 내용에 대한 지식과 기능의 중요성을 표현하면서 실생활 맥락에서 이를 창의적으로 결합하여 문제를 해결하는 능력을 강조하였다. 예를 들어, PISA 2022에서 정의되는 수학 소양의 의미는 다음과 같다.

> 수학 소양은 다양한 실세계 맥락의 문제를 해결하기 위하여 수학적으로 추론하고, 수학을 형식화하고 이용하고 해석하는 개인의 능력이다. 수학 소양에는 현상을 기술하고 설명하며 예측하기 위해 수학 개념, 절차, 사실, 도구를 사용하는 것이 포함된다. 수학 소양은 개인이 세계 속에서 수학의 역할을 인식하고, 건설적이고 참여적이며 성찰적인 21세기 시민에게 요구되는 타당한 판단과 결정을 할 수 있도록 돕는다.

수학 소양의 정의는 수학 지식의 기능적 측면과 실생활 맥락에서의 활용이 강조되고 있는 것임을 알 수 있다. 이와 같은 수학 소양의 정의를 기반으로 PISA 2022 수학과 평가틀은 〈표 15-16〉과 같이 제시된다. 앞서 〈표 15-14〉에서 본 TIMSS 2019 수학

3 이 절의 내용은 조성민 외(2020)의 내용을 요약하고 재구성한 것임

평가틀이 내용 영역과 인지 영역으로만 구분된 것과 다르게 PISA에서는 일상적인 삶으로부터 전지구적 문제에 이르기까지 다양한 소재를 포괄하는 '맥락'이라는 차원이 추가된 것이 특징적이다.

〈표 15-16〉 PISA 2022 수학 평가틀 (조성민 외, 2020, p. 304)

차원	하위 범주
맥락	개인적, 직업적, 사회적, 과학적
수학적 내용	변화와 관계, 공간과 모양, 양, 불확실성과 자료
수학적 추론과 문제해결	수학적 추론, 형식화하기, 이용하기, 해석하기와 평가하기

또한 PISA 평가틀에서는 수학 교과 역량이나 과정의 측면을 '수학적 추론과 문제해결'로 제시하면서 수학적 추론과 수학적 문제해결을 강조하고 있는데, 여기서 수학적 추론은 상황을 평가하고, 전략을 선택하고, 논리적으로 결론을 도출하고, 해를 찾아 설명하고, 이러한 해가 어떻게 적용될 수 있는지를 알아내는 과정을 포함하는 것으로 수학 소양의 핵심이다. 비록 초등학교 학생들을 대상으로 하는 평가는 아니지만 PISA는 다양한 상황에서 문제를 확인하고 해석하며 해결하기 위해 지식과 기능을 적용하고 효과적으로 분석하고 추론하며 의사소통할 수 있는 학생의 능력을 평가하고 있다는 의미가 있다(이소연 외, 2020).

토의문제 4

TIMSS 2019 평가틀의 내용 영역과 인지 영역의 요소들을 하나씩 선택하여 초등학교 4학년 수학 평가 문항을 만드시오.

참고문헌

교육부 (2011). **수학과 교육과정**. 교육과학기술부 고시 제 2011-361호 [별책 8].

교육부 (2015a). **수학과 교육과정**. 교육부 고시 제2015-74호 [별책 8].

교육부 (2015b). **제2차 수학교육 종합 계획(2015~2019)**. 교육부(2015.3.16.).

교육부 (2018). **학교생활 기록 작성 및 관리 지침(교육부 훈령 243호)**. 교육부(2018.1.31.).

교육부 (2022). **수학과 교육과정**. 교육부 고시 제2022-33호 [별책 8].

교육부, 한국과학창의재단 (2017). **수학과 과정중심평가 연수자료집: 초등학교**. 한국과학창의재단.

교육부, 한국교육과정평가원 (2017). **과정을 중시하는 수행평가 어떻게 할까요? 중등**. 연구자료 ORM 2017-19-2. 교육부.

김민경, 김서영 (2014). 서술형 평가 문항에서 나타나는 초등학생의 분수 연산 능력과 오류 유형과의 관계. **한국학교수학회논문집**, 17(3), 409-435.

김성경, 김명화, 김인숙, 이신영, 백혜선 (2023). **OECD 국제 학업성취도 평가 연구: PISA 2022 결과 보고서**. 한국교육과정평가원 연구보고 RRE 2023-10.

김혜원, 김민경 (2021). 프로젝트 기반 학습(Project-Based Learning)에서 나타난 초등학생의 통계적 문제해결 및 논의 내용 분석. **학습자중심교과교육연구**, 21(13), 699-715.

김희경, 박종임, 정연준, 박상욱, 김창환, 이채희, 최재화 (2014). **맞춤형 교육 지원을 위한 형성평가 체제 도입(I) - 온·오프라인 형성평가 시스템 설계**. 한국교육과정평가원 연구보고 RRE 2014-9.

동효관, 김경주, 강민경, 장의선, 성경희, 양성현, 김성경, 이재봉, 구자옥, 박상복, 김소연, 최원호, 김용진, 이기영 (2018). **2015 개정 교육과정에 따른 국가수준 학업성취도 평가 출제 방안 연구**. 한국교육과정평가원 연구보고 RRE 2018-4.

박경미, 박선화, 권점례, 윤상혁, 강현영, 이경진, 최지선, 강은주, 김민정, 이광상, 김재영, 이광연, 한준철, 김선희, 방정숙, 이경은, 도종훈, 이문호, 황선미, 임해미, 이화영, 조혜정, 박정숙, 이승훈, 박문화, 김성여, 임미인, 권영기, 서보억, 이은정, 김완일, 장혜원, 이만근, 권오남, 인현정, 이지윤, 강성권, 강태석, 김화경, 신동관, 오택근, 전인태 (2015). **2015 개정 수학과 교육과정 시안 개발 연구**. 한국과학창의재단 연구보고서 BD15120005.

박지현, 백종호, 곽혜정, 이수정, 최원경, 박민호, 차경미 (2023). **2022년 맞춤형 학업성취도 자율평가에 따른 초등학생의 교과별 학업 성취 특성 분석**. 한국교육과정평가원 연구자료 ORM 2023-30-8.

박정 (2013). 형성평가의 재등장과 교육 평가적 시사. **교육평가연구, 26**(4), 719-738.

상경아, 김경희, 박상욱, 전성균, 박미미, 이재원 (2020). **수학 · 과학 성취도 추이변화 국제 비교 연구: TIMSS 2019 결과 분석.** 한국교육과정평가원 연구보고 RRE 2020-10.

상경아, 김완수, 김미림, 이소라, 곽민호, 박효진 (2022). **2021년 국가수준 학업성취도 평가 결과: 중학교.** 한국교육과정평가원 연구자료 ORM 2022-102-1.

서지영, 김소영, 신명선, 홍수진 (2008). **학교교육 내실화를 위한 수행평가 개선 연구(Ⅰ).** 한국교육과정평가원 연구보고 RRE 2008-1.

신이섭, 황혜정, 김동원, 이동환, 송민호, 신항균, 장혜원, 김상미, 고호경, 김선희, 이환철, 방승진, 박혜숙, 이재학, 김영록, 도종훈, 김화경, 전철, 최홍원 (2011). 2009 개정 교육과정에 따른 수학과 교육과정 연구. 한국과학창의재단 정책연구 2011-11.

신항균, 황혜정, 김희정 (2003). 수학과 프로젝트 유형 구분에 관한 연구 - 초등학교를 중심으로 -. **교육과정평가연구, 6**(1), 201-226.

이경화, 고은성, 신보미, 이동환, 김선희, 강현영, 이환철 (2016). 과정 중심 평가의 실행을 위한 방향 탐색. **수학교육학연구, 26**(4), 819-834.

이경화, 김선희, 김남균, 이명화, 조성민, 지영명, 최성이, 나귀수, 도주원, 선우진, 이정, 임미인, 최지선, 탁병주, 임해미, 김보현, 김부미, 나미영, 서보억, 이윤경, 정종식, 강현영, 고호경, 장정욱, 강은주, 구나영, 권순학, 김동재, 김윤민, 김은하, 김정현, 김하림, 박정숙, 양정은, 이경원, 이상훈, 전수경, 전종삼, 정중기, 조장익, 주미경, 주신영, 최은아, 최인용, 홍영범 (2022). **2022 개정 수학과 교육과정 시안(최종안) 개발 정책연구.** 한국과학창의재단.

이광상, 임해미, 최인선, 김성경 (2021). **수학교육평가의 이론과 실제.** 교우사.

이소연, 구남욱, 조성민, 이인화, 이신영 (2020). **OECD 국제 학업성취도 평가: PISA 2021 예비검사 시행 준비 및 PISA 2022 예비검사 기반 구축 자료집.** 한국교육과정평가원 연구자료 ORM 2020-109.

이재봉, 김준식, 박지선, 성경희, 이광상, 이소라, 정혜윤, 최소영, 김감영, 안유민, 하민수 (2020). **컴퓨터 기반 국가수준 학업성취도 평가(eNAEA) 도입을 위한 출제 방안 연구.** 한국교육과정평가원 연구보고 RRE 2020-5.

조미경, 김민경, 권점례, 노선숙 (2008). 초등수학 2-나 단계의 서술형 평가 문항개발 연구. **초등교육연구, 21**(3), 437-466.

조성민 (2020). PISA 2022 수학 평가틀과 예시 문항 분석. **한국학교수학회논문집**, 23(3), 299-321.

조재성 (2021). e-포트폴리오의 평가적 의미에 관한 질적사례연구. **현장수업연구**, 2(2), 59-84.

전영아 (2000). **수학 교수-학습에서의 테셀레이션 활용 가능성 탐색 : '도형'과 '규칙성과 함수' 영역을 중심으로.** 이화여자대학교 석사학위논문.

최창우 (2022). 뉴질랜드 초등학교 수학교과의 포트폴리오 평가에 관한 연구. **현장중심 초등교육연구,** 4(1), 45-62.

황혜정, 최승현, 조성민, 박지현 (2019). **수학교육학신론 2.** 문음사.

McMillan, J. H. (2007). *Classroom assessment: Principles and practice for effective standards-based instruction*. Pearson.

National Council of Teachers of Mathematics (1989). *Curriculum and evaluation standards for school mathematics.*

National Council of Teachers of Mathematics (1995). *Assessment standards for teaching mathematics.*

Tyler, R. W. (1942). General statement on evaluation. *Journal of Educational Research, 35*, 492-501.

찾아보기

ㄱ

가네(B. Gagne) 61
가역성 연결 256
가테뇨(C. Gattegno) 292
강화(reinforcement) 72
거꾸로 풀기 방법 176
계산기 300
공학 도구 300
공학 도구와의 연결 261
과정 중심 평가 388
관계적 이해(relational understanding) 102
관계적 인식 수준 149
관찰 평가 411
교구 270
교육과정 수시개정 체제 39
교육평가 386
구성의 원리 90, 97
구슬 평가 414
구어적 의사소통 217
구체적 조작기 110
국가 수학영재교육 프로그램 364
국가기초학력지원센터 339
국가수준 학업성취도 평가 417
귀납추론 187
규칙 찾기 방법 172
그림 그리기 방법 171
근접발달영역(ZPD) 119
기초로 돌아가기 운동(Back-to Basics Movement) 9
기초학력 324
기초학력 보장 시행계획 324
기초학력 보장 종합계획 324
기초학력 보장법 324
기초학력 보장법 시행 324
기초학력 부진 324
기초학력 진단-보정 시스템 330, 341
기초학력진단검사 325
기하 학습 수준 이론 146
기호적(상징적) 표현(Symbolic representation) 92
깔때기형 패턴 219

ㄴ

논증 개발하기(developing an argument) 200
논증 평가하기(evaluating an argument) 201

ㄷ

다양한 표현 연결 255
단계형 교육과정 36
단순화하기 방법 175
대조와 다양화의 원리 91
도구적 이해(instrumental understanding) 102
도형판 276
동료 평가 415, 416
동적 기하 소프트웨어 300
동적 기하 환경(Dynamic Geometry Environment, 이하 DGE) 312

동화(assimilation) 108
똑똑! 수학탐험대 313
듣기 225
딘즈(Z. P. Dienes) 93

ㅁ

말하기 221
면담 평가 413
모양 조각 281
문어적 의사소통 217
문제(problem) 160
문제해결(problem solving) 160
문제해결 운동 4

ㅂ

반례 찾기(finding a counterexample) 197
반영적 지능(reflective intelligence) 99
반영적 추상화 115
반응 61
발견 학습 88
배이스캠프 341
벌(punishment) 72
베르트하이머(H. Wertheimer) 83
본드(bond) 66
분석적 인식 수준 148
브루너(J. S. Bruner) 88
비계설정(scaffolding) 122
비고츠키(L. S. Vygotsky) 119

ㅅ

사회적 구성주의 118
새수학 운동(New math movement) 7
생산적 사고(productive thinking) 84
생활 중심 교육 25
속성 블록(Attribute blocks) 285
손다이크(E. Thorndike) 61
수리력 진단도구 324
수업 지향 연결 255
수준 상승의 비약 139
수직적 수학화 131
수직적 의사소통 218
수평적 수학화 131
수평적 의사소통 218
수학 교과 핵심역량 44
수학 내적 연결 250
수학 외적 연결 250
수학교육 개혁 운동 4
수학교육 근대화 운동 4
수학교육 현대화 운동 7
수학기초학력 324
수학사와의 연결 261
수학영재 364
수학영재의 핵심역량 368
수학적 과정 41
수학적 구조 82
수학적 다양성의 원리 98
수학적 연결성 244
수학적 의사소통 210
수학적 창의성 41
수학적 추론 186
수행평가(performance assessment) 392
쉘 107
스켐프(R. Skemp) 99
스키너(B. Skinner) 61
스토리텔링 43
시각적 인식 수준 147

식 만들기 방법 174
신체적 활동 217
실생활 맥락과의 연결 260
실수 정정하기(correcting a mistake) 202
실제로 해보기 방법 170
십진 블록(Base ten blocks) 290
쌍방향적 의사소통 218
쓰기 229

ㅇ

안내된 재발명 135
알지오매스 300
알지오매스 키즈(AlgeoMath Kids) 307
엄밀한 수학적 수준 150
역동적 원리 96
역량중심 영재교육 프로그램 380
연결성 245
연결성의 원리 91
연결 큐브(Linking cubes) 295
연역추론 187
영상적 표현(Iconic representation) 92
영재 355
영재교육 355
영재교육기관 355
영재교육대상자 356
영재교육종합데이터베이스(GED) 375
영재교육진흥법 354
영재교육진흥법 시행령 354
영재교육진흥 종합계획 354
예상과 확인 방법 176
왓슨(J. Watson) 60
유비추론 187
의사소통 210
이지통계 318
인지 발달 단계 109
일반화된 지식 45
일방향적 의사소통 218
읽기 233

ㅈ

자극 61
자기 평가 415
전조작기 110
절차적 연결 257
조작적 구성주의 107
조절(accmmodation) 108
지각적 다양성의 원리 97
지방 분권형 교육과정 34
지식의 구조 88
지오지브라 300
지필평가 406
직관적 지능(intuitive intelligence) 99

ㅊ

창의 249
초점형 패턴 219
최소한의 성취기준 325
추측 조사하기(investigating a conjecture) 199
추측하기(making a conjecture) 198
칠교판 283

ㅋ

컴퓨터 기반 평가(computer based assessment) 395
쾰러(W. Köhler) 83
퀴즈네어 막대(Cuisenaire rods) 292

ㅌ

통그라미 300, 319
특징/속성 연결 259
통찰(Gestalt) 82

ㅍ

파블로프(I. Pavlov) 61
포트폴리오 평가 410
폴리드론(Polydron) 287
폴리히드론(Polyhedron) 287
표 만들기 방법 173
표현의 원리 91
풍부한 맥락 137
프로젝트 평가 408
피드백 392

ㅎ

학문 중심 교육과정 28
학습 수준 138
학습자 맞춤형 교육 47
학습지원대상학생 325
해석적(Interpretive) 듣기 226
해석학적(Hermeneutic) 듣기 227
핵심 개념 45
핵심 아이디어 49
현실과의 결합 137
현실적 수학교육 130
형식적 연역 수준 150
형식적 조작기 115
형태심리학 82
활동적 표현(Enactive representation) 92